VERWALTUNGSRECHT AT 2

mit Staatshaftungsrecht

2010

Horst Wüstenbecker
Rechtsanwalt in Münster

ALPMANN UND SCHMIDT Juristische Lehrgänge Verlagsges. mbH & Co. KG
48149 Münster, Annette-Allee 35, 48001 Postfach 1169, Telefon (0251) 98109-33
AS-Online: www.alpmann-schmidt.de

Liebe Leserin, lieber Leser,

wir sind stets bemüht, unsere Produkte zu verbessern. Fehler lassen sich aber nie ganz ausschließen. Sie helfen uns, wenn Sie uns über Druckfehler in diesem Skript oder anderen Printprodukten unseres Hauses informieren.

E-Mail genügt an „druckfehlerteufel@alpmann-schmidt.de"

Danke
Ihr AS-Autorenteam

Wüstenbecker, Horst
Verwaltungsrecht AT 2
(mit Staatshaftungsrecht)
12. neu bearbeitete Auflage 2010
ISBN: 978-3-86752-153-6

Verlag Alpmann und Schmidt Juristische Lehrgänge
Verlagsgesellschaft mbH & Co. KG, Münster

Die Vervielfältigung, insbesondere das Fotokopieren,
ist nicht gestattet (§§ 53, 54 UrhG) und strafbar (§ 106 UrhG).
Im Fall der Zuwiderhandlung wird Strafantrag gestellt.

INHALTSVERZEICHNIS

1. Abschnitt: Aufhebung von Verwaltungsakten 1
   A. Einleitung 1
      I. Wirksamkeit eines Verwaltungsaktes 1
      II. Aufhebung von Verwaltungsakten 2
         1. Formen der Aufhebung 2
         2. Rechtsgrundlagen für die Aufhebung 3
         3. Struktur der §§ 48, 49 VwVfG 4
   B. Der Widerruf des Verwaltungsaktes gemäß § 49 VwVfG 5
      I. Der Widerruf eines rechtmäßigen belastenden VA gemäß
         § 49 Abs. 1 VwVfG 5
      II. Der Widerruf eines rechtmäßigen begünstigenden VA 6
         1. Der Widerruf mit Wirkung für die Zukunft gem. § 49 Abs. 2 VwVfG 6
            Fall 1: Schlechte Arbeit als Widerrufsgrund 8
         2. Der Widerruf begünstigender VAe mit Wirkung für die
            Vergangenheit gem. § 49 Abs. 3 VwVfG 13
            Fall 2: Rückwirkender Widerruf 13
      III. Rückforderung gem. § 49 a VwVfG 20
      IV. Widerruf des VA bei rechtswidriger Nebenbestimmung 22
         Fall 3: Kurzes Vergnügen 22
   C. Die Rücknahme des Verwaltungsaktes gemäß § 48 VwVfG 24
      I. Die Rücknahme eines rechtswidrigen belastenden VA 24
      II. Die Rücknahme eines rechtswidrigen begünstigenden VA 25
         1. Begünstigende VAe 25
         2. Rücknahmevoraussetzungen für begünstigende VAe 26
         3. Die Rücknahme eines Geld- oder Sachleistungs-VA 28
            a) Die Rücknahmevoraussetzungen des § 48 Abs. 2 VwVfG 28
                Fall 4: Berichtigung der Witwenpension 28
            b) Verhältnis des § 48 VwVfG zum Europarecht 39
                Fall 5: Europarechtswidrige Subventionen 41
         4. Die Rücknahme sonstiger begünstigender VAe nach
            § 48 Abs. 3 VwVfG 48
            Fall 6: Rücknahme einer Baugenehmigung 49
   D. Das Wiederaufgreifen des Verwaltungsverfahrens, § 51 VwVfG 54
      I. Wiederaufgreifen im engeren Sinne 55
         1. Entscheidung über das Wiederaufgreifen (1. Stufe) 55
            a) Zulässigkeit des Antrags auf Wiederaufgreifen 55
            b) Begründetheit des Antrags auf Wiederaufgreifen 56
         2. Erneute Entscheidung in der Sache (2. Stufe) 57
         3. Prozessuale Durchsetzung 58
            a) Ablehnung des Wiederaufgreifens 59
            b) Erlass eines negativen Zweitbescheides 59
            c) Erlass eines positiven Zweitbescheides 60
      II. Wiederaufgreifen im weiteren Sinne 60
         Fall 7: Wirkungen einer Ausweisung 62
   ■ Übersicht: Aufhebung des VA durch die Behörde 69

2. Abschnitt: Durchsetzung von Verwaltungsakten 70
A. Begriff und Arten der Verwaltungsvollstreckung 70
B. Der Verwaltungszwang 72
   I. Ermächtigungsgrundlage für den Verwaltungszwang 72
   II. Formelle Rechtmäßigkeit des Verwaltungszwangs 74
      1. Zuständigkeit 74
      2. Verfahren und Form 75
   III. Materielle Rechtmäßigkeit des Verwaltungszwangs 75
      1. Vollstreckungsvoraussetzungen 76
         a) Gestrecktes Verfahren gem. § 6 Abs. 1 VwVG 76
         b) Sofortvollzug gem. § 6 Abs. 2 VwVG 79
            Fall 8: Friedenscamp 81
      2. Das Vollstreckungsverfahren 86
         a) Richtiges Zwangsmittel 86
         b) Vollstreckungsakte 88
            Fall 9: Umstürzende Bäume 94
      3. Vollstreckungshindernisse 100
         Fall 10: Bestandskraft 103
- Übersicht: Verwaltungszwang 109
C. Die Vollstreckung von Geldforderungen 110
   I. Rechtsgrundlagen 110
   II. Vollstreckungsvoraussetzungen 110
      1. Leistungsbescheid 110
      2. Vollstreckbarkeit 111
      3. Fälligkeit des Leistungsanspruchs 111
      4. Wartefrist 112
      5. Mahnung 112
   III. Vollstreckungsverfahren 112

3. Abschnitt: Der öffentlich-rechtliche Vertrag 114
A. Begriffsmerkmale des öffentlich-rechtlichen Vertrages 114
   I. Regelung 114
   II. Auf dem Gebiet des öffentlichen Rechts 114
   III. Vertragliche Regelung 116
B. Die Arten des öffentlich-rechtlichen Vertrages 116
C. Zustandekommen eines öffentlich-rechtlichen Vertrages 117
   I. Die Rechtmäßigkeit eines öffentlich-rechtlichen Vertrages 117
      1. Ermächtigungsgrundlage 118
      2. Formelle Anforderungen an öffentlich-rechtliche Verträge 119
      3. Materielle Anforderungen an öffentlich-rechtliche Verträge 119
   II. Die Wirksamkeit des öffentlich-rechtlichen Vertrages 120
      1. Einigung 120
      2. Schriftform (§ 57 VwVfG) 120
      3. Beteiligung Dritter oder anderer Behörden (§ 58 VwVfG) 121
      4. Nichtigkeitsgründe (§ 59 VwVfG) 121

III. Die Nichtigkeit öffentlich-rechtlicher Verträge 124
    1. Spezielle Nichtigkeitsgründe gemäß § 59 Abs. 2 VwVfG 124
        Fall 11: Folgenloser Verzicht 124
    2. Nichtigkeit nach den Vorschriften des BGB (§ 59 Abs. 1 VwVfG) 129
        Fall 12: Abgabenverzicht 129
IV. Rechtsfolgen der Nichtigkeit 132
D. Leistungsstörungen beim öffentlich-rechtlichen Vertrag 133
E. Die Durchsetzung von Ansprüchen aus einem öffentlich-rechtlichen Vertrag 134
■ Übersicht: Ansprüche aus öffentlich-rechtlichem Vertrag 136

4. Abschnitt: Verwaltungsrechtliche Ansprüche 137
A. Anspruchsgrundlagen 137
   I. Unterscheidung zwischen Primär- und Sekundärebene 137
   II. Regelungsbereiche des Staatshaftungsrechts 137
      1. Ansprüche auf Geldersatz 137
      2. Beseitigungs- und Unterlassungsansprüche 138
B. Der Folgenbeseitigungsanspruch 139
   I. Das Rechtsinstitut des Folgenbeseitigungsanspruchs 139
   II. Begründung des FBA 139
   III. Dogmatische Herleitung 140
   IV. Voraussetzungen des FBA 141
   V. Rechtsfolge des FBA 144
   VI. Ausschlussgründe 146
      1. Rechtliche und tatsächliche Unmöglichkeit 146
      2. Unzumutbarkeit der Folgenbeseitigung 147
      3. Unzulässige Rechtsausübung 147
        Fall 13: Totenruhe 147
        Fall 14: Obdachlos 152
C. Der sozialrechtliche Herstellungsanspruch 161
   I. Unterschied zum FBA 161
   II. Dogmatische Grundlage des Anspruchs 162
   III. Voraussetzungen des sozialrechtlichen Herstellungsanspruchs 162
   IV. Rechtsfolgen des sozialrechtlichen Herstellungsanspruchs 162
   V. Übertragbarkeit auf das allgemeine Verwaltungsrecht 163
D. Öffentlich-rechtlicher Abwehr- und Unterlassungsanspruch 164
   I. Begründung des Abwehr- und Unterlassungsanspruchs 164
      1. Abwehr des Eingriffs, nicht der Folgen 164
      2. Anwendungsfälle 164
      3. Dogmatische Herleitung 165
      4. Unterschied zum Folgenbeseitigungsanspruch 165
   II. Voraussetzungen und Rechtsfolgen des Abwehr- und Unterlassungsanspruchs 168
      1. Anspruchsvoraussetzungen 168
        a) Hoheitlicher Eingriff in ein subjektives Recht 168
        b) Rechtswidrigkeit des Eingriffs 168

            c) Keine Ausschlussgründe 169
        2. Rechtsfolge 169
   III. Fallgruppen 170
        1. Hoheitliche Warnungen, Hinweise, Empfehlungen 170
           Fall 15: Warentest 170
        2. Ehrschutz gegen Hoheitsträger 181
        3. Abwehr hoheitlicher Immissionen 185
■ Übersicht: Grundrechtlicher Abwehr- und Beseitigungsanspruch 187
   E. Geschäftsführung ohne Auftrag (GoA) 188
      I. Das Rechtsinstitut der öffentlich-rechtlichen GoA 188
     II. Die analoge Anwendung der §§ 677 ff. BGB 188
        1. Regelungslücke 188
        2. Vergleichbare Interessenlage 189
           a) Hoheitsträger für einen anderen Hoheitsträger 189
           b) Hoheitsträger für den Bürger 190
           c) Bürger für einen Hoheitsträger 191
           d) Bürger für einen anderen Bürger 192
               Fall 16: Katzentot 192
   F. Der öffentlich-rechtliche Erstattungsanspruch 198
      I. Rechtsgrundlagen 198
        1. Spezialgesetzliche Erstattungsansprüche 198
        2. Der allgemeine öffentlich-rechtliche Erstattungsanspruch 198
        3. Fallgruppen 199
     II. Voraussetzungen und Rechtsfolgen 200
        Fall 17: Fingierte Rückzahlung 202
    III. Die Durchsetzung des öffentlich-rechtlichen Erstattungsanspruchs 206

5. Abschnitt: Öffentliche Ersatzleistungen 207
   A. Das System der öffentlichen Ersatzleistungen 207
      I. Unrechtshaftung 207
     II. Ersatzansprüche bei Eingriffen in das Eigentum 209
    III. Ersatzansprüche bei Eingriffen in nichtvermögenswerte Rechte 210
   B. Schadensersatzansprüche, insbes. die Amtshaftung 211
      I. Haftungsgrundlagen 211
     II. Die Voraussetzungen der Amtshaftung 213
        1. Hoheitliches Handeln 213
           a) Wahrnehmung einer öffentlichen Aufgabe 213
           b) Haftung im privatrechtlichen Bereich 214
           c) Abgrenzung Öffentliches Recht – Privatrecht 215
           d) Handeln „in Ausübung des Amtes" 217
        2. Amtspflichtverletzung 217
           a) Begründung von Amtspflichten 217
           b) Drittbezogenheit der Amtspflicht 219
               aa) Drittwirkung 219
               bb) Persönlicher Schutzbereich 220
               cc) Sachlicher Schutzbereich 220

   c) Verletzung der Amtspflicht 221
  3. Verschulden 222
  4. Haftungsausschlüsse 223
   a) Subsidiaritätsklausel, § 839 Abs. 1 S. 2 BGB 223
   b) Vorrang des Primärrechtsschutzes (§ 839 Abs. 3 BGB) 224
  5. Schaden 225
   a) Haftungsausfüllende Kausalität 225
   b) Ersatzfähiger Schaden 226
  6. Anspruchsgegner 227
  7. Verjährung 227
  8. Rechtsweg 227
   Fall 18: Baugenehmigung mit Hindernissen 228
■ Übersicht: Amtshaftung gem. Art. 34 GG, § 839 BGB 234
 III. Haftung bei Verstößen gegen das Europarecht 235
  1. Eigenständiges Haftungsinstitut 235
  2. Haftungsvoraussetzungen 235
  3. Fallgruppen 236
  4. Ausgestaltung des Anspruchs 237
 IV. Ansprüche aus verwaltungsrechtlichen Schuldverhältnissen 238
  1. Vertragliche Schadensersatzansprüche 238
  2. Fallgruppen 238
   a) Öffentlich-rechtliche Verwahrung 238
   b) Öffentlich-rechtliche Leistungs- und Benutzungsverhältnisse 239
   c) Beamtenverhältnis 239
   d) Sonstige vertragsähnliche Sonderbeziehungen 239
  3. Unterschiede zur deliktischen Haftung 240
C. Entschädigung bei Eingriffen in das Eigentum (Art. 14 GG) 241
 I. Ersatzansprüche wegen Enteignung (Art. 14 Abs. 3 GG) 241
  1. Abgrenzung zwischen Inhalts- und Schrankenbestimmung und
   Enteignung 241
  2. Anspruchsgrundlage für die Enteignungsentschädigung 243
  3. Anspruchsvoraussetzungen für die Enteignungsentschädigung 244
  4. Rechtsfolge 245
 II. Die ausgleichspflichtige Inhaltsbestimmung 246
 III. Der enteignungsgleiche Eingriff 247
  Fall 19: Späte Reaktion 247
 IV. Der enteignende Eingriff 252
  Fall 20: Abfallkrähen 252
■ Übersicht: Ersatzansprüche bei Eigentumsbeeinträchtigungen 258
D. Der allgemeine Aufopferungsanspruch 259
 I. Rechtsgrundlage 259
 II. Voraussetzungen 259
 III. Rechtsfolge 260

Stichwortverzeichnis 261

Literaturverzeichnis

Bader/Ronellenfitsch	Verwaltungsverfahrensgesetz München 2010
Brandt/Sachs (Hrsg.)	Handbuch Verwaltungsverfahren und Verwaltungsprozess 3. Aufl., Heidelberg 2009
Bull/Mehde	Allgemeines Verwaltungsrecht mit Verwaltungslehre 8. Aufl., Heidelberg 2009
Detterbeck	Allgemeines Verwaltungsrecht mit Verwaltungsprozessrecht 7. Aufl., München 2009
Engelhardt/App	Verwaltungs-Vollstreckungsgesetz (VwVG) – Verwaltungszustellungsgesetz (VwZG) 8. Aufl., München 2008
Erichsen/Ehlers (Hrsg.)	Allgemeines Verwaltungsrecht 14. Aufl., Berlin, New York 2010
Eyermann	Verwaltungsgerichtsordnung 12. Aufl., München 2006
Fehling/Kastner	Verwaltungsrecht 2. Aufl., Baden-Baden 2010
Hufen	Verwaltungsprozessrecht 7. Aufl., München 2008
Ipsen	Allgemeines Verwaltungsrecht 6. Aufl., Köln 2009
Knack/Henneke	Verwaltungsverfahrensgesetz (VwVfG) 9. Aufl., Köln 2010
Kopp/Ramsauer	Verwaltungsverfahrensgesetz 11. Aufl., München 2010
Kopp/Schenke	Verwaltungsgerichtsordnung 16. Aufl., München 2009

Literatur

Maurer	Allgemeines Verwaltungsrecht 17. Aufl., München 2009
Peine	Allgemeines Verwaltungsrecht 9. Aufl., Heidelberg 2008
Posser/Wolff	Verwaltungsgerichtsordnung München 2008
Redeker/v.Oertzen	Verwaltungsgerichtsordnung 15. Aufl., Stuttgart 2010
Sadler	Verwaltungsvollstreckungsgesetz (VwVG) Verwaltungszustellungsgesetz (VwZG) 7. Aufl., Heidelberg 2010
Schenke	Verwaltungsprozessrecht 12. Aufl., Heidelberg 2009
Schoch/Schmidt-Aßmann/Pietzner	Verwaltungsgerichtsordnung München, Loseblatt Stand: November 2009
Schwerdtfeger	Öffentliches Recht in der Fallbearbeitung 13. Aufl., München 2007
Sodan/Ziekow	Nomos-Kommentar zur Verwaltungsgerichtsordnung 3. Aufl., Baden-Baden 2010
Stelkens/Bonk/Sachs	Verwaltungsverfahrensgesetz 7. Aufl., München 2008
Stern/Blank	Verwaltungsprozessuale Probleme in der Klausur 9. Aufl., München 2008
Wolff/Bachof/Stober	Verwaltungsrecht I 12. Aufl., München 2007
Wolff/Decker	Verwaltungsgerichtsordnung (VwGO) Verwaltungsverfahrensgesetz (VwVfG) 2. Aufl., München 2007
Ziekow	Verwaltungsverfahrensgesetz 2. Aufl., Stuttgart 2010

1. Abschnitt: Aufhebung von Verwaltungsakten

A. Einleitung

I. Wirksamkeit eines Verwaltungsaktes

Wirksamkeit eines Verwaltungsaktes
■ **Verwaltungsakte** (auch rechtswidrige) werden **wirksam** durch Bekanntgabe (§§ 43 Abs. 1, 41 VwVfG)
■ **Ausnahme:** Nichtige Verwaltungsakte sind unwirksam (§ 43 Abs. 3 VwVfG)
■ absolute Nichtigkeitsgründe nach § 44 Abs. 2 VwVfG
■ Negativkatalog des § 44 Abs. 3 VwVfG
■ Generalklausel des § 44 Abs. 1 VwVfG: schwerwiegender, offensichtlicher Fehler
■ **Ausnahme:** Verwaltungsakt wird unwirksam (§ 43 Abs. 2 VwVfG)
■ Rücknahme, Widerruf, sonstige Aufhebung
■ Zeitablauf
■ anderweitige Erledigung

Ein Verwaltungsakt (VA) wird mit der Bekanntgabe und mit dem Inhalt **wirksam**, mit dem er bekanntgegeben wird (§ 43 Abs. 1 VwVfG), d.h. er löst die Rechtsfolge aus, auf deren Herbeiführung er gerichtet ist. 1

Beispiele: Ein Subventionsbescheid begründet für den begünstigten Adressaten einen Anspruch auf Auszahlung des bewilligten Zuschusses. Die Entziehung der Fahrerlaubnis bringt die Fahrerlaubnis zum Erlöschen und begründet die Pflicht, den Führerschein abzuliefern (§ 47 Abs. 1 FeV). Die Abrissverfügung verpflichtet den Bauherrn, das Bauvorhaben zu beseitigen.

Etwas anderes gilt nur dann, wenn der VA (ausnahmsweise) **nichtig** und damit **unwirksam** ist (§ 43 Abs. 3 VwVfG). Nichtig ist ein VA nur unter den Voraussetzungen des § 44 Abs. 2 und § 44 Abs. 1 VwVfG. 2

- Liegt einer der in § 44 Abs. 2 VwVfG aufgeführten **absoluten Nichtigkeitsgründe** vor, so ist der VA stets unwirksam (z.B. nach Nr. 4 bei tatsächlicher Unmöglichkeit oder nach Nr. 6 bei einem Verstoß gegen die guten Sitten).

- Demgegenüber begründen die in § 44 Abs. 3 VwVfG aufgeführten Fälle allein nicht die Nichtigkeit des VA (z.B. nach Nr. 1 bei einem Verstoß gegen Vorschriften über die örtliche Zuständigkeit).

- Bei allen anderen Fehlern, die nicht in § 44 Abs. 2 oder Abs. 3 VwVfG ausdrücklich erwähnt sind, gilt die **Generalklausel** des § 44 Abs. 1 VwVfG. Der VA ist (nur) nichtig, soweit er an einem **besonders schwerwiegenden Fehler** leidet und dies bei verständiger Würdigung aller in Betracht kommenden Umstände **offensichtlich** ist.

3 Die Rechtswidrigkeit eines VA allein führt also nicht generell zu seiner Unwirksamkeit. Vielmehr sind auch **rechtswidrige VAe grundsätzlich wirksam** und damit rechtsverbindlich, solange der VA nicht von der Behörde oder durch das Gericht aufgehoben worden ist oder sich durch Zeitablauf oder anderweitig erledigt (§ 43 Abs. 2 VwVfG).

II. Aufhebung von Verwaltungsakten

1. Formen der Aufhebung

4 Ein VA kann aufgehoben werden

- durch **verwaltungsgerichtliches Urteil** (§ 113 VwGO),
- im Widerspruchsverfahren durch **Abhilfe- oder Widerspruchsbescheid** (§§ 72, 73 VwGO) und
- im **behördlichen Verfahren** nach §§ 48, 49 VwVfG.

Soweit landesrechtlich das Vorverfahren ganz oder teilweise abgeschafft ist,[1] scheidet eine Aufhebung im Abhilfe- bzw. Widerspruchsverfahren aus. Der Widerspruch ist unzulässig und es ist unmittelbar Klage zu erheben (anders in den Fällen des Wahlrechts nach Art. 15 Abs. 1 Bay AGVwGO). Soweit ein Vorverfahren stattfindet, kann nach § 73 Abs. 1 S. 3 VwGO bestimmt werden, dass die Ausgangsbehörde auch für die Entscheidung über den Widerspruch zuständig ist.[2] In diesem Fall entfällt das Abhilfeverfahren.[3] Die Ausgangsbehörde kann dann den VA entweder durch Widerspruchsbescheid oder – außerhalb des Widerspruchsverfahrens – nach §§ 48, 49 VwVfG aufheben.[4]

5 Infolge der Aufhebung wird der VA **unwirksam** (§ 43 Abs. 2 VwVfG), seine Rechtsfolgen entfallen.

Beispiel: Gegen die dem Betreiber B erteilte immissionsschutzrechtliche Genehmigung hat Nachbar N Widerspruch erhoben. Stellt sich im **Widerspruchsverfahren** heraus, dass die Genehmigung wegen Verstoßes gegen nachbarschützende Vorschriften rechtswidrig ist, so hebt die Ausgangsbehörde die Genehmigung durch Abhilfebescheid (§ 72 VwGO) auf. Wird dem Widerspruch nicht abgeholfen, erlässt die Widerspruchsbehörde einen Widerspruchsbescheid (§ 73 VwGO), durch den die Genehmigung aufgehoben wird, wenn der Widerspruch begründet ist.

Hat der Nachbar im Widerspruchsverfahren keinen Erfolg, kann er gegen die dem Betreiber erteilte Genehmigung **Anfechtungsklage** erheben (§ 42 Abs. 1, 1. Fall VwGO). Kommt das Verwaltungsgericht zu dem Ergebnis, dass die Genehmigung rechtswidrig ist und den Nachbarn in seinen Rechten verletzt (also gegen eine nachbarschützende Vorschrift verstoßen wird), hebt es die Genehmigung durch Urteil auf (§ 113 Abs. 1 S. 1 VwGO).

Ist die Genehmigung rechtswidrig, so hat die Ausgangsbehörde (**außerhalb des Widerspruchsverfahrens**) die Möglichkeit die Genehmigung nach § 48 Abs. 1 VwVfG zurückzunehmen. Anders als in den vorgenannten Rechtsbehelfsverfahren reicht dafür die (objektive) Rechtswidrigkeit aus, auf eine Rechtsverletzung des Nachbarn kommt es nicht an.

6 Eine Aufhebung des VA liegt vor, wenn die Behörde zu erkennen gibt, dass sie die durch den ursprünglichen VA (den aufzuhebenden VA) herbeigeführte **Rechtsfolge nicht mehr gelten lassen will.**

---

1 Vgl. z.B. Art. 15 Bay AGVwGO, § 16 a Hess AGVwGO, § 8 a Nds AGVwGO, § 6 AGVwGO NRW (ab 01.01.2011: § 110 JustizG NRW), § 8 a AGVwGO LSA.
2 So z.B. § 7 AGVwGO NRW (ab 01.01.2011: § 111 JustizG NRW).
3 Kopp/Schenke VwGO § 72 Rdnr. 1.
4 BVerwG NVwZ 1997, 272, 273; Engst Jura 2006, 166, 168.

Beispiel: Die Behörde hat K im Oktober 2009 einen Bescheid über die Gewährung einer monatlichen Subvention i.H.v. 3.000 € erteilt. Im Frühjahr 2010 stellt sich heraus, dass K die Subvention zweckwidrig verwendet. Die Behörde widerruft daher den Subventionsbescheid (§ 49 Abs. 3 S. 1 Nr. 1 VwVfG) und fordert Rückzahlung (§ 49 a Abs. 1 VwVfG).

Die Aufhebung kann auch **konkludent** erfolgen, z.B. dadurch, dass der ursprüngliche VA – ohne ausdrückliche Aufhebung – ganz oder teilweise durch einen neuen VA ersetzt wird. 7

Beispiel: In der Rückforderung einer Subvention liegt i.d.R. zugleich konkludent die Rücknahme des Bewilligungsbescheides.[5]

Abzugrenzen ist die Aufhebung von der bloßen **Berichtigung**. Nach § 42 VwVfG kann die Behörde Schreibfehler, Rechenfehler und ähnliche offenbare Unrichtigkeiten **jederzeit** berichtigen. Die Berichtigung steht im Ermessen der Behörde, bei berechtigtem Interesse hat der Betroffene einen Anspruch auf Berichtigung (§ 42 S. 2 VwVfG). Die Berichtigung ist kein neuer VA, da sie keine Rechtsfolge setzt und damit keine „Regelung" enthält.[6] 8

2. Rechtsgrundlagen für die Aufhebung

Für die Aufhebung von Verwaltungsakten gelten vorrangig die **Spezialvorschriften** aus dem besonderen Verwaltungsrecht, die dem VwVfG aufgrund der Subsidiaritätsregelung in § 1 Abs. 1 VwVfG vorgehen.

- Teilweise verdrängen die Spezialvorschriften die allgemeinen Regelungen in den §§ 48, 49 VwVfG **vollständig**. Die Aufhebung richtet sich dann ausschließlich nach den Spezialvorschriften. 9

    Beispiele: § 14 BBG und § 12 BeamtStG für die Aufhebung einer Beamtenernennung, § 35 StAG für die Rücknahme einer rechtswidrigen Einbürgerung.[7] Abschließende Sonderregelungen finden sich auch in der AO und im SGB X, die dem VwVfG nach § 2 Abs. 2 Nr. 1 u. Nr. 4 VwVfG vorgehen (§§ 130–132 sowie §§ 172–177 AO und §§ 44–50 SGB X). **Gegenbeispiel:** Die Rücknahme einer rechtswidrigen Verkehrsregelung richtet sich nicht nach § 45 StVO, sondern nach § 48 Abs. 1 S. 1 VwVfG.[8]

- Zum Teil enthalten die Spezialgesetze vorrangige Regelungen **nur für den Widerruf rechtmäßiger Verwaltungsakte**. 10

    Beispiele: § 21 Abs. 1 BImSchG verdrängt zwar § 49 VwVfG („rechtmäßige Genehmigung"), § 48 VwVfG bleibt damit bei rechtswidrigen Genehmigungen anwendbar. § 52 AufenthG regelt nur den Widerruf eines rechtmäßigen Aufenthaltstitels, § 48 VwVfG bleibt für die Rücknahme eines rechtswidrigen Aufenthaltstitels anwendbar (vgl. auch § 51 Abs. 1 Nr. 3 AufenthG).[9]

    Der Widerruf einer rechtmäßigen Gaststättenerlaubnis ist abschließend in § 15 Abs. 2 und 3 GaststG geregelt, ein Rückgriff auf § 49 VwVfG ist deshalb unzulässig. § 15 Abs. 1 GaststG sieht eine zwingende Rücknahme dagegen nur vor, wenn bereits bei Erteilung der Gaststättenerlaubnis Versagungsgründe nach § 4 Abs. 1 Nr. 1 GaststG vorlagen. Ist die Erlaubnis aus anderen Gründen rechtswidrig, so steht die Rücknahme nach § 48 VwVfG im Ermessen der Behörde.[10]

---

[5] BVerwGE 62, 1, 5; BVerwG NVwZ 1984, 518; BayVBl. 1985, 373; HessVGH NVwZ 1990, 879, 881; Stelkens/Bonk/Sachs VwVfG § 48 Rdnr. 244 u. 245; Proppe JA-Übbl [Ref] 1993, 150, 154.
[6] Kopp/Ramsauer VwVfG § 42 Rdnr. 14.
[7] Diese früher streitige Frage ist durch die Neuregelung mit Gesetz vom 05.02.2009 (BGBl. I S. 158) geklärt.
[8] VGH Mannheim VBlBW 2010, 115, 117; a.A. OVG Lüneburg VkBl. 2004, 181.
[9] BVerwG NVwZ 2007, 470; DVBl. 2005, 1452; Huber NVwZ 2005, 1, 4.
[10] Ehlers/Kallerhoff Jura 2009, 823, 823.

- Schließlich gibt es Regelungen, die die §§ 48, 49 VwVfG nicht verdrängen, sondern nur **ergänzen**, z.B. durch Einschränkung des Ermessens (vgl. z.B. § 8 Abs. 2 S. 3 FStrG).

11 Im Übrigen gelten die **§§ 48 ff. VwVfG** als allgemeine Grundregeln, die auch bei der Auslegung sonstiger Vorschriften herangezogen werden können.

Beispiele: Bei Leistungen, die aufgrund eines begünstigenden VA gewährt werden, ist ein Zurückbehaltungsrecht der Behörde analog § 273 BGB ausgeschlossen, da dies eine unzulässige Umgehung der §§ 48, 49 VwVfG darstellen würde.[11] Die Geltendmachung eines vertraglichen Anspruchs auf Rückgewähr einer Subvention unterliegt den gleichen Grundsätzen, wie sie für den Widerruf eines die Subvention gewährenden VA nach § 49 VwVfG gelten.[12]

3. Struktur der §§ 48, 49 VwVfG

12 Bei der Aufhebung eines VA ist streng zu unterscheiden zwischen

- dem **aufzuhebenden VA** (Erstbescheid, Ursprungs-VA) und
- dem **aufhebenden VA**, der als Rücknahme oder Widerruf bezeichnet wird:
    - **Rücknahme** (§ 48 VwVfG) ist die Aufhebung eines **rechtswidrigen** VA;
    - **Widerruf** (§ 49 VwVfG) ist die Aufhebung eines **rechtmäßigen** VA.

Beachte: Die §§ 48, 49 VwVfG gelten auch für die teilweise Aufhebung eines VA. Soll z.B. einer bestandskräftigen Baugenehmigung nachträglich eine Nebenbestimmung beigefügt werden, müssen die Voraussetzungen des § 48 oder des § 49 VwVfG vorliegen.[13]

13 (Nur) die Rechtmäßigkeit des **aufhebenden VA** bestimmt sich nach §§ 48, 49 VwVfG. Für den aufzuhebenden VA gelten die allgemeinen und besonderen Regeln des jeweils betroffenen Sachgebiets.

Beispiel: Die Rechtmäßigkeit einer Ordnungsverfügung richtet sich nach dem allgemeinen und besonderen Ordnungsrecht. Für die Aufhebung der Ordnungsverfügung gelten vorbehaltlich etwaiger Spezialregelungen dagegen die §§ 48, 49 VwVfG.

14 Hinsichtlich der Voraussetzungen für Rücknahme und Widerruf differenziert das Gesetz danach,

- ob der aufzuhebende VA
    - **belastend** (§ 48 Abs. 1 S. 1, § 49 Abs. 1 VwVfG) oder
    - **begünstigend** war (§ 48 Abs. 1 S. 2, Abs. 2–4, § 49 Abs. 2 u. 3 VwVfG) und
- ob er mit Wirkung
    - für die **Zukunft** (§ 48 Abs. 1 S. 1, § 49 Abs. 1 u. 2 VwVfG) oder
    - für die **Vergangenheit** aufgehoben werden soll (§ 48 Abs. 1 S. 1, § 49 Abs. 3 VwVfG).

---

11 VGH Kassel NJW 1996, 2746.
12 BGH NVwZ 2007, 246, 248.
13 VGH Mannheim VBlBW 2008, 383 f.

Aufhebung von Verwaltungsakten

Rücknahme – § 48 VwVfG
- aufzuhebender VA **rechtswidrig**
  - VA **belastend** § 48 I 1 VwVfG
  - VA **begünstigend** § 48 I 2, II–IV VwVfG

Widerruf – § 49 VwVfG
- aufzuhebender VA **rechtmäßig**
  - VA **belastend** § 49 I VwVfG
  - VA **begünstigend** § 49 II, III VwVfG

Im Grundsatz sind daher **vier Fallgruppen** zu unterscheiden:

- der **Widerruf** eines rechtmäßigen **belastenden** VA,
- der **Widerruf** eines rechtmäßigen **begünstigenden** VA,
- die **Rücknahme** eines rechtswidrigen **belastenden** VA und
- die **Rücknahme** eines rechtswidrigen **begünstigenden** VA.

B. Der Widerruf des Verwaltungsaktes gemäß § 49 VwVfG

I. Der Widerruf eines rechtmäßigen belastenden VA gemäß § 49 Abs. 1 VwVfG

Nach § 49 Abs. 1 VwVfG „kann" ein **rechtmäßiger nicht begünstigender VA**, auch nachdem er unanfechtbar geworden ist, ganz oder teilweise mit Wirkung für die Zukunft widerrufen werden. Der Widerruf eines rechtmäßigen belastenden VA steht daher im **Ermessen** der Behörde, ohne dass das Gesetz besondere Voraussetzungen aufstellt. Der Widerruf ist allerdings unzulässig, wenn die Behörde nach dem Widerruf einen mit dem widerrufenen VA **inhaltsgleichen VA erneut erlassen** müsste (§ 49 Abs. 1, 2. Halbs., 1. Fall VwVfG. Das ist der Fall, wenn sich bei einer gebundenen Entscheidung die für den VA maßgebliche Sach- und Rechtslage nicht geändert hat. Ein gebundener VA, dessen Voraussetzungen erfüllt sind, darf daher nicht widerrufen werden.

Beispiel: Hat die Behörde die Gewerbeausübung nach § 35 GewO wegen Unzuverlässigkeit des Gewerbetreibenden rechtmäßigerweise untersagt, so darf die Untersagungsverfügung nach § 49 Abs. 1 VwVfG nicht widerrufen werden. Denn die Behörde müsste sofort eine erneute Untersagungsverfügung erlassen (vgl. § 35 Abs. 1 GewO: „ist ... zu untersagen").

Der Widerruf kann außerdem **aus anderen Gründen** unzulässig sein (§ 49 Abs. 1, 2. Halbs., 2. Fall VwVfG). Das ist insbesondere bei einem Verstoß gegen den Gleichbehandlungsgrundsatz des Art. 3 Abs. 1 GG anzunehmen.

Beispiel: In einem Baugebiet ist sämtlichen Eigentümern die Beseitigung rechtswidrig errichteter Garagen aufgegeben worden. Hier wäre es unzulässig, etwa nur eine der Beseitigungsverfügungen aufzuheben.

II. Der Widerruf eines rechtmäßigen begünstigenden VA

1. Der Widerruf mit Wirkung für die Zukunft gem. § 49 Abs. 2 VwVfG

18 Ein rechtmäßiger begünstigender VA kann, auch nachdem er unanfechtbar geworden ist, ganz oder teilweise mit Wirkung für die Zukunft widerrufen werden, wenn einer der in § 49 Abs. 2 S. 1 VwVfG **abschließend aufgeführten Widerrufsgründe** vorliegt. Ist das der Fall, so hat die Behörde nach Ermessen darüber zu entscheiden, ob, in welchem Umfang und zu welchem Zeitpunkt sie den Widerruf erklärt.

Widerrufsgründe nach § 49 Abs. 2 S. 1 VwVfG

- **Nr. 1:** Widerruf durch Rechtsvorschrift zugelassen oder im VA vorbehalten
- **Nr. 2:** Auflage im VA nicht oder nicht fristgerecht erfüllt
- **Nr. 3:** Tatsachenänderung
  - nachträglich eingetretene Tatsachen
  - berechtigen Behörde, den VA nicht zu erlassen
  - ohne Widerruf öffentliches Interesse gefährdet
- **Nr. 4:** Rechtsänderung
  - Änderung der Rechtslage
  - berechtigt Behörde, den VA nicht zu erlassen
  - Begünstigter hat nicht Gebrauch gemacht oder Leistungen empfangen
  - ohne Widerruf öffentliches Interesse gefährdet
- **Nr. 5:** schwere Nachteile für das Gemeinwohl

---

19 ▪ Nach § 49 Abs. 2 S. 1 Nr. 1 VwVfG ist der Widerruf zulässig, wenn der Widerruf in dem aufzuhebenden VA vorbehalten ist **(Widerrufsvorbehalt)**.

Der weitere in § 49 Abs. 2 S. 1 Nr. 1 VwVfG geregelte Grund, dass der Widerruf durch Rechtsvorschrift zugelassen ist, hat keine selbstständige Bedeutung. Denn sieht ein (Spezial-) Gesetz einen Widerruf vor, so ist § 49 VwVfG schon nicht anwendbar.[14]

20 ▪ Nach § 49 Abs. 2 S. 1 Nr. 2 VwVfG kann der VA widerrufen werden, wenn mit dem VA eine **Auflage** verbunden ist und der Begünstigte die Auflage **nicht** oder nicht innerhalb einer ihm gesetzten Frist **erfüllt** hat.[15]

Nach dem Grundsatz der Verhältnismäßigkeit muss die Behörde in der Regel allerdings zunächst versuchen, die Erfüllung der Auflage zu erzwingen. Auch rechtfertigt die Nichtbeachtung einer nur geringfügigen Auflage in der Regel nicht den Widerruf einer bedeutenden Vergünstigung. Im Rahmen ihres Ermessens hat die Behörde schließlich auch die Ursachen für die Nichterfüllung, insbesondere ein fehlendes Verschulden des Betroffenen zu berücksichtigen.[16]

---

[14] Erichsen/Brügge Jura 1999, 496, 498.
[15] Zu Nebenbestimmungen in Zuwendungsbescheiden vgl. OVG NRW NWVBl. 2009, 320 ff.
[16] Vgl. Knack/Henneke § 49 Rdnr. 44 f.; Stelkens/Bonk/Sachs § 49 Rdnr. 50 u. 56; Ruffert in: Erichsen/Ehlers § 25 Rdnr. 8.

B. Der Widerruf des Verwaltungsaktes gemäß § 49 VwVfG

■ Nach § 49 Abs. 2 S. 1 Nr. 3 VwVfG ist ein Widerruf möglich, wenn aufgrund **nachträglich** eingetretener **Tatsachen** die Behörde **berechtigt** wäre, den VA nicht zu erlassen, und ohne den Widerruf das **öffentliche Interesse gefährdet** würde.   21

- ■ Es müssen **nachträglich Tatsachen** eingetreten sein. Dabei kann es sich um äußere oder innere Tatsachen handeln. Auch das Verhalten des Betroffenen ist eine Tatsache. Keine Tatsachenänderung ist dagegen die geänderte Beurteilung oder Bewertung von Tatsachen oder sonstigen Umständen durch die Behörde.[17]

- ■ Unter Zugrundelegung der neuen Tatsachen muss die Behörde **berechtigt** sein, **den VA nicht zu erlassen**. Das ist der Fall, wenn
  - entweder die **Voraussetzungen** für den VA weggefallen sind oder
  - bei einer Ermessensentscheidung die neuen Tatsachen eine negative Ausübung des **Ermessens** gerechtfertigt hätten.[18]

- ■ Ohne den Widerruf muss das **öffentliche Interesse gefährdet** sein. Das ist der Fall, wenn der Widerruf zur Abwehr einer konkreten Gefahr für wichtige Individualrechte oder Gemeinschaftsgüter geboten ist.[19]

  Beispiel: Widerruf einer Erlaubnis, um zu verhindern, dass bei nachträglich eingetretener Ungeeignetheit eine mit Gefahren für Dritte verbundene Tätigkeit weiterhin ausgeübt wird.

■ Nach § 49 Abs. 2 S. 1 Nr. 4 VwVfG ist ein Widerruf möglich, wenn eine Rechtsvorschrift geändert wird (**Änderung der Rechtslage**), die Behörde danach berechtigt wäre, den VA nicht zu erlassen, der Begünstigte von der Vergünstigung **noch keinen Gebrauch gemacht** oder aufgrund des VA noch keine Leistungen empfangen hat und ohne den Widerruf das **öffentliche Interesse gefährdet** würde.   22

Im Grundsatz gelten für Nr. 4 dieselben Grundsätze wie für Nr. 3. Im Unterschied zu Nr. 3 muss aber neben der hypothetischen Kausalität der Rechtsänderung für den (Nicht-)Erlass des VA hinzukommen, dass der Begünstigte von der Begünstigung noch keinen Gebrauch gemacht oder aufgrund des VA noch keine Leistungen empfangen hat. Es genügt, dass der Begünstigte die Leistungen erhalten hat, es ist also nicht erforderlich, dass er sie bereits verbraucht hat oder eine Vermögensdisposition getroffen hat[20] (anders in § 48 Abs. 2 S. 2 VwVfG, dazu unten Rdnr. 86 u. 95).

■ Nach § 49 Abs. 2 S. 1 Nr. 5 VwVfG ist ein Widerruf möglich, um **schwere Nachteile für das Gemeinwohl** zu verhüten oder zu beseitigen. Für die Beurteilung, wann ein schwerer Nachteil für das Gemeinwohl zu befürchten ist, wird üblicherweise die Rspr. des BVerfG zu den „überragend wichtigen Gemeinschaftsgütern" i.S.d. Art. 12 GG herangezogen (z.B. bei Gefahren für die Volksgesundheit).[21]   23

---

17 BVerwG NVwZ 1991, 577, 578; VGH Mannheim NVwZ-RR 1994, 20; OVG NRW NWVBl. 1996, 307, 308; Sächs OVG DVBl. 1999, 935, 936; Kühling NWVBl. 2002, 322, 324 m.w.N.
18 BVerwG DVBl. 1995, 358, 359; NVwZ 1991, 577, 579; Knack/Henneke § 49 Rdnr. 50; Stelkens/Bonk/Sachs § 49 Rdnr. 66; Erichsen/Brügge Jura 1999, 496, 499 m.w.N.
19 BVerwG NVwZ 1984, 102, 103; Bader/Ronellenfitsch VwVfG § 49 Rdnr. 57; Kopp/Ramsauer VwVfG § 49 Rdnr. 48.
20 Bader/Ronellenfitsch VwVfG § 49 Rdnr. 61.
21 Kopp/Ramsauer VwVfG § 49 Rdnr. 56; Kühling NWVBl. 2002, 322, 325 m.w.N.

1. Abschnitt: Aufhebung von Verwaltungsakten

> **Fall 1: Schlechte Arbeit als Widerrufsgrund**
>
> A, dessen Vater ein kleines Baugeschäft betrieb, legte zunächst die Gesellenprüfung als Maurer ab. Danach erwarb er die Fachhochschulreife und begann mit dem Ingenieurstudium. Nach einigen Semestern erkrankte sein Vater und A unterbrach das – bis dahin erfolgreich verlaufene und fast abgeschlossene – Studium, um im elterlichen Betrieb mitzuarbeiten. Kurze Zeit später starb der Vater. Unter der Leitung des A entwickelte sich der Betrieb so gut, dass A sich weder zur Fortführung des Studiums noch zur Ablegung der Meisterprüfung in der Lage sah. Er beantragte deshalb eine Ausnahmebewilligung zur Eintragung in die Handwerksrolle, die ihm unter Bezugnahme auf die besonderen Umstände seines Falles erteilt wurde. Nach einigen Jahren häufen sich die Beschwerden über die vom Bauunternehmen A ausgeführten Arbeiten. Daraufhin erklärt die zuständige Behörde den Widerruf der dem A erteilten Ausnahmegenehmigung. Zu Recht?

24 I. Der Widerruf ist ein belastender VA, der nach dem Grundsatz vom Vorbehalt des Gesetzes einer **Ermächtigungsgrundlage** bedarf.[22]

1. Dafür ist in erster Linie auf **Sondervorschriften** in dem Rechtsbereich abzustellen, der den Erlass des VA selbst regelt. Nach § 1 HandwO darf ein **zulassungspflichtiges Handwerk** selbstständig nur betreiben, wer in der Handwerksrolle eingetragen ist. Nach § 7 Abs. 1 a) HandwO wird grds. nur eingetragen, wer die Meisterprüfung bestanden hat. In § 8 HandwO ist geregelt, unter welchen Voraussetzungen eine Ausnahmebewilligung erteilt wird. Über Widerruf oder Rücknahme der Ausnahmebewilligung ist in der HandwO nichts bestimmt. Andererseits kann aus dem Fehlen einer solchen Regelung auch nicht geschlossen werden, dass die Ausnahmebewilligung in keinem Fall widerruflich ist. Somit ist eine vorrangige Spezialregelung nicht vorhanden.

2. Ermächtigungsgrundlage kann daher nur die allgemeine Regelung des **§ 49 VwVfG**, bei begünstigenden VAen § 49 Abs. 2 VwVfG sein.

25 II. **Formelle Rechtmäßigkeit**

1. **Zuständigkeit**

   a) § 49 Abs. 5 VwVfG (ebenso § 48 Abs. 5 VwVfG) regelt, wie die Bezugnahme auf § 3 VwVfG zeigt, lediglich die **örtliche Zuständigkeit**. Örtlich zuständig ist danach die Behörde, die (jetzt) zum Erlass des aufzuhebenden VA zuständig wäre. Die Zuständigkeit richtet sich daher nach den Umständen im Zeitpunkt des Widerrufs, auch wenn der zu widerrufende VA von einer anderen Behörde erlassen worden ist (z.B. bei Wohnsitzwechsel).

   b) Das VwVfG enthält keine Regelung zu der Frage, welche Behörde für die Rücknahme **sachlich zuständig** ist. Dies richtet sich in erster Linie nach dem jeweils anzuwendenden Fachrecht. Im Übrigen ist die Behörde zuständig, die zum Zeitpunkt der Widerrufsentscheidung für den Erlass des aufzuhebenden VA sachlich zuständig wäre.[23]

---

22 Zum Vorbehalt des Gesetzes vgl. AS-Skript Verwaltungsrecht AT 1 (2010), Rdnr. 79 ff.
23 BVerwG NJW 2000, 1512, 1514[@].

Für die Aufhebung des Widerspruchsbescheides ist nur die Widerspruchsbehörde zuständig. Die Ausgangsbehörde ist weder zu einer isolierten Aufhebung des Widerspruchsbescheides befugt noch darf sie den durch den Widerspruchsbescheid geänderten Ausgangs-VA allein zu dem Zweck aufheben, die Aussage im Widerspruchsbescheid zu korrigieren.[24]

2. **Verfahren** und **Form** richten sich nach den allgemeinen Regeln für belastende VAe, insbes. sind zu beachten: § 28 VwVfG (Anhörung), § 37 VwVfG (Bestimmtheit) und § 39 VwVfG (Begründung).[25]

III. Materielle Rechtmäßigkeit

1. **Voraussetzung** für die in § 49 Abs. 2 VwVfG getroffenen Widerrufsregelungen ist, dass der aufzuhebende VA rechtmäßig und begünstigend ist.

   a) Ob die Ausnahmebewilligung **rechtmäßig** ist, richtet sich nach § 8 HandwO.

      aa) Bei Erlass der Ausnahmebewilligung müssen die **Voraussetzungen** des § 8 HandwO vorgelegen haben.[26] Bei dem Betrieb eines Baugeschäfts handelte es sich um ein zulassungspflichtes Handwerk (§ 1 Abs. 2 HandwO i.V.m. Anlage A Nr. 1). Dass A die notwendigen Kenntnisse und Fertigkeiten nachgewiesen hat, ergibt sich daraus, dass er die Gesellenprüfung abgelegt hat, ein erfolgreiches (Teil-) Studium absolviert und über längere Zeit den Betrieb gut geführt hat. Weiterhin muss ein Ausnahmefall vorgelegen haben, d.h. die Ablegung der Meisterprüfung muss eine **unzumutbare** Belastung sein, § 8 Abs. 1 S. 2 HandwO. Dies ergab sich hier daraus, dass A nach dem Tod seines Vaters durch die Arbeit im Geschäft vollständig in Anspruch genommen wurde und es angesichts seiner Vorbildung auch überflüssig erschien, von ihm noch die Meisterprüfung zu verlangen. Somit war die Erteilung der Ausnahmebewilligung ursprünglich **rechtmäßig**.

      bb) Wegen der später erhobenen Beschwerden könnte man erwägen, ob die Ausnahmebewilligung **nachträglich rechtswidrig** geworden ist.

         (1) Zum Teil wird die Auffassung vertreten, dass der ursprünglich rechtmäßige, aber wegen Änderung der zugrunde liegenden Verhältnisse nachträglich rechtswidrig gewordene VA der Rücknahme nach § 48 VwVfG unterliege.[27]

         (2) Nach h.M. beurteilt sich die Frage, ob der aufzuhebende VA rechtmäßig oder rechtswidrig ist, und damit gleichzeitig die Frage der Anwendbarkeit des § 48 VwVfG oder des § 49 VwVfG dagegen nach der Sach- und Rechtslage **bei Erlass des VA** (bzw. des Widerspruchsbescheides).[28]

---

24 BVerwG DVBl. 2002, 1045; Uhle NVwZ 2003, 811, 812.
25 Vgl. BVerwGE 66, 184, 186; ThürOVG ThürVBl. 2004, 241; Knack/Henneke VwVfG § 49 Rdnr. 19 u. 20; Hübbenet JuS 2004, 795, 796; Krausnick JuS 2010, 594, 596.
26 Zur Ausnahmebewilligung nach § 8 HandwO vgl. BVerwG DVBl. 2002, 201, 202 und AS-Skript Bes. Ordnungsrecht (2007), S. 143.
27 VGH Mannheim DVBl. 2002, 1062 f.; OVG NRW NVwZ-RR 1988, 1; Schenke DVBl. 1989, 433; Schenke/Baumeister JuS 1991, 547 ff., insbes. für DauerVAe.
28 Maurer § 11 Rdnr. 11; Kopp/Ramsauer VwVfG § 48 Rdnr. 34 u. 57; Erichsen/Brügge Jura 1999, 155, 157; Kühling NWVBl. 2002, 322, 324; Beaucamp DVBl. 2006, 1401, 1401 f.; Ehlers/Kallerhoff Jura 2009, 823, 824.

Für den ursprünglich rechtmäßigen VA ergibt sich dies bereits aus § 49 Abs. 2 S. 1 Nr. 3 u. Nr. 4 VwVfG. Dort sind die Fälle geregelt, in denen der VA wegen nachträglicher Änderung mit dem geltenden Recht nicht mehr im Einklang steht. Würde dies zur Rechtswidrigkeit und damit zur Anwendbarkeit des § 48 VwVfG führen, wäre die Regelung des § 49 Abs. 2 VwVfG insoweit überflüssig.

Eine spätere Änderung der Sach- und Rechtslage führt daher nicht zur **Rücknehmbarkeit nach § 48 VwVfG, sondern allenfalls zum Widerruf nach § 49 VwVfG.**

Davon zu unterscheiden ist der Fall, dass der VA zwar nachträglich, aber rückwirkend auf den Zeitpunkt seines Erlasses rechtswidrig wird. Hier liegt ein ursprünglich rechtswidriger VA vor, auf den § 48 VwVfG anzuwenden ist.[29] Das ist z.B. anzunehmen, wenn die Tatbestandsvoraussetzungen des VA nicht nur bei Erlass des Bescheids vorliegen, sondern auch in Zukunft fortbestehen müssen.

30   b) Ferner muss es sich um einen **begünstigenden VA** handeln. Nach der Legaldefinition des § 48 Abs. 1 S. 2 VwVfG – die auch im Rahmen des § 49 VwVfG gilt[30] – ist begünstigend ein VA, **der ein Recht oder einen rechtlich erheblichen Vorteil** begründet oder bestätigt hat.

Beispiele: Genehmigungen, Erlaubnisse, Subventionsbescheide. Auch der einen belastenden Bescheid aufhebende VA ist begünstigend und kann seinerseits nur eingeschränkt aufgehoben werden.[31]

Die Ausnahmebewilligung nach §§ 7, 8 HandwO begründet das Recht, ein Handwerk ohne Ablegung der Meisterprüfung zu betreiben. Sie ist deshalb begünstigend.

31   2. **Voraussetzung** für die Rechtmäßigkeit des Widerrufs ist, dass einer der in § 49 Abs. 2 S. 1 VwVfG aufgeführten **Widerrufsgründe** vorliegt.

a) In Betracht kommt der Widerrufsgrund des § 49 Abs. 2 S. 1 **Nr. 3** VwVfG. Danach ist ein Widerruf möglich, wenn

- aufgrund **nachträglich** eingetretener **Tatsachen**
- die Behörde **berechtigt** wäre, den VA nicht zu erlassen, und
- ohne den Widerruf das **öffentliche Interesse gefährdet** würde.

aa) Es müssen **nachträglich Tatsachen** eingetreten sein. Dies ist hier der Fall, weil A möglicherweise nicht mehr die Leistungen erbringt, die für die Leitung eines Baugeschäfts erforderlich sind.

bb) Unter Zugrundelegung der neuen Tatsachen muss die Behörde **berechtigt** sein, **den VA nicht zu erlassen**. Das ist der Fall, wenn entweder die **Voraussetzungen** für den VA weggefallen sind oder bei einer Ermessensentscheidung die neuen Tatsachen eine negative Ausübung des **Ermessens** gerechtfertigt hätten.[32]

---

29 BVerwGE 84, 111, 113; BVerwG NVwZ-RR 2005, 341; Maurer § 11 Rdnr. 11; Ehlers/Kallerhoff Jura 2009, 823, 824.
30 Kopp/Ramsauer VwVfG § 49 Rdnr. 25.
31 OVG Lüneburg NVwZ 1990, 675; VGH Mannheim NVwZ 1992, 184; OVG NRW NVwZ 1985, 661.
32 BVerwG DVBl. 1995, 358, 359; NVwZ 1991, 577, 579; Knack/Henneke § 49 Rdnr. 50; Stelkens/Bonk/Sachs § 49 Rdnr. 66; Erichsen/Brügge Jura 1999, 496, 499 m.w.N.

32 Geht man vom Gesetzeswortlaut aus, so könnte die von § 8 HandwO geforderte Voraussetzung, dass der Antragsteller die zur selbstständigen Ausübung notwendigen Kenntnisse und Fertigkeiten nachweist, aufgrund des Leistungsabfalls des A entfallen sein. Jedoch muss diese Voraussetzung bei Leistungsbeurteilungen **einschränkend ausgelegt** werden. Sie greift nicht ein, wenn nach Sinn und Zweck der einschlägigen Regelung die Geltung des VA vom Fortbestand dieser Voraussetzungen unabhängig sein sollte.[33]

Würde man anders entscheiden, käme ein Widerruf des Abiturs oder des Examenszeugnisses mit der Begründung in Betracht, der Betreffende habe in Mathematik oder im BGB nicht mehr die erforderlichen Kenntnisse.

Die Ausnahmebewilligung nach § 8 HandwO tritt an die Stelle der Meisterprüfung. Bei der Meisterprüfung brauchen die erforderlichen Kenntnisse lediglich **bei Ablegung der Prüfung** vorhanden zu sein. Der Wegfall der Kenntnisse und Fähigkeiten zum Betrieb eines Handwerks berechtigt daher weder zum Widerruf des Meistertitels noch der sie ersetzenden Ausnahmebewilligung. Gegen unzuverlässige Gewerbetreibende wird nicht nach § 49 Abs. 2 S. 1 Nr. 3 VwVfG, sondern z.B. aufgrund des § 35 GewO eingeschritten. Ein Widerruf nach § 49 Abs. 2 S. 1 Nr. 3 VwVfG scheidet damit aus.

Etwas anderes gilt bei **erlaubnispflichtigen** Tätigkeiten nach der GewO. Hier kann die Erlaubnis, wenn keine Spezialregelungen bestehen, nach § 49 Abs. 2 S. 1 Nr. 3 VwVfG widerrufen werden, wenn aufgrund nachträglich eingetretener Umstände von der Unzuverlässigkeit des Gewerbetreibenden auszugehen ist.[34]

33 b) Nach § 49 Abs. 2 S. 1 **Nr. 4** VwVfG ist ein Widerruf möglich, wenn

- eine **Rechtsvorschrift geändert** wird,
- die Behörde danach **berechtigt** wäre, den VA nicht zu erlassen,
- der Begünstigte von der Vergünstigung noch **keinen Gebrauch gemacht** oder aufgrund des VA noch **keine Leistungen empfangen** hat und
- ohne den Widerruf das **öffentliche Interesse gefährdet** würde.

Auch hier reicht, wie bei der Veränderung der Sachlage, die Änderung der Rechtslage dann nicht aus, wenn der Fortbestand des VA von einer Änderung der Rechtslage unabhängig ist.

So kann z.B. eine Baugenehmigung nicht allein deshalb widerrufen werden, weil der zugrunde liegende Bebauungsplan geändert worden ist (vgl. auch § 14 Abs. 3 BauGB). Keine Änderung der Rechtslage ist auch die Änderung von **Verwaltungsvorschriften**, da diese keine Außenrechtsnormen sind.[35]

Im vorliegenden Fall liegt schon keine Änderung der Rechtslage vor, sodass § 49 Abs. 2 S. 1 Nr. 4 VwVfG als Widerrufsgrund ebenfalls ausscheidet.

---

33 Kopp/Ramsauer VwVfG § 49 Rdnr. 42.
34 Erichsen/Brügge Jura 1999, 496, 499; Oberrath JA 2001, 991, 998 und AS-Skript Bes. Ordnungsrecht (2007), S. 116 ff.
35 BVerwG NVwZ 1991, 577, 579.

34 c) Nach § 49 Abs. 2 S. 1 **Nr. 5** VwVfG ist ein Widerruf möglich, um **schwere Nachteile für das Gemeinwohl** zu verhüten oder zu beseitigen. Für die Beurteilung, wann ein schwerer Nachteil für das Gemeinwohl zu befürchten ist, wird üblicherweise die Rspr. des BVerfG zu den „überragend wichtigen Gemeinschaftsgütern" i.S.d. Art. 12 GG herangezogen.[36]

35 Vorliegend reichen die Beschwerden nicht aus, um die strengen Voraussetzungen dieses Widerrufsgrundes als erfüllt anzusehen. Somit rechtfertigt § 49 VwVfG den Widerruf der Ausnahmebewilligung nicht. Weitere Widerrufsgründe für den begünstigenden VA gibt es nicht; § 49 Abs. 2 VwVfG ist abschließend (für GeldleistungsVAe vgl. aber ergänzend § 49 Abs. 3 VwVfG, dazu nachfolgend Fall 2). Daher ist der Widerruf der Ausnahmebewilligung **rechtswidrig**.

Aufbauschema: Widerruf für die Zukunft gem. § 49 Abs. 2 VwVfG

I. Ermächtigungsgrundlage: § 49 Abs. 2 S. 1 VwVfG

(–) bei Spezialgesetz (z.B. § 3 Abs. 1 StVG, § 15 Abs. 2 u. 3 GaststG)

II. Formelle Rechtmäßigkeit

1. **Zuständigkeit**
2. **Verfahren, Form** (insbes. §§ 28, 37, 39 VwVfG)

III. Materielle Rechtmäßigkeit

1. **Voraussetzungen der Ermächtigungsgrundlage**

   a) aufzuhebender **VA rechtmäßig**
   (analog bei rechtswidrigem VA, str., s.u. Rdnr. 46)

   b) aufzuhebender **VA begünstigend** (vgl. § 48 Abs. 1 S. 2 VwVfG)

   c) **Widerrufsgrund** gem. § 49 Abs. 2 S. 1 Nr. 1–5 VwVfG

   d) **Widerrufsfrist:** ein Jahr (§§ 49 Abs. 2 S. 2, 48 Abs. 4 S. 1 VwVfG)

2. **Rechtsfolge: Ermessen, insbes. Verhältnismäßigkeit**

---

36 Wird ein begünstigender VA nach § 49 Abs. 2 S. 1 Nr. 3–5 VwVfG widerrufen, besteht nach § 49 Abs. 6 VwVfG ein **Entschädigungsanspruch**, wenn der Betroffene auf den Bestand des VA vertraut hat, soweit sein Vertrauen schutzwürdig ist. Für den Umfang des Entschädigungsanspruchs und für das Verfahren gelten gem. § 49 Abs. 6 S. 2 VwVfG die Regeln in § 48 Abs. 3 S. 3–5 VwVfG entsprechend (s.u. Rdnr. 160 ff.). Für Streitigkeiten über die Entschädigung ist abweichend von § 40 Abs. 1 S. 1 VwGO der ordentliche Rechtsweg gegeben (§ 49 Abs. 6 S. 3 VwVfG).

---

[36] Kopp/Ramsauer VwVfG § 49 Rdnr. 56; Knack/Henneke § 49 Rdnr. 61; Kühling NWVBl. 2002, 322, 325 m.w.N.

2. Der Widerruf begünstigender VAe mit Wirkung für die Vergangenheit gem. § 49 Abs. 3 VwVfG

Soll ein rechtmäßiger begünstigender VA nicht nur für die Zukunft, sondern auch **für die Vergangenheit** widerrufen werden, muss ein Widerrufsgrund nach § 49 Abs. 3 S. 1 VwVfG vorliegen.

37

Widerrufsgründe nach § 49 Abs. 3 S. 1 VwVfG
■ **nur bei bestimmten Verwaltungsakten**   – einmalige oder laufende Geldleistung oder teilbare Sachleistung   – zur Erfüllung eines bestimmten Zwecks   ■ **Nr. 1:** Leistung nicht, nicht alsbald oder zweckwidrig verwendet   ■ **Nr. 2:** Auflage nicht oder nicht fristgerecht erfüllt

Fall 2: Rückwirkender Widerruf

Nach einer Richtlinie des Bundesverkehrsministeriums wird auf der Grundlage des Haushaltsplanes die Anschaffung von Omnibussen durch verlorene Zuschüsse des Bundes subventioniert, wenn die Busse zur Beförderung von Schülern eingesetzt werden. In den Bewilligungsrichtlinien heißt es u.a.: „Die Bewilligungsbehörde hat die Bewilligung zu widerrufen und die Zuwendung zurückzufordern, wenn der Zuwendungsempfänger die Zuwendungen zweckwidrig verwendet."

Busunternehmer U erhielt aufgrund Bewilligungsbescheides vom 21.01.2010 eine Subvention in Höhe von 20.000 € unter schriftlicher Anerkennung der Subventionsbedingungen. Fünf Monate später erfährt die zuständige Behörde, dass U das Geld für die Anschaffung eines Reisebusses eingesetzt hat, mit dem er Wochenendreisen nach Paris veranstaltet. Daraufhin fordert die Behörde durch Bescheid vom 17.07.2010 den Zuschuss unter gleichzeitiger Aufhebung des Bewilligungsbescheides zurück. Sie begründet den Widerruf damit, dass sie aufgrund des Verstoßes gegen die Subventionsbedingungen zur Aufhebung verpflichtet sei. U hält den Bescheid für rechtswidrig. Zu Recht?

Vorliegend geht es um die Rechtmäßigkeit von zwei Maßnahmen, nämlich

38

■ *des **Widerrufs des Subventionsbescheides** und*

■ *der **Rückforderung des gezahlten Zuschusses**.*

*Dabei handelt es sich um **zwei selbstständige VAe**, deren **Prüfung streng zu trennen** ist, da hierfür jeweils unterschiedliche Voraussetzungen zu beachten sind.[37] Da die Rückforderung von dem Bestand des den Bewilligungsbescheid aufhebenden VA abhängt, ist in diesen Fällen stets mit der Rechtmäßigkeit der Rücknahme (im Fall des § 48 VwVfG) bzw. des Widerrufs (im Fall des § 49 VwVfG) zu beginnen.*

---

37 Vgl. Pauly/Pudelka DVBl. 1999, 1609, 1610 m.w.N.

A. Widerruf des Subventionsbescheides

39 I. Zunächst muss die **Rechtsnatur** der Maßnahme festgestellt werden, da hiervon die anzuwendenden Rechtsvorschriften abhängig sind. Die Rechtsnatur des Widerrufs des Subventionsbescheides teilt als actus contrarius die Rechtsnatur der Subventionsgewährung. Diese erfolgte hier in Form eines **verlorenen Zuschusses** und damit auf der Grundlage des öffentlichen Rechts.[38] Dementsprechend handelt es sich hier um den **öffentlich-rechtlichen Widerruf eines begünstigenden VA**.

> Wird die Subvention dagegen öffentlich-rechtlich bewilligt und privatrechtlich z.B. in Form eines (zinsgünstigen) Darlehens gewährt **(zweistufige Gewährung)**, so kann die Behörde die Rückabwicklung grds. in verschiedener Weise erreichen: entweder durch (öffentlich-rechtliche) Aufhebung der Bewilligung oder durch (privatrechtliche) Kündigung des Darlehensvertrages.[39] Zur Rückforderung bei zweistufigem Rechtsverhältnis vgl. noch unten Rdnr. 60.

40 II. Da die **Subventionsrichtlinien** als Verwaltungsvorschriften lediglich verwaltungsinterne Bedeutung haben, kommt ihnen keine Rechtsnormqualität zu.[40] Damit können sie auch nicht Ermächtigungsgrundlage für eine externe Maßnahme – hier den Widerruf eines VA – sein.

41 III. Als Ermächtigungsgrundlage könnte **§ 49 Abs. 2 VwVfG** eingreifen. Diese Vorschrift lässt jedoch nur einen Widerruf mit Wirkung **für die Zukunft** zu. Hier will die Behörde den Rechtsgrund für die Subvention jedoch rückwirkend beseitigen, um so eine Rückforderung des in der Vergangenheit gezahlten Zuschusses zu ermöglichen. Ein Widerruf **für die Vergangenheit** kommt nur nach **§ 49 Abs. 3 VwVfG** in Betracht.

42 In der Vergangenheit erhaltene Beträge müssen grds. nur zurückgezahlt werden, wenn sich der Widerruf auf die **Vergangenheit** erstreckt und damit durch die Aufhebung der Bewilligung der Rechtsgrund für die Zahlung entfällt. Die Rspr. hat die Rückforderung früher teilweise auch auf der Grundlage des § 49 Abs. 2 VwVfG gerechtfertigt: Der Subventionsbescheid sei nur Rechtsgrund für die **Gewährung** der Subvention. Deren endgültiges **Behalten** setze zusätzlich voraus, dass der Bescheid auch künftig wirksam bleibe. Auch ein Widerruf für die Zukunft löse daher einen Rückforderungsanspruch aus.[41] Diese in der Lit.[42] bereits früher kritisierte Hilfskonstruktion ist durch den im Jahre 1996 eingefügten § 49 Abs. 3 VwVfG überflüssig geworden. Umstritten ist allerdings, ob ein solcher „in die Vergangenheit wirkender Widerruf ex nunc" noch neben der Regelung des § 49 Abs. 3 VwVfG Anwendung findet.[43]

43 1. § 49 Abs. 3 VwVfG ist eine **Spezialregelung**, die **zusätzlich** Widerrufsmöglichkeiten für die Vergangenheit eröffnet. Deshalb schließt die Regelung die Anwendung des § 49 Abs. 2 VwVfG nicht aus. § 49 Abs. 2 VwVfG bleibt daher neben § 49 Abs. 3 VwVfG anwendbar.[44]

---

38 Vgl. dazu AS-Skript VwGO (2009), Rdnr. 58.
39 OVG Lüneburg NVwZ 1985, 500 m.w.N.
40 Vgl. AS-Skript Verwaltungsrecht AT 1 (2010), Rdnr. 140.
41 BVerwGE 95, 213, 225@; BVerwG DVBl. 1983, 810, 812; OVG NRW, Urt. v. 04.11.1993 – 4 A 3488/92.
42 Vgl. Gusy JA 1991, 327, 330 m.w.N.
43 Bejahend OVG MV NordÖR 2007, 197, 199; Stelkens/Bonk/Sachs VwVfG § 49 a Rdnr. 9; Suerbaum VerwArch 1999, 361, 386 f.; a.A. Dickersbach NVwZ 1996, 962, 966; Baumeister NVwZ 1997, 19, 23; Oldiges NVwZ 2001, 626, 627 m.w.N.
44 Stelkens/Bonk/Sachs VwVfG § 49 Rdnr. 107; Kopp/Ramsauer VwVfG § 49 Rdnr. 62; Baumeister NVwZ 1997, 19, 21; Suerbaum VerwArch 1999, 361, 375; Erichsen/Brügge Jura 1999, 496, 500.

B. Der Widerruf des Verwaltungsaktes gemäß § 49 VwVfG — 1. Abschnitt

Beispiel: Bei Nichterfüllung einer Auflage kann daher der Widerruf ex tunc nur auf § 49 Abs. 3 S. 1 Nr. 2 VwVfG, der Widerruf ex nunc dagegen wahlweise auf § 49 Abs. 2 S. 1 Nr. 2 oder § 49 Abs. 3 S. 1 Nr. 2 VwVfG (vgl. „auch") gestützt werden.[45]

2. Der aufzuhebende Bewilligungsbescheid müsste **rechtmäßig** sein.

   a) Da der Subventionierung keine gesetzliche Vorschrift zugrunde lag, wäre sie dann rechtswidrig, wenn der Grundsatz vom **Vorbehalt des Gesetzes** eingreift. Das Rechtsstaats- und Demokratieprinzip zwingt aber nicht dazu, jede Tätigkeit der Exekutive durch Gesetze zu regeln. Bei einer im Übrigen nicht grundrechtsrelevanten Subventionierung wird daher eine gesetzliche Regelung nur bzgl. des „Ob" der Gewährung gefordert, wobei die haushaltsrechtliche Absicherung im Haushaltsplan bzw. in der Haushaltssatzung als gesetzliche Grundlage genügt. Die Abwicklung (das „Wie") kann dann in verwaltungsinternen Richtlinien geregelt werden.[46]

   Da die Vergabe der Subvention hier im Haushaltsplan ausdrücklich vorgesehen war, bestehen insoweit keine Bedenken gegen die Rechtmäßigkeit des Bewilligungsbescheides.

   b) Der Bewilligungsbescheid müsste auch im Übrigen **rechtmäßig** sein.

   aa) Fraglich ist hier, ob die **Voraussetzungen** für die Gewährung der Subvention überhaupt vorgelegen haben. Hätte U von Anfang an nicht vorgehabt, den Bus zweckentsprechend zu verwenden, hätte die Subventionierung gar nicht erfolgen dürfen, da das Vorhaben des U nicht förderungswürdig gewesen wäre. Der Bewilligungsbescheid wäre dann rechtswidrig.[47]

   Beachte: *Allein der Verstoß gegen Subventionsrichtlinien macht einen Bewilligungsbescheid nicht rechtswidrig i.S.d. § 48 VwVfG, da es sich bei Richtlinien lediglich um interne Verwaltungsvorschriften handelt, aber nicht um (Außen-) Rechtsnormen. Allerdings ist die Subventionsgewährung wegen Verstoßes gegen Art. 3 Abs. 1 GG rechtswidrig, wenn die Behörde im Einzelfall zugunsten eines Subventionsbewerbers von einer ansonsten geübten Vergabepraxis abweicht, ohne ihre Praxis insgesamt zu ändern.*[48]

   bb) Dem Wortlaut nach ist der Anwendungsbereich des § 49 Abs. 2 u. Abs. 3 VwVfG auf **rechtmäßige** begünstigende VAe beschränkt. Von der h.M. wird indes die entsprechende Anwendung dieser Regelungen auch auf den rechtswidrigen VA bejaht. Denn ein rechtswidriger VA könne in seinem Bestand nicht weitergehend geschützt sein als ein rechtmäßiger.[49] Nach der Gegenansicht besteht hingegen für eine Analogie im Hinblick auf § 48 VwVfG keine Regelungslücke, und außerdem sei die Interessenlage verschieden, da für das Ermessen bei der Aufhebung ei-

---

45 Stelkens/Bonk/Sachs VwVfG § 49 Rdnr. 107; Oldiges NVwZ 2001, 626, 628.
46 BVerwG DVBl. 2003, 149, 150; NJW 1992, 2496, 2500@; VGH Mannheim NJW 2004, 624; OVG NRW NWVBl. 2002, 239, 240; DVBl. 1990, 161; Bleckmann DVBl. 2004, 333, 338; näher AS-Skript VerwaltungsR AT 1 (2010), Rdnr. 134 ff. (anders z.B. bei Pressesubventionen, bei denen wegen Art. 5 Abs. 1 S. 2 GG stets eine gesetzliche Grundlage erforderlich ist).
47 Vgl. BVerwG DVBl. 2004, 126, 128.
48 BVerwG DVBl. 2004, 126, 127; ThürOVG ThürVBl. 2004, 241; VGH Mannheim RÜ 2009, 453, 455.
49 BVerwG NJW 1991, 766, 768@; OVG NRW NVwZ 1993, 76, 79; Maurer § 11 Rdnr. 19; Kopp/Ramsauer VwVfG § 49 Rdnr. 5; Stelkens/Bonk/Sachs VwVfG § 49 Rdnr. 7; Bader/Ronellenfitsch VwVfG § 49 Rdnr. 2; Manssen/Greim JuS 2010, 429, 432

nes rechtmäßigen VA andere Erwägungen maßgebend seien als bei einem rechtswidrigen VA.[50]

Für die h.M. spricht das praktische Bedürfnis, dass die Behörde keine Nachforschungen anstellen muss, wenn zweifelhaft ist, ob der VA rechtmäßig oder rechtswidrig ist, oder wenn die Behörde sich auf die Rechtswidrigkeit des VA nicht berufen will (z.B. weil sie – allerdings unzutreffend – den VA für rechtmäßig hält), aber einer der Widerrufsgründe des § 49 Abs. 2 oder Abs. 3 VwVfG vorliegt.

Beispiel: A hat aufgrund eines Bescheides eine Subvention erhalten, die mit einer Auflage verbunden war. Ob die Subvention rechtmäßig gewährt wurde, ist zweifelhaft. Die Auflage für sich genommen ist rechtmäßig. Hat A der Auflage hartnäckig zuwidergehandelt, kann die Subvention nach § 49 Abs. 3 S. 1 Nr. 2 VwVfG widerrufen werden, ohne dass die Frage der Rechtmäßigkeit der Subventionsgewährung entschieden werden müsste.

Die Frage der Rechtmäßigkeit des Subventionsbescheides kann daher dahinstehen, da bei Rechtswidrigkeit die Regelung des § 49 Abs. 3 VwVfG erst recht gilt.

Deshalb kann eine Aufhebung nach § 48 VwVfG nachträglich auf § 49 VwVfG gestützt werden und umgekehrt, soweit die jeweiligen Voraussetzungen erfüllt sind und die Behörde die erforderlichen Ermessenserwägungen angestellt hat.[51]

47 3. § 49 Abs. 3 VwVfG erlaubt nur den Widerruf solcher VAe, die eine einmalige oder laufende **Geldleistung** oder **teilbare Sachleistung** gewähren oder hierfür Voraussetzung sind. Das ist bei der Subventionsbewilligung der Fall.

Darunter fallen insbes. bezifferte Geldleistungen, aber auch der Verzicht oder die Stundung einer Forderung.[52] Als (teilbare) Sachleistung ist nicht nur die Lieferung von Gütern anzusehen, sondern z.B. auch die Überlassung von Wohnräumen, die Zulassung zur Benutzung einer öffentlichen Einrichtung u.Ä. Die Teilbarkeit kann sich sowohl in sachlicher als auch in zeitlicher Hinsicht ergeben.[53]

Auf welcher Rechtsgrundlage die Leistungen gewährt wurden, ist für § 49 Abs. 3 VwVfG ebenso unerheblich wie die Frage, ob auf die Gewährung ein Rechtsanspruch bestand oder ob sie nach Ermessen der Behörde erfolgte.[54]

Des Weiteren muss die Gewährung **zur Erfüllung eines bestimmten Zwecks** erfolgen oder der VA muss Voraussetzung für die Gewährung einer zweckbestimmten Leistung sein. Die Zweckbindung ergab sich hier unmittelbar aus den Subventionsbedingungen.

48 4. Nach § 49 Abs. 3 S. 1 VwVfG kann der VA ganz oder teilweise auch mit Wirkung **für die Vergangenheit** widerrufen werden,

- wenn die Leistung nicht, nicht alsbald nach der Erbringung oder nicht mehr für den in dem VA bestimmten **Zweck** verwendet wird,[55]

---

50 OVG NRW NVwZ 1988, 942, 943; Erichsen/Brügge Jura 1999, 496, 497; Ruffert in: Erichsen/Ehlers § 25 Rdnr. 1.
51 BVerwG NVwZ-RR 1992, 68; Bader/Ronellenfitsch VwVfG § 49 Rdnr. 2.
52 Kopp/Ramsauer VwVfG § 48 Rdrn. 87.
53 Knack/Henneke VwVfG § 48 Rdnr. 90.
54 Kopp/Ramsauer VwVfG § 49 Rdnr. 63.
55 Zur zweckwidrigen Verwendung vgl. OVG NRW NWVBl. 2003, 216, 218.

B. Der Widerruf des Verwaltungsaktes gemäß § 49 VwVfG — 1. Abschnitt

- oder wenn der Begünstigte eine mit dem VA verbundene **Auflage** nicht oder nicht innerhalb einer ihm gesetzten Frist erfüllt hat.[56]

Hier liegt eine **zweckwidrige Verwendung** vor, da U den Bus nicht zum Zweck der Schülerbeförderung einsetzt, sondern für Wochenendreisen.

„Alsbald" i.S.d. § 49 Abs. 3 S. 1 Nr. 1 VwVfG ist allein in zeitlicher Hinsicht zu verstehen („kurz danach"). Ob ein Verschulden des Leistungsempfängers vorliegt, ist hier, anders als bei „unverzüglich" i.S.d. § 121 BGB („ohne schuldhaftes Zögern"), ohne Bedeutung.[57]

Eine Zweckverfehlung liegt nach § 49 Abs. 3 S. 1 Nr. 1 VwVfG auch vor, wenn die Mittel „nicht mehr" zweckgerecht eingesetzt werden, selbst wenn sie ursprünglich zweckgerecht verwendet worden sind. Das kann z.B. auch der Fall sein bei einer Betriebsstilllegung.[58]

5. Nach §§ 49 Abs. 3 S. 2, 48 Abs. 4 VwVfG gilt eine **Widerrufsfrist** von einem Jahr, die vorliegend eingehalten wurde.[59]   49

6. **Rechtsfolge:** Im Rahmen des § 49 Abs. 3 VwVfG **kann** die Behörde den Bewilligungsbescheid widerrufen, und zwar für die Vergangenheit oder für die Zukunft (vgl. „auch"), d.h. ihr steht Ermessen sowohl hinsichtlich des „Ob" als auch des Umfangs des Widerrufs zu.[60]   50

Der Grundsatz der Verhältnismäßigkeit kann einem Widerruf insbesondere bei nur geringfügigen Verstößen entgegenstehen. Auch muss die Behörde unter Beachtung des Grundsatzes der Verhältnismäßigkeit entscheiden, ob der Widerruf umfassend oder nur teilweise ausgesprochen wird. In zeitlicher Hinsicht muss die Behörde ermessensfehlerfrei von der Widerrufsmöglichkeit für die Vergangenheit oder nur für die Zukunft Gebrauch machen.[61]

Vgl. auch § 49 Abs. 4 VwVfG: Der widerrufene VA wird mit dem Wirksamwerden des Widerrufs (also seiner Bekanntgabe, §§ 41 Abs. 1, 43 Abs. 1 VwVfG) unwirksam, wenn die Behörde keinen anderen Zeitpunkt bestimmt.

Die Behörde hat hier den Widerruf allein damit begründet, dass der Verstoß gegen die schriftlich anerkannten Subventionsbedingungen sie zum Widerruf „verpflichtet" habe. Sie hat ihr Ermessen damit nicht ausgeübt, was grds. zur Rechtswidrigkeit der Entscheidung führt **(Ermessensnichtgebrauch)**.[62] Da das Verhalten der Behörde hierbei aber in Einklang mit den **Richtlinien** stand, ist fraglich, ob diese die behördliche Entscheidung trotzdem rechtfertigen können.   51

a) Grds. können Richtlinien als Verwaltungsvorschriften die Ermessensentscheidung in einer **antezipierten Selbstbindung** der Verwaltung vorwegnehmen. Dabei führt das Gleichbehandlungsgebot des Art. 3 Abs. 1 GG dazu, dass die Richtlinien, wenn sie in ständiger Übung von der Verwaltung praktiziert werden, im Ergebnis, ähnlich wie Außenrechtssätze, die Rechtsbeziehungen zum Bürger prägen.[63]   52

---

56 Vgl. BVerwG NVwZ-RR 2004, 413; OVG NRW NWVBl. 2010, 242, 243; Manssen/Greim JuS 2010, 429, 432.
57 BVerwG NVwZ 2005, 1085, 1086.
58 OVG Koblenz NJW 1981, 882, 884; OVG Lüneburg NVwZ 1985, 120; Hübbenet JuS 2004, 795, 797 m.w.N.; einschränkend VG Köln, Urt. v. 10.06.2010 – 16 K 5313/08 (Schließung des Nokia-Werkes in Bochum).
59 Zur Fristberechnung vgl. unten Rdnr. 101 ff.
60 Stelkens/Bonk/Sachs VwVfG § 49 Rdnr. 96 f.; Kopp/Ramsauer VwVfG § 49 Rdnr. 62a; Manssen/Greim JuS 2010, 429, 433.
61 Vgl. beispielhaft Manssen/Greim JuS 2010, 429, 433.
62 Vgl. näher AS-Skript Verwaltungsrecht AT 1 (2010), Rdnr. 432 f.
63 Speziell zum Subventionsrecht VGH Mannheim RÜ 2009, 453, 455; OVG NRW NVwZ 1996, 610, 613; allgemein AS-Skript Verwaltungsrecht AT 1 (2010), Rdnr. 141 ff.

53 b) Diese Bindung geht jedoch nicht so weit, dass die Pflicht zur Ermessensausübung und damit zur Berücksichtigung der besonderen Umstände des Einzelfalls ganz beseitigt wird. Zwar sollen ermessensbindende Verwaltungsvorschriften die einheitliche Handhabung des vom Gesetz eingeräumten Ermessens gewährleisten. Jedoch verlangt gerade Art. 3 Abs. 1 GG zugleich auch die Berücksichtigung etwaiger **Ausnahmefälle**. Die Behörde hat daher – unabhängig von den Richtlinien – stets zu prüfen, ob ein solcher Ausnahmefall vorliegt, der ein Abweichen von der Richtlinie nach Art. 3 Abs. 1 GG gebieten würde.[64] Daran fehlt es im vorliegenden Fall.

54 c) Bei Subventionen kommt aber den **haushaltsrechtlichen Grundsätzen** der Wirtschaftlichkeit und Sparsamkeit (vgl. z.B. § 7 Abs. 1 BHO) eine ermessenslenkende Bedeutung dergestalt zu, dass im Regelfall nur die Entscheidung für den Widerruf ermessensfehlerfrei ist. Im Rahmen des § 49 Abs. 2 u. Abs. 3 VwVfG hat der Gesetzgeber den Vertrauensschutz bereits in die Widerrufstatbestände eingearbeitet. Das der Behörde eingeräumte Ermessen ist deshalb im Hinblick auf das öffentliche Interesse in Richtung auf einen Widerruf **„intendiert"**. Aus diesem Grund können Vertrauensschutzgesichtspunkte im Rahmen des der Behörde obliegenden Widerrufsermessens nur dann zugunsten des Betroffenen zu Buche schlagen, wenn der ihm ohnehin bereits kraft Gesetzes zustehende Vertrauensschutz aus besonderen Gründen nicht ausreichend erscheint.[65]

Die Behörde muss aber erkennen, dass ihr ein – wenn auch gelenkter – Ermessensspielraum zusteht. Hält sie sich für zwingend gebunden, ohne die Umstände des Einzelfalls zu berücksichtigen, ist der Widerruf ermessensfehlerhaft.[66]

Hat die Behörde demgegenüber ihren (eingeengten) Ermessensspielraum erkannt und liegen keine Anhaltspunkte für einen Ausnahmefall vor, so braucht sie nach Auffassung des BVerwG dies auch nicht näher zu begründen.[67]

55 d) Der Ermessensnichtgebrauch könnte jedoch dadurch gerechtfertigt sein, dass U sich mit den Richtlinien uneingeschränkt **einverstanden** erklärt hat (sog. **VA auf Unterwerfung**). Wegen des Prinzips der Gesetzmäßigkeit der Verwaltung (Art. 20 Abs. 3 GG) und des Vorrangs des Gesetzes stehen die Vorschriften über die Aufhebung von VAen aber grds. nicht zur Disposition der Beteiligten.[68]

Der **Widerruf des Subventionsbescheides** ist daher **rechtswidrig**, weil die Behörde ihr Widerrufsermessen überhaupt nicht ausgeübt hat.

---

[64] Vgl. BVerwG NVwZ 1987, 498, 499; OVG NRW NWVBl. 2009, 231, 232; NVwZ 1996, 610, 613.
[65] BVerwG NVwZ-RR 2004, 413, 415; NJW 1998, 2233, 2234@; VGH Mannheim RÜ 2009, 453, 456; OVG NRW NWVBl. 2003, 216, 218; Attendorn NVwZ 2006, 991, 994; ablehnend zum intendierten Ermessen Maurer § 7 Rdnr. 12; Erbguth JuS 2002, 333, 334; allgemein zum intendierten Ermessen Borowski DVBl. 2000, 149 ff.
[66] SächsOVG, Urt. v. 13.11.2003 – 1 B 576/02; vgl. auch OVG NRW NWVBl. 2010, 242, 244 für atypische Fälle.
[67] BVerwG NJW 1998, 2233, 2234@.
[68] OVG NRW NWVBl. 1992, 279, 281; DVBl. 1985, 532, 533; Erichsen/Brügge Jura 1999, 496, 501; Baumeister NVwZ 1997, 19, 24; abweichend OVG Lüneburg NVwZ 1985, 500, 501, wenn die Unterwerfung dem Subventionszweck dient.

B. Rechtmäßigkeit des Rückforderungsbescheides

Ermächtigungsgrundlage für die Rückforderung ist § 49 a Abs. 1 VwVfG.

I. § 49 a Abs. 1 VwVfG setzt voraus, dass der **Subventionsbescheid aufgehoben** worden ist. Hier ist der Bewilligungsbescheid zwar widerrufen worden, der Widerruf ist aber rechtswidrig und aufzuheben. Der Rückforderungsbescheid verliert damit rückwirkend seine Rechtfertigung. **56**

II. Allerdings entfaltet der Widerrufsbescheid, solange er tatsächlich noch nicht aufgehoben ist, **Tatbestandswirkung** und könnte die Rückforderung (vorläufig) rechtfertigen.[69] U kann den Widerrufsbescheid aber erfolgreich anfechten. Seine Rechtsbehelfe entfalten nach § 80 Abs. 1 VwGO aufschiebende Wirkung, d.h. die Behörde darf den Widerruf nicht verwirklichen.[70] Die Voraussetzungen für die Rückforderung liegen daher schon während des Rechtsbehelfsverfahrens nicht (mehr) vor, auch wenn der Widerrufsbescheid erst später aufgehoben wird.[71] Der Rückforderungsbescheid ist deshalb ebenfalls rechtswidrig und aufzuheben. **57**

Die Aufhebung des Widerrufsbescheids entfaltet ihre Wirkung zwar erst mit Rechtskraft des Urteils. Aus § 113 Abs. 1 S. 2 und Abs. 4 VwGO ergibt sich jedoch, dass dann, wenn die Aufhebung eines VA weitere Ansprüche auslöst (hier die Rückforderung), das Verwaltungsgericht im Interesse der Prozessökonomie sowohl über die Aufhebung als auch über den gestuften Folgeanspruch entscheiden kann.[72] Das Verwaltungsgericht kann daher bei einer Anfechtungsklage gegen einen Bescheid, der die Gewährung einer Geldleistung widerruft und sie zurückfordert, zugleich den Widerruf und die Rückforderung aufheben.

Aufbauschema: Widerruf für die Vergangenheit gem. § 49 Abs. 3 VwVfG

I. **Ermächtigungsgrundlage:** § 49 Abs. 3 S. 1 VwVfG

II. **Formelle Rechtmäßigkeit**
  1. **Zuständigkeit**
  2. **Verfahren, Form** (insbes. §§ 28, 37, 39 VwVfG)

III. **Materielle Rechtmäßigkeit**
  1. **Voraussetzungen der Ermächtigungsgrundlage**
     a) **aufzuhebender VA rechtmäßig** (analog bei rechtswidrigem VA, str.)
     b) **aufzuhebender VA** gewährt **Geldleistung** oder **teilbare Sachleistung** zu **bestimmten Zweck**
     c) **Widerrufsgrund** gem. § 49 Abs. 3 S. 1 Nr. 1 oder Nr. 2 VwVfG
     d) **Widerrufsfrist:** ein Jahr (§§ 49 Abs. 3 S. 2, 48 Abs. 4 S. 1 VwVfG)
  2. **Rechtsfolge: Ermessen, insbes. Verhältnismäßigkeit**

---

[69] In diesem Sinne Hübbenet JuS 2004, 795, 798; Pauly/Pudelka DVBl. 1999, 1609, 1610.
[70] Vgl. Martini JuS 2003, 266, 270; Pauly/Pudelka DVBl. 1999, 1609, 1611; Stelkens/Bonk/Sachs VwVfG § 49 a Rdnr. 17.
[71] OVG NRW NWVBl. 2010, 242, 245; Kopp/Ramsauer VwVfG § 49 a Rdnr. 7a.
[72] OVG NRW NWVBl. 2007, 310; ebenso Kopp/Ramsauer VwVfG § 49 a Rdnr. 7a; a.A. Pauly/Pudelka DVBl. 1999, 1609, 1613 f.

III. Rückforderung gem. § 49 a VwVfG

Aufbauschema: Rückforderung gem. § 49 a VwVfG

I. **Ermächtigungsgrundlage:** § 49 a VwVfG

II. **Formelle Rechtmäßigkeit**

   1. **Zuständigkeit**
   2. **Verfahren, Form** (insbes. §§ 28, 37, 39 VwVfG)

III. **Materielle Rechtmäßigkeit**

   1. **Voraussetzungen der Ermächtigungsgrundlage**
      a) Rücknahme oder Widerruf für die Vergangenheit oder Eintritt einer auflösenden Bedingung
         - analog, wenn VA mit vorläufiger Regelung gegenstandslos wird
         - nicht bei Aufhebung im Rechtsbehelfsverfahren oder bei Nichtigkeit
      b) Leistung aufgrund des unwirksam gewordenen VA
   2. **Rechtsfolgen**
      - gebundene Entscheidung, kein Ermessen (§ 49 a Abs. 1 S. 1 VwVfG)
      - Rückforderung durch VA (§ 49 a Abs. 1 S. 2 VwVfG)
      - Umfang nach § 49 a Abs. 2 VwVfG entsprechend § 818 BGB
      - Verzinsung, § 49 a Abs. 3 u. Abs. 4 VwVfG

---

1. Voraussetzungen

58 **a)** § 49 a VwVfG gilt für Rücknahme und Widerruf mit Wirkung für die Vergangenheit, außerdem für die nachträgliche Rechtsgrundlosigkeit durch **Eintritt einer auflösenden Bedingung** und **analog beim sog. VA mit vorläufiger Regelung**.[73] In diesen Fällen verdrängt § 49 a VwVfG den allgemeinen öffentlich-rechtlichen Erstattungsanspruch (dazu unten Rdnr. 619 ff.). Der allgemeine Erstattungsanspruch bleibt demgegenüber anwendbar bei Aufhebung im verwaltungsgerichtlichen Verfahren (§ 113 Abs. 1 S. 1 VwGO), bei Aufhebung im Vorverfahren durch Abhilfe- oder Widerspruchsbescheid (§§ 72, 73 VwGO) sowie bei ursprünglicher Nichtigkeit nach § 44 VwVfG.[74]

§ 49 a VwVfG erfasst nicht den **Widerruf nur für die Zukunft**. Geht man mit der früheren Rspr. davon aus, dass auch bei einem Widerruf ex nunc die Rechtsgrundlage für das Behaltendürfen der Leistung entfällt (s.o. Rdnr. 41ff.), so ist der öffentlich-rechtliche Erstattungsanspruch eröffnet.[75]

59 **b)** § 49 a VwVfG setzt voraus, dass die zu erstattenden Leistungen auf der Grundlage eines **VA** erbracht worden sind. Das bedeutet, dass Leistungen, die auf einem anderen Rechtsgrund beruhen, z.B. einem öffentlich-rechtlichen oder einem privatrechtlichen Vertrag, **nicht** nach § 49 a Abs. 1 VwVfG zurückgefordert werden können.[76]

---

[73] BVerwG RÜ 2010, 188, 190 f.; a.A. OVG Berlin-Brandenburg RÜ 2009, 390, 391; Stelkens/Bonk/Sachs VwVfG § 49 a Rdnr. 8; zum vorläufigen VA vgl. allgemein AS-Skript Verwaltungsrecht AT 1 (2010), Rdnr. 192 ff.

[74] Stelkens/Bonk/Sachs VwVfG § 49 a Rdnr. 7; Gurlit in: Erichsen/Ehlers § 35 Rdnr. 18.

[75] Kopp/Ramsauer VwVfG § 49 a Rdnr. 8, Manssen/Greim JuS 2010, 429, 433; für eine analoge Anwendung des § 49 a VwVfG Stelkens/Bonk/Sachs VwVfG § 49 a Rdnr. 16 u. 19; Bader/Ronellenfitsch VwVfG § 49 a Rdnr. 12.

B. Der Widerruf des Verwaltungsaktes gemäß § 49 VwVfG

Beispiel: Hat die Behörde eine Subvention in Anwendung der **Zwei-Stufen-Theorie** durch VA bewilligt und sodann auf der Grundlage eines privatrechtlichen Darlehensvertrages ausgezahlt, so kann die Rückforderung nicht nach § 49 a VwVfG durch VA geltend gemacht, sondern muss im Wege der Leistungsklage vor den ordentlichen Gerichten durchgesetzt werden.[77]

60

Umstritten ist, ob dies auch dann gilt, wenn eine durch **privatrechtlichen Vertrag** gewährte europarechtswidrige Subvention zurückgefordert werden soll. Hier wird teilweise geltend gemacht, nur eine Rückforderung durch sofort vollziehbaren VA könne die von Art. 14 Abs. 3 VO-EG 659/99 vorgeschriebene unverzügliche Durchsetzung der Kommissionsentscheidung gewährleisten, die die Unionsrechtswidrigkeit festegestellt hat (s.u. Rdnr. 144 ff.). Die an die Bundesrepublik gerichtete Kommissionsentscheidung, eine rechtswidrige Beihilfe zurückzufordern, sei öffentlich-rechtlicher Natur und führe dazu, dass auch das Rückforderungsverhältnis zu dem Beihilfeempfänger öffentlich-rechtlich ausgestaltet sei, selbst wenn die Beihilfe privatrechtlich gewährt worden sei.[78]

Die Gegenansicht verweist auf das Fehlen einer Ermächtigungsgrundlage für einen entsprechenden Rückforderungsbescheid. Daran ändere auch Art. 14 Abs. 3 VO-EG 659/99 letztlich nichts. Das Unionsrecht überlasse die rechtliche Umsetzung der Subventionsrückforderung gerade dem nationalen Recht, sofern die effektive Durchsetzung des Unionsrechts nicht praktisch unmöglich gemacht werde.[79] Die Kommissionsentscheidung könne eine privatrechtlich ausgestaltete Subvention nicht in ein öffentlich-rechtliches Rechtsverhältnis umgestalten.[80] Die Behörde sei vielmehr gehalten, zur zeitnahen Durchsetzung des privatrechtlichen Rückforderungsanspruchs den Weg des vorläufigen Rechtsschutzes nach der ZPO zu beschreiten.[81]

2. Rechtsfolgen

a) Anders als beim Erlass des Widerrufs- oder des Rücknahme-VA gem. §§ 48, 49 VwVfG hat die Behörde bei der Rückforderung nach § 49 a Abs. 1 VwVfG **kein Ermessen** (vgl. „sind ... zu erstatten").[82] § 49 a Abs. 1 S. 2 VwVfG sieht die Festsetzung der zu erstattenden Leistung **durch VA** vor[83] und schließt damit – anders als sonst – die Rückforderung durch Leistungsklage aus.[84]

61

b) § 49 a Abs. 2 VwVfG regelt den **Umfang des Erstattungsanspruchs** durch (Rechtsfolgen-) Verweis auf die Vorschriften über die ungerechtfertigte Bereicherung (§§ 812 ff. BGB). Entsprechend § 818 Abs. 2 BGB ist der Begünstigte zum Wertersatz verpflichtet, wenn ihm die Herausgabe unmöglich ist. Auf den Wegfall der Bereicherung (§ 818 Abs. 3 BGB) kann er sich nicht berufen, soweit er die Umstände, die zur Aufhebung des VA geführt haben, kannte oder – abweichend von § 819 Abs. 1 BGB – grob fahrlässig nicht kannte (§ 49 a Abs. 2 S. 2 VwVfG).

62

c) § 49 a Abs. 3 VwVfG schreibt die **Verzinsung** des zu erstattenden Betrages ab Eintritt der Unwirksamkeit des Bewilligungsbescheides vor. Von der Zinspflicht kann bei mangelndem Verschulden abgesehen werden. Nach § 49 a Abs. 4 S. 1 VwVfG können auch Zwischenzinsen bis zur zweckentsprechenden Verwendung verlangt werden, nach § 49 a Abs. 4 S. 2 VwVfG Zinsen bei verfrühter Inanspruchnahme.[85]

63

---

76 BVerwG NJW 2006, 536.
77 BVerwG NJW 2006, 536, 537 f.; dazu Dorf NVwZ 2008, 375 ff.
78 OVG Berlin-Brandenburg, Urt. v. 29.12.2006 – OVG 8 S 42.06; OVG Berlin-Brandenburg NVwZ 2006, 104 gegen VG Berlin EuZW 2005, 659, 660.
79 Hildebrandt/Castillon NVwZ 2006, 298, 299 f.; Vögler NVwZ 2007, 294, 297; Gundel JA 2007, 668, 669; Goldmann Jura 2008, 275, 279 f.; Haas/Hoffmann JA 2009, 119, 121.
80 Ludwigs Jura 2007, 612, 615; vgl. im Ergebnis auch BGH NVwZ 2007, 973, 974.
81 Ehlers JK 7/06 EGV 87 I/2; Ludwigs Jura 2007, 612, 613; Goldmann Jura 2008, 275, 281.
82 Vgl. BVerwG, Beschl. v. 28.10.2002 – 3 B 152.02; SächsOVG, Urt. v. 13.11.2003 – 1 B 576/02.
83 Vgl. OVG NRW NWVBl. 2004, 314, 315 (VA-Befugnis auch gegenüber anderen Hoheitsträgern).
84 Gurlit in: Erichsen/Ehlers § 35 Rdnr. 22; vgl. allgemein AS-Skript VerwaltungsR AT 1 (2010), S. 119 ff.

IV. Widerruf des VA bei rechtswidriger Nebenbestimmung

> **Fall 3: Kurzes Vergnügen**
>
> K hatte im Mai bei der zuständigen Behörde einen Zuschuss zur Modernisierung seiner Heizungsanlage beantragt, der mit Bescheid vom 01.07. gewährt wurde. Rechtsgrundlage für die Gewährung ist § 5 eines sog. Energieeinsparungsgesetzes (EnSparG). Nach § 7 EnSparG sollen die Mittel vor Beginn der baulichen Maßnahme beantragt werden. Nr. 5 der Bewilligungsrichtlinien enthält demgegenüber folgende Regelung: „Die Förderung ist ausgeschlossen, wenn mit der Modernisierung vor der Bewilligung begonnen wird." Die Behörde hat deshalb folgenden Widerrufsvorbehalt in den Bescheid aufgenommen: „Die Bewilligung kann widerrufen werden, wenn der Antragsteller gegen die Bewilligungsrichtlinien verstößt." Als sich noch vor Auszahlung des Zuschusses herausstellt, dass K die Heizungsanlage bereits im Juni abschließend modernisiert hat, möchte die Behörde den Bewilligungsbescheid widerrufen. Behördlicherseits bestehen jedoch Bedenken, ob der Widerrufsvorbehalt mit der Regelung des § 7 EnSparG vereinbar ist.

Rechtsgrundlage für den Widerruf könnte § 49 Abs. 2 S. 1 Nr. 1 VwVfG sein. Die Vorschrift ist bei GeldleistungsVAen neben § 49 Abs. 3 VwVfG anwendbar, der lediglich zusätzliche Widerrufsgründe für die Vergangenheit begründet.[86]

64 I. Die **Voraussetzungen** des § 49 Abs. 2 S. 1 Nr. 1 VwVfG liegen vor, da sich die Behörde den Widerruf in dem Bewilligungsbescheid ausdrücklich vorbehalten hatte (§ 36 Abs. 2 Nr. 3 VwVfG).

65 II. Bedenken könnten jedoch bestehen, wenn die Beifügung des Widerrufsvorbehaltes ihrerseits **rechtswidrig** war. Nach dem EnSparG sollen die Mittel vor Beginn der baulichen Maßnahme beantragt werden. Nach den Richtlinien und dem darauf aufbauenden Widerrufsvorbehalt ist die Förderung aber auch dann ausgeschlossen, wenn mit den Arbeiten nach Antragstellung, aber vor der Bewilligung begonnen wird. Dies stellt eine unzulässige Verschärfung dar, wenn die gesetzliche Regelung abschließend ist. Der Vorbehalt wäre indes rechtmäßig, wenn das Gesetz lediglich eine „steigerungsfähige" Mindestvoraussetzung aufstellen würde.[87]

66 III. Diese Frage kann dahinstehen, wenn die **Rechtswidrigkeit des Vorbehaltes** ohnehin keine Auswirkungen auf die Rechtmäßigkeit des Widerrufs hat.

　1. Hat der Bürger einen begünstigenden VA nur unter einer belastenden **Nebenbestimmung** erhalten, so wird die Nebenbestimmung mit Ablauf der Rechtsbehelfsfrist bestandskräftig. Werden später Konsequenzen aus der Nebenbestimmung gezogen, insbes. indem ein Widerruf nach § 49 Abs. 2 oder Abs. 3 VwVfG erklärt wird, ist zweifelhaft, ob der Betroffene sich noch **nachträglich** auf die Rechtswidrigkeit der Nebenbestimmung berufen kann.

---

[85] Zur Zinspflicht vgl. BVerwG DVBl. 2003, 270; NVwZ 2005, 964.
[86] Stelkens/Bonk/Sachs VwVfG § 49 Rdnr. 107; Kopp/Ramsauer VwVfG § 49 Rdnr. 62 und oben Rdnr. 43.
[87] Vgl. BVerwG NVwZ 1987, 498, 499, wo eine abschließende Regelung verneint wurde.

a) Ist die Nebenbestimmung gemäß § 44 VwVfG **nichtig**, so hat sie keine Wirkung und kann daher auch einen Widerruf nicht rechtfertigen. Ob der (Haupt-)VA im Übrigen wirksam bleibt, richtet sich nach § 44 Abs. 4 VwVfG. Anhaltspunkte für eine Nichtigkeit bestehen vorliegend nicht.

b) Liegt keine Nichtigkeit vor, so ist nach h.M. zwischen den verschiedenen Arten der Nebenbestimmungen zu unterscheiden:

- **Bedingung** und **Befristung** als „integrierte Bestandteile" des VA beschränken dessen Wirksamkeit nach h.M. auch dann, wenn sie rechtswidrig sind. Hier kommt es also auf die Frage der Rechtmäßigkeit oder Rechtswidrigkeit nicht an.

  Beispiel: Hat X einen Anspruch auf eine unbefristete Ausnahmebewilligung gemäß § 8 Abs. 1 HandwO, wurde sie ihm aber nur für fünf Jahre erteilt, so erlischt die Bewilligung nach fünf Jahren. Das ist auch sachlich gerechtfertigt, weil X bei Erteilung genau wusste, dass er die Ausnahmebewilligung verliert, wenn die Frist abläuft (oder eine auflösende Bedingung eintritt).

- Ob dies auch für den **Widerrufsvorbehalt** und die **Auflage** gilt, ist indes umstritten. Teilweise wird die Rechtmäßigkeit der Nebenbestimmung als **Tatbestandsvoraussetzung** des § 49 VwVfG angesehen. Ein Widerruf sei nur bei rechtmäßigem Widerrufsvorbehalt bzw. rechtmäßiger Auflage zulässig.[88] Die Gegenansicht verweist zutreffend darauf, dass auch ein rechtswidriger Widerrufsvorbehalt **Tatbestandswirkung** entfalte. Der Bürger habe sich mit der nur eingeschränkten Begünstigung abgefunden, wenn er die Nebenbestimmung nicht angefochten hat. Die Behörde könne daher den Widerruf grds. auch auf eine rechtswidrige, aber zwischenzeitlich unanfechtbare Nebenbestimmung stützen.[89] Einschränkungen können sich aber im Rahmen der **Rechtsfolge** beim Ermessen ergeben. Bei der Ausübung des Ermessens sei auch zu berücksichtigen, ob die Nebenbestimmung rechtmäßig oder rechtswidrig ist. In der Regel führe die Rechtswidrigkeit des Vorbehalts oder der Auflage dazu, dass ihre Ausnutzung ermessensfehlerhaft sei.[90]

2. Vorliegend handelt es sich um einen **Widerrufsvorbehalt**. Diesbezüglich wird man (ebenso wie bei der Auflage) wie folgt differenzieren müssen:

a) Liegt der Grund für die Rechtswidrigkeit der Nebenbestimmung in einer Ermessensüberschreitung oder beruht sie auf einem Ermessensfehlgebrauch, so ist für einen Widerruf schon **kein sachlicher Grund** ersichtlich. Dann ist ein ermessensfehlerfreier Widerruf nicht möglich.

   Beispiel: Der Widerrufsvorbehalt oder die Auflage beruhte selbst auf sachwidrigen Gründen.[91]

---

88 Maurer § 11 Rdnr. 41; Erichsen Jura 1981, 590, 591; Erichsen/Brügge Jura 1999, 496, 498 m.w.N.
89 BVerwG NJW 1991, 766, 767; NVwZ 1987, 498, 499@; Ruffert in: Erichsen/Ehlers § 25 Rdnr. 7 m.w.N.
90 BVerwG NVwZ-RR 1994, 580 (bei offensichtlicher Rechtswidrigkeit); OVG NRW NWVBl. 1992, 279, 283; Kopp/Ramsauer VwVfG § 49 Rdnr. 37 u. 38 a; Stelkens/Bonk/Sachs VwVfG § 49 Rdnr. 39 ff. u. 49; Ehlers VerwArch 37 (2004), 255, 282 m.w.N.
91 Vgl. dazu ausführlich Sarnighausen NVwZ 1995, 563, 565 ff.

71 b) Ansonsten wird man dagegen grds. auf die **Tatbestandswirkung** der Nebenbestimmung abstellen müssen. Der Adressat hat es selbst in der Hand, sich rechtzeitig gegen die belastende Auflage oder den Widerrufsvorbehalt zu wehren. Tut er dies nicht, muss die Behörde zumindest die Möglichkeit des Widerrufs haben. Dies führt auch nicht zu unbilligen Ergebnissen, weil die Behörde selbstverständlich noch ihr Ermessen nach § 49 VwVfG ausüben muss und der Widerruf auch bei einem (rechtswidrigen) Widerrufsvorbehalt (ebenso wie bei einer Auflage) nur aus sachlichen Gründen erfolgen darf.[92]

Eine etwaige Rechtswidrigkeit des Widerrufsvorbehalts steht der Rechtmäßigkeit des Widerrufs daher nicht entgegen. Die **Voraussetzungen** für einen Widerruf nach § 49 Abs. 2 S. 1 Nr. 1 VwVfG liegen damit vor.

72 IV. Der Widerruf muss seinerseits rechtmäßig, insbes. **ermessensfehlerfrei** erklärt werden. Dabei muss der Widerruf vor allem **sachlich gerechtfertigt** sein. Bei nur beschränkt vorhandenen Fördermitteln besteht ein Interesse, von einer „Förderung" abzusehen, wenn der Betroffene die Maßnahme ohnehin durchführt. Dies ist i.d.R. anzunehmen, wenn mit den zu fördernden Maßnahmen bereits vor der Bewilligung begonnen wird.[93] Denn damit macht der Betroffene deutlich, dass er seine Entscheidung zur Durchführung der Maßnahme unabhängig von der Förderung getroffen hat (Subsidiarität der Förderung, vgl. § 23 BHO).

Die Behörde kann den Widerruf daher ermessensfehlerfrei auf § 49 Abs. 2 S. 1 Nr. 1 VwVfG stützen.

C. Die Rücknahme des Verwaltungsaktes gemäß § 48 VwVfG

I. Die Rücknahme eines rechtswidrigen belastenden VA

73 Nach § 48 Abs. 1 S. 1 VwVfG kann ein rechtswidriger VA, auch nachdem er unanfechtbar geworden ist, ganz oder teilweise mit Wirkung für die Zukunft oder für die Vergangenheit zurückgenommen werden. Die Rücknahme rechtswidriger belastender VAe ist nach § 48 Abs. 1 S. 1 VwVfG **ohne weitere Voraussetzungen** zulässig.

Beispiele: Rücknahme einer Ordnungsverfügung, Rücknahme eines Einberufungsbescheids, Rücknahme der Ausweisung eines Ausländers.

74 Im Rahmen des **Ermessens** hat die Behörde alle für und gegen die Rücknahme sprechenden Gesichtspunkte abzuwägen. Hierbei stehen sich einerseits die Bindung der Verwaltung an Gesetz und Recht (Art. 20 Abs. 3 GG) sowie das Gebot der materiellen Gerechtigkeit und der Gesichtspunkt der Rechtssicherheit andererseits gleichwertig gegenüber. Deshalb stellt es grds. keinen Ermessensfehler dar, wenn die Behörde die Rücknahme des VA unter Hinweis auf dessen Bestandskraft ablehnt (s.u. Rdnr. 155 ff.). Selbstverständlich sind aber die **allgemeinen Beschränkungen** des Ermessens zu beachten.

---

[92] In diesem Sinne auch Ruffert in: Erichsen/Ehlers § 25 Rdnr. 7.
[93] BVerwG NVwZ 1987, 498, 499; Pünder JA 2004, 467, 470.

Beispielsweise darf eine Rücknahme nicht aus sachwidrigen Gründen oder unter Verstoß gegen Art. 3 Abs. 1 GG erfolgen oder abgelehnt werden. Nur ausnahmsweise kann im Fall der **Ermessensreduzierung** ein Anspruch auf Rücknahme eines rechtswidrigen VA bestehen (unten Rdnr. 145).

Einschränkungen können sich überdies ergeben, wenn der aufzuhebende VA zuvor vom Verwaltungsgericht **rechtskräftig** bestätigt worden ist.   75

Beispiel: Die Klage des Ausländers A gegen seine Ausweisung (§ 55 Abs. 1 AufenthG) ist vom Verwaltungsgericht rechtskräftig abgewiesen worden. Nach einem Sachbearbeiterwechsel im Ausländeramt gelangt die zuständige Behörde zu der Erkenntnis, dass seinerzeit bei der Ermessensentscheidung gewichtige Gesichtspunkte zugunsten des A nicht berücksichtigt worden sind (§ 55 Abs. 3 AufenthG). Darf die Behörde die Ausweisung nach § 48 Abs. 1 S. 1 VwVfG zurücknehmen?

Nach § 48 Abs. 1 S. 1 VwVfG können nur **rechtswidrige** Verwaltungsakte aufgehoben werden. Nachdem das Verwaltungsgericht die Klage des A rechtskräftig abgewiesen hat, steht zwischen den Beteiligten aufgrund der Bindungswirkung des § 121 Nr. 1 VwGO fest, dass die Ausweisung im für die damalige Überprüfung maßgeblichen Zeitpunkt rechtmäßig war. Die Rechtskraftwirkung des § 121 VwGO kann nur auf gesetzlicher Grundlage überwunden werden. Dies ist der Fall, wenn der Betroffene nach § 51 Abs. 1 VwVfG einen Anspruch auf Wiederaufgreifen des Verfahrens hat oder die Behörde das Verfahren im Ermessenswege wieder aufgreift (§ 51 Abs. 5 VwVfG).[94] Solange diese Voraussetzungen nicht vorliegen, steht § 121 VwGO einer Rücknahme der Ausweisung (§ 48 Abs. 1 S. 1 VwVfG) entgegen.[95]

II. Die Rücknahme eines rechtswidrigen begünstigenden VA

1. Begünstigende VAe

Anders als belastende rechtswidrige VAe können rechtswidrige begünstigende VAe nach § 48 Abs. 1 S. 2 VwVfG nur unter **eingeschränkten Voraussetzungen** zurückgenommen werden. Begünstigend ist nach der Legaldefinition des § 48 Abs. 1 S. 2 VwVfG ein VA, der ein Recht oder einen rechtlich erheblichen Vorteil begründet oder bestätigt (z.B. Subventionsbescheid, Baugenehmigung, Fahrerlaubnis, Gewerbeerlaubnis etc.).   76

Beim **VA mit Doppelwirkung** ist auf den Regelungsschwerpunkt abzustellen. Deshalb handelt es sich bei der Baugenehmigung um einen (den Bauherrn) begünstigenden VA, auch wenn sie zugleich den Nachbarn belastet. Die Aufhebung einer Bauordnungsverfügung ist dagegen den Regeln über die Aufhebung belastender VAe unterworfen, da der Schwerpunkt auf der Belastung des Adressaten und nicht in der Begünstigung des Nachbarn liegt.[96]

Problematisch ist die Einordnung bei der **Änderung von Leistungsbescheiden**.   77

Beispiel: Ein Gebührenbescheid über 1.000 € wird nachträglich auf 2.000 € angehoben.

Obwohl der ursprüngliche VA begrifflich lediglich belastend war, wird teilweise die Auffassung vertreten, der ursprüngliche VA enthalte auch die begünstigende Regelung, dass nur diese und **keine weitergehende Belastung** auferlegt wird. Die Erhöhung des ursprünglich festgesetzten Betrages hat dann zugleich die Wirkung der Aufhebung dieser Begünstigung.[97] Überwiegend wird dagegen allein an die **belastende** Wirkung angeknüpft, sodass grds. nur die Vorschriften über die Aufhebung eines belastenden VA anzuwenden sind.[98]

---

94 Zum Wiederaufgreifen des Verfahrens vgl. unten Rdnr. 164 ff..
95 BVerwG RÜ 2010, 253, 254; VGH BW VBlBW 2009, 32, 34; VBlBW 2009, 73, 74; OVG Hamburg NordÖR 2009, 450, 451.
96 Ludwigs DVBl. 2008, 1164, 1165.
97 Maurer § 11 Rdnr. 15; Ruffert in: Erichsen/Ehlers § 21 Rdnr. 53; Ehlers/Kallerhoff Jura 2009, 823, 827.
98 BVerwG DVBl. 2000, 490, 491[@]; DVBl. 1996, 1046, 1047; OVG NRW NWVBl. 2009, 101, 102; Kopp/Ramsauer VwVfG § 48 Rdnr. 69; Stelkens/Bonk/Sachs § 48 Rdnr. 123 u. 132; Stelkens JuS 1984, 930, 932.

Nur ausnahmsweise sind die Regeln über die Aufhebung eines begünstigenden VA anzuwenden, wenn in der ursprünglichen Belastung erkennbar zum Ausdruck gebracht wird, dass von der Möglichkeit, eine noch weitergehende Belastung aufzuerlegen, kein Gebrauch gemacht wird, wenn sich also ein (zumindest konkludenter) **Verzicht** auf weitergehende Ansprüche feststellen lässt.[99]

2. Rücknahmevoraussetzungen für begünstigende VAe

a) Begünstigende VAe dürfen gemäß § 48 Abs. 1 S. 2 VwVfG nur unter den Voraussetzungen des § 48 Abs. 2–4 VwVfG zurückgenommen werden:

78 ■ Ein rechtswidriger VA, der eine **einmalige oder laufende Geldleistung** oder **teilbare Sachleistung** gewährt oder hierfür Voraussetzung ist, darf nicht zurückgenommen werden, soweit der Begünstigte auf den Bestand des VA vertraut hat und sein Vertrauen unter Abwägung mit dem öffentlichen Interesse an einer Rücknahme schutzwürdig ist (§ 48 Abs. 2 S. 1 VwVfG).

Geldleistungen sind z.B. Subventionen, beamtenrechtliche Beihilfeleistungen, Mittel der Parteienfinanzierung u.Ä. Es reicht aus, wenn der Bescheid Voraussetzung für die Geldleistung ist, z.B. ein Subventionsbescheid, der einen Anspruch auf ein zinsgünstiges Darlehen begründet. Nach h.M. erfasst § 48 Abs. 2 VwVfG auch den Verzicht der Behörde auf eine Geldleistung (z.B. einen Abgabenverzicht).[100] **Sachleistungen** können sich auf vertretbare oder unvertretbare Sachen beziehen, entscheidend ist nur, dass sie aus einer Vielzahl gleichartiger Sachen bestehen und damit teilbar sind. Ist die Sachleistung nicht teilbar, gilt für die Rücknahme § 48 Abs. 1 S. 1 u. Abs. 3 VwVfG.

79 ■ Ein rechtswidriger begünstigender VA, der nicht unter Absatz 2 fällt, kann nach § 48 Abs. 1 S. 1 VwVfG nach Ermessen zurückgenommen werden, jedoch hat die Behörde dem Betroffenen auf Antrag den **Vermögensnachteil auszugleichen**, den dieser dadurch erleidet, dass er auf den Bestand des VA vertraut hat, soweit sein Vertrauen unter Abwägung mit dem öffentlichen Interesse schutzwürdig ist (§ 48 Abs. 3 VwVfG).

Beispiele: Rücknahme einer Baugenehmigung, einer Gaststättenerlaubnis, einer Aufenthaltserlaubnis oder einer Prüfungsentscheidung.

80 ■ Die Rücknahme ist in beiden vorgenannten Fällen grds. nur **innerhalb eines Jahres** seit dem Zeitpunkt zulässig, in dem die Behörde Kenntnis von den Tatsachen erlangt hat, welche die Rücknahme rechtfertigen (§ 48 Abs. 4 S. 1 VwVfG).

81 **b)** Die **rechtliche Bedeutung** der Einschränkungen in § 48 Abs. 2–4 VwVfG ist nicht eindeutig. Teilweise wird darin eine Beschränkung der **Rechtsfolge** gesehen, d.h. dass das Rücknahmeermessen gem. § 48 Abs. 1 S. 1 VwVfG beim begünstigenden VA nur unter Beachtung der in Abs. 2 bis 4 gezogenen Grenzen ausgeübt werden darf.[101] Bei Nichteinhaltung der Schranken ist die Rücknahme wegen Ermessensüberschreitung rechtswidrig. Dagegen spricht jedoch bereits der Wortlaut des § 48 Abs. 1 S. 2 VwVfG. Die Einschränkungen sind danach Ausschlussgründe auf der **Tatbestandsseite**.[102] Bei Nichtbeachtung liegt nicht nur ein Ermessensfehler, sondern ein Rechtsfehler vor.

---

99 OVG NRW NWVBl. 2009, 101, 102; Kopp/Ramsauer VwVfG § 48 Rdnr. 69; Knack/Henneke § 48 Rdnr. 60 m.w.N.
100 Stelkens/Bonk/Sachs VwVfG § 48 Rdnr. 133 f.; Bader/Ronellenfitsch VwVfG § 48 Rdnr. 49.
101 Stelkens/Bonk/Sachs VwVfG § 48 Rdnr. 110.
102 In diesem Sinne VGH Mannheim NVwZ 1998, 87, 90; Schoch, JK 2001, VwVfG § 48 IV/1; ders. JK 2/05, VwVfG § 48/27; Martini JuS 2003, 266, 268; Pünder JA 2004, 467, 470 ff.

c) Die Rücknahmebeschränkungen des § 48 Abs. 1 S. 2 VwVfG für rechtswidrige begünstigende VAe (§ 48 Abs. 2–4 VwVfG) gelten nur für die **Aufhebung außerhalb eines Rechtsbehelfsverfahrens**, also nicht für die Aufhebung während des Vorverfahrens oder während des gerichtlichen Verfahrens, wenn dadurch dem Widerspruch oder der Klage eines Dritten abgeholfen wird (§ 50 VwVfG). Das Vertrauen des Begünstigten ist in diesen Fällen nicht schutzwürdig, weil er mit der Aufhebung rechnen muss, wenn ein Dritter den den Adressaten begünstigenden VA anficht.[103]

Beispiel: Nachbar N hat gegen die dem B erteilte Baugenehmigung Klage erhoben. Die zuständige Baubehörde kommt zu dem Ergebnis, dass die Baugenehmigung rechtswidrig ist. Die Behörde kann die Genehmigung zurücknehmen und dem Rechtsbehelf abhelfen, ohne die Einschränkungen des § 48 Abs. 1 S. 2 u. Abs. 2–4 VwVfG beachten zu müssen (§ 50 VwVfG).[104]

Unstreitig muss der Rechtsbehelf des Dritten **zulässig** sein, damit § 50 VwVfG anwendbar ist. Umstritten ist, ob der Rechtsbehelf auch **begründet** sein muss.

Beispiel: Die dem B erteilte Genehmigung ist zwar objektiv rechtswidrig, aber es sind keine nachbarschützenden Vorschriften verletzt. Eine Abhilfe nach § 72 VwGO scheidet aus, weil der Widerspruch des N mangels Rechtsverletzung unbegründet ist.

Abhilfe i.S.d. § 50 VwVfG ist nach h.Rspr. **nicht im technischen Sinne** zu verstehen. Zwar müsse der Rechtsbehelf zulässig sein, da ein unzulässiger Rechtsbehelf die Wirkungen des § 50 VwVfG nicht auslösen könne. Anders als im Rahmen des § 72 VwGO sei aber die Begründetheit des Rechtsbehelfs nicht erforderlich.[105] Die Gegenansicht verlangt, dass der Rechtsbehelf des Dritten zumindest nicht offensichtlich unbegründet sein darf.[106] Andere verlangen generell die Begründetheit. Nur dann sei ein Ausschluss des Vertrauensschutzes gerechtfertigt, da der Betroffene mit einem unbegründeten Rechtsbehelf eines Dritten nicht zu rechnen brauche.[107]

Nach Auffassung der Rspr. ist § 50 VwVfG daher auch einschlägig, wenn die Genehmigung wegen Verstoßes gegen nicht nachbarschützende Vorschriften aufgehoben wird, während nach der Gegenansicht in diesem Fall die Rechtsbehelfe des Nachbarn mangels Rechtsverletzung unbegründet sind und die allgemeinen Regeln des § 48 Abs. 2–4 VwVfG gelten.

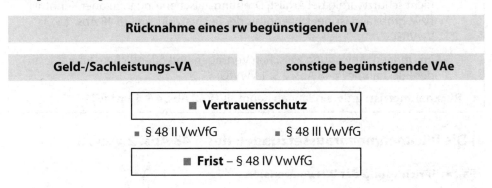

---

103 BVerwG NVwZ 1994, 896, 897; Bader/Ronellenfitsch VwVfG § 50 Rdnr. 7.
104 Vgl. BVerwG NVwZ 2002, 730, 732.
105 BayVGH NVwZ 1997, 701, 702; OVG NRW DÖV 1989, 456; Krausnick JuS 2010, 594, 598.
106 Stelkens/Bonk/Sachs VwVfG § 50 Rdnr. 93 ff.; Pünder JuS 2000, 682, 686; Ehlers/Kallerhoff Jura 2009, 823, 828.
107 Maurer § 11 Rdnr. 70; Horn DÖV 1990, 864, 871.

3. Die Rücknahme eines Geld- oder Sachleistungs-VA

85 Nach § 48 Abs. 2 S. 1 VwVfG darf ein rechtswidriger VA, der eine einmalige oder laufende Geldleistung oder teilbare Sachleistung gewährt, nicht zurückgenommen werden, soweit der Begünstigte auf den Bestand des VA vertraut hat und sein **Vertrauen unter Abwägung mit dem öffentlichen Interesse an einer Rücknahme schutzwürdig** ist.

86 ■ **Schutzwürdig** ist das Vertrauen in der Regel, wenn der Begünstigte gewährte Leistungen verbraucht oder eine Vermögensdisposition getroffen hat, die er nicht mehr oder nur unter unzumutbaren Nachteilen rückgängig machen kann (§ 48 Abs. 2 S. 2 VwVfG).

87 ■ **Nicht schutzwürdig** ist das Vertrauen, wenn der Betroffene den VA durch arglistige Täuschung, Drohung, Bestechung oder durch in wesentlicher Beziehung unrichtige oder unvollständige Angaben erwirkt hat oder die Rechtswidrigkeit des VA kannte oder infolge grober Fahrlässigkeit nicht kannte (§ 48 Abs. 2 S. 3 VwVfG).

■ Liegt weder ein Fall des § 48 Abs. 2 S. 2 noch des § 48 Abs. 2 S. 3 VwVfG vor, ist die Schutzwürdigkeit des Vertrauens nach § 48 Abs. 2 S. 1 VwVfG anhand einer **Abwägung** des privaten Bestandsinteresses mit dem öffentlichen Interesse an der Rücknahme zu bestimmen.

Rücknahme rechtswidriger Geldleistungs-VAe

■ **Rücknahme unzulässig, wenn Vertrauensschutz überwiegt**
 – Begünstigter hat auf Bestand des VA vertraut
 – Vertrauen schutzwürdig
  ▪ i.d.R. schutzwürdig bei Verbrauch der gewährten Leistung oder praktisch irreversiblen Vermögensdispositionen (§ 48 Abs. 2 S. 2 VwVfG)
  ▪ nicht schutzwürdig bei Arglist, Drohung, falschen Angaben oder Kenntnis bzw. grob fahrlässiger Unkenntnis der Rechtswidrigkeit (§ 48 Abs. 2 S. 3 VwVfG)
  ▪ im Übrigen: Abwägung zwischen Vertrauen und öffentlichem Interesse an der Rücknahme (§ 48 Abs. 2 S. 1 VwVfG)

■ **Rücknahmefrist:** grds. ein Jahr ab Kenntnis (§ 48 Abs. 4 S. 1 VwVfG)

---

a) Die Rücknahmevoraussetzungen des § 48 Abs. 2 VwVfG

Fall 4: Berichtigung der Witwenpension

Bundesbeamter B ist verstorben. Seine Ehefrau F erhielt aufgrund Bescheides vom 29.01.2008 Witwengeld nach § 19 BeamtVG. Am 25.11.2008 wurde ihr mitgeteilt, dass bei der Berechnung des Witwengeldes irrtümlich eine nichtruhegehaltsfähige Stellenzulage mit berücksichtigt worden sei, sodass es zu einer monatlichen Überzahlung von 100 € gekommen sei. Der überzahlte Betrag müsse für die Zukunft abgezogen und für die Vergangenheit zurückgefordert werden. F möge sich hierzu äußern.

C. Die Rücknahme des Verwaltungsaktes gemäß § 48 VwVfG — 1. Abschnitt

> Trotz dieser Ankündigung wurde das Witwengeld in den Folgemonaten unverändert überwiesen. Mit Schreiben vom 25.01.2009 hat F darauf hingewiesen, dass sie bis zu der Mitteilung der Behörde von der Richtigkeit des Bescheides vom 29.01.2008 ausgegangen sei. Das Geld habe sie ihrer Enkelin geschenkt, die in den USA studiere und deren Stipendium nicht verlängert worden sei. Aufgrund Erkrankung des zuständigen Sachbearbeiters geriet die Angelegenheit behördlicherseits zunächst in Vergessenheit. Erst am 19.12.2009 erhielt F einen Bescheid, in dem der Bescheid vom 29.01.2008 rückwirkend „berichtigt" und das Witwengeld um 100 € monatlich niedriger festgesetzt wurde. Außerdem wurde F aufgefordert, die von Februar 2008 bis Dezember 2009 zuviel gezahlten 2.300 € zurückzuzahlen. Zur Begründung wurde darauf verwiesen, dass zu Unrecht empfangene Versorgungsbezüge aus haushaltsrechtlichen Gründen ausnahmslos zu erstatten seien. F fragt, ob der Bescheid rechtmäßig ist, wenn davon auszugehen ist, dass die Festsetzung vom 29.01.2008 tatsächlich um 100 € monatlich zu hoch erfolgt ist.

A. Der Bescheid vom 19.12. ist ein belastender VA, der einer **Ermächtigungsgrundlage** bedarf.

    I. Als Ermächtigungsgrundlage kommt die **Spezialregelung** des § 52 Abs. 2 Beamtenversorgungsgesetz (BeamtVG) in Betracht. Diese Vorschrift regelt bei Bundesbeamten die Rückforderung zuviel gezahlter Versorgungsbezüge und verweist dafür auf die §§ 812 ff. BGB. Geregelt ist in dieser Bestimmung also allein die **Erstattung** zu Unrecht gezahlter Bezüge, nicht hingegen, unter welchen Voraussetzungen die Festsetzung dieser Bezüge widerrufen oder zurückgenommen werden kann; diese Aufhebung wird vielmehr vorausgesetzt. § 52 Abs. 2 BeamtVG scheidet daher als Rechtsgrundlage für die „Berichtigung" aus.   **88**

> Das BeamtVG und das BBesG, die ursprünglich bundeseinheitlich für alle Beamten (auch für Landesbeamte) galten, gelten seit August 2008 nur noch für Bundesbeamte, da die Gesetzgebungskompetenz für die übrigen Beamten in diesen Bereichen nunmehr ausschließlich den Ländern zusteht (Art. 74 Abs. 1 Nr. 27, 2. Halbs. GG). Soweit die Länder noch keine eigenen Regelungen getroffen haben, gilt das BBesG a.F. und das BeamtVG a.F. als Bundesrecht fort, kann jedoch durch Landesrecht ersetzt werden (vgl. Art. 125 a Abs. 1 GG und § 108 BeamtVG n.F.).

    II. Ermächtigungsgrundlage für die Rücknahme könnte vielmehr **§ 48 VwVfG** sein.   **89**

Für die Anwendung des § 48 VwVfG ist (ebenso wie bei § 49 VwVfG) erforderlich, dass es um die **Aufhebung** eines VA geht. Das wäre nicht der Fall, wenn durch den Bescheid vom 19.12.2009 seinem Wortlaut entsprechend nur eine „Berichtigung" nach § 42 VwVfG erfolgen sollte. Die irrtümliche Berücksichtigung der Stellenzulage stellt aber keinen **Rechenfehler** oder eine ähnliche offenbare Unrichtigkeit dar, sondern eine falsche Beurteilung der Voraussetzungen des VA, also einen von § 42 VwVfG nicht erfassten **Irrtum in der Willensbildung**. Unerheblich ist, dass der Fehler möglicherweise leicht zu erkennen war. Auch offensichtliche **Rechtsfehler** können nicht nach § 42 VwVfG beseitigt werden. Damit handelt es sich um eine Aufhebung nach § 48 VwVfG.

B. Formelle Rechtmäßigkeit

90 I. **Sachlich zuständig** für die Rücknahme ist die Behörde, die zum Zeitpunkt der Rücknahmeentscheidung für den Erlass des aufzuhebenden VA zuständig wäre. Für die **örtliche** Zuständigkeit gilt § 48 Abs. 5 VwVfG.

Besondere Bedeutung hat die Zuständigkeitsfrage, wenn es um die Rücknahme eines von einer unzuständigen Behörde erlassenen VA geht. Zuständig für die Rücknahme ist dann nicht etwa die (unzuständige) Erlassbehörde, sondern nur die wirklich zuständige Behörde. Eine Perpetuierung der Unzuständigkeit widerspräche dem Sinn der gesetzlichen Bestimmungen über die sachliche Zuständigkeit.[108]

91 II. Die **Anhörung** gemäß § 28 Abs. 1 VwVfG ist erfolgt.

Da die Rücknahme in einem selbstständigen Verwaltungsverfahren erfolgt, gelten die allgemeinen Regeln der §§ 9 ff. VwVfG. Auch im Fall einer konkludenten Rücknahme müssen die allgemeinen Verfahrensvorschriften, z.B. §§ 28, 39 VwVfG, beachtet werden[109] und die Behörde muss ihr Ermessen ordnungsgemäß ausüben.[110]

C. In **materieller Hinsicht** ist zu unterscheiden zwischen

- der Rücknahme des Bescheides vom 29.01.2008 und
- der Rückzahlungsaufforderung.

I. Rechtmäßigkeit der Rücknahme nach § 48 VwVfG

92 1. In Abgrenzung zu § 49 VwVfG muss bei der Rücknahme nach § 48 VwVfG der **aufzuhebende VA rechtswidrig** sein. Das ist hier der Fall, weil die Stellenzulage nicht ruhegehaltsfähig war und daher nicht hätte berücksichtigt werden dürfen. Daraus folgt zwar nur eine Teilrechtswidrigkeit. Diese genügt jedoch im vorliegenden Fall für die Anwendbarkeit des § 48 VwVfG, da die ursprüngliche Witwengeldfestsetzung nur im Umfang dieser Teilrechtswidrigkeit aufgehoben werden soll und eine solche Teilaufhebung in § 48 Abs. 1 VwVfG ausdrücklich zugelassen ist („ganz oder teilweise").

93 2. Während die Rücknahme **rechtswidriger belastender VAe** keinen weiteren Voraussetzungen unterliegt, sondern nach § 48 Abs. 1 S. 1 VwVfG in das **Ermessen** der Behörde gestellt ist, dürfen **begünstigende VAe** nur unter den **einschränkenden Voraussetzungen** des § 48 Abs. 2–4 VwVfG zurückgenommen werden (§ 48 Abs. 1 S. 2 VwVfG).

a) Der Bescheid vom 29.01. begründet das Recht auf die Zahlung des Witwengeldes nach § 19 BeamtVG, sodass nach der Legaldefinition des § 48 Abs. 1 S. 2 VwVfG ein **begünstigender VA** vorliegt, der nur unter den Einschränkungen des § 48 Abs. 2–4 VwVfG zurückgenommen werden darf.

b) Nach § 48 Abs. 2 S. 1 VwVfG ist bei einem VA, der, wie im vorliegenden Fall, eine **Geldleistung** gewährt, die Rücknahme ausgeschlossen, soweit der Begünstigte auf den Bestand des VA vertraut hat und sein Vertrauen unter Abwägung mit dem öffentlichen Interesse an einer Rücknahme schutzwürdig ist.

---

108 BVerwG NJW 2000, 1512, 1514@; VGH Mannheim VBlBW 2009, 150, 151; Kopp/Ramsauer VwVfG § 48 Rdnr. 162.
109 Stelkens/Bonk/Sachs § 48 Rdnr. 253.
110 HessVGH NVwZ 1990, 879, 881.

aa) Der Begünstigte muss zunächst **tatsächlich** auf den Bestand des VA **vertraut** haben, wovon i.d.R. auszugehen ist. 94

bb) Neben dem Vorliegen eines Vertrauenstatbestandes kommt es nach § 48 Abs. 2 VwVfG entscheidend auf die **Schutzwürdigkeit** des Vertrauens an. Hierzu finden sich Konkretisierungen in § 48 Abs. 2 S. 2 u. S. 3 VwVfG:

- **Schutzwürdig** ist das Vertrauen nach § 48 Abs. 2 S. 2 VwVfG in der Regel, soweit der Begünstigte die gewährten Leistungen verbraucht oder eine Vermögensdisposition getroffen hat, die er nicht mehr oder nur unter unzumutbaren Nachteilen rückgängig machen kann. 95

- **Nicht schutzwürdig** ist das Vertrauen nach § 48 Abs. 2 S. 3 VwVfG bei Kenntnis der Rechtswidrigkeit des VA bzw. grob fahrlässiger Unkenntnis oder wenn der VA durch Arglist, Drohung, Bestechung oder durch in wesentlicher Hinsicht unrichtige oder unvollständige Angaben erwirkt wurde. 96

  Im Rahmen des **§ 48 Abs. 2 S. 3 Nr. 1 VwVfG** ist umstritten, ob die Täuschung, Drohung oder Bestechung für die konkrete Rechtswidrigkeit kausal sein muss[111] oder ob es ausreicht, dass das Verhalten für den Erlass des VA als solchen ursächlich war (auch wenn er aus anderen Gründen rechtswidrig ist).[112] Wesentlich für die Beurteilung dürfte sein, ob die Behörde ohne die Täuschung vom Erlass des VA, so wie dieser ergangen ist, abgesehen hätte.

  Bei **§ 48 Abs. 2 S. 3 Nr. 2 VwVfG** kommt es allein auf die objektive Unrichtigkeit der Angaben an; unerheblich ist, ob dies dem Begünstigten bekannt war.[113] Die Vorschrift greift jedoch nicht ein, wenn bereits das Antragsformular irreführend abgefasst war.[114] Ebenso ist der Tatbestand der Nr. 2 nicht erfüllt, wenn die Behörde erkennbar auf bestimmte Informationen keinen Wert legt.[115] Weiterhin ist Voraussetzung, dass die falschen Angaben entscheidungserheblich waren. Die Angaben oder das Unterlassen von Angaben müssen also ursächlich dafür sein, dass der VA rechtswidrig ist.[116]

  Für den Ausschlusstatbestand des **§ 48 Abs. 2 S. 3 Nr. 3 VwVfG** genügt es – anders als im Rahmen des § 49 a Abs. 2 S. 2 VwVfG – nicht, dass der Adressat die Umstände kannte oder infolge grober Fahrlässigkeit nicht kannte, die die Rechtswidrigkeit des VA begründet haben. Erforderlich ist vielmehr, dass der Begünstigte die Rechtswidrigkeit des VA als solche kannte oder infolge grober Fahrlässigkeit nicht kannte.[117]

- Liegt weder ein Fall des § 48 Abs. 2 S. 2 noch des § 48 Abs. 2 S. 3 VwVfG vor, ist die Schutzwürdigkeit des Vertrauens nach § 48 Abs. 2 S. 1 VwVfG anhand einer **umfassenden Abwägung** des privaten Bestandsinteresses mit dem öffentlichen Interesse an einer Rücknahme zu bestimmen.[118] 97

---

111 Kopp/Ramsauer VwVfG § 48 Rdnr. 113; Erichsen/Brügge Jura 1999, 155, 159.
112 Ruffert in: Erichsen/Ehlers § 24 Rdnr. 27; Stelkens/Bonk/Sachs VwVfG § 48 Rdnr. 158.
113 BVerwGE 74, 357, 364; 78, 139, 142.
114 Maurer § 11 Rdnr. 31.
115 BVerwG DVBl. 1991, 1362, 1363.
116 BayVGH NVwZ 2001, 931, 932.
117 BVerwG DVBl. 1994, 115, 116; NVwZ 2000, 1512, 1514.

Beispiel: Das Vertrauen eines Hoheitsträgers (z.B. einer Gemeinde) auf den Bestand einer ihm gewährten Finanzzuweisung ist i.d.R. nicht schutzwürdig, da § 48 Abs. 2 VwVfG auf den Vertrauensschutz des Bürgers zugeschnitten ist.[119]

98 cc) F hat das ihr gewährte Geld ihrer Enkelin geschenkt, sodass ihr Vertrauen nach § 48 Abs. 2 S. 2 VwVfG schutzwürdig sein könnte. Früher wurde hierbei ausschließlich auf den **tatsächlichen Verbrauch** der Mittel abgestellt, ohne die sonstige Vermögenslage des Leistungsempfängers zu berücksichtigen. Nach heute h.M. gelten für den „Verbrauch" jedoch die **bereicherungsrechtlichen Grundsätze** entsprechend. Auch wenn der Begünstigte das Geld ausgegeben, aber gleichzeitig **Aufwendungen erspart** hat, greift § 48 Abs. 2 S. 2 VwVfG nicht ein, da die Leistung dann wertmäßig noch im Vermögen des Begünstigten vorhanden ist.

„Verbraucht i.S.d. § 48 Abs. 2 S. 2 VwVfG ist mithin ... eine Geldleistung u.a. dann, wenn der zu Unrecht gezahlte Betrag für eine verhältnismäßig geringfügige Verbesserung der Lebensführung ausgegeben wird, nicht aber, wenn er ganz oder teilweise zur Schuldentilgung oder für Anschaffungen verwendet wird, die ... wertmäßig noch im Vermögen des Begünstigten vorhanden sind."[120]

99 dd) Da F ihrer Enkelin das Geld geschenkt hat, ohne gleichzeitig Aufwendungen erspart zu haben, steht ihr nach § 48 Abs. 2 S. 2 VwVfG **grds. Vertrauensschutz** zu. Zu berücksichtigen ist jedoch, dass F aufgrund der Mitteilung vom 25.11.2008 in den folgenden Monaten nach eigener Darstellung nicht mehr von der Richtigkeit der Festsetzung ausgegangen ist. Ob deshalb der Vertrauensschutz für die Zukunft ab dem Zeitpunkt der Mitteilung zwingend nach § 48 Abs. 2 S. 3 Nr. 3 VwVfG wegen Kenntnis der Rechtswidrigkeit zu versagen ist, erscheint bedenklich. Denn sonst könnte die Behörde durch eine eigene Mitteilung selbst die Voraussetzungen des § 48 Abs. 2 S. 3 Nr. 3 VwVfG schaffen. Jedenfalls ist aber die Stellungnahme der F dahin zu verstehen, dass sie nach der Mitteilung vom 25.11.2008 tatsächlich nicht mehr auf den Bestand der Festsetzung vom 29.01.2008 vertraut hat. Fehlt es aber schon am Vertrauen überhaupt, stellt sich die Frage der Schutzwürdigkeit gar nicht mehr.

Daher kann sich F auf ein schutzwürdiges Vertrauen nur bis zur Mitteilung im November 2008 berufen. Für den Zeitraum von Dezember 2008 bis Dezember 2009 fehlt es dagegen an einem Vertrauenstatbestand.

100 ee) **Für die Zukunft**, also die Zeit nach Erlass des Rücknahmebescheides vom 19.12.2009, ergibt sich aus § 48 Abs. 2 S. 2 VwVfG kein Vertrauensschutz, da nicht ersichtlich ist, dass F mit Rücksicht auf die Höhe des Witwengeldes Vermögensdispositionen getroffen hat, die sie auch zukünftig noch verpflichten und deren Rückgängigmachung unzumutbar ist. Bei der dann im Rahmen des § 48 Abs. 2 S. 1 VwVfG vorzunehmenden

---

118 Kopp/Ramsauer VwVfG § 48 Rdnr. 98; Stelkens/Bonk/Sachs VwVfG § 48 Rdnr. 135 ff.
119 BVerwG DVBl. 1988, 455, 456; OVG Koblenz NVwZ 1988, 448, 449.
120 BVerwG DVBl. 1993, 947, 948.

Abwägung überwiegt i.d.R. das mit der Aufhebung für die Zukunft verfolgte öffentliche Interesse, den fortlaufenden ungerechtfertigten Bezug öffentlicher Mittel zu vermeiden.[121]

Damit ergibt sich, dass die Voraussetzungen der Rücknahme für die Zukunft uneingeschränkt erfüllt sind, für die Vergangenheit hingegen nur ab dem Zeitpunkt der Mitteilung vom 25.11.2008. Soweit die Behörde die Rücknahme auch auf den davor liegenden Zeitraum erstreckt hat, ist die Rücknahme deshalb **rechtswidrig**.

c) Nach § 48 Abs. 4 S. 1 VwVfG kann die Rücknahme nur **innerhalb eines Jahres** seit Kenntnis von den die Rücknahme rechtfertigenden Tatsachen erfolgen, es sei denn der VA ist durch Arglist, Drohung oder Bestechung erwirkt worden (§ 48 Abs. 4 S. 2 i.V.m. Abs. 2 S. 3 Nr. 1 VwVfG). **101**

aa) Die für die Rücknahme zuständige Behörde muss die maßgeblichen tatsächlichen Umstände **positiv kennen**, grob fahrlässige Unkenntnis genügt nicht.[122] **102**

Kenntnis muss nach h.M. die für die Rücknahme **zuständige Stelle** innerhalb der Behörde haben, die Kenntnis irgendeines Beamten der Behörde reicht nicht aus, ebenso wenig die Tatsache, dass die Umstände aktenkundig sind.[123] Nach der Gegenansicht ist abstrakt auf die Kenntnis irgendeiner Stelle der Behörde abzustellen. Auch im Rahmen des § 48 Abs. 4 VwVfG gelte die Legaldefinition des § 1 Abs. 4 VwVfG, die nicht auf den einzelnen Amtswalter abstelle. Überdies stehe dem Bürger die Behörde als Einheit gegenüber und müsse sich auch so behandeln lassen.[124] **103**

Dagegen spricht jedoch, dass eine „Behörde" als solche keiner Kenntnis fähig ist, sondern diese nur durch menschliche Kenntnis vermittelt werden kann. Analog § 166 BGB kann die Zurechnung aber nur im Rahmen des dem „Wissensvertreter" zugewiesenen **Aufgabenkreises** erfolgen. Kenntnis setzt nach dem Zweck der Norm voraus, dass aufgrund des bei der Behörde vorhandenen Wissens ein rechtmäßiger Rücknahmebescheid erlassen werden kann. Diese Möglichkeit besteht nur, wenn der **zuständige Sachbearbeiter** hinreichend sichere Informationen hat.[125] **104**

Beispiel: Die Gemeinde G hat vom Land Zuschüsse für die Anschaffung bestimmter Verwaltungsmittel erhalten. Bei der überörtlichen Rechnungsprüfung stellen Beamte der Bezirksregierung fest, dass die Mittel zweckwidrig verwendet wurden. Für den Lauf der Frist kommt es hier nicht auf die Kenntnis der Prüfbeamten an, sondern des bei der Bezirksregierung in der inneren Verwaltung zuständigen Sachbearbeiters für die gewährten Zuschüsse. Die bloße Aktenkundigkeit der Tatsachen reicht nicht aus, da dies sonst auf ein Kennenmüssen hinauslaufen würde.

---

121 BVerwG NVwZ 1983, 157, 158; Knack/Henneke § 48 Rdnr. 93; Stelkens/Bonk/Sachs VwVfG § 48 Rdnr. 140.
122 BVerwG DVBl. 2001, 1221, 1223; VGH Mannheim NVwZ 1998, 87, 89; Kopp/Ramsauer VwVfG § 48 Rdnr. 153; Stelkens/Bonk/Sachs § 48 Rdnr. 211.
123 BVerwG DVBl. 2001, 1221, 1223; BayVGH NVwZ 2001, 931, 932; Stelkens/Bonk/Sachs § 48 Rdnr. 212 ff.; vgl. auch BVerwG NJW 2000, 1512, 1514: keine Zurechnung der Kenntnis der unzuständigen Behörde.
124 OVG Berlin DVBl. 1983, 354, 355; Pieroth NVwZ 1984, 681, 684; Schoch NVwZ 1985, 880, 884 f.; Maurer § 11 Rdnr. 35a.
125 Stelkens/Bonk/Sachs § 48 Rdnr. 214; kritisch Ehlers/Kallerhoff Jura 2009, 823, 833 f.

Teilweise wird zwar angenommen, dass § 48 Abs. 4 S. 1 VwVfG zwischen Verwaltungsträgern keine Anwendung finde.[126] Für eine solche Einschränkung gibt der Wortlaut der Norm indes keinen Anhalt.[127]

105 bb) Unproblematisch ist die Bestimmung der Frist, wenn es um die Kenntnis von **Tatsachen** geht, also von Umständen, deren Vorliegen die Rechtswidrigkeit des VA begründen.[128] Die Frist beginnt zu laufen, sobald alle Tatsachen positiv bekannt sind. Problematisch ist die Anwendung bei **Rechtsirrtümern**, wenn die Behörde den entscheidungserheblichen Sachverhalt bereits bei Erlass des VA vollständig ermittelt, aber die Tatsachen falsch gewertet hat (falsche Subsumtion, Rechtsanwendungsfehler, fehlerhafte Ermessensausübung). Ein solcher Fall liegt hier insoweit vor, als die Behörde irrtümlich die nichtruhegehaltsfähige Zulage bei der Berechnung des Witwengeldes berücksichtigt hat.

106 (1) Nach h.M. erfasst § 48 Abs. 4 VwVfG auch die **Erkenntnis der Rechtswidrigkeit.** Die bei voller Tatsachenkenntnis falsch entschiedenen Fälle seien genauso zu behandeln wie Tatsachenirrtümer.[129]

107 (2) Nach der Gegenansicht ist § 48 Abs. 4 VwVfG eine streng auf ihren Wortlaut hin zu begrenzende **Ausnahmevorschrift**, die nur die Fälle erfasst, in denen die Behörde nachträglich durch **tatsächliche** Ereignisse auf die Rechtswidrigkeit des VA hingewiesen wird. Bei einem bloßen Rechtsirrtum sei § 48 Abs. 4 VwVfG nicht anwendbar, in diesem Fall laufe keine Frist für die Ausübung des Rücknahmeermessens.[130]

108 (3) Diese Auffassung würde der Behörde jedoch eine zeitlich unbeschränkte Rücknahmemöglichkeit eröffnen, obwohl der Fehler (z.B. falsche Subsumtion) allein in ihrer Risikosphäre liegt. Für die h.M. spricht überdies, dass das Gesetz gerade nicht zwischen der tatsächlichen Rechtswidrigkeit (Zugrundelegung eines unrichtigen Sachverhalts) und der rechtlichen Rechtswidrigkeit (unrichtige Rechtsanwendung) unterscheidet. Tatsachen- wie Rechtsfehler führen zur Rechtswidrigkeit des VA und ermöglichen beide die Rücknahme. Daher spricht das Gesetz nicht nur von der Kenntnis der „Tatsachen", sondern der Tatsachen, die die Rücknahme **„rechtfertigen"**. Zur Rechtfertigung der Rücknahme gehört aber vor allem die Rechtswidrigkeit des aufzuhebenden VA. Das Gesetz behandelt die Rechtswidrigkeit des aufzuhebenden VA also wie eine Tatsache. § 48 Abs. 4 VwVfG ist daher sowohl in Fällen des Sachverhaltsirrtums als auch des hier vorliegenden Rechtsirrtums anwendbar.

---

[126] Stelkens/Bonk/Sachs VwVfG § 48 Rdnr. 202.
[127] OVG NRW NWVBl. 2008, 34; Ehlers/Kallerhoff Jura 2009, 823, 832.
[128] Stelkens/Bonk/Sachs VwVfG § 48 Rdnr. 221; Kopp/Ramsauer VwVfG § 48 Rdnr. 153 m.w.N.
[129] Grundlegend BVerwGE 70, 356, 362@; BVerwG NVwZ-RR 2005, 341; NJW 1988, 2911, 2912; OVG NRW NVwZ 1993, 79, 81; Knack/Henneke § 48 Rdnr. 77; differenzierend Kopp/Ramsauer VwVfG § 48 Rdnr. 155: bzgl. der Erkenntnis der Rechtswidrigkeit reiche Kennenmüssen für den Beginn des Fristlaufs aus.
[130] So früher ein Teil der Rspr. vgl. OVG Koblenz NVwZ 1984, 735; NVwZ 1988, 448, 449; OVG NRW DVBl. 1984, 1084, 1086; VGH Mannheim DÖV 1984, 216, 218; BayVGH DVBl. 1983, 946; zustimmend Meyer/Borgs VwVfG § 48 Rdnr. 71; Pieroth NVwZ 1984, 681, 686 m.w.N.

cc) Umstritten ist jedoch, wann im Fall des Rechtsirrtums die **Jahresfrist** zu laufen beginnt.

109 (1) Früher wurde teilweise darauf abgestellt, dass die Rücknahmefrist in diesem Fall bereits **mit Erlass des VA** beginnt, da der Behörde bereits in diesem Zeitpunkt alle Tatsachen bekannt seien.[131] Dies würde dazu führen, dass die Widerrufsfrist am 29.01.2009, ein Jahr nach Erlass des rechtswidrigen Bewilligungsbescheides vom 29.01.2008 abgelaufen wäre. Dagegen spricht jedoch, dass die Jahresfrist häufig bereits abgelaufen ist, wenn die Behörde den Rechtsfehler bemerkt. Die Rücknahme wäre in diesen Fällen praktisch nicht möglich.

110 (2) Ein Teil der Lit. sieht in § 48 Abs. 4 S. 1 VwVfG eine **Bearbeitungsfrist**, die mit der Kenntnis von der Rechtswidrigkeit zu laufen beginne.[132] Dies war spätestens im November 2008 der Fall (vgl. das Schreiben vom 25.11.2008), sodass der Rücknahmebescheid vom 19.12.2009 nicht mehr innerhalb der Jahresfrist erfolgt wäre.

111 (3) Die heute h.Rspr geht jedoch noch weiter und sieht in § 48 Abs. 4 S. 1 VwVfG eine **Entscheidungsfrist**, die erst mit dem Zeitpunkt der Entscheidungsreife beginnt. Die Kenntnis der Rechtswidrigkeit setze für sich allein die Rücknahmefrist noch nicht in Lauf. Für diese Auffassung spricht, dass § 48 Abs. 4 S. 1 VwVfG an die Tatsachen anknüpft, „welche die Rücknahme ... rechtfertigen." Dass setzt voraus, dass der Behörde sämtliche für die Rücknahmeentscheidung erheblichen Tatsachen **vollständig bekannt** sind. Die Frist beginnt danach erst, wenn die Behörde die Rechtswidrigkeit des VA erkannt hat und ihr außerdem alle Umstände bekannt sind, die zur sachgemäßen Ermessensausübung erforderlich sind. Insbesondere müssen der Behörde alle Tatsachen bekannt sein, die im Rahmen der Abwägung nach § 48 Abs. 2 VwVfG zu berücksichtigen sind.[133] Da die für die Abwägung relevanten Umstände aber in jedem Fall im Rahmen einer Anhörung gem. § 28 VwVfG ermittelt werden müssen, beginnt die Frist des § 48 Abs. 4 S. 1 VwVfG daher frühestens mit Eingang der Stellungnahme des Betroffenen.[134] F hatte erst mit Schreiben vom 25.01.2009 Stellung genommen. Erst mit Zugang dieses Schreibens waren dem zuständigen Sachbearbeiter alle für die Entscheidung nach § 48 Abs. 2 VwVfG erforderlichen Fakten bekannt. Der Rücknahmebescheid vom 19.12.2009 erfolgte damit innerhalb der Jahresfrist des § 48 Abs. 4 S. 1 VwVfG.

---

131 So noch BVerwG NVwZ 1983, 91, 92; OVG Berlin DVBl. 1983, 354, 355; VGH Kassel NVwZ 1984, 382, 383; Weides DÖV 1985, 91, 94 m.w.N.
132 Maurer § 11 Rdnr. 35a; Kopp DVBl. 1985, 525, 526; ders. GewArch 1986, 177, 185; Knack/Henneke § 48 Rdnr. 79; Schoch NVwZ 1985, 880, 884; Weides DÖV 1985, 431, 435; Dickersbach NVwZ 1993, 846, 853; Erbguth JuS 2002, 333, 334 m.w.N.
133 Grundlegend BVerwGE 70, 356, 362@; BVerwG NVwZ-RR 2005, 341, 342; DVBl. 2001, 1221, 1222; NJW 2000, 1512, 1514; BayVGH NVwZ 2001, 931, 932; OVG NRW NWVBl. 2000, 105, 106; NWVBl. 2008, 34; Erichsen/Brügge Jura 1999, 155, 163; Pünder JA 2004, 467, 472; Manssen/Greim JuS 2010, 429, 432; kritisch Ehlers/Kallerhoff Jura 2009, 823, 833 f.
134 BVerwG NVwZ 2002, 485; OVG NRW NWVBl. 2000, 105, 106; NWVBl. 2008, 34.

112 Ebenso beginnt die Jahresfrist erneut zu laufen, wenn ein Rücknahmebescheid vom Verwaltungsgericht aufgrund einer Anfechtungsklage aufgehoben wird. Denn die Urteilsgründe sind für die Behörde neue Tatsachen i.S.v. § 48 Abs. 4 S. 1 VwVfG.[135] Keinen Einfluss auf den Fristlauf hat dagegen ein Rechtsirrtum der Behörde über die Möglichkeit oder den Umfang der Aufhebung.[136]

Unbeschadet der Jahresfrist des § 48 Abs. 4 VwVfG kann die Rücknahmebefugnis behördlicherseits **verwirkt** werden. Dies gilt allerdings nur in besonderen Ausnahmefällen, wenn die Behörde z.B. trotz umfassender Kenntnis mehrfach signalisiert hat, dass sie den Bescheid nicht zurücknehmen werde.[137]

Rücknahmefrist gem. § 48 Abs. 4 S. 1 VwVfG

- Die für die Rücknahme zuständige Behörde muss die die Rücknahme rechtfertigenden Umstände **positiv kennen**.
- Kenntnis muss der nach der innerbehördlichen Geschäftsverteilung für die Rücknahme **zuständige Amtswalter** haben.
- § 48 Abs. 4 S. 1 VwVfG erfasst auch die **Erkenntnis der Rechtswidrigkeit**.
- § 48 Abs. 4 S. 1 VwVfG ist eine **Entscheidungsfrist**, die erst mit dem Zeitpunkt der Entscheidungsreife beginnt (a.A. Bearbeitungsfrist ab Kenntnis).
- Die Frist beginnt erst zu laufen, wenn der Behörde **alle Umstände bekannt** sind, die zur sachgemäßen Ermessensausübung erforderlich sind.

---

113 3. Ungeschriebene Tatbestandsvoraussetzung für die Aufhebung von VAen ist, dass die Aufhebung gegenüber dem **richtigen Adressaten** erfolgt. Im Regelfall ist dies – wie hier – der Adressat des ursprünglichen VA.[138]

Ein begünstigender VA kann ausnahmsweise auch gegenüber einem **Dritten** zurückgenommen werden, wenn dieser als „Begünstigter" anzusehen ist. Dies ist z.B. dann der Fall, wenn der unmittelbare Zuwendungsempfänger durch den Bescheid verpflichtet wird, die Zuwendung an einen Dritten weiterzugeben.[139]

114 4. Liegen die Voraussetzungen für eine Rücknahme vor, so steht es grundsätzlich im **Ermessen** der Behörde, ob, in welchem Umfang und mit welcher zeitlichen Wirkung der VA zurückgenommen wird.[140]

Beispiel: Nachbar N hat gegen die dem B erteilte immissionsschutzrechtliche Genehmigung Widerspruch erhoben. Die Bezirksregierung als zuständige Widerspruchsbehörde wies die Genehmigungsbehörde an, die Genehmigung nach § 48 VwVfG aufzuheben, da sie gegen nachbarschützende Vorschriften verstößt.

Hier ist das behördliche Ermessen auf Null reduziert, da der Widerspruch des Dritten zulässig und begründet ist. Der Dritte hat in diesem Fall einen ermessensunabhängigen Anspruch auf Aufhebung des VA, weil er durch ihn in seinen Rechten verletzt ist. Dieser Anspruch kann

---

135 BVerwG DVBl. 1996, 867; DVBl. 1989, 41; a.A. Kopp DVBl. 1990, 963.
136 BVerwG DVBl. 1996, 867, 868; NVwZ 1988, 349, 350; Komorowski JA 2004, 445, 448.
137 BVerwG NJW 2000, 1512, 1514 f.; Brodersen JuS 2000, 823, 824; Martini JuS 2003, 266, 269.
138 BVerwG DVBl. 2000, 907, 909; OVG Magdeburg NVwZ 2001, 214; Stelkens/Bonk/Sachs VwVfG § 48 Rdnr. 243; Erichsen/Brügge Jura 1999, 155, 157; Krausnick JuS 2010, 594, 596.
139 BVerwG DVBl. 2000, 907, 909; VGH Mannheim NVwZ 1998, 87, 88; Oldiges NVwZ 2001, 626, 627; vgl. auch EuGH ZIP 2004, 1013 (zur Rückforderung von europarechtswidrigen Subventionen von Drittunternehmen).
140 Bader/Ronellenfitsch VwVfG § 48 Rdnr. 38 f.; Kopp/Ramsauer VwVfG § 48 Rdnr. 77.

nicht dadurch im Ergebnis unerfüllt bleiben, dass statt der positiven Entscheidung über den Widerspruch (§§ 72, 73 VwGO) ein Rücknahmeverfahren nach § 48 VwVfG durchgeführt wird.[141]

115 Da bei der Frage des Vertrauensschutzes für die Zeit nach dem 25.11.2008 bereits auf der Voraussetzungsseite ein überwiegendes öffentliches Interesse an der Rücknahme festgestellt wurde, ist es nicht ermessensfehlerhaft, wenn die Behörde sich unter Berücksichtigung dieses Abwägungskriteriums zur Rücknahme entschließt, um den weiteren ungerechtfertigten Bezug öffentlicher Mittel zu verhindern.

116 Somit ist die Rücknahmeentscheidung in dem Bescheid vom 19.12.2009 insoweit rechtmäßig, als die Festsetzung des Witwengeldes i.H.v. monatlich 100 € mit Wirkung ab dem 25.11.2008 zurückgenommen worden ist. Soweit die Rücknahme auch auf den Zeitraum von Februar bis November 2008 erstreckt wurde, ist sie dagegen wegen Verstoßes gegen § 48 Abs. 2 S. 2 VwVfG rechtswidrig und kann mit Erfolg durch Widerspruch und Anfechtungsklage angegriffen werden.

117 **Ergänzendes Beispiel:** Die Behörde hat dem A abweichend von der durch Verwaltungsvorschriften vorgegebenen Verwaltungspraxis eine Subvention gewährt. Zwar macht der Verstoß gegen die internen Verwaltungsvorschriften die Subventionsgewährung allein nicht rechtswidrig. Die Missachtung der Richtlinien ist jedoch ein Indiz für einen Verstoß gegen Art. 3 Abs. 1 GG.[142] Ist die Abweichung von der Verwaltungspraxis sachlich nicht gerechtfertigt, ist der Bewilligungsbescheid rechtswidrig und kann nach § 48 Abs. 1 u. 2 VwVfG nach Ermessen der Behörde zurückgenommen werden. Allein die Mitverantwortung der Behörde für die Subventionsgewährung begründet noch keinen Verstoß gegen Treu und Glauben (§ 242 BGB analog), was als Ermessensgrenze der Rücknahme entgegenstehen könnte. „Die Annahme einer unzulässigen Rechtsausübung behördlicherseits muss auf besondere Einzelfälle beschränkt bleiben, in denen die Behörde für die Rechtswidrigkeit ihres Bescheids in besonders hohem Maße mitverantwortlich ist."[143]

II. Rechtmäßigkeit der Rückzahlungsaufforderung

118 1. Als **Rechtsgrundlage** für die Rückforderung kommen § 52 Abs. 2 BeamtVG und § 49 a Abs. 1 VwVfG in Betracht.

Diese Vorschriften gleichen sich insoweit, als sie für die Bestimmung von Umfang und Höhe des Erstattungsanspruchs auf die §§ 812 ff. BGB verweisen. Sie unterscheiden sich vor allem dadurch, dass nach § 49 a VwVfG die Geltendmachung des Erstattungsanspruchs nicht im Ermessen der Behörde steht (vgl. „sind ... zu erstatten"), während nach § 52 Abs. 2 S. 3 BeamtVG aus Billigkeitsgründen von der Rückforderung ganz oder teilweise abgesehen werden kann.

Da es insoweit nicht um die Aufhebung der Festsetzung der Versorgungsbezüge geht, sondern um die **Erstattung** zu Unrecht empfangener Versorgungsbezüge, ist in diesem Zusammenhang aufgrund der Subsidiaritätsklausel des § 1 VwVfG die **speziellere Regelung** des § 52 Abs. 2 BeamtVG anzuwenden, weil sie gerade diese Erstattung zum Gegenstand hat.[144]

---

141 BVerwG NVwZ 2002, 730, 733.
142 BVerwG DVBl. 2004, 126; ThürOVG ThürVBl. 2004, 241; VGH Mannheim RÜ 2009, 453, 455 und oben Rdnr. 52 f.
143 ThürOVG ThürVBl. 2004, 241, 242; VGH Mannheim RÜ 2009, 453, 456.
144 Vgl. BVerwG NVwZ 1990, 672, 673 zu der Parallelvorschrift des § 87 Abs. 2 BBG a.F.

1. Abschnitt — Aufhebung von Verwaltungsakten

Bei Landesbeamten gelten entsprechende landesrechtliche Regelungen oder, soweit die Länder noch keine eigenen Vorschriften erlassen haben, die Regelungen des § 52 BeamtVG a.F. (vgl. Art. 125 a Abs. 1 GG, dazu oben Rdnr. 88).

119 2. Anders als § 49 a Abs. 1 S. 2 VwVfG enthält § 52 Abs. 2 BeamtVG keine Regelung über die Durchsetzung des Anspruchs durch VA (sog. **VA-Befugnis**). Es gehört jedoch zu den hergebrachten Grundsätzen des Berufsbeamtentums (Art. 33 Abs. 5 GG), dass beamtenrechtliche Ansprüche des Staates auch durch VA geltend gemacht werden können. Insbesondere wenn eine Leistung, wie hier, durch VA gewährt worden ist, kann sie auch durch VA zurückgefordert werden (**Kehrseitentheorie**).[145]

120 3. Es müssen die **Voraussetzungen** des § 52 Abs. 2 BeamtVG erfüllt sein.

a) Zuviel gezahlt und damit **rechtsgrundlos** sind von den zurückgeforderten Beträgen nur die Zahlungen von Dezember 2008 bis Dezember 2009 (also in Höhe von 13 x 100 € = 1.300 €), weil nur insoweit der Bewilligungsbescheid vom 29.01.2008 rechtmäßig zurückgenommen worden ist. Im Übrigen ist der Rückforderungsbescheid rechtswidrig und aufzuheben, weil es für die Monate Februar bis November 2008 an einer rechtmäßigen Rücknahme fehlt (s.o.).

b) Soweit sich F hinsichtlich der Zahlungen ab Dezember 2008 wegen etwaiger Schenkungen an ihre Enkelin auf einen **Wegfall der Bereicherung** berufen sollte, ist dieser Einwand nach § 52 Abs. 2 BeamtVG i.V.m. §§ 818 Abs. 4, 819 Abs. 1 BGB ausgeschlossen, da sie in diesem Zeitpunkt die fehlerhafte Berechnung des Witwengeldes kannte.

Abweichend von § 819 Abs. 1 BGB schadet nach den öffentlich-rechtlichen Rückforderungsregeln nicht nur Kenntnis von der Rechtsgrundlosigkeit, sondern bereits grob fahrlässige Unkenntnis (§ 52 Abs. 2 S. 2 BeamtVG, § 12 Abs. 2 S. 2 BBesG, § 49 a Abs. 2 S. 2 VwVfG).

Somit sind die Voraussetzungen für eine Rückforderung i.H.v. 1.300 € nach § 52 Abs. 2 BeamtVG erfüllt, mangels Rechtsgrundlosigkeit hingegen nicht für den darüber hinausgehenden Betrag. Insoweit ist die Rückforderung rechtswidrig.

121 4. Soweit die Voraussetzungen der Rückforderung vorliegen (für Dezember 2008 bis Dezember 2009), kann nach § 52 Abs. 2 S. 3 BeamtVG von der Rückforderung aus **Billigkeitsgründen** (ganz oder teilweise) abgesehen werden. Die Behörde hat insoweit **Ermessen**, wobei alle Umstände des Einzelfalls zu berücksichtigen sind, um eine für alle Beteiligten zumutbare Lösung zu finden.[146]

Dieses Ermessen hat die Behörde hier gar nicht ausgeübt, weil sie von einer generellen Rückzahlungspflicht ausgegangen ist. Auch soweit die Voraussetzungen für die Rückforderung i.H.v. 1.300 € erfüllt sind, ist diese wegen **Ermessensnichtgebrauchs** ebenfalls rechtswidrig.

---

145 Vgl. im Einzelnen AS-Skript Verwaltungsrecht AT 1 (2010), Rdnr. 268.
146 BVerwG NWVBl. 1999, 181, 182; NVwZ 2000, 443, 444.

Ergebnis: 122

- Die **Rücknahmeentscheidung** ist rechtmäßig, soweit die Festsetzung des Witwengeldes mit Wirkung ab dem 25.11.2008 aufgehoben wurde. Soweit die Rücknahme auf den davor liegenden Zeitraum erstreckt worden ist, ist sie rechtswidrig.

- Die **Rückforderung** ist insgesamt rechtswidrig (in Höhe von 1.000 €, weil die Voraussetzungen des § 52 Abs. 2 BeamtVG nicht vorliegen, in Höhe von 1.300 €, weil die Behörde ihr Ermessen nicht ausgeübt hat).

Aufbauschema: Rücknahme eines rechtswidrigen begünstigenden VA

I. **Ermächtigungsgrundlage: § 48 Abs. 1 S. 1 VwVfG**

   (–) bei spezialgesetzlicher Regelung

II. **Formelle Rechtmäßigkeit**

   1. **Zuständigkeit**
   2. **Verfahren, Form** (insbes. §§ 28, 37, 39 VwVfG)

III. **Materielle Rechtmäßigkeit**

   1. **Voraussetzungen der Ermächtigungsgrundlage**
      a) **aufzuhebender VA rechtswidrig**
      b) **Rücknahmesperre** gem. § 48 Abs. 1 S. 2, Abs. 2 VwVfG
      c) **Widerrufsfrist:** ein Jahr (§ 48 Abs. 4 S. 1 VwVfG)

      Beachte: b) und c) gelten nicht in den Fällen des § 50 VwVfG!

   2. **Rechtsfolge: Ermessen, insbes. Verhältnismäßigkeit**

---

b) Verhältnis des § 48 VwVfG zum Europarecht

Besondere Probleme ergeben sich bei der Anwendung des § 48 VwVfG, wenn es um **Aufhebung von Subventionsbescheiden** geht, die gegen EU-Recht, insbes. Art. 107, 108 AEUV (ex Art. 87, 88 EG) verstoßen.

- Nach Art. 107 Abs. 1 AEUV (ex Art. 87 Abs. 1 EG) sind **Beihilfen unzulässig**, sofern sie 123 den Wettbewerb verfälschen oder zu verfälschen drohen und den Handel zwischen den Mitgliedstaaten beeinträchtigen.

   Mit dem Binnenmarkt vereinbar sind die in Art. 107 Abs. 2 AEUV (ex Art. 87 Abs. 2 EG) aufgezählten Beihilfen (z.B. Beihilfen zur Beseitigung von Schäden, die durch Naturkatastrophen oder sonstige außergewöhnliche Ereignisse entstanden sind). Als mit dem Binnenmarkt vereinbar können außerdem die in Art. 107 Abs. 3 AEUV (ex Art. 87 Abs. 3 EG) aufgezählten Beihilfen angesehen werden (z.B. Beihilfen zur Förderung wichtiger Vorhaben von gemeinsamem europäischen Interesse oder zur Behebung einer beträchtlichen Störung im Wirtschaftsleben eines Mitgliedstaats). Bestimmte Gruppen von Beihilfen sind durch die Allgemeine Gruppenfreistellungsverordnung (AGVO) allgemein für mit dem Gemeinsamen Markt vereinbar erklärt worden.[147]

---

147 VO (EG) der Kommission vom 06.08.2008 (ABl. EU Nr. L 214); dazu Bartosch NJW 2008, 3612 ff.

124 ■ **Beihilfen** i.S.d. Art. 107, 108 AEUV (ex Art. 87, 88 EG) sind alle Maßnahmen gleich welcher Art, „die unmittelbar oder mittelbar Unternehmen begünstigen oder die als ein wirtschaftlicher Vorteil anzusehen sind, den das begünstigte Unternehmen unter normalen Marktbedingungen nicht erhalten hätte."[148] Erfasst werden also nicht nur Subventionen im eigentlichen Sinne, sondern alle Maßnahmen, die diesen nach Art und Wirkung gleichstehen.

Beispiele: verlorene Zuschüsse, zinsvergünstigte Darlehen, Bürgschaften, Befreiung von Leistungspflichten, Steuervergünstigungen etc.

Unerheblich ist dabei, ob die Beihilfe unmittelbar vom Staat oder von öffentlichen oder privaten Einrichtungen gewährt wird. Allerdings müssen Beihilfen dem Staat zurechenbar sein. Das setzt voraus, dass sie unmittelbar oder mittelbar aus staatlichen Mitteln gewährt werden, also den staatlichen Haushalt belasten.[149] Bejaht hat der EuGH die Zurechenbarkeit z.B. bei Steuervergünstigungen für Beteiligungen an Unternehmen in den neuen Bundesländern,[150] verneint dagegen für die Mindestpreisgarantie für sog. Ökostrom nach dem StromEG (jetzt EEG).[151] Grds. keine Beihilfen sind nach Auffassung des EuGH öffentliche Zuschüsse zum Ausgleich von Defiziten im öffentlichen Personennahverkehr.[152]

125 ■ Damit die EU-Kommission ihre Kontrollfunktion wahrnehmen kann, müssen die Mitgliedstaaten sie über jede neue Beihilfe unterrichten (Art. 108 Abs. 3 S. 1 AEUV, ex Art. 88 Abs. 3 S. 1 EG). Im Rahmen dieses **Notifizierungsverfahrens** prüft die Kommission, ob ein Ausnahmetatbestand i.S.d. Art. 107 Abs. 2 AEUV vorliegt oder ob eine Befreiung nach Art. 107 Abs. 3 AEUV in Betracht kommt. Der betreffende Mitgliedstaat darf die beabsichtigte Maßnahme vor der abschließenden Entscheidung der Kommission nicht durchführen (Art. 108 Abs. 3 S. 3 AEUV, ex Art. 88 Abs. 3 S. 3 EG).[153]

126 Da das **Durchführungsverbot** nach Art. 108 Abs. 3 S. 3 AEUV in den Mitgliedstaaten unmittelbar geltendes Recht ist, macht allein der formelle Verstoß gegen die Anzeigepflicht die Beihilfe innerstaatlich rechtswidrig.[154] Die nationalen Gerichte müssen diese (formelle) Rechtswidrigkeit unabhängig von Aufsichtsmaßnahmen der Kommissionen berücksichtigen. Konkurrenten des Beihilfeempfängers können sich auf den Verstoß berufen und ggf. die Einstellung bzw. Rückabwicklung der staatlichen Förderung verlangen.[155] Der (formelle) Verstoß gegen Art. 108 Abs. 3 S. 3 AEUV wird auch nicht dadurch geheilt, dass die Kommission die Beihilfe im Nachhinein (materiell) als mit dem Gemeinsamen Markt vereinbar erklärt.[156]

Art. 108 Abs. 3 S. 3 AEUV ist außerdem Verbotsgesetz i.S.d. § 134 BGB, dessen Verletzung zur Nichtigkeit eines zur Gewährung der Beihilfe abgeschlossenen Vertrages führt.[157]

---

148 EuGH NJW 2003, 2515, 2518; DVBl. 2002, 1034, 1035; DVBl. 2001, 633, 635; NVwZ 2000, 781, 782; v.Welser JA 2002, 240, 241; Kese/Linse JA 2004, 689, 693; Kühling/el Barudi Jura 2006, 672, 678 f. m.w.N.
149 EuG, Urt. v. 21.05.2010 – T-425/04 u.a.; EuGH NVwZ 2003, 461, 462; DVBl. 2002, 1034, 1035; DVBl. 2001, 633, 635; Ludwigs Jura 2006, 41, 41 f.; Kühling/el Barudi Jura 2006, 672, 679; Gundel Jura 2007, 239 f.
150 EuGH EuZW 2000, 723 ff.; EuGH JA 2004, 285 ff.
151 EuGH DVBl. 2001, 633, 635; dazu Pünder Jura 2001, 591 ff.; Kühne JZ 2001, 759 ff.; Gündisch NJW 2001, 3686 ff.
152 EuGH NJW 2003, 2515, 2518 (Altmark Trans); dazu Werner/Köster EuZW 2003, 503 ff.; Kämmerer NVwZ 2004, 28 ff.; Jennert NVwZ 2004, 425 ff.; Streinz JuS 2004, 150 ff.; Brenner/Huber DVBl. 2004, 863, 870.
153 Vgl. beispielhaft EuGH DVBl. 2000, 337; NVwZ 2001, 661; NVwZ 2007, 64; allgemein Koenig/Kühling NJW 2000, 1065 ff.; dies. DVBl. 2000, 1025 ff.; v.Welser JA 2002, 240 ff.
154 Erichsen/Buchwald Jura 1995, 84, 89; Oldiges NVwZ 2001, 626, 633; Goldmann Jura 2008, 275, 275.
155 OVG Koblenz EuZW 2010, 274, 275.
156 EuGH NVwZ 2007, 64, 65; Goldmann Jura 2008, 275, 275.
157 BGH NVwZ 2004, 636, 637; Schmidt-Räntsch NJW 2005, 106, 107; Kühling/el Barudi Jura 2006, 672, 681; Ludwigs Jura 2007, 612, 614; abweichend Goldmann Jura 2008, 275, 278: schwebende Unwirksamkeit.

■ Einzelheiten des **Beihilfekontrollverfahrens** sind in der VO-EG 659/1999 geregelt (Sartorius II 173).[158]

127

Nach Art. 11 Abs. 2 VO-EG 659/1999 kann die Kommission dem Mitgliedstaat aufgeben, die formell rechtswidrige Beihilfe vorläufig zurückzufordern, bis die Kommission über die materielle Vereinbarkeit mit dem Gemeinsamen Markt entschieden hat.[159] Das Kontrollverfahren endet mit einer Entscheidung der Kommission (Art. 7 u. 13 VO-EG 659/1999). Wird dabei die Rechtswidrigkeit der Beihilfe festgestellt, entscheidet die Kommission, dass der betreffende Mitgliedstaat alle notwendigen Maßnahmen ergreift, um die Beihilfe vom Empfänger zurückzufordern (Art. 14 Abs. 1 VO EG 659/1999).[160] Die Rückforderung hat unverzüglich und nach den Verfahren des betreffenden Mitgliedstaats zu erfolgen, sofern hierdurch die sofortige und tatsächliche Vollstreckung der Kommissionsentscheidung ermöglicht wird (Art. 14 Abs. 3 VO-EG 659/1999).

Fall 5: Europarechtswidrige Subventionen

Mit Bescheid vom 21.05.2007 wurde dem K von der zuständigen Behörde B aus Landesmitteln eine Subvention für eine geplante Betriebserweiterung gewährt und ausgezahlt. Hierbei handelte es sich um eine Beihilfe i.S.d. Art. 87, 88 EG (jetzt Art. 107, 108 AEUV). Eine Anzeige der Beihilfe bei der EU-Kommission (sog. Notifizierungsverfahren, Art. 108 Abs. 3 AEUV, ex Art. 88 Abs. 3 EG) unterblieb. Nachdem die EU-Kommission von der Förderung Kenntnis erlangt hatte, leitete sie Anfang 2009 ein Verfahren gem. Art. 88 Abs. 2 UAbs. 1 EG (jetzt Art. 108 Abs. 2 UAbs. 1 AUEV) ein und stellte im Februar 2009 fest, dass die Gewährung der Subvention geeignet ist, den Handel zwischen den Mitgliedstaaten zu beeinträchtigen. Gleichzeitig forderte die Kommission die Bundesrepublik Deutschland auf, die Subvention binnen sechs Monaten zurückzufordern. Die zuständige Behörde übersandte K eine Kopie der Entscheidung und wies ihn darauf hin, dass er gegen die Entscheidung vor dem EuG klagen könne. Klage wurde jedoch nicht erhoben. Daraufhin nahm die Behörde den Bewilligungsbescheid vom 21.05.2007 mit Rücknahmebescheid vom 20.06.2010 in formell ordnungsgemäßer Weise zurück. K hat (nach erfolglosem Vorverfahren) nunmehr gegen den Rücknahmebescheid form- und fristgerecht Klage vor dem VG erhoben. Er macht geltend, dass er im Vertrauen auf die Bestandskraft des Bescheides die gewährten Leistungen bereits im Jahre 2007 vollständig verbraucht habe. Außerdem sei die Rücknahme jedenfalls verspätet erfolgt und die B habe das ihr zustehende Ermessen nicht ausgeübt. Wie ist über die zulässige Anfechtungsklage des K zu entscheiden?

Die **zulässige Anfechtungsklage** des K ist begründet, soweit der Rücknahmebescheid rechtswidrig ist und den K in seinen Rechten verletzt (§ 113 Abs. 1 S. 1 VwGO).

I. **Rechtsgrundlage** für den Rücknahmebescheid könnte § 48 VwVfG sein. Vorrangige Rücknahmevorschriften nach dem EU-Recht bestehen nicht.

128

Für den Agrarbereich beachte die Spezialregelung in § 10 MOG (Gesetz zur Durchführung der Gemeinsamen Marktorganisation).[161] Diese gilt jedoch nur für bestimmte landwirtschaftliche Erzeugnisse und Produkte i.S.d. § 2 MOG (sog. Marktordnungswaren).

---

158 Dazu Nowak DVBl. 2000, 20 ff.; Kruse NVwZ 2001, 612 ff.; Koenig/Pickartz NVwZ 2002, 151 ff.; Ludwigs Jura 2006, 41 ff.
159 Koenig/Kühling NJW 2000, 1065, 1074; Ludwigs Jura 2006, 41, 46; Goldmann Jura 2008, 275, 275.
160 Zum Umfang der Rückforderungspflicht EuGH DVBl. 2003, 319 ff. (WestLB); Ludwigs Jura 2006, 41, 46 f.
161 Vgl. dazu VGH Mannheim RÜ 2009, 453, 454.

Daher ist anerkannt, dass § 48 VwVfG selbst dann anwendbar ist, wenn es um Gewährung von Beihilfen auf EU-rechtlicher Grundlage geht.[162] Erst recht gilt dies für Beihilfen, die nach Maßgabe deutschen Rechts und aus nationalen Mitteln gewährt werden.[163] § 48 VwVfG ist daher Rechtsgrundlage für die Rücknahme europarechtswidriger Beihilfebescheide.

> In diesem Sinne auch Art. 14 Abs. 3 VO-EG 659/1999: „... nach den Verfahren des betreffenden Mitgliedstaats". Auch die vorläufige Rückforderung nach Art. 11 VO-EG 659/99 (s.o. Rdnr. 127) erfolgt auf der Grundlage der §§ 48, 49 a VwVfG.[164]

129 II. Da formelle Bedenken nicht bestehen, kommt es allein auf die **materielle Rechtmäßigkeit** des Rücknahmebescheides an.

1. **Voraussetzung** des § 48 VwVfG ist zunächst, dass der aufzuhebende Bescheid (hier der Bewilligungsbescheid vom 21.05.2007) **rechtswidrig** ist.

130 a) Dies ist der Fall, da die Subvention wegen Verstoßes gegen die (vorrangigen) Vorschriften des **Europarechts** (hier Art. 107, 108 AEUV) nicht hätte gewährt werden dürfen.[165] Insoweit ist die Feststellung der Europarechtswidrigkeit durch die Kommission gem. Art. 288 Abs. 4 AEUV (ex Art. 249 Abs. 4 EG) für die Beteiligten bindend.[166]

131 b) Dies gilt auch für den **Subventionsempfänger**, da er nach Art. 263 Abs. 4 AEUV (ex 230 Abs. 4 EG) gegen den Beschluss der Kommission Nichtigkeitsklage erheben kann.[167] Nach Ablauf der Klagefrist (Art. 263 Abs. 6 AEUV: zwei Monate) kann auch er die Richtigkeit der Kommissionsentscheidung nicht mehr in Frage stellen. Der Beschluss der Kommission entfaltet daher dieselben Rechtswirkungen wie ein VA nach Eintritt der Bestandskraft[168] und bindet auch die nationalen Gerichte.[169]

132 Die nationalen Gerichte haben nur zu prüfen, ob die Beihilfe formell rechtmäßig gewährt wurde. Die innerstaatlichen Gerichte sind nicht befugt, über die (materielle) Vereinbarkeit einer staatliche Beihilfe mit dem Gemeinsamen Markt zu befinden. Denn hierfür ist gem. Art. 108 Abs. 2 AEUV ausschließlich die Kommission zuständig, die hierbei allein der Kontrolle des EuG und des EuGH unterliegt. Zwar können die nationalen Gerichte die Gültigkeit von Rechtsakten der Union prüfen, sie sind aber nicht befugt, selbst die Ungültigkeit von Rechtsakten der Unionsorgane festzustellen.[170]

Der Bewilligungsbescheid war damit rechtswidrig.

---

162 VGH Mannheim RÜ 2009, 453, 454.
163 EuGH DVBl. 2003, 319, 320; NJW 1998, 45, 46; BVerwG NJW 1998, 3728, 3729@; Oldiges NVwZ 2001, 626, 631; Gellermann DVBl. 2003, 481, 482; Ludwigs Jura 2007, 612, 613; Ehlers/Kallerhoff Jura 2009, 823, 831.
164 Oldiges NVwZ 2001, 626, 633.
165 Zum Anwendungsvorrang des Unionsrechts ausführlich AS-Skript Europarecht (2010), Rdnr. 439 ff. .
166 EuGH DVBl. 1994, 1122, 1123@; NVwZ 2008, 985, 986; BVerwG NJW 1998, 3728, 3729@; EuZW 1995, 314, 318; Happe NVwZ 1993, 32, 34; Pache NVwZ 1994, 318, 321; Erichsen/Brügge Jura 1999, 155, 157.
167 Vgl. König JuS 2003, 257, 258; Hamer JA 2004, 728, 729; zur Klagebefugnis bei individueller Betroffenheit durch eine EG-VO vgl. EuGH NJW 2004, 2006 ff.; dazu Lenz/Staeglich NVwZ 2004, 1421 ff.
168 EuGH DVBl. 2007, 1167, 1168; NJW 2000, 1933, 1935; DVBl. 1994, 1122, 1123; BVerwG NJW 1998, 3728, 3730@; Schütz/Dibelius Jura 1998, 427, 431; Kamann/Selmayr NVwZ 1999, 1041 ff.; v.Welser JA 2002, 240, 245.
169 EuGH DVBl. 2007, 1167, 1168; NJW 2001, 1265, 1266; BFH NVwZ 2001, 715, 717.
170 EuGH DVBl. 2007, 1167, 1168; Gundel JA 2008, 158, 159; Goldmann Jura 2008, 275, 275 m.w.N.

2. Ein begünstigender VA, der – wie der vorliegende Subventionsbescheid – eine Geldleistung gewährt, kann nach **§ 48 Abs. 2 S. 1 VwVfG** insoweit **nicht zurückgenommen** werden, als der Begünstigte auf den Bestand des VA vertraut hat und sein Vertrauen unter Abwägung mit dem öffentlichen Interesse an einer Rücknahme schutzwürdig ist. Letzteres ist nach § 48 Abs. 2 S. 2 VwVfG **in der Regel** der Fall, wenn der Begünstigte – wie hier – die gewährten Leistungen verbraucht hat.

a) Allerdings wird § 48 VwVfG **durch das EU-Recht überlagert**. Auch wenn sich die Rückforderung europarechtswidriger VAe nach nationalem Recht richtet, darf dessen Anwendung die Tragweite und die Wirksamkeit des Unionsrechts nicht beeinträchtigen. Die Vertrauensschutzgrundsätze des § 48 VwVfG sind daher so anzuwenden, „dass die nach Unionsrecht verlangte Rückforderung nicht praktisch unmöglich und das Unionsinteresse voll berücksichtigt wird." Dies folgt aus dem Grundsatz des „effet utile" (praktische Wirksamkeit), der verbunden mit dem Grundsatz des Vorrangs des Europarechts besagt, dass entgegenstehendes nationales Recht zurückzutreten hat bzw. entsprechend zu modifizieren ist.[171] **133**

b) Es wird daher vertreten, dass die **Regelwertung** des § 48 Abs. 2 S. 2 VwVfG durch Unionsrecht jedenfalls in den Fällen **ausgeschlossen** bzw. verdrängt werde, in denen Beihilfen ohne vorangegangene Notifizierung gewährt werden. Denn sonst wäre eine Rückforderung bereits geleisteter Zahlungen ohne Bösgläubigkeit des Empfängers i.d.R. nicht möglich. Das würde dem in Art. 107, 108 AEUV zum Ausdruck kommenden Grundsatz widersprechen, dass europarechtswidrige Subventionen zurückzuerstatten sind.[172] **134**

c) Die h.M. hält dagegen § 48 Abs. 2 S. 2 VwVfG auch bei europarechtswidriger Förderung grds. für **anwendbar**. Die Geltung nationaler Vertrauensschutzregelungen werde vom EuGH ausdrücklich anerkannt. § 48 Abs. 2 S. 2 VwVfG sei daher grds. anwendbar, etwaigen europarechtlichen Besonderheiten könne durch eine großzügige Auslegung der Ausschlusstatbestände des § 48 Abs. 2 S. 3 VwVfG Rechnung getragen werden.[173] Danach stünde das Vertrauen des K nach § 48 Abs. 2 S. 2 VwVfG „in der Regel" einer Rücknahme entgegen. **135**

3. Der Begünstigte kann sich jedoch **nicht auf Vertrauen berufen**, wenn einer der Fälle des § 48 Abs. 2 S. 3 VwVfG vorliegt. Nach Nr. 3 ist Vertrauensschutz insbes. ausgeschlossen, wenn der Adressat die Rechtswidrigkeit des VA kannte oder infolge **grober Fahrlässigkeit** nicht kannte.

a) Dieser Ausschlusstatbestand wird im Hinblick auf das EU-Recht zum Teil extensiv interpretiert. Grobe Fahrlässigkeit wird bereits bejaht, wenn der Begünstigte sich nicht vergewissert hat, ob die Beihilfe unter Beachtung des nach Art. 108 Abs. 3 AEUV (ex Art. 88 Abs. 3 EG) vorgeschriebenen Verfahrens gewährt wur- **136**

---

171 Vgl. EuGH NJW 1998, 45, 46@; Erichsen/Buchwald Jura 1995, 84, 87; Schütz/Dibelius Jura 1998, 427, 432; Sydow JuS 2005, 97, 101; Ludwigs Jura 2007, 612, 613.
172 OVG NRW NVwZ 1993, 79, 80; in diesem Sinne wohl auch EuGH NJW 1998, 45, 47@.
173 Fastenrath JZ 1992, 1082; Schulze EuZW 1993, 279, 283; Dickersbach NVwZ 1993, 846, 852; Baldus JA 1994, 311, 319 f.; Pache NVwZ 1994, 318, 322.

de. Jedem Wirtschaftsunternehmen, das Förderungsmaßnahmen erfahre, bei denen die Anwendbarkeit der Art. 107, 108 AEUV nicht offensichtlich ausgeschlossen ist, sei es zumutbar und auch möglich, in Erfahrung zu bringen, ob das Verfahren nach Art. 108 Abs. 3 AEUV eingehalten wurde.[174]

137 b) Nach Auffassung des BVerwG reicht dieser Umstand allein jedoch nicht aus, um einen besonders schweren Sorgfaltspflichtverstoß im Sinne einer groben Fahrlässigkeit anzunehmen. Vielmehr habe eine **Abwägung im Einzelfall** nach § 48 Abs. 2 S. 1 VwVfG zu erfolgen.[175]

Dabei sei jedoch zu berücksichtigen, dass die Anwendung des § 48 Abs. 2 S. 2 VwVfG regelmäßig zur Folge habe, dass die unionsrechtlich gebotene Rückforderung in weitem Umfang unmöglich wäre. Um dies zu verhindern trete das Vertrauensschutzinteresse des Begünstigten angesichts des **besonderen Gewichts des Rücknahmeinteresses** grds. schon dann zurück, wenn die staatliche Beihilfe ohne Beachtung des in Art. 108 Abs. 3 AEUV zwingend vorgeschriebenen Überwachungsverfahrens, also ohne Kontrolle der Kommission, gewährt wurde. Denn die sichere Grundlage für ein Vertrauen auf die materielle Rechtmäßigkeit der Beihilfe bestehe nur, wenn das Überwachungsverfahren als Voraussetzung der Ordnungsgemäßheit der Beihilfe eingehalten worden ist. Einem sorgfältigen Wirtschaftsunternehmen sei es regelmäßig möglich, sich zu vergewissern, ob diese Voraussetzung erfüllt ist. Ist das Überwachungsverfahren nicht durchgeführt worden, sei das Vertrauen des Beihilfeempfängers **nur ausnahmsweise schutzwürdig**, wenn dafür besondere Umstände sprechen.[176]

138 § 48 Abs. 2 S. 2 VwVfG erfährt daher eine deutliche Einschränkung im Wege einer **europarechtskonformen Auslegung**. Bei der Abwägung sind neben dem fiskalischen Interesse und der Gesetzmäßigkeit der Verwaltung die Verpflichtung der Mitgliedstaaten zur Wahrung des Unionsrechts und das Interesse an der Einhaltung der unionsrechtlichen Wettbewerbsordnung zu berücksichtigen. Angesichts der Gewichtigkeit der Unionsinteressen ist das Vertrauen des Bürgers nur ausnahmsweise schutzwürdig, wenn dafür **besondere Umstände** sprechen. Folge der europarechtskonformen Auslegung des § 48 Abs. 2 S. 2 VwVfG ist damit eine Umkehrung des Regelfalls, d.h. in der Regel besteht kein Vertrauensschutz.[177]

Beide Auffassungen gelangen hier zum selben Ergebnis: Entweder ist das Vertrauen des K zwingend nach § 48 Abs. 2 S. 3 Nr. 3 VwVfG (Meinung a) oder aufgrund Abwägung nach § 48 Abs. 2 S. 1 VwVfG (Meinung b) nicht schutzwürdig und steht daher einer Rücknahme nicht entgegen.

---

174 OVG NRW NVwZ 1993, 79, 80; Ehlers DVBl. 1991, 605, 612; Pagenkopf NVwZ 1993, 216, 219; Richter DÖV 1995, 846, 850; Winkler DÖV 1999, 148, 149; Oldiges NVwZ 2001, 626, 631; Ehlers/Kallerhoff Jura 2009, 823, 831.
175 BVerwG NJW 1998, 3728, 3730@; DVBl. 1993, 727, 728@; VGH Mannheim NVwZ 1998, 87, 88; Bader/Ronellenfitsch VwVfG § 48 Rdnr. 138 f.; Stern JuS 1998, 769, 774; Erichsen/Brügge Jura 1999, 155, 160; Rennert DVBl. 2007, 400, 403 m.w.N.
176 BVerwG DVBl. 1993, 727, 728@; NJW 1998, 3728, 3730@; VGH Mannheim NVwZ 1998, 87, 88; Stern JuS 1998, 769, 774; weiter Sydow JuS 2005, 97, 101: für Vertrauensschutz praktisch kein Raum.
177 Vgl. BVerwG NJW 1998, 3728, 3730@; DVBl. 1993, 727, 728@; BGH EuZW 2009, 28, 31; NVwZ 2004, 636, 637; Erichsen/Brügge Jura 1999, 155, 161; Sydow JuS 2005, 97, 101.

C. Die Rücknahme des Verwaltungsaktes gemäß § 48 VwVfG

Etwas anderes gilt für die Rückforderung von Beihilfen, die aus **EU-Mitteln** gewährt wurden. Hier ist anders als im Rahmen des Art. 108 Abs. 3 AEUV dem nationalen Verwaltungsverfahren kein unionsrechtliches Verfahren vorgeschaltet. Daher kann sich der Subventionsempfänger grds. auf § 48 Abs. 2 S. 2 VwVfG berufen.[178] Allerdings bestehen hier zunehmend Spezialregelungen im Unionsrecht, die die Regelungen in § 48 Abs. 2 VwVfG verdrängen.[179] **139**

4. Die Rücknahme muss grds. innerhalb der **Jahresfrist** des § 48 Abs. 4 S. 1 VwVfG erfolgen. Dabei ist anerkannt, dass diese Frist auch bei Rechtsanwendungsfehlern gilt (vgl. oben Rdnr. 105 ff.).

a) Die frühere Rspr. hat deshalb § 48 Abs. 4 VwVfG **generell** auch bei der Rücknahme eines europarechtswidrigen VA angewendet. Da zu den die Rücknahme rechtfertigenden Tatsachen auch der Beschluss der EU-Kommission über die Europarechtswidrigkeit der Beihilfe zählt, beginne die Frist frühestens mit der Bestandskraft dieser Entscheidung zu laufen.[180] **140**

b) Nach der Rspr. des EuGH ist zu differenzieren:

aa) Nationale Fristregelungen stellen das unionsrechtliche Effizienzgebot nicht per se in Frage.[181] Daher ist **§ 48 Abs. 4 VwVfG grundsätzlich** auch auf die Rücknahme eines gegen Unionsrecht verstoßenden VA **anwendbar**.[182] **141**

bb) Etwas anderes gilt allerdings dann, wenn die Rechtswidrigkeit des nationalen Beihilfebescheides aufgrund eines **bestandskräftigen Kommissionsbeschlusses** festgestellt worden ist. Hier beschränkt sich die Aufgabe der nationalen Behörde auf die Durchführung dieser Entscheidung (vgl. Art. 14 VO-EG 659/99). Ein Ausschluss der Rücknehmbarkeit nach Fristablauf würde die europarechtlichen Beihilfevorschriften nachhaltig relativieren und damit „jede praktische Wirksamkeit" nehmen.[183] **142**

Die Nichtanwendung des § 48 Abs. 4 VwVfG rechtfertigt sich in diesen Fällen aus der **materiellen Bestandskraft des Kommissionsbeschlusses**. Diese muss der Beihilfeempfänger gegen sich gelten lassen, wenn er den Beschluss nicht im Wege der Nichtigkeitsklage nach Art. 263 Abs. 4 AEUV angefochten hat.[184] Da § 48 Abs. 4 VwVfG bei der Durchsetzung einer Kommissionsentscheidung nicht anwendbar ist, ist die Rücknahme vorliegend auch noch nach Ablauf der Jahresfrist zulässig. **143**

Ebenso darf die Einlegung eines Rechtsbehelfs gegen den Rückforderungsbescheid wegen der Verpflichtung des Mitgliedstaats zur effektiven und raschen Rückforderung europarechtswidriger Beihilfe abweichend von § 80 Abs. 1 VwGO nicht automatisch zur Aussetzung der Vollziehung führen.[185] Die nationale Behörde ist gehalten, die sofortige Vollziehung des Rückforderungsbescheids anzuordnen (§ 80 Abs. 2 S. 1 Nr. 4 VwGO).[186]

---

178 Ehlers/Kallerhoff Jura 2009, 823, 831.
179 Vgl. z.B. VGH Mannheim RÜ 2009, 453, 456.
180 VGH Mannheim NVwZ 1998, 87, 89; OVG Koblenz JZ 1992, 1084, 1086; Happe NVwZ 1998, 26, 27; Pache NVwZ 1994, 318, 325; Erichsen/Buchwald Jura 1995, 84, 89; Dickersbach NVwZ 1996, 962, 969; Schütz/Dibelius Jura 1998, 427, 431 f.
181 Vgl. EuGH NJW 1999, 169; EuZW 1995, 92; Epiney NVwZ 2001, 524, 527 m.w.N.
182 Ruffert in: Erichsen/Ehlers § 24 Rdnr. 24.
183 EuGH NJW 1998, 45, 47@; ebenso BVerwG NJW 1998, 3728, 3729@; bestätigt durch BVerfG NJW 2000, 2015@; Ruffert in: Erichsen/Ehlers § 24 Rdnr. 24; Frenz DVBl. 2004, 375, 376; Sydow JuS 2005, 97, 102.
184 BVerwG NJW 1998, 3728, 3729@; BVerfG NJW 2000, 2015@.
185 EuGH DVBl. 2007, 369, 370; mit Anm. Gundel JA 2007, 668 ff.

144 Problematisch ist die Rechtslage bei der Rückabwicklung **privatrechtlich gewährter Subventionen**. Hier ist umstritten, ob eine Rückforderung durch Klage vor dem Zivilgericht den europarechtlichen Vorgaben, insbes. nach unverzüglicher Rückforderung (Art. 14 Abs. 3 VO 659/1999) genügt oder ob der effektive Vollzug den Einsatz eines für sofort vollziehbar erklärten VA auch in den Fällen fordert, in denen das nationale Recht keine Grundlage für den Erlass eines VA enthält, weil die Beihilfe durch Vertrag gewährt wurde (s.o. Rdnr. 60).[187]

Weiteres Beispiel: Wird eine Subvention aufgrund eines unionsrechtswidrigen Gesetzes gewährt, so stellt eine rückwirkende Gesetzesänderung keinen Verstoß gegen das Rechtsstaatsprinzip und den Vertrauensschutzgrundsatz dar, wenn der Gesetzgeber die Änderung vornimmt, weil die Kommission festgestellt hat, dass die gewährte Beihilfe europarechtswidrig ist.[188]

Auch die Rechtskraft einer gerichtlichen Entscheidung darf nicht dazu führen, dass die Rückforderung einer unter Verstoß gegen das Unionsrecht gewährten Beihilfe behindert wird, deren Unvereinbarkeit mit dem Gemeinsamen Markt durch eine bestandskräftig gewordene Entscheidung der Kommission festgestellt worden ist.[189]

145 5. Die Entscheidung über die Rücknahme steht nach § 48 Abs. 1 S. 1 VwVfG grds. im **Ermessen** der Behörde. Nach ganz h.M. wird dieses Rücknahmeermessen jedoch **auf Null reduziert**, wenn die Bundesrepublik durch einen bestandskräftigen Beschluss der Kommission zur Rückforderung einer europarechtswidrigen Beihilfe verpflichtet ist. In diesen Fällen **muss** die Rücknahme zwingend erfolgen.[190] Etwas anderes gilt nur, wenn auch nach dem Unionsrecht ein Ermessensspielraum besteht.[191]

Dementsprechend stand der Behörde bei der Entscheidung über die Rücknahme **kein Ermessen** zu, sodass die von K geltend gemachte Ermessensunterschreitung nicht vorliegt. Der **Rücknahmebescheid** ist damit **rechtmäßig** und die Klage des K unbegründet.

146 Selbst wenn die Behörde in diesen Fällen den Betroffenen in seinem Vertrauen auf den Bestand des VA bestärkt hat, kann dies der Rücknahme nicht entgegenstehen. Auch der Grundsatz von **Treu und Glauben** wird durch das Unionsrecht verdrängt.[192] Aus denselben Gründen ist in diesen Fällen auch der **Entreicherungseinwand** nach § 49 a Abs. 2 S. 1 VwVfG i.V.m. § 818 Abs. 3 BGB ausgeschlossen. Denn andernfalls wäre die Rückforderung europarechtswidriger nationaler Beihilfen häufig unmöglich, was einen Verstoß gegen das vorrangige unionsrechtliche Effizienzgebot darstellen würde.[193]

147 Etwas anderes gilt für die Rückforderung von Beihilfen, die aus **EU-Mitteln** gewährt wurden. Hier ist anders als bei nationalen Beihilfen eine Berufung auf den Wegfall der Bereicherung zulässig, soweit das Unionsrecht keine Spezialregeln enthält.[194]

---

186 Vgl. Kruse NVwZ 1999, 1049, 1055; Lindner BayVBl. 2002, 193, 199; a.A. Ludwigs Jura 2007, 612, 615.
187 Bejahend OVG Berlin-Brandenburg NVwZ 2006, 104; OVG Berlin-Brandenburg, Urt. v. 29.12.2006 – OVG 8 S 42.06; verneinend VG Berlin EuZW 2005, 659; Hillebrandt/Castillon NVwZ 2006, 298, 299 f.; Vögler NVwZ 2007, 294, 297; Ludwigs Jura 2007, 612, 616; Goldmann Jura 2008, 275, 279 f.; Haas/Hoffmann JA 2009, 119, 121.
188 BFH NVwZ 2001, 715, 717.
189 EuGH DVBl. 2007, 1167 ff.
190 EuGH NVwZ 2002, 195; NJW 1998, 45, 47@; NJW 1984, 2024, 2025; BVerwG DVBl. 1993, 727, 729@; Erichsen/Brügge Jura 1999, 155, 162; Sydow JuS 2005, 97, 102; Rennert DVBl. 2007, 400, 403; Ehlers/Kallerhoff Jura 2009, 823, 831.
191 Dazu OVG Schleswig NVwZ 1993, 911, 912. Zum Widerruf einer Subvention mit europarechtlichem Bezug nach § 49 VwVfG vgl. BVerwGE 95, 213, 223 ff.
192 EuGH NJW 1998, 45, 47@; BVerwG NJW 1998, 3728, 3731@.
193 EuGH NJW 1998, 45, 47@; BVerwG NJW 1998, 3728, 3731@; Gurlit in: Erichsen/Ehlers § 35 Rdnr. 20; Erichsen/Brügge Jura 1999, 496, 502; Sydow JuS 2005, 97, 102 m.w.N.
194 EuGH JA 1999, 757, 759; Montag NJW 2000, 32, 39 ff.; Michaelis JA 2001, 19, 21; Oldiges NVwZ 2001, 626, 635 f.; Gellermann DVBl. 2003, 481, 487; Sydow JuS 2005, 97, 102.

C. Die Rücknahme des Verwaltungsaktes gemäß § 48 VwVfG

Zusammenfassend:

Bei Bewilligungsbescheiden, die aufgrund eines bestandskräftigen Beschlusses der EU-Kommission wegen Verstoßes gegen Art. 107, 108 AEUV aufzuheben sind, bleibt von den Regelungen des § 48 VwVfG wenig übrig (grds. kein Vertrauensschutz, keine Rücknahmefrist, kein Ermessen, keine Entreicherung). Gegen die Rspr. des EuGH ist eingewandt worden, das Gericht habe durch die erheblichen Einschränkungen des nationalen Rechts die Grenzen der ihm eingeräumten **Hoheitsrechte überschritten**. Vor allem habe sich der EuGH eine nach Art. 109 AEUV (ex Art. 89 EG) dem Rat vorbehaltene Rechtsetzungskompetenz angemaßt. Geht es nämlich um die Frage, ob eine EU-Norm die Grenzen unionsrechtlicher Regelungsbefugnis beachtet, beansprucht das BVerfG für sich das Recht, dies zu prüfen und ultra-vires-Akte der EU für in Deutschland **nicht anwendbar** zu erklären.[195]

148

Ein solcher ausbrechender Rechtsakt wurde – wegen Art. 12 a Abs. 4 S. 2 GG a.F. – zum Beispiel in der Entscheidung des EuGH zum Zugang von Frauen zum Dienst mit der Waffe gesehen.[196] Allgemein wird an dieser Rspr. kritisiert, dass nach Art. 263 ff. AEUV allein der EuGH darüber zu wachen und zu entscheiden hat, ob Unionsakte von einer Regelungszuständigkeit der EU gedeckt sind. Mit dem Zustimmungsgesetz zu den EU-Verträgen sei diese ausschließliche Rechtsprechungskompetenz des EuGH auch in Deutschland verbindlich und verdränge die Zuständigkeit des BVerfG, über den gleichen materiellen Streitgegenstand zu entscheiden.[197]

Die Rechtsprechung des EuGH in der vorliegenden Konstellation stellt aber auch nach Auffassung des BVerfG keinen **„ausbrechenden" Rechtsakt** dar. Sie dient allein der Durchsetzung der in Art. 108 Abs. 2 UAbs. 1 AEUV (ex Art. 88 Abs. 2 UAbs. 1 EG) vorgesehenen Befugnis der Kommission, die Rückforderung unionsrechtswidriger Beihilfen anzuordnen. Sie wirkt damit im Einzelfall und schafft kein allgemeines unionsunmittelbares Verwaltungsverfahrensrecht, das dem Rat vorbehalten wäre.[198] Die Voraussetzungen für Rücknahme und Rückforderung werden allerdings weitestgehend durch das EU-Recht vorgegeben. Das nationale Recht dient praktisch nur noch als Ermächtigung zur Durchsetzung des Unionsrechts. § 48 VwVfG ist in diesen Fällen nur noch die „formelle Hülse", um das europarechtlich Gebotene umzusetzen.[199]

149

---

195 BVerfG RÜ 2009, 519, 523 (Lissabon); BVerfGE 89, 155, 187 f. (Maastricht)@; Gündisch NVwZ 2000, 1125, 1126; Köster/Schröder NJW 2001, 273, 274: „Notbremse" bei offenkundiger und systematischer Kompetenzüberschreitung; allgemein Jahn NJW 2008, 1788 f.
196 Vgl. EuGH NJW 2000, 497; dazu Streinz DVBl. 2000, 585, 595; Scholz DÖV 2000, 417, 419; Mückl Jura 2000, 406, 413; Köster/Schröder NJW 2001, 273 f.; Jahn NJW 2008, 1788, 1789.
197 Hirsch NJW 2000, 1817, 1819; NVwZ 1998, 907, 908 f. m.w.N.
198 BVerfG NJW 2000, 2015, 2016@; ebenso schon BVerwG NJW 1998, 3728, 3729@; zustimmend Oldiges NVwZ 2001, 626, 632; a.A. Scholz DÖV 1998, 261, 267 f.; kritisch Gündisch NVwZ 2000, 1125, 1126.
199 Ehlers/Kallerhoff Jura 2009, 823, 831.

4. Die Rücknahme sonstiger begünstigender VAe nach § 48 Abs. 3 VwVfG

150 Handelt es sich **nicht** um einen VA, der eine **Geldleistung** oder **teilbare Sachleistung** i.S.d. § 48 Abs. 2 VwVfG zum Gegenstand hat, gilt für die Rücknahme § 48 Abs. 1 und Abs. 3 VwVfG. In diesem Fall gilt **nicht das Rücknahmeverbot** nach § 48 Abs. 2 S. 1 u. S. 2 VwVfG, die Rücknahme steht vielmehr grds. im Ermessen der Behörde (§ 48 Abs. 1 S. 1 VwVfG). Unter den Voraussetzungen des § 48 Abs. 3 VwVfG hat der Betroffene im Fall der Rücknahme eines sonstigen begünstigenden VA aber einen **Ausgleichsanspruch**.

Beispiele: Rücknahme einer Baugenehmigung oder einer Gewerbeerlaubnis, soweit keine spezialgesetzlichen Regelungen vorhanden sind (z.B. § 33 d Abs. 4 GewO). Bei der Fahrerlaubnis wird die Ermessensrücknahme nach § 48 VwVfG durch die gebundene Entscheidung nach § 3 StVG („hat") verdrängt, soweit es um die Entziehung der Fahrerlaubnis wegen fehlender Eignung oder Befähigung geht. Das gilt auch dann, wenn die Eignung schon im Zeitpunkt der Erteilung gefehlt hat.[200] § 48 VwVfG bleibt aber anwendbar bei Fehlern der Fahrerlaubniserteilung, die nicht die Ungeeignetheit oder Unfähigkeit des Betroffenen begründen.[201]

151 Früher richtete sich auch die Rücknahme einer rechtswidrigen, insbesondere durch Täuschung erwirkten Einbürgerung (§§ 8, 9 StAG) nach § 48 Abs. 1 u. 3 VwVfG.[202] Das BVerfG hatte hierzu klargestellt, dass Art. 16 Abs. 1 S. 1 GG die **Rücknahme einer erschlichenen Einbürgerung** nicht grundsätzlich ausschließe. Art. 16 GG schütze nur die „wohlerworbene" deutsche Staatsangehörigkeit. Eine Rücknahme müsse allerdings aus Gründen der Verhältnismäßigkeit „zeitnah" erfolgen.[203]

Nunmehr hat der Gesetzgeber hierfür in § 17 Abs. 1 Nr. 7 i.V.m. § 35 StAG eine **abschließende Spezialregelung** geschaffen,[204] die **§ 48 VwVfG verdrängt**. Nach § 35 Abs. 1 StAG kann eine rechtswidrige Einbürgerung „nur" zurückgenommen werden, wenn sie durch arglistige Täuschung, Drohung oder Bestechung oder durch vorsätzlich unrichtige oder unvollständige Angaben, die wesentlich für ihren Erlass gewesen sind, erwirkt worden ist. Die Rücknahme darf (unabhängig von einer etwaigen Kenntnis der Behörde) nur **bis zum Ablauf von fünf Jahren** nach der Bekanntgabe der Einbürgerung erfolgen (§ 35 Abs. 3 StAG).[205] Die Rücknahme erfolgt mit Wirkung für die Vergangenheit (§ 35 Abs. 4 StAG).

Der Rücknahme der Einbürgerung steht i.d.R. nicht entgegen, dass der Betroffene staatenlos wird (§ 35 Abs. 2 StAG). Auch dies ist mit Art. 16 Abs. 1 GG vereinbart, da der Schutzbereich des Art. 16 Abs. 1 S. 2 GG nicht weiter reicht als derjenige des Art. 16 Abs. 1 S. 1 GG.[206] Ebenso ist die Rücknahme mit Art. 20 AEUV (ex Art. 17 EG) vereinbar, auch wenn sie zum Verlust der Unionsbürgerschaft führt, aber im Übrigen verhältnismäßig ist.[207]

---

200 VGH Mannheim VBlBW 2003, 237, 238; OVG Hamburg NJW 2002, 2123, 2124.
201 VGH Mannheim NVwZ-RR 1995, 170, 171 und AS-Skript Bes. Ordnungsrecht (2007), S. 80.
202 BVerfG DVBl. 2006, 910, 914; BVerwG DVBl. 2008, 863, NVwZ 2008, 686; NVwZ 2008, 1249; VGH Mannheim VBlBW 2008, 112; VBlBW 2008, 226; BayVGH BayVBl. 2007, 117; Nettersheim DVBl. 2004, 1144, 1145; Engst JuS 2007, 225, 226 f.
203 BVerfG DVBl. 2006, 910, 911 f.; Maunz/Dürig GG Art. 16 Abs. 1 Rdnr. 53; a.A. abweichendes Votum BVerfG DVBl. 2006, 910, 917 ff.; Lübbe-Wolff Jura 1996, 57, 62.
204 Vgl. Gesetz zur Änderung des Staatsangehörigkeitsgesetzes vom 05.02.2009 (BGBl. I S. 158).
205 So auch schon die Rspr. zur alten Rechtslage, vgl. BVerwG DVBl. 2008, 863; NVwZ 2008, 1249 im Anschluss an BVerfG DVBl. 2006, 910 ff.
206 BVerfG DVBl. 2006, 910, 913; BVerwG NVwZ 2004, 489, 490; OVG Hamburg NVwZ 2002, 885, 886; kritisch Kämmerer NVwZ 2006, 1015 f.
207 EuGH RÜ 2010, 320, 322 f. auf Vorlage des BVerwG RÜ 2008, 390, 393 f.

C. Die Rücknahme des Verwaltungsaktes gemäß § 48 VwVfG

> **Fall 6: Rücknahme einer Baugenehmigung**
>
> B erhielt auf seinen Antrag Ende 2009 von der zuständigen Baubehörde die Genehmigung zum Bau eines Mehrfamilienhauses. Das Baugrundstück befindet sich im Bereich einer Splittersiedlung im Außenbereich der Stadt S, aber im Geltungsbereich einer sog. Außenbereichssatzung (§ 35 Abs. 6 BauGB). Anfang 2010 stellt sich heraus, dass die Satzung wegen eines Ausfertigungsfehlers unwirksam ist. Die Stadt beabsichtigt nicht, den Fehler zu heilen, da sie den Außenbereich künftig von Wohnbauvorhaben freihalten möchte. Die Baubehörde will deswegen die dem B erteilte Baugenehmigung zurücknehmen. B verweist demgegenüber darauf, dass er im Vertrauen auf den Bestand der Baugenehmigung bereits den Architekten A mit der Planung beauftragt habe. Hierfür seien ihm bereits Kosten i.H.v. 5.000 € entstanden. Wie ist die Rechtslage, wenn in der Landesbauordnung (LBauO) keine Regelung über die Rücknahme einer Baugenehmigung existiert?

A. Rücknahme der Baugenehmigung

Als belastender VA bedarf die Rücknahme einer **Ermächtigungsgrundlage**. Mangels Spezialregelung in der LBauO kommt hierfür § 48 Abs. 1 S. 1 VwVfG in Betracht.

I. **Voraussetzung** für die Rücknahme nach § 48 VwVfG ist, dass die aufzuhebende Baugenehmigung **rechtswidrig** gewesen ist. Nach den Vorschriften der LBauO ist die Baugenehmigung zu erteilen, wenn dem Bauvorhaben keine öffentlich-rechtlichen (Bau-)Vorschriften entgegenstehen.

152

<small>Zum Landesrecht vgl. Art. 68 Abs. 1 BayBO, § 58 Abs. 1 LBO BW, § 71 Abs. 1 BauO Bln, § 72 Abs. 1 HBauO, § 64 Abs. 1 H BO, § 75 Abs. 1 NBauO, § 75 Abs. 1 BauO NRW, § 70 Abs. 1 LBauO RP, § 73 Abs. 1 LBO SL, § 72 Abs. 1 SächsBO, § 71 Abs. 1 BauO LSA, § 73 Abs. 1 LBO SH, § 70 Abs. 1 ThürBO.</small>

Bedenken bestehen lediglich in **bauplanungsrechtlicher Hinsicht**. Als sonstiges Vorhaben im Außenbereich ist das Mehrfamilienhaus gemäß § 35 Abs. 2, Abs. 3 S. 1 Nr. 7 BauGB grds. unzulässig, wenn es – wie hier – die Entstehung, Verfestigung oder Erweiterung einer Splittersiedlung befürchten lässt. Dies ist gemäß § 35 Abs. 6 BauGB nur dann nicht der Fall, wenn die Gemeinde für bebaute Bereiche im Außenbereich durch Satzung bestimmt, dass Wohnzwecken dienende Vorhaben im Geltungsbereich der Satzung grds. zulässig sind (sog. Außenbereichssatzung). Die hier vorliegende Satzung ist jedoch wegen eines Ausfertigungsfehlers unwirksam und entfaltet deshalb keine Rechtswirkungen. Das Vorhaben des B beeinträchtigt damit öffentliche Belange i.S.d. § 35 Abs. 3 S. 1 Nr. 7 BauGB. Es ist deshalb nach § 35 Abs. 2 BauGB unzulässig. Die erteilte Baugenehmigung ist somit rechtswidrig.

II. Da es sich bei der Baugenehmigung um einen **begünstigenden VA** handelt, ist die Rücknahme nur unter den Einschränkungen des § 48 Abs. 2–4 VwVfG zulässig.

153

1. **Vertrauensschutz** nach § 48 Abs. 2 VwVfG steht der Rücknahme nicht entgegen, da die Baugenehmigung keine Geld- oder Sachleistung zum Gegenstand hat oder dafür Voraussetzung ist.

2. Einschlägig ist vielmehr § 48 Abs. 3 VwVfG, weil es sich um einen **sonstigen begünstigenden VA** handelt.

154 Bezüglich der Rücknehmbarkeit dieser sonstigen VAe enthält § 48 Abs. 3 VwVfG auf der Voraussetzungsseite keine Einschränkungen. Die Rücknahme kann deshalb gem. § 48 Abs. 1 S. 1 VwVfG **nach Ermessen** erfolgen. § 48 Abs. 3 VwVfG begründet für den Fall der Rücknahme lediglich einen **Entschädigungsanspruch**. Der Betroffene hat einen Anspruch auf Ausgleich der durch die Rücknahme bedingten **Vermögensnachteile**, soweit sein Vertrauen auf den Bestand des VA unter Abwägung mit dem öffentlichen Interesse schutzwürdig ist.

155 3. **Voraussetzung** für die Rücknahme ist danach lediglich die Rechtswidrigkeit des zurückzunehmenden VA. Die Rücknahme der Baugenehmigung steht im pflichtgemäßen **Ermessen** der Behörde (§ 48 Abs. 1 S. 1 VwVfG).[208]

Ermächtigungsgrundlage für die Rücknahme ist in diesen Fällen allein § 48 Abs. 1 S. 1 VwVfG, nicht § 48 Abs. 3 VwVfG, da dieser lediglich die Rechtsfolge der Rücknahme regelt.[209]

a) Umstritten ist allerdings, ob im Rahmen des Ermessens das **Vertrauen auf den Bestand** des VA zu berücksichtigen ist.

156 aa) Teilweise wird aus der unterschiedlichen Regelung des Gesetzes in § 48 Abs. 2 und § 48 Abs. 3 VwVfG geschlossen, im Falle des Abs. 3 dürfe sich der Vertrauensschutz des Betroffenen **nicht als Bestandsschutz** auswirken, sondern begründe allenfalls einen Ausgleichsanspruch. Das Ermessen beziehe sich auf andere Gesichtspunkte, z.B. die Vermeidung unverhältnismäßigen Verwaltungsaufwandes.[210] Danach braucht die Behörde bei ihren Ermessenserwägungen Vertrauensschutz zugunsten des B nicht zu berücksichtigen, sodass die Rücknahme, da von einer auch im Übrigen ermessensfehlerfreien Entscheidung auszugehen ist, rechtmäßig wäre.

157 bb) Die Gegenansicht verweist darauf, dass im Rahmen des Ermessens sämtliche Interessen des Betroffenen, **auch der Vertrauensschutz**, zu berücksichtigen seien. Gerade der Schutz der im Vertrauen auf den Bestand eines VA getroffenen Dispositionen sei regelmäßig der gewichtigste Gesichtspunkt, der gegen eine Rücknahme sprechen könne. Zudem sei nicht selten das Interesse des Betroffen vorrangig auf die Erhaltung des Bestandes und nicht nur auf Geldersatz gerichtet. Insbesondere dann, wenn die Geldentschädigung keinen oder keinen ausreichenden Ausgleich gewähre, müssten auch Vertrauensschutzgesichtspunkte bei der Abwägung Berücksichtigung finden. Das bedeute zwar nicht, dass Vertrauensinteressen, wie im Fall des § 48 Abs. 2 VwVfG, eine Rücknahme generell hindern können. Sie seien aber als schutzwürdige Belange des Betroffenen in die Abwägung mit den öffentlichen Interessen einzubeziehen, können aber einer Rücknahme nur entgegenstehen, wenn sie das Rücknahmeinteresse überwiegen.[211]

---

[208] OVG Berlin LKV 2000, 458.
[209] Vgl. nur Stelkens/Bonk/Sachs VwVfG § 48 Rdnr. 175; Schroeder NWVBl. 2010, 176, 178.
[210] VGH Mannheim NJW 1980, 2597, 2598; OVG NRW DVBl. 1980, 885, 887; Ruffert in: Erichsen/Ehlers § 24 Rdnr. 33; Erichsen/Brügge Jura 1999, 155, 162.
[211] BVerwG NVwZ-RR 2001, 198; OVG NRW NWVBl. 2005, 71; OVG Hamburg NVwZ 2002, 885, 888; Kopp/Ramsauer VwVfG § 48 Rdnr. 137 f.; Knack/Henneke VwVfG § 48 Rdnr. 112 ff.; Maurer § 11 Rdnr. 34; Ehlers/Kallerhoff Jura 2009, 823, 832.

cc) Für die letztgenannte Auffassung spricht die **rechtsstaatliche Bedeutung des Vertrauensschutzes**. Im Rahmen des Ermessens sind deshalb **alle** Gesichtspunkte zu berücksichtigen, die für und gegen die Rücknahme sprechen. Ein öffentliches Interesse an der Rücknahme besteht aus Gründen der Gesetzesbindung der Verwaltung (Art. 20 Abs. 3 GG) praktisch immer, im Gegenzug sind Vertrauensschutzgesichtspunkte des Bürgers nicht nur für den Ausgleichsanspruch (§ 48 Abs. 3 S. 1 VwVfG), sondern auch für die Rücknahmeentscheidung als solche von Bedeutung.

158

Bei der Abwägung gelten die in § 48 Abs. 2 S. 2 u. S. 3 VwVfG genannten Gesichtspunkte entsprechend. Zwar gilt der Verweis in § 48 Abs. 3 S. 2 VwVfG nur für die Entscheidung über den Ausgleichsanspruch des Bürgers, die Wertungen des § 48 Abs. 2 VwVfG sind jedoch grds. auch auf das Rücknahmeermessen übertragbar.[212] Anders als im Rahmen des § 48 Abs. 2 S. 2 VwVfG stehen die dort genannten Kriterien einer Rücknahme aber nicht generell entgegen.

Hier ist nicht ersichtlich, dass der Vertrauensschutz des B bereits einer Rücknahme der Baugenehmigung entgegenstünde. Aufgrund der geänderten planerischen Absichten der Stadt besteht ein erhebliches öffentliches Interesse an der Rücknahme der Baugenehmigung. Das Vertrauensschutzinteresse des B kann hinreichend über den Ausgleichsanspruch nach § 48 Abs. 3 S. 1 VwVfG ausgeglichen werden.

b) Die **Jahresfrist** des § 48 Abs. 4 VwVfG ist gewahrt.

c) Die Rücknahme der Baugenehmigung erweist sich auch im Übrigen als **verhältnismäßig** und kann deshalb rechtmäßigerweise erfolgen

Rücknahme rechtswidriger begünstigender VAe	
Geld- oder teilbare Sachleistung	**sonstige begünstigende VAe**
Rücknahme **unzulässig**, ■ soweit Begünstigter auf Bestand des VA **vertraut** hat und ■ Vertrauen **schutzwürdig** 　■ in der Regel (+) 　Leistungen verbraucht oder Vermögensdispositionen getroffen 　■ (−) 　bei Kenntnis, grob fahrlässiger Unkenntnis, falschen Angaben, Arglist, Drohung oder Bestechung 　■ im Übrigen: 　umfassende Interessenabwägung	■ Vertrauensschutz steht Rücknahme nicht generell entgegen, nur **Ersatzanspruch** nach § 48 Abs. 3 VwVfG ■ Rücknahme nach **Ermessen** ■ umstritten, ob **Vertrauen** auf Bestand des VA im Ermessen zu berücksichtigen 　■ teilw. (−): Vertrauensschutz bewirkt nur Ersatzanspruch nach § 48 Abs. 3 VwVfG 　–> grds. **kein Bestandsschutz** 　■ a.A.: umfassende Interessenabwägung zwischen öffentlichen und privaten Interessen

---

[212] Bader/Ronellenfitsch VwVfG § 48 Rdnr. 88; Kopp/Ramsauer VwVfG § 48 Rdnr. 137.

B. Anspruch auf Ersatz der Architektenkosten

Dem B könnte ein Anspruch auf Ersatz der Architektenkosten gemäß § 48 Abs. 3 S. 1 VwVfG zustehen.

I. Formelle Voraussetzungen

159 Verfahrensmäßig ist ein **Antrag** des Betroffenen (§ 48 Abs. 3 S. 1 VwVfG) erforderlich auf Festsetzung des auszugleichenden Betrages **durch VA** (§ 48 Abs. 3 S. 4 VwVfG). Der Antrag muss innerhalb eines Jahres gestellt werden, worauf der Betroffene von der Behörde hinzuweisen ist (§ 48 Abs. 3 S. 5 VwVfG).

Weigert sich die Behörde den Festsetzungs-VA zu erlassen, kann der Betroffene Verpflichtungsklage erheben (§ 42 Abs. 1, 2. Fall VwGO).[213]

II. Materielle Voraussetzungen

160 1. Der Ausgleichsanspruch nach § 48 Abs. 3 VwVfG setzt voraus, dass eine **Rücknahme durch die Behörde** bereits erfolgt ist. Dass der Rücknahmebescheid bestandskräftig ist, ist dagegen nicht erforderlich.[214]

Beachte: § 48 Abs. 3 VwVfG ist nicht anwendbar, wenn die Rücknahme anlässlich eines Rechtsbehelfsverfahrens erfolgt, soweit dadurch dem Rechtsbehelf abgeholfen wird (§ 50 VwVfG).

a) Es muss sich um die Rücknahme eines **rechtswidrigen VA** handeln.

Kein Ausgleichsanspruch nach § 48 Abs. 3 VwVfG besteht bei **nichtigen VAen**, auch wenn diese deklaratorisch aufgehoben worden sind. Denn bei einem nichtigen VA kann kein schutzwürdiges Vertrauen bestehen.[215]

b) Die Rücknahme muss sich auf einen **begünstigenden VA** i.S.d. § 48 Abs. 1 S. 2 VwVfG beziehen, der **keine Geld- oder teilbare Sachleistung** i.S.d. § 48 Abs. 2 VwVfG gewährt.

Bei der Baugenehmigung handelt es sich – wie festgestellt – um einen rechtswidrigen sonstigen begünstigenden VA, der unter § 48 Abs. 3 VwVfG fällt.

161 2. Der Betroffene muss einen **Vermögensnachteil** erlitten haben. Dieser besteht i.d.R. in Aufwendungen, die durch die Rücknahme des VA sinnlos geworden sind, hier also in den vergeblichen Aufwendungen des B für den Architekten.

162 3. Weiter setzt § 48 Abs. 3 VwVfG voraus, dass der Betroffene auf den Bestand des VA **vertraut** hat und sein Vertrauen unter Abwägung mit dem öffentlichen Interesse **schutzwürdig** ist.

a) Insoweit verweist § 48 Abs. 3 S. 2 VwVfG zwar lediglich auf die Ausschlusstatbestände in § 48 Abs. 2 S. 3 VwVfG, nicht dagegen auf die Regelvermutung der Schutzwürdigkeit in § 48 Abs. 2 S. 2 VwVfG. Gleichwohl ist anerkannt, dass die dort niedergelegten Grundsätze auch für die Prüfung der Schutzwürdigkeit des Vertrauens nach § 48 Abs. 3 S. 1 VwVfG entsprechend gelten.[216]

---

[213] Bader/Ronellenfitsch VwVfG § 48 Rdnr. 99; Kopp/Ramsauer VwVfG § 48 Rdnr. 144.
[214] Bader/Ronellenfitsch VwVfG § 48 Rdnr. 91.
[215] Bader/Ronellenfitsch VwVfG § 48 Rdnr. 93.
[216] BVerwG RÜ 2010, 455, 458; Stelkens/Bonk/Sachs VwVfG § 48 Rdnr. 193 f.; Bader/Ronellenfitsch VwVfG § 48 Rdnr. 94; Kopp/Ramsauer VwVfG § 48 Rdnr. 141.

Vorliegend hat B mit der Beauftragung des Architekten im Vertrauen auf den Bestand der Baugenehmigung **Vermögensdispositionen** getroffen, die er nicht mehr rückgängig machen kann. Damit greift zugunsten des B Vertrauensschutz entsprechend § 48 Abs. 2 S. 2, 2. Alt. VwVfG ein.

b) Das Vertrauen des B muss schließlich nach § 48 Abs. 3 S. 1 VwVfG auch **„unter Berücksichtigung des öffentlichen Interesses"** schutzwürdig sein. Dabei unterscheidet sich das öffentliche Interesse i.S.d. § 48 Abs. 3 S. 1 VwVfG grundlegend von dem Rücknahmeinteresse i.S.d. § 48 Abs. 1 S. 1 VwVfG. Es bezieht sich nicht auf die Beseitigung des rechtswidrigen VA als solchen, sondern nur noch auf eine Vermeidung der Pflicht zum Nachteilsausgleich.[217] Das damit allein maßgebende **fiskalische Interesse** vermag das schutzwürdige Vertrauen des B hier nicht zu überwiegen. Da die Verantwortung für die Rechtswidrigkeit der Baugenehmigung aufgrund des Ausfertigungsfehlers der Satzung in der Sphäre der Behörde liegt und b sich auf die Schutzwürdigkeit seines Vertrauens berufen kann, ist kein Grund ersichtlich, warum er die Rücknahme der Baugenehmigung ohne Kompensation hinnehmen müsste.

III. **Rechtsfolge** des § 48 Abs. 3 S. 1 VwVfG ist der Ersatz des **Vertrauensschadens** (sog. negatives Interesse), d.h. der Betroffene ist finanziell so zu stellen, wie er stünde, wenn der rechtswidrige VA nicht erlassen worden wäre. Ohne Baugenehmigung hätte B den A nicht beauftragt. Dementsprechend hat B einen Anspruch auf Ersatz der vergeblich aufgewandten Architektenkosten i.H.v. 5.000 €.

163

Obergrenze des Anspruchs ist gem. § 48 Abs. 3 S. 3 VwVfG das positive Interesse. Der Betroffene darf daher durch den Ausgleichsanspruch nicht besser gestellt werden, als er stünde, wenn die Rücknahme nicht erfolgt wäre. Unberührt bleiben allerdings Amtshaftungsansprüche (Art. 34 GG, § 839 BGB), wenn der Erlass des VA eine schuldhafte Amtspflichtverletzung darstellt.[218]

Aufbauschema: Ausgleichsanspruch nach § 48 Abs. 3 VwVfG

I. Formelle Voraussetzungen

Antrag auf Festsetzungs VA bei der Behörde innerhalb eines Jahres

II. Materielle Voraussetzungen

1. **Rücknahme durch die Behörde** nach § 48 Abs. 1 VwVfG, kein § 50 VwVfG

    a) **rechtswidriger AusgangsVA**

    b) **begünstigend** i.S.d. § 48 Abs. 1 S. 2 VwVfG

    c) **kein Fall des § 48 Abs. 2 VwVfG**

2. **Vermögensnachteil erlitten**

3. **im schutzwürdigen Vertrauen auf Bestand des VA**

III. Rechtsfolge: Ersatz des **Vertrauensschadens**

---

217 BVerwG RÜ 2010, 455, 459.
218 Kopp/Ramsauer VwVfG § 48 Rdnr. 140 und unten Rdnr. 724 ff.

D. Das Wiederaufgreifen des Verwaltungsverfahrens, § 51 VwVfG

164 Wird ein (belastender) VA nicht mit den dagegen möglichen Rechtsbehelfen (Widerspruch und Anfechtungsklage) innerhalb der Monatsfrist der §§ 70 Abs. 1, 74 Abs. 1 VwGO angefochten, so wird der VA **unanfechtbar**. Der Eintritt der Unanfechtbarkeit hat grundsätzlich zur Folge, dass das Verwaltungsverfahren abgeschlossen ist. Der VA ist **bestandskräftig**.

Das gilt grds. auch in den Fällen, in denen ein **beantragter VA abgelehnt** worden ist. Wird die Ablehnungsentscheidung unanfechtbar, sind Rechtsbehelfe dagegen unzulässig. Die Bestandskraft hat aber auch Auswirkungen auf künftige Anträge. Denn sonst könnte der Betroffene die Bestandskraft einfach durch Stellung eines neuen Antrags unterlaufen (vgl. auch die Spezialregelung in § 71 AsylVfG).

Beispiel: Der Antrag des G auf Erteilung einer Gaststättenerlaubnis ist bestandskräftig abgelehnt worden, da G unzuverlässig ist. Ein neuer Antrag ist nur zulässig, wenn neue entscheidungserhebliche Umstände geltend gemacht werden.[219] Einen unzulässigen Wiederholungsantrag kann die Behörde mit einer sog. wiederholenden Verfügung ablehnen. Dabei handelt es sich nicht um einen neuen VA, sondern um einen bloßen Hinweis auf die bereits getroffene Entscheidung.[220]

Etwas anderes gilt nach der Rspr. allerdings bei **Ablehnung einer Baugenehmigung**. Mit Rücksicht auf die von Art. 14 GG geschützte Baufreiheit müsse über jeden neuen Antrag sachlich neu entschieden werden, die Bestandskraft des Ablehnungsbescheides stehe dem nicht entgegen.[221]

165 Die **Bestandskraft** des VA ist jedoch **nicht unabänderlich**, da einem VA keine höhere Bestandskraft zukommen kann als gerichtlichen Urteilen, deren Rechtskraft im Wege des Wiederaufnahmeverfahrens nach § 153 VwGO i.V.m. §§ 578 ff. ZPO beseitigt werden kann. Dem entspricht bei VAen das **Wiederaufgreifen des Verwaltungsverfahrens** nach § 51 VwVfG.

Das Wiederaufgreifen des Verwaltungsverfahrens dient der Überwindung der durch Unanfechtbarkeit ausgelösten Bestandskraft des VA. Der **Grund der Unanfechtbarkeit** ist für das Wiederaufgreifen **irrelevant**. So kann der VA unanfechtbar werden durch Nichtgebrauch von Rechtsbehelfen; ein Wiederaufgreifen ist aber selbst nach rechtskräftiger Klageabweisung im Vorprozess möglich.[222] Die Rechtskraftwirkung des § 121 VwGO kann nach § 51 VwVfG überwunden werden, wenn der Betroffene einen Anspruch auf ein Wiederaufgreifen des Verfahrens hat oder die Behörde das Verfahren im Ermessenswege wieder aufgreift.[223] Das Verfahren nach § 51 VwVfG kann zwar die Rechtskraft des Urteils nicht beseitigen. Das Urteil wird jedoch gegenstandslos, wenn die Behörde eine neue Sachentscheidung trifft (sog. **Zweitbescheid**).[224]

- Ein **Anspruch auf Wiederaufgreifen** des Verfahrens besteht nur ausnahmsweise unter den engen Voraussetzungen des § 51 Abs. 1 VwVfG **(Wiederaufgreifen im engeren Sinne)**.

- Im Übrigen steht das Wiederaufgreifen des Verfahrens im **Ermessen** der Behörde. Das folgt aus § 51 Abs. 5 VwVfG, wonach die §§ 48 Abs. 1 S. 1, 49 Abs. 1 VwVfG unberührt bleiben **(Wiederaufgreifen im weiteren Sinne)**.[225]

---

219 BVerwG NVwZ 1985, 899 f.; NVwZ 1989, 161, 162; NVwZ 1991, 272, 273; BGH NJW-RR 2009, 138, 139; abweichend Kopp/Ramsauer VwVfG § 51 Rdnr. 7 a; Bader/Ronellenfitsch VwVfG § 51 Rdnr. 7, die auf die konkrete Regelungswirkung der Antragsablehnung abstellen.
220 Kopp/Ramsauer VwVfG § 51 Rdnr. 7 a, § 35 Rdnr. 97; vgl. auch AS-Skript Verwaltungsrecht AT 1 (2010), Rdnr. 177 ff.
221 BVerwG NJW 1976, 340, 341; VGH Mannheim NVwZ-RR 2002, 6; Kopp/Ramsauer VwVfG § 51 Rdnr. 7 b.
222 BVerwG RÜ 2010, 253, 254; Stelkens/Bonk/Sachs VwVfG § 51 Rdnr. 76 ff.; Kopp/Ramsauer VwVfG § 51 Rdnr. 15; Erichsen/Ebber Jura 1997, 424, 428; Sanden DVBl. 2007, 665, 666; Sasse Jura 2009, 493, 494.
223 BVerwG RÜ 2010, 253, 254; VGH Mannheim RÜ 2008, 732, 737.
224 Sasse Jura 2009, 493, 494.
225 BVerwG RÜ 2010, 253, 255; Maurer § 11 Rdnr. 62 f.; kritisch zur Begrifflichkeit Ruffert in: Erichsen/Ehlers § 26 Rdnr. 12.

I. Wiederaufgreifen im engeren Sinne

Nach § 51 Abs. 1 VwVfG besteht ein Anspruch auf Wiederaufgreifen, wenn einer der dort aufgeführten **Wiederaufgreifensgründe** vorliegt (insbes. nachträgliche Änderung der Sach- und Rechtslage zugunsten des Betroffenen oder Vorliegen neuer Beweismittel). Verfahrensmäßig sind hierbei zwei Entscheidungen und damit **zwei selbstständige VAe** zu unterscheiden:[226] **166**

- das **Wiederaufgreifen des Verfahrens** zur Überwindung der Bestandskraft und
- die **Entscheidung in der Sache** selbst.

Beachte: § 51 Abs. 1 VwVfG regelt nur die erste Stufe (das Wiederaufgreifen). Erst auf der zweiten Stufe trifft die Behörde eine erneute Entscheidung in der Sache, ob sie den unanfechtbaren VA ändert oder aufhebt.

Aufbauschema: Wiederaufgreifen des Verfahrens nach § 51 Abs. 1 VwVfG

- **1. Stufe: Entscheidung über das Wiederaufgreifen**
  - **a) Zulässigkeit des Antrags auf Wiederaufgreifen**
    - aa) Antrag statthaft, wenn Erstbescheid unanfechtbar
    - bb) Antragsbefugnis: Beschwer durch Erstbescheid
    - cc) schlüssige Darlegung eines Wiederaufgreifensgrundes
    - dd) unverschuldetes Hindernis
    - ee) Antragsfrist: drei Monate
  - **b) Begründetheit des Antrags auf Wiederaufgreifen:**
    Vorliegen eines Wiederaufgreifensgrundes nach § 51 Abs. 1 VwVfG
- **2. Stufe: erneute Entscheidung in der Sache**
  - Aufhebung des VA
  - Änderung des VA
  - Bestätigung des VA durch Zweitbescheid

---

1. Entscheidung über das Wiederaufgreifen (1. Stufe) **167**

Ein **Anspruch auf Wiederaufgreifen des Verfahrens** nach § 51 Abs. 1 VwVfG besteht, wenn der Antrag des Bürgers auf Wiederaufgreifen zulässig und begründet ist.

a) Zulässigkeit des Antrags auf Wiederaufgreifen

aa) Der Anspruch auf Wiederaufgreifen ist gemäß § 51 Abs. 1 VwVfG durch einen **Antrag** geltend zu machen. Der Antrag ist **statthaft**, wenn der VA, dessen Aufhebung/Änderung begehrt wird, unanfechtbar ist. **168**

Ist der VA noch anfechtbar, kann der Antrag nach § 51 VwVfG in einen Widerspruch umgedeutet werden.[227]

---

[226] Maurer § 11 Rdnr. 56; Kopp/Ramsauer VwVfG § 51 Rdnr. 53; Sasse Jura 2009, 493, 494.
[227] OVG NRW NVwZ 1984, 655.

169 **bb)** Der Antragsteller muss **antragsbefugt** sein, d.h. er muss durch den VA, dessen Aufhebung oder Änderung er begehrt, beschwert sein (vergleichbar der Klagebefugnis, § 42 Abs. 2 VwGO).[228]

Das kann der Adressat des VA, aber auch ein Dritter sein, z.B. der Nachbar bei der dem Bauherrn erteilten Baugenehmigung.

170 **cc)** Der Antragsteller muss das Vorliegen eines **Wiederaufgreifensgrundes schlüssig darlegen**, also z.B. geltend machen, dass sich die Sach- oder Rechtslage nachträglich zu seinen Gunsten geändert hat oder dass neue Beweismittel vorliegen, die eine ihm günstigere Entscheidung herbeigeführt haben würden (vgl. § 51 Abs. 1 VwVfG).[229]

Ob der Wiederaufgreifensgrund **tatsächlich** vorliegt, ist dagegen eine Frage der **Begründetheit** des Antrags.

171 **dd)** Der Antrag ist nur zulässig, wenn der Betroffene **ohne grobes Verschulden** außerstande war, den Grund für das Wiederaufgreifen in dem früheren Verfahren, insbes. durch Rechtsbehelfe, geltend zu machen (§ 51 Abs. 2 VwVfG).[230]

Grobes Verschulden ist z.B. anzunehmen, wenn dem Betroffenen das Vorhandensein einer als Beweismittel in Betracht kommenden Urkunde (§ 51 Abs. 1 Nr. 2 VwVfG) bekannt war oder sich ihm aufgrund der Umstände des Einzelfalls hätte aufdrängen müssen.[231]

172 **ee)** Schließlich besteht eine **Antragsfrist** von drei Monaten nach Kenntnis vom Grund für das Wiederaufgreifen (§ 51 Abs. 3 VwVfG).

b) Begründetheit des Antrags auf Wiederaufgreifen

173 Der Antrag auf Wiederaufgreifen ist **begründet**, wenn einer der in § 51 Abs. 1 VwVfG genannten Gründe tatsächlich vorliegt.

Wiederaufgreifensgründe gemäß § 51 Abs. 1 VwVfG
■ **Nr. 1: Nachträgliche Änderung der Sach- oder Rechtslage zugunsten** des Betroffenen
■ **Nr. 2: neue Beweismittel** führen zu **günstigerer Entscheidung**
■ **Nr. 3: Wiederaufnahmegründe entsprechend § 580 ZPO**

174 **aa)** Nach § 51 Abs. 1 **Nr. 1** VwVfG besteht ein Anspruch auf Wiederaufgreifen des Verfahrens, wenn sich die dem VA zugrunde liegende **Sach- und Rechtslage nachträglich zugunsten des Betroffenen geändert** hat.

Eine Änderung der Sachlage liegt vor, wenn sich die dem VA zugrunde liegenden **Tatsachen** geändert haben. Eine Änderung der Rechtslage setzt voraus, dass sich das für den Erlass des VA **materielle Recht** nachträglich zugunsten des Betroffenen geändert hat. **Beispiel:** Ein VA, der im Zeitpunkt seines Erlasses rechtmäßig war, ist nachträglich rechtswidrig geworden.[232]

---

228 Stelkens/Bonk/Sachs VwVfG § 51 Rdnr. 17; Kopp/Ramsauer VwVfG § 51 Rdnr. 10; Erichsen/Ebber Jura 1997, 424, 425 m.w.N.
229 BVerwG DVBl. 1985, 527, 528@; Erichsen/Ebber Jura 1997, 424, 425; Sasse Jura 2009, 493, 494.
230 Dazu Felix NVwZ 2003, 385, 389.
231 Kanitz/Wendel JuS 2008, 58, 61; Sasse Jura 2009, 493, 494.
232 Maurer § 11 Rdnr. 58.

bb) Nach § 51 Abs. 1 **Nr. 2** VwVfG besteht ein Anspruch auf Wiederaufgreifen des Verfahrens, wenn **neue Beweismittel** vorliegen, die eine dem Betroffenen **günstigere Entscheidung** herbeigeführt haben würden.

Unter **neuen Beweismitteln** sind neben Beweismitteln, die während des abgeschlossenen Verwaltungsverfahrens noch gar nicht zur Verfügung standen, auch solche zu verstehen, die im Zeitpunkt des Verfahrens zwar vorhanden waren, aber ohne Verschulden des Betroffenen nicht oder nicht rechtzeitig beigebracht werden konnten.[233]

175

Nachträglich erstellte **Sachverständigengutachten** mit lediglich anderer Würdigung desselben Sachverhalts reichen als neue Beweismittel grds. nicht aus. Denn sonst könnte man durch immer neue Gutachten als „neue" Beweismittel ein Verfahren ständig wiederaufgreifen. Erforderlich ist, dass das Sachverständigengutachten seinerseits auf Tatsachen beruht, die im ursprünglichen Verfahren noch nicht berücksichtigt worden sind.[234]

Weiter ist erforderlich, dass das Beweismittel zu einer **günstigeren Entscheidung** geführt haben würde. Der Anspruch auf Wiederaufgreifen besteht also nur, wenn **tatsächlich** in der Sache selbst eine für den Antragsteller positive Entscheidung zu treffen ist; das bedeutet, dass bereits im Rahmen des Anspruchs auf Wiederaufgreifen gemäß § 51 Abs. 1 Nr. 2 VwVfG zu untersuchen ist, wie unter Berücksichtigung des neuen Beweismittels die Entscheidung bezüglich des bestandskräftigen VA zu treffen ist.[235]

176

Nach a.A. soll bereits die **Möglichkeit** einer günstigeren Entscheidung ausreichen. Erforderlich sei nur, dass der Bürger geltend macht, dass das Beweismittel zu einer für ihn positiveren Entscheidung geführt hätte und dies nicht offensichtlich ausgeschlossen ist. Ob das neue Beweismittel tatsächlich eine günstigere Entscheidung herbeigeführt haben würde, sei erst im Rahmen der 2. Stufe bei der neuen Sachentscheidung zu prüfen.[236]

cc) Nach § 51 Abs. 1 **Nr. 3** VwVfG besteht ein Anspruch auf Wiederaufgreifen des Verfahrens, wenn Wiederaufnahmegründe entsprechend § 580 ZPO (Restitutionsklage) vorliegen.

177

Beispiele: Falsche Beweisgrundlage (§ 580 Nr. 1–3 ZPO), Straftat (§ 580 Nr. 4 ZPO), Amtspflichtverletzung (§ 580 Nr. 5 ZPO), Aufhebung einer präjudiziellen Entscheidung (§ 580 Nr. 6 ZPO), Auffinden früherer Entscheidungen oder anderer Urkunden (§ 580 Nr. 7 ZPO), Feststellung eines Verstoßes gegen die EMRK durch den EGMR (§ 580 Nr. 8 ZPO).

2. Erneute Entscheidung in der Sache (2. Stufe)

Ist der Antrag auf Wiederaufgreifen zulässig und begründet, so ist die Behörde **verpflichtet, eine neue Entscheidung in der Sache zu treffen**. Diese kann darin liegen, dass der ursprüngliche VA **aufgehoben, geändert** oder durch einen **Zweitbescheid** bestätigt wird. Nach **welchen Vorschriften** die dem Zweitbescheid zugrunde liegende Entscheidung in der Sache selbst zu treffen ist, ist indes umstritten.

178

---

[233] BVerwG BayVBl. 1994, 632, 633; DVBl. 1989, 1193, 1194; DVBl. 1985, 527, 528; VGH Mannheim NVwZ 1986, 225; Kopp/Ramsauer VwVfG § 51 Rdnr. 33.
[234] BVerwG DVBl. 1999, 931, 932; DVBl. 1989, 1193, 1194; BayVGH RÜ 2010, 48, 51; Maurer § 11 Rdnr. 59; Erichsen/Ebber Jura 1997, 424, 428; Sasse Jura 2009, 493, 495.
[235] BVerwG DVBl. 1985, 527, 528@; DVBl. 2001, 305; Kopp/Ramsauer VwVfG § 51 Rdnr. 35; Knack/Henneke § 51 Rdnr. 43; differenzierend Stelkens/Bonk/Sachs VwVfG § 51 Rdnr. 116 f.
[236] Korber DÖV 1982, 858, 859; Erichsen/Ebber Jura 1997, 424, 428; Sasse Jura 2009, 493, 495.

179 **a)** Teilweise wird angenommen, die Entscheidung der Behörde über die Aufhebung oder Bestätigung des VA stehe mit Rücksicht darauf, dass § 51 Abs. 5 VwVfG auf die Ermessensnormen der §§ 48, 49 VwVfG verweise, im **Ermessen** der Behörde.[237]

In den Fällen des § 51 Abs. 1 Nr. 1 VwVfG wäre demzufolge § 49 VwVfG, in den Fällen des § 51 Abs. 1 Nr. 2 u. Nr. 3 VwVfG wäre § 48 VwVfG Rechtsgrundlage für die Sachentscheidung. Danach könnte die Behörde, selbst wenn sich der ursprüngliche VA als rechtswidrig erweist, aus überwiegenden öffentlichen Gründen von einer Rücknahme absehen. Ein Aufhebungsanspruch bestünde nur bei einer **Ermessensreduzierung auf Null**, die allerdings zumeist angenommen wird.[238]

180 **b)** Nach überwiegend vertretener Auffassung richtet sich die neue Sachentscheidung ausschließlich nach dem einschlägigen **materiellen Recht**, nach welchem sich die Rechtmäßigkeit des Erstbescheides bestimmt. Durch das Wiederaufgreifen wird das Verfahren in den Zustand **vor Erlass des Erstbescheides** zurückversetzt. Ermessen steht der Behörde daher – anders als in § 48 VwVfG – nicht generell zu, sondern nur wenn das jeweils einschlägige materielle Recht Ermessen einräumt; ansonsten ist die Behörde gebunden.[239]

181 Für diese Auffassung spricht § 51 Abs. 5 VwVfG, der klarstellt, dass § 48 VwVfG „unberührt" bleibt, d.h. § 51 und § 48 VwVfG stehen selbstständig nebeneinander. Es wäre sinnwidrig, dem Bürger einerseits einen Anspruch auf Wiederaufgreifen einzuräumen, andererseits aber nach § 48 Abs. 1 S. 1 VwVfG nach Ermessen von der Rücknahme des rechtswidrigen VA abzusehen. Die Aufhebung oder Änderung des VA nach Wiederaufgreifen des Verfahrens nach § 51 Abs. 1 VwVfG richtet sich daher nicht nach §§ 48, 49 VwVfG, sondern nach dem für den Erlass des VA geltenden materiellen Recht. Wenn der VA danach nicht mehr erlassen werden dürfte, muss der Erstbescheid aufgehoben werden.

Beispiel: Dem B ist die Beseitigung seines Hauses aufgegeben worden. Nach Ablauf der Rechtsbehelfsfristen findet B eine alte Baugenehmigung aus der sich ergibt, dass sein Haus Bestandsschutz genießt. Nach den bauordnungsrechtlichen Vorschriften setzt die Beseitigungsverfügung formelle und materielle Illegalität voraus.[240] Aufgrund des neuen Beweismittels (§ 51 Abs. 1 Nr. 2 VwVfG) muss das Verwaltungsverfahren wiederaufgegriffen und die Beseitigungsverfügung aufgehoben werden.

3. Prozessuale Durchsetzung

182 Die Rechtsschutzmöglichkeiten beim Wiederaufgreifen des Verfahrens richten sich nach den Entscheidungsmöglichkeiten der Behörde:

- Die Behörde **lehnt** schon das **Wiederaufgreifen des Verfahrens ab**.

- Nachdem die Behörde das Verfahren wiederaufgegriffen hat, lehnt sie das Begehren des Bürgers in der Sache ab **(negativer Zweitbescheid)**,

    entweder dadurch, dass die Behörde die Aufhebung des Erstbescheides ablehnt oder dass sie einen Zweitbescheid mit einer inhaltsgleichen Neuregelung erlässt.

- Nach dem Wiederaufgreifen des Verfahrens wird in der Sache entsprechend dem Antrag des Bürgers entschieden **(positiver Zweitbescheid)**.

---

237 Maurer § 11 Rdnr. 61; Meyer/Borgs § 51 Rdnr. 21; Wendt JA 1980, 85, 87; Richter JuS 1990, 719, 723.
238 Vgl. Maurer § 11 Rdnr. 61.
239 BVerwG DVBl. 1982, 998, 1000@; NJW 1985, 280; VGH Mannheim NVwZ-RR 1991, 55; Stelkens/Bonk/Sachs § 51 Rdnr. 32; Kopp/Ramsauer VwVfG § 51 Rdnr. 9 u. 18; Knack/Henneke § 51 Rdnr. 20; Erichsen/Ebber Jura 1997, 424, 429; Sanden DVBl. 2007, 665, 667; Waldhoff JuS 2008, 266; Ludwigs DVBl. 2008, 1164, 1167; Sasse Jura 2009, 493, 496.
240 Vgl. AS-Skript Öffentliches Baurecht (2009), Rdnr. 286 ff.

a) Ablehnung des Wiederaufgreifens

aa) Die Entscheidung über das **Wiederaufgreifen** nach § 51 Abs. 1 VwVfG ist ein VA, da über das Wiederaufgreifen des Verfahrens eine eigenständige Regelung zur Überwindung der Bestandskraft des VA getroffen wird (s.o. Rdnr. 164). Lehnt die Behörde es ab, sich erneut mit der Sache zu befassen, so ist hiergegen Widerspruch und **Verpflichtungsklage auf Wiederaufgreifen des Verfahrens** zulässig (§ 42 Abs. 1, 2. Fall VwGO).[241]

183

bb) Da es dem Betroffenen letztlich um die Aufhebung des VA geht, ist fraglich, ob er die **Verpflichtungsklage auf Wiederaufgreifen** sogleich **mit einer Verpflichtungsklage auf Aufhebung des VA verbinden** kann.

(1) Die Rspr. verweist darauf, dass zwischen beiden Entscheidungen ein **untrennbarer Zusammenhang** besteht, weil das Wiederaufgreifen die Entscheidung über die Aufhebung weitgehend vorbestimmt. Deshalb soll es ausreichen, wenn der Bürger einen Antrag auf Aufhebung stellt und nach dessen Ablehnung sogleich (ggf. nach erfolglosem Widerspruchsverfahren) Verpflichtungsklage gerichtet auf **Wiederaufgreifen und Aufhebung** erhebt (sog. **Durchgriff**).[242]

184

(2) Die Lit. verweist demgegenüber darauf, dass die Behörde bei Ablehnung des Wiederaufgreifens eine Entscheidung in der Sache noch gar nicht getroffen hat, diese vom Gericht also auch noch nicht überprüft werden kann. Daher sei die Klage auf die **Verpflichtung** der Behörde zu beschränken, das Verfahren **wiederaufzugreifen**.[243]

185

(3) Nach richtiger Auffassung ist zu differenzieren. Eine Klage unmittelbar auf die erstrebte Sachentscheidung wird man dann zulassen können, wenn der Behörde bzgl. der Sachentscheidung **kein Ermessen** zusteht. Steht nämlich aufgrund der Verpflichtung zum Wiederaufgreifen fest, dass der Wiederaufnahmegrund zur gewünschten Entscheidung auch in der Sache führt, wäre es prozessunökonomisch, den Kläger auf eine Verpflichtungsklage auf Wiederaufgreifen zu beschränken. Steht die Sachentscheidung, die nach dem Wiederaufgreifen zu treffen ist, dagegen im **Ermessen** der Behörde, so darf das Gericht dieses Ermessen nicht übergehen. Hier ist der Betroffene darauf beschränkt, zunächst Verpflichtungsklage auf Wiederaufgreifen zu erheben. Hat diese Klage Erfolg, kann danach eine (zweite) Verpflichtungsklage in der Sache erhoben werden.[244]

186

b) Erlass eines negativen Zweitbescheides

Hat die Behörde das Verfahren wiederaufgegriffen, in der Sache selbst aber die Aufhebung abgelehnt und den Erstbescheid bestätigt, so stehen dem Betroffenen gegen diesen **(negativen) Zweitbescheid** dieselben Rechtsbehelfe zu wie gegen den Erstbescheid vor dessen Unanfechtbarkeit. Trifft die Behörde eine neue Entscheidung in der

187

---

[241] BVerwGE 44, 333, 335; BVerwG NVwZ 2002, 482, 483; Kopp/Ramsauer VwVfG § 51 Rdnr. 53; Stelkens/Bonk/Sachs § 51 Rdnr. 69; Sasse Jura 2009, 493, 496; a.A. Wolff/Decker VwVfG § 51 Rdnr. 31 unter Hinweis auf die nicht verallgemeinerungsfähige Rspr. des BVerwG zum AsylVfG: nur Verpflichtungsklage auf Aufhebung des VA.
[242] BVerwG DVBl. 1982, 998, 1000®; DVBl. 1997, 956, 956 f.; Ludwigs Jura 2009, 226, 227; vgl. aber BayVGH RÜ 2010, 48, 49: kein Durchgriff im Sinne einer Aufhebung des VA durch das Gericht, allenfalls Verpflichtung der Behörde zur Aufhebung.
[243] Stelkens/Bonk/Sachs § 51 Rdnr. 71 ff.; Ruffert in: Erichsen/Ehlers § 26 Rdnr. 11; Erichsen/Ebber Jura 1997, 424, 431 m.w.N.
[244] Kopp/Ramsauer VwVfG § 51 Rdnr. 53 u. 54; Kanitz/Wendel JuS 2008, 58, 60; gegen eine solche Differenzierung ausdrücklich Stelkens/Bonk/Sachs VwVfG § 51 Rdnr. 71 u. 72 m.w.N.

Sache, so eröffnet sie, auch wenn sie die Aufhebung des Erstbescheides ablehnt, erneut den Rechtsweg.[245]

Beispiele: Wird ein belastender VA durch den Zweitbescheid bestätigt, ist eine Anfechtungsklage zu erheben. Wird die begehrte Begünstigung erneut abgelehnt, so ist die Verpflichtungsklage einschlägig.

c) Erlass eines positiven Zweitbescheides

188 Ergeht nach dem Wiederaufgreifen des Verfahrens ein **positiver Zweitbescheid**, hat der Antragsteller sein Ziel erreicht. Rechtsschutzfragen stellen sich für ihn dann nicht mehr. Möglicherweise kann ein Dritter aber gegen die neue Sachentscheidung Klage erheben.

Beispiel: Auf Antrag des Bauherrn ist eine bestandskräftige Beseitigungsverfügung aufgehoben worden. Der Nachbar kann die Aufhebung anfechten, wenn er dadurch in seinen Rechten verletzt wird.

II. Wiederaufgreifen im weiteren Sinne

189 Die §§ 48, 49 VwVfG ermöglichen es der Behörde, auch nachdem der VA unanfechtbar geworden ist, von Amts wegen oder auf Antrag **jederzeit** erneut in der Sache zu entscheiden und den Erstbescheid aufzuheben. § 51 Abs. 5 VwVfG stellt klar, dass die Vorschriften in §§ 48, 49 VwVfG durch § 51 Abs. 1 VwVfG unberührt bleiben **(Wiederaufgreifen im weiteren Sinne).**

„Nach der Rspr. des BVerwG kann die Behörde – auch wenn die in § 51 Abs. 1–3 VwVfG normierten Voraussetzungen nicht vorliegen – ein abgeschlossenes Verwaltungsverfahren nach pflichtgemäßem Ermessen zugunsten des Betroffenen wiederaufgreifen und eine neue – der gerichtlichen Überprüfung zugängliche – Sachentscheidung treffen (sog. Wiederaufgreifen im weiteren Sinne). Diese Möglichkeit des Wiederaufgreifens findet ihre Rechtsgrundlage in § 51 Abs. 5 VwVfG i.V.m. §§ 48 und 49 VwVfG."[246]

Obwohl § 51 Abs. 5 VwVfG unmittelbar nur auf § 48 Abs. 1 S. 1 und § 49 Abs. 1 VwVfG verweist, wird allgemein angenommen, dass der Verweis auch die übrigen Absätze dieser Vorschriften erfasst.[247]

Wiederaufgreifen des Verfahrens	
im engeren Sinne	im weiteren Sinne
Pflicht zur neuen Sachentscheidung, wenn Wiederaufgreifensgrund nach § 51 Abs. 1 VwVfG besteht	**Ermessen der Behörde** zum Wiederaufgreifen, auch wenn kein Wiederaufgreifensgrund vorliegt (§ 51 Abs. 5 i.V.m. §§ 48, 49 VwVfG)

190 Soweit das Wiederaufgreifen im Ermessen der Behörde steht, hat der Bürger einen **Anspruch auf ermessensfehlerfreie Entscheidung**.[248]

---

245 Knack/Henneke § 51 Rdnr. 12; Stelkens/Bonk/Sachs § 51 Rdnr. 74; Erichsen/Ebber Jura 1997, 424, 431; Ruffert in: Erichsen/Ehlers § 26 Rdnr. 11; Sasse Jura 2009, 493, 496.
246 BVerwG, Urt. v. 22.10.2009 – BVerwG 1 C 15.08, Rdnr. 24; Urt. v. 22.10.2009 – BVerwG 1 C 18.08, Rdnr. 20; Urt. v. 22.10.2009 – BVerwG 1 C 26.08, Rdnr. 19; BVerwG RÜ 2010, 253, 255.
247 Kopp/Ramsauer VwVfG § 51 Rdnr. 50 m.w.N.
248 BVerwG RÜ 2010, 253, 255; DVBl. 2001, 726, 729; NVwZ 1998, 281, 283; OVG NRW DVBl. 2002, 855; NVwZ 1995, 1138, 1139; Stelkens/Bonk/Sachs § 51 Rdnr. 15; Kopp/Ramsauer VwVfG § 51 Rdnr. 6; Seiler JuS 2001, 263, 267.

D. Das Wiederaufgreifen des Verwaltungsverfahrens, § 51 VwVfG

Dabei steht der Behörde **Ermessen** in **zweifacher Hinsicht** zu: 191

- ob sie sich überhaupt erneut mit der Sache beschäftigen will (das **Wiederaufgreifen**) und

- ob sie den ursprünglichen VA nach §§ 48, 49 VwVfG zurücknimmt oder widerruft (die **Aufhebung**).

Umstritten ist dabei, ob es sich hier – wie im Rahmen des § 51 Abs. 1 VwVfG (oben Rdnr. 166) – bei beiden Entscheidungen um **selbstständige VAe** handelt. Bislang wurde überwiegend angenommen, dass die Entscheidung über das „Wiederaufgreifen" im weiteren Sinne **keinen eigenen materiellen Regelungsgehalt** hat. Die Behörde greife im Anwendungsbereich des § 51 Abs. 5 VwVfG **nicht das frühere Verfahren** auf, sondern treffe in einem **neuen Verfahren** eine Ermessensentscheidung über die Aufhebung des VA. Bei der Entscheidung über das „Wiederaufgreifen" im Rahmen der §§ 48, 49 VwVfG handele es sich daher nur um eine interne Vorfrage. Als VA sei nur die Entscheidung darüber zu qualifizieren, ob eine Aufhebung nach §§ 48, 49 VwVfG erfolgt oder nicht.[249] 192

Nach der Gegenansicht, die nunmehr vom BVerwG bestätigt worden ist, stellt auch die **Entscheidung über das Wiederaufgreifen** im weiteren Sinne einen VA dar, da eine Regelung über den Anspruch des Bürgers auf ermessensfehlerfreie Entscheidung getroffen werde.[250] Erforderlich ist danach in jedem Fall zunächst eine Positiventscheidung der Behörde zum Wiederaufgreifen (1. Stufe), sei es weil ein zwingender Wiederaufnahmegrund – z.B. nach § 51 Abs. 1– 3 VwVfG – vorliegt, sei es weil die Behörde sich im Wege ihres Wiederaufgreifensermessens nach § 51 Abs. 5 VwVfG hierzu entscheidet. Erst wenn eine solche Positiventscheidung getroffen ist, wird der Weg für eine **erneute Sachentscheidung** eröffnet (2. Stufe).[251] 193

Für die bislang h.M. spricht, dass zwischen beiden Entscheidungen ein enger Zusammenhang besteht: Das Wiederaufgreifen (im weiteren Sinne) ist nur sinnvoll, wenn man die Möglichkeit einer Aufhebung in Betracht zieht. Die Entscheidung über das Wiederaufgreifen wird in diesen Fällen in der Regel nur verwaltungsintern ergehen. Für die neuere Rspr. spricht dagegen, dass grds. zwischen der Entscheidung über das Wiederaufgreifen des Verfahrens (1. Stufe) und der – sich anschließenden – Entscheidung über Aufhebung oder Fortbestand des Erstbescheides (2. Stufe) streng zu trennen ist. Die Entscheidung auf der ersten Stufe hat einen eigenen Regelungsgehalt, da über den Anspruch des Bürgers auf ermessensfehlerfreie Entscheidung über das Wiederaufgreifen entschieden wird. Das Verfahren ist daher sowohl im Fall des § 51 Abs. 1 VwVfG als auch im Fall des § 51 Abs. 5 VwVfG durch **zwei selbstständige VAe** gekennzeichnet. 194

Wer dagegen die „integrale Betrachtungsweise" betont, geht von einer **einheitlichen Ermessensentscheidung** über das Wiederaufgreifen und über die anschließende Aufhebung des VA aus.

---

[249] VGH Mannheim NVwZ-RR 2009, 357; Stelkens/Bonk/Sachs VwVfG § 51 Rdnr. 16; Erichsen/Ebber Jura 1997, 424, 433; Ludwigs DVBl. 2008, 1164, 1166.
[250] BVerwG RÜ 2010, 253, 255; NVwZ 2002, 482, 483; Schwabe JZ 1985, 545, 549; Baumeister Verw Arch 83 (1992), 374, 377; Seiler JuS 2001, 263, 267; Britz/Richter JuS 2005, 198, 200.
[251] BVerwG RÜ 2010, 253, 255.

1. Abschnitt — Aufhebung von Verwaltungsakten

Fall 7: Wirkungen einer Ausweisung

K, ein 1977 in Deutschland geborener türkischer Staatsangehöriger, wurde 2001 wegen Handeltreibens mit Betäubungsmitteln zu einer Freiheitsstrafe von einem Jahr und sechs Monaten verurteilt. Die zuständige Ausländerbehörde nahm die Verurteilung zum Anlass, den K mit Bescheid vom 04.01.2002 auszuweisen (§ 54 Abs. 1 Nr. 3 AufenthG). Nachdem seine Klage gegen die Ausweisungsverfügung vom Verwaltungsgericht mit Urteil vom 23.08.2002 abgewiesen worden war, verließ K Deutschland. Rechtsmittel wurden nicht eingelegt. Im November 2009 beantragte K die rückwirkende Rücknahme der Ausweisung. Diese verstoße gegen das Europarecht, da nach der neueren Rspr. des EuGH und des BVerwG türkische Staatsangehörige nur aufgrund einer umfassenden Ermessensentscheidung ausgewiesen werden dürfen, an der es vorliegend fehle. Auch erweise sich die Ausweisung nach den neueren Vorgaben des EGMR und des BVerfG mit Blick auf Art. 8 EMRK als unverhältnismäßig. Die zuständige Ausländerbehörde lehnte den Rücknahmeantrag ab. Die Voraussetzungen für eine Rücknahme lägen ebensowenig vor wie die Voraussetzungen für ein Wiederaufgreifen des Verfahrens. Angesichts der rechtskräftigen Bestätigung der Ausweisungsverfügung bestehe keine Veranlassung erneut in der Sache zu entscheiden. K meint demgegenüber, er habe einen Anspruch auf Rücknahme der Ausweisung, zumindest einen Anspruch auf ermessensfehlerfreie Entscheidung über ein Wiederaufgreifen des Verfahrens. Zu Recht?

195 *Aufbauhinweis:* Begehrt der Betroffene die Aufhebung eines bestandskräftigen VA, so umfasst dieses Begehren sowohl einen **Anspruch auf Rücknahme** nach § 48 Abs. 1 S. 1 VwVfG als auch einen **Anspruch auf Wiederaufgreifen des Verfahrens** nach § 51 VwVfG mit dem Ziel der Aufhebung oder Änderung des Erstbescheides.[252] In diesem Fall ist in der Falllösung mit § 48 Abs. 1 S. 1 VwVfG als dem weitergehenden Anspruch zu beginnen. Denn nur der Anspruch nach § 48 Abs. 1 S. 1 VwVfG ist unmittelbar auf Aufhebung des VA gerichtet, während der Anspruch nach § 51 Abs. 1 VwVfG wie der Anspruch aus § 51 Abs. 5 VwVfG i.V.m. §§ 48, 49 VwVfG zunächst nur die Entscheidung über das Wiederaufgreifen betrifft (1. Stufe), nicht dagegen die erneute Entscheidung in der Sache (2. Stufe). Dementsprechend ergibt sich folgende **Prüfungsreihenfolge:**[253]

- **Anspruch auf Rücknahme nach § 48 Abs. 1 S. 1 VwVfG**
- **Anspruch auf Wiederaufgreifen des Verfahrens nach § 51 Abs. 1 VwVfG**
- **Anspruch auf ermessensfehlerfreie Entscheidung über das Wiederaufgreifen des Verfahrens (§ 51 Abs. 5 VwVfG)**

196 Anders die Gegenansicht, die im „Wiederaufgreifen" im weiteren Sinne (§ 51 Abs. 5 VwVfG) lediglich eine interne Vorfrage sieht und von einer einheitlichen Ermessensentscheidung ausgeht (s.o. Rdnr. 192). Diese Auffassung unterscheidet nicht zwischen der Aufhebung nach § 48 Abs. 1 S. 1 VwVfG und dem Wiederaufgreifen im weiteren Sinne nach § 51 Abs. 5 i.V.m. § 48 Abs. 1 S. 1 VwVfG, sondern prüft § 48 Abs. 1 S. 1 VwVfG ausschließlich im Rahmen des § 51 Abs. 5 VwVfG. Dagegen spricht jedoch bereits der Wortlaut des § 51 Abs. 5 VwVfG. Wenn danach die §§ 48, 49 VwVfG „unberührt" bleiben, heißt das, dass die Befugnisse nach § 51 VwVfG und nach den §§ 48, 49 VwVfG „schlechthin getrennt und voneinander unabhängig" bestehen.[254]

---

252 BVerwG, Urt. v. 22.10.2009 – BVerwG 1 C 15.08 Rdnr. 13; VGH Mannheim 2009, 32, 33 u. 36.
253 So z.B. BVerwG, Urt. v. 22.10.2009 – BVerwG 1 C 15.08 Rdnr. 16; BVerwG 1 C 18.08 Rdnr. 13; BVerwG 1 C 18.08 Rdnr. 12; a.A. Kopp/Ramsauer VwVfG § 51 Rdnr. 51: praktischer Vorrang des Wiederaufgreifens.
254 So Kopp/Ramsauer VwVfG § 51 Rdnr. 52.

D. Das Wiederaufgreifen des Verwaltungsverfahrens, § 51 VwVfG

Beim Wiederaufgreifen im weiteren Sinne handelt es sich nicht nur um einen von § 48 VwVfG vorausgesetzten ungeschriebenen Grundsatz des Verwaltungsverfahrensrechts, sondern sie findet ihre Rechtsgrundlage unmittelbar in § 51 Abs. 5 VwVfG.[255] Daraus folgt, dass die Entscheidung nach § 48 VwVfG streng vom Wiederaufgreifen des Verfahrens nach § 51 VwVfG zu trennen ist.

I. Anspruch auf Rücknahme gemäß § 48 Abs. 1 S. 1 VwVfG   197

Ein **Anspruch auf Rücknahme der Ausweisungsverfügung** könnte sich aus § 48 Abs. 1 S. 1 VwVfG ergeben. Danach kann ein rechtswidriger belastender Verwaltungsakt, auch nachdem er unanfechtbar geworden ist, ganz oder teilweise mit Wirkung für die Zukunft oder für die Vergangenheit zurückgenommen werden.

1. Zwar handelt es sich hierbei um eine Ermächtigungsgrundlage, die die Rücknahme auf **Initiative der Behörde** erlaubt. Da die Rücknahme aber im Ermessen der Behörde steht, kann ein von der Rücknahme betroffener Bürger zumindest einen **Anspruch auf ermessensfehlerfreie Entscheidung** – und im Fall einer Ermessensreduzierung auf Null sogar einen gebundenen Anspruch auf Aufhebung – haben.[256]   198

2. Nach § 48 Abs. 1 S. 1 VwVfG können nur **rechtswidrige VAe** aufgehoben werden. Der Annahme der Rechtswidrigkeit der Ausweisung könnte hier die **Rechtskraft des Urteils** (§ 121 VwGO) entgegenstehen, da das Verwaltungsgericht von der Rechtmäßigkeit des VA ausgegangen ist und die Klage abgewiesen hat.   199

   a) Die Lit. ging bislang überwiegend davon aus, dass die Behörde durch die Rechtskraft eines klageabweisenden Anfechtungsurteils nicht an der Rücknahme nach § 48 Abs. 1 S. 1 VwVfG gehindert wird. Die Rechtskraft wirke **nur zugunsten, nicht zuungunsten** der obsiegenden Partei. Die Behörde sei deshalb nicht an die Rechtskraft des Urteils gebunden, wenn sie eine belastende Verfügung nach § 48 Abs. 1 S. 1 VwVfG aufheben wolle.[257]   200

   b) Dagegen spricht, dass mit der Rechtskraft der Entscheidung nach § 121 VwGO verhindert werden soll, dass über die Rechtmäßigkeit eines VA bei unveränderter Sach- und Rechtslage erneut – mit der **Gefahr unterschiedlicher Ergebnisse** – entschieden werden soll. Die Rechtskraft eines Urteils kann nur auf gesetzlicher Grundlage überwunden werden. Diese Grundlage findet sich in § 51 VwVfG. Eine Rücknahme nach § 48 VwVfG kommt daher nur in Betracht, wenn der Betroffene nach § 51 Abs. 1 VwVfG einen Anspruch auf Wiederaufgreifen des Verfahrens hat oder die Behörde das Verfahren nach § 51 Abs. 5 VwVfG im Ermessenswege wieder aufgreift. Solange diese Voraussetzungen nicht vorliegen, steht § 121 VwGO einer Rücknahme der Ausweisung entgegen.[258]   201

   Hier hat das Verwaltungsgericht die Klage rechtskräftig abgewiesen. Daher steht zwischen den Beteiligten gemäß § 121 VwGO bindend fest, dass die **Ausweisung rechtmäßig** ist. Sie kann daher nicht gemäß § 48 Abs. 1 S. 1 VwVfG zurückgenommen werden (solange die Behörde das Verfahren nicht wiederaufgegriffen hat).

---

[255] BVerwG, Urt. v. 22.10.2009 – BVerwG 1 C 18.08, Rdnr. 20; VGH Mannheim RÜ 2008, 732, 737.
[256] BVerwG NVwZ 2008, 326, 328; NVwZ 2008, 1024 f. ; BayVGH, Urt. v. 30.07.2009 – 1 B 08.2890, juris Rdnr. 63; VGH Mannheim VBlBW 2010, 115; VBlBW 2009, 150, 152; Maurer § 11 Rdnr. 63; ausführlich Ludwigs DVBl. 2008, 1164 ff.
[257] Kopp/Schenke VwGO § 121 Rdnr. 13 u. 21; Stelkens/Bonk/Sachs VwVfG § 48 Rdnr. 51.
[258] BVerwG RÜ 2010, 253, 254; VGH Mannheim RÜ 2008, 732, 736; VBlBW 2009, 32, 34; VBlBW 2009, 73, 74; OVG Hamburg NordÖR 2009, 450, 451; Kopp/Ramsauer VwVfG § 48 Rdnr. 16.

1. Abschnitt Aufhebung von Verwaltungsakten

Der unmittelbare Anspruch auf Aufhebung des VA gemäß § 48 Abs. 1 S. 1 VwVfG spielt in der Klausur und in der Praxis daher nur dann eine Rolle, wenn der Betroffene den VA nicht angefochten hat.[259] Hat dagegen das Verwaltungsgericht die Rechtmäßigkeit des VA rechtskräftig bestätigt, muss die Rechtskraft des Urteils erst durch ein Wiederaufgreifen des Verfahrens überwunden werden.

202 Ist der VA **rechtmäßig**, so kommt zwar ein Anspruch auf Widerruf nach § 49 Abs. 1 VwVfG in Betracht. Dieser wirkt jedoch grds. nur für die Zukunft. Ein rückwirkender Widerruf ist nach § 49 Abs. 3 VwVfG nur bei bestimmten rechtmäßigen begünstigenden VAen vorgesehen (s.o. Rdnr. 37 ff.). Dem K geht es jedoch um eine rückwirkende Aufhebung der Ausweisung, um deren negative Wirkungen von Anfang an zu beseitigen. Begehrt der Betroffene ausnahmsweise nur die Aufhebung für die Zukunft,[260] kann die Behörde den Widerruf im Regelfall ermessensfehlerfrei unter Hinweis auf die Bestandskraft des rechtmäßigen VA ablehnen.

203 Sind dagegen die **Voraussetzungen** des § 48 Abs. 1 S. 1 VwVfG (anders als im vorliegenden Fall) **erfüllt**, begründet allein die Rechtswidrigkeit des VA noch keinen Anspruch auf Rücknahme, da der Rechtsverstoß lediglich Voraussetzung der Ermessensentscheidung der Behörde ist. Der Bürger hat nur einen **Anspruch auf ermessensfehlerfreie Entscheidung**. Im Rahmen des Ermesssens stehen der Grundsatz der Gesetzmäßigkeit der Verwaltung und der der Rechtssicherheit grds. gleichberechtigt nebeneinander. Ein Anspruch auf Rücknahme eines bestandskräftigen VA kommt nur in Betracht, wenn dessen Aufrechterhaltung „schlechthin unerträglich" erscheint.[261] Bejaht wird dies vor allem, wenn der VA offensichtlich rechtswidrig ist und sich dies der Behörde aufdrängen musste oder bei einem Verstoß gegen den Gleichbehandlungsgrundsatz (Art. 3 Abs. 1 GG). Insoweit gelten dieselben Grundsätze wie beim Wiederaufgreifen im weiteren Sinne (vgl. dazu unten Rdnr. 206 ff).

II. Anspruch auf Wiederaufgreifen des Verfahrens gemäß § 51 Abs. 1 VwVfG

204 1. Nach § 51 Abs. 1 **Nr. 1** VwVfG besteht ein Anspruch auf Wiederaufgreifen, wenn sich die dem VA zugrunde liegende **Sach- oder Rechtslage nachträglich zugunsten des Betroffenen geändert** hat. Eine Änderung der Rechtslage setzt eine Änderung der gesetzlichen Vorschriften voraus. Eine bloße Änderung der Rspr. reicht hierfür nicht aus.[262] Deshalb begründet weder die nachträgliche Klärung einer europarechtlichen Frage durch den EuGH und eine hierauf beruhende Änderung der höchstrichterlichen nationalen Rechtsprechung noch Entscheidungen des EGMR einen Wiederaufnahmegrund nach § 51 Abs. 1 Nr. 1 VwVfG.

205 2. Nach § 51 Abs. 1 **Nr. 3** VwVfG i.Vm. § 580 Nr. 8 ZPO besteht ein Anspruch auf Wiederaufgreifen, wenn der EGMR eine Verletzung der EMRK festgestellt hat und die Entscheidung auf dieser Verletzung beruht. Voraussetzung ist hierfür allerdings, dass sich die Feststellung der Konventionsverletzung auf den **konkreten Fall** bezieht. Eine Entscheidung des EGMR in einem Parallelverfahren allgemein zur Verhältnismäßigkeit einer Ausweisung reicht daher nicht aus.[263]

Da ein Wiederaufgreifensgrund nach § 51 Abs. 1 VwVfG nicht vorliegt, besteht **kein Anspruch auf Wiederaufgreifen des Verfahrens**.

---

[259] Vgl. z.B. BVerwG NVwZ 2008, 326, 328 u. NVwZ 2008, 1024 f.
[260] So z.B. in BVerwG, Urt. v. 22.10.2009 – BVerwG 1 C 15.08, Rdnr. 39.
[261] VGH Mannheim VBlBW 2009, 150, 152; VBlBW 2010, 115, 117.
[262] BVerwG RÜ 2010, 253, 255; NVwZ 2007, 709, 710; OVG Lüneburg NVwZ 2006, 1302; Kanitz/Wendel JuS 2008, 58, 61; Sanden DVBl. 2008, 665, 666; Ludwigs DVBl. 2008, 1164, 1164; Sasse Jura 2009, 493, 495.
[263] Vgl. BVerwG RÜ 2010, 253, 255 unter Hinweis auf BT-Drs. 16/3038, S. 38 ff.

D. Das Wiederaufgreifen des Verwaltungsverfahrens, § 51 VwVfG

III. K könnte aber einen **Anspruch auf ermessensfehlerfreie Neubescheidung** seines Antrags auf Wiederaufgreifen des Verfahrens nach § 51 Abs. 5 VwVfG i.V.m. §§ 48, 49 VwVfG haben (sog. Wiederaufgreifen im weiteren Sinne).

Aufbauhinweis: Beantragt der Betroffene ein Wiederaufgreifen des Verfahrens, so muss die Behörde zunächst prüfen, ob sie gemäß § 51 Abs. 1 VwVfG zu einem Wiederaufgreifen verpflichtet ist. Ist dies nicht der Fall, so hat sie im Anschluss daran eine Ermessensentscheidung über ein Wiederaufgreifen des Verfahrens im weiteren Sinne und in dessen Folge über eine Aufhebung des VA nach §§ 48, 49 VwVfG zu treffen.[264]

1. Auch wenn die Voraussetzungen des § 51 Abs. 1 VwVfG nicht erfüllt sind, ist die Behörde berechtigt, das Verfahren **nach Ermessen wiederaufzugreifen.** Diese Möglichkeit findet ihre Rechtsgrundlage in § 51 Abs. 5 VwVfG. Da die Behörde nach §§ 48, 49 VwVfG die Möglichkeit hat, einen VA, auch nachdem er unanfechtbar geworden ist, von Amts wegen oder auf Antrag unter den dort genannten Voraussetzungen aufzuheben, ist sie berechtigt, **jederzeit** erneut in der Sache zu entscheiden. Soweit das Wiederaufgreifen im Ermessen der Behörde steht, hat der Bürger einen **Anspruch auf ermessensfehlerfreie Entscheidung.**[265]

Hierbei steht der Behörde **Ermessen in zweifacher Hinsicht** zu:

- ob sie sich überhaupt erneut mit der Sache beschäftigen will und
- ob sie den VA nach §§ 48, 49 VwVfG aufhebt, ändert oder im Wege eines Zweitbescheids bestätigt.

Wird das Wiederaufgreifen im weiteren Sinne von der Behörde abgelehnt, in dem sie sich auf die Bestandskraft des VA beruft, also lediglich einen **wiederholenden Bescheid** erlässt, so hat der Betroffene die Möglichkeit, eine **Verpflichtungsklage** gerichtet auf Wiederaufgreifen des Verfahrens mit dem Ziel der Aufhebung des belastenden Erstbescheides bzw. Neubescheidung zu erheben.[266]

2. Ob die Behörde das Verfahren nach Ermessen wiederaufgreift, richtet sich nach einer **Abwägung** der beteiligten Interessen. Dabei stehen sich das Prinzip der materiellen Gerechtigkeit (Gesetzmäßigkeit der Verwaltung, Art. 20 Abs. 3 GG) und das Prinzip der Rechtssicherheit grds. gleichwertig gegenüber.

   a) Entsprechend dem Sinn und Zweck der Unanfechtbarkeit ist die Behörde grds. berechtigt, auf die **Bestandskraft** des VA zu verweisen und ein Wiederaufgreifen abzulehnen, selbst wenn der Betroffene die Rechtswidrigkeit des VA geltend macht.[267] Das gilt vor allem dann, wenn der VA einen vor langer Zeit abgeschlossenen Sachverhalt betrifft bzw. wenn es um zahlreiche gleichgelagerte Fälle geht und die Behörde keinen der Fälle wiederaufgegriffen hat.

   Beispiel: Bei fehlerhaften Ermessensentscheidungen kann sich die Behörde neben der Unanfechtbarkeit der früheren Entscheidung auch darauf berufen, dass dieselbe ursprüngliche Entscheidung auch ermessensfehlerfrei hätte getroffen werden können.[268]

---

[264] Vgl. beispielhaft BVerwG RÜ 2010, 253 ff.
[265] BVerwG RÜ 2010, 253, 255.
[266] BVerwG NVwZ 2002, 482, 483; Erichsen/Ebber Jura 1997, 424, 433; Seiler JuS 2001, 263, 267; Kahl Jura 2001, 505, 510.
[267] BVerwGE 60, 316, 325; BVerwG NVwZ 2007, 709, 710; DVBl. 2001, 726, 729; VGH Mannheim VBlBW 2001, 23, 24; Kopp/Ramsauer VwVfG § 51 Rdnr. 6; Stelkens/Bonk/Sachs § 51 Rdnr. 18; Knack/Henneke § 51 Rdnr. 17; Seiler JuS 2001, 263, 268.
[268] VGH Mannheim VBlBW 2001, 23, 24.

212 b) Ein **Anspruch auf Wiederaufgreifen** besteht nur im Fall einer Ermessensreduzierung auf Null.[269]

In Rspr. und Lit. wird hierbei nicht immer deutlich zwischen den beiden Ermessensebenen (s.o. Rdnr. 209) unterschieden. Teilweise wird auf einen aus einer Ermessensreduzierung resultierenden „Anspruch auf Wiederaufgreifen" abgestellt (also auf die 1. Stufe), teilweise auf einen „Anspruch auf Rücknahme" (also auf die 2. Stufe). Unproblematisch ist dies für diejenigen, die ohnehin von einer einheitlichen Ermessensentscheidung ausgehen (oben Rdnr. 196).[270] Geht man dagegen mit der neueren Rspr. des BVerwG von einer zweistufigen Entscheidung aus, muss zunächst die 1. Stufe überwunden werden, um zur erneuten Sachentscheidung zu gelangen. Das spricht dafür, die nachfolgenden Gesichtspunkte bereits im Rahmen der Ermessensreduzierung für das Wiederaufgreifen (auf der 1. Stufe) zu prüfen und nicht erst beim Anspruch auf Rücknahme (auf der 2. Stufe).[271] Allerdings wird bei einer Pflicht zur Überprüfung der Verwaltungsentscheidung auf der 1. Stufe i.d.R. auch das Rücknahmeermessen auf der 2. Stufe reduziert sein. Unterschiede dürften sich zwischen den beiden Auffassungen kaum ergeben, denn ein Anspruch auf Aufhebung des VA (2. Stufe) setzt denknotwendig auch eine Ermessensreduzierung auf der 1. Stufe voraus.

213 Eine **Ermessensreduzierung auf Null** wird von der Rspr.[272] insbes. angenommen, wenn die Aufrechterhaltung des Erstbescheides **schlechthin unerträglich** wäre. Dies ist der Fall, wenn

- die **Rechtswidrigkeit** des Erstbescheides bei Würdigung aller Umstände **offensichtlich** ist,[273]
- die Berufung auf die Unanfechtbarkeit als Verstoß gegen die **guten Sitten** oder gegen **Treu und Glauben** zu werten wäre,[274]
- die Behörde in vergleichbaren Fällen das Verfahren wiederaufgegriffen hat und daher wegen **Art. 3 Abs. 1 GG** eine Gleichbehandlung geboten ist[275] oder
- der VA **offensichtlich europarechtswidrig** ist.[276]

214 aa) Hier könnte sich eine Ermessensreduzierung daraus ergeben, dass das Verwaltungsgericht die **europarechtlichen Vorgaben** bei der Ausweisung türkischer Staatsangehöriger nicht berücksichtigt hat.[277]

Nach der neueren Rspr. des EuGH und des BVerwG dürfen türkische Staatsangehörige, die nach dem Assoziationsrecht privilegiert sind, nur aufgrund einer individuellen Ermessensentscheidung ausgewiesen werden.[278] Abweichend von der früheren Rspr. ist hierfür auch nicht der Zeitpunkt der letzten Behördenentscheidung, sondern der Zeitpunkt der letzten mündlichen Verhandlung maßgebend.[279]

---

269 BVerwGE 44, 333, 336; BVerwG NVwZ 2007, 709, 710; VGH Mannheim VBlBW 2001, 23, 24; OVG Lüneburg NVwZ 2007, 846; Stelkens/Bonk/Sachs VwVfG § 51 Rdnr. 19; Kopp/Ramsauer VwVfG § 51 Rdnr. 7; Maurer § 11 Rdnr. 65.
270 Vgl. Ludwigs DVBl. 2008, 1164, 1166.
271 In diesem Sinne auch BVerwG, Urt. v. 22.10.2009 – BVerwG 1 C 15.08, Rdnr. 30: „Das Wiederaufgreifensermessen nach § 51 Abs. 5 VwVfG verdichtet sich zu einem Anspruch des Betroffenen, wenn …"; ebenso BVerwG, Urt. v. 22.10.2009 – BVerwG 1 C 26.08, Rdnr. 23.
272 BVerwG RÜ 2010, 253, 256; NVwZ 2007, 709, 710; Ludwigs DVBl. 2008, 1164, 1167 ff.
273 BVerwG RÜ 2010, 253, 256; NVwZ 2007, 709, 710; Ludwigs DVBl. 2008, 1164, 1168.
274 BVerwG NVwZ 2007, 709, 710; OVG Lüneburg NVwZ 2007, 846.
275 BVerwG NVwZ 2007, 709, 710; Ludwigs DVBl. 2008, 1164, 1167.
276 Grundlegend EuGH DVBl. 2004, 373 ff. (Kühne & Heitz); DVBl. 2006, 1441 (Arcor); NVwZ 2008, 870 (Kempter); vgl. Gärditz NWVBl. 2006, 441, 447; Rennert DVBl. 2007, 400, 406; Weiß DÖV 2008, 477, 478; Ludwigs DVBl. 2008, 1164, 1169.
277 Vgl. dazu AS-Skript Besonderes Ordnungsrecht (2007), S. 200 f.
278 Grundlegend EuGH DVBl. 2005, 113 u. BVerwG NVwZ 2005, 224.
279 Vgl. AS-Skript VwGO (2009), Rdnr. 526.

Das EU-Recht begründet im Hinblick auf den Grundsatz der Rechtssicherheit indes **keine generelle Verpflichtung**, eine bestandskräftige Verwaltungsentscheidung aufzuheben, nur weil diese unionsrechtswidrig ist.[280] Dies gilt insbes. für solche Fälle, in denen von der Möglichkeit, einen belastenden VA fristgemäß anzufechten, kein Gebrauch gemacht wurde. Die Frage der Aufhebbarkeit einer Verwaltungsentscheidung ist grds. Sache der nationalen Rechtsordnungen. **215**

Die für die Rücknahme europarechtswidriger VAe geltenden Regelungen dürfen allerdings nicht ungünstiger sein als bei innerstaatlichen Sachverhalten (Äquivalenzprinzip) und die Ausübung der durch die Gemeinschafsrechtsordnung verliehenen Rechte dürfen nicht praktisch unmöglich gemacht oder unverhältnismäßig erschwert werden (Effektivitätsprinzip).[281]

Beispiel: Da ein bestandskräftiger Bescheid zurückzunehmen ist, wenn er offensichtlich mit nationalem Recht unvereinbar ist, muss im Fall offensichtlicher Unvereinbarkeit des VA mit EU-Recht die gleiche Verpflichtung bestehen.[282] Allerdings präjudiziert der Unionsrechtsverstoß nicht zwangsläufig dessen Offensichtlichkeit im Sinne des nationalen Rechts.[283]

Eine **Verpflichtung zum Wiederaufgreifen** besteht nach der Rspr. des EuGH im Hinblick auf den unionsrechtlichen Effektivitätsgrundsatz allerdings dann, wenn **216**

- der VA infolge eines **letztinstanzlichen Urteils** bestandskräftig geworden ist,

- das auf einer – wie eine später ergangene Entscheidung des EuGH zeigt – **unrichtigen Auslegung des Unionsrechts** beruht und

- das unter **Verstoß gegen die Vorlagepflicht** nach Art. 267 Abs. 3 AEUV (ex Art. 234 Abs. 3 EG) zustandegekommen ist.[284]

Wie die offensichtliche Europarechtswidrigkeit dogmatisch im Rahmen des § 51 VwVfG einzuordnen ist, ist umstritten. Ein Teil der Lit. plädiert für eine europarechtskonforme Auslegung des § 51 VwVfG mit der Folge, dass die nachträgliche Entscheidung des EuGH analog § 51 Abs. 1 Nr. 1 VwVfG als Änderung der Rechtslage einzuordnen sei.[285] Überwiegend wird dagegen an § 51 Abs. 5 VwVfG angeknüpft und eine Reduzierung des Ermessens bei der Entscheidung über das Wiederaufgreifen angenommen.[286]

Eine Vorlagepflicht besteht nach Art. 267 Abs. 3 AEUV nur für Gerichte, deren Entscheidungen nicht mehr mit Rechtsmitteln angefochten werden können. Dies ist bei erstinstanzlichen Entscheidung des Verwaltungsgerichts nicht der Fall, da hier Berufung (§ 124 a Abs. 1 VwGO) oder die Zulassung der Berufung beantragt werden kann (§ 124 a Abs. 4 VwGO). Wenn der Betroffene daher – wie vorliegend K – den nationalen Rechtsweg nicht vollständig ausgeschöpft **217**

---

280 EuGH JZ 2008, 464, 465; NVwZ 2006, 1277, 1279; DVBl. 2004, 373, 374; BVerfG NVwZ 2008, 550, 551; BVerwG NVwZ 2007, 709, 711; Ruffert JZ 2007, 407, 409; Ludwigs NVwZ 2007, 549, 551; a.A. Frenz DVBl. 2004, 375, 376; Berg JZ 2005, 1039, 1046; Lenze VerwArch 97 (2006), 49, 56; zur Entwicklung der Rechtsprechung Gärditz NWVBl. 2006, 441 ff.
281 EuGH NVwZ 2006, 1277, 1279; dazu auch Wüstenbecker RÜ 2008, 538, 539.
282 EuGH NVwZ 2006, 1277, 1280; BVerwG NVwZ 2007, 709, 711.
283 BVerwG NVwZ 2007, 709, 711 bestätigt durch BVerfG NVwZ 2008, 550, 551; ebenso Ludwigs NVwZ 2007, 549, 551; Rennert DVBl. 2007, 400, 402; für eine europarechtlich begründete Rücknahmepflicht dagegen Nolte MMR 2007, 30, 31; Ruffert JZ 2007, 407, 409.
284 EuGH DVBl. 2004, 373 ff.; NVwZ 2006, 1277, 1279; JZ 2008, 464, 465; dazu Gärditz NWVBl. 2006, 441, 447; Rennert DVBl. 2007, 400, 406; Weiß DÖV 2008, 477, 478; Ludwigs DVBl. 2008, 1164, 1169; Sasse Jura 2009, 493, 497.
285 Leuze VerwArch 97 (2006), 49, 56; Sasse Jura 2009, 493, 497 f.
286 So z.B. BVerwG RÜ 2010, 253, 256; Kanitz/Wendel JuS 2008, 58, 61; Ludwigs DVBl. 2008, 1164, 1172.

hat, kann sich **aus Unionsrecht keine Ermessensreduzierung** für ein Wiederaufgreifen ergeben.

> Eine Pflicht zur Aufhebung **rechtskräftiger Urteile** besteht dagegen selbst dann nicht, wenn nachträglich ein Verstoß gegen Unionsrecht festgestellt wird.[287] Mittelbar unterliegen allerdings auch rechtskräftige Urteile der unionsrechtlichen Kontrolle, weil sie Staatshaftungsansprüche auslösen können, wenn die Vorlagepflicht nach Art. 267 Abs. 3 AEUV missachtet wurde (s.u. Rdnr. 750).[288] Ebenso steht einer Kommissionsentscheidung, mit der eine nationale Beihilfe als europarechtswidrig festgestellt wurde (Art. 108 Abs. 2 AEUV), die Rechtskraft eines nationalen Gerichtsurteils, mit dem ein Anspruch des begünstigten Unternehmens auf die Förderung bestätigt wurde, nicht entgegen.[289]

218 bb) Nach **nationalem Recht** verdichtet sich das Wiederaufgreifensermessen insbesondere dann, wenn die **Rechtswidrigkeit** des bestandskräftigen VA bei Würdigung aller Umstände **offensichtlich** ist. Dass ist der Fall, wenn an der Rechtswidrigkeit des VA **vernünftigerweise kein Zweifel** besteht und sich deshalb der Behörde die Rechtswidrigkeit aufdrängen musste.[290]

219 Dabei reicht allein eine **nachträgliche Änderung** der Rspr. – wie im vorliegenden Fall – für eine Ermessensreduzierung grds. nicht aus.[291] Auch wenn nach der neueren Rspr. des EGMR und des BVerfG erhöhte Anforderungen an die Verhältnismäßigkeit von Ausweisung gestellt werden,[292] muss über die Verhältnismäßigkeit der Ausweisung in jedem Fall aufgrund eine umfassenden Güter- und Interessenabwägung entschieden werden. Dass diese Abwägung auch unter Berücksichtigung der Rspr. des EGMR und des BVerfG nur zugunsten des K hätte ausfallen müssen, ist jedenfalls **nicht evident**.

> Die Rspr. ist bei Annahme einer Ermessensreduzierung aufgrund offensichtlicher Rechtswidrigkeit überaus zurückhaltend.[293] In der Lit. wird zurecht darauf verwiesen, dass sich diese Konstellation nur schwer von den Fallgruppen des nichtigen VA gem. § 44 VwVfG abgrenzen lässt.[294]

220 cc) Da die Aufrechterhaltung der Ausweisung auch aus sonstigen Gründen **nicht schlechthin unerträglich** ist, stand die Entscheidung über das Wiederaufgreifen des Verfahrens im Ermessen der Behörde. Hierbei handelt die Behörde i.d.R. nicht ermessensfehlerhaft, wenn sie – wie im vorliegenden Fall – ein Wiederaufgreifen im Hinblick auf die rechtskräftige Bestätigung ihrer Entscheidung ablehnt. In diesen Fällen bedarf es regelmäßig auch keiner weiteren ins Einzelne gehenden Ermessenserwägungen der Behörde.[295]

Der Anspruch des K auf ermessensfehlerfreie Entscheidung über seinen Antrag auf Wiederaufgreifen (im weiteren Sinne) ist damit seitens der Behörde erfüllt worden. Ein weitergehender Anspruch besteht nicht.

---

[287] EuGH NJW 2006, 1577.
[288] EuGH NVwZ 2004, 79; Rennert DVBl. 2007, 400, 407 f.; Haratsch/Hensel JZ 2008, 144, 145.
[289] EuGH EuZW 2007, 511 mit Anm. Gundel JA 2008, 158 ff.; Haratsch/Hensel JZ 2008, 144, 146 und oben Rdnr. 132.
[290] BVerwG NVwZ 2007, 709, 710.
[291] BVerwG NVwZ 2007, 709, 710; OVG Lüneburg NVwZ 2006, 1302, 1303; a.A. Ruffert in Erichsen/Ehlers § 26 Rdnr. 13.
[292] Vgl. EGMR EuGRZ 2006, 560 und BVerfG NVwZ 2007, 946, 948.
[293] Vgl. z.B. BVerfG NVwZ 2008, 550, 551; BVerwG NVwZ 2007, 709, 711.
[294] Haack Jura 2008, 739, 740; vgl. auch Ludwigs NVwZ 2007, 549, 551.
[295] BVerwG RÜ 2010, 253, 257.

Aufhebung des VA durch die Behörde

- (falls zweifelhaft): Liegt überhaupt eine (vollständige, teilweise) Aufhebung eines VA vor?
  Abgrenzung:
  - Berichtigung gemäß § 42 VwVfG
  - Neuregelung bzgl. geänderten, vom ergangenen VA noch nicht erfassten Sachverhalt

- **Rechtsgrundlagen**
  - Spezialvorschriften, z.B. § 3 StVG, § 15 Abs. 2 GaststG, § 14 BBG
  - §§ 48, 49 VwVfG

Aufhebung nach §§ 48, 49 VwVfG

RÜCKNAHME gemäß § 48 VwVfG
aufzuhebender VA rechtswidrig

VA belastend § 48 I 1 VwVfG	VA begünstigend § 48 I 2, II–IV VwVfG
• Ermessen	• Geld-/Sachleistungs-VA nicht rücknehmbar bei schutzwürdigem Vertrauen, § 48 II • bei sonstigen VAen Bestandsvertrauen nur im Ermessen (str.); auf Antrag Entschädigung • Frist, § 48 IV • Ermessen

WIDERRUF gemäß § 49 VwVfG
aufzuhebender VA rechtmäßig

VA belastend § 49 I VwVfG	VA begünstigend § 49 II, III VwVfG

• Ermessen
• Grenzen
  – gebundener VA
  – Art. 3 GG
	• Widerruf **ex nunc** aus den in § 49 II abschl. genannten Gründen
	• Widerruf **ex tunc** aus den in § 49 III genannten Gründen
	• Frist, §§ 49 II 2, 49 III 2 i.V.m. § 48 IV
	• Ermessen

Wiederaufgreifen des Verfahrens gemäß § 51 VwVfG

Pflicht zum Wiederaufgreifen § 51 I–III VwVfG

Entscheidung über das Wiederaufgreifen

- **Zulässigkeit** des Antrags
  - Grund schlüssig dargelegt
  - kein grob schuldhaftes Versäumnis
  - Antragsfrist, § 51 III: drei Monate
- **Begründetheit** des Antrags, wenn Grund i.S.d. § 51 I tatsächlich vorliegt

(neue) Entscheidung in der Sache

- Sachentscheidung richtet sich nach materiellem Recht (str., a. A. §§ 48, 49 VwVfG)

Ermessen gemäß §§ 51 V, 48, 49 VwVfG

Entscheidung über das Wiederaufgreifen

- Anspruch auf ermessensfehlerfreie Entscheidung (Wiederaufgreifen i.w.S.)
- gebundener Anspruch nur bei Ermessensreduzierung

(neue) Entscheidung in der Sache

- Aufhebung nach §§ 48, 49 VwVfG
- Änderung nach materiellem Recht
- Bestätigung durch Zweitbescheid

2. Abschnitt: Durchsetzung von Verwaltungsakten

A. Begriff und Arten der Verwaltungsvollstreckung

Werden (öffentlich-rechtliche) Pflichten nicht freiwillig erfüllt, so müssen sie **zwangsweise** durchgesetzt, also vollstreckt werden.

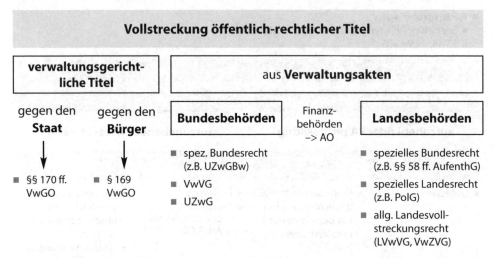

221 ■ Weigert sich die **Behörde**, dem Bürger einen begünstigenden VA (Baugenehmigung, Gewerbeerlaubnis o.Ä.) zu erteilen, so muss der Betroffene vor dem Verwaltungsgericht Verpflichtungsklage (§ 42 Abs. 1, 2. Fall VwGO) erheben. Ist die Klage begründet, wird die Behörde durch Urteil verpflichtet, den begehrten VA zu erlassen (§ 113 Abs. 5 S. 1 VwGO). Kommt die Behörde dem Verpflichtungsurteil nicht nach, kann der Bürger die Vollstreckung nach § 172 VwGO betreiben.

■ Verwaltungsgerichtliche Urteile gegen den Staat werden grds. nach **§ 170 VwGO** vollstreckt (z.B. Leistungsurteil auf Zahlung von Geld). Das Verwaltungsgericht bestimmt auf Antrag des Bürgers die Vollstreckungsmaßnahme und ersucht die zuständige Stelle um deren Vornahme. Für die Vollstreckung gelten nach § 167 Abs. 1 S. 1 VwGO die Vorschriften des 8. Buches der ZPO.

■ Für die Vollstreckung von Verpflichtungsurteilen (§ 113 Abs. 5 VwGO), Annexanträgen (§ 113 Abs. 1 S. 2 VwGO) und einstweiligen Anordnungen (§ 123 VwGO) gilt die **Spezialregelung des § 172 VwGO**. Das Verwaltungsgericht kann auf Antrag unter Fristsetzung ein Zwangsgeld bis 10.000 € durch Beschluss androhen und nach fruchtlosem Fristablauf festsetzen und von Amts wegen (zugunsten der Staatskasse) vollstrecken.

222 ■ Erfüllt der **Bürger** seine gesetzlichen Pflichten nicht, hat der Staat die Möglichkeit, sich ohne Einschaltung der Gerichte durch Erlass eines VA selbst einen Vollstreckungstitel zu schaffen **(Selbsttitulierung)** und diesen auch selbst zu vollstrecken **(Selbstvollstreckung)**. Vollstreckbar sind allerdings nur VAe, die ein Gebot oder Verbot aussprechen (sog. Verfügungen).

Vollstreckungsfähig sind alle Verwaltungsakte, die auf die Vornahme einer Handlung, auf Duldung oder Unterlassung gerichtet sind. Feststellende VAe haben demgegenüber keinen vollstreckbaren Inhalt (z.B. die Anerkennung als Asylberechtigter). Entsprechendes gilt für rechtsgestaltende VAe (z.B. Rücknahme einer Beamtenernennung). Sie bedürfen keiner Vollstreckung, da ihre Rechtswirkungen **unmittelbar kraft Gesetzes** (ipso iure) eintreten.

A. Begriff und Arten der Verwaltungsvollstreckung

223 Der Bürger muss den VA auch dann befolgen, wenn er rechtswidrig (aber nicht nichtig) und (noch) nicht aufgehoben ist (§ 43 Abs. 2 VwVfG). Kommt der Bürger dieser Verpflichtung nicht freiwillig nach, bedarf es der **Verwaltungsvollstreckung**. Die zwangsweise Durchsetzung erfolgt hier – anders als bei verwaltungsgerichtlichen Urteilen – grds. durch die Behörde ohne Einschaltung des Gerichts.

Etwas anderes gilt dann, wenn es der Behörde an der sog. **VA-Befugnis** fehlt,[296] also z.B. bei Ansprüchen im Gleichordnungsverhältnis oder zur Durchsetzung von Ansprüchen aus öffentlich-rechtlichen Verträgen. In diesen Fällen muss der Staat wie der Bürger Klage vor dem Verwaltungsgericht erheben, um einen Vollstreckungstitel zu erstreiten. Eine Ausnahme gilt beim öffentlich-rechtlichen Vertrag nur, wenn sich der Bürger im Vertrag der sofortign Vollstreckung unterworfen hat (§ 61 VwVfG), dazu unten Rdnr. 428.

224
- **Verwaltungsvollstreckung** ist daher die
  - **zwangsweise Durchsetzung** eines vom Pflichtigen nicht freiwillig erfüllten
  - öffentlich-rechtlichen **Gebotes** oder **Verbotes**,
  - das in einem **VA** konkretisiert ist.

  Beispiele: Abriss eines baurechtswidrig errichteten Gebäudes, Abschiebung eines ausgewiesenen Ausländers, Schließung eines illegal ausgeübten Gewerbebetriebes, Abschleppen eines verkehrswidrig abgestellten Kraftfahrzeuges.

- Nach dem **Regelungsgehalt des zu vollstreckenden VA** sind im Rahmen der Verwaltungsvollstreckung zu unterscheiden:

  225
  - die Vollstreckung wegen einer **Geldforderung** (sog. Beitreibung);

    Das VwVG enthält hierfür in §§ 1 ff. nur einige wenige Vorschriften und verweist im Übrigen in § 5 auf die Abgabenordnung (AO). Im Landesrecht ist die Vollstreckung wegen Geldforderungen teilweise umfassend geregelt (vgl. z.B. §§ 15–67 HessVwVG, §§ 1–54 ff. VwVG NRW, §§ 1–69 NVwVG, §§ 33–42 ThürVwZVG).[297]

    Verwaltungsakte, durch die der Bürger verpflichtet wird, eine Geldleistung zu erbringen, werden üblicherweise als **Leistungsbescheide** bezeichnet.

  226
  - die Durchsetzung einer **Handlung, Duldung oder Unterlassung** (sog. Verwaltungszwang).

    Der Verwaltungszwang erfasst alle Verwaltungsakte, die nicht auf eine Geldleistung gerichtet sind, z.B. baubehördliche Beseitigungsverfügung, ordnungsrechtliche Duldungsverfügung oder Unterlassung einer Handlung.

---

[296] Vgl. dazu AS-Skript Verwaltungsrecht AT 1 (2010), Rdnr. 262 ff.
[297] Dazu unten Rdnr. 345 ff.

B. Der Verwaltungszwang

227 Verwaltungszwang meint die zwangsweise Durchsetzung von Verwaltungsakten, die auf Vornahme einer Handlung, auf Duldung oder Unterlassung gerichtet sind (vgl. § 6 Abs. 1 VwVG)

Aufbauschema: Rechtmäßigkeit einer Vollstreckungsmaßnahme

- **Ermächtigungsgrundlage**
  - spezielles Bundesrecht (z.B. §§ 58 ff. AufenthG, UZwGBw)
  - spezielles Landesrecht (z.B. PolG, PAG)
  - allgemeines Landesrecht (z.B. LVwVG, VwZVG)
- **Formelle Rechtmäßigkeit**
  - Zuständigkeit
  - Verfahren
  - Form
- **Materielle Rechtmäßigkeit**
  - Vollstreckungsvoraussetzungen
  - ordnungsgemäßes Vollstreckungsverfahren
  - keine Vollstreckungshindernisse

---

228 Eine Vollstreckungsmaßnahme ist rechtmäßig, wenn

- die Maßnahme auf einer wirksamen **Ermächtigungsgrundlage** beruht,
- die Zuständigkeits, Verfahrens- und Formvorschriften eingehalten sind **(formelle Rechtmäßigkeit)** und
- die Maßnahme sachlich mit dem geltenden Recht in Einklang steht **(materielle Rechtmäßigkeit)**.

I. Ermächtigungsgrundlage für den Verwaltungszwang

Abgesehen von **Spezialregelungen** (z.B. §§ 58 ff. AufenthG für die Abschiebung eines Ausländers) richtet sich die Verwaltungsvollstreckung nach dem Verwaltungsvollstreckungsrecht des Bundes bzw. des Landes.

229
- Wird die Vollstreckung von einer **Bundesbehörde** durchgeführt, gilt das VwVG des Bundes (Sartorius 112), ergänzt durch das Gesetz über den unmittelbaren Zwang (UZwG, Sartorius 115).

Für Soldaten der Bundeswehr sowie zivile Wachpersonen gilt das UZwGBw (Sartorius 117). Für Finanzbehörden des Bundes und der Länder gelten die Sonderregeln in §§ 249 ff. AO.

- Bei der Vollstreckung durch **Landesbehörden** gilt das jeweilige Landes-VwVG, ggf. ergänzt durch Landesgesetze zum unmittelbaren Zwang.

    Bayern: BayVwZVG; **Baden-Württemberg:** LVwVG; **Berlin:** § 5 a S. 1 VwVfG Bln i.V.m. VwVG, UZwG Bln; **Brandenburg:** VwVG Bbg; **Bremen:** BremVwVG; BremGVG; **Hamburg:** Hmb VwVG; **Hessen:** Hess VwVG; **Mecklenburg-Vorpommern:** §§ 110, 111 VwVfG MV i.V.m. §§ 79 ff. SOG MV; **Niedersachsen:** § 70 Abs. 1 NVwVG i.V.m. §§ 64 ff. Nds SOG; **Nordrhein-Westfalen:** VwVG NRW; **Rheinland-Pfalz:** LVwVG; **Saarland:** SVwVG; **Sachsen:** SächsVwVG; **Sachsen-Anhalt:** § 71 Abs. 1 VwVG LSA i.V.m. §§ 53 ff. SOG LSA; **Schleswig-Holstein:** §§ 228 ff. LVwG SH; **Thüringen:** ThürVwZVG.

230

Teilweise enthalten die **Polizeigesetze** bzw. das allgemeine Ordnungsrecht eigenständige vollstreckungsrechtliche Regelungen, die in ihrem Anwendungsbereich dem allgemeinen Landes-VwVG vorgehen.

231

Bayern: Art. 53 ff. BayPAG; **Baden-Württemberg:** §§ 49 ff. PolG BW; **Brandenburg:** §§ 53 ff. Bbg PolG; **Bremen:** §§ 40 ff. Brem PolG; **Hamburg:** §§ 17 ff. Hmb SOG; **Hessen:** §§ 47 ff. HSOG; **Mecklenburg-Vorpommern:** §§ 79 ff. SOG MV; **Niedersachsen:** §§ 64 ff. Nds SOG; **Nordrhein-Westfalen:** §§ 50 ff. PolG NRW; **Rheinland-Pfalz:** §§ 57 ff. POG RP; **Saarland:** §§ 44 ff. SPolG; **Sachsen:** §§ 30 ff. SächsPolG; **Sachsen-Anhalt:** §§ 53 ff. SOG LSA; **Thüringen:** §§ 51 ff. Thür PAG.[298]

Beispiel: Für die Vollstreckung durch die Polizei gilt in Brandenburg und Nordrhein-Westfalen das jeweilige PolG, für die Vollstreckung durch allgemeine Verwaltungsbehörden das jeweilige LVwVG (in Bayern und Thüringen entsprechend für das Verhältnis PAG – VwZVG). In den übrigen Ländern gilt für die Vollstreckung zur Gefahrenabwehr das PolG, SOG etc. und für die allgemeine Verwaltungsvollstreckung das jeweilige LVwVG, das allerdings teilweise wiederum auf das Polizeirecht verweist (vgl. z.B. § 70 Abs. 1 NVwVG, § 71 VwVG LSA).

*Da die Regelungen in Bund und Ländern in den Grundzügen sowie in vielen Einzelfragen übereinstimmen,[299] werden im Folgenden die **allgemeinen vollstreckungsrechtlichen Grundlagen** nach dem VwVG des Bundes dargestellt. Soweit erforderlich, wird auf etwaige Abweichungen in den Ländern hingewiesen.*

Die **Ermächtigungsgrundlage** für Maßnahmen des Verwaltungszwangs (Durchsetzung einer Verfügung auf Handlung, Duldung oder Unterlassung, sog. HDU-Verfügung) findet sich in den §§ 6 ff. VwVG und in einigen Spezialregeln. Vollstreckungsmaßnahmen sind hierbei

232

- die **Androhung** (§ 13 VwVG),
- die **Festsetzung** (§ 14 VwVG) und
- die **Anwendung** (§ 15 VwVG)

jeweils in Verbindung mit dem jeweiligen Zwangsmittel

- **Ersatzvornahme** (§ 10 VwVG),
- **Zwangsgeld** (§ 11 VwVG) und
- **unmittelbarer Zwang** (§ 12 VwVG, UZwG, UZwGBw)

Beispiele: Ermächtigungsgrundlage für die Androhung einer Ersatzvornahme sind die §§ 10, 13 VwVG, für die Festsetzung eines Zwangsgeldes i.S.d. §§ 11, 14 VwVG.

---

298 Zur Vollstreckung im Polizei- und Ordnungsrecht vgl. AS-Skript Polizeirecht, Sicherheits- und Ordnungsrecht (2009), S. 166 ff.
299 Vgl. auch App JuS 2004, 786, 787.

II. Formelle Rechtmäßigkeit des Verwaltungszwangs

1. Zuständigkeit

233 Zuständig für Maßnahmen des Verwaltungszwangs ist die **Vollzugsbehörde** (§ 7 Abs. 1 VwVG). Das ist die Behörde, die den zu vollstreckenden VA erlassen hat.

Landesrechtlich ergibt sich die Zuständigkeit entweder aus Spezialvorschriften oder aus allgemeinen Zuständigkeitsvorschriften.[300] Die Anwendung unmittelbaren Zwangs ist teilweise besonderen Vollzugsbeamten vorbehalten (vgl. die dem § 6 UZwGBw vergleichbaren landesrechtlichen Regelungen).

234 Verfügt die zuständige Behörde nicht über ausreichende Sach- und Personalmittel für den Verwaltungszwang, kann sie die **Vollzugshilfe** anderer Behörden in Anspruch nehmen. Vollzugshilfe ist ein Unterfall der Amtshilfe (§§ 4 ff. VwVfG), die allerdings landesrechtlich zumeist spezialgesetzlich geregelt ist.[301] Vollzugshilfe ist das Ersuchen einer Behörde an eine andere Behörde, bestimmte Maßnahmen zwangsweise durchzusetzen. Häufigster Fall ist die Anwendung von unmittelbarem Zwang durch Polizeivollzugsbeamte.

Beispiel: Zwangsweise Durchsetzung eines behördlichen Hausverbots.[302]

235 Die **Zulässigkeit der Maßnahme**, die durch die Vollzugshilfe durchgesetzt werden soll (die Vollstreckungsvoraussetzungen, das „Ob"), richtet sich nach dem für die ersuchende Behörde geltenden Recht, die Durchführung des Verwaltungszwangs (das „Wie") nach dem für die ersuchte Behörde geltenden Recht.

Beispiel: Die Voraussetzungen für eine Zwangseinweisung in ein psychiatrisches Krankenhaus richtet sich nach dem Recht der anordnenden Behörde (z.B. dem Unterbringungsgesetz oder dem PsychKG), die Rechtmäßigkeit der zwangsweisen Verbringung zum Krankenhaus nach dem PolG.

236 Abgesehen vom Fall der Vollzugshilfe, ist nur die Behörde für den Verwaltungszwang zuständig, die den VA erlassen hat **(Identität von Vollzugs- und Erlassbehörde)**.

Beispiel: Die Polizei lässt ein Fahrzeug abschleppen, das unter Verstoß gegen das von der Straßenverkehrsbehörde aufgestellte Halteverbotsschild (Zeichen 283 der Anlage 2 zu § 41 Abs. 1 StVO) abgestellt worden ist. Für die Durchsetzung des aus dem Verkehrszeichen resultierenden Wegfahrgebots[303] im gestreckten Verfahren fehlt es nach h.M. an der Vollstreckungszuständigkeit der Polizei. Das Abschleppen durch die Polizei kann dann nur als Sofortmaßnahme rechtmäßig sein.[304]

Nach der Gegenansicht darf die (Vollzugs-)Polizei auch dann, wenn sie das Verkehrszeichen nicht selbst aufgestellt hat, die Ziele der StVO verwirklichen (vgl. §§ 36, 44 Abs. 2 S. 1 StVO). Bei funktionaler Betrachtungsweise lasse sich das in dem Verkehrszeichen enthaltene Wegfahrgebot auch der Vollzugspolizei zurechnen, was über die fehlende Identität von Erlass- und Vollzugsbehörde hinweg helfe.[305] Dasselbe gelte auch für die allgemeine Ordnungsbehörde, wenn diese bei Gefahr im Verzug anstelle der zuständigen Straßenverkehrsbehörde handeln dürfe (vgl. z.B. § 6 OBG NRW, § 4 Abs. 2 Thür OBG).

---

300 Vgl. AS-Skript Polizeirecht, Sicherheits- und Ordnungsrecht (2009), Rdnr. 571 ff.
301 Vgl. AS-Skript Polizeirecht, Sicherheits- und Ordnungsrecht (2009), Rdnr. 632 ff.
302 VG Aachen, Beschl. v. 25.02.2010 – 6 L 33/10; Lisken/Denninger, Hdb. Polizeirecht (2007), Rdnr. E 23
303 Vgl. SächsOVG NJW 2009, 2551, 2552 und AS-Skript Besonderes Ordnungsrecht (2007), S 94.
304 VGH Mannheim VBlBW 2004, 213; VGH Kassel NVwZ-RR 1999, 23; Dienelt NVwZ 1994, 664, 666; Becker JA 2000, 677, 680; Remmert NVwZ 2000, 642, 644; ders. VBlBW 2005, 41, 42; Klein JA 2004, 544, 545 Fn 34; Ruder KommJur 2004, 7, 13; Schoch JuS 1995, 307, 313.
305 OVG Greifswald LKV 2006, 225, 226; Gornig/Jahn, Fälle, S. 231; Württemberger/Heckmann/Riggert, Polizeirecht in BW, Rdnr. 828; vgl. auch Waldhoff JuS 2006, 1042, 1043.

Dagegen spricht jedoch, dass § 44 Abs. 2 StVO schon seinem Wortlaut nach nicht zur Vollstreckung eines Verkehrszeichens im Wege der Ersatzvornahme ermächtigt. Auch stellt das Abschleppen eines Fahrzeugs keine bloß vorläufige Maßnahme dar.

2. Verfahren und Form

237 Handelt es sich bei der Vollstreckungsmaßnahme um einen VA (also insbes. bei der Androhung und der Festsetzung),[306] so kann von der nach § 28 Abs. 1 VwVfG grds. erforderlichen **Anhörung** nach § 28 Abs. 2 Nr. 5 VwVfG abgesehen werden. **Formvorschriften** bestehen z.B. bei der Androhung, die nach § 13 Abs. 1 VwVG schriftlich zu erfolgen hat.

Sonstige Anforderungen werden üblicherweise im Zusammenhang mit der jeweiligen Vollstreckungsmaßnahme im Rahmen der materiellen Rechtmäßigkeit (ordnungsgemäßes Vollstreckungsverfahren) angesprochen. Bei der Androhung werden die Voraussetzungen des § 13 VwVG teilweise allerdings bereits im Rahmen der formellen Rechtmäßigkeit erörtert.[307]

III. Materielle Rechtmäßigkeit des Verwaltungszwangs

238 Damit eine Vollstreckungsmaßnahme materiell rechtmäßig ist, müssen

- die **Vollstreckungsvoraussetzungen** vorliegen,
- das **Vollstreckungsverfahren** ordnungsgemäß durchgeführt werden und
- es dürfen **keine Vollstreckungshindernisse** bestehen.

Aufbauschema: Materielle Rechtmäßigkeit des Verwaltungszwangs

- **Vollstreckungsvoraussetzungen**
  - gestrecktes Verfahren (§ 6 Abs. 1 VwVG)
  - Sofortvollzug (§ 6 Abs. 2 VwVG)
- **Ordnungsgemäßes Vollstreckungsverfahren**
  - richtiges Zwangsmittel (§§ 9 ff. VwVG)
  - Androhung (§ 13 VwVG)
  - ggf. Festsetzung (§ 14 VwVG)
  - ordnungsgemäße Anwendung (§ 15 VwVG), insb. Verhältnismäßigkeit
- **Keine Vollstreckungshindernisse**
  - rechtliche Unmöglichkeit (z.B. entgegenstehende Rechte Dritter)
  - nachträgliche materielle Einwendungen

---

[306] Vgl. unten Rdnr. 282 und 292.
[307] Vgl. z.B. Brühl JuS 1997, 926, 927; Pieroth/Schlink/Kniesel, POR, § 24 Rdnr. 23 ff.

2. Abschnitt Durchsetzung von Verwaltungsakten

1. Vollstreckungsvoraussetzungen

Die Vollstreckungsvoraussetzungen sind unterschiedlich, je nachdem, ob ein sog. gestrecktes (mehraktiges) Verfahren (§ 6 Abs. 1 VwVG) oder ein Sofortvollzug (§ 6 Abs. 2 VwVG) vorliegt.

a) Gestrecktes Verfahren gem. § 6 Abs. 1 VwVG

239 Von einem gestreckten Verfahren spricht man, wenn Verwaltungszwang auf der Grundlage eines VA in einem mehraktigen Verfahren angewendet wird.

Aufbauschema: Vollstreckungsvoraussetzungen im gestreckten Verfahren

- **GrundVA**
  - auf Handlung, Duldung oder Unterlassung
  - nicht auf Geldleistung (sog. Leistungsbescheid)
- **Vollstreckbarkeit**
  - VA unanfechtbar
  - Rechtsmittel haben keine aufschiebende Wirkung
- **Rechtmäßigkeit des GrundVA irrelevant**
---

240 Zum weitgehend identischen Landesrecht vgl. **Bayern:** Art. 19, 29 BayVwZVG; **Baden-Württemberg:** §§ 2, 18 LVwVG; **Berlin:** § 5 a S. 1 VwVfG Bln i.V.m. § 6 Abs. 1 VwVG; **Brandenburg:** § 15 Abs. 1 VwVG Bbg; **Bremen:** § 11 Abs. 1 BremVwVG; **Hamburg:** §§ 14, 18 Abs. 1 VwVG; **Hessen:** §§ 2, 69 Abs. 1 HessVwVG; **Mecklenburg-Vorpommern:** § 110 VwVfG MV i.V.m. §§ 79, 80 SOG MV; **Niedersachsen:** § 70 Abs. 1 NVwVG i.V.m. § 64 Abs. 1 Nds SOG; **Nordrhein-Westfalen:** § 55 Abs. 1 VwVG NRW; **Rheinland-Pfalz:** §§ 2, 61 Abs. 1 LVwVG; **Saarland:** § 18 Abs. 1 SVwVG; **Sachsen:** §§ 2, 19 Abs. 1 Sächs VwVG; **Sachsen-Anhalt:** § 71 Abs. 1 VwVG LSA i.V.m. § 53 Abs. 1 SOG LSA; **Schleswig-Holstein:** § 229 Abs. 1 LVwG SH; **Thüringen:** §§ 19, 44 Abs. 1 ThürVwZVG.

241 ■ **Vollstreckungsvoraussetzung** im gestreckten Verfahren ist das Vorliegen eines **Grund-VA**, der auf die Vornahme einer Handlung, auf Duldung oder auf Unterlassung gerichtet ist (§ 6 Abs. 1 VwVG), sog. HDU-Verfügung.

Beispiele: Gebot zur Beseitigung eines Gebäudes im Baurecht, Schließungsanordnung im Gewerberecht (z.B. § 15 Abs. 2 GewO), Gebots- und Verbotszeichen i.S.d. § 41 Abs. 1 StVO als Allgemeinverfügungen (§ 35 S. 2, 3. Fall VwVfG), Duldung des Betretens eines Grundstücks (z.B. nach § 17 Abs. 2 HandwO), nicht dagegen Leistungsbescheide, deren Vollstreckung (Beitreibung) sich nach §§ 1 ff. VwVG bzw. entsprechendem Landesrecht richtet (s.u. 348 ff.).

242 ■ Damit der GrundVA zwangsweise durchgesetzt werden darf, muss er **vollstreckbar** sein. Dies gilt grds. für alle Vollstreckungsmaßnahmen. Abweichungen gelten allerdings für die **Androhung**, die nach § 13 Abs. 2 VwVG auch mit dem noch nicht vollstreckbaren GrundVA verbunden werden darf.

Nach § 13 Abs. 2 S. 2 VwVG „soll" die Androhung mit dem GrundVA verbunden werden, wenn die sofortige Vollziehung angeordnet ist oder Rechtsmittel keine aufschiebende Wirkung haben. Daraus folgt, dass die Androhung auch in den übrigen Fällen nach § 13 Abs. 2 S. 1 VwVG mit dem Grund-VA verbunden werden „kann".[308]

---
[308] Engelhardt/App VwVG § 13 Rdnr. 10; Sadler VwVG § 13 Rdnr. 68.

Wird die Androhung mit dem GrundVA verbunden, muss der GrundVA bei Erlass der Androhung daher noch nicht vollstreckbar sein.[309] Die Vollstreckbarkeit muss aber zumindest in dem Zeitpunkt vorliegen, für den die Vollstreckung angedroht ist. Ist dies nicht der Fall, so wird die Androhung rechtswidrig.[310] Nach der Gegenansicht soll es bei der Zwangsmittelandrohung auf die Vollstreckbarkeit des GrundVA generell nicht ankommen, da die Androhung noch nicht Bestandteil der Durchsetzung sei.[311]

Beispiel: Die Baubehörde B gibt dem E auf, ein baurechtswidrig errichtetes Gebäude zu beseitigen und droht die Ersatzvornahme für den Fall an, dass E der Verfügung nicht innerhalb eines Monats nachkommt. Erhebt E innerhalb des Monats (§§ 70, 74 VwGO) Widerspruch bzw. im Fall des § 68 Abs. 1 S. 2 VwGO Klage gegen die Beseitigungsverfügung, so haben die Rechtsbehelfe grds. aufschiebende Wirkung (§ 80 Abs. 1 VwGO), es sei denn die Behörde ordnet die sofortige Vollziehung an (§ 80 Abs. 2 S. 1 Nr. 4 VwGO). Geschieht dies nicht, ist die Beseitigungsverfügung nach Ablauf der in der Androhung gesetzten Frist nicht vollziehbar. Die Vollstreckung ist dann rechtswidrig.

Damit erledigt sich auch die Streitfrage, ob die in der Androhung gesetzte Frist **kürzer als die Rechtsbehelfsfrist** von einem Monat sein darf.[312] Ist der GrundVA bei Fristablauf weder unanfechtbar noch sofort vollziehbar, darf er jedenfalls nicht vollstreckt werden.

Vollstreckbar ist der GrundVA, wenn er **unanfechtbar** ist oder Rechtsmittel **keine aufschiebende Wirkung** entfalten.

- **Unanfechtbar** ist der VA z.B. nach Ablauf der Widerspruchs- oder Klagefrist (§§ 70, 74 VwGO) oder mit Rechtskraft der letztinstanzlichen gerichtlichen Entscheidung.

- Rechtsmittel haben **keine aufschiebende Wirkung** in den Fällen des § 80 Abs. 2 VwGO, also z.B. bei der Anforderung öffentlicher Abgaben und Kosten (Nr. 1), unaufschiebbaren Anordnungen von Polizeivollzugsbeamten (Nr. 2), in anderen gesetzlich geregelten Fällen (Nr. 3) oder bei behördlicher Anordnung der sofortigen Vollziehung (Nr. 4).

    In diesen Fällen kann die Behörde (§ 80 Abs. 4 VwGO) oder das VG (§ 80 Abs. 5 VwGO) die Vollziehung aussetzen.[313] Die Behörde darf den VA dann nicht weiter vollstrecken.[314] Dies gilt solange, bis die aufschiebende Wirkung nach § 80 b VwGO endet.

- Fraglich ist, ob die **Grundverfügung rechtmäßig** sein muss, um vollstreckt werden zu dürfen.

    - Unstreitig kommt es auf die Rechtmäßigkeit des GrundVA nicht an, wenn dieser **unanfechtbar** ist. Dann interessiert nur seine Wirksamkeit, d.h. der VA darf nicht nichtig i.S.d. § 44 VwVfG sein.[315]

---

309 Engelhardt/App VwVG § 13 Rdnr. 2.
310 OVG NRW OVGE 38, 90, 93; BayVGH BayVBl. 1976, 86; Henneke Jura 1989, 64, 68; Erichsen/Rauschenberg Jura 1998, 31, 38; Horn Jura 2004, 597, 597 m.w.N.
311 Dünchheim Jura 2004, 202, 205 FN 28; in einem Spezialfall auch VGH Mannheim VBlBW 2003, 476 (zur Abschiebungsandrohung nach § 50 AuslG, jetzt § 59 AufenthG).
312 Vgl. dazu OVG NRW OVGE 38, 90, 93; Brühl JuS 1987, 926, 929; Horn Jura 2004, 597, 598; vgl. ausdrücklich § 63 Abs. 1 S. 3 VwVG NRW: „Ist der Verwaltungsakt nicht bestandskräftig und nicht sofort vollziehbar, darf die Frist ... die Rechtsbehelfsfrist nicht unterschreiten."
313 Vgl. ausführlich AS-Skript VwGO (2009), Rdnr. 581 ff.
314 Horn Jura 2004, 447, 449; Bausch NVwZ 2006, 158, 159.
315 Vgl. z.B. VG Düsseldorf NWVBl. 2010, 152; VGH Mannheim VBlBW 2009, 397 m.w.N.

Beispiel: B ist durch Ordnungsverfügung aufgefordert worden, einen umsturzgefährdeten Baum zu fällen. Nachdem die Ordnungsverfügung bestandskräftig geworden und B der Verfügung gleichwohl nicht nachgekommen ist, lässt die Behörde den Baum beseitigen. Die Rechtmäßigkeit der Vollstreckung hängt hier unstreitig nicht von der Rechtmäßigkeit der Ordnungsverfügung ab. Vgl. auch § 18 Abs. 1 S. 3 VwVG, der ausdrücklich bestimmt, dass die Androhung nach Unanfechtbarkeit des GrundVA nur insoweit angefochten werden kann, als eine Rechtsverletzung durch die Androhung selbst behauptet wird.

246 – Umstritten ist die Frage des sog. **Rechtswidrigkeitszusammenhangs** in den Fällen, in denen ein noch **anfechtbarer VA** von der Behörde vollstreckt wird.

Beispiel: Die Behörde hat die Ordnungsverfügung wegen akuter Gefährdung für sofort vollziehbar erklärt (§ 80 Abs. 2 S. 1 Nr. 4 VwGO). Deshalb wird der Baum nach erfolgloser Androhung schon vor Ablauf der Widerspruchs- bzw. Klagefrist (§§ 70, 74 VwGO) auf Veranlassung der Behörde beseitigt.

Teilweise wird darauf verwiesen, dass die Behörde in diesem Fall den GrundVA auf eigenes Risiko durchsetze. Ein rechtswidriger, noch anfechtbarer VA könne nicht rechtmäßigerweise vollzogen werden. Der Regelung des § 18 Abs. 1 S. 3 VwVG, der bei Unanfechtbarkeit des GrundVA nur Einwendungen gegen die Androhung zulässt, sei im Umkehrschluss zu entnehmen, dass die Anfechtung von Vollstreckungsakten vor **Bestandskraft** des zu vollstreckenden VA offenbar auch auf dessen Rechtswidrigkeit gestützt werden könne.[316]

Nach der Gegenansicht ist die Rechtmäßigkeit des GrundVA für die Rechtmäßigkeit der nachfolgenden Vollstreckungsakte dagegen stets **irrelevant**, auch wenn der GrundVA noch anfechtbar ist. Einwände gegen den VA berührten nicht das Vollstreckungsverfahren, sondern müssen gegen den VA selbst geltend gemacht werden.[317] Dieser Auffassung hat sich auch das BVerfG angeschlossen.

„Auf die Frage der Rechtmäßigkeit der Grundverfügung kommt es bei der Beurteilung der Rechtmäßigkeit einer Vollstreckungsmaßnahme nicht an. ... Tragender Grundsatz des Verwaltungs-Vollstreckungsrechts ist ..., dass die Wirksamkeit und nicht die Rechtmäßigkeit vorausgegangener Verwaltungsakte Bedingung für die Rechtmäßigkeit der folgenden Akte und letztlich der Anwendung des Zwangsmittels ist."[318]

247 Für die strikte Trennung zwischen GrundVA und den nachfolgenden Vollstreckungsakten spricht dessen **Tatbestandswirkung**. Solange der VA nicht nichtig oder aufgehoben worden ist, ist er wirksam (§ 43 Abs. 2 u. 3 VwVfG) und muss von dem Adressaten befolgt werden. Da sich die Frage der Rechtmäßigkeit erst im Nachhinein verbindlich feststellen lässt, könnten VAe nicht durchgesetzt werden, sobald der Betroffene deren Rechtswidrigkeit geltend macht. Dem Bürger bleibt lediglich die Möglichkeit, die Rechtswidrigkeit des GrundVA eigenständig geltend zu machen (z.B. im Rahmen der Anfechtungsklage gegen den GrundVA oder im Eilverfahren nach § 80 Abs. 5 VwGO).

Die Rechtmäßigkeit des GrundVA ist daher generell nicht Voraussetzung für die Rechtmäßigkeit der Vollstreckung im gestreckten Verfahren.

---

316 Götz POR Rdnr. 382; Ehlers JuS 1983, 869, 872; Schoch JuS 1995, 307, 309; Jahn JA 2000, 79, 86; Enders NVwZ 2000, 1232, 1237; Schoch in: Schmidt-Aßmann 2. Kap. Rdnr. 285; Würtenberger in: Achterberg/Püttner Rdnr. 328.
317 BVerwG RÜ 2009, 47, 48; OVG Lüneburg NdsVBl. 2009, 345, 346; OVG NRW NWVBl. 2007, 26, 27; VG Düsseldorf NWVBl. 2010, 152; Werner JA 2000, 902, 903; Weiß DÖV 2001, 275, 283 f.; Beljin/Micker JuS 2003, 556, 561; App JuS 2004, 786, 788; Enders NVwZ 2009, 958, 960; Labrenz NVwZ 2010, 22.
318 BVerfG NVwZ 1999, 290, 292@; ebenso BVerwG RÜ 2009, 47, 48.

*Richten sich Widerspruch und Anfechtungsklage nicht nur gegen den Vollstreckungsakt (z.B. gegen die Androhung), sondern auch gegen den GrundVA, ist mit der **Prüfung des GrundVA** zu beginnen. Erweist sich der GrundVA als rechtswidrig, so ist er aufzuheben. Damit entfällt der Vollstreckungstitel, sodass auch die Androhung rechtswidrig und aufzuheben ist. Hierbei ist § 18 Abs. 1 S. 2 VwVG die allgemeine Auslegungsregel zu entnehmen, dass sich Rechtsbehelfe im Zweifel gegen alle noch anfechtbaren VAe richten.[319]*

Beispiel: *Gegen E wird am 01.06. eine Beseitigungsverfügung erlassen und am 15.06. die Ersatzvornahme angedroht. Ein am 25.06. erhobener Widerspruch erstreckt sich im Zweifel auf den GrundVA und die Zwangsmittelandrohung. Wird Widerspruch bzw. im Fall des § 68 Abs. 1 S. 2 VwGO Klage dagegen erst am 10.07. erhoben, ist nur die Androhung auf ihre Rechtmäßigkeit zu überprüfen, die nicht von der Rechtmäßigkeit der zwischenzeitlich unanfechtbar gewordenen Beseitigungsverfügung abhängt (§ 18 Abs. 1 S. 3 VwVG).*

b) Sofortvollzug gem. § 6 Abs. 2 VwVG

248 Nach § 6 Abs. 2 VwVG kann Verwaltungszwang ohne vorausgehenden VA angewendet werden, wenn der sofortige Vollzug zur Verhinderung einer rechtswidrigen Tat, die einen Straf- oder Bußgeldtatbestand verwirklicht, oder zur Abwendung einer drohenden Gefahr notwendig ist und die Behörde hierbei innerhalb ihrer gesetzlichen Befugnisse handelt.

249 (Weitgehend) identisch die landesrechtlichen Regelungen in **Berlin:** § 5 a S. 1 VwVfG Bln i.V.m. § 6 Abs. 2 VwVG; **Brandenburg:** § 15 Abs. 2 VwVG Bbg; **Bremen:** § 11 Abs. 2 BremVwVG; **Hessen:** § 72 Abs. 2 HessVwVG; **Mecklenburg-Vorpommern:** § 110 VwVfG MV i.V.m. § 81 SOG MV; **Niedersachsen:** § 70 Abs. 1 NVwVG i.V.m. § 64 Abs. 2 Nds SOG; **Nordrhein-Westfalen:** § 55 Abs. 2 VwVG NRW; **Rheinland-Pfalz:** § 61 Abs. 2 LVwVG; **Saarland:** § 18 Abs. 2 SVwVG; **Sachsen-Anhalt:** § 71 Abs. 1 VwVG LSA i.V.m. § 53 Abs. 2 SOG LSA; **Schleswig-Holstein:** § 230 LVwG; **Thüringen:** § 54 VwZVG.

In **Baden-Württemberg, Bayern, Hamburg** und **Sachsen** ist der sofortige Vollzug nicht normiert (anders im Polizeirecht Art. 53 Abs. 2 BayPAG). In diesen Ländern findet sich nur eine Regelung zum sog. **vereinfachten Verfahren**, bei dem unter Beibehaltung der Notwendigkeit eines GrundVA vor allem auf die Androhung des Zwangsmittels verzichtet wird (vgl. Art. 35 BayVwZVG, § 21 LVwVG BW, § 27 Hbg VwVG, § 21 SächsVwVG).

250 Im **Polizeirecht** gibt es in einigen Ländern außerdem die sog. **unmittelbare Ausführung** (vgl. § 19 BPolG und die dem § 5 a ME PolG entsprechenden Vorschriften der Länder: Art. 9 BayPAG, § 8 BW PolG, § 15 Berl ASOG, § 7 Hbg SOG, § 6 RhPf POG, § 8 HSOG, § 70 a SOG MV, § 6 Sächs PolG, § 9 SOG LSA, § 12 Thür OBG, § 9 Thür PAG). **Unmittelbare Ausführung** erfasst die Fälle, in denen die Polizei eine Maßnahme selbst oder durch einen Beauftragten ausführt, weil der Zweck der Maßnahme durch Inanspruchnahme des Pflichtigen nicht oder nicht rechtzeitig erreicht werden kann. Der Unterschied zum Verwaltungszwang besteht nach h.M. also darin, dass bei der unmittelbaren Ausführung ein entgegenstehender Wille des Pflichtigen nicht gebeugt wird, weil der Adressat noch gar nicht in die Pflicht genommen wurde.[320] Bei der unmittelbaren Ausführung ergeht daher **kein vorheriger GrundVA**. Deshalb handelt es sich bei der unmittelbaren Ausführung auch nicht um eine Vollstreckungsmaßnahme, sondern um eine Gefahrenabwehrmaßnahme.

---

[319] Brühl JuS 1997, 1021, 1024; enger Horn Jura 2004, 597, 600; vgl. auch Labrenz NVwZ 2010, 22 ff.

[320] Zu den unterschiedlichen Auffassungen zur Abgrenzung des Sofortvollzugs von der unmittelbaren Ausführung vgl. Horn Jura 2004, 597, 599; Ruffert in: Erichsen/Ehlers § 27 Rdnr. 18; Schoch in: Schmidt/Aßmann, 2. Kap. Rdnr. 287; Schenke in: Steiner II Rdnr. 304; AS-Skript Polizeirecht, Sicherheits-und Ordnungsrecht (2009), Rdnr. 643 ff.

251 Besondere Bedeutung hat die Abgrenzung der unmittelbaren Ausführung gegenüber dem Sofortvollzug insbes. bei den sog. **Abschleppfällen**.[321] Die Abgrenzung erweist sich hier als schwierig, weil in beiden Fällen kein VA vorausgeht und das äußere Erscheinungsbild identisch ist. In den Ländern, in denen beide Institute geregelt sind (Bayern im PAG, Berlin, Hessen, Mecklenburg-Vorpommern, Sachsen-Anhalt, Rheinland-Pfalz und Thüringen) hat die unmittelbare Ausführung im Polizeirecht Vorrang. Der Sofortvollzug ist hier nur einschlägig, wenn eine unmittelbare Ausführung nicht möglich ist.[322] In Baden-Württemberg, Hamburg und Sachsen ist nur die unmittelbare Ausführung normiert, in Brandenburg, Bremen, Niedersachsen, Nordrhein-Westfalen, im Saarland und in Schleswig-Holstein nur der Sofortvollzug. In diesen Ländern findet die jeweilige Sofortmaßnahme in beiden Fallgestaltungen Anwendung.

252 Denkbar ist der Sofortvollzug nur bei der **Ersatzvornahme** und beim **unmittelbaren Zwang**. Das Zwangsgeld als Beugemittel setzt dagegen stets den Erlass eines GrundVA voraus, sodass hier der Sofortvollzug von vornherein ausscheidet.

Beispiele: Beseitigung einer ordnungsrechtlichen Gefahr durch Ersatzvornahme ohne vorherige Ordnungsverfügung (z.B. Abriss eines einsturzgefährdeten Hauses ohne Beseitigungsverfügung), unmittelbarer Zwang durch Schusswaffeneinsatz ohne GrundVA.

Aufbauschema: Vollstreckungsvoraussetzungen im Sofortvollzug

- Vorliegen einer **drohenden/gegenwärtigen Gefahr**
- Behörde handelt **„innerhalb ihrer gesetzlichen Befugnisse"**
- **Notwendigkeit** des Sofortvollzugs

---

253 ■ Erforderlich ist das Vorliegen einer **drohenden** (= gegenwärtigen) **Gefahr**, also einer solchen, die sich bereits verwirklicht hat oder bei der mit dem Schadenseintritt unmittelbar, d.h. sofort bzw. in allernächster Zukunft mit an Sicherheit grenzender Wahrscheinlichkeit zu rechnen ist.[323]

§ 6 Abs. 2 VwVG nennt beispielhaft die Verhinderung einer rechtswidrigen Tat, die einen Straf- oder Bußgeldtatbestand verwirklicht.

254 ■ Weitere Voraussetzung ist, dass die Behörde **innerhalb ihrer gesetzlichen Befugnisse** handelt. Dass ist der Fall, wenn die Behörde berechtigt gewesen wäre, einen GrundVA zu erlassen, mit dem der Betroffene zu der Handlung, Duldung oder Unterlassung hätte verpflichtet werden können, den durch den Sofortvollzug erstrebten Erfolg herbeizuführen **(Rechtmäßigkeit einer hypothetischen Grundverfügung)**.[324]

*Anders als im Rahmen des gestreckten Verfahrens ist der Sofortvollzug daher nur rechtmäßig, wenn ein **(fiktiver) GrundVA rechtmäßig** gewesen wäre. Dies bestätigt im Übrigen die Richtigkeit der h.M. (s.o. Rdnr. 246 f.): Wäre bei Vollstreckungsakten (auch im gestreckten Verfahren) generell die Rechtmäßigkeit des GrundVA erforderlich, hätte es der Klarstellung in § 6 Abs. 2 VwVG („innerhalb ihrer Befugnisse") nicht bedurft.*

---

[321] Vgl. OVG Hamburg NJW 2005, 2247; NJW 2001, 168, 169; VGH Kassel NVwZ-RR 1999, 23, 24 und AS-Skript Besonderes Ordnungsrecht (2007), S. 92 ff.
[322] HessVGH NVwZ-RR 1999, 23, 25; Lisken/Denninger F Rdnr. 883 ff.; Schoch in: Schmidt/Aßmann, 2. Kap. Rdnr. 288; Erichsen/Rauschenberg Jura 1998, 31, 42 m.w.N.
[323] OVG NRW NWVBl. 2008, 416, 417; Durner JA 2009, 476, 477.
[324] Vgl. OVG NRW NWVBl. 2008, 398; Beljin/Micker JuS 2003, 556, 561; Horn Jura 2004, 597, 599; Linke NWVBl. 2007, 451, 452; Müller-Franken NWVBl. 2008, 197, 201; Durner JA 2009, 476, 477; Muckel/Ogorek JuS 2010, 57, 61.

- Schließlich muss der Sofortvollzug **„notwendig"** sein, d.h. der Sofortvollzug ist nur rechtmäßig, wenn die Gefahr nicht auch durch andere, schonendere Maßnahmen beseitigt werden kann. Insbesondere muss aufgrund der Eilbedürftigkeit gerade die Durchsetzung im Wege des Sofortvollzuges erforderlich sein. Das ist zu verneinen, wenn der Erfolg ebenso gut durch ein gestrecktes Verfahren hätte erreicht werden können.[325]

255

Fall 8: Friedenscamp

Im Rahmen einer Aktion von sog. Friedensaktivisten campierten seit mehreren Monaten verschiedene Personen auf einem Grundstück, das im Eigentum der Bundesrepublik Deutschland steht, um dort gegen erwartete Transporte von Kernbrennelementen (sog. Castor-Transporte) zu demonstrieren. Auf dem Grundstück wird von der Bahn AG ein Bahnhof betrieben. Die zuständige Bundespolizeibehörde verfügte am 09.09., dass das Grundstück von den dort befindlichen Personen zu räumen sei, und drohte die Räumung im Wege des unmittelbaren Zwangs an, wenn das Grundstück nicht bis zum 15.09. freiwillig geräumt werde. Nachdem diese Frist fruchtlos verstrichen war, wurden die auf dem Grundstück verbliebenen Personen, darunter K, von Beamten der Bundespolizei weggetragen. K hält die Maßnahme für unverhältnismäßig und bittet um gutachterliche Prüfung.

Rechtmäßigkeit der polizeilichen Maßnahme

I. Die **Rechtsgrundlage** für das Wegtragen hängt von der Rechtsnatur der Maßnahme ab. Die Aufforderung, das Bahngrundstück zu verlassen, stellt einen **Platzverweis** als Standardmaßnahme gem. § 38 BPolG dar. Bei Standardmaßnahmen ist zu differenzieren:

1. Einerseits gibt es Standardmaßnahmen, die neben einem Verbot oder Gebot eine gewisse **Zwangshandlung** der Behörde mitumfassen (z.B. bei einer Ingewahrsamnahme der unmittelbare Zwang in Form der damit zwangsläufig verbundenen Freiheitsentziehung). In diesen Fällen beruht der reale Teil als die (zwangsweise) Durchsetzung allein auf der **Standardmaßnahme**, die diese Zwangsanwendung begriffsnotwendig enthält. Ein Rückgriff auf das Vollstreckungsrecht scheidet in diesen Fällen grds. aus.[326]

256

Als **Standardmaßnahmen mit derartigen Vollzugselementen** sind z.B. anerkannt das Festhalten zwecks Identitätsfeststellung, die Ingewahrsamnahme sowie die Durchsuchung von Personen, Sachen und Wohnungen.

Etwas anderes gilt nur dann, wenn ein über die Standardmaßnahme **hinausgehender Zwang** ausgeübt wird.

Beispiel: Bei der Durchsuchung einer Wohnung ist das gewaltsame Öffnen der Tür nach h.M. nicht mehr von der Standardmaßnahme gedeckt, sondern als eigenständige Zwangsmaßnahme nach dem Verwaltungsvollstreckungsrecht zu werten.[327]

---

325 OVG NRW NWVBl. 2008, 416, 417; Sadler VwVG § 6 Rdnr. 324; Puttler JA 2001, 669, 675.
326 Pieroth/Schlink/Kniesel POR § 12 Rdnr. 10 ff.; Drüen/Krumm NWVBl. 2004, 359, 362 u. 365.
327 Vgl. Drüen/Krumm NWVBl. 2004, 359, 362; Muckel/Ogorek JuS 2010, 57, 60.

257 2. Andererseits gibt es Standardmaßnahmen, z.B. die Vorladung und den Platzverweis, die **keinerlei Vollzugselemente** aufweisen. Wird im Zusammenhang mit diesen Standardmaßnahmen der entgegenstehende Wille des Betroffenen überwunden, so ist die Zulässigkeit des Zwangseinsatzes stets anhand des Verwaltungsvollstreckungsrechts zu untersuchen.

Das Wegtragen der Demonstrationsteilnehmer ist daher nicht nur unselbstständiger Teil des Platzverweises, sondern als selbstständige Maßnahme des Verwaltungszwangs anzusehen. Rechtsgrundlage ist damit die Vorschrift über die **Anwendung unmittelbaren Zwangs**. Hier erfolgte die Vollstreckung durch die Bundespolizei als Bundesbehörde (§ 1 BPolG), sodass auf § 12 VwVG i.V.m. den Vorschriften des UZwG abzustellen ist.

258 II. **Formelle Rechtmäßigkeit**

1. **Zuständig** als **Vollzugsbehörde** ist gem. § 7 Abs. 1 VwVG die Behörde, die den zu vollstreckenden VA erlassen hat. Dies ist hier die handelnde Bundespolizeibehörde (§ 57 BPolG). Die spezielle Zuständigkeit für die Anwendung unmittelbaren Zwangs ergibt sich aus § 6 Nr. 1 UZwG i.V.m. § 1 BPolBG (Sartorius 200).

2. Von der **Anhörung** kann bei Vollstreckungsmaßnahmen nach § 28 Abs. 2 Nr. 5 VwVfG abgesehen werden.

III. **Materielle Rechtmäßigkeit**

259 1. Im **gestreckten Verfahren** nach § 6 Abs. 1 VwVG ist der Verwaltungszwang nur rechtmäßig zur Durchsetzung eines vollstreckbaren GrundVA.

a) Ein **GrundVA** liegt in Form des Platzverweises nach § 38 BPolG vor. Dieser enthält das Gebot, sich zu entfernen, ist also ein VA auf Vornahme einer Handlung.

260 b) Der GrundVA kann nur dann zwangsweise durchgesetzt werden, wenn er **vollstreckbar** ist. Vollstreckbar ist der Platzverweis nach § 6 Abs. 1 VwVG nur, wenn er unanfechtbar ist oder Rechtsmittel gem. § 80 Abs. 2 VwGO keine aufschiebende Wirkung entfalten.

aa) Da hier die Monatsfrist für die Erhebung des Widerspruchs (§ 70 VwGO) noch nicht abgelaufen war, war der Platzverweis im Zeitpunkt der Vollziehung noch **nicht unanfechtbar**. Die Vollstreckbarkeit könnte sich jedoch daraus ergeben, dass die aufschiebende Wirkung nach § 80 Abs. 2 S. 1 Nr. 2 VwGO ausgeschlossen ist. Zwar handelt es sich bei den Beamten der Bundespolizei um „Polizeivollzugsbeamte" i.S. dieser Vorschrift. Der Ausschluss der aufschiebenden Wirkung gilt jedoch nur für **unaufschiebbare Maßnahmen**, insbes. für eilbedürftige Gefahrenabwehrmaßnahmen.[328] Das sofortige Einschreiten muss in jedem Fall erforderlich sein. Davon kann angesichts der zuvor verstrichenen Zeitdauer von mehreren Monaten seit der „Besetzung" nicht ausgegangen werden. Auch eine Anordnung der sofortigen Vollziehung (§ 80 Abs. 2 S. 1 Nr. 4 VwGO) ist nicht erfolgt.

---

328 VG Frankfurt NVwZ 1990, 1100; Schoch VwGO § 80 Rdnr. 122; Finkelnburg/Jank Rdnr. 697; Pietzner/Ronellenfitsch § 54 III Rdnr. 15; Eyermann/Schmidt VwGO § 80 Rdnr. 25.

bb) Allerdings hatte K im Zeitpunkt der Räumung noch gar **keinen Rechtsbehelf** erhoben, der aufschiebende Wirkung entfalten konnte. Deshalb wird zum Teil angenommen, dass es in diesen Fällen für die Vollstreckbarkeit ausreicht, wenn ein **wirksamer GrundVA** vorliegt.[329] Begründet wird dies mit Hilfe eines Umkehrschlusses aus § 80 Abs. 1 VwGO: Wenn erst die Einlegung eines Rechtsbehelfs die aufschiebende Wirkung herbeiführt und Vollstreckungsmaßnahmen ausschließt, so müssten vor Einlegung des Rechtsbehelfs Vollstreckungsmaßnahmen zulässig sein. Der VA werde mit seinem Erlass wirksam (§ 43 Abs. 1 VwVfG), müsse vom Adressaten beachtet werden und dürfe deshalb von der Behörde auch zwangsweise durchgesetzt werden.

261

Die Behörde vollstrecke in diesen Fällen auf **eigenes Risiko**. Wird innerhalb der Rechtsbehelfsfrist Widerspruch bzw. Klage erhoben, so wirkt die aufschiebende Wirkung zurück und entzieht bereits getroffenen Vollstreckungsmaßnahmen die Grundlage.[330]

Bei einer solchen Betrachtungsweise wird jedoch einseitig von den Rechtsbehelfen der VwGO ausgegangen, ohne die vollstreckungsrechtlichen **Spezialregelungen** zu beachten. § 6 Abs. 1 VwVG knüpft hinsichtlich der Vollstreckbarkeit ausdrücklich an außerhalb des § 80 VwGO liegende Voraussetzungen an und verlangt für die Vollstreckbarkeit die Unanfechtbarkeit oder die sofortige Vollziehbarkeit. Dies beinhaltet auch keinen Widerspruch zu § 80 Abs. 1 VwGO, der nur regelt, wann nicht vollstreckt werden darf, während § 6 Abs. 1 VwGO positiv regelt, wann vollstreckt werden darf. Solange Rechtsbehelfe mit aufschiebender Wirkung möglich sind, muss mit ihrer Einlegung gerechnet werden. Die Vollstreckung ist dann rechtswidrig, unabhängig davon, ob der Rechtsbehelf bereits eingelegt ist.[331]

Somit bleibt es dabei, dass der Platzverweis mangels Anordnung der sofortigen Vollziehung vor Ablauf der Widerspruchsfrist noch nicht vollziehbar war. Im gestreckten Verfahren nach § 6 Abs. 1 VwVG ist die Vollstreckungsmaßnahme daher nicht rechtmäßig.

2. Die Maßnahme könnte als **Sofortvollzug** nach § 6 Abs. 2 VwVG zulässig sein.

a) Die Vorschrift regelt unmittelbar nur den Fall, dass überhaupt **keine Grundverfügung** vorliegt („ohne vorausgehenden Verwaltungsakt"). Die Vorschrift greift jedoch auch ein, wenn ein GrundVA vorhanden ist, das gestreckte Vollstreckungsverfahren aber aus einem anderen Grunde scheitert. Denn wenn die Behörde sogar ohne VA vollstrecken darf, darf sie einen vorhandenen VA erst recht vollstrecken.[332]

262

---

329 BayObLG DVBl. 1960, 815; OVG NRW VerwRspr 25, 277, 279 f.; Redeker/vOertzen VwGO § 80 Rdnr. 7; Schoch VwGO § 80 Rdnr. 100; wohl auch Kopp/Schenke VwGO § 80 Rdnr. 53.
330 Vgl. Schoch VwGO § 80 Rdnr. 100; VGH Mannheim VBlBW 1983, 21, 22: Widerspruch gegen eine Abrissverfügung nach Androhung des Zwangsgeldes; VG Münster GewArch 1982, 373: Anfechtung einer Ordnungsverfügung nach erfolgtem Einsatz von Zwangsmitteln.
331 Engelhardt/App VwVG § 6 Rdnr. 3; Sadler VwVG § 6 Rdnr. 115; Pietzner/Ronellenfitsch § 53 Rdnr. 26; Erichsen/Rauschenberg Jura 1998, 31, 37; im Ergebnis auch OVG NRW NVwZ-RR 1990, 446.
332 OVG NRW NJW 1982, 2277®; Sadler VwVG § 6 Rdnr. 287 ff.; Maurer § 20 Rdnr. 27; Brühl JuS 1997, 1021, 1026; Erichsen/Rauschenberg Jura 1998, 31, 41; Horn Jura 2004, 597, 599; Dietlein/Burgi/Hellermann Rdnr. 256.

263 Der Sofort-Vollzug greift daher ein,

- wenn ein **GrundVA völlig fehlt**,

  Anders in den Ländern, in denen der Sofort-Vollzug (wie in Baden-Württemberg, Hamburg und Sachsen) nicht geregelt ist und im Rahmen der sog. vereinfachten Vollstreckung lediglich auf die Vollziehbarkeit des VA bzw. die Androhung verzichtet wird. Fehlt der GrundVA, kann dann allerdings eine unmittelbare Ausführung vorliegen (vgl. dazu Rdnr. 250).

- ein VA zwar vorhanden, aber, wie im vorliegenden Fall, **nicht vollziehbar** ist[333]

- oder wenn im gestreckten Verfahren die erforderliche **Androhung** oder ggf. die **Festsetzung fehlt**.

  In den Ländern, in denen der Sofort-Vollzug nicht geregelt ist (s.o.), wird im Rahmen der sog. vereinfachten Vollstreckung auf die Androhung verzichtet. Die Festsetzung ist landesrechtlich zumeist ohnehin nicht erforderlich (s.u. Rdnr. 290).

264 b) **Voraussetzung** für den Sofort-Vollzug ist nach § 6 Abs. 2 VwVG, dass er

- zur Abwendung einer **drohenden Gefahr** notwendig ist und
- die Behörde hierbei **innerhalb ihrer gesetzlichen Befugnisse** handelt.

aa) Eine **drohende** (= gegenwärtige) **Gefahr** ergibt sich aufgrund der andauernden Straftat des Hausfriedensbruchs (§ 123 StGB).

265 bb) **Innerhalb ihrer gesetzlichen Befugnisse** handelt die Behörde, wenn sie berechtigt gewesen wäre, einen GrundVA zu erlassen, mit dem der Betroffene zu der Handlung, Duldung oder Unterlassung hätte verpflichtet werden können, den durch den Sofortvollzug erstrebten Erfolg herbeizuführen.[334]

*Beim Tatbestandsmerkmal „innerhalb ihrer Befugnisse" ist daher inzident die **Rechtmäßigkeit einer fiktiven Grundverfügung** zu prüfen.*

Beispiel: Wird ein Fahrzeug ohne Vorliegen eines Verstoßes gegen ein Verkehrszeichen abgeschleppt, handelt die Behörde innerhalb ihrer gesetzlichen Befugnisse, wenn sie ein (fiktives) Wegfahrgebot rechtmäßigerweise hätte erlassen können (z.B. wegen Gefährdung anderer Verkehrsteilnehmer).[335]

266 Soweit der Sofortvollzug wie hier auch bei **Vorliegen eines GrundVA** eingreift, ist umstritten, ob dann auf diesen oder auf die gesetzliche Rechtslage abzustellen ist.

Beispiel: Die Behörde hat eine Ordnungsverfügung erlassen, ohne die sofortige Vollziehung anzuordnen. Nach Erlass des VA verschärft sich die Gefahrenlage, sodass sich die Behörde veranlasst sieht, die Gefahr umgehend selbst zu beseitigen.

---

333 Vgl. hierzu auch § 72 Abs. 1 Hess VwVG, § 80 Abs. 2 SOG MV, § 229 Abs. 2 LVwG SH, § 54 ThürVwZVG.
334 Vgl. OVG NRW NWVBl. 2008, 398; Pieroth/Schlink/Kniesel POR § 20 Rdnr. 38; Beljin/Micker JuS 2003, 556, 561; Horn Jura 2004, 597, 599; Linke NWVBl. 2007, 451, 452; Durner JA 2009, 476, 477.
335 Vgl. VGH Mannheim RÜ 2010, 258, 261 f.

(1) Teilweise wird die Ansicht vertreten, eine bereits erlassene Grundverfügung mache die im Rahmen des Sofortvollzugs notwendige Prüfung, ob die Behörde innerhalb ihrer Befugnisse gehandelt hat, überflüssig.[336] Dies würde bedeuten, dass der Betroffene, solange die Grundverfügung Bestand hat, nicht geltend machen könnte, die Behörde habe nicht im Rahmen ihrer Befugnisse gehandelt. Nach dieser Auffassung ist der Sofortvollzug allein aufgrund des erlassenen, wirksamen Platzverweises rechtmäßig.

267

(2) Die h.M. geht demgegenüber davon aus, dass sich im Falle des **Übergangs vom gestreckten Verfahren zum Sofortvollzug** der Umfang der behördlichen Befugnisse nicht mehr nach dem vorangegangenen GrundVA, sondern **allein nach dem Gesetz** beurteilt.[337]

268

Hier durfte die Behörde nach § 38 BPolG einen Platzverweis erlassen, sodass sie auch nach dieser Auffassung **innerhalb ihrer Befugnisse** gehandelt hat. Einer Streitentscheidung bedarf es daher nicht.

Zu unterschiedlichen Ergebnissen kommen die beiden Auffassungen nur, wenn der erlassene GrundVA rechtswidrig ist. Nach der ersten Auffassung reicht der wirksame GrundVA als Grundlage für den Sofortvollzug aus, solange er nicht aufgehoben ist. Nach der Gegenansicht ist der Sofortvollzug rechtswidrig, wenn der Behörde keine andere gesetzliche Befugnis zusteht. Dafür spricht, dass der Sofortvollzug nur rechtmäßig sein kann, wenn die Behörde innerhalb ihrer „gesetzlichen" Befugnisse handelt. Etwas anderes gilt nur dann, wenn die Grundverfügung im Zeitpunkt des Übergangs zum Sofortvollzug bereits unanfechtbar war. Denn dann steht fest, dass sich ein mit der unanfechtbaren Grundverfügung deckungsgleicher Sofortvollzug im Rahmen der behördlichen Befugnisse hält.

cc) Schließlich muss der Sofortvollzug **notwendig** sein, d.h. er ist nur rechtmäßig, wenn die Gefahr nicht durch eine andere, weniger belastende Maßnahme hätte beseitigt werden können.

269

Die Prüfung der Notwendigkeit des Sofortvollzugs wird im Fallaufbau unterschiedlich gehandhabt. Teilweise wird sie wie hier bereits bei den Voraussetzungen des Sofortvollzugs erörtert, teilweise erst im Rahmen der Verhältnismäßigkeit der Zwangsanwendung (dazu unten Rdnr. 293 ff.).

Diese Notwendigkeit ist hier nicht feststellbar. Nachdem die Behörde mehrere Monate abgewartet hatte, bis sie eingeschritten ist, war es nicht erforderlich, den Platzverweis umgehend zu vollstrecken, zumal die Behörde auf eine Anordnung der sofortigen Vollziehung (§ 80 Abs. 2 S. 1 Nr. 4 VwGO) verzichtet hat.

Ergebnis: Die zwangsweise Durchsetzung des Platzverweises war daher **rechtswidrig**.

---

[336] Dietlein/Burgi/Hellermann § 3 Rdnr. 256.
[337] Pieroth/Schlink/Kniesel POR § 24 Rdnr. 38; Frings/Spahlholz, Gefahrenabwehr, Rdnr. 577; Wolffgang/Hendricks/Merz, Gefahrenabwehr, Rdnr. 536.

2. Das Vollstreckungsverfahren

Liegen die Vollstreckungsvoraussetzungen vor, ist der Verwaltungszwang nur rechtmäßig, wenn auch das Vollstreckungsverfahren ordnungsgemäß durchgeführt worden ist.

Aufbauschema: Materielle Rechtmäßigkeit des Verwaltungszwangs

■ **Vollstreckungsvoraussetzungen**
  – gestrecktes Verfahren (§ 6 Abs. 1 VwVG)
  – Sofortvollzug (§ 6 Abs. 2 VwVG)
■ **Ordnungsgemäßes Vollstreckungsverfahren**
  – richtiges Zwangsmittel (§§ 9 ff. VwVG)
  – Androhung (§ 13 VwVG)
  – ggf. Festsetzung (§ 14 VwVG)
  – ordnungsgemäße Anwendung (§ 15 VwVG), insb. Verhältnismäßigkeit
■ **Keine Vollstreckungshindernisse**
  – rechtliche Unmöglichkeit (z.B. entgegenstehende Rechte Dritter)
  – nachträgliche materielle Einwendungen

a) Richtiges Zwangsmittel

270   Grundlegende materielle Voraussetzung ist, dass die Behörde das **richtige Zwangsmittel** gewählt hat. Als Zwangsmittel kommen nach § 9 Abs. 1 VwVG in Betracht:

■ die **Ersatzvornahme**,

■ das **Zwangsgeld** und

■ (als ultima ratio) der **unmittelbare Zwang**.

Andere Formen der Zwangsausübung sind unzulässig; es gilt der „numerus clausus" der Zwangsmittel.[338] Die landesrechtlichen Regelungen sind weitgehend identisch, führen die Ersatzzwangshaft (vgl. § 16 VwVG) jedoch zum Teil als selbstständiges Zwangsmittel auf (z.B. Art. 29 Abs. 2 Nr. 3 BayVwZVG; vgl. auch die sog. Erzwingungshaft nach § 24 Hbg VwVG, § 28 SVwVG). Teilweise sind besondere Formen des unmittelbaren Zwangs ausdrücklich geregelt (z.B. ärztliche Zwangsmaßnahmen, § 18 a HbgSOG; Zwangsräumung, § 62 a VwVG NRW).

aa) Ersatzvornahme

271   Die **Ersatzvornahme** ist das Zwangsmittel zur Durchsetzung einer **vertretbaren Handlung**. Sie kann durch einen beauftragten Dritten (sog. Fremdvornahme, § 10 VwVG), nach den meisten Landesgesetzen aber auch durch die Behörde selbst durchgeführt werden (sog. Selbstvornahme).

Nach dem Bundesrecht ist die Selbstvornahme dagegen ein Unterfall des unmittelbaren Zwangs (§ 12 VwVG).[339]

---

338 App JuS 2004, 786, 787; Erichsen/Ruffert § 26 Rdnr. 9.
339 Vgl. Engelhardt/App VwVG § 10 Rdnr. 1.

Beispiele: Beseitigung eines baurechtswidrigen Gebäudes durch einen Abbruchunternehmer, behördliche Veranlassung einer Notbestattung durch einen Bestattungsunternehmer.[340]

Der Betroffene hat die Ersatzvornahme zu dulden (vgl. § 15 Abs. 2 VwVG), dabei kann auch auf Sachen eingewirkt werden.

272

Beispiel: Die bauordnungsrechtliche Beseitigungsverfügung wird durch Abbruch der vorhandenen Bausubstanz durchgesetzt.

Da die Ersatzvornahme ggf. eine Zwangseinwirkung auf Sachen beinhaltet, kann die **Abgrenzung** zum unmittelbaren Zwang problematisch sein. Eine Ersatzvornahme liegt nur vor, wenn die behördliche Maßnahme mit der Handlung übereinstimmt, die der Pflichtige vorgenommen hätte.[341]

273

Beispiel: Das Aufbrechen einer Tür ist keine Ersatzvornahme, sondern unmittelbarer Zwang, da hierdurch ein Schaden eintritt, der bei der Öffnung durch den Pflichtigen nicht eingetreten wäre.[342]

bb) Zwangsgeld

Durch das **Zwangsgeld** soll psychischer Druck auf den Pflichtigen ausgeübt und dieser zu dem geschuldeten Verhalten veranlasst werden. Es kommt i.d.R. bei **unvertretbaren Handlungen** in Betracht, also solchen, die nur von dem Betroffenen persönlich vorgenommen werden können. Duldungen und Unterlassungen sind stets unvertretbar und können daher nur mittels Zwangsgeld durchgesetzt werden (§ 11 Abs. 2 VwVG). Bei vertretbaren Handlungen kann das Zwangsgeld verhängt werden, wenn die Ersatzvornahme untunlich ist (§ 11 Abs. 1 S. 2 VwVG).[343]

274

Dies gilt insbes. dann, wenn der Pflichtige außerstande ist, die Kosten der Ersatzvornahme zu tragen. Das Landesrecht kennt diese Einschränkung zumeist nicht. Hier kann nach Ermessen auch bei vertretbaren Handlungen anstelle der Ersatzvornahme ein Zwangsgeld angedroht werden.[344]

Eine spezialgesetzliche Zwangsgeldregelung findet sich z.B. in § 63 Abs. 2 u. 3 AufenthG für Fluggesellschaften bei unzulässiger Beförderung von Ausländern.[345]

Einen Sonderfall der unvertretbaren Handlung bildet die **Abgabe einer Erklärung**. Einige Länder haben hier eine dem § 894 ZPO vergleichbare Regelung getroffen, wonach eine vom Pflichtigen abzugebende Willenserklärung mit Unanfechtbarkeit der Grundverfügung als abgegeben gilt (vgl. § 28 Hbg VwVG, §§ 26, 27 SVwVG, § 24 a SächsVwVG). Fehlt eine solche Spezialregelung, lässt sich ein VA, der auf die Abgabe einer Erklärung gerichtet ist (z.B. Erteilung einer Auskunft), nur durch **Zwangsgeld** durchsetzen.[346]

275

---

340 Vgl. OVG NRW NWVBl. 2010, 186, 187; NWVBl. 2008, 398, RÜ 2008, 660; allgemein Stelkens/Seifert DVBl. 2008, 1537 ff.
341 Vgl. App JuS 1987, 455, 457; Drüen/Krumm NWVBl. 2004, 359, 364; Horn Jura 2004, 447, 451; Linke NWVBl. 2007, 451, 453; Ruffert in: Erichsen/Ehlers § 27 Rdnr. 12; Pieroth/Schlink/Kniesel POR § 20 Rdnr. 14 f.
342 Pieroth/Schlink/Kniesel § 24 Rdnr. 14; Muckel/Ogorek JuS 2010, 57, 63.
343 Dazu Horn Jura 2004, 447, 450.
344 Erichsen/Rauschenberg Jura 1998, 31, 35 m.w.N.
345 Vgl. dazu Dörig NVwZ 2006, 1337 ff.
346 Engelhardt/App VwVG Vorb § 6 Rdnr. 6; Sadler VwVG § 11 Rdnr. 3; ausführlich Linke NVwZ 2005, 535 ff.

cc) Unmittelbarer Zwang

276 **Unmittelbarer Zwang** ist die Einwirkung auf Personen oder Sachen durch körperliche Gewalt, Hilfsmittel und durch Waffen (§ 2 Abs. 1 UZwG).

- **Körperliche Gewalt** ist jede unmittelbare körperliche Einwirkung auf Personen oder Sachen (§ 2 Abs. 2 UZwG)

    Beispiele: Wegtragen von Demonstrationsteilnehmern, Eintreten einer Wohnungstür, Zwangsräumung (besonders geregelt z.B. in § 62 a VwVG NRW), ärztliche Zwangsmaßnahmen (besonders geregelt, z.B. in § 18 a Hbg SOG).

- **Hilfsmittel** der körperlichen Gewalt sind insb. Fesseln, Wasserwerfer, technische Sperren, Diensthunde, Dienstpferde und Dienstfahrzeuge (§ 2 Abs. 3 UZwG).

- **Waffen** sind die dienstlich zugelassenen Hieb- und Schußwaffen (Schlagstock, Pistole), Reizstoffe und Explosivmittel (Sprengstoff), § 2 Abs. 4 UZwG.

277 Unmittelbaren Zwang darf die Vollzugsbehörde als **ultima ratio** nur anwenden, wenn die anderen Zwangsmittel nicht in Betracht kommen, keinen Erfolg versprechen oder unzweckmäßig sind (§ 12 VwVG). Besondere Voraussetzungen bestehen für die Fesselung von Personen, den Gebrauch von Schusswaffen oder Sprengstoff (§§ 9 ff. UZwG).

b) Vollstreckungsakte

278 Das **gestreckte Vollstreckungsverfahren** (§ 6 Abs. 1 VwVG) gliedert sich in drei Abschnitte: **Androhung** (§ 13 VwVG), **Festsetzung** (§ 14 VwVG) und **Anwendung** des Zwangsmittels (§ 15 VwVG).

aa) Androhung

Androhung (§ 13 VwVG)
■ grds. **schriftlich**
– verbunden mit dem GrundVA oder
– als selbstständiger Bescheid
■ **bestimmtes Zwangsmittel**
– bei Ersatzvornahme: Kostenvoranschlag
– bei Zwangsgeld: bestimmte Höhe
■ **angemessene Frist**

279 Nach § 13 Abs. 1 S. 1 VwVG müssen Zwangsmittel **schriftlich** angedroht werden (Ausn. § 13 Abs. 1 UZwG: beim Schusswaffengebrauch genügt als Androhung die Abgabe eines Warnschusses). Die Androhung ist das **Kernstück des Verwaltungszwangs**. Durch sie soll auf den Betroffenen eingewirkt und dessen Widerstand überwunden werden, damit dieser z.B. die gebotene Handlung doch noch selbst vornimmt. **Keine Androhung** ist erforderlich beim **Sofortvollzug** (§ 6 Abs. 2 VwVG), nach dem Landesrecht zumeist auch dann, wenn die Umstände eine Androhung nicht zulassen (vereinfachte Vollstreckung).

B. Der Verwaltungszwang — 2. Abschnitt

Zum Landesrecht vgl. **Bayern:** Art. 36 BayVwZVG; **Baden-Württemberg:** § 20 LVwVG; **Berlin:** § 5 a VwVfG Bln i.V.m. § 13 VwVG; **Brandenburg:** § 23 VwVG Bbg; **Bremen:** § 17 BremVwVG; **Hessen:** § 69 Hess VwVG; **Mecklenburg-Vorpommern:** § 110 VwVfG MV i.V.m. § 87 SOG MV; **Niedersachsen:** § 70 Abs. 1 NVwVG i.V.m. § 70 Nds SOG; **Nordrhein-Westfalen:** § 63 VwVG NRW; **Rheinland-Pfalz:** § 66 LVwVG; **Saarland:** § 19 SVwVG; **Sachsen:** § 20 SächsVwVG; **Sachsen-Anhalt:** § 71 Abs. 1 VwVG LSA i.V.m. § 59 SOG LSA; **Schleswig-Holstein:** § 236 LVwG SH; **Thüringen:** § 46 ThürVwZVG. **280**

In **Hamburg** ist nach § 18 Abs. 2 Hbg VwVG anstelle einer Androhung neben der Fristsetzung der „Hinweis" erforderlich, dass die zulässigen Zwangsmittel angewendet werden können. Fristsetzung und Hinweis können mit dem VA verbunden werden. Eines Hinweises bedarf es nicht im abgekürzten Verfahren (§ 27 Hbg VwVG). Der „Hinweis" unterliegt nicht den besonderen Förmlichkeiten einer Androhung.[347]

Die Androhung muss gegenüber dem **konkret Pflichtigen** ergehen. **281**

Beispiel: Gegenüber E ist eine bauordnungsrechtliche Beseitigungsverfügung mit Zwangsgeldandrohung erlassen worden. Nach dem Tod des E will die Behörde das Zwangsgeld gegen den Erben B festsetzen.

Zwar ist anerkannt, dass die Verpflichtung aus dem GrundVA jedenfalls bei der Zustandshaftung auf den Rechtsnachfolger übergeht.[348] Dies gilt jedoch nicht für die Zwangsmittelandrohung. Aufgrund des Beugecharakters handelt es sich bei der Androhung um einen höchstpersönlichen VA, der nicht nachfolgefähig ist. Die Behörde darf erst vollstrecken, wenn sie gegenüber dem Rechtsnachfolger eine (erneute) Zwangsgeldandrohung erlassen hat.[349]

Die Androhung ist ein **selbstständiger VA**, da sie regelnd über die Art des Zwangsmittels und den Zwangsmitteleinsatz entscheidet.[350] **282**

Widerspruch und Anfechtungsklage haben gem. § 80 Abs. 2 S. 1 Nr. 3 VwGO i.V.m. Landesrecht bei Vollstreckungsmaßnahmen jedoch i.d.R. **keine aufschiebende Wirkung**.[351]

Die Androhung kann in einem selbstständigen Bescheid ergehen oder mit dem Grund-VA verbunden werden („unselbstständige Androhung"). Sie soll mit ihm verbunden werden, wenn Rechtsmittel keine aufschiebende Wirkung haben (§ 13 Abs. 2 VwVG). **283**

In diesem Fall erstreckt sich der Rechtsbehelf gegen die Androhung im Zweifel zugleich auch auf den GrundVA, soweit er nicht bereits Gegenstand eines eigenständigen Rechtsbehelfsverfahrens ist (§ 18 Abs. 1 S. 2 VwVG).

Die Androhung muss sich auf ein **bestimmtes Zwangsmittel** beziehen (§ 13 Abs. 3 VwVG). Bundesrechtlich ist daher unzulässig z.B. die gleichzeitige Androhung mehrerer Zwangsmittel oder eine Androhung, mit der sich die Behörde die Wahl zwischen mehreren Zwangsmitteln vorbehält (§ 13 Abs. 3 S. 2 VwVG). Landesrechtlich ist zum Teil die Androhung mehrerer Zwangsmittel zulässig, wenn angegeben wird, in welcher Reihenfolge sie angewendet werden sollen.[352] **284**

---

[347] OVG Hamburg, Urt. v. 07.10.2008 – 3 Bf 116/08, VRS 2009, 144.
[348] Zur Rechtsnachfolge in die Polizeipflicht vgl. AS-Skript Polizeirecht (2009), Rdnr. 211 ff.
[349] OLG Düsseldorf RdE 2010, 32, 35; OVG NRW NJW 1980, 415; Dünchheim NWVBl. 2004, 2002, 208; abweichend Horn Jura 2004, 447, 452; vgl. auch die Spezialregelung in § 17 Hmb VwVG.
[350] BVerwGE 82, 243, 246; Brühl JuS 1997, 926, 932; Schenke in: Steiner II Rdnr. 288; Erichsen/Rauschenberg Jura 1998, 31, 38; Dünchheim NWVBl. 2004, 202, 203; Horn Jura 2004, 597, 600 m.w.N.
[351] Vgl. z.B. Art. 21 a S. 1 BayVwZVG, § 12 S. 1 LVwVG BW, § 4 Abs. 1 S. 1 AGVwGO Bln, § 39 S. 1 VwVG Bbg, § 75 Abs. 1 S. 2 Hbg VwVG, § 16 S. 1 Hess AGVwGO, § 8 S. 1 AGVwGO NRW (ab 01.01.2011: § 112 S. 1 JustG NRW); § 11 S. 1 SächsVwVG, § 20 S. 1 Saarl AGVwGO, § 9 S. 1 AGVwGO LSA, § 248 Abs. 1 S. 2 LVwG SH, § 30 S. 1 ThürVwZVG.
[352] Vgl. z.B. § 20 Abs. 3 S. 2 LVwVG BW, § 23 Abs. 3 S. 2 VwVG Bbg, § 87 Abs. 4 S. 2 SOG MV, § 70 Abs. 3 S. 2 Nds SOG, § 63 Abs. 3 S. 2 VwVG NRW, § 20 Abs. 3 S. 2 SächsVwVG, § 59 Abs. 3 S. 2 SOG LSA, § 236 Abs. 4 S. 2 LVwG SH.

285 Umstritten ist, ob (insb. bei Unterlassungsgeboten) eine Androhung **„für jeden Fall der Zuwiderhandlung"** zulässig ist.[353] Nach Bundesrecht ist dies unzulässig, da nach 13 Abs. 6 S. 2 VwVG eine neue Androhung erst zulässig ist, wenn das zunächst angedrohte Zwangsmittel erfolglos bleibt. Hierdurch soll eine für den Pflichtigen unabsehbare Kummulation von Zwangsmitteln verhindert werden.[354] Landesrechtlich ist eine solche Form der Androhung bei Duldungs- und Unterlassungsverpflichtungen dagegen teilweise ausdrücklich vorgesehen.[355]

286 ▪ Bei Androhung einer **Ersatzvornahme** sind nach § 13 Abs. 4 VwVG die anfallenden Kosten vorläufig zu veranschlagen.[356]

287 ▪ Ein **Zwangsgeld** ist in bestimmter Höhe anzudrohen (§ 13 Abs. 5 VwVG); die Angabe eines Höchstbetrags genügt nicht.[357] Die Höhe des Zwangsgeldes richtet sich nach den Umständen des Einzelfalls, insbes. der Dringlichkeit und Bedeutung der Angelegenheit und des bisherigen Verhaltens des Pflichtigen.[358]

Enthält der GrundVA mehrere selbstständige Regelungen, muss bestimmt sein, **welcher Verstoß die Vollstreckung auslöst**. Wird ein einheitliches Zwangsgeld angedroht, muss erkennbar sein, ob das Zwangsgeld bereits dann verhängt wird, wenn der Betroffene gegen eine einzelne Verpflichtung verstößt, oder erst wenn keine der Verpflichtungen erfüllt wird.[359]

288 In der Androhung ist dem Pflichtigen für die Erfüllung der Verpflichtung eine **angemessene Frist** zu bestimmen (§ 13 Abs. 1 S. 2 VwVG). Eine Frist braucht nicht bestimmt zu werden, wenn eine Duldung oder Unterlassung erzwungen werden soll, denn hierfür benötigt der Betroffene keine Frist.[360]

Die Angemessenheit der Frist richtet sich nach den Umständen des Einzelfalls. Die Frist ist so zu bemessen, dass es dem Adressaten möglich und zumutbar ist, seine Verpflichtung bis zu ihrem Ablauf zu erfüllen.[361] Eine Fristsetzung auf „sofort" ist nur angemessen, wenn die sofortige Durchsetzung der Grundverfügung zur Gefahrenabwehr unabweisbar notwendig ist, z.B. Anordnung, einen gefährlichen Hund ab sofort in der Öffentlichkeit an der Leine zu führen.[362]

289 Nach § 13 Abs. 7 VwVG bzw. entsprechendem Landesrecht ist die **Androhung förmlich zuzustellen**. Dies gilt auch dann, wenn sie mit dem GrundVA verbunden ist und für diesen keine Zustellung vorgeschrieben ist.

Fehlt es an der förmlichen Zustellung der Androhung, so ist diese unwirksam und kann nicht Grundlage weiterer Vollstreckungsmaßnahmen sein. Eine Zustellung kann auch nicht durch eine öffentliche Bekanntmachung „ersetzt" werden.[363]

bb) Festsetzung

Die **Festsetzung** ist die Anordnung der Vollzugsbehörde, dass das angedrohte Zwangsmittel nunmehr angewendet werden soll.[364]

---

353 Vgl. die Darstellung bei Dünchheim NWVBl. 2004, 202, 206.
354 BVerwG DVBl. 1998, 230, 231; Brühl JuS 1997, 926, 931 m.w.N.; ebenso VGH Mannheim NVwZ-RR 2003, 238, 244 zu §§ 19, 20 LVwVG BW; App JuS 2004, 786, 790; Ruffert in Erichsen/Ehlers § 27 Rdnr. 20.
355 § 17 Abs. 6 S. 2 Brem VwVG; § 62 Abs. 3 S. 2 VwVG RP; §§ 65 Abs. 3, 70 Abs. 3 S. 2 Nds SOG; ebenso § 57 Abs. 3 S. 2 VwVG NRW, § 51 Abs. 3 S. 2 PolG NRW für die Festsetzung.
356 Vgl. dazu BVerwG NJW 1984, 2591, 2593; VGH Kassel NVwZ-RR 2004, 524.
357 OLG Düsseldorf RdE 2010, 32, 34.
358 Sadler VwVG § 11 Rdnr. 34.
359 OLG Düsseldorf RdE 2010, 32, 33; OVG NRW NVwZ-RR 2004, 246; OVG Greifswald NVwZ 1997, 1027.
360 Engelhardt/App VwVG § 13 Rdnr. 3; App JuS 2004, 786, 790; Horn Jura 2004, 597, 597; und teilweise ausdrücklich im LVwVG, vgl. z.B. § 63 Abs. 1 S. 2, 2. Halbs. VwVG NRW.
361 Engelhardt/App VwVG § 13 Rdnr. 3.
362 VGH Mannheim DVBl. 2009, 853.
363 OVG NRW NWVBl. 2008, 77.

Eine eigenständige Festsetzung ist nur im **Bundesrecht** (§ 14 VwVG) und in **einigen Ländern** vorgesehen.

Berlin: § 5 a S. 1 VwVfG Bln i.V.m. § 14 VwVG; **Brandenburg:** § 24 VwVG; **Nordrhein-Westfalen:** § 64 VwVG NRW. Die übrigen Länder kennen eine Festsetzung nur beim Zwangsgeld (durch Erlass eines Leistungsbescheides). In **Bayern** bedarf es nach Art. 31 Abs. 3 S. 2 BayVwZVG nicht einmal beim Zwangsgeld einer Festsetzung, da bereits die Androhung einen – durch fruchtlosen Fristablauf bedingter – Leistungsbescheid darstellt[365] (ähnlich § 20 Abs. 2 S. 1 SVwVG).

290

Ist die Festsetzung gesetzlich nicht vorgesehen, kann die Behörde gleichwohl **(fakultativ)** eine solche vornehmen. **Ermächtigungsgrundlage** für die Festsetzung ist dann die die Anwendung des Zwangsmittels regelnde Vorschrift. Die Festsetzung stellt ein Minus gegenüber der möglichen Anwendung dar und wird somit von der Ermächtigung zur Anwendung des Zwangsmittels mitumfasst.[366]

Die **Festsetzung entfällt** im Fall des Sofortvollzuges (§ 14 S. 2 VwVG, § 24 S. 2 VwVG Bbg, § 64 S. 2 VwVG NRW). Außerdem kann die Festsetzung ausnahmsweise **entbehrlich** sein, wenn sie eine bloße Förmelei wäre, weil der Adressat den GrundVA erkennbar nicht befolgen will.[367]

291

Bei der Festsetzung handelt es sich nicht nur um einen verwaltungsinternen Akt, sondern um einen **selbstständigen VA**. Die Regelung i.S.d. § 35 S. 1 VwVfG liegt in der Ankündigung, dass das Zwangsmittel nunmehr angewendet werden kann und vom Pflichtigen geduldet werden muss.[368] **Folge:** Ohne Bekanntgabe an den Adressaten liegt keine wirksame Festsetzung vor, sodass das gestreckte Verfahren ausscheidet und nur sofortiger Vollzug in Betracht kommt.[369]

292

Die Gegenansicht verweist darauf, dass bei der Ersatzvornahme die Entscheidung über die Beauftragung des Dritten rein verwaltungsintern erfolge. Mangels Außenwirkung liege daher kein VA vor, sodass auch keine gesonderte Bekanntgabe erforderlich sei.[370] Dagegen spricht jedoch, dass auch die Festsetzung Beugecharakter hat und deshalb auf die Rechtsstellung des Betroffenen einwirkt.

cc) Anwendung

Das Vollstreckungsverfahren endet mit der ordnungsgemäßen **Anwendung**, die insbes. verhältnismäßig sein muss (vgl. § 9 Abs. 2 VwVG). Das Zwangsmittel muss der Festsetzung gemäß angewendet werden (§ 15 Abs. 1 VwVG).

293

Die Zwangsbefugnis wird daher durch die Festsetzung begrenzt (bzw. die Androhung, soweit eine Festsetzung nicht vorgesehen ist oder nicht erfolgt). Die Anwendung darf die Festsetzung (bzw. Androhung) nicht überschreiten.[371]

---

364 Engelhardt/App VwVG § 14 Rdnr. 1; Horn Jura 2004, 597, 598.
365 Dazu BayVGH NJW 2000, 3297 f.; App JuS 2004, 786, 790.
366 OVG Koblenz DÖV 1986, 1030.
367 BVerwG NVwZ 1997, 381, 382@; Horn Jura 2004, 597, 598; kritisch Dünchheim NVwZ 1997, 350, 351.
368 BVerwG NVwZ 1997, 381, 382@; OVG Koblenz NVwZ 1994, 715; Pietzner VerwArch 1993, 261, 270; Schoch JuS 1995, 307, 311; Brühl JuS 1997, 926, 927; Horn Jura 2004, 597, 600; Schenke in: Steiner II Rdnr. 294.
369 BVerwG NVwZ 1997, 381, 382@; OVG NRW NVwZ-RR 1998, 155, 156; vgl. auch Engelhardt/App VwVG § 14 Rdnr. 1.
370 VGH Mannheim VBlBW 1996, 214, 125; VG Dresden DÖV 1994, 184; Rasch DVBl. 1980, 1017, 1022.
371 Engelhardt/App VwVG § 15 Rdnr. 2; Sadler VwVG § 15 Rdnr. 14.

294 ■ Bei der **Ersatzvornahme** wird der Dritte beauftragt und dieser führt den Auftrag aus.

Beispiel: Auf Anordnung der Behörde wird das verkehrswidrig abgestellte Fahrzeug vom Abschleppunternehmer entfernt. Die Bauaufsichtsbehörde beauftragt einen Abbruchunternehmer mit der Beseitigung des baurechtswidrig errichteten Gebäudes.

295 ■ Beim **Zwangsgeld** wird der festgesetzte Betrag beim Pflichtigen beigetrieben (dazu unten Rdnr. 345 ff.).

Ist das Zwangsgeld uneinbringlich, so kann das Verwaltungsgericht auf Antrag der Vollzugsbehörde nach Anhörung des Pflichtigen durch Beschluss **Ersatzzwangshaft** anordnen, wenn bei Androhung des Zwangsgeldes hierauf hingewiesen worden ist (§ 16 Abs. 1 S. 1 VwVG).[372] Die Ersatzzwangshaft beträgt mindestens einen Tag, höchstens zwei Wochen (§ 16 Abs. 2 VwVG).

296 ■ **Unmittelbarer Zwang** wird nach dem UZwG bzw. den Vorschriften des LVwVG ausgeübt. Besondere Vorschriften bestehen vor allem für den Gebrauch von Schusswaffen (vgl. §§ 9 ff. UZwG, §§ 15 ff. UZwGBw).

Beispiel: Einsatz körperlicher Gewalt, z.B. Wegtragen der Versammlungsteilnehmer nach Auflösung der Versammlung, ggf. durch Hilfsmittel wie Fesseln, Wasserwerfer, Diensthunde (vgl. § 2 UZwG).

Eine besondere Form des unmittelbaren Zwangs ist die **Wegnahme von Sachen**, z.B. um deren Herausgabe durchzusetzen. Teilweise finden sich hier Sonderregelungen im Landesrecht (z.B. **Baden-Württemberg:** § 28 LVwVG; **Hamburg:** § 21 VwVG; **Hessen:** § 77 VwVG; **Saarland:** § 23 SVwVG; **Thüringen:** § 52 VwZVG). Fehlt eine besondere Regelung, kommt für die Herausgabe als unvertretbare Handlung vorrangig das Zwangsgeld und äußerstenfalls unmittelbarer Zwang in Betracht.[373]

297 Die Anwendung muss vor allem **verhältnismäßig** sein. Das heißt, der Verwaltungszwang muss nach Art und Ausmaß **geeignet** sein, den Pflichtigen zu dem zu erzwingenden Verhalten zu bewegen. Er muss des Weiteren **erforderlich** sein, es darf also kein milderes Mittel bestehen, das den beabsichtigten Erfolg ebenso gut erreichen könnte (§ 9 Abs. 2 S. 2 VwVG). Vor allem muss der Zwangsmitteleinsatz in einem **angemessenen** Verhältnis zu seinem Zweck stehen (§ 9 Abs. 2 S. 1 VwVG).

Beispiele: Die Höhe des Zwangsgeldes muss in einem vertretbaren Verhältnis zur Bedeutung des Erfolges stehen. Es ist daher unverhältnismäßig, wenn die Behörde ohne sachlichen Grund ein unverhältnismäßig hohes Zwangsgeld verhängt.[374]

Das Abschleppen eines Pkw ist dagegen i.d.R. allein aufgrund des verbotswidrigen Verhaltens zulässig, auch wenn eine konkrete Gefährdung des Straßenverkehrs nicht vorliegt.[375] Unverhältnismäßig kann ein Abschleppen aber z.B. bei nur geringfügiger Überschreitung der zulässigen Parkzeit sein.[376]

298 Umstritten ist, ob die Anwendung des Zwangsmittels einen eigenen Regelungsgehalt und damit **VA-Qualität** hat.

Bedeutung hat die Frage für den Rechtsschutz. Nur soweit es sich um einen VA handelt, ist eine Anfechtungs- bzw. nach Erledigung Fortsetzungsfeststellungsklage (§ 113 Abs. 1 S. 4 VwGO) statthaft. Handelt es sich lediglich um einen Realakt, kommt nur die allgemeine Feststellungsklage (§ 43 Abs. 1, 1. Alt. VwGO) in Betracht. Für die Frage der Anhörung ist die Einordnung dagegen irrelevant. Selbst wenn ein VA bejaht wird, ist eine Anhörung vor der Zwangsanwendung nach § 28 Abs. 2 Nr. 5 VwVG entbehrlich.

---

372 Dazu OVG NRW NWVBl. 2009, 268 f.
373 Erichsen/Rautenberg Jura 1998, 31, 37; Engelhardt/App VwVG § 12 Rdnr. 3.
374 Engelhardt/App VwVG § 9 Rdnr. 3; Sadler VwVG § 9 Rdnr. 69.
375 VGH Mannheim, Urt. v. 20.01.2010 – 1 S 484/09; VGH Mannheim NVwZ-RR 2003, 558; OVG Schleswig NVwZ-RR 2003, 647; OVG Hamburg NVwZ-RR 2009, 995, 997 (zur Sicherstellung nach § 14 Abs. 1 S. 2 HmbSOG); abweichend BVerwG NJW 2002, 2122 beim Gehwegparken ohne Behinderung.
376 OVG Hamburg, Beschl. v. 27.11.2009 – 3 Bf 36/06, DVBl. 2010, 266 (nur LS); VGH Kassel NVwZ-RR 1999, 23, 26; NJW 1987, 910, 911 (mindestens 15 Minuten).

Überwiegend wird davon ausgegangen, dass es sich bei der Anwendung lediglich um einen Realakt ohne Regelungswirkung handelt.[377] Die Gegenauffassung sieht in der Zwangsanwendung eine eigenständige Konkretisierung der Belastung, welche sich aus der Pflicht zur Duldung des konkret zur Anwendung gelangenden Zwangs ergibt.[378] Diese Auffassung ist vor allem historisch begründet. Vor Inkrafttreten der VwGO wurde Verwaltungsrechtsschutz nur bei VAen gewährt. Deswegen hat die Rspr. in ein schlichtes Verwaltungshandeln einen VA hinein interpretiert, um den Rechtsweg zu eröffnen. Für eine solche extensive Handhabung des VA-Begriffs besteht seit Inkrafttreten der VwGO, die Rechtsschutz auch gegen Realakte gewährt, kein Bedürfnis mehr.[379] Die **Anwendung** des Verwaltungszwang ist daher – anders als Androhung und Festsetzung – **kein VA,** sondern schlicht hoheitliches Verwaltungshandeln.

Klageart ist daher nach richtiger Ansicht nicht die Anfechtungsklage, sondern die allgemeine Feststellungsklage (§ 43 Abs. 1, 1. Alt. VwGO). Etwas anderes gilt auf Bundesebene für den **Sofortvollzug** (§ 6 Abs. 2 VwVG), da hiergegen nach § 18 Abs. 2 VwVG die Rechtsmittel zulässig sind, die gegen VAe allgemein gegeben sind (Widerspruch, Anfechtungsklage), der Sofortvollzug also zumindest wie ein VA behandelt wird (ebenso § 46 Abs. 7 S. 3 ThürVwZVG, ähnlich Art. 38 Abs. 2 BayVwZVG für das abgekürzte Verfahren nach Art. 35 BayVwZVG).[380]

299

Aufbauschema: Die Vollstreckung von HDU-Verfügungen	
gestrecktes Verfahren	**abgekürztes Verfahren („Sofort-Vollzug")**

1. **Vollstreckungsvoraussetzungen**
- **GrundVA** auf Handlung, Duldung oder Unterlassung
  Rechtmäßigkeit irrelevant
- **Vollstreckbarkeit**
  - unanfechtbar
  - sofort vollziehbar (§ 80 Abs. 2 VwGO)
	1. **Vollstreckungsvoraussetzungen**
	- **kein GrundVA** erforderlich
	- **gegenwärtige Gefahr**
	- „Handeln innerhalb der Befugnisse" = **Rechtmäßigkeit** eines (fiktiven) **GrundVA**

2. **Vollstreckungsverfahren** - richtiges Zwangsmittel - Androhung - (ggf.) Festsetzung - ordnungsgemäße Anwendung	2. **Vollstreckungsverfahren** - richtiges Zwangsmittel - Androhung entbehrlich - Festsetzung entfällt - ordnungsgemäße Anwendung
3. **keine Vollstreckungshindernisse**	3. **keine Vollstreckungshindernisse**

---

377 Maurer § 20 Rdnr. 26; Schenke in: Steiner Rdnr. 306 f.; Ruffert in: Erichsen/Ehlers § 27 Rdnr. 18 u. 23; Brühl JuS 1997, 1021, 1023; Erichsen/Rauschenberg Jura 1998, 31, 42; Werner JA 2000, 902, 907; Muckel/Ogorek JuS 2010, 57.
378 BVerwGE 26, 161, 164@; OVG NRW NVwZ-RR 1994, 549, 550@; Götz JuS 1985, 869, 870; Rasch DVBl. 1992, 207, 210; Koenig JA-Übbl. 1993, 10, 11 m.w.N.
379 Stelkens/Bonk/Sachs VwVfG § 35 Rdnr. 93 ff.; Sodan/Ziekow VwGO § 42 Rdnr. 100; Fehling JA 1997, 482, 483.
380 OVG NRW NVwZ-RR 1994, 549, 550@; Horn Jura 2004, 597, 600; Engelhardt/App VwVG § 18 Rdnr. 7; Sadler VwVG § 18 Rdnr. 10 u. 12: kein VA, aber nachträglich wie ein VA zu behandeln; a.A.Stelkens/Bonk/Sachs VwVfG § 35 Rdnr. 93 u. 365: § 18 Abs. 2 VwVG und die entsprechenden landesrechtlichen Vorschriften sind durch § 195 Abs. 2 VwGO aufgehoben.

> **Fall 9: Umstürzende Bäume**
>
> Auf dem Grundstück des E stand unmittelbar an der Grundstücksgrenze zur öffentlichen Straße eine alte Eiche, die stark ausgehöhlt war. Nachdem ein großer abgestorbener Ast auf die Straße gefallen war, ordnete die zuständige Behörde B mit Verfügung vom 17.08. gegenüber E die Beseitigung des Baumes an. Die Verfügung wurde für sofort vollziehbar erklärt, was mit der erheblichen Gefahr für Leib und Leben der Passanten begründet wurde. Gleichzeitig wurde E die Ersatzvornahme für den Fall angedroht, dass der Baum nicht innerhalb einer Woche beseitigt werde. Die Kosten der Maßnahme wurden auf 1.500 € veranschlagt. E sieht sich außerstande, die Kosten zu tragen. Daraufhin beauftragt die Behörde nach Fristablauf die Gartenbaufirma G mit dem Fällen und dem Abtransport des Baumes, was dem E mit Bescheid vom 25.08. mitgeteilt wird. G muss feststellen, dass für das Fällen des Baumes nicht genügend Seitenraum zur Verfügung steht, ohne andere Gebäude zu beschädigen. Daher muss der Baum Stück für Stück mit Hilfe eines Kranwagens abgetragen werden. Hierdurch entstehen Kosten in Höhe von 2.500 €. Mit Bescheid vom 21.09. verlangt die Behörde nunmehr von E Erstattung des an G gezahlten Betrages. Zu Recht?

Der Leistungsbescheid findet seine **Rechtsgrundlage** in der den §§ 10, 19 VwVG entsprechenden Regelung des LVwVG (i.V.m der jeweiligen KostO).[381] Danach kann die Behörde die Ersatzvornahme **auf Kosten des Pflichtigen** vornehmen.

A. **Formelle Rechtmäßigkeit** des Leistungsbescheides

300   I. **Zuständig** für den Erlass des Leistungsbescheides ist die Vollzugsbehörde. Das ist die Behörde, die den vollzogenen GrundVA erlassen hat (vgl. § 7 VwVG), also hier die Behörde B.

301   II. Vor Erlass des Leistungsbescheides als belastenden VA muss grds. gem. § 28 Abs. 1 VwVfG eine **Anhörung** stattfinden. Die Ausnahme des § 28 Abs. 2 Nr. 5 VwVfG greift nicht ein, weil es sich beim Leistungsbescheid nicht um eine Maßnahme „in" der Verwaltungsvollstreckung, sondern nach abgeschlossener Vollstreckung handelt.[382] Sinn der Ausnahme ist die Verhinderung einer Vollstreckungsvereitelung. Diese Gefahr besteht bei Erlass des Kostenbescheides nicht mehr.

> Erfasst werden von § 28 Abs. 2 Nr. 5 VwVfG vor allem die Androhung und die Festsetzung von Zwangsmitteln.[383]

> Ein etwaiger Anhörungsmangel kann jedoch gem. § 45 Abs. 1 Nr. 3 VwVfG im Widerspruchsverfahren und gem. § 45 Abs. 2 VwVfG auch noch während des gerichtlichen Verfahrens geheilt werden.

302   III. Eine **Form** ist für den Leistungsbescheid nicht vorgeschrieben. Damit die im Leistungsbescheid geltend gemachte Forderung aber ihrerseits beigetrieben werden kann (§ 3 Abs. 2 a VwVG), muss der Leistungsbescheid **schriftlich** ergehen und muss in diesem Fall gem. § 39 Abs. 1 VwVfG begründet werden.

---

[381] Zum Landesrecht vgl. im Einzelnen AS-Skript Polizeirecht, Sicherheits- und Ordnungsrecht (2009), Rdnr. 677 ff.
[382] Müller-Franken NWVBl. 2008, 197, 200 Fn 25.
[383] Vgl. OVG Koblenz DVBl. 1999, 216@; OVG NRW OVGE 22, 307, 308.

B. **Materiell** ist der Betroffene zur Kostenerstattung nur verpflichtet, wenn die **Ersatzvornahme** ihrerseits (formell und materiell) **rechtmäßig** war.[384]

303

Die Rechtmäßigkeit der Vollstreckungsmaßnahme ist daher inzident im Rahmen der materiellen Rechtmäßigkeit des Leistungsbescheids zu prüfen! Für rechtswidrige Vollstreckungsmaßnahmen dürfen keine Kosten erhoben werden.

I. **Rechtsgrundlage** für die Ersatzvornahme sind die §§ 6, 10 VwVG.

II. **Formelle** Bedenken gegen die Ersatzvornahme bestehen nicht, insbes. hat die nach § 7 VwVG zuständige Behörde gehandelt. Von der Anhörung konnte – anders als beim Leistungsbescheid (s.o.) – bei den Vollstreckungsmaßnahmen gem. § 28 Abs. 2 Nr. 5 VwVfG abgesehen werden.

III. **Materiell** rechtmäßig ist der Verwaltungszwang, wenn die allgemeinen Vollstreckungsvoraussetzungen vorlagen, ein ordnungsgemäßes Vollstreckungsverfahren durchgeführt wurde und keine Vollstreckungshindernisse bestanden.

1. Die **Vollstreckungsvoraussetzungen** für das hier durchgeführte (gestreckte) Vollstreckungsverfahren richten sich nach § 6 Abs. 1 VwVG.[385]

304

   a) Die **Beseitigungsverfügung** vom 17.08. enthielt das Handlungsgebot, den Baum zu beseitigen.

   b) Die Verfügung war bereits vor Unanfechtbarkeit **vollstreckbar**, da die Behörde die sofortige Vollziehung (§ 80 Abs. 2 S. 1 Nr. 4 VwGO) angeordnet hatte.

   c) Während es für die **Vollstreckung** auf die Rechtmäßigkeit des GrundVA nach h.M. nicht ankommt (s.o. Rdnr. 245 ff.), wird dies für die **Kostenerstattung** unterschiedlich beurteilt.

305

   aa) Teilweise wird die Ansicht vertreten, im Rahmen der Kostenerstattung, also auf der **Sekundärebene**, sei neben der Wirksamkeit auch die Rechtmäßigkeit der Grundverfügung erforderlich. Da im Zeitpunkt der Vollstreckung die Rechtmäßigkeit des GrundVA noch nicht abschließend geklärt ist, sei die Vollstreckung zwar zunächst erlaubt. Im öffentlichen Interesse sei aber nur ein **vorübergehender Einwendungsausschluss** erforderlich. Sei der Zweck der Gefahrenabwehr erreicht, rechtfertige er nicht länger die Ausnahme vom rechtsstaatlichen Grundsatz der materiellen Gerechtigkeit. Daher müssten auf der Kostenebene GrundVA und Vollstreckung rechtlich als Einheit beurteilt werden. Zum Kostenersatz sei der Pflichtige nur bei – durchgehend – rechtmäßigem Handeln verpflichtet.[386]

306

---

[384] BVerwG NVwZ 1997, 381, 382; VGH Mannheim RÜ 2010, 258, 259; OVG Koblenz NVwZ-RR 2006, 252, 253; OVG NRW NWVBl. 2008, 398; NWVBl. 2008, 416, 417; NWVBl. 2010, 186, 187; BayVGH BayVBl. 2009, 21 f.; Engelhardt/App VwVG § 10 Rdnr. 12; Finger DVBl. 2007, 798, 799; Durner JA 2009, 476.
[385] Zum entsprechenden Landesrecht vgl. oben Rdnr. 240.
[386] VGH Mannheim VBlBW 1986, 299, 303; Enders NVwZ 2009, 958, 960; NVwZ 2000, 1232, 1237; Bausch NVwZ 2006, 158, 158 f.; Michaelis Jura 2003, 298, 303; Proppe JA 1998, 151, 161; Schoch JuS 1995, 504, 507; Heckmann VBlBW 1993, 41, 44.

Das gilt allerdings nur, wenn der GrundVA im Zeitpunkt der Vollstreckung **noch nicht bestandskräftig** war. War der VA bereits unanfechtbar, kommt es auch nach dieser Auffassung für den Kostenerstattungsanspruch nur auf die Wirksamkeit des GrundVA und nicht auf seine Rechtmäßigkeit an.[387]

307 bb) Nach der Gegenansicht setzt der Kostenerstattungsanspruch nur voraus, dass die **Ersatzvornahme rechtmäßig** ist. Irrelevant sei dagegen, ob der vorausgegangene GrundVA seinerseits rechtmäßig ist, solange er nur wirksam ist. Grundlage einer rechtmäßigen Verwaltungsvollstreckung sei allein die Wirksamkeit, nicht aber die Rechtmäßigkeit der Grundverfügung. Dies gelte auch für die Kostenerstattung.[388]

Etwas anderes gilt nur dann, wenn die Grundverfügung ex tunc ihre Wirksamkeit verliert, z.B. durch rückwirkende Aufhebung (§ 43 Abs. 2 VwVfG). Damit entfallen zugleich, und zwar rückwirkend, die Voraussetzungen für die Vollstreckung.[389]

308 cc) Für diese Auffassung spricht, das eine Ausnahme für die Sekundärebene im Gesetz keine Grundlage findet. Sie ist auch nicht erforderlich. Dem Vollstreckungsschuldner bleibt es unbenommen, durch Anfechtung des rechtswidrigen GrundVA dessen Aufhebung zu bewirken. Hat er Erfolg, entfallen rückwirkend die Vollstreckungsvoraussetzungen und der Kostenbescheid wird rechtswidrig. Solange der GrundVA aber (noch) nicht aufgehoben ist, bleibt er wirksam (§ 43 Abs. 2 VwVfG) und bildet daher nicht nur die Rechtsgrundlage für die Vollstreckung, sondern auch für die Kostenerstattung.

309 Deshalb bleibt auch nach Abschluss der Vollstreckung die Anfechtungsklage gegen den GrundVA statthaft (§ 42 Abs. 1, 1. Fall VwGO). Zwar hat sich das Handlungsgebot aus dem GrundVA (z.B. die Beseitigung eines baurechtswidrig errichteten Gebäudes) aufgrund der zwangsweisen Durchsetzung erledigt. Hierdurch wird der GrundVA indes nicht völlig gegenstandslos, weil er Grundlage für den Kostenerstattungsanspruch bleibt.[390] Die Gegenansicht nimmt Erledigung an, weil sich die Kostentragungspflicht nicht aus dem VA, sondern kraft Gesetzes aus den kostenrechtlichen Vorschriften ergebe.[391] Dagegen spricht jedoch, dass die nachträgliche Aufhebung des GrundVA den Vollstreckungsakten und damit auch dem Kostenerstattungsanspruch die Grundlage entzieht. Solange der GrundVA als Titel fortbesteht, kann daher keine Erledigung angenommen werden.

Die **Rechtmäßigkeit des GrundVA**, hier der Beseitigungsverfügung, ist daher **für den Kostenbescheid ebenfalls irrelevant**.

Weiteres Beispiel: Für den Anspruch auf Erstattung der Kosten des Abschleppens eines in einer Halteverbotszone geparkten Kraftfahrzeuges ist allein die Wirksamkeit des Verkehrszeichens maßgebend; auf dessen Rechtmäßigkeit kommt es nicht an.[392]

Damit lagen die Vollstreckungsvoraussetzungen vor.

---

387 BVerwG NJW 1984, 2591, 2592@; ebenso Schoch JuS 1995, 307, 309; Enders NVwZ 2000, 1232, 1237.
388 BVerwG RÜ 2009, 47, 48; OVG Lüneburg NdsVBl. 2009, 345, 346; OVG Schleswig NordÖR 2006, 204, 205 f.; Schenke POR Rdnr. 542; Waldhoff JuS 2009, 368 f.; Labrenz NVwZ 2010, 22, 23.
389 OVG NRW NWVBl. 2007, 26, 27 f.; NWVBl. 2003, 386, 387.
390 BVerwG RÜ 2009, 47, 48; SächsOVG SächsVBl. 2009, 165; VGH Mannheim VBlBW 2008, 305; OVG Schleswig NordÖR 2006, 204, 205 f.; OVG NRW NWVBl. 2007, 26, 27 f.; NWVBl. 2003, 386, 387; Ehlers Jura 2001, 415, 416; Schenke JZ 2003, 31; Labrenz NVwZ 2010, 22, 23.
391 BayVGH NVwZ-RR 1994, 548; VGH Mannheim NVwZ 1994, 1130, 1131; OVG Schleswig NJW 1993, 2004; Gerhardt in: Schoch VwGO § 113 Rdnr. 82; Enders NVwZ 2000, 1232, 1235; NVwZ 2009, 958, 961; Bausch NVwZ 2006, 158, 159.
392 OVG Hamburg NordÖR 2009, 156; NordÖR 2002, 469 m.w.N.

2. Ordnungsgemäßes Vollstreckungsverfahren

a) Grundlegende Voraussetzung ist, dass die Behörde das **richtige Zwangsmittel** gewählt hat. Hier ging es um die Durchsetzung des vertretbaren Gebotes, den Baum zu beseitigen. Die Ersatzvornahme war damit gem. § 10 VwVG das **richtige Zwangsmittel**. 310

b) Die nach § 13 Abs. 1 VwVG erforderliche **Androhung** ist erfolgt, insbesondere sind die anfallenden Kosten nach § 13 Abs. 4 VwVfG vorläufig veranschlagt worden. Zwar hat sich der Kostenvoranschlag aufgrund des nachträglichen Aufwandes als unrichtig erwiesen, im Rahmen der Androhung ist jedoch nur erforderlich, dass die Kosten überhaupt veranschlagt werden (vgl. auch § 13 Abs. 4 S. 2 VwVG, wonach das Recht auf Nachforderung unberührt bleibt). Eine andere Frage ist es, ob die Kostenforderung der Höhe nach gerechtfertigt ist (dazu unten Rdnr. 316). 311

> **Beachte:** Für die Rechtmäßigkeit des Verwaltungszwangs kommt es nur auf die Wirksamkeit, nicht auf die Rechtmäßigkeit der Androhung an. **Gegenbeispiel:** Fehlt in der Androhung die erforderliche Fristsetzung, ist sie nicht nur rechtswidrig, sondern gem. § 44 Abs. 1 VwVfG nichtig, weil sie als Grundlage für die nachfolgenden Vollstreckungsakte ungeeignet ist.[393]

c) Die nach § 14 S. 1 VwVG erforderliche **Festsetzung** ist mit Bescheid vom 25.08. ordnungsgemäß getroffen worden. 312

> Landesrechtlich ist die Festsetzung ohnehin zumeist nicht erforderlich (s.o. Rdnr. 290).

d) Die **Anwendung** ist entsprechend der Festsetzung erfolgt (§ 15 Abs. 1 VwVfG). Aufgrund der drohenden erheblichen Gefahr für Leib und Leben der Passanten war der Zwangseinsatz auch verhältnismäßig. Die Anwendung des Verwaltungszwangs war damit rechtmäßig, sodass sie Grundlage für den Kostenerstattungsanspruch ist. 313

> Die Pflicht zur Erstattung der Kosten setzt stets eine rechtmäßige Ersatzvornahme voraus.[394] Ist die Ersatzvornahme **rechtswidrig**, so besteht kein Erstattungsanspruch, auch nicht nach den Grundsätzen der öffentlich-rechtlichen GoA, da sonst die Vorschriften des Vollstreckungskostenrechts umgangen würden.[395]

3. **Kostenpflichtig** ist der Störer, also der Verhaltens- oder Zustandsverantwortliche.[396] Bei **mehreren Pflichtigen** hat die Behörde ein (Auswahl-) Ermessen. Nach h.M. gelten für den Kostenerstattungsanspruch dieselben Grundsätze wie auf der Primärebene, d.h. die Auswahl richtet sich nach den Grundsätzen der Verhältnismäßigkeit und Effektivität der Gefahrenabwehr. 314

> Deshalb kann bei der Bestimmung des Kostenadressaten auch die finanzielle Leistungsfähigkeit berücksichtigt werden.[397] Nach der Gegenansicht sind auf der Sekundärebene andere Maßstäbe anzulegen. Nach Durchführung der Maßnahme gehe es nur noch um eine gerechte Verteilung der Kostenlast. Daher sei es geboten, den einzelnen Störer entsprechend seinem Verursachungsanteil heranzuziehen.[398]

---

393 VGH Kassel NVwZ 1982, 514.
394 OVG NRW NVwZ-RR 2008, 437; Durner JA 2009, 476 f.
395 OVG Koblenz NVwZ 1994, 715, 716; Erichsen/Rauschenberg Jura 1998, 31, 34 m.w.N. und unten Rdnr. 598.
396 Müller-Franken NWVBl. 2008, 197, 203.
397 OVG Lüneburg NVwZ 1990, 786, 787; Werner JA 2000, 902, 909 m.w.N.

Unterschiede zwischen Primär- und Sekundärebene ergeben sich bei der Inanspruchnahme eines sog. **Anscheins- oder Verdachtsstörers**. Der nur vermeintliche Störer kann zwar im Interesse einer effektiven Gefahrenabwehr rechtmäßigerweise zur Beseitigung der Gefahr in Anspruch genommen werden.[399] Kostenpflichtig ist er jedoch nur, wenn er den Verdacht oder den Anschein der Gefahr zu verantworten hat.[400]

Als Eigentümer ist E Zustandsstörer und zur Kostentragung verpflichtet.

315 4. Die Kostenforderung muss hinsichtlich **Art und Höhe** gerechtfertigt sein. Erstattungsfähig im Rahmen einer Ersatzvornahme sind insbes. die an den Dritten zu zahlenden Beträge (vgl. § 19 VwVG i.V.m. § 344 Abs. 1 Nr. 8 AO bzw. entsprechendes Landesrecht).[401]

316 a) Der **Kostenvoranschlag** ist hierbei nicht bindend. Die Erstattungspflicht des Vollstreckungsschuldners richtet sich nach den **tatsächlich entstandenen** Kosten, auch wenn diese die veranschlagten Kosten erheblich überschreiten. Ein etwaiges Vertrauen auf Einhaltung oder jedenfalls auf nicht wesentliche Überschreitung der Kostenveranschlagung ist nicht schutzwürdig. Denn hätte der Betroffene die angeordnete Maßnahme pflichtgemäß selbst durchgeführt, hätte er, wenn die Arbeiten sich als umfangreicher als von der Behörde vorausgeschätzt herausgestellt hätten, die höheren Kosten in jedem Fall tragen müssen.[402]

317 Aus dem Vollstreckungsrechtsverhältnis ergibt sich jedoch eine (Neben-)Pflicht der Behörde, dem Ordnungspflichtigen eine voraussehbare wesentliche Kostenüberschreitung vor Durchführung der Ersatzvornahme mitzuteilen. Die schuldhafte Verletzung dieser Pflicht kann **Amtshaftungsansprüche** (Art. 34 GG, § 839 BGB) begründen.[403]

Weiteres Beispiel: Wird eine baurechtliche Beseitigungsverfügung im Wege der Ersatzvornahme vollstreckt, so gehören zu den erstattenden Kosten nicht nur die Kosten des Abbruchs, sondern auch die Kosten für eine ordnungsgemäße Entsorgung des entstehenden Abbruchmaterials.[404]

318 b) Die Kostenforderung muss im Übrigen **verhältnismäßig** sein. Dies gilt auch dann, wenn es sich – wie im Rahmen des § 19 VwVG – um einen gebundenen Anspruch handelt.[405]

Der Grundsatz der Verhältnismäßigkeit kann – je nach den Umständen des Einzelfalls die Erstattung nur eines Teils der Kosten oder in Ausnahmefällen auch den völligen Verzicht auf die Erstattung gebieten. Zu den in die behördliche Entscheidung einzubeziehenden Umständen gehören neben der individuellen Leistungsfähigkeit des Erstattungspflichtigen auch Art und Umfang des Verursachungsbeitrags des Pflichtigen.

---

[398] Schoch JuS 1995, 504, 508.
[399] Schoch in: Schmidt-Aßmann, 2. Kap. Rdnr. 92 u. 296; Finger DVBl. 2007, 798, 799 m.w.N.
[400] OVG NRW NVwZ 2001, 1314; Puttler JA 2001, 669, 676; Drüen/Krumm NWVBl. 2004, 359, 365; Müller-Franken NWVBl. 2008, 197, 203.
[401] Zum Landesrecht vgl. AS-Skript Polizeirecht (2009), Rdnr. 677 ff.
[402] BVerwG NJW 1984, 2591, 2593@; vgl. auch Mehde Jura 1998, 297, 298; Werner JA 1999, 564, 571; a.A. OVG Lüneburg DÖV 1970, 789 bei einer Überschreitung um 100 %.
[403] BVerwG NJW 1984, 2591, 2593@.
[404] SächsOVG SächsVBl. 2008, 298, 299 f.; dazu Preschel NJ (Neue Justiz) 2008, 565.
[405] BVerwG NJW 2009, 2905, 2906; OVG Hamburg NordÖR 2009, 156, 157 f.; NZV 2009, 524, 527; NZV 2008, 313, 315; OVG Hamburg, Beschl. v. 27.11.2009 – 3 Bf 36/06, DVBl. 2010, 266 (nur LS).

319 Besondere Bedeutung hat dies beim **Abschleppen** eines zunächst erlaubt abgestellten Fahrzeugs aufgrund eines nachträglich aufgestellten Halteverbotsschildes (sog. mobile Halteverbotszone). Für die Rechtmäßigkeit der Abschleppmaßnahme kommt es nur darauf an, ob das Verkehrsschild im Zeitpunkt des Einschreitens wirksam aufgestellt war (§ 45 Abs. 4 StVO). In diesem Fall wirkt es auch gegenüber demjenigen, der sein Fahrzeug zuvor abgestellt hat.[406] Allerdings ist auf der **Kostenebene** der Grundsatz der Verhältnismäßigkeit zu beachten. Danach darf der Pflichtige mit den Kosten i.d.R. nur belastet werden, wenn eine Vorlaufzeit von i.d.R. drei vollen Tagen zwischen dem Aufstellen der Schilder und dem Abschleppen verstrichen ist.[407]

5. Rechtsfolge

320 a) Sind die Voraussetzungen des Kostenerstattungsanspruchs erfüllt, so handelt es sich nach h.M. um eine **gebundene Entscheidung** (vgl. § 19 VwVG „werden erhoben").[408] Die Gegenansicht bejaht Ermessen der Behörde, da ggf. aus Billigkeitsgründen ganz oder teilweise von der Kostenerstattung abgesehen werden müsse.[409] Dagegen spricht jedoch, dass diese Fallgruppen ohnehin im Rahmen der Verhältnismäßigkeit zu prüfen sind, sodass kein Grund besteht vom eindeutigen Wortlaut der kostenrechtlichen Vorschriften abzuweichen.

321 b) Umstritten ist allerdings, ob der Erstattungsanspruch **durch VA** oder nur im Wege der Leistungsklage geltend gemacht werden darf.

aa) Eine **ausdrückliche Ermächtigungsgrundlage** zum Erlass eines Leistungsbescheides ist selten.[410]

bb) Inzident ergibt sich die VA-Befugnis daraus, dass der Kostenerstattungsanspruch zwangsweise **„beigetrieben"** werden kann.[411] Denn die Beitreibung setzt den Erlass eines Leistungsbescheides voraus.

cc) Nach h.M. kann der Erstattungsanspruch aber auch ohne derartige Regelungen durch Leistungsbescheid geltend gemacht werden, da der Anspruch aus einem **Über-/Unterordnungsverhältnis** resultiert.[412] Derartige Ansprüche können gewohnheitsrechtlich mittels VA durchgesetzt werden.

Ergebnis: Der Leistungsbescheid erweist sich damit als rechtmäßig.

---

[406] BVerwG NJW 1997, 1021, 1022; OVG Hamburg NordÖR 2009, 156, 156; NZV 2008, 313, 314.
[407] OVG Hamburg NordÖR 2009, 156, 157 f.; SächsOVG NJW 2009, 2551, 2552; BayVGH DÖV 2008, 732, 733 f.; VGH Mannheim NJW 2007, 2058.
[408] SächsOVG NJW 2009, 2551, 2552; OVG Hamburg NordÖR 2009, 156, 157; OVG NRW NWVBl. 1995, 475, 476; Proppe JA 2000, 243, 241; ebenso BVerwG NJW 2009, 2905, 2906 zum Konsulargesetz.
[409] VGH Mannheim NJW 2007, 2058, 2059; OVG Hamburg NordÖR 2004, 399, 401; Becker JA 2000, 677, 683; Michaelis Jura 2003, 298, 303; einschränkend nunmehr VGH Mannheim, Urt. v. 20.01.2010 – 1 S 484/09, juris Rdnr. 26.
[410] Vgl. z.B. § 77 Abs. 4 S. 1 VwVG NRW i.V.m. § 14 Abs. 1 GebG („festgesetzt"); § 24 Abs. 3 S. 1 Sächs VwVG; § 50 Abs. 3 S. 1 ThürVwZVG.
[411] So z.B. Art. 55 Abs. 2 S. 2 BayPAG; § 19 Abs. 2 S. 2 VwVG Bbg; § 66 Abs. 2 S. 2 Nds SOG; § 55 Abs. 2 S. 2 SOG LSA; § 53 Abs. 2 S. 2 ThürPAG.
[412] Vgl. speziell zum Vollstreckungsrecht Proppe JA 1998, 151, 160; Erichsen/Rauschenberg Jura 1998, 31, 34; Werner JA 2000, 902, 908; Horn Jura 2004, 447, 450; Finger DVBl. 2007, 798, 799 und allgemein BVerwG NJW 2009, 2905, 2906; AS-Skript Verwaltungsrecht AT 1 (2010), Rdnr. 271 ff.

3. Vollstreckungshindernisse

Liegen die Vollstreckungsvoraussetzungen vor und ist auch das Vollstreckungsverfahren ordnungsgemäß durchgeführt worden, ist die Vollstreckung nur rechtmäßig, wenn **keine Vollstreckungshindernisse** bestehen.

322 Der **Prüfungsstandort** für Vollstreckungshindernisse wird unterschiedlich gehandhabt. Teilweise werden sie als (besondere) Vollstreckungsvoraussetzungen geprüft,[413] teilweise als selbstständiger Prüfungspunkt nach dem Vollstreckungsverfahren.[414] Für letzteres spricht, dass Vollstreckungshindernisse nur dazu führen, dass das Vollstreckungsverfahren einzustellen ist (vgl. § 15 Abs. 3 VwVG), Vollstreckungshindernisse also nur zur Rechtswidrigkeit künftiger Vollstreckungsmaßnahmen führen. Sie lassen dagegen die Rechtmäßigkeit zuvor erlassener Vollstreckungsakte unberührt.

323 **Beispiel:** Gegen E ist eine bauordnungsrechtliche Beseitigungsverfügung erlassen worden. Zugleich wurde ihm ein Zwangsgeld i.H.v. 1.000 € angedroht, wenn er der Verpflichtung nicht innerhalb von sechs Wochen nachkommt. Kurz vor Fristablauf hat E das Grundstück, auf dem sich die zu beseitigende baulichen Anlage befindet, an D übereignet (§§ 873, 925 BGB).

Die Beseitigungsverfügung kann wegen ihrer Sachbezogenheit gegenüber D als Rechtsnachfolger durchgesetzt werden (s.o. Rdnr. 281). Dem ursprünglichen Eigentümer E ist dagegen die Erfüllung der Pflicht ex nunc unmöglich geworden, wenn er das Eigentum an der Sache, auf die er einwirken soll, an einen Dritten überträgt. Daher muss die Behörde das weitere Vollstreckungsverfahren gegen ihn einstellen, da der Eigentümerwechsel den weiteren Vollstreckungsakten (Festsetzung und Beitreibung des angedrohten Zwangsgelds) entgegensteht. Die Rechtsnachfolge führt jedoch nicht zur Rechtswidrigkeit der vor dem Eigentumswechsel erlassenen Androhung.[415] Allerdings muss die Behörde, will sie gegenüber Rechtsnachfolger D vollstrecken, eine neue Androhung erlassen, da die gegenüber E erfolgte Androhung aufgrund ihres höchstpersönlichen Charakters nicht nachfolgefähig ist (s.o. Rdnr. 281).

Vollstreckungshindernisse können sich insb. ergeben aus[416]

324
- einer **rechtlichen Unmöglichkeit**.[417] Unmöglich geworden ist dem Pflichtigen die Erfüllung des GrundVA bei sachbezogenen Verfügungen insbes. wenn er das Eigentum an der Sache, auf die er einwirken soll, wirksam an einen Dritten übertragen hat (s.o.). Besondere Bedeutung haben im Übrigen die Fälle, in denen der Durchführung der Maßnahme eine Mitberechtigung eines Dritten entgegensteht.

  Beispiel: Gegen Eigentümer E ergeht eine Beseitigungsverfügung, ohne dass gegenüber dem Mieter M eine Duldungsverfügung erlassen worden ist. Das Fehlen der Duldungsverfügung macht die Beseitigungsverfügung zwar nicht rechtswidrig, stellt aber ein Vollstreckungshindernis dar.[418] Eine ohne Duldungsverfügung ergehende Zwangsmittelandrohung ist dagegen rechtswidrig, da die Androhung bereits die erste Stufe des Verwaltungszwangs darstellt.[419]

---

413 So z.B. Erichsen/Rauschenberg Jura 1998, 31, 38; Schoch JuS 1995, 307, 310 FN 45.
414 Horn Jura 2004, 597, 600.
415 OLG Düsseldorf RdE 2010, 32, 34.
416 Vgl. z.B. auch die nicht abschließenden Aufzählungen in Art. 22 BayVwZVG, § 65 Abs. 3 VwVG NRW.
417 Zum subjektiven Unvermögen als Vollstreckungshindernis OVG NRW NWVBl. 2004, 389, 390.
418 HessVGH DVBl. 1996, 573, 574; OVG NRW NWVBl. 1996, 66, 68; Dünchheim NWVBl. 2004, 202, 205; AS-Skript Verwaltungsrecht AT 1 (2010), Rdnr. 399 ff.
419 OVG Koblenz BauR 2010, 609; OVG NRW OVGE 38, 90, 95; a.A. Dünchheim NWVBl. 2004, 202, 204.

Für die Rechtmäßigkeit der Androhung genügt es aber, wenn bei Erlass eines Widerspruchsbescheides eine Duldungsverfügung gegen den Dritten vorliegt (arg. e § 79 Abs. 1 Nr. 1 VwGO).[420]

Gegenbeispiel: Gegenüber E ist eine baurechtliche Beseitigungsverfügung erlassen worden. Danach hat E geheiratet und seiner Ehefrau F Mitbesitz am betroffenen Gebäude eingeräumt. – Die Duldungspflicht der F ergibt sich unmittelbar aus der (Teil-)Rechtsnachfolge in die Ordnungsverfügung. Denn der Mitbesitz der F ist von vornherein mit der Beseitigungsanordnung belastet. Die Anordnung kann daher gegen E ohne weitere Duldungsverfügung an F durchgesetzt werden.[421]

■ Des weiteren können sich Vollstreckungshindernisse aus **nachträglichen materiellen Einwänden** gegen den GrundVA (z.B. Erfüllung, Aufrechnung, Erledigung) ergeben. 325

– Nach § 15 Abs. 3 VwVG ist der Vollzug einzustellen, sobald sein **Zweck erreicht** ist, z.B. weil der Betroffene die zu erzwingende Verpflichtung erfüllt hat. Wegen des Beugecharakters der Zwangsmittel kommt es dabei nicht darauf an, ob der Pflichtige der Verfügung vor oder erst nach Ablauf der in der Androhung genannten Frist nachgekommen ist. Denn der Verwaltungszwang ist keine Strafe für säumiges Verhalten.[422] 326

Beispiel: Dem G ist die Schließung seiner illegal betriebenen Gaststätte aufgegeben worden. Zwangsgeld wurde für den Fall angedroht, dass die Gaststätte nicht bis zum 30.06. geschlossen werde. Auch wenn G die Schließung erst am 03.07. vornimmt, kann das Zwangsgeld nicht mehr verhängt werden.

– Der Zweckerreichung steht es gleich, wenn der **Zweck nicht mehr erreicht** werden kann, weil die Befolgung der aufgegebenen Verpflichtung aus rechtlichen oder tatsächlichen Gründen nicht (mehr) möglich ist.[423] 327

So ist eine Festsetzung des angedrohten Zwangsmittels unzulässig, wenn der Pflichtige die zu vollstreckende Handlung im Zeitpunkt der Festsetzung nicht mehr erbringen kann, z.B. weil der Gegenstand der Verfügung untergegangen ist.[424] Der Zweck einer Beseitigungsverfügung fällt weg, wenn der Eigentümer das Eigentum am Grundstück an einen Dritten überträgt und dadurch seine Zustandsverantwortlichkeit erlischt.[425]

Dass der Vollzug bei Zweckerreichung einzustellen ist, folgt aus der Natur der Zwangsmittel als **Beugemittel**. Sie dienen **nicht der repressiven Ahndung** von rechtswidrigem Verhalten, sondern sollen den Pflichtigen veranlassen, sich entsprechend dem GrundVA zu verhalten. 328

Ist der Zweck erreicht (z.B. weil der Pflichtige dem Handlungsgebot zwischenzeitlich nachgekommen ist) oder ist die Zweckerreichung unmöglich (z.B. weil dem Betroffenen die Erfüllung der zu erzwingenden Leistung unmöglich geworden ist), so ist die Vollstreckung einzustellen (vgl. z.B. § 15 Abs. 3 VwVG, Art. 22 BayVwZVG, § 65 Abs. 3 VwVG NRW).

Umstritten ist, ob ein angedrohtes Zwangsgeld noch festgesetzt und beigetrieben werden darf, wenn die **Gefahr einer weiteren Zuwiderhandlung** nicht (mehr) besteht. 329

---

420 HessVGH DVBl. 1996, 573, 574@; VGH Mannheim NVwZ-RR 1998, 553.
421 BayVGH NJW 1997, 961, 962.
422 Erichsen/Rauschenberg Jura 1998, 31, 36; Dünchheim NWVBl. 2004, 202, 205 m.w.N.
423 OLG Düsseldorf RdE 2010, 32, 34; Horn Jura 2004, 597, 599 m.w.N.
424 Vgl. BVerwG NVwZ 2003, 1271, 1273; Engelhardt/App VwVG § 15 Rdnr. 9 u. 10; Sadler VwVG § 15 Rdnr. 74 u. 98; App JuS 2004, 786, 791; vgl. auch § 65 Abs. 3 c) VwVG NRW.
425 BayVGH NVwZ 2002, 364 f.; App JuS 2004, 786, 791; a.A. OVG NRW NWVBl. 2003, 183.

Beispiele: Gegen den ohne Baugenehmigung bauenden K hat die Behörde eine Stilllegungsverfügung mit Androhung eines Zwangsgeldes erlassen. K stellt einen Baugenehmigungsantrag, setzt aber die Bauarbeiten gleichwohl fort. Darauf erteilt die Behörde zwar die Baugenehmigung, setzt aber gleichzeitig auch das Zwangsgeld fest.

330 Nach Erteilung der Baugenehmigung muss das Bauvorhaben nicht mehr stillgelegt werden. Deshalb wird angenommen, dass das Zwangsgeld in diesem Fall nicht mehr festgesetzt und beigetrieben werden dürfe. Denn sonst würde mit der Vollstreckung des Zwangsgeldes unzulässigerweise etwas Unmögliches verlangt werden, da es keinen entgegenstehenden Willen mehr zu beugen gibt. Das Zwangsgeld dürfe nicht als strafähnliche Sanktion für begangenes Unrecht angedroht und verhängt werden. Ein VA werde auch dann befolgt, wenn eine **Wiederholungsgefahr** nicht besteht.[426]

331 Die Gegenauffassung verweist darauf, dass die **Nichtbeachtung** eines VA dann weitgehend **risikolos** möglich wäre, vor allem, wenn die Verpflichtung innerhalb kürzester Zeit durch Fristablauf oder sonstwie gegenstandslos werde. Damit verliere die Zwangsgeldfestsetzung nahezu jeden Effekt; das Zwangsgeld übe dann nicht mehr den psychologischen Druck auf den Verpflichteten aus, der durch den Einsatz des Vollstreckungsmittels bezweckt werde. Voraussetzung für die Festsetzung sei lediglich, dass der Verstoß gegen den GrundVA nach der Androhung und während der Zeit in der das Verbot noch galt, erfolgt ist.[427]

Hierfür spricht, dass mit Rücksicht auf den Beugecharakter die Vollstreckung nur dann einzustellen ist, wenn der **Zweck erreicht** ist (§ 15 Abs. 3 VwVG). Der Zweck eines Verbotes ist aber nur erreicht, wenn es uneingeschränkt beachtet wird und keine Zuwiderhandlung erfolgt. Verstößt der Pflichtige zunächst gegen die Verfügung, kommt er ihr aber später nach, so ist der Zweck des Zwangsmittels **erst mit der Einhaltung** erreicht, zuvor ist jedoch dem Verbot zuwider gehandelt und damit „im Zeitpunkt der Zuwiderhandlung" der Erfolg des Zwangsmittels vereitelt worden. Die Androhung würde hier als Druckmittel versagen, wenn der Pflichtige die berechtigte Erwartung haben könnte, einer Zwangsgeldfestsetzung und Beitreibung nach Ablauf der Frist nicht mehr ausgesetzt zu sein. Das Zwangsgeld bleibt auch dann eine präventive Maßnahme, wenn es erst nach dem Verstoß beigetrieben wird.

Landesrechtlich ist zum Teil ausdrücklich geregelt, dass ein Zwangsgeld auch dann noch beizutreiben ist, wenn einer **Duldungs- oder Unterlassungspflicht** zuwidergehandelt worden ist, deren Erfüllung durch die Androhung erreicht werden sollte (vgl. Art. 37 Abs. 4 S. 2 BayVwZVG, § 60 Abs. 3 S. 2, 2. Halbs. VwVG NRW). Hier stellt sich das obige Problem daher nur bei Handlungspflichten.[428]

---

426 OVG Lüneburg NdsVBl. 2009, 345, 346; Sadler VwVG § 15 Rdnr. 21; Dünchheim NVwZ 1996, 117, 118 f.; ders. NWVBl. 2004, 202, 205 m.w.N.; ebenso in einem Spezialfall auch BVerwG NVwZ 2003, 1271, 1272.
427 OVG Saarland NVwZ-RR 2003, 87; OVG NRW NVwZ-RR 1997, 763; DÖV 1993, 398, 399; DVBl. 1989, 889, 890; VG Düsseldorf NWVBl. 2010, 152, 153; Engelhardt/App VwVG § 15 Rdnr. 14; Erichsen/Rauschenberg Jura 1998, 31, 36; App JuS 2004, 786, 791; offengelassen in BVerwG NVwZ 2003, 1271, 1272.
428 Vgl. zur Abgrenzung von Handlungs- und Unterlassungspflichten OVG NRW, Beschl. v. 02.06.2010 – 13 B 191/10.

Fall 10: Bestandskraft

E hat ohne Baugenehmigung im Außenbereich ein Gebäude errichtet, dessen Beseitigung ihm mit Verfügung vom 10.02. von der zuständigen Bauaufsichtsbehörde aufgegeben wurde. Gleichzeitig wurde ihm die Ersatzvornahme angedroht. Widerspruch oder Klage hat E nicht erhoben. Nach Ablauf der dem E gesetzten Frist ist für das Grundstück im Mai ein Bebauungsplan in Kraft getreten, nach dem das von E errichtete Gebäude nunmehr errichtet werden dürfte. Die Behörde ist der Auffassung, E müsse der Beseitigungsverfügung gleichwohl nachkommen, da die Verfügung bestandskräftig geworden ist. Wie ist die Rechtslage und wie kann E verhindern, dass die Behörde einen Abbruchunternehmer mit der Beseitigung des Gebäudes beauftragt?

A. **Rechtmäßigkeit des Verwaltungszwangs**

   I. Die Festsetzung bzw. Anwendung der angedrohten Ersatzvornahme ist an sich rechtmäßig, da die **Vollstreckungsvoraussetzungen** (bestandskräftiger Grund-VA) vorliegen und das **Vollstreckungsverfahren** (Androhung der Ersatzvornahme zur Durchsetzung einer vertretbaren Handlung) bislang ordnungsgemäß durchgeführt worden ist. **332**

   II. Die Vollstreckung ist gleichwohl rechtswidrig, wenn **Vollstreckungshindernisse** bestehen. Nach § 15 Abs. 3 VwVG ist der Vollzug einzustellen, sobald sein **Zweck erreicht** ist. Der Zweckerreichung steht es gleich, wenn der **Zweck nicht mehr erreicht** werden kann oder wenn der **Zweck weggefallen** ist, z.B. weil ein öffentliches Interesse an der Handlung, Duldung oder Unterlassung wegen **veränderter tatsächlicher oder rechtlicher Umstände** nicht mehr besteht.[429] Insoweit ist z.B. anerkannt, dass eine Beseitigungsverfügung wegen des Eigentumsschutzes (Art. 14 GG) nicht mehr vollzogen werden darf, wenn das Vorhaben nachträglich materiell legalisiert wird und kein Widerspruch mehr zum öffentlichen Baurecht besteht.[430] Denn der Betroffene könnte den vorhandenen Bestand nach Erteilung einer Baugenehmigung jederzeit neu errichten. Damit liegt bzgl. der weiteren Vollstreckung ein **Vollstreckungshindernis** vor. Die Festsetzung und Anwendung der Ersatzvornahme wären **rechtswidrig**. **333**

B. Umstritten ist, mit welchem **Rechtsbehelf** Vollstreckungshindernisse geltend gemacht werden können.

   I. Innerhalb der Fristen der §§ 70, 74 VwGO kann der Betroffene **Widerspruch** bzw. **Anfechtungsklage** gegen die jeweiligen Vollstreckungsakte erheben (z.B. gegen die Androhung und Festsetzung). **334**

   II. Im Übrigen kommt gem. § 167 Abs. 1 VwGO i.V.m. § 767 ZPO eine **Vollstreckungsabwehrklage** in Betracht. **335**

   1. Die Vorschrift des § 767 ZPO gilt über die Verweisung in § 167 Abs. 1 VwGO zunächst für die Abwendung der Vollstreckung aus **verwaltungsgerichtlichen Urteilen**.[431]

---

[429] Vgl. Brühl JuS 1998, 65, 66; Henneke Jura 1989, 64, 71 m.w.N.
[430] BVerwG BRS 32 Nr. 193; OVG NRW BRS 16 Nr. 68; Erichsen/Rauschenberg Jura 1998, 323, 324.

336 Die Vollstreckungsabwehrklage lässt sich hierbei auf alle Gründe stützen, die geeignet sind, den rechtskräftig zuerkannten Anspruch nachträglich zu vernichten oder in seiner Durchsetzbarkeit zu hemmen (insb. Änderungen der Sach- und Rechtslage).

Beispiel: Die Behörde ist auf die Verpflichtungsklage des B verpflichtet worden, die rechtswidrig abgelehnte Genehmigung zur Errichtung einer Windkraftanlage zu erteilen (§ 113 Abs. 5 S. 1 VwGO). Nach Rechtskraft des Urteils hat die Gemeinde durch Änderung des Flächennutzungsplans (§ 5 BauGB) die Voraussetzungen für ein sog. Windvorranggebiet geschaffen, das das Grundstück des B nicht einbezieht.

Gegenüber der Vollstreckung aus dem Verpflichtungsurteil kann die Behörde die Vollstreckungsabwehrklage darauf stützen, dass nunmehr die Sperrwirkung des § 35 Abs. 3 S. 3 BauGB eingreift.[432] Denn durch das Urteil wird nicht über das Bestehen des eingeklagten Anspruchs schlechthin entschieden, sondern nur aufgrund der Sach- und Rechtslage im Zeitpunkt der letzten mündlichen Verhandlung. Bestandsschutz genießt nur die erteilte Baugenehmigung (vgl. § 14 Abs. 3 BauGB), nicht dagegen der bloße Anspruch auf Erteilung der Baugenehmigung, selbst wenn er tituliert ist.[433] Der nachträglich in Kraft getretene Flächennutzungsplan steht daher der Erteilung der Genehmigung nunmehr entgegen. Eine Vollstreckungsabwehrklage ist deshalb begründet.[434]

Ein solcher Fall liegt hier nicht vor, da es nicht um die Vollstreckung eines Urteils, sondern eines **VA** geht. Eine unmittelbare Anwendung des § 767 ZPO scheidet daher aus.

2. Umstritten ist, ob bei VAen eine **analoge Anwendung** dieser Vorschrift möglich ist.

337 a) Teilweise wurde dies früher wegen der **Titelfunktion** des VA bejaht. Die im Gesetz geregelte **Vollstreckungsabwehrklage** gegen Urteile stimme hinsichtlich der Voraussetzungen und Interessenlage mit der ungeregelten, aber regelungsbedürftigen Vollstreckungsabwehrklage gegen VAe überein.[435]

338 b) Die heute h.M. lehnt dagegen eine Analogie ab. Ein Rückgriff auf die Rechtsbehelfe der ZPO sei unzulässig, da die **Klagearten der VwGO** gem. § 173 VwGO **vorrangig** sind. Anders als die Vollstreckung von Urteilen erfolge die Vollstreckung von VAen wiederum durch VAe (z.B. Androhung und Festsetzung), die ihrerseits angefochten werden können. Diese Ungleichheit der Ausgangslage rechtfertige es, unterschiedliche Instrumentarien zur Geltendmachung vermeintlicher Gegenrechte gegen vollziehbare VAe einerseits und Urteile andererseits zur Verfügung zu stellen.[436]

III. Soll die **weitere Vollstreckung verhindert** werden, kommen nach h.M. vielmehr folgende **Rechtsschutzmöglichkeiten** in Betracht:

---

431 Zur Vollstreckungsabwehrklage im Verwaltungsprozess vgl. Guckelberger NVwZ 2004, 662.
432 BVerwG DVBl. 2003, 201.
433 Guckelberger NVwZ 2004, 662, 666 f.
434 Vgl. BVerwG DVBl. 2003, 201, 202; NVwZ 2004, 113, 115; BauR 2007, 1709; Gaentzsch NVwZ 2008, 950 ff.
435 OVG Berlin NVwZ-RR 1989, 510; OVG NRW OVGE 23, 247, 248; Gaul JZ 1979, 496, 499 m.w.N.
436 BVerwGE 27, 141, 142 f.; VGH Mannheim NVwZ 1993, 72; OVG NRW NVwZ 1993, 74; OVG Koblenz NJW 1982, 2276, 2277; Schenke/Baumeister NVwZ 1993, 1, 9; Ehlers Jura 1998, 323, 324 f.; Sodan/Ziekow VwGO § 42 Rdnr. 82; Kopp/Schenke VwGO § 167 Rdnr. 18 m.w.N.

- Der Vollstreckungsschuldner hat seine materiellen Einwendungen zunächst bei der Behörde geltend zu machen und zwar mit dem Antrag, die Vollstreckung **durch VA** für unzulässig zu erklären. Die Befugnis, den Anspruch zu titulieren, umfasse als Minus auch die Befugnis, die Vollstreckbarkeit des selbst geschaffenen Titels durch VA zu beseitigen. Bei Urteilen werde die Unzulässigkeit der Vollstreckung durch Urteil (§ 767 ZPO) festgestellt, entsprechend müsse dies bei VAen durch VA erfolgen (jeweils durch den „Autor" des Vollstreckungstitels). Wird dieser VA von der Behörde abgelehnt, so ist – ggf. nach erfolglosem Vorverfahren – **Verpflichtungsklage** (§ 42 Abs. 1, 2. Fall VwGO) zu erheben.[437]

339

    Die Klage hat aber nur Erfolg, wenn die Einwendungen erst nach Erlass des GrundVA entstanden sind und mit förmlichen Rechtsbehelfen nicht mehr geltend gemacht werden können. Teilweise sieht das Landesrecht derartige behördliche Entscheidungen ausdrücklich vor (z.B. Art. 21 S. 1 BayVwZVG, § 16 Abs. 2 S. 1 LVwVG RhPf, § 7 Abs. 2 S. 1 VwVG NRW für die Vollstreckung aus Leistungsbescheiden).

- Der Bürger kann im Wege der **(vorbeugenden) Unterlassungs- bzw. Feststellungsklage** die Unzulässigkeit einzelner (künftiger) Vollstreckungsakte aussprechen lassen.[438]

340

    Dies gilt jedoch dann nicht, wenn das Verwaltungsvollstreckungsrecht Sonderregelungen für die Geltendmachung von Einwendungen trifft (s.o.). In diesem Fall stehen dem Betroffenen gegen behördliche Vollstreckungsmaßnahmen nur die hierfür gebotenen Möglichkeiten zur Verfügung.[439]

- Außerdem kommt eine Verpflichtungsklage auf **Wiederaufgreifen des Verwaltungsverfahrens** (§ 51 Abs. 1 Nr. 1 VwVfG) und Erlass eines neuen, den ursprünglichen VA abändernden oder aufhebenden VA in Betracht (s.o. Rdnr. 164). So hat beispielsweise der von einer Beseitigungsverfügung Betroffene einen Anspruch auf Wiederaufgreifen des Verfahrens, wenn sich vor deren Vollzug die Sach- und Rechtslage derart ändert, dass die Verfügung nicht mehr rechtmäßig ergehen könnte.[440]

341

IV. In der Lit. und teilweise auch in der Rspr. wird zudem eine **allgemeine Feststellungsklage** (§ 43 VwGO) für statthaft gehalten.

   1. Dabei wird angenommen, dass die Klage auf die Feststellung gerichtet sei, dass der im VA **titulierte Anspruch** nicht mehr bestehe.[441] Die h.M. verneint die Zulässigkeit einer solchen Feststellungsklage.[442] Denn die Vollstreckbarkeit des VA als ein von der Behörde geschaffener Titel bestehe unabhängig von dem Bestehen des materiell-rechtlichen Anspruchs. Es gehe nämlich nicht um eine Abänderung der dem Titel zugrunde liegenden Sachentscheidung (dazu dient das Wiederaufgreifen des Verfahrens nach § 51 VwVfG), sondern lediglich um die **Beseitigung der Vollstreckbarkeit** des VA.

342

---

437 Vgl. BVerwG NVwZ 1984, 168; VGH Mannheim NVwZ 1993, 72, 73; Schoch/Pietzner VwGO § 167 Rdnr. 69 u. 71 m.w.N.
438 Vgl. BVerwG NVwZ 1984, 168; Erichsen/Rauschenberg Jura 1998, 323, 325; a.A. Schenke/Baumeister NVwZ 1993, 1, 10.
439 BayVGH BayVBl. 1980, 180.
440 Vgl. BVerwG NVwZ 1993, 476, 477; Erichsen/Ebber Jura 1997, 424, 426 m.w.N.
441 OVG NRW DÖV 1976, 673, 675; Schenke BayVBl. 1976, 680, 681; Schenke/Baumeister NVwZ 1993, 1, 9; Kopp/Schenke VwGO § 167 Rdnr. 19 b.
442 OVG Koblenz NJW 1982, 2276; VG Freiburg NVwZ-RR 1989, 514; Schoch/Pietzner VwGO § 167 Rdnr. 71 m.w.N.

343 2. Zum Teil wird deshalb die **Feststellungsklage** auf die Feststellung bezogen, dass es der Behörde nicht gestattet ist, Vollstreckungsmaßnahmen zu ergreifen.[443] Da die Feststellung der Unzulässigkeit der Vollstreckung jedoch mit der Verpflichtungsklage verfolgt werden kann (s.o. Rdnr. 339), scheitert eine solche Klage an der Subsidiarität gem. § 43 Abs. 2 VwGO.[444]

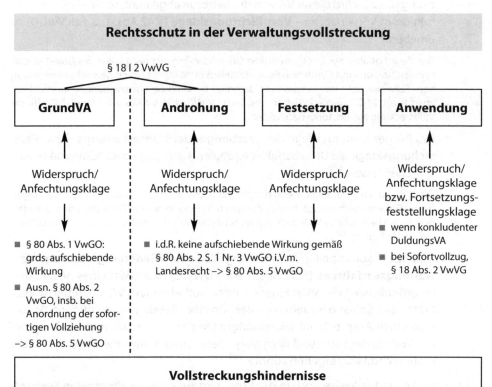

---

[443] Ehlers, JK 03 VwVG, § 6/1.
[444] Kopp/Schenke VwGO § 167 Rdnr. 19 b; Schoch/Pietzner VwGO § 167 Rdnr. 71; Erichsen/Rauschenberg Jura 1998, 323, 326.

B. Der Verwaltungszwang 2. Abschnitt

Klausurhinweise:

Der Verwaltungszwang ist typischerweise in **zwei Konstellationen** Gegenstand von Examensklausuren: 344

- Rechtmäßigkeit einer (mit dem GrundVA verbundenen) **Androhung** eines Zwangsmittels
- Rechtmäßigkeit eines **Kostenbescheides** nach durchgeführter Vollstreckung

Die folgenden Checklisten sollen zur Verdeutlichung und Zusammenfassung der dabei auftretenden Probleme dienen. Sie stellen kein zwingendes Aufbauschema dar; in der Falllösung sind nur die Punkte anzusprechen, die tatsächlich einschlägig sind.

Die Frage nach dem „richtigen" Aufbauschema ist müßig. Entscheidend sind Gesichtspunkte der Logik und der Zweckmäßigkeit. Demzufolge finden sich in der Literatur völlig unterschiedliche Aufbauempfehlungen. So werden die Voraussetzungen der Androhung gemäß § 13 VwVG teils bereits im Rahmen der formellen Rechtmäßigkeit erörtert,[445] teils als besondere Vollstreckungsvoraussetzungen in der materiellen Rechtmäßigkeit.[446]

Aufbauschema: Rechtmäßigkeit der Androhung eines Zwangsmittels

Ermächtigungsgrundlage: § 13 VwVG

I. formelle Rechtmäßigkeit

1. **Zuständigkeit**, §§ 7, 8 VwVG
2. **Verfahren**: Anhörung entbehrlich, § 28 Abs. 2 Nr. 5 VwVfG
3. **Schriftform** (§ 13 Abs. 1 S. 1 VwVG) mit Begründung (§ 39 VwVfG)

II. materielle Rechtmäßigkeit

1. **Vollstreckungsvoraussetzungen**:

    Androhung i.d.R. nur im gestreckten Verfahren, § 6 Abs. 1 VwVG

    a) GrundVA auf Handlung, Duldung oder Unterlassung

    b) Vollstreckbarkeit
    - bei Erlass der Androhung noch nicht erforderlich, arg. e. § 13 Abs. 2 VwVG
    - bei Fristablauf unanfechtbar oder sofort vollziehbar (§ 80 Abs. 2 VwGO)

    c) Rechtmäßigkeit des GrundVA irrelevant (h.M.)

2. **ordnungsgemäßes Vollstreckungsverfahren**

    a) richtiges Zwangsmittel

    b) spezielle Voraussetzungen der Androhung, § 13 VwVG

    Fristsetzung, Bestimmtheit, ggf. Veranschlagung der Kosten etc.

3. **keine Vollstreckungshindernisse**

---

445 Vgl. z.B. Brühl JuS 1997, 926, 927; Pieroth/Schlink/Kniesel § 24 Rdnr. 23 ff.
446 Müller-Franken NWVBl. 2008, 197, 200 Fn 36 u. 202; Muckel/Ogorek JuS 2010, 57, 63.

2. Abschnitt — Durchsetzung von Verwaltungsakten

Aufbauschema: Rechtmäßigkeit eines Kostenbescheides

Ermächtigungsgrundlage
- ausdrücklich selten
- arg. e. Rechtsgrundlage für „Beitreibung"
- kraft Gewohnheitsrechts bei Über-/Unterordnung (str.)

I. formelle Rechtmäßigkeit

1. Zuständigkeit, §§ 7, 8 VwVG
2. Verfahren: Anhörung grds. erforderlich, § 28 II Nr. 5 VwVfG gilt nicht
3. Schriftform (arg. e. § 3 Abs. 2 a VwVG).

II. materielle Rechtmäßigkeit

1. **Anspruch** auf Kostenerstattung, wenn Vollstreckung rechtmäßig

   a) **Vollstreckungsvoraussetzungen**

   aa) gestrecktes Verfahren, § 6 Abs. 1 VwVG

   (1) GrundVA auf Handlung, Duldung oder Unterlassung
   - Rechtmäßigkeit des GrundVA unstr. irrelevant, wenn unanfechtbar
   - str., ob auf der Sekundärebene Rechtmäßigkeit des GrundVA Voraussetzung für Kostenerstattung, wenn GrundVA im Zeitpunkt der Vollstreckung noch anfechtbar (Rechtswidrigkeitszusammenhang)

   (2) Vollstreckbarkeit
   - GrundVA unanfechtbar
   - GrundVA sofort vollziehbar (§ 80 II VwGO)

   bb) Sofort-Vollzug, § 6 Abs. 2 VwVG

   (1) gegenwärtige Gefahr

   (2) Handeln innerhalb der Befugnisse
   (= Rechtmäßigkeit eines fiktiven GrundVA)

   b) **ordnungsgemäßes Vollstreckungsverfahren**

   aa) richtiges Zwangsmittel

   bb) Androhung (§ 13 VwVG)

   cc) (ggf.) Festsetzung (§ 14 VwVG)

   dd) ordnungsgemäße Anwendung, insb. Verhältnismäßigkeit

   c) **keine Vollstreckungshindernisse**

2. **Kostenschuldner** = Pflichtiger, insb. Verhaltens- oder Zustandsstörer

3. Kostenforderung nach **Art und Höhe** gerechtfertigt

Je nach Fallfrage kann es zweckmäßig sein, zunächst die materielle Berechtigung des Erstattungsanspruchs zu prüfen und die Durchsetzung durch VA (Frage der VA-Befugnis beim Leistungsbescheid) am Ende der Prüfung anzusprechen (s.o. Fall 9).

Übersicht: Verwaltungszwang — 2. Abschnitt

VERWALTUNGSZWANG

gestrecktes Verfahren § 6 I VwVG	**Sofort-Vollzug** § 6 II VwVG

Vollstreckungsvoraussetzungen

■ **GrundVA** auf Handlung, Duldung oder Unterlassung ■ **Vollstreckbarkeit** des GrundVA – VA unanfechtbar – sofort vollziehbar gem. § 80 II VwGO ■ **Rechtmäßigkeit** des GrundVA irrelevant (str.)	■ ohne GrundVA möglich, erst recht wenn VA vorliegt ■ Handeln „innerhalb ihrer gesetzlichen Befugnisse" = **Rechtmäßigkeit eines (fiktiven) GrundVA** auf Handlung, Duldung oder Unterlassung ■ **gegenwärtige Gefahr**

Vollstreckungsverfahren

■ **richtiges Zwangsmittel**
 – Ersatzvornahme (vertretbare Handlung), § 10 VwVG
 – Zwangsgeld (i.d.R. unvertretbare Handlungen), § 11 VwVG
 – unmittelbarer Zwang (ultima ratio), § 12 VwVG i.V.m. UZwG

■ **Androhung**, § 13 VwVG
 – bestimmtes Zwangsmittel, § 13 III
 – grds. schriftlich, § 13 I 1
 – unter Fristsetzung, § 13 I 2
 – u.U. verbunden mit GrundVA, § 13 II
 – bei Ersatzvornahme:
  Kostenvoranschlag, § 13 IV
 – bei Zwangsgeld:
  bestimmte Höhe, § 13 V
	■ **Androhung** entbehrlich, § 13 I VwVG

■ **Festsetzung**, § 14 VwVG – nur im Bundesrecht und in einigen Ländern obligatorisch – selbstständiger VA (str.)	■ **Festsetzung** entfällt, § 14 S. 2 VwVG

■ ordnungsgemäße **Anwendung** des Zwangsmittels (§ 15 VwVG), insbes. Verhältnismäßigkeit (§ 9 II VwVG)
 – Geeignetheit
 – Erforderlichkeit:
  • Verwaltungszwang als solcher
  • ggf. Notwendigkeit des sofortigen Vollzuges
 – Angemessenheit

Vollstreckungshindernisse

■ rechtliche Unmöglichkeit (z.B. entgegenstehende Rechte Dritter)
■ nachträgliche materielle Einwendungen gegen den GrundVA

C. Die Vollstreckung von Geldforderungen

I. Rechtsgrundlagen

345 Muss wegen einer **öffentlich-rechtlichen Geldforderung** ein **Leistungsbescheid** vollstreckt werden (sog. **Beitreibung**), richtet sich die Vollstreckung bundesrechtlich nach §§ 1 ff. VwVG i.V.m. den Vorschriften der AO (vgl. § 5 Abs. 1 VwVG).

Die LVwVGe verweisen zum Teil ebenfalls auf die AO (**Baden-Württemberg:** § 15 Abs. 1 VwVG BW; **Berlin:** § 5 a VwVfG Bln i.Vm. § 5 Abs. 1 VwVG; **Brandenburg:** § 5 VwVG Bbg; **Bremen:** § 6 Abs. 1 Brem GVG; **Mecklenburg-Vorpommern:** § 111 VwVfG MV; **Thüringen:** § 38 ThürVwZVG). In **Bayern** verweist Art. 25 Abs. 2 BayVwZVG auf die AO, soweit es um staatliche Geldforderungen geht, während Art. 26 BayVwZVG für sonstige öffentlich-rechtliche Geldforderungen (z.B. der Gemeinden) auf die §§ 704 ff. ZPO verweist.

Teilweise enthalten die LVwVGe eine eigenständige Regelung, die sachlich weitgehend mit den Vorschriften der AO übereinstimmt (so z.B. in **Hamburg:** §§ 30–73 Hbg VwVG; **Hessen:** §§ 15–65 HessVwVG; **Niedersachsen:** §§ 1–69 NVwVG; **Nordrhein-Westfalen:** §§ 1–54 VwVG NRW; **Rheinland-Pfalz:** §§ 19–60 LVwVG; **Saarland:** §§ 29–72 SVwVG; **Sachsen:** § 1–18 Sächs VwVG; **Sachsen-Anhalt:** §§ 1–70 VwVG LSA; **Schleswig-Holstein:** §§ 262–316 LVwG).

346 Ebenso wie beim Verwaltungszwang ist die Beitreibung materiell nur rechtmäßig, wenn

- die **Vollstreckungsvoraussetzungen** vorliegen,
- das **Vollstreckungsverfahren ordnungsgemäß** durchgeführt wurde und
- **keine Vollstreckungshindernisse** vorliegen.

II. Vollstreckungsvoraussetzungen

Vollstreckungsvoraussetzungen bei der Beitreibung
■ Leistungsbescheid
■ Vollstreckbarkeit
■ grds. **Fälligkeit**
■ **Wartefrist**
■ **Mahnung** („soll")

1. Leistungsbescheid

347 Es muss ein VA vorliegen, der auf eine Geldleistung gerichtet ist (sog. **Leistungsbescheid**), § 3 Abs. 2 a) VwVG;

z.B. Steuern, Gebühren, Beiträge, Zwangsgelder, Ordnungsgelder, Kosten bei Ersatzvornahme und unmittelbarem Zwang, Erstattungsansprüche (z.B. gem. § 49 a VwVfG) etc. Umstritten ist, unter welchen Voraussetzungen die Behörde berechtigt ist, eigene Leistungsansprüche durch VA geltend zu machen (sog. **VA-Befugnis**). Nach der Rspr. ist dies kraft Gewohnheitsrechts generell der Fall, wenn der Anspruch aus einem Über-/Unterordnungsverhältnis resultiert.[447]

---

[447] Vgl. AS-Skript Verwaltungsrecht AT 1 (2010), Rdnr. 268 m.w.N.

C. Die Vollstreckung von Geldforderungen

Landesrechtlich dürfen zum Teil auch bestimmte **privatrechtliche Geldforderungen** der öffentlichen Hand im Wege der Verwaltungsvollstreckung durchgesetzt werden (vgl. z.B. § 2 Abs. 1 b) Hbg VwVG, § 66 HessVwVG, § 1 Abs. 2 VwVG NRW i.V.m. § 1 VO VwVG NRW, § 61 NVwVG, § 74 SVwVG, § 42 ThürVwZVG).

2. Vollstreckbarkeit

Die Voraussetzungen der **Vollstreckbarkeit** des Leistungsbescheides sind uneinheitlich geregelt:

- Teilweise wird im LVwVG wie bei der HDU-Verfügung ausdrücklich verlangt, dass der Leistungsbescheid **unanfechtbar** oder **sofort vollziehbar** ist. 348

    Bayern: Art. 19 BayVwZVG; **Baden-Württemberg:** § 2 VwVG BW; **Hessen:** § 2 Hess VwVG; **Niedersachsen:** § 3 Abs. 1 Nr. 1 NVwVG; **Rheinland-Pfalz:** § 2 LVwVG; **Saarland:** § 30 Abs. 1 Nr. 1 SVwVG; **Sachsen:** § 2 SächsVwVG; **Sachsen-Anhalt:** § 3 Abs. 1 Nr. 1 VwVG LSA; **Thüringen:** § 19 Thür VwZVG

- Im VwVG des Bundes und in den übrigen Landesgesetzen fehlt eine entsprechende Anordnung.

    - Zum Teil wird gleichwohl angenommen, dass die Vollstreckbarkeit auch bei GeldleistungsVAen generell von der **Bestandskraft** bzw. der **sofortigen Vollziehbarkeit** abhängt. Letzteres ist nur der Fall bei der Anforderung öffentlicher Abgaben und Kosten (§ 80 Abs. 2 S. 1 Nr. 1 VwGO) oder bei Anordnung der sofortigen Vollziehung (§ 80 Abs. 2 S. 1 Nr. 4 VwGO).[448] 349

    - Die Gegenansicht verweist zutreffend auf § 3 Abs. 2 c) VwVG bzw. die entsprechenden Regelungen im LVwVG. Wenn die Vollstreckbarkeit des Leistungsbescheides abgewartet werden müsste, wäre die dort bestimmte Wartefrist von einer Woche überflüssig. Die Pflicht des Adressaten zur Zahlung werde durch die Bekanntgabe des Leistungsbescheides begründet. Die Vollstreckung sei daher nur davon abhängig, dass ein **wirksamer Leistungsbescheid** vorliegt.[449] 350

        Dafür spricht auch die Regelung in § 5 Abs. 1 VwVG i.V.m. §§ 257 Abs. 1, 251 Abs. 1 AO (ebenso z.B. § 6 a Abs. 1 a) VwVG NRW), wonach die Vollstreckung lediglich einzustellen ist, wenn die Vollziehbarkeit des Leistungsbescheides gehemmt ist. D.h. die Vollstreckung ist zunächst rechtmäßig, sie ist aber z.B. einzustellen, wenn der Leistungsbescheid durch Einlegung eines Rechtsbehelfs gem. § 80 Abs. 1 VwGO suspendiert ist.

3. Fälligkeit des Leistungsanspruchs

Der Leistungsanspruch muss grds. **fällig** sein (§ 3 Abs. 2 b) VwVG). Allerdings kann der Leistungsbescheid auch schon vor Eintritt der Fälligkeit erlassen werden. Das folgt aus der zweiten Alternative des § 3 Abs. 2 c) VwVG (vgl. „wenn die Leistung erst danach fällig wird"). In diesem Fall muss der Leistungsbescheid den Zeitpunkt der Fälligkeit angeben, damit der Schuldner erkennen kann, wann er zahlen muss.[450] 351

---

448 Maurer § 20 Rdnr. 7; Schnellenbach JA-Übbl. (Ref) 1994, 25, 29.
449 OVG NRW DÖV 1970, 65, 66; Pietzner/Ronellenfitsch § 53 III Rdnr. 26; Sadler VwVG § 3 Rdnr. 49; Erichsen/Rauschenberg Jura 1998, 31, 33.
450 Engelhardt/App VwVG § 3 Rdnr. 6; Sadler VwVG § 3 Rdnr. 45.

4. Wartefrist

352 Vor der Vollstreckung muss eine einwöchige **Wartefrist** seit Bekanntgabe des Leistungsbescheides bzw. nach Eintritt der Fälligkeit eingehalten werden (§ 3 Abs. 2 c) VwVG), um den Schuldner Gelegenheit zu geben, die Leistung doch noch freiwillig zu erbringen und damit die Vollstreckung zu vermeiden.

5. Mahnung

353 Grds. soll der Schuldner vor Anordnung der Vollstreckung mit einer Zahlungsfrist von einer weiteren Woche **gemahnt** werden (§ 3 Abs. 3 VwVG).

> Da es sich hierbei nur um eine Soll-Vorschrift handelt, wird bei Nichtbeachtung die Wirksamkeit von Vollstreckungsmaßnahmen nicht berührt. Allerdings kann sich die Behörde dem Schuldner gegenüber schadensersatzpflichtig machen.[451] Landesrechtlich ist die Mahnung z.T. als zwingende Voraussetzung geregelt (vgl. z.B. § 2 Abs. 1 S. 1 Brem GVG, § 13 Abs. 2 Sächs VwVG).

III. Vollstreckungsverfahren

354 Das Vollstreckungsverfahren wird eingeleitet durch eine **Vollstreckungsanordnung** (§ 3 Abs. 1 VwVG). Sie beinhaltet den Auftrag der Gläubigerbehörde an die Vollstreckungsbehörde (§ 4 VwVG), die Vollstreckung durchzuführen.

Bei der Vollstreckungsanordnung handelt es sich mangels Außenwirkung nicht um einen VA, sondern lediglich um eine **verwaltungsinterne Feststellung**, gegen die es keinen Rechtsschutz gibt.[452] Unmittelbare Rechtswirkungen gegenüber dem Schuldner entfalten erst die nachfolgenden Vollstreckungsmaßnahmen.

Soweit die nachfolgenden Vollstreckungsmaßnahmen VAe sind, können sie mit Widerspruch bzw. Anfechtungsklage angefochten werden; ggf. greifen **spezielle Rechtsbehelfe** nach der AO ein (z.B. Verpflichtungsklage auf Einstellung bzw. Beschränkung der Vollstreckung gem. § 5 Abs. 1 VwVG i.V.m. § 257 AO). Einwendungen gegen die Rechtmäßigkeit des Leistungsbescheids sind außerhalb des Zwangsverfahrens mit den hierfür zugelassenen Rechtsbehelfen zu verfolgen (§ 5 Abs. 1 VwVG i.V.m. § 256 AO).

355 Im Übrigen richtet sich das Vollstreckungsverfahren gem. § 5 Abs. 1 VwVG nach den **Vorschriften der AO** bzw. landesrechtlich nach LVwVG. Zwangsmittel sind (ähnlich wie in der Vollstreckung nach der ZPO)

- die Pfändung beweglicher Sachen, Forderungen und anderer Vermögensgegenstände (vgl. §§ 281 ff. u. §§ 309 ff. AO) und

- bei Grundstücken und grundstücksgleichen Rechten die Zwangshypothek, Zwangsverwaltung und Zwangsversteigerung (§ 322 AO).

---

451 BGH VersR 1982, 898, 899.
452 OVG Greifswald, Beschl. v. 28.05.2009 – 2 M 49/09; BayVerfGH NVwZ-RR 2000, 194; Sadler VwVG § 3 Rdnr. 2; Kopp/Schenke VwGO § 167 Rdnr. 17.

C. Die Vollstreckung von Geldforderungen — 2. Abschnitt

Aufbauschema: Beitreibung von Geldforderungen

1. **Vollstreckungsvoraussetzungen**
   - **Leistungsbescheid**
   - **Vollstreckbarkeit**
     - teilweise ausdrücklich geregelt: unanfechtbar oder sofort vollziehbar
     - im Übrigen str.
       - nur bei Unanfechtbarkeit oder sofortiger Vollziehbarkeit
       - a.A.: Wirksamkeit reicht aus, ab Bekanntgabe vollstreckbar
   - grds. **Fälligkeit**
   - **Wartefrist**: eine Woche ab Bekanntgabe bzw. Fälligkeit
   - Mahnung (nur Soll-Vorschrift)
2. **Vollstreckungsverfahren**
   - Vollstreckungsanordnung (nur verwaltungsintern)
   - im Übrigen: §§ 281 ff., 309 ff., 322 AO
3. **keine Vollstreckungshindernisse**

3. Abschnitt: Der öffentlich-rechtliche Vertrag

A. Begriffsmerkmale des öffentlich-rechtlichen Vertrages

356 Die Behörde kann auf dem Gebiet des öffentlichen Rechts nicht nur einseitig durch VA handeln, sondern kann Rechtsfolgen auch durch **vertragliche Regelungen** herbeiführen. Nach § 54 VwVfG ist der öffentlich-rechtliche Vertrag ein neben dem VA stehendes, diesem grds. **gleichwertiges Handlungsmittel** der Verwaltung. Danach kann ein Rechtsverhältnis auf dem Gebiet des öffentlichen Rechts durch **Vertrag** begründet, geändert oder aufgehoben werden.

Beispiele: Vertrag zwischen dem Dienstherrn und einem Beamten über die Rückzahlung von Ausbildungskosten bei vorzeitigem Ausscheiden des Beamten aus dem Dienst; Vertrag über die Vorbereitung und Durchführung städtebaulicher Maßnahmen; Vertrag über die Gewährung einer Subvention.

357 Für den **öffentlich-rechtlichen Vertrag** sind danach folgende **Begriffsmerkmale** konstitutiv:

- **Regelung**
- auf dem Gebiet des **öffentlichen Rechts**
- **vertraglich**

I. Regelung

358 Der Begriff der Regelung deckt sich mit dem für den VA geltenden Regelungsbegriff. Es muss also die **unmittelbare Herbeiführung von Rechtsfolgen bezweckt** sein. § 54 S. 1 VwVfG nennt als Regelungsinhalte insbes. die Begründung, Änderung oder Aufhebung eines öffentlich-rechtlichen Rechtsverhältnisses.

Beispiele: Begründung von Zahlungsverpflichtungen, Gewährung eines Rechts (z.B. einer Erlaubnis oder Genehmigung), Gestaltung eines Rechts (z.B. Aufhebung einer Erlaubnis), Feststellung einer streitigen Rechtslage.

II. Auf dem Gebiet des öffentlichen Rechts

359 Die Regelung muss auf dem Gebiet des öffentlichen Rechts erfolgen. Da die Behörde sowohl öffentlich-rechtlich als auch privatrechtlich tätig werden kann, richtet sich die Abgrenzung zum privatrechtlichen Vertrag nach den allgemeinen Kriterien. Entscheidend ist hier vor allem der **Vertragsgegenstand**, ergänzend der Zweck des Vertrages.[453]

Der **Vertragsgegenstand** ist aus dem Inhalt des Vertrages zu ermitteln und als öffentlich-rechtlich zu qualifizieren, wenn er sich auf einen Sachbereich bezieht, der nach öffentlich-rechtlichen Regeln zu beurteilen ist.[454]

---

[453] GmS-OGB NJW 1986, 2359; BVerwG RÜ 2010, 351, 352; DVBl. 2002, 843; DVBl. 2000, 1853; BGH NJW 2003, 888, 889; Ruffert Jura 2003, 633, 634; Ogorek JA 2003, 436; Singer/Mielke JuS 2007, 1111, 1112; zu den verschiedenen Abgrenzungstheorien Scherzberg JuS 1992, 205, 207.

[454] GmS-OGB BGHZ 97, 312, 313 f.; BVerwG DVBl. 2000, 1853, 1854; BVerwGE 42, 331, 333; BGH DVBl. 1994, 1240; VGH Mannheim NVwZ 1993, 903, 904; Gurlit Jura 2001, 659, 661; Knack/Henneke Vor § 54 Rdnr. 28; Maurer § 14 Rdnr. 11.

A. Begriffsmerkmale des öffentlich-rechtlichen Vertrages

Beispiele: 360

- Der Vertrag dient dem Vollzug einer öffentlich-rechtlichen Vorschrift (z.B. Erschließungsvertrag nach § 124 BauGB; Sanierungsvertrag nach § 13 Abs. 4 BBodSchG).
- Durch den Vertrag werden öffentlich-rechtliche Beziehungen unmittelbar gestaltet (z.B. Ablösungsvertrag über Erschließungsbeiträge nach § 133 Abs. 3 S. 5 BauGB; städtebauliche Verträge nach § 11 BauGB; Vertrag zwischen Dienstherrn und Beamten über Studienförderung).
- Begründung eines Anspruchs auf eine Leistung, die nur kraft öffentlichen Rechts gewährt werden kann (z.B. Vertrag, kraft dessen der Bürger eine Baugenehmigung verlangen kann).
- Enger Sachzusammenhang des Vertragsinhalts und -zwecks mit öffentlich-rechtlich zu erfüllenden Aufgaben (z.B. Schuldanerkenntnis, um eine Einbürgerung zu ermöglichen).

Nicht ausreichend ist, dass überhaupt öffentliche Aufgaben erfüllt werden. Denn das ist auch in Form privatrechtlicher Verträge möglich, wie der Bereich des sog. Verwaltungsprivatrechts zeigt.[455]

Problematisch ist die Einordnung dann, wenn **nur eine** der getroffenen Regelungen das öffentliche Recht betrifft und im Übrigen eine üblicherweise privatrechtliche Regelung vorliegt. 361

Beispiel: B veräußert einen Teil seines Grundstücks an die Gemeinde (z.B. zum Zwecke des Straßenbaus), um im Gegenzug von der Gemeinde einen baurechtlichen Dispens (z.B. § 31 Abs. 2 BauGB) zu erhalten.[456] Die Stadt veräußert ein Grundstück an X und dieser übernimmt die Verpflichtung, das Grundstück innerhalb von drei Jahren zu bebauen.[457]

Teilweise wird angenommen, es handele sich um **gemischte Verträge**, die privatrechtliche und öffentlich-rechtliche Elemente verbinden. Die Rechtsnatur sei für jeden Vertragsteil gesondert zu beurteilen.[458] Nach der Gegenansicht kann durch Vertrag nur ein **einheitliches Rechtsverhältnis** begründet werden. Wenn die Leistung dem öffentlichen Recht angehöre, gelte dies auch für die Gegenleistung. Anders sei dies nur bei zusammengesetzten Verträgen, die sich in separate Vereinbarungen aufteilen ließen.[459] Überwiegend wird auf den **Schwerpunkt** der Vereinbarung abgestellt. Entscheidend sei, welcher Teil dem Vertrag das entscheidende Gepräge gibt. Wenn der Vertrag schwerpunktmäßig ein Grundstückskaufvertrag ist, der lediglich zusätzlich öffentlich-rechtliche Elemente enthält, handele es sich um einen privatrechtlichen Vertrag.[460] 362

In den obigen Beispielen ist wesentlicher Inhalt des Vertrages jeweils die Übertragung des Eigentums an einem Grundstück gegen Zahlung des vereinbarten Kaufpreises. Es handelt sich deshalb um Grundstückskaufverträge, die dem Zivilrecht zuzuordnen sind. Die Regelung zum Dispens bzw. zur Bebauung haben nur untergeordnete Bedeutung und ändern nichts daran, dass der Vertrag seinen Schwerpunkt im Zivilrecht hat. Wird allerdings mit der Veräußerung unmittelbar eine öffentliche Aufgabe verfolgt, gelten die Grundsätze des Verwaltungsprivatrechts,[461] d.h., es gilt grds. Privatrecht, aber ergänzt um öffentlich-rechtliche Bindungen, z.B. gelten die Grundrechte und der Grundsatz der Verhältnismäßigkeit.[462]

---

455 Vgl. dazu AS-Skript Verwaltungsrecht AT 1 (2010), Rdnr. 72 ff.
456 BVerwGE 41, 331, 333; Butzer/Clever Jura 1995, 325; anders OLG Schleswig NJW 2004, 1052.
457 BGH NVwZ 2004, 253, 254.
458 OVG Schleswig NVwZ-RR 2002, 793; Pietzner/Ronellenfitsch § 5 Rdnr. 11; Pieper DVBl. 2000, 160, 162; Gurlit Jura 2001, 659, 661.
459 Schoch/Ehlers VwGO § 40 Rdnr. 313 f.; Renck JuS 2000, 1001, 1003; Höfling/Krings JuS 2000, 625, 627; Stelkens/Bonk/Sachs VwVfG § 54 Rdnr. 77.
460 BGH NVwZ 2004, 253; NJW 2003, 888, 889; OLG Schleswig NJW 2004, 1052; BVerwGE 92, 56, 59.
461 AS-Skript Verwaltungsrecht AT 1 (2010), Rdnr. 72 ff.
462 Vgl. BGH RÜ 2010, 115, 116 f.

III. Vertragliche Regelung

363 Ob eine **vertragliche Regelung** vorliegt, ist im Wesentlichen eine Frage der Abgrenzung zum mitwirkungsbedürftigen VA, bei dem der Bürger lediglich die Möglichkeit hat, durch Verweigerung der Zustimmung den Erlass der Regelung zu verhindern.

> Ein **mitwirkungsbedürftiger VA** liegt vor, wenn bei seinem Erlass die Mitwirkung des Bürgers erforderlich ist, insbes. in Form eines Antrags (z.B. Beamtenernennung, Einbürgerung, Fahrerlaubnis, Baugenehmigung etc.).

364 Eine vertragliche Regelung ist anzunehmen, wenn der Bürger **rechtlich** einen **gleichberechtigten Einfluss** auf den Inhalt der Regelung nehmen kann. Unerheblich ist ebenso wie im Privatrecht der tatsächliche Einfluss.

> Daher ist z.B. eine Einigung zwischen Behörde und Bürger über die Höhe der Enteignungsentschädigung eine vertragliche Regelung, weil die Höhe gesetzlich nicht genau vorgeschrieben ist und der Bürger deshalb einen Einfluss darauf nehmen kann (vgl. § 110 BauGB). Dagegen hat der Bürger bei der Einstellung als Beamter nur die Möglichkeit, ja oder nein zu sagen. Auf den Inhalt seiner Rechte und Pflichten als Beamter hat er keinen Einfluss, weil diese gesetzlich festgelegt sind; in diesem Falle ist deshalb ein mitwirkungsbedürftiger VA gegeben.

365 Weiteres Indiz kann es sein, dass bei typischen, häufig auftretenden Interessenlagen im Zweifel durch VA entschieden wird (z.B. Zulassung zu einer öffentlichen Einrichtung). Eine **atypische** Interessenlage, bei der eine angepasste Regelung erforderlich ist, wird dagegen im Zweifel durch **Vertrag** geregelt.[463]

B. Die Arten des öffentlich-rechtlichen Vertrages

Die §§ 54 ff. VwVfG unterscheiden koordinationsrechtliche und subordinationsrechtliche Verträge.

Öffentlich-rechtliche Verträge	
koordinationsrechtlich	subordinationsrechtlich
	Vergleichsvertrag / Austauschvertrag u.a.

366 ■ **Koordinationsrechtlich** sind öffentlich-rechtliche Verträge zwischen Rechtsträgern, die prinzipiell **gleichgeordnet** sind, weil keiner dem anderen gegenüber Weisungen erteilen oder VAe erlassen darf (auch horizontaler Vertrag genannt).

> **Beispiel:** Vereinbarung zwischen zwei Gemeinden über die Unterhaltung einer über die gemeinsame Grenze verlaufenden Brücke; Vertrag zwischen Gemeinde und Kreis zur Übertragung der Abfallbeseitigungspflicht; Gebietsänderungsverträge zwischen Gemeinden.

---

463 Vgl. Höfling/Krings JuS 2000, 625, 626 m.w.N.

- Um einen **subordinationsrechtlichen** Vertrag (§ 54 S. 2 VwVfG) handelt es sich bei einer Vereinbarung zwischen Parteien, die sonst im Verhältnis der **Über-/Unterordnung** stehen, der Vertrag also an die Stelle eines VA tritt (z.B. Verträge zwischen Behörde und Bürger). 367

  Auch der **Prozessvergleich** nach § 106 VwGO ist der Sache nach ein öffentlich-rechtlicher Vertrag. Er hat jedoch eine **Doppelnatur:** Er ist materiell-rechtlicher Vertrag, zugleich aber auch Prozesshandlung.[464]

Im VwVfG geregelte **Unterfälle** des subordinationsrechtlichen Vertrages sind der Vergleichsvertrag (§ 55 VwVfG) und der Austauschvertrag (§ 56 VwVfG), ohne dass dadurch andere Vertragstypen ausgeschlossen werden. Es besteht **kein numerus clausus** verwaltungsrechtlicher Verträge. 368

Besondere Bedeutung haben neuerdings Vereinbarungen zwischen Staat und Bürger, durch die Private an der Erledigung öffentlicher Aufgaben beteiligt werden (sog. **Public Private Partnership**).[465] Um hier sachgerechte Lösungen zu ermöglichen, sollen „Kooperationsverträge" als eigenständige Vertragsart im VwVfG geregelt werden.[466]

Vom Gesetz vorausgesetzt, aber nicht näher geregelt ist die Unterscheidung zwischen Verpflichtungsverträgen und Verfügungsverträgen. Der **Verpflichtungsvertrag** begründet eine Pflicht der Beteiligten, die vereinbarte Rechtsänderung vorzunehmen (z.B. Verpflichtung der Behörde zum Erlass einer Baugenehmigung), während der **Verfügungsvertrag** die Rechtsänderung als solche bereits unmittelbar herbeiführt (z.B. Erteilung eines Dispenses im Vertrag selbst).[467] 369

Die Unterscheidung spielt eine Rolle bei der Frage, ob ein Vertrag als Handlungsform zulässig ist (dazu unten Rdnr. 373); im Übrigen ist anerkannt, dass Verpflichtungsverträge und Verfügungsverträge grds. gleich zu behandeln sind.[468]

C. Zustandekommen eines öffentlich-rechtlichen Vertrages

Anders als beim VA gibt es beim öffentlich-rechtlichen Vertrag hinsichtlich der **Rechtsfolgen** keine Unterscheidung zwischen Nichtigkeit und Rechtswidrigkeit. Werden Ansprüche aus einem bereits geschlossenen öffentlich-rechtlichen Vertrag geltend gemacht, so kommt es nur darauf an, ob der Vertrag **wirksam** oder nichtig ist. 370

I. Die Rechtmäßigkeit eines öffentlich-rechtlichen Vertrages

Die Rechtmäßigkeit des öffentlich-rechtlichen Vertrages spielt in der Praxis nur dann eine Rolle, wenn der Vertrag **noch abgeschlossen** werden soll. Da auch beim Vertrag der Grundsatz der Gesetzmäßigkeit der Verwaltung (Art. 20 Abs. 3 GG) zu beachten ist, gelten hier dieselben Rechtmäßigkeitsanforderungen wie bei sonstigem Verwaltungshandeln. 371

---

[464] BVerwG DVBl. 1994, 211, 212@; NJW 1990, 2700, 2702; NJW 1988, 662; OVG Lüneburg NVwZ 1987, 234; Höfling/Krings JuS 2000, 625, 629; Budach/Johlen JuS 2002, 371.
[465] Dazu Bonk DVBl. 2004, 141 ff.; Tettinger NWVBl. 2005, 1 ff. und das ÖPP-Beschleunigungsgesetz vom 01.09.2005 (BGBl. I S. 2676); dazu Fleckenstein DVBl. 2006, 75 ff.; Uechtritz/Otting NVwZ 2005, 1105 ff.
[466] Bonk DVBl. 2004, 141, 147 ff.; Schmitz DVBl. 2005, 17 ff.; Stelkens NWVBl. 2006, 1 ff.
[467] Zur Unterscheidung Hellriegel DVBl. 2007, 1211, 1212.
[468] Gurlit Jura 2001, 659, 662.

> **Aufbauschema: Rechtmäßigkeit eines öffentlich-rechtlichen Vertrages**
>
> ■ **Ermächtigungsgrundlage** grds. nicht erforderlich, aber ggf. Handlungsformverbote
>
> ■ **Formelle Rechtmäßigkeit**
>   – Zuständigkeit
>   – Schriftform (§ 57 VwVfG)
>   – Mitwirkung Dritter und anderer Behörden (§ 58 VwVfG)
>
> ■ **Materielle Rechtmäßigkeit**
>   – spezielle gesetzliche Erfordernisse (z.B. im Baurecht, §§ 11 ff. BauGB)
>   – für Vergleichsverträge: § 55 VwVfG
>   – für Austauschverträge: § 56 VwVfG
>   – allgemeine Rechtmäßigkeitanforderungen
>   – ggf. Ermessen

1. Ermächtigungsgrundlage

372 Eine Ermächtigungsgrundlage für die Handlungsform des Vertrages ist grds. nicht erforderlich. Es gilt nur der Grundsatz vom Vorrang des Gesetzes, nicht der Vorbehalt des Gesetzes, und zwar selbst dann nicht, wenn der Vertrag Belastungen des Bürgers zur Folge hat. Denn der Bürger geht die vertragliche Bindung freiwillig ein.[469]

Allerdings ist umstritten, ob dies auch für den **Inhalt** des Vertrages gilt. Hier wird teilweise eine gesetzliche Grundlage gefordert, wenn die Belastung über eine selbst auferlegte Bindung des Grundrechtsträgers hinausgeht.[470]

373 Jedoch enthalten einige Rechtsnormen Beschränkungen (als „entgegenstehende Vorschriften" i.S.d. § 54 S. 1 VwVfG), die es verbieten, dass eine Behörde bestimmte Fragen durch Vertrag regelt (sog. **Handlungsformverbote**).

Beispiel: Verbot der Vereinbarung einer höheren Beamtenbesoldung (§ 2 Abs. 2 BBesG) oder -versorgung (§ 3 Abs. 2 BeamtVG);[471] während andererseits bestimmte Vorschriften eine Regelung durch Vertrag ausdrücklich vorsehen (z.B. §§ 11, 110, 111 und § 124 BauGB).[472]

Derartige Handlungsformverbote sind nicht nur bei **ausdrücklicher Regelung** anzunehmen, sondern können sich auch durch **Auslegung** gesetzlicher Vorschriften nach ihrem Sinn und Zweck sowie aus dem Gesamtzusammenhang der Regelung ergeben. Ein Verwaltungsvertrag ist insbes. dann unzulässig, wenn das Gesetz abschließend ist oder nur eine Regelung durch VA vorsieht.[473]

---

469 BVerwGE 42, 331, 335; OVG Koblenz DVBl. 2003, 811, 812; Höfling/Krings JuS 2000, 625, 627; Ogorek JA 2003, 436, 438.
470 Scherzberg JuS 1992, 205, 211; Gersdorf JuS 1994, 955, 959; Bleckmann NvwZ 1990, 601, 603: soweit sich aus Grundrechten eine Schutzpflicht des Staates ergibt; Gurlit Jura 2001, 659, 664: bei wesentlichen Fragen, die dem Parlamentsvorbehalt unterliegen; ausführlich Höfling/Krings JuS 2000, 625, 630.
471 Vgl. BVerfG NVwZ 2007, 802; BVerwG DVBl. 2005, 1138; OVG Koblenz NVwZ 2006, 1318 f.
472 Vgl. VGH Mannheim DVBl. 2010, 185, 186; NVwZ-RR 2006, 90; Selmer JuS 2006, 382.

Beispiel: Im Beamtenrecht ist der Gesetzgeber für die Regelung des Beamtenverhältnisses und der sich daraus ergebenden Rechte und Pflichten allein zuständig und verantwortlich. Daher können Beamtenpflichten zwar ggf. durch VA konkretisiert werden. Im Übrigen ist die gesetzliche Regelung aber zwingend und abschließend, sodass eine Vereinbarung, durch die beamtenrechtliche Pflichten geändert oder gesetzlich nicht vorgesehene Pflichten begründet werden, grds. unzulässig ist.[474]

374

Der Bereich der Handlungsformverbote (also die Frage nach dem „Ob") wird in Rspr. und Lit. allerdings zunehmend **eingeschränkt**. Auch in problematischen Bereichen (insbes. im Abgabenrecht) ist der öffentlich-rechtliche Vertrag nicht generell ausgeschlossen; vielmehr wird darauf abgestellt, ob der konkrete Inhalt des Vertrages (das „Wie") zulässig ist.[475] Im Unterschied zum Handlungsformverbot wird dann von „Vertragsinhaltsverbot"[476] oder „Regelungsinhaltsverbot"[477] gesprochen.

2. Formelle Anforderungen an öffentlich-rechtliche Verträge

In **formeller Hinsicht** sind beim öffentlich-rechtlichen Vertrag

375

- die **Zuständigkeit** der handelnden Behörde,
- die Einhaltung der **Schriftform** (§ 57 VwVfG) sowie
- etwaige **Mitwirkungserfordernisse** (§ 58 VwVfG) zu beachten.

3. Materielle Anforderungen an öffentlich-rechtliche Verträge

Die **materiellen Anforderungen** ergeben sich in erster Linie aus den vom Vertragsgegenstand betroffenen Spezialgesetzen, ergänzend aus §§ 54 ff. VwVfG.

a) Soweit der Vertrag ein Gebiet betrifft, für das **spezielle gesetzliche Regelungen** vorhanden sind, was regelmäßig im Bereich des Besonderen Verwaltungsrechts (z.B. Beamten-, Bau- oder Immissionsschutzrecht) der Fall ist, muss der Vertrag mit diesen besonderen Vorschriften vereinbar sein (vgl. z.B. §§ 11 ff. BauGB).[478]

376

b) Für subordinationsrechtliche **Vergleichs-** und **Austauschverträge** enthalten die §§ 55, 56 VwVfG ergänzende Regelungen.

c) Im Übrigen gelten für die Rechtmäßigkeit von Verträgen im Grundsatz dieselben **allgemeinen Rechtmäßigkeitsanforderungen** wie bei Verwaltungsakten. Vor allem ist der Grundsatz der Bestimmtheit der vertraglichen Regelungen zu beachten.

d) Soweit keine gesetzlichen Vorschriften bestehen, wie z.B. im Bereich der Subventionsgewährung, oder wenn der Behörde **Ermessen** zusteht, richtet sich die Rechtmäßigkeit des Vertrages nach den Regeln über den fehlerfreien Ermessensgebrauch. Dabei sind u.a. auch die Grundrechte zu beachten. Insbesondere darf durch vertragliche Rege-

377

---

473 Maurer § 14 Rdnr. 26; Kunig DVBl. 1992, 1193, 1196; Höfling/Krings JuS 2000, 625, 628.
474 BVerwG DVBl. 1993, 558, 559@.
475 Knack/Henneke § 54 Rdnr. 17 u. 46; Stelkens/Bonk/Sachs § 54 Rdnr. 101 ff.; Maurer § 14 Rdnr. 3a ff.; Budach/Johlen JuS 2002, 371, 373; näher unten Rdnr. 415 f.
476 Stelkens/Bonk/Sachs VwVfG § 54 Rdnr. 108.
477 Knack/Henneke VwVFG § 54 Rdnr. 22.
478 Vgl. BVerwG NVwZ 1990, 665, 666.

lungen nicht der Gleichheitssatz des Art. 3 Abs. 1 GG verletzt werden. Außerdem ist der aus den Abwehrrechten folgende Verhältnismäßigkeitsgrundsatz zu beachten.[479]

Bzgl. des Grundrechtsschutzes besteht allerdings die **Besonderheit**, dass sich der Bürger auf den Vertragsinhalt **freiwillig einlässt**. Der Vertragsschluss beruht gerade auf der Betätigung seiner Vertragsfreiheit, sodass es insoweit an einem Eingriff fehlt. Im Übrigen kann der Bürger – jedenfalls in bestimmtem Umfang – über seine Grundrechte verfügen, sodass in diesem Umfang Grundrechtsbeeinträchtigungen durch sein mit dem Vertragsschluss zum Ausdruck gebrachtes Einverständnis gedeckt sind.[480] Bedeutung können die Grundrechte aber bei drittbelastenden Verträgen haben (z.B. Art. 12 GG im Hinblick auf den Konkurrentenschutz).[481]

II. Die Wirksamkeit des öffentlich-rechtlichen Vertrages

378 In der Praxis und in der Examensklausur geht es i.d.R. darum, dass Ansprüche aus einem bereits geschlossenen öffentlich-rechtlichen Vertrag geltend gemacht werden. Wie beim VA kommt es dann nicht auf die Rechtmäßigkeit des Vertrages, sondern allein auf seine Wirksamkeit an.

Aufbauschema: Wirksamkeit eines öffentlich-rechtlichen Vertrages
■ **Einigung** (§ 62 S. 2 VwVfG i.V.m. §§ 145 ff. BGB)
■ **Schriftform** (§ 57 VwVfG)
■ **Beteiligung Dritter** (§ 58 VwVfG)
■ **keine Nichtigkeitsgründe** (§ 59 VwVfG)

1. Einigung

379 Wie beim privatrechtlichen Vertrag müssen sich die Parteien gemäß § 62 S. 2 VwVfG i.V.m. §§ 145 ff. BGB geeinigt haben.

Insbes. muss der Verwaltungsträger wirksam vertreten worden sein (§ 164 BGB). Wichtig sind hierbei vor allem die Vorschriften der Gemeindeordnung über Verpflichtungsgeschäfte. Im Übrigen gelten für die Auslegung, ob und mit welchem Inhalt ein Vertrag zustande gekommen ist, die §§ 133, 157 BGB.[482]

2. Schriftform (§ 57 VwVfG)

380 Nach § 57 VwVfG unterliegt ein öffentlich-rechtlicher Vertrag der **Schriftform** bzw. einer anderweitigen gesetzlich vorgeschriebenen strengeren Form, z.B. die notarielle Beurkundung bei Grundstücksgeschäften (§ 62 S. 2 VwVfG, § 311 b BGB).[483] Schriftform bedeutet entsprechend § 126 Abs. 2 BGB grds. die Unterzeichnung einer einzigen Urkunde (Grundsatz der **Urkundeneinheit**), ein Schriftwechsel reicht nach h.Rspr. nicht aus.[484]

---

479 Vgl. Butzer/Clever Jura 1995, 325, 328 m.w.N.
480 Maurer § 14 Rdnr. 34; Höfling/Krings JuS 2000, 625, 630; a.A. Gusy DVBl. 1983, 1222, 1228.
481 Vgl. z.B. OVG NRW NVwZ 1984, 522; Gurlit Jura 2001, 731, 732.
482 BVerwG NJW 1990, 1926, 1928.
483 OVG Schleswig NJW 2008, 601; OVG Lüneburg BauR 2008, 57.

Das BVerwG hat nur bei Verwaltungsvereinbarungen zwischen den Ländern[485] und bei den Bürger einseitig verpflichtenden Verträgen auf die Urkundeneinheit verzichtet.[486] Nach der Gegenansicht soll es für die Schriftform stets genügen, wenn ein schriftliches Vertragsangebot und eine inhaltlich übereinstimmende Annahmeerklärung vorliegen und jeweils der Gegenseite zugegangen sind.[487]

3. Beteiligung Dritter oder anderer Behörden (§ 58 VwVfG)

a) Nach § 58 Abs. 1 VwVfG wird ein öffentlich-rechtlicher Vertrag, der in Rechte eines Dritten eingreift, erst wirksam, wenn der Dritte schriftlich zustimmt. **Rechte Dritter** können sich aus einfach-gesetzlichen Vorschriften (z.B. nachbarschützenden Normen im Baurecht) oder aus Grundrechten ergeben.

381

b) Nach § 58 Abs. 2 VwVfG wird ein öffentlich-rechtlicher Vertrag, der anstatt eines VA geschlossen wird, bei dessen Erlass nach einer Rechtsvorschrift die Genehmigung, die Zustimmung oder das Einvernehmen einer **anderen Behörde** erforderlich ist, erst wirksam, wenn die andere Behörde in der vorgeschriebenen Form mitgewirkt hat. Der wichtigste Fall ist die Mitwirkung in den Fällen des Einvernehmens.

382

Beispiel: Die Baugenehmigungsbehörde schließt mit E einen öffentlich-rechtlichen Vertrag, wonach dem E die Baugenehmigung für ein Außenbereichsvorhaben (§ 35 BauGB) erteilt wird, wenn E die an dem Grundstück vorbeiführende Straße ausbaut. Da für die Baugenehmigung nach § 36 BauGB das Einvernehmen der Gemeinde erforderlich ist, wird der Vertrag nach § 58 Abs. 2 VwVfG erst wirksam, wenn die Gemeinde in der vorgeschriebenen Form mitgewirkt hat.

c) Nach seinem Wortlaut gilt § 58 VwVfG nur für sog. Verfügungsverträge, bei denen der Vertrag unmittelbar in die Rechte eines Dritten eingreift (z.B. Erteilung eines Dispenses von nachbarschützenden Vorschriften unmittelbar durch den Vertrag). Die Vorschrift gilt aber **entsprechend für Verpflichtungsverträge** (z.B. Verpflichtung zur Erteilung einer Baugenehmigung), da nicht erst die Erfüllungshandlung einen Eingriff bewirkt, sondern schon die Verpflichtung zu einer solchen.[488]

383

Beachte: Nicht unter § 58 Abs. 2 VwVfG fällt das Notifizierungsverfahren nach Art. 108 Abs. 3 AEUV bei Subventionen, da die EU-Kommission nicht als Behörde i.S.d. VwVfG zu qualifizieren ist.[489] Hier ist der unter Verstoß gegen das EU-Recht geschlossene Vertrag vielmehr nach § 59 Abs. 1 VwVfG i.V.m. § 134 BGB nichtig (s.u. Rdnr. 414).

4. Nichtigkeitsgründe (§ 59 VwVfG)

Damit ein öffentlich-rechtlicher Vertrag wirksam ist, dürfen schließlich **keine Nichtigkeitsgründe** (§ 59 VwVfG) vorliegen.

a) Da auch das vertragliche Verwaltungshandeln zur öffentlich-rechtlichen Verwaltungstätigkeit zählt, gilt im Grundsatz hinsichtlich der inhaltlichen Anforderungen an einen öffentlich-rechtlichen Vertrag nicht das privatrechtliche Prinzip der Vertragsfrei-

384

---

484 OVG Lüneburg NJW 2008, 2520; NJW 1998, 2921; OVG Hamburg DVBl. 2008, 1202; Ogorek JA 2003, 436, 437 m.w.N.
485 BVerwG NVwZ 2005, 1083.
486 BVerwG NJW 1996, 608, 610; DVBl. 1995, 675, 676@.
487 Kopp/Ramsauer VwVfG § 57 Rdnr. 10; Stelkens/Bonk/Sachs VwVfG § 57 Rdnr. 20.
488 BVerwG NJW 1988, 662, 663; OVG NRW NVwZ 1988, 370, 371; Erichsen Jura 1994, 47, 48; Gurlit Jura 2001, 731, 731 f.; Ogorek JA 2003, 436, 437; a.A. Hellriegel DVBl. 2007, 1211, 1213, da der Dritte die Möglichkeit habe, den ihn belastenden VA als Erfüllungsakt auch bei Wirksamkeit des (Verpflichtungs-)Vertrages anzufechten.
489 Haas/Hoffmann JA 2009, 119, 123; Oldiges NVwZ 2001, 626, 635; Maurer § 14 Rdnr. 43 a; a.A. Schneider NJW 1992, 1197, 1199.

heit, sondern der in Art. 20 Abs. 3 GG niedergelegte Grundsatz der **Gesetzmäßigkeit der Verwaltung**.[490]

In diesem Rahmen besteht allerdings für die Verwaltung bei vertraglichem Handeln insoweit ein größerer Handlungsspielraum, als öffentlich-rechtliche Verträge nur dem Prinzip vom Vorrang des Gesetzes unterliegen, nicht hingegen auch dem Prinzip vom Vorbehalt des Gesetzes, und zwar selbst dann nicht, wenn der Vertrag Belastungen des Bürgers zur Folge hat.[491]

385 Die **Gesetzesbindung** der Verwaltung spricht dafür, bei Rechtswidrigkeit auch Unwirksamkeit anzunehmen, weil andernfalls Behörde und Bürger zu einem Verhalten verpflichtet würden, das letztlich dem Gesetz widerspricht. Das **Prinzip der Vertragsverbindlichkeit** (pacta sunt servanda) spricht hingegen dafür, Verträge auch dann als wirksam anzusehen, wenn sie mit dem Gesetz nicht im Einklang stehen und deshalb nicht hätten abgeschlossen werden dürfen. Der Gesetzgeber hat in § 59 VwVfG grds. dem Prinzip der Vertragsverbindlichkeit den Vorrang eingeräumt:

- **Nichtig** ist ein öffentlich-rechtlicher Vertrag nur bei Vorliegen einer der dort aufgeführten Nichtigkeitsgründe;

- im Übrigen ist der Vertrag zwar **rechtswidrig**, was jedoch die **Wirksamkeit** des Vertrages und die sich daraus ergebenden Ansprüche unberührt lässt.

386 Der Gesetzgeber nimmt damit bestimmte Gesetzesverstöße sanktionslos hin mit der Folge, dass es **rechtswidrige, aber gleichwohl wirksame öffentlich-rechtliche Verträge** gibt.[492]

Beispiel: X und die Stadt S haben einen öffentlich-rechtlichen Vertrag geschlossen, in dem sich X verpflichtet, einen Grundstücksteil an S zum Zwecke des Straßenbaus zu übertragen, und im Gegenzug die Stadt S, dem X eine Baugenehmigung für ein bauplanungsrechtlich unzulässiges Vorhaben zu erteilen. Wird die (an sich rechtswidrige) Baugenehmigung erteilt, so ist sie als Erfüllungshandlung des wirksamen (wenn auch rechtswidrigen) Vertrages rechtmäßig.[493]

387 Diese Regelung der nur **eingeschränkten Nichtigkeit** öffentlich-rechtlicher Verträge hat in der Lit. erhebliche Kritik und vor allem auch verfassungsrechtliche Bedenken im Hinblick auf die Gesetzmäßigkeit der Verwaltung (Art. 20 Abs. 3 GG) und die Rechtsschutzgarantie des Art. 19 Abs. 4 GG hervorgerufen.[494] Die verfassungsrechtlichen Bedenken lassen sich aber dadurch ausräumen, dass § 59 Abs. 1 VwVfG i.V.m. § 134 BGB so auszulegen und anzuwenden ist, dass **alle schwerwiegenden Verstöße** zur Nichtigkeit führen.[495] Für die verbleibenden Fälle ist auf die Parallele zum VA zu verweisen, wo rechtswidrige VAe auch nicht generell zur Aufhebung gelangen und, soweit sie begünstigend sind, nach § 48 Abs. 2 VwVfG sogar zum Teil gar nicht aufgehoben werden dürfen.[496]

---

490 Vgl. Maurer § 14 Rdnr. 25; Gurlit in: Erichsen/Ehlers § 32 Rdnr. 4.
491 Vgl. Kopp/Ramsauer VwVfG § 54 Rdnr. 44; Höfling/Krings JuS 2000, 625, 630; Ogorek JA 2003, 436, 438 m.w.N.; abweichend Gurlit in: Erichsen/Ehlers § 32 Rdnr. 8.
492 Vgl. BVerwG NJW 1990, 2700, 2702; DVBl. 1992, 372, 373 m.w.N.
493 Scherzberg JuS 1992, 205, 214.
494 Götz NJW 1976, 1429; Blankenagel VerwArch 1984, 276, 278; Bleckmann VerwArch 1981, 437; Maurer § 14 Rdnr. 47 ff.; JuS 1976, 485, 495; allgemein Lecheler BayVBl. 1992, 545 ff.
495 Maurer § 14 Rdnr. 51, wonach die Nichtigkeitsgründe des § 59 VwVfG verfassungskonform so weit ausgelegt werden müssen, dass sie alle wesentlichen Rechtsverletzungen erfassen und die Wirksamkeit rechtswidriger Verträge auf mehr nebensächliche Rechtsverstöße beschränkt bleibt (s.u. Rdnr. 410 ff.).
496 Vgl. auch Knack/Henneke § 59 Rdnr. 3 ff.; Stelkens/Bonk/Sachs § 59 Rdnr. 8; Gurlit Jura 2001, 731, 735 m.w.N.; zu Reformüberlegungen zur Lockerung der Nichtigkeitsfolge vgl. Schmitz DVBl. 2005, 17, 23.

b) § 59 Abs. 2 VwVfG regelt die **speziellen Nichtigkeitsgründe** für **subordinationsrechtliche** Verträge i.S.d. § 54 S. 2 VwVfG.

388

*Die Nichtigkeitsgründe des § 59 Abs. 2 VwVfG sind als **lex specialis** vor den allgemeinen Nichtigkeitsgründen gem. § 59 Abs. 1 VwVfG zu prüfen,[497] schließen diese jedoch nicht aus. Vielmehr ist beim subordinationsrechtlichen Vertrag zusätzlich auch § 59 Abs. 1 VwVfG anwendbar (vgl. „ferner").[498]*

Ein **subordinationsrechtlicher Vertrag** liegt vor, wenn die Behörde mit einem Bürger einen öffentlich-rechtlichen Vertrag schließt, an den sie sonst einen VA richten würde. Die Formulierung „an den sie sonst den VA richten würde" in § 54 S. 2 VwVfG ist nach allgemeiner Auffassung ungenau. Es kommt nicht darauf an, dass die Behörde gerade den Vertragsinhalt durch VA hätte regeln können; entscheidend ist vielmehr, ob innerhalb der betroffenen **Rechtsbeziehung** grds. der Erlass von VAen möglich ist.[499] Das ist immer der Fall, wenn ein **Über-/Unterordnungsverhältnis** besteht. Daher sind Verträge zwischen Staat und Bürger i.d.R.,[500] nach teilweiser Ansicht sogar immer nach § 54 S. 2 VwVfG zu beurteilen.[501]

389

Nichtigkeit nach § 59 Abs. 2 VwVfG

- **Nr. 1:** Nichtigkeit eines inhaltsgleichen VA
- **Nr. 2:** Materielle Rechtswidrigkeit eines inhaltsgleichen VA und Kenntnis der Vertragsparteien
- **Nr. 3:** Voraussetzungen für Vergleichsvertrag (§ 55 VwVfG) nicht erfüllt und VA mit entsprechendem Inhalt rechtswidrig
- **Nr. 4:** unzulässige Gegenleistung des Bürgers beim Austauschvertrag (§ 56 VwVfG)

- Nach § 59 Abs. 2 **Nr. 1** VwVfG ist ein ör Vertrag nichtig, wenn ein **VA** mit entsprechendem Inhalt **nichtig** wäre (§ 44 VwVfG).

390

    Dies gilt z.B. bei tatsächlicher Unmöglichkeit (§ 44 Abs. 2 Nr. 4 VwVfG) oder bei Sittenwidrigkeit (§ 44 Abs. 2 Nr. 6 VwVfG) oder bei schwerer Fehlerhaftigkeit der Vereinbarung (§ 44 Abs. 1 VwVfG).

- Nach § 59 Abs. 2 **Nr. 2** VwVfG ist ein ör Vertrag nichtig, wenn ein **VA** mit entsprechendem Inhalt nicht nur wegen eines Verfahrens- oder Formfehlers i.S.d. § 46 VwVfG **rechtswidrig** wäre und dies den Vertragschließenden **bekannt** war.

391

    Hierdurch soll der Gesetzesvorrang in den Fällen gesichert werden, in denen die Vertragschließenden in bewusstem und gewolltem Zusammenwirken (Kollusion) einen rechtswidrigen Zustand herbeiführen wollen.

- Nach § 59 Abs. 2 **Nr. 3** VwVfG ist ein **Vergleichsvertrag** nichtig, wenn dessen Voraussetzungen nach § 55 VwVfG nicht vorlagen und ein VA mit entsprechendem Inhalt rechtswidrig wäre.

392

---

497 Gurlit in: Erichsen/Ehlers § 32 Rdnr. 20; Stelkens/Bonk/Sachs § 59 Rdnr. 42; anders OVG Koblenz DVBl. 2003, 811, 812.
498 Knack/Henneke § 59 Rdnr. 17; Kopp/Ramsauer VwVfG § 59 Rdnr. 18.
499 BVerwG DVBl. 2000, 1853, 1854; OVG Koblenz DVBl. 2003, 811, 812; Gurlit Jura 2001, 659, 662; Ruffert Jura 2003, 633, 635; Kopp/Ramsauer VwVfG § 54 Rdnr. 48 m.w.N.
500 Kopp/Ramsauer VwVfG § 54 Rdnr. 49; Knack/Henneke VwVfG § 54 Rdrn. 52.
501 Stelkens/Bonk/Sachs § 54 Rdnr. 61.

Nichtigkeit kommt daher in Betracht, wenn überhaupt keine Vergleichslage (Ungewissheit) gegeben war oder kein gegenseitiges Nachgeben erfolgte. Da die Voraussetzungen für einen Vergleichsvertrag nach § 55 VwVfG aber sehr weit gefasst sind, wird Nichtigkeit nur selten vorliegen.[502] Ob **Ermessensfehler** beim Abschluss eines Vergleichsvertrages zur Nichtigkeit führen, ist umstritten. Dagegen spricht, dass das Ermessen zur Rechtsfolgenseite gehört und nicht zu den „Voraussetzungen" i.S.d. § 59 Abs. 2 Nr. 3 VwVfG.[503]

393 ■ Nach § 59 Abs. 2 **Nr. 4** VwVfG ist ein **Austauschvertrag** nichtig, wenn sich die Behörde eine nach § 56 VwVfG unzulässige Gegenleistung versprechen lässt.

394 c) Nach **§ 59 Abs. 1 VwVfG** gelten für **alle** öffentlich-rechtlichen Verträge, seien sie subordinationsrechtlich oder koordinationsrechtlich, die Nichtigkeitsgründe des BGB entsprechend (inbes. §§ 125, 134, 138, 142 BGB).

III. Die Nichtigkeit öffentlich-rechtlicher Verträge

1. Spezielle Nichtigkeitsgründe gemäß § 59 Abs. 2 VwVfG

> **Fall 11: Folgenloser Verzicht**
>
> E hatte vor einigen Jahren aufgrund ordnungsgemäßer Baugenehmigung eine Garage unmittelbar an sein Einfamilienhaus gebaut. Nunmehr hat er eine Genehmigung beantragt, die Wand zur Garage durchbrechen zu dürfen, um so sein Wohnzimmer zu erweitern. Die Bauaufsichtsbehörde hat grds. keine Bedenken, möchte aber aus baugestalterischen Gründen schon jetzt verhindern, dass E später an anderer Stelle eine neue Garage errichtet. In mehreren Verhandlungen zwischen E und dem Bauamt wird diskutiert, wie man dies am besten erreichen kann. Schließlich verzichtet E in einer schriftlichen Vereinbarung, die von E und von dem zuständigen Beamten des Bauamts unterschrieben wird, „auf die Errichtung einer Garage auf dem Grundstück Gemarkung X Flur 12 Flurstück 213". Die Behörde erteilt daraufhin die Genehmigung für den Umbau. Als E kurze Zeit später eine Baugenehmigung für eine neue Garage beantragt, wird diese unter Hinweis auf die frühere Vereinbarung abgelehnt. Hat E einen Anspruch auf Erteilung der Baugenehmigung, wenn ansonsten weder bauordnungsrechtliche noch bauplanungsrechtliche Bedenken gegen die Errichtung einer neuen Garage bestehen?
>
> **Hinweis:** § 75 LBauO (Landesbauordnung) lautet: „Die Baugenehmigung ist zu erteilen, wenn dem Bauvorhaben keine öffentlich-rechtlichen Vorschriften entgegenstehen, die im bauaufsichtlichen Verfahren zu prüfen sind."

Dem E könnte ein Anspruch auf Erteilung der Baugenehmigung für die neu zu errichtende Garage nach § 75 LBauO zustehen. An sich sind die Voraussetzungen erfüllt, da öffentlich-rechtliche Vorschriften dem Bauvorhaben nicht entgegenstehen. Der Anspruch könnte jedoch aufgrund des im früheren Verfahren erklärten **Verzichts** ausgeschlossen sein.

---

502 Vgl. Erfmeyer DVBl. 1998, 753 ff.; Höfling/Krings JuS 2000, 625, 630; Budach/Johlen JuS 2002, 371, 373.
503 Stelkens/Bonk/Sachs § 59 Rdnr. 36; Gurlit Jura 2001, 731, 735; abweichend Knack/Henneke § 55 Rdnr. 24.

C. Zustandekommen eines öffentlich-rechtlichen Vertrages — 3. Abschnitt

A. E hat in der Urkunde **ausdrücklich erklärt**, dass er auf die Errichtung einer Garage auf seinem Grundstück verzichtet.

B. Diese Erklärung müsste **wirksam** sein. Die Wirksamkeitsvoraussetzungen richten sich nach der **Rechtsnatur** des „Verzichts". Bei der damaligen Absprache könnte es sich um einen öffentlich-rechtlichen Vertrag handeln, sodass die Wirksamkeit nach § 59 VwVfG zu beurteilen ist.

  I. Dann müsste zunächst ein **öffentlich-rechtlicher Vertrag** vorliegen.

   1. Ein solcher Vertrag bezieht sich seinem Gegenstand nach auf eine **verwaltungsrechtliche** Materie. 395

      Der Begriff „öffentlich-rechtlich" in § 54 S. 1 VwVfG ist zu weit; nicht erfasst werden Verträge auf dem Gebiet des Verfassungs- und Völkerrechts sowie des Kirchenrechts.

      Entscheidend ist dabei der **Gesamtcharakter** der Vereinbarung. Deshalb reicht es aus, wenn zumindest eine der geregelten Rechtsbeziehungen dem Verwaltungsrecht angehört, wenn diese den **Schwerpunkt** der Vereinbarung bildet.[504]

      Beispiel: öffentlich-rechtlicher Vertrag mit dem Inhalt der Erteilung einer Baugenehmigung gegen Abtretung eines Grundstücksstreifens an die Gemeinde zur Erschließung des Grundstücks.

      Der Vertragsgegenstand bezieht sich insbes. dann auf einen öffentlich-rechtlich geregelten Sachbereich, wenn ein enger Zusammenhang mit einer anderen öffentlich-rechtlichen Verwaltungstätigkeit besteht. Hier stand der Verzicht des E im Sachzusammenhang mit der Erteilung der Genehmigung zum Umbau der alten Garage. Zwar ist die Erteilung der Baugenehmigung nicht ausdrücklich in die Absprache mit aufgenommen worden. Entscheidend ist aber nicht allein der unmittelbare **Vertragsgegenstand**, sondern auch der von den Parteien verfolgte **Zweck**. Der Verzicht war hier das Mittel, um die Baugenehmigung für die Vergrößerung des Wohnzimmers zu erhalten. Davon sind sowohl E als auch die Bauaufsichtsbehörde ausgegangen. Damit bezog sich die Erklärung des E auf einen öffentlich-rechtlich geregelten Sachbereich.

   2. Dabei handelt es sich auch um eine **vertragliche** (zweiseitige) **Regelung**, da sowohl E als auch die Behörde einen gleichwertigen rechtlichen Einfluss auf die inhaltliche Gestaltung der Regelung hatten, wie sich aus dem Umstand mehrerer Verhandlungen ergibt, bei denen Handlungsalternativen diskutiert wurden.[505] 396

  II. Der öffentlich-rechtliche Vertrag müsste **wirksam zustande gekommen** sein. Das Zustandekommen des öffentlich-rechtlichen Vertrages richtet sich nach den §§ 54 ff. VwVfG, ergänzend über § 62 S. 2 VwVfG nach den Vorschriften des BGB.

---

504 BVerwG DVBl. 1980, 686, 687; Ehlers JZ 1985, 57, 63; Maurer § 14 Rdnr. 11 m.w.N. und oben Rdnr. 361 f.
505 Vgl. aber OVG Lüneburg DVBl. 1978, 179, 181, wo ein öffentlich-rechtlicher Vertrag abgelehnt wurde, weil die Behörde den Verzicht durch eine Nebenbestimmung zur Baugenehmigung „erzwungen" hatte.

397 1. Hinsichtlich des ordnungsgemäßen Zustandekommens bestehen nur Bedenken wegen der **Schriftform** (§ 57 VwVfG). Zwar ist die Pflicht der Behörde zur Erteilung der Baugenehmigung nicht schriftlich niedergelegt worden. Die Genehmigung war jedoch nicht unmittelbar Vertragsgegenstand, sondern lediglich Folge des Vertrages. Der Verzicht als solcher bedurfte nicht der Schriftform.[506]

2. Gründe für eine **schwebende Unwirksamkeit** nach § 58 VwVfG (Zustimmung Dritter oder anderer Behörden) sind nicht ersichtlich.

398 3. Die Vereinbarung ist unwirksam, wenn **Nichtigkeitsgründe** vorliegen. Dies ist nach § 59 Abs. 2 Nr. 4 VwVfG der Fall, wenn sich die Behörde bei einem Austauschvertrag eine nach § 56 VwVfG unzulässige Gegenleistung versprechen lässt.

399 a) § 59 Abs. 2 VwVfG gilt nur für den **subordinationsrechtlichen Vertrag** i.S.d. § 54 S. 2 VwVfG. Ein solcher Vertrag liegt hier vor, da die Behörde mit einem Bürger, an den sie sonst einen VA richten würde, einen öffentlich-rechtlichen Vertrag geschlossen hat.

400 b) § 59 Abs. 2 Nr. 4 VwVfG erfasst Austauschverträge. Ein **Austauschvertrag** nach § 56 VwVfG setzt grds. voraus, dass sich in dem Vertrag die Behörde zu einer Leistung und der Vertragspartner zu einer Gegenleistung verpflichtet. Daran könnte es hier fehlen, da in der Urkunde lediglich die (Gegen-)Leistung des E in Form des Verzichts enthalten ist, dagegen von einer Leistung der Behörde (hier die Baugenehmigung für die Erweiterung des Wohnzimmers) in der schriftlichen Vereinbarung nicht die Rede ist. Jedoch ist anerkannt, dass der Nichtigkeitsgrund des § 59 Abs. 2 Nr. 4 VwVfG analog anwendbar ist, wenn der Vertrag lediglich eine einseitige Verpflichtung des Bürgers enthält, aber die behördliche Leistung stillschweigend voraussetzt (sog. **hinkender Austauschvertrag**). Auch in diesem Fall gilt es, unzulässige (Gegen-)Leistungen des Bürgers zu verhindern.[507]

401 c) Der Vertrag ist demnach analog § 59 Abs. 2 Nr. 4 VwVfG nichtig, wenn sich die Behörde eine nach § 56 VwVfG **unzulässige** (Gegen-) **Leistung** hat versprechen lassen. Dabei ist zu unterscheiden, ob der Bürger einen Anspruch auf die von der Behörde versprochene Leistung hat oder ob diese im Ermessen der Behörde steht.

402 aa) Verspricht die Behörde eine Leistung, die in ihrem **Ermessen** steht, so ist die Gegenleistung des Bürgers nach § 56 Abs. 1 VwVfG unzulässig, wenn sie

- nicht für einen **bestimmten Zweck** vereinbart wird,

- **nicht der Erfüllung öffentlicher Aufgaben** dient,

---

[506] BVerwG DVBl. 1995, 675, 676@; OVG Koblenz DVBl. 2003, 811, 812.
[507] BVerwG DVBl. 2000, 1853, 1855; BVerwG NdsVBl. 2003, 236, 237; DVBl. 1995, 675, 676; OVG Lüneburg BauR 2008, 57; VGH Mannheim VBlBW 2004, 52; NVwZ 1991, 583, 584; Maurer § 14 Rdnr. 17; Gurlit Jura 2001, 731, 734; Kemmler JA 2003, 136, 139; Ruffert Jura 2003, 633, 635.

- **unangemessen** ist

- oder mit der Leistung der Behörde **in keinem sachlichen Zusammenhang** steht (Koppelungsverbot).

Angemessen ist eine Gegenleistung, wenn sie unter wirtschaftlichen Gesichtspunkten nicht außer Verhältnis zu der Bedeutung und dem Wert der von der Behörde zu erbringenden Leistung steht und die vertragliche Übernahme von Pflichten auch ansonsten zu keiner unzumutbaren Belastung für den Vertragspartner der Behörde führt.[508] Das Gebot der Angemessenheit ist Ausdruck des allgemeinen, verfassungsrechtlich verankerten **Grundsatzes der Verhältnismäßigkeit** (vgl. auch die Sonderregelungen in § 11 Abs. 2 S. 1 BauGB und § 124 Abs. 3 S. 1 BauGB).

403

Nach dem **Kopplungsverbot** müssen Leistung und Gegenleistung in einem sachlichen, inneren Zusammenhang stehen. Außerdem dürfen hoheitliche Entscheidungen grds. nicht von wirtschaftlichen Gegenleistungen abhängig gemacht werden (kein „Verkauf" von Hoheitsakten).[509]

404

Beispiel: Eine Geldzahlung für die Übernahme in das Beamtenverhältnis steht im Widerspruch zum verfassungsmäßigen Leistungsgrundsatz des Art. 33 Abs. 2 GG. Eine entsprechende Vertragsklausel ist gem. § 59 Abs. 2 Nr. 4 VwVfG nichtig.[510]

bb) Besteht auf die Leistung der Behörde ein **Anspruch**, so kann nach § 56 Abs. 2 VwVfG nur eine solche Gegenleistung vereinbart werden, die bei Erlass eines VA Inhalt einer **Nebenbestimmung** nach § 36 VwVfG sein könnte. Da es im Rahmen des § 56 Abs. 2 VwVfG gerade um einen VA geht, auf den ein Anspruch besteht, gilt **§ 36 Abs. 1 VwVfG**. Als Gegenleistung kann in diesen Fällen daher nur eine Verpflichtung des Bürgers vereinbart werden, die sicherstellt, dass die gesetzlichen Voraussetzungen für die Erteilung des VA erfüllt werden, oder die Inhalt einer gesetzlich zugelassenen Nebenbestimmung sein kann.

405

Beispiel: Bürger B verpflichtet sich gegenüber der Gemeinde G zu einer Geldzahlung als Gegenleistung für die Erteilung des gemeindlichen Einvernehmens (§ 36 BauGB). – Der Vertrag ist in jedem Fall **nichtig**. Lagen die Voraussetzungen für die Erteilung der Baugenehmigung vor, bestand ein Anspruch des B, eine Gegenleistung hierfür durfte nicht vereinbart werden. Bestehende Baurechte dürfen nicht „verkauft" werden (vgl. auch § 11 Abs. 2 S. 2 BauGB). Lagen die baurechtlichen Voraussetzungen dagegen nicht vor, hätte auch die Geldleistung ein gesetzliches Hindernis nicht beseitigen können (§ 36 Abs. 1 VwVfG).[511] Zulässig wäre dagegen z.B. die Verpflichtung zur Übertragung eines Grundstücksteils, um die Erschließung des Baugrundstücks zu sichern.[512]

---

508 BVerwG DVBl. 2009, 782, 783 (Folgekostenverträge); BGH NJW 2003, 888, 890 (Grundstücksveräußerung an Einheimische); VGH Mannheim DVBl. 2010, 185 (Erschließungsvertrag); Stelkens/Bonk/Sachs VwVfG § 56 Rdnr. 54; Kopp/Ramsauer VwVfG § 56 Rdnr. 13.
509 BVerwG DVBl. 2000, 1853, 1855; NdsVBl. 2003, 236, 237; OVG Koblenz DVBl. 2003, 811, 814; Höfling/Krings JuS 2000, 625, 629; Gurlit Jura 2001, 731, 734; Odendahl Jura 2002, 563, 567; Ruffert Jura 2003, 633, 635; Ogorek JA 2003, 436, 438.
510 BVerwG NdsVBl. 2003, 236, 237; abweichend OVG Lüneburg NordÖR 2002, 307, 308: Nichtigkeit gem. § 59 Abs. 2 Nr. 1 VwVfG; Übungsfall bei Kleine Holthaus JuS 2005, 531 ff.
511 Vgl. OVG Koblenz NVwZ 1992, 796; VG Darmstadt NJW 1998, 2073, 2074.
512 Vgl. BVerwG NVwZ 1994, 485; VGH Mannheim NJW 1998, 1089, 1090.

406 cc) Nach § 75 LBauO besteht ein **Anspruch** auf Erteilung der Baugenehmigung, wenn dem Vorhaben öffentlich-rechtliche Vorschriften nicht entgegenstehen, sodass nach §§ 56 Abs. 2, 36 Abs. 1 VwVfG nur eine solche Verpflichtung des E zulässig ist, die sicherstellt, dass **gesetzliche Hinderungsgründe** in Bezug auf das Bauvorhaben ausgeräumt werden.

Zwar ist zweifelhaft, ob die Umwandlung einer Garage in ein Wohnzimmer überhaupt genehmigungsfähig war, sodass die Voraussetzungen für die Baugenehmigung wohl nicht vorlagen. Jedoch wurden durch den Verzicht auf eine neue Garage keinesfalls die gesetzlichen Voraussetzungen für die Zulässigkeit der Umwandlung der vorhandenen Garage gesichert. Der Verzicht bezog sich nicht auf Bedenken gegen den Umbau, sondern auf ein späteres Bauvorhaben. Daher handelt es sich um eine nach § 56 Abs. 2 VwVfG unzulässige Gegenleistung.

407 § 59 Abs. 2 Nr. 4 VwVfG erfasst nur die Gegenleistung des Bürgers und dient ausschließlich dessen Schutz. Ist dagegen nur die **Leistung der Behörde** rechtswidrig, so kann Nichtigkeit nur in den übrigen Fällen des § 59 Abs. 2 VwVfG oder nach § 59 Abs. 1 VwVfG vorliegen.[513]

Die Verzichtserklärung des E ist nach § 59 Abs. 2 Nr. 4 VwVfG unwirksam und steht daher der Erteilung der Baugenehmigung für die neue Garage nicht entgegen. E hat damit einen **Anspruch auf Erteilung der Baugenehmigung** für die neu zu errichtende Garage gem. § 75 LBauO.

408 **Weiteres Beispiel:** Bei einem Folgekostenvertrag nach § 11 Abs. 1 S. 2 Nr. 3 BauGB muss die Gegenleistung des Bürgers in der Übernahme von Kosten oder Aufwendungen für abgeschlossene oder künftige städtebauliche Maßnahmen bestehen. Erstattungsfähig sind daher nur solche Aufwendungen, die der Gemeinde als Folge von Neubaugebieten, z.B. für Anlagen und Einrichtungen des Gemeinbedarfs entstehen (z.B. Kindergärten, Schulen).[514] Der Vertrag darf aber nicht allgemein der Finanzierung von sonstigen Einrichtungen der Gemeinde dienen.

---

513 Stelkens/Bonk/Sachs § 59 Rdnr. 40; Kopp/Ramsauer VwVfG § 59 Rdnr. 28 u. 28 a; Erichsen Jura 1994, 47, 49.
514 Vgl. BVerwGE 42, 331; 90, 310; BVerwGRÜ 2010, 530, 532; BauR 2005, 1595; OVG Lüneburg BauR 2008, 57.

2. Nichtigkeit nach den Vorschriften des BGB (§ 59 Abs. 1 VwVfG)

Fall 12: Abgabenverzicht

K will seinen in der kreisfreien Stadt S gelegenen Gewerbebetrieb erweitern. Die Stadt ist an dem Vorhaben wegen der Schaffung neuer Arbeitsplätze sehr interessiert. K zögert noch, da ihm der Kanalanschlussbeitrag für das geplante Betriebsgelände zu hoch erscheint. Daraufhin beschließt der Rat der Stadt, er sei „bereit, für die neu zu errichtenden Betriebsgebäude des K auf den einmaligen Kanalanschlussbeitrag zu verzichten". Die vertretungsberechtigten Organe der Stadt S und K unterschreiben daraufhin eine Vereinbarung mit dem Inhalt, dass K bei Schaffung von zusätzlich 50 Arbeitsplätzen den Anschlussbeitrag nicht zu entrichten braucht. Als einige Zeit später das Bauvorhaben des K abgeschlossen ist, bemerkt die Stadt, dass sie durch den Beitragsverzicht erhebliche Mindereinnahmen hat. Daher erlässt sie an K einen Beitragsbescheid mit der Begründung, im Kommunalabgabengesetz und in der Beitragssatzung der Stadt S sei eine Befreiung von der Beitragzahlung nicht vorgesehen. K ist empört und erhebt (nach erfolglosem Vorverfahren) Klage vor dem Verwaltungsgericht. Mit Erfolg?

Bearbeitungsvermerk: Der Fall ist auf der Grundlage des VwVfG zu beurteilen. Vorschriften der AO sind nicht zu berücksichtigen.

A. Die von K erhobene Klage ist als **Anfechtungsklage** vor dem VG gemäß §§ 40 Abs. 1 S. 1, 42 Abs. 1 u. 2, 68, 70, 74 VwGO zulässig.

B. Die Klage ist gemäß § 113 Abs. 1 S. 1 VwGO **begründet**, soweit der Beitragsbescheid rechtswidrig und K dadurch in seinen Rechten verletzt ist.

  I. Der Bescheid entspricht den Bestimmungen des **Kommunalabgabengesetzes** (KAG) i.V.m. der einschlägigen Beitragssatzung.

  II. Der Bescheid könnte aber dem vorherigen **„Verzicht"** widersprechen und wegen dessen Bindungswirkung rechtswidrig sein. Zur Rechtswidrigkeit des Beitragsbescheides kann der Verzicht allerdings nur führen, wenn er **wirksam** zustande gekommen ist. Die Wirksamkeit des Verzichts hängt von seiner Rechtsnatur ab. Dabei könnte es sich um einen **öffentlich-rechtlichen Vertrag** i.S.d. § 54 VwVfG handeln.

  In den meisten Bundesländern wird bzgl. des Verfahrens der Abgabenerhebung in den KAGen auf die Vorschriften der AO verwiesen; vgl. z.B. KAG Art. 13 Bay; §§ 3 BW, 12 Bbg, 4 Hess, 12 MV, 11 Nds, 12 NRW, 3 RhPf, 12 Saarl, 3 Sächs, 13 LSA, 15 Thür, abweichend § 11 KAG SH: LVwG, im Übrigen AO sinngemäß.

  Daher sind nach h.M. gemäß § 2 Abs. 2 Nr. 1 VwVfG die Vorschriften der §§ 54 ff. VwVfG auf abgabenrechtliche Verträge grds. nicht anwendbar.[515] Die AO erwähnt den öffentlich-rechtlichen Vertrag allerdings nur beiläufig in § 78 Nr. 3 AO, ohne ihn näher zu regeln. Mangels Regelungslücke wird die analoge Anwendung der §§ 54 ff. VwVfG von der h.Rspr. gleichwohl verneint.[516]

  Entsprechend dem **Bearbeitungsvermerk** sind hier nicht die Vorschriften der AO, sondern die Vorschriften des VwVfG zu prüfen.

---

[515] Erichsen Jura 1994, 47, 48 m.w.N.
[516] OVG NRW DÖV 1986, 889; VGH Kassel NVwZ 1997, 918, 920; Knack/Henneke VwVfG § 2 Rdnr. 7: a.A. für eine Analogie Heun DÖV 1989, 1053, 1064; wiederum a.A. BayVGH NVwZ 1989, 167, 168: §§ 54 ff. VwVfG unmittelbar anwendbar.

1. Der Vertragsgegenstand ist schon seinem Inhalt nach **öffentlich-rechtlich**, da er die Materie des Kommunalabgabenrechts betrifft, also einen Rechtsbereich, der nach der (modifizierten) Subjektstheorie einen Träger hoheitlicher Gewalt als solchen berechtigt.

2. Es handelt sich auch um eine **vertragliche**, d.h. zweiseitige **Regelung**, da aufgrund der Verhandlungen ein gleichwertiger rechtlicher Einfluss des K auf die inhaltliche Gestaltung anzunehmen ist.

3. Die **Schriftform** des § 57 VwVfG ist eingehalten. Daher kann dahinstehen, ob Verträge auf dem Gebiet des Abgabenrechts überhaupt der Schriftform unterliegen.[517]

4. Gründe für eine **schwebende Unwirksamkeit** nach § 58 VwVfG (fehlende Zustimmung Dritter oder anderer Behörde) liegen nicht vor.

5. Der Vertrag ist aber nur wirksam, wenn **keine Nichtigkeitsgründe** nach § 59 VwVfG vorliegen.

    a) Spezielle Nichtigkeitsgründe nach **§ 59 Abs. 2 VwVfG** sind nicht ersichtlich.

410
    b) Nach **§ 59 Abs. 1 VwVfG** gelten für **alle** öffentlich-rechtlichen Verträge die Nichtigkeitsgründe des BGB entsprechend.[518]

    Beispiele: Der Vertrag ist analog § 125 BGB nichtig, wenn der öffentlich-rechtliche Vertrag nicht nach § 57 VwVfG schriftlich abgeschlossen worden ist. Analog § 142 BGB ist ein Vertrag nichtig, der nach §§ 119 ff. BGB wirksam angefochten wurde. Der sittenwidrige öffentlich-rechtliche Vertrag ist analog § 138 Abs. 1 BGB nichtig

    Analog § 134 BGB ist ein Vertrag nichtig, der gegen ein **gesetzliches Verbot** verstößt. Dies könnte sich hier aus den Vorschriften des KAG ergeben. Umstritten ist jedoch, unter welchen Voraussetzungen im öffentlichen Recht ein gesetzliches Verbot vorliegt.

411
    aa) Einigkeit besteht darin, dass **nicht jeder Gesetzesverstoß** die Voraussetzungen des § 134 BGB erfüllt. Denn wenn jede Rechtswidrigkeit zur Nichtigkeit führen würde, wäre die Aufzählung in § 59 Abs. 2 VwVfG überflüssig. Erforderlich ist daher ein **qualifizierter Rechtsverstoß**.[519]

    Nach der Gegenansicht soll § 134 BGB wegen der Spezialregelung in § 59 Abs. 2 VwVfG gar nicht mehr anwendbar sein.[520]

412
    bb) Von § 134 BGB werden nach h.M. jedenfalls die Fälle erfasst, in denen sich aus der gesetzlichen Regelung ein **Handlungsformverbot** ergibt.[521]

---

517 Verneinend mangels Anwendbarkeit des § 57 VwVfG OVG NRW DÖV 1986, 889; VGH Kassel NVwZ 1997, 618, 620.
518 VGH Mannheim NVwZ 1991, 583, 585; Stelkens/Bonk/Sachs § 59 Rdnr. 41.
519 Maurer § 14 Rdnr. 41; Stelkens/Bonk/Sachs § 59 Rdnr. 50; Scherzberg JuS 1992, 205, 213; Kunig DVBl. 1992, 1193, 1200; Wehr JuS 1997, 231, 234; Singer/Mielke JuS 2007, 1111, 1115.
520 Vgl. Büchner DVBl. 1978, 96, 104; Götz NJW 1976, 1425, 1430; Göltner JZ 1976, 352, 357; vgl. auch BT-Drs. VII/910, S. 81; differenzierend Bleckmann NVwZ 1990, 601, 602 f. m.w.N.
521 OVG NRW NVwZ 1984, 522, 524; Stelkens/Bonk/Sachs § 54 Rdnr. 102; Knack/Henneke § 54 Rdnr. 19; Kopp/Ramsauer VwVfG § 54 Rdnr. 41 a; Ehlers DVBl. 1986, 529, 536; Kleine Holthaus JuS 2005, 531, 534.

Nach der Gegenansicht bezieht sich die Nichtigkeit nach § 134 BGB nur auf den Inhalt des Vertrages, beim Handlungsformverbot ergebe sich die Nichtigkeit unmittelbar aus § 54 S. 1 VwVfG („soweit").[522]

cc) Hinsichtlich des **Inhalts** des Vertrages wird von der h.M. ein Verbotsgesetz nur dann angenommen, wenn sich bei **Abwägung** zwischen dem Prinzip der Vertragsverbindlichkeit und dem von der verletzten Norm geschützten Interesse ergibt, dass die Gültigkeit des Vertrages **unerträglich** wäre und daher nicht hingenommen werden kann.[523] Das ist insbes. der Fall, wenn das Gesetz die vorgesehene vertragliche Regelung wegen ihres Inhalts oder ihrer Handlungsform klar und unmissverständlich verbietet.[524]

413

Maßgebende Kriterien sind inbesondere „der Wortlaut sowie der Sinn und Zweck der die Rechtswidrigkeit des Verwaltungsvertrages begründenden Rechtsnorm, die Erheblichkeit des Rechtsverstoßes, das im Einzelfall bestehende öffentliche Interesse an der Erhaltung der durch den rechtswidrigen Verwaltungsvertrag verletzten Rechtsordnung oder umgekehrt das (öffentliche oder private) Interesse am Bestand des Vertrages trotz seiner Rechtswidrigkeit, was letzten Endes zur Abwägung führt". [525]

Verbotsgesetze i.S.d. § 134 BGB können danach nur solche Vorschriften sein, die sich **gegen den Inhalt des Vertrages als solchen** richten und diesen missbilligen. Bloße Verfahrensvorschriften für das Zustandekommen des Vertrages stellen dagegen i.d.R. keine Verbotsgesetze dar.[526]

414

Gegenbeispiel: Ein Subventionsvertrag ist nichtig, wenn er gegen die zwingenden Vorschriften der Art. 107, 108 AEUV verstößt.[527] Umstritten ist, ob die **Grundrechte** Verbotsgesetze in diesem Sinne darstellen.[528] Dagegen spricht, dass das Einverständnis des Bürgers zur vertraglichen Regelung zur Lockerung der Rechtsbindung der Verwaltung führt (s.o. Rdnr. 377). Werden Grundrechte Dritter betroffen, so ist § 58 Abs. 1 VwVfG zu berücksichtigen, der als spezielle Regelung dem § 59 Abs. 1 VwVfG vorgeht.[529]

Im vorliegenden Fall könnte der Abgabenverzicht gegen zwingende Vorschriften des Abgabenrechts verstoßen. Die h.M. hält **Vereinbarungen in Abgabenangelegenheiten** im Hinblick auf den Grundsatz der Gesetzmäßigkeit und Gleichmäßigkeit der Abgabenerhebung grds. für **unzulässig**. Abgaben sind nach haushaltsrechtlichen Grundsätzen streng nach dem Gesetz zu erheben (vgl. § 85 AO), was abweichende Vereinbarungen ausschließt, es sei denn, sie sind ausnahmsweise gestattet (z.B. für Erschließungsbeiträge § 133 Abs. 3 S. 5 BauGB).[530]

415

---

522 Vgl. Erichsen Jura 1994, 47, 51; Gurlit Jura 2001, 731, 735; dagegen zutreffend Kopp/Ramsauer VwVfG § 54 Rdnr. 45; Knack/Henneke VwVfG § 54 Rdnr. 33, 34; vgl. auch die Sonderregelung in § 126 Abs. 3 S. 1 Nr. 2 LVwG SH.
523 BVerwG NJW 1996, 608, 609; DVBl. 1992, 372, 373; OVG NRW NVwZ 1992, 988, 989; Höfling/Krings JuS 2000, 625, 631; Odendahl Jura 2002, 563, 567; Ogorek JA 2003, 436, 439; Singer/Mielke JuS 2007, 1111, 1115.
524 OVG NRW NVwZ 1984, 522, 524.
525 Maurer § 14 Rdnr. 42.
526 Vgl. Kopp/Ramsauer VwVfG § 59 Rdnr. 10 ff.; Knack/Henneke § 59 Rdnr. 36 m.w.N.; weitergehend Maurer § 14 Rdnr. 42 u. 43, der alle formellen Mängel unter § 59 Abs. 1 VwVfG i.V.m. § 125 BGB fassen will.
527 Erichsen Jura 1994, 47, 50; Oldiges NVwZ 2001, 626, 635; Haas/Hoffmann JA 2009, 119, 123.
528 Dafür Gusy DVBl. 1983, 1222, 1228; verneinend Maurer § 14 Rdnr. 34; DVBl. 1989, 798, 805.
529 OVG NRW NVwZ 1984, 522; Gersdorf JuS 1994, 955, 960; Gurlit Jura 2001, 731, 732.
530 BVerwG NJW 1984, 2113; BFH NVwZ 1985, 863; OVG Koblenz NVwZ 1986, 68; Knack/Henneke § 54 Rdnr. 46; Stelkens/Bonk/Sachs § 54 Rdnr. 124; Maurer § 14 Rdnr. 31; Ogorek JA 2003, 436, 439.

416 Unklar ist, ob es sich hierbei bereits um ein durch Auslegung der Abgabenvorschriften zu ermittelndes **Handlungsformverbot** handelt, das den öffentlich-rechtlichen Vertrag generell ausschließt, oder lediglich um ein auf den Inhalt des Vertrages bezogenes **Verbotsgesetz** (sog. Vertragsinhaltsverbot).[531]

Weiteres Beispiel: Eine Ablösungsvereinbarung i.S.v. § 133 Abs. 3 S. 5 BauGB ist nach § 59 Abs. 1 VwVfG i.V.m. § 134 BGB nichtig, wenn der Ablösebetrag abweichend von den satzungsrechtlichen Ablösungsbestimmungen der Gemeinde ermittelt worden ist.[532]

Da hier das KAG nach dem Sachverhalt den Beitragsverzicht nicht zulässt, ist der Verzicht nach § 54 Abs. 1 VwVfG i.V.m. § 134 BGB unwirksam und steht daher einer nachträglichen Abgabenerhebung durch die Stadt S nicht entgegen.

Zulässig ist im Abgabenrecht allerdings eine **„Verständigung über die tatsächlichen Grundlagen"** der Abgabenerhebung. An eine solche Verständigung über Tatsachen (nicht über Rechtsfragen) sind die Beteiligten unter bestimmten Voraussetzungen nach dem Grundsatz von Treu und Glauben (§ 242 BGB) gebunden.[533]

Ergebnis: Der angefochtene Abgabenbescheid ist danach rechtmäßig und die Anfechtungsklage damit unbegründet.

417 **Weiteres Beispiel:** Ein öffentlich-rechtlicher Vertrag ist nach § 59 Abs. 1 VwVfG i.V.m. § 134 BGB unwirksam, wenn sich die Gemeinde verpflichtet, einen bestimmten Bebauungsplan zu erlassen (§ 1 Abs. 3 S. 2, 2. Halbs. BauGB). Eine solche Verpflichtung würde in unzulässiger Weise das Planungsermessen ausschließen und die Verfahrensvorschriften des BauGB umgehen.[534] Zulässig sind jedoch Vereinbarungen im Vorfeld oder als Folge der Planung (sog. städtebauliche Verträge nach § 11 BauGB).[535] In den letztgenannten Fällen hat die Gemeinde u.U. über die Einleitung des Bebauungsplanverfahrens nach pflichtgemäßem Ermessen zu entscheiden (vgl. § 12 Abs. 2 S. 1 BauGB).[536]

3. Rechtsfolgen der Nichtigkeit

418 Der nichtige Vertrag entfaltet keine Rechtswirkungen. Betrifft die Nichtigkeit nur einen Teil des Vertrages, so ist der Vertrag grds. **insgesamt unwirksam**, es sei denn, es ist anzunehmen, dass er auch ohne den nichtigen Teil geschlossen worden wäre (§ 59 Abs. 3 VwVfG).[537] Im Zweifel ist daher von der Nichtigkeit des gesamten Vertrages auszugehen. Abweichungen richten sich wie bei § 139 BGB nach dem mutmaßlichen Willen der Vertragsparteien.

Im Rahmen der anstehenden Novellierung der §§ 54 ff. VwVfG ist vorgesehen, bei gerichtlich festgestellter Nichtigkeit die vollständige Rückabwicklung eines Vertrages durch eine nachträgliche Vertragsanpassung zu vermeiden.[538]

---

531 Für Handlungsformverbot Erichsen VerwArch 1979, 356; Butzer/Clever Jura 1995, 325, 328; Ogorek JA 2003, 436, 439; für Inhaltsverbot Knack/Henneke § 54 Rdnr. 46 m.w.N.; dazu ausführlich Tiedemann DÖV 1996, 594 ff.
532 VGH Mannheim VBlBW 2008, 64 m.w.N.
533 Vgl. z.B. BFH DStR 2004, 1647; Selmer JuS 2005, 86, 87; Grziwotz JuS 1998, 1013.
534 Vgl. Erichsen Jura 1994, 47, 51; Maurer § 14 Rdnr. 35; Stelkens/Bonk/Sachs § 54 Rdnr. 141 m.w.N.
535 Dazu BGH NJW 2003, 888, 889 und oben Rdnr. 405.
536 Vgl. Grziwotz JuS 1999, 245 ff.; Brohm JZ 2000, 321 ff.
537 Vgl. OVG Lüneburg, Urt. v. 10.07.2007 – 1 LC 200/05 zu einem Fall der Teilnichtigkeit bei Formverstoß.

Ist aufgrund des nichtigen Vertrages eine Leistung erbracht worden, kann diese nach den Grundsätzen des **allgemeinen öffentlich-rechtlichen Erstattungsanspruchs** zurückgefordert werden (s.u. Rdnr. 619 ff.). 419

Beispiel: Bauherr B hat sich gegen Erteilung einer Baugenehmigung vertraglich zur Erstattung von nicht umlagefähigen Erschließungskosten i.H.v. 10.000 € verpflichtet. Nach Zahlung des Betrages hat B die erstrebte Baugenehmigung erhalten. Nunmehr verlangt B die gezahlten 10.000 € zurück, da die Vereinbarung nichtig sei.

Der Vertrag ist wegen **Verstoßes gegen das Kopplungsverbot** nach §§ 59 Abs. 2 Nr. 4, 56 VwVfG nichtig. Hoheitliche Entscheidungen dürfen grds. ncht von wirtschaftlichen Gegenleistungen abhängig gemacht werden (s.o. Rdnr. 404). Die Zahlung des B erfolgte ohne Rechtsgrund, sodass B ein öffentlich-rechtlicher Erstattungsanspruch zusteht. Auch wenn die Behörde ihre Leistung bereits erbracht hat, steht dem Erstattungsanspruch des B der Grundsatz von Treu und Glauben (§ 242 BGB analog) i.d.R. nicht entgegen. Nur wenn besondere Umstände in der Person oder im Verhalten des die Erstattung begehrenden Bürgers hinzutreten, kann das Rückforderungsbegehren **treuwidrig** erscheinen.[539] Das hat das BVerwG z.B. angenommen, wenn der Erstattungsberechtigte aufgrund von Leistungen Dritter im Ergebnis keinen Vermögensnachteil erlitten hat, die Rückforderung also praktisch zu einer doppelten Begünstigung führen würde. 420

Beispiel: Bauträger K hat mit der Gemeinde G einen städtebaulichen Folgekostenvertrag (§ 11 Abs. 1 S. 2 Nr. 3 BauGB) geschlossen, in dem G die Aufstellung eines Bebauungsplans mit Wohngebietsfestsetzungen in Aussicht stellte und K die Folgekosten u.a. für den Bau eines Kindergartens und einer Schule übernahm. Nachdem G den Bebauungsplan erlassen und K Kosten i.H.v. 12.500 € gezahlt hat, stellt sich heraus, dass der Vertrag formunwirksam ist. K fordert die gezahlten 12.500 € zurück, obwohl er die ihm entstandenen Kosten auf die Erwerber der Wohngrundstücke abgewälzt hat. Hier ist die Rückforderung der 12.500 € treuwidrig, wenn K durch die Vertragsgestaltung mit den Dritterwerbern tatsächlich keinen Nachteil erlitten hat.[540]

D. Leistungsstörungen beim öffentlich-rechtlichen Vertrag

Die Behandlung von Leistungsstörungen bei öffentlich-rechtlichen Verträgen richtet sich gemäß § 62 S. 2 VwVfG nach den Vorschriften des BGB. Insbes. gelten die Regeln über Pflichtverletzungen und die sich daraus ergebenden Rechtsfolgen (§§ 280 ff., 323 ff. BGB), aber auch über die Sorgfaltspflichten gem. § 241 Abs. 2 BGB, die gem. § 311 Abs. 2 BGB auch schon vor Vertragsschluss bestehen (früher c.i.c.).[541] 421

Beispiel: Auf Initiative des Investors I hatte die Gemeinde G zunächst ein Verfahren zur Aufstellung eines vorhabenbezogenen Bebauungsplans eingeleitet (§ 30 Abs. 2 BauGB). Zum Abschluss eines Durchführungsvertrages zum Vorhaben- und Erschließungsplan (§ 12 BauGB) kam es jedoch nicht, da die Gemeinde ihre Planungsabsichten später aufgegeben hat. Ein Schadensersatzanspruch des Investors aus öffentlich-rechtlicher c.i.c. (ebenso aus Amtshaftung gem. Art. 34 GG, § 839 BGB) scheidet mangels Pflichtverletzung i.d.R. aus, da es der Gemeinde aufgrund ihrer Planungshoheit grds. freisteht, ein eingeleitetes Planaufstellungsverfahren wieder einzustellen (arg e § 1 Abs. 3 S. 2, 2. Halbs. BauGB).[542]

---

538 Vgl. Schmitz DVBl. 2005, 17, 23; Bonk DVBl. 2004, 141, 149; Stelkens NWVBl. 2006, 1, 6.
539 BVerwG DVBl. 2009, 782, 783 DVBl. 2000, 1853, 1857; NVwZ 2003, 993, 994; OVG Hamurg DVBl. 2008, 1202; OVG Lüneburg BauR 2008, 57, 64; VGH Mannheim VBlBW 2004, 52, 54 f.; Ruffert Jura 2003, 633, 635; Ogorek JA 2003, 436, 439.
540 Vgl. BVerwG RÜ 2009, 530, 533; OVG Lüneburg BauR 2008, 57, 65.
541 BVerwG DÖV 1074, 133, 134; Geis NVwZ 2002, 385, 387 ff.; Diederichsen JuS 2006, 60, 63; Singer/Mielke JuS 2007, 1111, 1116.
542 BGH NVwZ 2006, 1207 f.; Waldhoff JuS 2007, 580 f.; Schlick DVBl. 2007, 457, 458.

422 Den Sonderfall einer Änderung der für den Vertrag maßgeblichen rechtlichen oder tatsächlichen Verhältnisse **(Wegfall der Geschäftsgrundlage)** regelt § 60 VwVfG (sodass ein Rückgriff auf § 313 BGB nicht erforderlich ist). Bei Störungen der Geschäftsgrundlage ist der Vertrag grds. anzupassen; soweit dies nicht möglich oder zumutbar ist, kann der Vertrag gekündigt werden (§ 60 Abs. 1 S. 1 VwVfG).[543]

- Die **Anpassung** erfolgt nicht automatisch, sondern bedarf grds. einer entsprechenden Vereinbarung (vgl. „verlangen"). Bei Weigerung einer Partei kann das Anpassungsverlangen selbstständig mittels Leistungsklage durchgesetzt[544] oder im Wege der Einrede gegen den Leistungsanspruch der anderen Partei geltend gemacht werden.[545]

- Das **Kündigungsrecht** ist demgegenüber durch einseitige Willenserklärung auszuüben, die gegenüber dem anderen Vertragspartner mit Zugang wirksam wird.[546] Wird die Wirksamkeit der Kündigung bestritten, kann Feststellungsklage erhoben werden oder Leistungsklage auf Erfüllung, in deren Rahmen inzident die Wirksamkeit der Kündigung geprüft werden muss.[547]

423 Darüber hinaus kann nach § 60 Abs. 1 S. 2 VwVfG (nur) die **Behörde** kündigen, um schwere Nachteile für das Gemeinwohl zu verhüten oder zu beseitigen.

Über § 62 S. 2 VwVfG gilt bei Dauerschuldverhältnissen im Übrigen das Recht zur außerordentlichen Kündigung nach § 314 BGB.[548]

424 Im Übrigen können die Beteiligten – wie im Zivilrecht – ein **ordentliches Kündigungsrecht** vereinbaren.[549]

Bei der Kündigung unterliegt der Verwaltungsträger allerdings den öffentlich-rechtlichen Bindungen. So darf z.B. eine Gemeinde einen Vertrag über die Nutzung öffentlicher Straßen zum Zwecke der Werbung nicht kündigen, um ein Werbeverbot für Tabakwaren durchzusetzen. Denn hierbei handelt es sich nicht um eine örtliche, sondern eine überörtliche Aufgabe (vgl. §§ 21a, 22 TabakG). Eine Kündigung des Vertrages wäre wegen Verstoßes gegen Art. 28 Abs. 2 GG unwirksam.[550]

E. Die Durchsetzung von Ansprüchen aus einem öffentlich-rechtlichen Vertrag

425 Bei **Nichterfüllung** der vertraglichen Verpflichtungen steht jeder Vertragspartei die **verwaltungsgerichtliche Klage** zur Verfügung. Das gilt nach § 40 Abs. 2 S. 1 VwGO nicht nur für Erfüllungsansprüche, sondern auch für Ersatzansprüche bei Leistungsstörungen.

Beispiel: Verwaltungsrechtsweg für Erfüllungsansprüche, Schadensersatzansprüche und für Ansprüche auf Erstattung von Leistungen, die aufgrund eines (nichtigen) öffentlich-rechtlichen Vertrages erbracht wurden.

---

543 Vgl. OVG Lüneburg NVwZ 2003, 629; Hobe JA 1997, 217 ff.; Lorenz DVBl. 1997, 865 ff.; Gurlit Jura 2001, 731, 736.
544 BVerwG NVwZ 1996, 171; Lorenz DVBl. 1997, 865, 870; Ogorek JA 2003, 436, 440.
545 BVerwG DVBl. 2002, 843, 846.
546 Hobe JA 1996, 640, 642.
547 Lorenz DVBl. 1997, 865, 872.
548 Geis NVwZ 2002, 385, 387.
549 BVerwG NVwZ 1996, 174; VGH Mannheim NVwZ 1993, 903 ff.
550 VGH Mannheim NVwZ 1993, 903 ff.

E. Die Durchsetzung von Ansprüchen aus einem öffentlich-rechtlichen Vertrag

Gegenbeispiel: Für den Anspruch wegen vorvertraglicher Pflichtverletzung (§§ 311 Abs. 2, 241 Abs. 2 i.V.m. §§ 280 Abs. 1, 282 BGB) ist nach der Rspr. der Verwaltungsrechtsweg nur eröffnet, wenn der Anspruch neben einem Erfüllungsanspruch geltend gemacht wird, während nach § 40 Abs. 2 S. 1, 1. Halbs., 3. Fall VwGO der Zivilrechtsweg gegeben ist, wenn der Schadensersatzanspruch im Sachzusammenhang mit Amtshaftungsansprüchen steht.[551] Die Literatur bejaht demgegenüber wegen des vertragsähnlichen Charakters bei einer sog. c.i.c. generell den Verwaltungsrechtsweg.[552]

426 Im Rahmen des **Rechtswegs** ist dann die Abgrenzung zwischen öffentlich-rechtlichem und privatrechtlichem Vertrag vorzunehmen (s.o. Rdnr. 359 ff.).

„Ob eine Streitigkeit öffentlich-rechtlich oder bürgerlich-rechtlich ist, richtet sich ... nach der Rechtsnatur des Rechtsverhältnisses, aus dem der Klageanspruch hergeleitet wird ... Die Rechtsnatur eines Vertrages bestimmt sich danach, ob der Vertragsgegenstand dem öffentlichen oder dem bürgerlichen Recht zuzurechnen ist (...). Dabei ist für den öffentlich-rechtlichen Vertrag zwischen einem Träger öffentlicher Verwaltung und einer Privatperson typisch, dass er an die Stelle einer sonst möglichen Regelung durch Verwaltungsakt tritt (vgl. § 54 S. 2 VwVfG)."[553]

427 Regelmäßig handelt es sich um eine **Leistungsklage** (z.B. auf Geldzahlung). Schuldet die Behörde den Erlass eines VA (z.B. Baugenehmigung), ist eine **Verpflichtungsklage** gem. § 42 Abs. 1, 2. Fall VwGO statthaft. Soll das Nichtbestehen einer vertraglichen Leistungspflicht festgestellt werden (z.B. wegen vermeintlicher Unwirksamkeit des Vertrages) kann (negative) **Feststellungsklage** nach § 43 Abs. 1 VwGO erhoben werden. Auch übergangene „Drittbetroffene" i.S.d. § 58 Abs. 1 VwVfG haben die Möglichkeit einer Feststellungsklage.

Beispiel: Konkurrent K klagt auf Feststellung der Nichtigkeit eines zwischen der Stadt S und D geschlossenen öffentlich-rechtlichen Vertrages über die Gewährung einer Subvention, die die Wettbewerbsfreiheit (Art. 12 GG) berührt.[554]

428 Nach § 61 VwVfG kann sich bei einem subordinationsrechtlichen öffentlich-rechtlichen Vertrag jeder Vertragschließende der **sofortigen Vollstreckung unterwerfen**. In diesem Fall kann die Behörde unmittelbar aus dem Vertrag nach dem Verwaltungsvollstreckungsgesetz vorgehen, § 61 Abs. 2 S. 1 VwVfG. Für die Vollstreckung einer Privatperson (gegen die Behörde) gelten nach § 61 Abs. 2 S. 2 u. 3 VwVfG die §§ 170, 172 VwGO.

429 Dagegen kann die Behörde vertragliche Ansprüche **nicht durch VA** durchsetzen. Ein öffentlich-rechtlicher Vertrag ist keine Ermächtigungsgrundlage für den Erlass eines VA, da die Behörde, die sich auf die Ebene der Gleichordnung begibt, nicht im Nachhinein die „Waffengleichheit" verletzen darf.[555]

---

551 BVerwG NJW 2002, 2894, 2895; NVwZ 2003, 1383; BGH NJW 1986, 1109; VGH Mannheim NJW 2005, 2636, 2637; Clausing JuS 2003, 795, 797; Diederichsen JuS 2006, 60, 65; Singer/Mielke JuS 2007, 1111, 1113.
552 ThürOVG NJW 2002, 386; Kopp/Schenke VwGO § 40 Rdnr. 71; Dötsch NWVBl. 2002, 140, 142; NJW 2003, 1430, 1431; Graulich ZAP 2005, 849, 854; noch anders Ehlers Jura 2008, 359, 361 f.: immer Zivilrechtsweg.
553 BGH NVwZ 2009, 1054, 1055; vgl. auch BVerwG RÜ 2010, 531, 532; Singer/Mielke JuS 2007, 1111,1112.
554 OVG NRW NVwZ 1984, 522.
555 BVerwG NJW 1990, 2700, 2702; NVwZ 1992, 769: VA-Befugnis bei ör Vertrag nur bei besonderer Ermächtigungsgrundlage; Maurer § 10 Rdnr. 6 u. § 14 Rdnr. 55; Odendahl Jura 2002, 563, 565; Ogorek JA 2003, 436, 440.

3. Abschnitt — Übersicht: Ansprüche aus öffentlich-rechtlichem Vertrag

Ansprüche aus öffentlich-rechtlichem Vertrag

I. **Anspruch entstanden**

1. **wirksamer öffentlich-rechtlicher Vertrag** i.S.d. §§ 54 ff. VwVfG

   a) **Vorliegen** eines öffentlich-rechtlichen Vertrages

      aa) **verwaltungsrechtlich** geregelte Materie

      –> abzustellen auf Vertragsgegenstand und Zweck

      - **Inhalt:** bestehendes öffentlich-rechtliches Rechtsverhältnis wird begründet, geändert, aufgehoben; öffentlich-rechtliche Rechtsgrundlage für (mindestens) eine Hauptleistungspflicht
      - **Gesamtcharakter:** öffentlich-rechtlicher Zweck, Umstände, Sachzusammenhang mit öffentlich-rechtlicher Regelung

      bb) **vertragliche** (zweiseitige) Regelung

      gleichberechtigter rechtlicher Einfluss auf Inhalt – abzugrenzen vom mitwirkungsbedürftigem VA

   b) **Vertrag** wirksam zustande gekommen

      aa) **Einigung** (§ 62 S. 2 VwVfG, §§ 145 ff. BGB)

      bb) **Schriftform**, § 57 VwVfG

      (ggf. auch § 62 S. 2 VwVfG, § 311 b BGB)

      cc) **Beteiligung Dritter** bzw. anderer Behörden, § 58 VwVfG

      dd) **keine Nichtigkeitsgründe**, § 59 VwVfG

      (1) nur für **subordinationsrechtliche** Verträge i.S.d. § 54 S. 2 VwVfG:

      § 59 II VwVfG

      - Nr. 1: Nichtigkeit eines inhaltsgleichen VA
      - Nr. 2: (materielle) Rw eines inhaltsgleichen VA und Kenntnis
      - Nr. 3: Voraussetzungen für Vergleichsvertrag (§ 55) nicht erfüllt und inhaltsgleicher VA rw
      - Nr. 4: unzulässige Gegenleistung des Bürgers beim Austauschvertrag

      (2) für **alle** öffentlich-rechtlichen Verträge gilt **§ 59 I VwVfG**

      - §§ 125, 138, 142 BGB
      - § 134 BGB: gesetzliches Verbot nur bei Handlungsformverbot oder wenn Inhalt als solcher missbilligt

2. **Rechtsfolgen**

   a) Haupt-, Nebenleistungs-, Sorgfaltspflichten

   b) inhaltliche Änderung durch **Anpassung** bei WGG (§ 60 I 1, 1. Halbs. VwVfG)

II. **Anspruch untergegangen**

1. Erfüllung, Erfüllungssurrogate, § 62 S. 2 VwVfG, §§ 362 ff. BGB
2. bei Pflichtverletzungen, § 62 S. 2 VwVfG i.V.m. §§ 241, 275 ff., 280 ff., 311 ff., 323 ff. BGB u.a.
3. Kündigung, insbes. § 60 I 1, 2. Halbs. u. § 60 I 2 VwVfG

III. **Durchsetzbarkeit**

1. keine **Einreden**, § 62 S. 2 VwVfG, §§ 214, 273, 320 BGB u.a.
2. kein Entgegenstehen von Treu und Glauben, § 62 S. 2 VwVfG, § 242 BGB

4. Abschnitt: Verwaltungsrechtliche Ansprüche

A. Anspruchsgrundlagen

I. Unterscheidung zwischen Primär- und Sekundärebene

Im Verwaltungsrecht geht es in erster Linie um die **Rechtmäßigkeit** und die **Abwehr von hoheitlichen Maßnahmen**. 430

- Der Bürger kann rechtswidrige Eingriffe in seine Rechte in erster Linie abwehren (sog. **Primärebene**).

    Beispiele: Der Adressat eines belastenden VA (z.B. einer Ordnungsverfügung) kann diesen mit Widerspruch und Anfechtungsklage anfechten. – Wird ein begünstigender VA (z.B. eine Baugenehmigung) abgelehnt, kann der Antragsteller Widerspruch und Verpflichtungsklage erheben.

- Häufig reicht die Abwehr des Verwaltungshandelns zur Wahrung der Rechte des Bürgers nicht aus. Hat die Maßnahme der Verwaltung bereits zu nachteiligen Veränderungen geführt, stellt sich die Frage, ob und inwieweit der Bürger einen Ausgleich auf der **Sekundärebene** verlangen kann.

    Beispiele: Die (rechtswidrige) Ablehnung einer Baugenehmigung führt dazu, dass der Bauherr das zu errichtende Gebäude nicht gewinnbringend vermieten kann. – Bei der Verfolgung eines Straftäters wird ein Unbeteiligter durch Schusswaffeneinsatz der Polizei verletzt. – Durch den (rechtmäßigen) Bau einer Straße werden unzumutbare Lärmimmissionen hervorgerufen.

II. Regelungsbereiche des Staatshaftungsrechts

Auf der Sekundärebene geht es darum, ob der Staat verpflichtet ist, den rechtmäßigen Zustand (wieder-) herzustellen oder zumindest die entstandenen Nachteile durch eine Geldzahlung auszugleichen. Dieser Bereich wird gemeinhin als **Staatshaftungsrecht** bezeichnet. Das Staatshaftungsrecht bildet kein in sich geschlossenes Rechtsgebiet, sondern hat sich historisch aus verschiedenen Aspekten entwickelt. Vor allem geht es hierbei um zwei Bereiche: 431

- **Ansprüche auf Geldersatz** und
- **Ansprüche auf Beseitigung und Unterlassung**.

1. Ansprüche auf Geldersatz

Den Kernbereich des Staatshaftungsrechts bildet die Haftung des Staates auf **Schadensersatz** für rechtswidriges Verhalten (sog. **Unrechtshaftung**), insbes. aus Amtshaftung (Art. 34 GG, § 839 BGB) sowie Spezialvorschriften im Polizei- und Ordnungsrecht. 432

Hinzu treten **Entschädigungsansprüche** bei Eigentumseingriffen (insb. **Enteignung** gem. Art. 14 Abs. 3 GG) bzw. bei Eingriffen in die Schutzgüter des Art. 2 Abs. 2 GG (Leben, Körper, Gesundheit – sog. **Aufopferung**). Für diese Bereiche ist historisch bedingt der Rechtsweg zu den ordentlichen Gerichten eröffnet (Art. 39 S. 3 GG, Art. 14 Abs. 3 S. 4 GG, § 40 Abs. 2 S. 1, 1. Halbs. VwGO). 433

Rechtspolitisch wird zurzeit diskutiert, auch für diese Ansprüche aus Gründen des Sachzusammenhangs durch Änderung des Grundgesetzes den Verwaltungsrechtsweg zu eröffnen.[556]

434 Dieser Bereich wird in den Prüfungsordnungen üblicherweise als **Recht der öffentlichen Ersatzleistungen** bezeichnet und unten im 5. Abschnitt dargestellt.

Beispiele: Die Baubehörde hat dem Bauherrn B eine Baugenehmigung für ein Mehrfamilienhaus erteilt, die auf Klage des Nachbarn aufgehoben wird. B verlangt von der Behörde gem. Art. 34 GG, § 839 BGB Ersatz der nutzlosen Planungsaufwendungen. – E ist Eigentümer eines Grundstücks, das dringend für den Ausbau einer Bundesfernstraße benötigt wird. Da E sich weigert, das Grundstück zu verkaufen, ergeht ein Enteignungsbeschluss (§ 19 FStrG). E erhält als Ausgleich eine Entschädigung (Art. 14 Abs. 3 GG i.V.m. § 19 a FStrG).

2. Beseitigungs- und Unterlassungsansprüche

435 Soll die Rechtsbeeinträchtigung des Bürgers nicht durch Geld, sondern durch sonstiges Verwaltungshandeln ausgeglichen werden (z.B. Rückgabe einer zu Unrecht beschlagnahmten Sache), geht es vor allem um den sog. **(Folgen-)Beseitigungsanspruch**.

Das Recht der Folgenbeseitigung bedeutet eine Ergänzung zum Verwaltungsrechtsschutz: Die im Erlass oder Nichterlass eines VA liegende Rechtsbeeinträchtigung kann der Betroffene durch Anfechtungs- oder Verpflichtungsklage (§ 42 Abs. 1 VwGO) abwehren. Beeinträchtigungen durch schlichtes Verwaltungshandeln werden dagegen in der Weise abgewehrt, dass durch allgemeine Leistungsklage ein Abwehr- oder Beseitigungsanspruch geltend gemacht wird. Er ist bei andauernden Eingriffen primär ein **Unterlassungsanspruch** und wandelt sich in einen **Beseitigungsanspruch**, wenn der Eingriff abgeschlossen ist.

436 Eine ähnliche Funktion wie der Folgenbeseitigungsanspruch hat der **öffentlich-rechtliche Erstattungsanspruch**. Er dient der Rückabwicklung ungerechtfertigter Vermögensverschiebungen im Öffentlichen Recht (Rechtsgedanke des § 812 BGB). Aufwendungsersatzansprüche können sich schließlich aus **öffentlich-rechtlicher Geschäftsführung ohne Auftrag** (GoA) ergeben. Diese verwaltungsrechtlich geprägten und gem. § 40 Abs. 1 S. 1 VwGO vor den Verwaltungsgerichten geltend zu machenden Ansprüche werden nachfolgend behandelt.

STAATSHAFTUNGSRECHT

Beseitigung/ Unterlassung	Haftung wegen Pflichtverletzung	Enteignung/ Aufopferung
ör Abwehr- und Unterlassungsanspruch	Amtshaftung (Art. 34 GG, § 839 BGB)	Enteignungsentschädigung nach SpezialG
(Folgen-)Beseitigungsanspruch	Spezialregelungen, insb. im POR	ausgleichspflichtige Inhaltsbestimmung
ör GoA	vertragsähnliche Haftung (§ 280 BGB analog)	enteignungsgleicher/ enteignender Eingriff
ör Erstattungsanspruch	Gefährdungshaftung (z.B. § 7 StVG)	Aufopferung i.e.S.

---

[556] Vgl. Beschluss der Justizministerkonferenz vom 11.06.2008 unter www.justiz.de/Justizministerkonferenz; vgl. auch AS-Skript VwGO (2009), Rdnr. 88 ff.

B. Der Folgenbeseitigungsanspruch

I. Das Rechtsinstitut des Folgenbeseitigungsanspruchs

437 Werden Rechte des Bürgers durch hoheitliches Handeln rechtswidrig beeinträchtigt, so kann der Bürger Ersatz seiner Vermögensnachteile im Wege des Schadensersatzes, insbes. wegen Amtshaftung (Art. 34 GG, § 839 BGB) verlangen (dazu unten 5. Abschnitt). Häufig geht es dem Bürger aber nicht (nur) um Geldersatz, sondern (auch) um die **Wiederherstellung des früheren Zustandes**.

Beispiele: Eine Sache des Bürgers B wird sichergestellt. Nach Aufhebung der Sicherstellungsverfügung begehrt B Rückgabe der Sache. – In die Wohnung des Eigentümers E werden Obdachlose eingewiesen. Nach Ablauf der Einweisungszeit verlangt E Räumung der Wohnung. – Bei Straßenbauarbeiten wird der Gehweg versehentlich 50 cm auf dem Grundstück des G angelegt. G verlangt Wiederherstellung seines Vorgartens. – Der Bürgermeister erhebt gegen B ehrbeeinträchtigende Vorwürfe. B verlangt Widerruf der unrichtigen Tatsachenbehauptungen.

438 Diese Fälle sind über den Amtshaftungsanspruch und Entschädigungsansprüche nicht zu lösen, da diese Ansprüche auf Geldersatz, nicht aber auf Wiederherstellung gerichtet sind. Es geht vielmehr um eine den §§ 1004, 985 BGB vergleichbare Situation; es sollen die **Folgen des Verwaltungshandelns** beseitigt werden. Da es im öffentlichen Recht hierfür i.d.R. keine besondere gesetzliche Anspruchsgrundlage gibt, haben Rspr. und Lit. das Rechtsinstitut des **Folgenbeseitigungsanspruchs** (FBA) entwickelt.

Spezialgesetzliche Folgenbeseitigungsansprüche finden sich für die Herausgabe sichergestellter Sachen im Polizeirecht (unten Rdnr. 483 f.) und in den Datenschutz- und Polizeigesetzen zur Berichtigung, Löschung und Sperrung von Daten (vgl. z.B. § 20 BDSG).

II. Begründung des FBA

439 **1.** Dass es einen FBA gibt, folgt z.B. aus § 113 Abs. 1 S. 2 VwGO, der von der **Rückgängigmachung der Vollziehung** eines (aufgehobenen) VA spricht, also die Beseitigung der Folgen eines VA regelt. Einigkeit besteht jedoch darüber, dass § 113 Abs. 1 S. 2 VwGO den FBA nicht begründet, sondern die Existenz des Anspruchs voraussetzt. § 113 Abs. 1 S. 2 VwGO betrifft als prozessuale Vorschrift nur die Durchsetzung der Folgenbeseitigung im Zusammenhang mit Anfechtungsklagen, stellt aber **keine materiellrechtliche Anspruchsgrundlage** dar.[557]

440 **2.** Ausgangspunkt der rechtlichen Entwicklung war die Anerkennung eines sog. **Vollzugsfolgenbeseitigungsanspruchs**. Er erfasst die Situation, dass ein rechtswidriger VA vollzogen wird. Dem Betroffenen steht in dieser Situation nicht nur ein Anspruch auf Aufhebung des VA zu, sondern auch auf Beseitigung der mit dem Vollzug verbundenen Folgen.[558]

Beispiele: Rückgabe einer beschlagnahmten Sache, Erstattung einer Zahlung aufgrund eines aufgehobenen Abgabenbescheids; Rückgängigmachung von Maßnahmen der Verwaltungsvollstreckung (vgl. hierzu auch die spezialgesetzliche Regelung des Vollzugs-FBA in Art. 39 BayVwZVG).

---

[557] Maurer § 30 Rdnr. 4; Graulich ZAP 2005, 571, 572; Brosius-Gersdorf JA 2010, 41, 42; Kopp/Schenke VwGO § 113 Rdnr. 81 m.w.N.; ebenso OVG NRW NWVBl. 2007, 431 zur entspr. Regelung in § 80 Abs. 5 S. 3 VwGO; insoweit a.A. Schoch VwGO § 80 Rdnr. 231; dazu AS-Skript VwGO (2009) Rdnr. 639.

[558] Zur Herleitung vgl. Brosius-Gersdorf JA 2010, 41 ff.

441 **3.** Allgemein anerkannt ist, dass nicht nur bei VAen, sondern auch bei sonstigem Verwaltungshandeln ein Bedürfnis nach Folgenbeseitigung bestehen kann. Man spricht dann vom schlichten oder **allgemeinen Folgenbeseitigungsanspruch**.[559]

Beispiele: Beseitigung der Folgen schädlicher Umwelteinwirkungen (z.B. Immissionen beim Betrieb hoheitlicher Einrichtungen), Widerruf ehrbeeinträchtigender Behauptungen.

Der Anspruch selbst und seine Voraussetzungen sind indes bei Eingriffen durch VA dieselben wie bei Beeinträchtigungen durch schlichtes Verwaltungshandeln. Deswegen hat die Unterscheidung im Wesentlichen nur noch terminologische Bedeutung, praktisch ist sie überflüssig und wird deshalb insbes. vom BVerwG nicht getroffen. Beide Ansprüche sind aufgrund der neueren Rechtsentwicklung in einem **einheitlichen FBA** aufgegangen.[560]

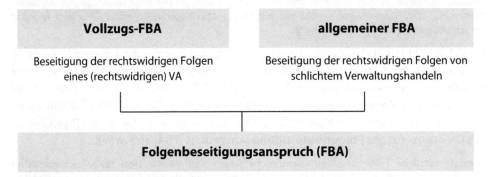

III. Dogmatische Herleitung

442 Die Begründung des FBA wird in Rspr. und Lit. unterschiedlich vorgenommen. Als **Grundlagen** werden insbes. genannt: Analogie zu §§ 1004, 862, 12 BGB, das Gebot der Gerechtigkeit, das Rechtsstaatsprinzip, der Grundsatz der Gesetzmäßigkeit der Verwaltung (Art. 20 Abs. 3 GG), die Freiheitsgrundrechte und die Rechtsschutzgarantie des Art. 19 Abs. 4 GG.[561]

443 ■ Die Rspr., insbes. das BVerwG, hat in einer Reihe von Entscheidungen den FBA unmittelbar aus **Art. 20 Abs. 3 GG** hergeleitet. Da die vollziehende Gewalt an Gesetz und Recht gebunden sei, ergebe sich daraus auch die Verpflichtung des Staates, die rechtswidrigen Folgen einer Amtshandlung zu beseitigen.[562]

444 ■ In der Lit. wird die Herleitung aus Art. 20 Abs. 3 GG überwiegend abgelehnt. Da Art. 20 Abs. 3 GG die Gesetzmäßigkeit der Verwaltung lediglich als objektiv-rechtliches Prinzip der Verfassung normiere, könne er schwerlich Grundlage subjektiver

---

[559] Grundlegend BVerwG DVBl. 1971, 858, 860@; Bachof, Die verwaltungsgerichtliche Klage auf Vornahme einer Amtshandlung (1951), S. 98 ff.; Bettermann DÖV 1955, 528; Weyreuther, Gutachten 47. DJT (1968), B 78 ff.; Ossenbühl, S. 286 ff.; Schoch VerwArch 1988, 1, 8 ff.; ders. Jura 1993, 478 ff.
[560] Vgl. BVerwG DVBl. 1993, 1357, 1358; OVG NRW NVwZ 2000, 217@; BayVGH NVwZ 1999, 1237; VGH Kassel NVwZ 1995, 300, 301; Kemmler JA 2005, 908.
[561] Vgl. beispielhaft OVG Lüneburg NdsVBl. 2004, 213; VG Berlin NVwZ 2009, 124, 127; Faber NVwZ 2003, 159, 260; Maurer § 30 Rdnr. 5.
[562] BVerwGE 69, 366, 370@; BVerwG NJW 1985, 817, 818; BayVBl. 1988, 46; OVG NRW NVwZ 2000, 217, 218; Bachof a.a.O., S. 128; Wallerath DÖV 1987, 505, 512 m.w.N.

Ansprüche des Bürgers gegen den Staat sein. Vielmehr ergebe sich der Anspruch auf Folgenbeseitigung unmittelbar aus der **Abwehrfunktion der Freiheitsgrundrechte**: Dieser sog. status negativus gibt dem Bürger einen Anspruch darauf, dass der Staat Grundrechtseingriffe unterlässt. Ist Folge eines Eingriffs eine rechtswidrige Beeinträchtigung des Grundrechts, so richtet sich der Anspruch auch auf Beseitigung der Eingriffsfolgen. Der FBA ist damit letztlich eine **spezielle Ausprägung des grundrechtlichen Abwehranspruchs**.[563]

Auch einige Senate des BVerwG stellen auf die Grundrechte als zusätzliche oder alleinige Grundlage des FBA ab[564] oder lassen die Frage offen.[565]

In der Klausurlösung kommt es zumeist auf die konkrete Herleitung nicht an, sodass diese Frage nicht entschieden zu werden braucht. Es reicht aus, darauf hinzuweisen, dass der FBA inzwischen allgemein Anerkennung gefunden hat und damit als **gewohnheitsrechtlicher Grundsatz** des Verwaltungsrechts anzusehen ist.[566]

445

IV. Voraussetzungen des FBA

Nach allgemeiner Auffassung kommt ein Anspruch auf Folgenbeseitigung in Betracht, wenn durch einen hoheitlichen Eingriff in ein subjektives Recht ein rechtswidriger, noch andauernder Zustand geschaffen wurde.[567]

446

Aufbauschema: Voraussetzungen des FBA

- **hoheitlicher Eingriff in ein subjektives Recht**
  - hoheitliche Maßnahme
  - subjektives Recht aus einfach-gesetzlichen Vorschriften oder Grundrechten
- **Schaffung eines rechtswidrigen andauernden Zustandes**
  - rechtswidriger Zustand
  - haftungsbegründende Kausalität zwischen Eingriff und Zustand
  - Fortdauer des rechtswidrigen Zustandes

---

1. Es muss ein **hoheitlicher Eingriff in ein subjektives Recht** vorliegen.

447

Beispiele: Beschlagnahme oder Sicherstellung von Gegenständen; Erteilung einer den Nachbarn beeinträchtigenden Baugenehmigung; Immissionen hoheitlich betriebener Einrichtungen; Einwirkungen von Straßenbäumen auf angrenzende Grundstücke; ehrbeeinträchtigende Äußerungen, die im Sachzusammenhang mit hoheitlicher Tätigkeit stehen.

---

[563] Weyreuther, Gutachten 47. DJT (1968), B 42 ff.; Maurer § 30 Rdnr. 5; Schmidt NVwZ 2004, 930, 933; Will JuS 2004, 701, 702; Remmert Jura 2007, 736, 742; Brosius-Gersdorf JA 2010, 41, 42 m.w.N.
[564] BVerwG NJW 1989, 2484; BVerwGE 82, 24, 25; 82, 76, 95; ebenso schon BVerwG DVBl. 1971, 858, 859@.
[565] BVerwG NJW 1989, 2272, 2277.
[566] OVG NRW NWVBl. 2007, 431; OVG Lüneburg NdsVBl. 2004, 213; VGH Kassel NVwZ 1995, 300, 301; VG Sigmaringen NJW 2001, 628; Maurer § 30 Rdnr. 5; Will JuS 2004, 701; Graulich ZAP 2005, 185, 186; Bumke JuS 2005, 22; Sachs/Blasche NWVBl. 2005, 78, 80; Kemmler JA 2005, 908.
[567] BVerwGE 69, 366, 370@; BVerwG NVwZ 1994, 275, 276; NVwZ 1998, 1292, 1294; OVG NRW NWVBl. 2007, 431, 432; NVwZ 2000, 217, 218; VG Berlin NVwZ 2009, 124, 127; Maurer § 30 Rdnr. 7 ff.; Detterbeck/Windthorst/Sproll § 12 Rdnr. 27 ff.; Bumke JuS 2005, 22, 22.

448 **a)** Der Eingriff muss **durch hoheitliches Handeln** erfolgen.

aa) Insoweit ist die Abgrenzung zum zivilrechtlichen Anspruch nach **§ 1004 BGB** vorzunehmen. Dies richtet sich nach den allgemeinen Kriterien zur Abgrenzung zwischen öffentlichem Recht und Privatrecht.[568]

Beispiel: Die Beseitigung eines hoheitlich betriebenen Spielplatzes ist Gegenstand des FBA, für die Abwehr einer privatrechtlich betriebenen Einrichtung ist § 1004 BGB maßgebend.

449 **bb)** Unerheblich ist die **Rechtsnatur des Handelns**. Vom FBA erfasst werden Verwaltungsakte ebenso wie schlichtes Verwaltungshandeln (Realakte, Äußerungen etc.), also alle Beeinträchtigungen durch öffentlich-rechtliche Maßnahmen.[569]

Da der FBA dazu dient, einen früher bestehenden Zustand wiederherzustellen, greift er grds. nicht bei einem **Unterlassen** der Verwaltung ein.[570] Etwas anderes gilt nur, wenn die Behörde eine Rechtspflicht zum Handeln hatte.[571]

Hiervon zu unterscheiden sind die Fälle, in denen sich der FBA auf eine hoheitlich begründete Zustandsverantwortlichkeit des Staates stützt (z.B. bei Betrieb einer öffentlich-rechtlichen Einrichtung). **Beispiel:** Nachbar N verlangt von der Gemeinde Maßnahmen gegen die missbräuchliche Nutzung eines Bolzplatzes. Hier wird zwar durch die bloße Untätigkeit der Behörde in die Rechtssphäre des Bürgers eingegriffen. Anknüpfungspunkt ist jedoch nicht das Unterlassen, sondern das positive Tun, nämlich die Errichtung und der Betrieb des Platzes.[572]

450 **b) Subjektive Rechte** können sich aus einfach-gesetzlichen Vorschriften, aber auch aus Grundrechten ergeben.

Beispiele: Nachbarschützende Vorschriften im Baurecht, z.B. das Rücksichtnahmegebot aus § 15 Abs. 1 S. 2 BauNVO, das Eigentum (Art. 14 Abs. 1 GG), das Recht am eingerichteten und ausgeübten Gewerbebetrieb (Art. 14 Abs. 1 bzw. Art. 12 Abs. 1 GG), die Gesundheit (Art. 2 Abs. 2 GG), das allgemeine Persönlichkeitsrecht (Art. 2 Abs. 1 i.V.m. Art. 1 Abs. 1 GG).

Gegenbeispiele: Die Anlegung und Inbetriebnahme eines planwidrigen gemeindlichen Geh- und Radwegs greift regelmäßig nicht in subjektive Rechte des Nachbarn ein.[573] Ebenso greift die behördliche Vaterschaftsanfechtung (§ 1600 Abs. 1 Nr. 5 BGB) nicht in subjektive Rechte des betroffenen Kindes ein.[574]

2. Durch den Eingriff muss ein **rechtswidriger Zustand** geschaffen worden sein, der noch **andauert**.

451 **a) Rechtswidrig** ist der Zustand, wenn den Bürger **keine Duldungspflicht** trifft. Eine solche Duldungspflicht kann sich ergeben aus

- **gesetzlichen Vorschriften**, die den Zustand rechtfertigen,
- einem **VA** oder **öffentlich-rechtlichen Vertrag**,
- bei Immissionen aus dem Rechtsgedanken des § 906 BGB,
- einer Einwilligung des Betroffenen oder
- der Wahrnehmung berechtigter Interessen (analog § 193 StGB).

---

568 Vgl. AS-Skript Verwaltungsrecht AT 1 (2010), S. 8 ff.
569 BVerwG DVBl. 1971, 858, 860@; BayVGH NVwZ-RR 1991, 57, 58; Schoch Jura 1993, 478, 482 m.w.N.
570 Bumke JuS 2005, 22, 22 m.w.N.
571 BVerwG, Beschl. v. 13.03.2008 – BVerwG 7 B 7.08, ZUR 2008, 316, 318.
572 Bumke JuS 2005, 22, 23.
573 BayVGH RÜ 2010, 329, 331 f.; anders BVerwG NVwZ 1994, 275 bei einer Bundesfernstraße.
574 VGH Kassel NJW 2010, 168, 169.

aa) Beim sog. Vollzugs-FBA ist der Zustand solange gerechtfertigt, wie er von einem **wirksamen VA** gedeckt ist. Auch wenn der VA rechtswidrig ist, reicht dies zur Begründung des FBA nicht aus. Denn auch ein rechtswidriger VA ist grds. wirksam (§§ 43, 44 VwVfG) und legitimiert den seiner Regelung entsprechenden Zustand. Deshalb ist vor Geltendmachung des FBA die Aufhebung des VA erforderlich (durch die Behörde nach § 48 VwVfG oder durch das Gericht nach § 113 Abs. 1 S. 1 VwGO).[575]

452

Dieser Gedanke gilt nicht nur, wenn der VA unanfechtbar ist, sondern auch, wenn der VA zwar noch anfechtbar, aber nicht angefochten und deshalb (zunächst) wirksam ist.[576]

bb) Liegt kein den Zustand rechtfertigender VA vor, so ist die Frage nach dem Anknüpfungspunkt der Rechtswidrigkeit entscheidend. Früher wurde teilweise angenommen, allein die Rechtswidrigkeit der hoheitlichen Maßnahme könne den FBA begründen. Es wurde also auf das Handlungsunrecht abgestellt. Nach heute h.M. ist beim FBA aber letztlich das **Erfolgsunrecht** entscheidend, da es um die Beseitigung der „Folgen", also des eingetretenen Zustandes geht. Es kommt daher nicht darauf an, ob der Eingriff rechtswidrig war, sondern ob der Zustand, dessen Beseitigung verlangt wird, rechtswidrig ist.[577]

453

Beispiel: Die Löschung personenbezogener Daten kann nicht nur verlangt werden, wenn diese rechtswidrig erhoben worden sind, sondern auch dann, wenn die Erhebung rechtmäßig war, die Daten aber nicht dauerhaft gespeichert werden dürfen (vgl. z.B. § 20 Abs. 1 u. 2 BDSG).[578]

b) Der rechtswidrige Zustand muss **durch** den hoheitlichen Eingriff geschaffen worden sein. Es muss also eine **(haftungsbegründende) Kausalität** zwischen Eingriff und der Beeinträchtigung bestehen.[579] Dabei reicht nicht jede Ursächlichkeit aus, erforderlich ist vielmehr eine „besondere Nähebeziehung" zum Eingriff.[580] Die Rspr. zieht hierfür unterschiedliche Kriterien heran.

454

So wird teilweise darauf abgestellt, ob der Zustand „unmittelbare" Folge des Eingriffs ist, ob der Zustand „zwangsläufig" oder aufgrund eines „typischen Geschehensablaufs" eingetreten ist (dazu unten Rdnr. 492 f.). **Beispiel:** Das Zuparken der Zufahrt zum Nachbargrundstück durch Benutzer einer öffentlichen Einrichtung, kann nicht dem hoheitlichen Betrieb der Einrichtung zugerechnet werden.[581]

c) Schließlich setzt der FBA eine **fortdauernde Beeinträchtigung** voraus.[582] In Abgrenzung zum Schadensersatzanspruch, der auch abgeschlossene Beeinträchtigungen erfasst, muss der rechtswidrige Zustand noch andauern.

455

Hieran fehlt es z.B., wenn die rechtswidrigen Folgen erledigt sind oder der Zustand nachträglich (z.B. durch eine Genehmigung) legalisiert worden ist.[583]

---

575 BGH DNotZ 2010, 220, 225; BayVGH, Beschl. v. 16.06.2008 – 11 ZB 08.189, juris Rdnr. 28; Maurer § 30 Rdnr. 10; Detterbeck/Windhorst/Sproll § 12 Rdnr. 40.
576 Maurer § 30 Rdnr. 10; Bumke JuS 2005, 22, 24.
577 BVerwGE 82, 76, 95; BVerwG DVBl. 2001, 726, 732; BayVGH BayVBl. 1995, 758; Maurer § 30 Rdnr. 9; Bethge/Detterbeck Jura 1991, 550, 553; Schoch Jura 1993, 478, 483; Roth DVBl. 1996, 1401, 1402; Kemmler JA 2005, 908, 908.
578 VG Gießen NVwZ 2002, 1531, 1532; VG Köln NVwZ-RR 2003, 676.
579 VG München, Urt. v. 02.02.2010 – M 2 K 09.3679, juris Rdnr. 14; Sachs/Blasche NWVBl. 2005, 78, 80.
580 BayVGH, Urt. v. 08.05.2008 – 22 B 06.3184, juris Rdnr. 25.
581 Vgl. OVG Berlin NVwZ-RR 1988, 16.
582 Sachs/Blasche NWVBl. 2005, 78, 80; Bumke JuS 2005, 22, 24; Will JuS 2004, 701, 705; Schoch Jura 1993, 478, 483; Walther JA 1994, 199, 204; Stangl JA 1997, 138; Ossenbühl, S. 317; Detterbeck/Windhorst/Sproll § 12 Rdnr. 42 m.w.N.
583 Vgl. VG Cottbus, Urt. v. 14.08.2008 – 4 K 123/05, juris Rdnr. 24.

V. Rechtsfolge des FBA

456 **1.** Seiner **Rechtsfolge** nach richtet sich der Folgenbeseitigungsanspruch – wie der Name schon sagt – auf die **Beseitigung der zurechenbaren Folgen** des Verwaltungshandelns, d.h. auf **Wiederherstellung des früheren Zustandes** (Wiederherstellung des status quo ante).[584]

Beispiele: Rückgabe beschlagnahmter Gegenstände, Rückzahlung rechtswidrig erhobener Abgaben, Widerruf ehrverletzender Äußerungen, Wiedereinreise nach rechtswidriger Abschiebung. **Gegenbeispiel:** Ein in der Vergangenheit „zuviel" geleisteter Dienst kann durch die nachträgliche Gewährung von Freizeitausgleich nicht rückwirkend beseitigt werden.[585]

457 Die Lit. verweist zum Teil darauf, dass sich der „frühere Zustand" aufgrund der zwischenzeitlich eingetretenen Änderungen schon rein tatsächlich nicht wiederherstellen lasse. Genau genommen gehe es um die Wiederherstellung eines „gleichwertigen Zustandes".[586]

Weitere Beispiele: Wehrt sich der Betroffene gegen **unzumutbare Immissionen**, die von einem gemeindlichen Sportplatz ausgehen, so liegt die Folgenbeseitigung in der Verminderung der Immissionen, z.B. durch Beschränkung der Nutzungszeiten oder durch Schutzeinrichtungen. Mit dem FBA kann dagegen nicht die Entwidmung verlangt werden, da der Betroffene nicht durch die Einrichtung als solche, sondern nur durch deren Nutzung beeinträchtigt wird.[587] Ebenso besteht bei unzumutbarem Verkehrslärm kein Anspruch auf Einrichtung einer Sackgasse, sondern nur auf Sperrung der Straße für den Durchgangsverkehr.[588]

458 Unerheblich ist, ob die Folgenbeseitigung durch **schlichtes Verwaltungshandeln** oder durch VA erfolgen muss. Ist eine regelnde Entscheidung erforderlich, so ist die Behörde zum Erlass eines entsprechenden VA verpflichtet.[589]

Beispiel: Nach Ablauf der Einweisungszeit hat der Eigentümer einen Folgenbeseitigungsanspruch auf Erlass einer Räumungsverfügung gegen die bislang eingewiesenen Personen (s.u. Fall 14).

459 **2.** Der FBA zielt auf die **Beseitigung der rechtswidrigen Folgen**, die durch das Behördenhandeln eingetreten sind. Er ist **kein allgemeiner Wiedergutmachungsanspruch**, insbes. dient er nicht für den Ausgleich von Schäden, die durch das Behördenhandeln entstanden sind.

Beispiel: Wird ein Ausländer rechtswidrigerweise abgeschoben (§ 58 AufenthG), hat er einen FBA auf Wiedereinreise.[590] Die Bezahlung des Flugtickets für die Wiedereinreise ist von der Folgenbeseitigung jedoch nicht umfasst.[591] Die Aufwendungen hierfür können nur im Wege eines Schadensersatzanspruchs aus Amtshaftung (Art. 34 GG, § 839 BGB) geltend gemacht werden.

460 Der FBA ist deshalb auch **nicht** auf **Naturalrestitution** gerichtet. Denn Naturalrestitution bedeutet nicht Wiederherstellung des früheren Zustandes, sondern des jetzigen Zustandes, der bestehen würde, wenn der zum Ersatz verpflichtende Umstand nicht

---

[584] BVerwGE 69, 366, 370; 80, 178, 179; 82, 76, 95; BVerwG DVBl. 1993, 1357, 1362; OVG NRW NVwZ 2000, 217, 218@; VGH Mannheim DVBl. 1999, 176, 180; Maurer § 30 Rdnr. 11; Bumke JuS 2005, 22, 24; Kemmler JA 2005, 908, 909.
[585] VG Minden, Urt. v. 14.10.2008 – 12 K 1529/07.
[586] Vgl. Schoch VerwArch 79 (1988), 1, 47 ff.; Bumke JuS 2005, 22, 24 unter Hinweis auf BVerwG LKV 2004, 268.
[587] OVG NRW NWVBl. 2004, 480, 481; Bumke JuS 2005, 22, 25.
[588] Vgl. BVerwGE 94, 100, 119 ff.; SächsOVG, Urt. v. 29.04.2009 – 1 B 563/06, juris Rdnr. 72.
[589] Kopp/Schenke VwGO § 113 Rdnr. 83 m.w.N.
[590] OVG NRW NVwZ-RR 2007, 492, 493; VGH Mannheim VBlBW 2009, 149, 150; VG Berlin NVwZ 2009, 124, 127; einschränkend für den vorläufigen Rechtsschutz OVG Magdeburg NVwZ 2009, 403.
[591] VG München, Beschl. v. 18.09.2008 – M 4 E 08.4523.

eingetreten wäre (§ 249 Abs. 1 BGB). Der FBA ist ein bloßer **Restitutionsanspruch**, sodass insbes. kein Schadensersatz und keine Entschädigung verlangt werden kann (Restitution, nicht Kompensation). Daher besteht auch kein Anspruch auf **Folgenentschädigung**.[592]

Beispiel: Der Anspruch auf Ausgleich besoldungsrechtlicher Nachteile wegen unterlassener Einstellung als Beamter kann nur als Schadensersatzanspruch, nicht als FBA geltend gemacht werden.[593]

3. Beseitigt werden müssen die Folgen des Verwaltungshandelns, soweit diese dem Hoheitsträger zurechenbar sind **(haftungsausfüllende Kausalität)**.

461

Die Kausalitätsfrage kann, wie im Schadensersatzrecht, nicht nur im haftungsausfüllenden Tatbestand, sondern schon im Rahmen der Haftungsbegründung auftreten.[594] Dort geht es insbes. um Fälle, in denen der rechtswidrige Zustand nicht unmittelbar durch die hoheitliche Maßnahme geschaffen wird, sondern auf dem Verhalten Dritter beruht; dazu unten Fall 14.

a) Zurechenbar sind nach h.M. unproblematisch die unmittelbaren Folgen, d.h. solche, auf deren Herbeiführung die hoheitliche Maßnahme gerichtet war.[595]

462

Beispiel: Die Anbringung eines Kreuzes in den Unterrichtsräumen einer staatlichen Schule verstößt bei Widerspruch eines Betroffenen gegen Art. 4 Abs. 1 GG. „Staatliche Organe haben in Glaubensfragen Neutralität zu bewahren und müssen alles vermeiden, was den religiösen Frieden und eine gedeihliche Koexistenz in der Gesellschaft gefährden kann, um in einer pluralistischen Gesellschaft ein friedliches Zusammenleben der Anhänger unterschiedlicher oder sogar gegensätzlicher religiöser und weltanschaulicher Überzeugungen zu gewährleisten."[596] Deshalb besteht grds. ein Anspruch auf Entfernung des auf staatliche Anordnung angebrachten Kreuzes, wenn sich anders kein Ausgleich zwischen den Interessen der Betroffenen schaffen lässt.[597] Allerdings besteht kein generelles Recht darauf, von fremden Glaubensbekundungen, kultischen Handlungen oder religiösen Symbolen verschont zu bleiben. Daher verletzt die Verwendung christlich-religiöser Symbole beim Großen Zapfenstreich der Bundeswehr nicht die Glaubensfreiheit Dritter.[598]

b) Mittelbare Folgen sind dagegen nur zu beseitigen, wenn sie für den Eingriff **typisch** sind, also aus der Eigenart der hoheitlichen Maßnahme resultieren. Nicht zurechenbar sind Folgen, die durch das eigenverantwortliche Verhalten des Betroffenen oder eines Dritten verursacht worden sind.[599]

463

„Nötig ist ein innerer Zusammenhang mit dieser Maßnahme, d.h., es muss sich eine besondere Gefahr verwirklichen, die bereits in der hoheitlichen Maßnahme selbst angelegt ist."[600]

Beispiele: Wird zur Bezahlung einer rechtswidrig erhobenen öffentlichen Abgabe ein Kredit aufgenommen, so erfasst der FBA nur die Erstattung des gezahlten Betrages als unmittelbare (Vollzugs-) Folge, nicht dagegen die Zinsen für den aufgenommenen Kredit als von dem Betroffenen selbst hervorgerufene mittelbare Folge.[601]

---

592 BVerwGE 69, 366, 371@; BVerwG DVBl. 2001, 744, 745; DVBl. 2001, 726, 732; NVwZ 1999, 424; NVwZ 1985, 265; OLG Köln NVwZ 1993, 1020, 1022; Schoch Jura 1993, 478, 484; Erbguth JuS 2000, 336, 337.
593 BVerwG NVwZ 1999, 424 und unten Rdnr. 762.
594 BVerwGE 69, 366, 372@; Bethge/Detterbeck Jura 1991, 550, 554; Bumke JuS 2005, 22, 24.
595 BVerwGE 69, 366, 373@; BGH DNotZ 2010, 220, 224; BayVGH BayVBl. 1995, 758, 759; Bumke JuS 2005, 22, 24.
596 BVerfG NJW 1995, 2477, 2478 (Kruzifix-Entscheidung); vgl. auch BVerfG NJW 2003, 3111 und BVerwG NJW 2002, 3344, 3345 (Kopftuch); allgemein zur Neutralitätspflicht des Staates Ladeur/Augsberg JZ 2007, 12 ff.
597 Vgl. BayVGH NVwZ 2002, 1000 ff. zum Anspruch eines Lehrers und VGH Kassel NJW 2006, 1227; NJW 2003, 2471; VG Darmstadt NJW 2003, 455 zum Anspruch auf Entfernung eines Kreuzes aus dem Sitzungssaal des Kreistages.
598 OVG NRW NJW 2006, 1228.
599 BVerwGE 69, 366, 370@; BVerwG DVBl. 2001, 744, 745; OVG Lüneburg NdsVBl. 2004, 213, 214; Bethge/Detterbeck Jura 1991, 550, 555; Schoch Jura 1993, 478, 484; Bumke JuS 2005, 22, 24 f.; mit jeweils unterschiedlichen Ansätzen.
600 OVG Lüneburg NdsVBl. 2004, 213, 214.

Mit dem FBA kann nach Ablauf der Einweisungszeit die Exmittierung des Obdachlosen verlangt werden (s.u. Fall 14). Hat der Obdachlose während der Einweisungszeit die Wohnung beschädigt, kann die Beseitigung der Schäden als bloß mittelbare, dem Staat nicht zurechenbare Folge nicht über den FBA verlangt werden. Der Eigentümer ist hier auf Schadensersatz- bzw. Entschädigungsansprüche verwiesen.[602]

4. Der Folgenbeseitigungsanspruch unterliegt der regelmäßigen (dreijährigen) **Verjährung** (§ 195 BGB analog).[603]

VI. Ausschlussgründe

464 Der FBA ist **ausgeschlossen**, wenn die Folgenbeseitigung

- **tatsächlich oder rechtlich unmöglich** oder
- **unzumutbar** ist oder
- sich das Verlangen als **unzulässige Rechtsausübung** darstellt.

Hierbei handelt es sich nach herrschendem Verständnis nicht um tatbestandliche Voraussetzungen des FBA,[604] sondern um rechtsvernichtende Ausschlussgründe.[605]

1. Rechtliche und tatsächliche Unmöglichkeit

Die Behörde muss **tatsächlich und rechtlich in der Lage** sein, die Folgenbeseitigung durchzuführen (vgl. auch § 113 Abs. 1 S. 3, 1. Halbs. VwGO).

465 **a) Tatsächliche Unmöglichkeit** der Folgenbeseitigung ist beispielsweise anzunehmen beim Widerruf ehrverletzender Werturteile (s.u. Rdnr. 580).

Beispiel: Minister M bezeichnet eine Jugendsekte als „pseudoreligiös".[606]

Anders als Tatsachenbehauptungen können Werturteile nur falsch oder richtig, nicht aber wahr oder unwahr sein. Daher kann mit dem FBA der Widerruf unrichtiger Tatsachenbehauptungen verlangt werden, während bei Werturteilen nur ein Unterlassungsanspruch bestehen kann.[607]

466 **b) Rechtliche Unmöglichkeit** liegt vor, wenn die Folgenbeseitigung nach der Rechtsordnung unzulässig ist.[608] Sie spielt vor allem in Drittbeteiligungsfällen eine Rolle, wenn mit der Folgenbeseitigung die Belastung eines Dritten verbunden ist. Hier besteht ein FBA nur, wenn die Behörde zum Einschreiten gegen den Dritten berechtigt ist.

Beispiele: Erlass einer Abrissverfügung gegen den Bauherrn nach erfolgreichem Rechtsbehelf des Nachbarn gegen die rechtswidrige Baugenehmigung, Anspruch des Wohnungseigentümers auf Exmittierung eines von der Behörde eingewiesenen Obdachlosen (s.u. Fall 14).

---

601 BVerwGE 69, 366, 370@; Bumke JuS 2005, 22, 25; a.A. Bethge/Detterbeck Jura 1991, 550, 555.
602 Vgl. BGH DVBl. 1996, 561; NVwZ 2006, 963.
603 BayVGH, Urt. v. 05.10.2009 – 4 B 08.2877, juris Rdnr. 31; BayVGH BayVBl. 2007, 307, 308; Stelkens/Bonk/Sachs VwVfG § 53 Rdnr. 18; Graulich ZAP 2005, 571, 581.
604 So aber Sproll JuS 1996, 219, 222.
605 BVerwG NVwZ 1994, 275 LS 2; Bumke JuS 2005, 22, 25 m.w.N.
606 Vgl. BVerfG NJW 2002, 2626, 2627@.
607 OVG NRW NWVBl. 2000, 19; Detterbeck/Windthorst/Sproll § 13 Rdnr. 52; s.u. Rdnr. 580.
608 BayVGH, Beschl. v. 17.02.2009 – 14 ZB 08.2919, juris Rdnr. 4.

2. Unzumutbarkeit der Folgenbeseitigung

Der FBA ist ausgeschlossen, wenn dem Verwaltungsträger die **Beseitigung nicht zumutbar** ist (Rechtsgedanke des § 74 Abs. 2 S. 3 VwVfG, § 906 Abs. 2 BGB). Das Kriterium der Zumutbarkeit wird von der Rspr. insbes. dann herangezogen, wenn die Folgenbeseitigung einen extrem hohen Aufwand erfordert und daher unverhältnismäßig ist.[609] Ein Teil der Lit. kritisiert hieran, dass der Verhältnismäßigkeitsgrundsatz als grundrechtliches Prinzip nicht zum Schutze des Staates eingreifen könne.[610]

467

Beispiel: Ein nur wenige Zentimeter breiter Grundstücksstreifen des E ist rechtswidrigerweise für den Straßenbau in Anspruch genommen worden. Die Verlegung der Straße würde Kosten verursachen, die in keinem Verhältnis zu der geringen Beeinträchtigung des E stehen würden.[611] Den Vermögensinteressen des E kann durch einen Geldausgleich ausreichend Rechnung getragen werden (s.u. Rdnr. 476 ff.).

3. Unzulässige Rechtsausübung

Eine **unzulässige Rechtsausübung** liegt z.B. vor, wenn durch ein früheres Verhalten ein Vertrauenstatbestand geschaffen wurde (venire contra factum proprium)[612] oder wenn die Beseitigung eines (noch) rechtswidrigen Zustandes verlangt wird, obwohl sicher zu erwarten ist, dass die Behörde den Zustand nachträglich legalisieren wird. Die bloße Möglichkeit der Legalisierung reicht dagegen nicht aus.[613]

468

> **Fall 13: Totenruhe**
>
> K ist Inhaberin einer Familiengrabstätte, die aus drei Grabstellen besteht und in der bereits ihre Schwester und der vor einigen Jahren verstorbene Ehemann der K beigesetzt sind. Die dritte, bislang noch freie Stelle grenzt an die Grabstätte der Familie B. Frau B ist verstorben und wird aufgrund eines Irrtums der Friedhofsverwaltung F in der Grabstätte der K beigesetzt. Als K dies bemerkt, verlangt sie von F die Umbettung des Leichnams. F lehnt dies unter Hinweis auf den Schutz der Totenruhe ab. Auch habe der Ehemann der B einer Umbettung ausdrücklich widersprochen. K hält es für unzumutbar, dass ihr Ehemann neben einer fremden Frau ruht und fragt daher nach der Rechtslage.

A. K könnte ein Anspruch auf Umbettung aus dem Gesichtspunkt der **Folgenbeseitigung** zustehen.

    I. Der **gesetzlich nicht geregelte** Folgenbeseitigungsanspruch (FBA) wird überwiegend aus der Abwehrfunktion der Grundrechte oder aus dem Rechtsstaatsprinzip (Art. 20 Abs. 3 GG, Grundsatz der Gesetzmäßigkeit der Verwaltung) hergeleitet. Andere greifen auf den Rechtsgedanken der §§ 1004, 862, 12 BGB zurück. Diese Begründungsansätze schließen sich jedoch nicht aus, sondern ergänzen sich gegenseitig. Jedenfalls ist der FBA heute als gewohnheitsrechtlicher Grundsatz anerkannt.

469

---

609 BVerwG DVBl. 2004, 1493; DVBl. 1993, 1357, 1361 ff.; Maurer § 30 Rdnr. 14; Bumke JuS 2005, 22, 25.
610 Fiedler NVwZ 1986, 969, 976; Schoch Jura 1993, 478, 485 f.; Erbguth JuS 2000, 336, 337.
611 Vgl. z.B. BayVGH NVwZ 1999, 1237; OVG NRW NWVBl. 1994, 109; Bumke JuS 2005, 22, 25 f.
612 BayVGH, Urt. v. 05.10.2009 – 4 B 08.2877, juris Rdnr. 28.
613 Vgl. BVerwG NJW 1989, 118; VGH Kassel NVwZ 1995, 300, 303; Schoch Jura 1993, 478, 486; Bumke JuS 2005, 22, 26.

470 **II. Voraussetzungen des FBA**

Nach allgemeiner Auffassung kommt ein Anspruch auf Folgenbeseitigung in Betracht, wenn durch einen hoheitlichen Eingriff in ein subjektives Recht ein rechtswidriger, noch andauernder Zustand geschaffen wurde.[614]

1. Es muss ein **hoheitlicher Eingriff in ein subjektives Recht** vorliegen.

471 a) **Subjektive Rechte** können sich aus einfach-gesetzlichen Vorschriften, aber auch aus Grundrechten ergeben. Das Grabstättennutzungsrecht fällt unter den Eigentumsschutz nach Art. 14 Abs. 1 GG.[615] Zwar handelt es sich hierbei um eine öffentlich-rechtliche Rechtsposition. Diese unterfällt jedoch dem Schutz des Art. 14 GG, wenn sie – wie hier – auf nicht unerheblichen Eigenleistungen des Einzelnen beruht.[616] Durch die Fehlbelegung wird der K dieses **subjektive Recht** zumindest teilweise entzogen.

472 b) Die Bestattung der B in der Grabstätte der K stand im Sachzusammenhang mit dem öffentlich-rechtlichen Friedhofswesen, sodass ein **hoheitliches Handeln** vorliegt.

473 2. Durch den Eingriff muss ein **rechtswidriger Zustand** geschaffen worden sein, der noch **andauert**.

a) Rechtswidrig ist der Zustand, wenn den Bürger **keine Duldungspflicht** trifft. Eine Rechtfertigung für die Fehlbelegung ist hier nicht ersichtlich.

b) Der rechtswidrige Zustand muss durch den hoheitlichen Eingriff geschaffen worden sein. Es muss also eine **(haftungsbegründende) Kausalität** zwischen Eingriff und der Beeinträchtigung bestehen.[617] Der rechtswidrige Zustand beruht hier unmittelbar auf der hoheitlich veranlassten Fehlbelegung der Grabstätte.

c) Da die Fehlbelegung des Grabes **andauert**, sind die Voraussetzungen des FBA erfüllt.

474 III. Seiner **Rechtsfolge** nach richtet sich der Folgenbeseitigungsanspruch auf die Beseitigung der zurechenbaren Folgen des rechtswidrigen Verwaltungshandelns, d.h. auf **Wiederherstellung des früheren Zustandes**. Beseitigt werden müssen die Folgen des Verwaltungshandelns, soweit diese dem Hoheitsträger zurechenbar sind **(haftungsausfüllende Kausalität)**.

Vorliegend hatte die Fehlbelegung unmittelbar zur Folge, dass das Grabstättennutzungsrecht der K insofern beeinträchtigt wurde, als sie eine bis dahin freie Grabstelle ihrer Grabstätte nicht mehr für eine Bestattung entsprechend ihrer Wahl nutzen kann.[618] Die **Folgenbeseitigung** bestünde daher in der Freima-

---

[614] BVerwGE 69, 366, 370@; BVerwG NVwZ 1998, 1292, 1294; OVG NRW NWVBl. 2007, 431, 432; NVwZ 2000, 217, 218; Maurer § 30 Rdnr. 7 ff.; Detterbeck/Windthorst/Sproll § 12 Rdnr. 27 ff.; Bumke JuS 2005, 22, 22.
[615] Vgl. OVG NRW NVwZ 2000, 217, 218@.
[616] Vgl. AS-Skript Grundrechte (2008), S. 231 und unten Rdnr. 792.
[617] Vgl. Sachs/Blasche NWVBl. 2005, 78, 80.
[618] Vgl. OVG NRW NVwZ 2000, 217, 218@.

chung der rechtswidrig belegten Grabstätte durch Umbettung des dort bestatteten Leichnams der B.

IV. Der FBA könnte wegen Verstoßes gegen Art. 1 Abs. 1 GG aus **rechtlichen Gründen ausgeschlossen** sein. Art. 1 Abs. 1 GG fordert mit dem Schutz der unantastbaren **Würde des Menschen** auch den Schutz der Totenruhe des Verstorbenen. Daher kann die Umbettung eines einmal beigesetzten Leichnams grds. nur aus ganz **besonderen Gründen** verlangt werden.[619]

475

Zwar hat K ein erhebliches Interesse an der uneingeschränkten Nutzung der Grabstelle. Der Schutz der Totenruhe ist gegenüber dem Grabstättennutzungsrecht der K indes vorrangig. Dies gilt umso mehr, als der K das Nutzungsrecht nur teilweise entzogen wurde und ihr das Grabgestaltungsrecht im Übrigen verblieben ist.

„Auszugehen ist davon, dass der den Schutz der Totenruhe gewährleistende Art. 1 Abs. 1 GG aufgrund des durch Art. 79 Abs. 3 GG geschaffenen Wertsystems einen besonderen unantastbaren Rang hat, wodurch Art. 1 GG zu den „tragenden Konstitutionsprinzipien" gehört. Die Rücksichtnahme auf die Gefühle der Hinterbliebenen verbieten es der Friedhofsverwaltung in der Regel, gegen den Willen des Ehegatten oder eines anderen nahen Verwandten des Verstorbenen ... der Umbettung zuzustimmen oder diese zu bewirken."[620]

Damit ist der **FBA** auf Umbettung des Leichnams der B wegen rechtlicher Unmöglichkeit **ausgeschlossen**.

B. Ist die Folgenbeseitigung in Form der Wiederherstellung nicht möglich oder nicht zumutbar, könnte dem Betroffenen jedoch ein **Anspruch auf Geldausgleich** zustehen (Rechtsgedanke des § 251 BGB).

476

I. Vom BVerwG ist ein solcher Anspruch für den Fall bejaht worden, dass dem Betroffenen eine **Mitverantwortung** an den ihn belastenden Folgen des Verwaltungshandeln trifft.

1. Ist der Umfang der Folgenbeseitigung teilbar, so wird der FBA entsprechend dem **Mitverschulden** reduziert.[621] § 254 BGB enthält einen allgemeinen Rechtsgedanken, der im Zivilrecht wie im öffentlichen Recht sowohl bei verschuldensabhängigen als auch verschuldensunabhängigen Ansprüchen gelte.

477

Die Gegenansicht lehnt die Anwendung des § 254 BGB auf den FBA ab, da die Vorschrift auf das Schadensersatzrecht zugeschnitten sei. Der grundrechtliche FBA könne mangels gesetzlicher Grundlage einfachgesetzlich nicht beschränkt werden.[622] Dagegen spricht, dass § 254 BGB auch im Rahmen des § 1004 BGB entsprechend anzuwenden ist.[623]

2. Ist die Folgenbeseitigung dagegen **unteilbar**, ist der FBA bei Mitverschulden aus rechtlichen Gründen ausgeschlossen. In diesem Fall schlägt die Wiederherstellungspflicht nach Auffassung des BVerwG analog § 251 BGB in einen **Geldanspruch** gegen den Staat um, der entsprechend dem Mitverschuldensanteil zu kürzen ist.[624]

478

---

619 OVG NRW NVwZ 2000, 217, 218@; NWVBl. 2008, 471, 472; NVwZ-RR 2010, 281, 283 m.w.N.
620 OVG NRW NVwZ 2000, 217, 218@.
621 BVerwG NJW 1989, 2484, 2485@; VGH Mannheim NJW 1985, 1482; Maurer § 30 Rdnr. 18; Ossenbühl, S. 323 f. m.w.N.
622 Schenke JuS 1990, 370, 375; Schoch VerwArch 1988, 1, 54.
623 Vgl. BGHZ 135, 235, 239; OLG Zweibrücken KommJur 2004, 71, 72; dazu AS-Skript Sachenrecht 2 (2010), Rdnr. 316.

> **Beispiel:** Aufgrund rechtswidriger Straßenbauarbeiten ist eine auf dem Grundstück des E stehende Mauer zerstört worden. Der FBA ist auf die Errichtung einer gleichwertigen Mauer gerichtet.[625] Hat E die Zerstörung durch Abgrabungen auf seinem Grundstück mitverursacht, hat E einen um sein Mitverschulden gekürzten Ausgleichsanspruch in Geld.[626]
>
> Nach der Gegenansicht ändert sich der Anspruchsinhalt nicht. Die Behörde bleibe auch bei Mitverschulden grds. zur Folgenbeseitigung verpflichtet. Der Betroffene könne Folgenbeseitigung allerdings nur verlangen, wenn er sich nach dem Maß seiner Mitverantwortung an den Kosten beteilige.[627]

479 II. Nach einer im Vordringen befindlichen Meinung steht dem Betroffenen immer ein Anspruch auf **Geldausgleich** zu, wenn die Folgenbeseitigung unmöglich oder unzumutbar ist (Rechtsgedanke des § 251 BGB, sog. **Folgenersatzanspruch**, „verlängerter Folgenbeseitigungsanspruch"). Denn es wäre unbillig, wenn der an sich zur Folgenbeseitigung Verpflichtete hier ganz aus der Verantwortung entlassen würde.[628] Die Gegenansicht kritisiert hieran zu Recht, dass durch die Anerkennung des Folgenersatzanspruchs die Grenze zum **Folgenentschädigungsanspruch** überschritten wird. Anerkanntermaßen kann der FBA nicht zum Ausgleich von Schäden führen. Eine Erweiterung des FBA würde zu einem verschuldensunabhängigen Geldanspruch führen und damit die Grenze zur Amtshaftung und zur Aufopferungsentschädigung verwischen. Scheitert der FBA an der Unmöglichkeit oder Unzumutbarkeit der Folgenbeseitigung, so kommt bei rechtswidrig schuldhaftem Handeln nur ein Anspruch aus Amtshaftung (Art. 34 GG, § 839 BGB), bei schuldlosen Eingriffen ein Anspruch aus Aufopferung in Betracht.[629]

C. Prozessuale Situation

480 I. Für die Durchsetzung des FBA ist gem. § 40 Abs. 1 S. 1 VwGO der **Verwaltungsrechtsweg** eröffnet, weil es sich um einen öffentlich-rechtlichen Anspruch handelt.[630] Soweit ein **Folgenersatzanspruch** anerkannt wird, ist auch hierfür der Verwaltungsrechtsweg eröffnet.[631]

> Die abdrängende Zuweisung an die Zivilgerichte gem. § 40 Abs. 2 S. 1 VwGO gilt nur für Geldansprüche des Bürgers; nicht darunter fallen Ansprüche auf Folgenbeseitigung, selbst wenn sie ausnahmsweise auf Geldleistung gerichtet sind.[632]

481 II. Der Klageart nach handelt es sich um eine **allgemeine Leistungsklage**, wenn die Folgenbeseitigung durch schlicht hoheitliches Handeln zu erfolgen hat. Erfordert die Folgenbeseitigung ausnahmsweise den Erlass eines VA, so handelt es sich um eine **Verpflichtungsklage**.

---

624 BVerwG DVBl. 1993, 1357, 1362; NJW 1989, 2484, 2485@ unter Hinweis auf § 74 Abs. 2 S. 3 VwVfG; VGH Mannheim NVwZ-RR 1991, 334, 336; Detterbeck/Windthorst/Sproll § 12 Rdnr. 51; Sproll JuS 1996, 219, 223; Bumke JuS 2005, 22, 26.
625 Bumke JuS 2005, 22, 24.
626 BVerwG NJW 1989, 2484@.
627 Maurer § 30 Rdnr. 18; Schoch Jura 1993, 478, 486; Kemmler JA 2005, 908, 909.
628 OVG NRW NVwZ 2000, 217, 219@; BayVGH NVwZ 1999, 1237, 1238; Franckenstein NVwZ 1999, 158 f.; Erbguth JuS 2000, 336, 338; offengelassen von BVerwG DVBl. 1993, 1357, 1362 (Anspruch „naheliegend").
629 OVG NRW NVwZ 1994, 795, 796; Maurer § 30 Rdnr. 17; Kemmler JA 2005, 908, 909; Kopp/Schenke VwGO § 113 Rdnr. 89.
630 BVerfGE 61, 149, 173@; Maurer § 30 Rdnr. 19; Graulich ZAP 2005, 849, 850.
631 BayVGH NVwZ 1999, 1237; Franckenstein NVwZ 1999, 158, 159; Kopp/Schenke VwGO § 113 Rdnr. 89, der den Folgenersatzanspruch ablehnt; deshalb hat OVG NRW NVwZ 1994, 795, 796 insoweit den Verwaltungsrechtsweg verneint.
632 Ehlers in Schoch u.a. VwGO § 40 Rdnr. 530; Kopp/Schenke VwGO § 40 Rdnr. 73 m.w.N.

Für den **Vollzugsfolgenbeseitigungsanspruch** erleichtert § 113 Abs. 1 S. 2 u. S. 3 VwGO die prozessuale Durchsetzung. Danach kann der FBA als **Annexantrag** mit der Anfechtungsklage verbunden werden[633]

482

K kann somit den Folgenbeseitigungsanspruch sowie einen etwaigen Folgenentschädigungsanspruch im Wege der **allgemeinen Leistungsklage** vor dem Verwaltungsgericht geltend machen. Die Klage ist allerdings unbegründet.

Aufbauschema: Folgenbeseitigungsanspruch

I. Rechtsgrundlage

Art. 20 Abs. 3 GG, Grundrechte, § 1004 BGB analog, Gewohnheitsrecht

II. Voraussetzungen

1. hoheitlicher Eingriff in ein subjektives öffentliches Recht
   a) subjektives Recht beeinträchtigt
   b) durch hoheitliches Handeln
2. Schaffung eines rechtswidrigen Zustandes
   a) rechtswidriger Zustand
   b) haftungsbegründende Kausalität zwischen Eingriff und Zustand
   c) Fortdauer des rechtswidrigen Zustandes

III. Rechtsfolge

1. Wiederherstellung des früheren Zustandes
   a) Beseitigung der zurechenbaren Folgen (haftungsausfüllende Kausalität)
   b) kein Schadensersatz, keine Folgenentschädigung
2. bei Mitverschulden § 254 BGB analog, ggf. Folgenersatzanspruch

IV. Ausschlussgründe

1. rechtliche, tatsächliche Unmöglichkeit
2. Unzumutbarkeit der Wiederherstellung
3. unzulässige Rechtsausübung

---

[633] Vgl. AS-Skript VwGO (2009) Rdnr. 184.

4. Abschnitt   Verwaltungsrechtliche Ansprüche

> **Fall 14: Obdachlos**
>
> E hat im Jahre 2008 ein Zweifamilienhaus in der Stadt S gebaut und die Obergeschosswohnung an die Familie F (Vater, Mutter mit 6 Kindern) vermietet. Ende 2009 kündigt E das Mietverhältnis wegen erheblichen Mietrückstandes wirksam zum 31.03.2010. Als Familie F aufgrund der schlechten Wohnungsmarktlage Ende März 2010 noch keine neue Wohnung gefunden hat, weist die Stadtverwaltung S die Familie F zunächst befristet bis zum 30.06.2010 in ihre bisherige Wohnung ein. Diesen an E gerichteten Bescheid begründet sie damit, dass – was zutrifft – der gesamte der Stadt S zur Verfügung stehende Wohnraum durch Aussiedler und Asylbewerber belegt sei. Weder im Obdachlosenheim noch in anderen, von S angemieteten Wohnungen sei Platz für eine 8-köpfige Familie. Weiterer Wohnraum könne kurzfristig nicht angemietet werden. Als die Stadt S der Familie F im Juni geeigneten anderweitigen Wohnraum nachweist, weigert sich die F, ihre bisherige Wohnung zu verlassen, um ihren Kindern keinen Schulwechsel zuzumuten. Als die F im Juli 2010 immer noch in der Wohnung des E verweilen, ohne dass die Stadtverwaltung weitere Maßnahmen veranlasst hat, verlangt E, der die Einweisung selbst widerspruchslos hingenommen hatte, von S Räumung der Wohnung.

A. Der Anspruch auf Räumung der Wohnung könnte sich aus der Vorschrift des **Polizei-/Ordnungsrechts** über die **Herausgabe von sichergestellten Sachen** ergeben.[634] Dann müsste es sich bei der Einweisungsverfügung um eine **Sicherstellung** handeln.

483   I. Dies wird teilweise bejaht: Sicherstellungsfähig seien auch Grundstücke und Gebäude(teile). Daher falle unter den Begriff der Sicherstellung auch die „Beschlagnahme" von Wohnraum, um einer drohenden Obdachlosigkeit zu begegnen.[635]

484   II. Dagegen spricht jedoch, dass die Sicherstellung darauf gerichtet ist, den Gewahrsam des bisherigen Gewahrsamsinhabers zu beenden und **neuen Gewahrsam** zu begründen. Eine Maßnahme, die an den Gewahrsamsverhältnissen nichts ändert, stellt keine Sicherstellung i.S.d. PolG dar.[636]

> Deshalb erfolgt die Einweisung auch nicht als Sicherstellung, sondern grds. aufgrund der polizei- bzw. ordnungsrechtlichen Generalklausel.[637] Eine Sicherstellung kommt nur ausnahmsweise in Betracht, wenn die Verfügung auf eine Besitzbegründung durch die Ordnungsbehörde gerichtet ist. Das ist insbes. der Fall, wenn die Behörde leerstehenden Wohnraum in Beschlag nimmt, um im Bedarfsfall über Unterbringungsmöglichkeiten zu verfügen.
>
> Vorliegend ist aufgrund der Einweisungsverfügung nur der durch das ursprüngliche Mietverhältnis begründete Besitz aufrechterhalten worden, sodass eine Sicherstellung nicht vorliegt. Daher scheidet der spezialgesetzlich geregelte Herausgabeanspruch aus.

---

634 Vgl. z.B. Art. 28 BayPAG, § 41 ASOG Bln, § 28 Bbg PolG, § 26 BremPolG, § 43 HSOG, § 29 Nds SOG, § 46 PolG NRW, § 25 POG RhPf, § 24 Saarl PolG, § 48 SOG LSA, § 25 Thür OBG, § 30 Thür PAG. Der Sache nach handelt es sich hierbei um einen gesetzlich geregelten Fall des FBA.
635 Rietdorf/Heise/Böckenförde/Strehlau § 32 PolG Rdnr. 4; Heise PolG NW § 21 Rdnr. 4; Knemeyer JuS 1988, 696, 697 FN 3; Pieroth/Schlink/Kniesel, Polizeirecht, § 19 Rdnr. 5.
636 OVG NRW NVwZ-RR 1991, 556; Erichsen/Biermann Jura 1998, 371, 376 f.; Volkmann JuS 2001, 888, 890.
637 OVG Lüneburg NJW 2010, 1094, 1095; Kanther NVwZ 2002, 828; Ewer/v.Detten NJW 1995, 353; Günter/Traumann NVwZ 1993, 130.

B. Der Anspruch des E könnte sich aus einem **Anspruch auf Folgenbeseitigung** ergeben.

I. Fraglich ist bereits, ob der FBA in Drittbeteiligungsfällen überhaupt **anwendbar** ist. Denn E begehrt Räumung der Wohnung, was nur durch Erlass einer Räumungsverfügung gegen die Familie F möglich ist, die bei Nichtbefolgung im Wege der Verwaltungsvollstreckung durchgesetzt werden könnte. Insoweit ist umstritten, ob der (ungeschriebene) FBA als Grundlage für einen **drittbelastenden VA** ausreicht oder ob hierfür eine spezielle Rechtsgrundlage erforderlich ist. 485

Neben der Exmittierung von Obdachlosen taucht das Problem vor allem beim Verlangen des Nachbarn auf Beseitigung eines Bauvorhabens nach Aufhebung der Baugenehmigung auf.[638]

1. Ein Teil der Rspr. und Lit. verneint die Anwendbarkeit des FBA unter Hinweis auf das Prinzip vom **Vorbehalt des Gesetzes**. Danach bedürfen belastende Maßnahmen einer besonderen gesetzlichen Ermächtigung. Der FBA sei nicht gesetzlich geregelt und könne daher keinen Anspruch auf Einschreiten gegen einen Dritten vermitteln. Der Sache nach handele es sich vielmehr um einen Anspruch auf Einschreiten aufgrund der behördlichen Ermächtigungsgrundlage. Dies folge auch daraus, dass die Ansprüche, die der gestörte Bürger gegen die Behörde hat, nicht weiter gehen können als die Eingriffsgrundlage der Behörde gegen den Störer reicht. Ein Anspruch des Betroffenen könne sich daher nur aus der **materiellen Ermächtigungsgrundlage** der Behörde ergeben.[639] 486

Beispiele: Die Exmittierung eines Obdachlosen erfolgt nach dieser Auffassung aufgrund der polizeilichen Generalklausel, der Erlass einer Beseitigungsverfügung gegenüber dem Bauherrn nach der bauordnungsrechtlichen Ermächtigungsgrundlage.

2. Überwiegend wird jedoch darauf abgestellt, dass die Einschaltung eines Dritten in die Folgenbeseitigung nichts an dem Verhältnis des betroffenen Bürgers zum Staat ändere. Aus der **Folgenbeseitigungspflicht** der Behörde wegen der Folgen des von ihr erlassenen VA ergebe sich auch ein Rechtsverhältnis zu dem Dritten. Die nunmehr verlangte Belastung folge als Kehrseite aus der ursprünglichen Begünstigung. Damit kann der FBA auch im Verhältnis zum Dritten als Anspruchsgrundlage gelten. Erst bei der Frage der rechtlichen Möglichkeit der Folgenbeseitigung wird die Frage relevant, ob die Behörde die Befugnis hat, zur Folgenbeseitigung gegen den Dritten einzuschreiten.[640] 487

II. **Voraussetzungen des FBA**

1. Es muss ein **hoheitlicher Eingriff in ein subjektives Recht** des E vorliegen. Hier wurde durch die hoheitliche Beschlagnahme der Wohnung in das Eigentumsrecht des E aus Art. 14 GG eingegriffen. 488

---

638 Vgl. dazu AS-Skript Öffentliches Baurecht (2009), Fall 12.
639 VGH Mannheim NJW 1997, 2832, 2833@; NJW 1990, 2770, 2771, NVwZ 1987, 1101; OVG NRW NJW 1984, 883; Drews/Wacke/Vogel/Martens § 22, 3 c, S. 340; Deubert/Müller JA 1993, 195, 198; Walther JA 1994, 199, 205; offengelassen von BVerwG NVwZ 1995, 272.
640 Kopp/Schenke VwGO § 113 Rdnr. 83; Maurer § 30 Rdnr. 12; Horn DÖV 1989, 976, 981; Schenke DVBl. 1990, 328, 331; Detterbeck Jura 1990, 38, 42; Schoenenbroicher MDR 1993, 97, 98; Bumke JuS 2005, 22, 26 f.; ebenso im Ergebnis BGH DVBl. 1995, 1131, 1132@; OVG NRW NWVBl. 1991, 199; OVG Berlin NVwZ 1991, 691; VGH Kassel NVwZ 1995, 300, 302.

2. Durch den hoheitlichen Eingriff muss ein **rechtswidriger Zustand** geschaffen worden sein, der noch andauert. Rechtswidrig ist der Zustand, wenn keine Duldungspflicht besteht.

489 a) Eine **Duldungspflicht** könnte sich aus der (bestandskräftigen) Ordnungsverfügung ergeben. Diese rechtfertigt den Zustand aber nur für die in ihr geregelte Einweisungszeit (§§ 36 Abs. 2 Nr. 1, 43 Abs. 2 VwVfG). Nach Ablauf der Frist braucht E den Aufenthalt der Familie F in seiner Wohnung jedoch auf keinen Fall mehr zu dulden. Ob die Verfügung seinerzeit rechtmäßig ergangen ist, ist unerheblich. Denn der Staat ist nach Art. 20 Abs. 3 GG auch dann zur Beseitigung eines rechtswidrigen Zustandes verpflichtet, wenn dieser zunächst rechtmäßig war und erst später rechtswidrig geworden ist.[641]

Ein VA kann eine Duldungspflicht also nur im Rahmen seines **Regelungsgegenstandes** begründen. **Beispiel:** Die Widmung einer Straße betrifft nur die Nutzung durch die Allgemeinheit (§ 35 S. 2 VwVfG), sagt aber nichts über das zulässige Maß des Straßenlärms aus. Eine unanfechtbare Widmung kann daher dem FBA auf Lärmminderung nicht entgegenstehen.[642] Ebenso ist die Widmung gegenüber dem Grundstückseigentümer nicht geeignet, den durch eine fehlerhafte Planung rechtswidrig entstandenen Zustand zu heilen. Sie steht deshalb einem Anspruch auf Folgenbeseitigung nicht entgegen.[643]

Daher ist unerheblich, dass E die Einweisung nicht angefochten hat. Denn die Verfügung konnte allenfalls den Zustand bis zum 30.06.2010 rechtfertigen.[644] Weitere Duldungspflichten sind nicht ersichtlich. Der derzeitige Zustand ist damit rechtswidrig.

Umgekehrt besteht der FBA bei einem ursprünglich rechtswidrigen Eingriff nicht (mehr), wenn der Zustand zwischenzeitlich legalisiert worden ist, z.B. durch Erlass einer neuen Einweisungsverfügung.[645] Die bloße Legalisierungsmöglichkeit schließt den Tatbestand des FBA dagegen nicht aus, möglicherweise aber die Rechtsfolge (s.o. Rdnr. 468).

490 b) Voraussetzung ist allerdings, dass das hoheitliche Handeln kausal für den rechtswidrigen Zustand ist **(haftungsbegründende Kausalität)**. Zwischen der Amtshandlung der Behörde und den eingetretenen rechtswidrigen Folgen muss ein **„Vollzugszusammenhang"** bestehen.[646] Dies ist hier zweifelhaft, weil das Verbleiben der F in der Wohnung auf ihrer **eigenverantwortlichen Entscheidung** beruht.

491 aa) Unproblematisch ist die Zurechnung, wenn der rechtswidrige Zustand **unmittelbar** durch das hoheitliche Handeln hervorgerufen wird.[647]

Beispiel: Sichergestellte Gegenstände werden von der Polizei zwangsweise in Verwahrung genommen.

---

641 BVerwGE 69, 366, 370@; BGH DVBl. 1995, 1131, 1132@; Bumke JuS 2005, 22, 23; Schoch Jura 1993, 478, 483; VerwArch 1988, 1, 39; Detterbeck Jura 1990, 38, 41 m.w.N.
642 Bumke JuS 2005, 22, 24.
643 BVerwG NVwZ 1994, 275; OVG Saarlouis RÜ 2004, 550, 553; BayVGH RÜ 2010, 329, 332.
644 Vgl. BayVGH, Beschl. v. 16.06.2008 – 11 ZB 08.189, juris Rdnr. 29.
645 Stangl JA 1997, 138, 139; Maurer § 30 Rdnr. 15.
646 So VGH Kassel NVwZ 1995, 300, 302.
647 BVerwGE 69, 366, 372@ m.w.N.

B. Der Folgenbeseitigungsanspruch 4. Abschnitt

Dem steht gleich die **freiwillige Befolgung** eines VA durch den Adressaten. Denn derjenige, der einem staatlichen Ge- oder Verbot freiwillig nachkommt, darf hinsichtlich der Folgenbeseitigung nicht schlechter stehen als bei zwangsweiser Durchsetzung. Im Rahmen des Regelungsgehaltes des VA wird das Verhalten des Adressaten oder Dritter dem behördlichen Vollzug gleichgestellt.

Beispiele: Der Bürger zahlt den mit einem Abgabenbescheid geforderten Geldbetrag.[648] Ebenso wird die Verwirklichung der Baugenehmigung durch den Bauherrn der Behörde zugerechnet;[649] anders wenn ohne Baugenehmigung oder unter Abweichung von der erteilten Genehmigung „schwarz" gebaut wird.[650]

bb) Zurechnungsprobleme ergeben sich dann, wenn die unmittelbaren Beeinträchtigungen – wie hier – durch **Dritte** hervorgerufen werden. Wie im Rahmen des § 1004 BGB ist anerkannt, dass der Staat **(mittelbarer) Störer** ist, wenn durch seinen maßgeblichen Willen ein rechtswidriger Zustand geschaffen wird. Deshalb sind dem Staat Handlungen Dritter zuzurechnen, wenn der Hoheitsträger das Verhalten des unmittelbaren Störers steuert oder durch sein Verhalten eine **typische Gefährdungssituation** für die subjektiven Rechte des Betroffenen schafft oder die von Dritten geschaffene Gefahrenlage aufrechterhält.[651]

492

Das gilt z.B für alle Störungen, die sich aus der bestimmungsgemäßen Benutzung einer öffentlichen Einrichtung ergeben,[652] z.B. Immissionen bei der Benutzung von Sport- und Spielplätzen,[653] Lärmbelästigungen durch Benutzer einer öffentlichen Einrichtung,[654] Geräusche bei der Benutzung von Wertstoffcontainern.[655] Keine Zurechnung erfolgt dagegen bei Missbrauch der Sachen oder Exzessen Einzelner. In diesem Fall sind allein die privaten Störer und nicht der Hoheitsträger verantwortlich.[656]

493

Beispiele: Betreibt die Gemeinde einen Badesee, so werden ihr die üblichen Lärmimmissionen des Badebetriebs zugerechnet. Sie hat aber nicht dafür einzustehen, wenn Besucher angrenzende Grundstücke verschmutzen, Grundstückseinfahrten zuparken oder des Nachts Lärm verursachen.[657] Immissionen, die sich aus der üblichen Nutzung eines Altglas-Containers ergeben, muss sich die Behörde zurechnen lassen, nicht dagegen wilde Ablagerungen oder missbräuchliche Nutzungen in Ruhezeiten.[658] Etwas anderes gilt allerdings, wenn die Behörde zumutbare Sicherungs- und Kontrollmaßnahmen unterlassen hat.[659]

---

648 Kopp/Schenke VwGO § 113 Rdnr. 80.
649 VGH Kassel NVwZ 1995, 300, 302; Horn DöV 1989, 976, 977; Schenke DVBl. 1990, 328, 335; Schoch Jura 1993, 478, 485; Bumke JuS 2005, 22, 26; a.A. Kraft BayVBl. 1992, 456, 459.
650 VGH Kassel NVwZ 1995, 300, 302; vgl. auch AS-Skript Öffentliches Baurecht (2009), Fall 12
651 Zur vergleichbaren Situation bei § 1004 BGB vgl. BGH NJW 2005, 1366.
652 Bumke JuS 2005, 22, 23.
653 BVerwGE 81, 197.
654 BayVGH NVwZ 1997, 96.
655 VGH Kassel NVwZ-RR 2000, 668, 669; BayVGH BayVBl. 1996, 243; VG Köln NVwZ 1993, 401; VG Osnabrück NVwZ 2003, 1010; VG Augsburg, Urt. v. 27.05.2009 – Au 4 K 08.57, juris Rdnr. 28.
656 VGH Kassel NVwZ-RR 2000, 668, 669; BayVGH NVwZ 1997, 96; Bumke JuS 2005, 22, 23.
657 OVG Berlin NVwZ-RR 1988, 16.
658 VGH Kassel NVwZ-RR 2000, 668; BayVGH BayVBl. 1996, 243; VG Köln NVwZ 1993, 401; VG Düsseldorf NVwZ-RR 2001, 23; VG Osnabrück NVwZ 2003, 1010, 1011; VG Augsburg, Urt. v. 27.05.2009 – Au 4 K 08.57, juris Rdnr. 39; VG Saarlouis, Urt. v. 17.03.2010 – 5 K 1439/09, juris Rdnr. 33.
659 BVerwG NVwZ 1990, 858; VGH Mannheim NVwZ 1994, 920, 922; VG Osnabrück NVwZ 2003, 1010, 1011 f.; BayVGH, Beschl. v. 08.09.2008 – 22 ZB 07.3059, juris Rdnr. 5; Spindler/Spindler NVwZ 1993, 225, 227; Bumke JuS 2005, 22, 23.

494 cc) Die Beeinträchtigung wäre hier **unmittelbare** Folge des hoheitlichen Handelns, wenn das jetzige Verweilen der F in der Wohnung von der Einweisungsverfügung gedeckt wäre. Das ist aber gerade nicht der Fall; die Behörde hatte die Wohnung lediglich für 3 Monate beschlagnahmt. Das weitere Verbleiben stellt damit lediglich eine **mittelbare** Folge dar, die auf einem eigenen Willensentschluss der Familie F beruht.

495 (1) Deshalb wird der FBA in der vorliegenden Situation teilweise abgelehnt. Das rechtswidrige Verweilen des Eingewiesenen über den von der Behörde verfügten Zeitraum hinaus könne dieser nicht mehr zugerechnet werden. Der von den Eingewiesenen nach Ablauf der Frist ausgeübte Besitz sei nicht Folge der behördlichen Einweisung. Durch die Einweisungsverfügung sei lediglich die Rückgabe der Wohnung durch die (ehemaligen) Mieter verzögert worden. Die damit für den Eigentümer verbundene weitere Vorenthaltung des Besitzes und der Nutzung sei lediglich eine mittelbare, **nicht zurechenbare** Folge des hoheitlichen Handelns.[660]

496 (2) Dagegen spricht jedoch, dass auch mittelbare Folgen der Behörde zuzurechnen sind, wenn sie entweder zwangsläufige Folge der behördlichen Maßnahme sind (z.B. Verwirklichung des Bauvorhabens aufgrund einer Baugenehmigung) oder sich die Beeinträchtigung als **typische Realisierung** einer von der Behörde geschaffenen oder aufrechterhaltenen Gefahrensituation darstellt. Letzteres lässt sich hier damit bejahen, dass die Unterbringung von Obdachlosen typischerweise das Risiko beinhaltet, dass die Eingewiesenen auch nach Ablauf der Einweisungszeit in der Wohnung bleiben im Vertrauen darauf, dass die Behörde den weiteren Zustand billigen wird. Damit beruht der jetzige rechtswidrige Zustand zumindest auch noch auf der hoheitlichen Einweisung.[661]

Lag vor der Beschlagnahme bereits ein vollstreckbares Räumungsurteil vor, so reicht nach der Rspr. für die Zurechnung folgender Gedanke aus: „Den rechtswidrigen Zustand hat die Behörde durch ihre Verfügung verursacht; die Beschlagnahme der Wohnung hinweggedacht, wäre die Wohnung aufgrund des vollstreckbaren Räumungstitels nämlich längst geräumt."[662]

497 c) Die Beeinträchtigung **dauert an**, da sich Familie F noch immer in der Wohnung des E aufhält.

Damit sind die Voraussetzungen des FBA erfüllt.

III. Der FBA ist **ausgeschlossen**, wenn die Folgenbeseitigung tatsächlich oder **rechtlich unmöglich** ist.

---

[660] OLG Köln NJW 1994, 1012, 1013; Schenke DVBl. 1990, 328, 337; Roth DVBl. 1996, 1401, 1406; Erichsen/Biermann Jura 1998, 371, 379 m.w.N.: Zurechnung nur bei Einweisung in eine leerstehende Wohnung.
[661] OVG NRW DVBl. 1991, 1372; i. E. ebenso BGH DVBl. 1995, 1131, 1132@; OVG Berlin NVwZ 1992, 501, 502; Götz VBlBW 1987, 424; Rüfner JuS 1997, 309; Bumke JuS 2005, 22, 27; Durner JuS 2005, 900.
[662] VGH Mannheim NJW 1997, 2832, 2833; NJW 1990, 2770, 2771; zustimmend Detterbeck Jura 1990, 38, 41; Bumke JuS 2005, 22, 27.

B. Der Folgenbeseitigungsanspruch — 4. Abschnitt

1. Da E ein Einschreiten gegen F begehrt, könnte die rechtliche Möglichkeit hier davon abhängen, ob der Behörde eine **Eingriffsbefugnis** gegen den Dritten zusteht. **498**

   a) Teilweise wird in der Lit. eine zusätzliche Befugnis nicht gefordert. Denn sonst könnte der Gesetzgeber durch Nichterlass einer Ermächtigungsgrundlage den FBA umgehen. Die Ermächtigung zum Einschreiten gegen den Dritten durch Rückgängigmachung der rechtswidrigen Begünstigung ergebe sich unmittelbar aus den Grundrechten des Betroffenen und aus Art. 20 Abs. 3 GG.[663] **499**

   b) Das würde jedoch dazu führen, dass eine Grundrechtsbeeinträchtigung beim Anspruchsteller allein zur Rechtfertigung für Grundrechtseingriffe zulasten des Dritten herangezogen wird. Das erschwert nicht nur die bei Grundrechtskollisionen erforderliche Interessenabwägung (immanente Schranken), sondern löst diese auch vollständig von jeder gesetzlichen Vorgabe. Gerade im Bereich der Grundrechtskollision fordert der Vorbehalt des Gesetzes, dass die Grundentscheidung vom Gesetzgeber getroffen werden muss. Daraus folgt, dass der FBA jedenfalls allein keine Rechtsgrundlage für Eingriffe in Rechte Dritter bietet. Der Anspruch ist daher nur zu bejahen, wenn für die Behörde aufgrund einer Ermächtigungsgrundlage die **rechtliche Möglichkeit der Durchsetzung des Anspruchs** besteht.[664] **500**

   > Die Rechtmäßigkeit der begehrten Ordnungsverfügung gegen den Dritten wird also inzident im Rahmen der „rechtlichen Möglichkeit" beim FBA geprüft. Kann eine solche Verfügung rechtmäßigerweise nicht erlassen werden, ist die Folgenbeseitigung rechtlich unmöglich, der FBA scheidet aus. Der Bürger ist auf Amtshaftungsansprüche verwiesen, die allerdings ein Verschulden voraussetzen.

2. Die rechtliche Möglichkeit zur Folgenbeseitigung hängt hier davon ab, ob die Stadt S gegen F eine Räumungsverfügung erlassen kann. Als Rechtsgrundlage hierfür kommt nur die polizei-/ordnungsrechtliche **Generalklausel** in Betracht. **501**

   a) Dann müsste eine **Gefahr für die öffentliche Sicherheit** bestehen.

   aa) Diese Gefahr könnte sich aus einem Verstoß gegen § 123 StGB (**Hausfriedensbruch**) ergeben. In der verwaltungsgerichtlichen Rspr. wird dies teilweise ohne nähere Begründung bejaht.[665] **502**

   Dagegen spricht jedoch, dass dem Mieter auch nach Kündigung des Mietverhältnisses das Hausrecht bis zur tatsächlichen Räumung der Wohnung zusteht. Daher ist z.B. anerkannt, dass sich der Mieter auch nach Ablauf des Mietverhältnisses beim Verbleiben in der Wohnung keines Hausfriedensbruchs schuldig macht.[666]

---

663 Schenke DVBl. 1990, 328, 331 m.w.N.; vgl. auch Schloer JA 1992, 39, 44.
664 Vgl. VGH Kassel NVwZ 1995, 300, 301; Kraft BayVBl. 1992, 456, 457; Kemmler JA 2005, 908, 909.
665 VGH Mannheim NVwZ 1987, 1101; Detterbeck Jura 1990, 38, 42; Drews/Wacke/Vogel/Martens § 22, 3 c, S. 340; Erichsen, JK 88, PolG BW §§ 1, 3/1; auch schon PrOVGE 92, 108 u. 113.

503 bb) Schutzgut der öffentlichen Sicherheit sind jedoch auch die Individualrechtsgüter des Einzelnen, hier das Eigentum des E an der Wohnung. Bei einer Verletzung von Individualrechtsgütern gilt jedoch der **Grundsatz der Subsidiarität** des behördlichen Einschreitens. Zum Schutz privater Rechte darf die Behörde nur tätig werden, wenn gerichtliche Hilfe nicht oder nicht rechtzeitig möglich ist.[667]

Hier könnte E vor dem Amtsgericht auf Räumung klagen und das Urteil später durch den Gerichtsvollzieher vollstrecken lassen, sodass ein behördliches Einschreiten zum Schutz des privaten Eigentums nicht zulässig wäre.

504 cc) Die Rspr. stellt deshalb ergänzend auf die Nichtbefolgung der **Folgenbeseitigungspflicht** durch die Behörde ab. Die Einweisung rechtfertigt sich aus der **Notstandspflicht** des Eigentümers, wenn die Behörde die Gefahr der Obdachlosigkeit nicht auf andere Weise abwehren kann (s.u. Rdnr. 509). Damit korrespondiert ein Anspruch des Betroffenen, dass die Maßnahme nur solange aufrechterhalten bleibt, bis eine andere Möglichkeit der Gefahrenabwehr besteht. Durch die Exmittierung der Eingewiesenen wird somit die im öffentlichen Interesse zu vermeidende Gefahr einer Nichterfüllung des Anspruchs des Eigentümers auf Folgenbeseitigung ausgeräumt.[668]

Die Behörde ist daher berechtigt, auf der Grundlage der Generalklausel gegen die Eingewiesenen einzuschreiten, um dem Eigentümer wieder den Besitz an den Räumen zu verschaffen.

505 b) **Sonstige Bedenken** gegen den Erlass einer Räumungsverfügung bestehen nicht. Familie F ist als Verhaltensstörer **richtiger Adressat**. Zwar steht das Einschreiten gegen den Dritten grds. im Ermessen der Behörde. Jedoch führt die **Folgenbeseitigungslast** regelmäßig zu einer **Ermessensreduzierung**.[669] Aufgrund der überwiegenden Eigentümerinteressen des E erweist sich die Räumungsverfügung auch als **verhältnismäßig**.

Die Folgenbeseitigungslast besteht unabhängig davon, ob der private Eigentümer über einen Räumungstitel gegen den eingewiesenen früheren Mieter verfügt. Der öffentlich-rechtliche Anspruch ist nicht subsidiär gegenüber der privaten Vollstreckung.[670]

Damit ist die Folgenbeseitigung durch Erlass einer Räumungsverfügung **rechtlich möglich**. Da sonstige Einschränkungen nicht ersichtlich sind, ist der FBA gegeben.

---

666 RGSt 36, 322, 323; Fischer StGB § 123 Rdnr. 3; Schäfer in: MK-StGB § 123 Rdnr. 36; Günther/Traumann NVwZ 1993, 130, 136; Lübbe VBlBW 1994, 180; Erichsen/Biermann Jura 1998, 371, 380.
667 Pieroth/Schlink/Kniesel POR Rdnr. 42.
668 OVG NRW DVBl. 1991, 1372; VGH Mannheim NJW 1997, 2832, 2833; NJW 1990, 2270, 2271; Volkmann JuS 2001, 888, 892; ebenso i. E. BGH DVBl. 1995, 1131, 1132; a.A. Erichsen/Biermann Jura 1998, 371, 380.
669 BGH DVBl. 1995, 1131, 1132@; VGH Mannheim NJW 1997, 2832, 2833; NJW 1990, 2270, 2271; Kemmler JA 2005, 908, 909; Durner JuS 2005, 900; ebenso Kopp/Schenke VwGO § 113 Rdnr. 83: Ermessensreduzierung aus allgemeinen Erwägungen, ohne dass es eines Rückgriffs auf die Folgenbeseitigungslast bedarf.
670 VGH Mannheim NJW 1997, 2832, 2833; NJW 1990, 2770, 2771; OVG NRW NVwZ 1991, 405; OVG Berlin NVwZ 1992, 501, 502; Rüfner JuS 1997, 309, 310 FN 8 m.w.N.

IV. Seiner **Rechtsfolge** nach richtet sich der Folgenbeseitigungsanspruch grds. auf die **Wiederherstellung des früheren Zustandes**.

1. Zum Teil wird in den Einweisungsfällen angenommen, der FBA könne nur bestehen, wenn die Eingewiesenen zuvor noch **keinen Besitz** an der Wohnung gehabt hätten. Haben sie dagegen die Wohnung, wie im vorliegenden Fall, schon vor Erlass der Beschlagnahmeverfügung, z.B. aufgrund eines zwischenzeitlich beendeten Mietverhältnisses, in Besitz gehabt, habe der Eigentümer nur einen Anspruch auf Wiederherstellung des vor der Einweisung gegebenen Zustandes, also Herausgabe der (noch) bewohnten Räume, sodass es Sache des Eigentümers wäre, zivilrechtlich für die Räumung zu sorgen.[671]

506

2. Dem folgt die h.M. nicht: Durch die Beschlagnahme erhalte die Behörde die Rechtsmacht, über die Räume wie ein Nutzungsberechtigter zu verfügen. Die Nutzung der Räume durch die eingewiesenen Personen sei gleichzeitig Nutzung der Räume durch die Behörde. Diese Nutzung dauert nach Beendigung der Einweisung an, solange die Wohnung nicht geräumt ist. Mit dem Ende der Einweisungszeit entfalle nur der Rechtsgrund der behördlichen Nutzung, nicht die Nutzung selbst.[672]

507

Für die h.M. spricht, dass das öffentlich-rechtliche Nutzungsverhältnis, das durch die Einweisung begründet wird, zwischen der Behörde und dem Eigentümer besteht. Aus diesem Nutzungsverhältnis ist folglich die Behörde zur Räumung verpflichtet, unabhängig von einer zivilrechtlichen Räumungspflicht des Eingewiesenen. Außerdem wurde die Wohnung beschlagnahmt, damit der Räumungsschuldner dort wohnen bleiben konnte. Gegenstand der Inanspruchnahme war nicht eine bewohnte, sondern eine freiwerdende, verfügbare Wohnung. Deshalb hat E als FBA einen Anspruch auf **Herausgabe der geräumten Wohnung**. Diesen Anspruch kann er im Wege der Verpflichtungsklage und ggf. einer einstweiligen Anordnung nach § 123 VwGO durchsetzen.

Nach h.M. handelt es sich um eine Verpflichtungsklage, da zur Räumung der Erlass eines VA gegen den Dritten erforderlich ist.[673] Nach der Gegenansicht ist eine allgemeine Leistungsklage einschlägig, da der Eigentümer die Herausgabe der Wohnung, also schlichtes Verwaltungshandeln, begehrt. Ob die Behörde als Zwischenschritt gegen den Dritten eine Räumungsverfügung erlassen müsse, sei für die Klageart des Eigentümers unerheblich.[674]

Der Gewährung vorläufigen Rechtsschutzes nach § 123 VwGO steht das Verbot der Vorwegnahme der Hauptsache ausnahmsweise nicht entgegen, da der Eigentümer vor irreparablen Schäden bewahrt werden soll.[675] Außerdem kann der Eigentümer nach h.M. gegen den ehemaligen Mieter zivilrechtlich auf Räumung klagen und ggf. auch einen vorhandenen Räumungstitel vollstrecken.[676]

---

[671] OLG Köln NJW 1994, 1012, 1013; Rietdorf/Böckenförder/Heise/Strehlau § 19 OBG Rdnr. 18; Roth DVBl. 1996, 1401, 1408 m.w.N.
[672] Vgl. BGH NVwZ 2006, 963, 964; DVBl. 1995, 1131, 1132@; VGH Mannheim NJW 1997, 2832, 2833; NJW 1990, 2770, 2771; OVG Berlin NVwZ 1992, 501, 502; OVG NRW NVwZ 1991, 905, 906; Knemeyer JuS 1988, 696, 698; Detterbeck Jura 1991, 38, 41; Schoenbroicher MDR 1993, 97, 98; Rinne/Schlick NVwZ 1997, 34, 40; Volkmann JuS 2001, 888, 892.
[673] Würtenberger/Heckmann, PolR in BW, Rdnr. 481 m.w.N.
[674] Kemmler JA 2005, 908, 910.
[675] BGH DVBl. 1995, 1131, 1133@.
[676] Günther/Traumann NVwZ 1993, 130, 135; Schoenbroicher MDR 1993, 97, 98 ff. m.w.N. auf die Gegenansicht, die davon ausgeht, der Titel sei aufgrund der Beschlagnahme verbraucht.

Ergänzung zu Fall 14:

508 Die Einweisung bei drohender Obdachlosigkeit erfolgt auf der Grundlage der polizei-/ordnungsrechtlichen **Generalklausel** (Gefahr für die öffentliche Sicherheit),[677] ggf. aufgrund Spezialregeln über die Sicherstellung (s.o. Rdnr. 483 f.) oder Beschlagnahme (z.B. § 33 Abs. 1 Nr. 1 BW PolG, § 27 Abs. 1 Nr. 1 SächsPolG).

Aus dem SGB XII (Sozialhilfe) können sich zwar Ansprüche des Obdachlosen bzgl. der Unterkunft gegen die Sozialhilfebehörde ergeben (vgl. §§ 27, 29, 34 SGB XII).[678] Das SGB XII berechtigt jedoch nicht zur Inanspruchnahme Dritter.[679]

509 Hierbei kommt auch eine Einweisung in die bislang bewohnten Räume in Betracht, selbst wenn dadurch ein zivilgerichtliches **Räumungsurteil** unterlaufen wird.[680] Da der bisherige Vermieter nicht Störer ist, kommt seine Inanspruchnahme nur unter den Voraussetzungen der **Notstandspflicht** in Betracht.[681] Der dadurch bewirkte Eingriff in das durch Art. 14 GG geschützte Eigentumsrecht ist nur in Notlagen und auch nur für einen eng begrenzten Zeitraum zulässig, wenn die Behörde der Gefahr nicht auf andere Weise abhelfen kann. Insbes. ist die Behörde gehalten, geeigneten Ersatzwohnraum zu beschaffen.[682]

Dabei nimmt die h.M. i.d.R eine Höchstfrist von vier bis sechs Monaten an;[683] vgl. auch die gesetzlichen Höchstfristen in § 33 Abs. 3 S. 2 BW PolG, § 27 Abs. 3 S. 2 SächsPolG.

510 Der in Anspruch genommene Eigentümer hat als Notstandspflichtiger einen **Ausgleichsanspruch** nach dem Polizei- und Ordnungsrecht (vgl. unten Rdnr. 741).[684] Der Anspruch umfasst den Mietzinsausfall, die Räumungskosten und Ersatz für etwaige Beschädigungen, soweit diese der Behörde zurechenbar sind.[685]

Die Zurechenbarkeit hat der BGH bejaht, wenn die Einweisung zu erheblichen Spannungen im Verhältnis (bisheriger) Vermieter – Mieter führt, die situationsbedingt das Risiko eines unsachgemäßen Gebrauchs bis hin zur mutwilligen Beschädigung der Wohnung erhöhen.[686]

511 Ergänzend kommen **Amtshaftungsansprüche** (Art. 34 S. 1 GG, § 839 BGB) in Betracht, wenn die Behörde nach Ablauf der (rechtmäßigen) Einweisungszeit ihrer Folgenbeseitigungspflicht nicht nachkommt.[687]

---

677 OVG Lüneburg NJW 2010, 1094, 1095; DÖV 2004, 963; OVG MV NJW 2010, 1096, 1097; BayVGH NVwZ-RR 2002, 575; Ruder NVwZ 2001, 1223, 1225.
678 Vgl. z.B. BVerwG NJW 2005, 310 zur Angemessenheit von Unterkunftskosten in der Sozialhilfe.
679 Vgl. Ewer/v.Detten NJW 1995, 353 ff.; Ruder NVwZ 2001, 1223 ff.; Volkmann JuS 2001, 888, 890 m.w.N. jeweils zur früheren Rechtslage nach dem BSHG.
680 OVG Lüneburg NJW 2010, 1094, 1095; RÜ 2010, 391 ff.; OVG NRW NVwZ 1991, 692, Greifeld JuS 1992, 819, 822; Ewer/v.Detten NJW 1995, 353, 357; Volkmann JuS 2001, 888, 891.
681 BGH NVwZ 2006, 963; OVG NRW NVwZ 1991, 692; Günther/Trautmann NVwZ 1993, 130, 132; Ewer/v.Detten NJW 1995, 353; Erichsen/Biermann Jura 1998, 371, 377; Volkmann JuS 2001, 888, 891.
682 OVG Lüneburg NJW 2010, 1094, 1095; OVG NRW NVwZ 1991, 692; VG Köln NVwZ-RR 1990, 414, 415; Ewer/v.Detten NJW 1995, 353, 355; Volkmann JuS 2001, 888, 891.
683 OVG Lüneburg NJW 2010, 1094, 1095; OVG Berlin NJW 1980, 2484, 2485; VGH Mannheim NVwZ-RR 1990, 476; BayVGH NVwZ-RR 1991, 196 (zwei Monate); Übersicht bei Günther/Trautmann NVwZ 1993, 130, 134 f.
684 Vgl. Art. 70 Abs. 1 BayPAG; § 55 Abs. 1 S. 1 PolG BW; § 59 Abs. 1 Nr. 1 ASOG Bln; § 38 Abs. 1 a OBG Bbg; § 56 Abs. 1 S. 1 Brem PolG; § 10 Abs. 3 S. 1 Hbg SOG; § 64 Abs. 1 S. 1 HSOG; § 72 Abs. 1 SOG MV; § 80 Abs. 1 S. 1 Nds SOG; § 39 Abs. 1 a OBG NRW; § 68 Abs. 1 S. 1 POG RhPf; § 68 Abs. 1 S. 1 SPolG; § 52 Abs. 1 S. 1 SächsPolG; § 69 Abs. 1 S. 1 SOG LSA; § 221 Abs. 1 LVwG SH; § 68 Abs. 1 S. 1 ThürPAG, § 52 Thür OBG.
685 BGH NVwZ 2006, 963; NJW 1996, 315.
686 Von BGH NJW 1996, 315, 316 bejaht bei Vorliegen eines Räumungstitels und anschließender Räumungsvollstreckung; von BGH NVwZ 2006, 963, 964 verneint bei bloßem Vorliegen einer Kündigung wegen Mietrückständen.
687 Vgl. BGH NJW 1996, 315; NJW 1995, 2918; Volkmann JuS 2001, 888, 892 ff. m.w.N.

512 Eine Haftung der Behörde **analog § 280 BGB** scheidet dagegen mangels schuldrechtsähnlicher Sonderbeziehung aus (dazu unten Rdnr. 763).[688]

Umstritten ist, ob die Gemeinde gegen den eingewiesenen Obdachlosen einen Anspruch auf Nutzungsentschädigung hat.[689] Soweit fremder Wohnraum im Wege der Notstandspflicht in Anspruch genommen wird, besteht teilweise ein ausdrücklicher Rückgriffsanspruch (vgl. z.B. § 57 PolG BW, § 42 Abs. 2 OBG NRW). Ein öffentlich-rechtlicher Erstattungsanspruch scheidet dagegen aus, da die Einweisungsverfügung den Rechtsgrund für die Nutzung bildet.[690] Außerdem sind die Vorschriften des Polizeirechts vorrangig.[691] Bei Einweisung in eine gemeindeeigene Obdachlosenunterkunft kommt eine Benutzungsgebühr in Betracht (Benutzung einer öffentlichen Einrichtung).[692] Dies setzt allerdings eine entsprechende Gebührensatzung voraus.[693]

C. Der sozialrechtliche Herstellungsanspruch

I. Unterschied zum FBA

513 Unabhängig vom verwaltungsrechtlichen FBA ist im Sozialrecht der ebenfalls gesetzlich nicht geregelte **sozialrechtliche Herstellungsanspruch** entwickelt worden. Gerade im Sozial(versicherungs)recht ergeben sich Konstellationen, die weder mit Amtshaftungs- noch mit Folgenbeseitigungsansprüchen angemessen gelöst werden können.

Beispiele: Aufgrund einer falschen Auskunft der Behörde reicht der Rentner R einen Antrag auf Sozialleistungen verspätet ein, die nach Ablauf der Frist nicht mehr gewährt werden. – Der Versicherungsträger informiert den B falsch über die Höhe der freiwilligen Rentenversicherungsbeiträge. Da B zu geringe Beiträge zahlt, hat er später keinen Anspruch auf Rentenzahlung.

Ein Schadensersatzanspruch aus Amtshaftung (Art. 34 GG, § 839 BGB) kommt nur bei schuldhaftem Handeln in Betracht. Der FBA kann nur zur Wiederherstellung des früheren Zustandes führen; in den Beispielsfällen also nicht etwa zu einem Anspruch auf Rentenzahlung, da dies nicht die Wiederherstellung des früheren, sondern des Zustandes wäre, der jetzt bestehen würde, wenn der Pflichtverstoß unterblieben wäre.

514 Ausgangspunkt der Entwicklung war die Erkenntnis, dass im Sozialversicherungsrecht ein auf **intensive, längerfristige Rechtsbeziehungen angelegtes Rechtsverhältnis** zwischen Bürger und Staat besteht. Da das geltende Recht für solche Dauerrechtsverhältnisse keine angemessenen Sanktionen bereit hält, hat das BSG im Wege richterlicher Rechtsfortbildung den **sozialrechtlichen Herstellungsanspruch** entwickelt.[694] Im Kern handelt es sich um eine Haftung für Beratungsfehler im Sozialrechtsverhältnis.[695]

---

688 BGH NVwZ 2006, 963, 964.
689 Vgl. ausführlich Kanther NVwZ 2002, 828 ff.; Schoch, JK 3/05, ör EA/7.
690 Riedl BayVBl. 1993, 522, 523; Kanther NVwZ 2002, 828, 830; a.A. BayVGH NVwZ-RR 1991, 196; vgl. unten Rdnr. 629 f.
691 VGH Mannheim NVwZ-RR 1997, 123, 124.
692 OVG Lüneburg NVwZ-RR 2004, 777; VGH Mannheim NVwZ-RR 1997, 123; NVwZ-RR 1994, 325; a.A. Kanther NVwZ 2002, 828, 829 f. auch zur Zulässigkeit sog. Nutzungsvereinbarungen.
693 OVG Lüneburg NVwZ-RR 2004, 777; VGH Mannheim NVwZ-RR 1997, 123, 124; NVwZ-RR 1994, 325, 329.
694 BSGE 49, 76, 79; 52, 145, 147; 55, 261, 263; 57, 288, 290; 60, 245, 247; 61, 175, 176; 65, 21, 26; 73, 19, 25; 83, 30; NZS 2001, 599; BVerwG NJW 1997, 2966, 2967; Ossenbühl, S. 327 m.w.N.
695 Kemmler JA 2005, 908, 910.

II. Dogmatische Grundlage des Anspruchs

515 Die **dogmatische Grundlage** des sozialrechtlichen Herstellungsanspruchs ist nach wie vor umstritten. Teils wird er als Weiterentwicklung des FBA oder als Parallelerscheinung des FBA im Bereich des Leistungsrechts betrachtet, teils als Nebenpflicht des sozialrechtlichen Leistungsverhältnisses begründet, teils aus dem Grundsatz von Treu und Glauben abgeleitet, teils als Sonderfall materiell-rechtlicher Wiedereinsetzung in den vorigen Stand bewertet und teils einfach als Rechtsinstitut sui generis qualifiziert.[696] Jedenfalls ist seine Geltung als richterrechtlich entwickeltes und mittlerweile auch **gewohnheitsrechtlich anerkanntes Rechtsinstitut** praktisch unstreitig.[697]

III. Voraussetzungen des sozialrechtlichen Herstellungsanspruchs

516 Voraussetzungen des sozialrechtlichen Herstellungsanspruchs sind:[698]

- Bestehen einer konkreten **sozialrechtlichen Sonderbeziehung**

- **Pflichtverletzung** der Behörde (Handeln oder Unterlassen)

    insbes. durch falsche oder pflichtwidrig unterlassene Beratung oder Auskunft, sonstige Irreführung, mangelnde Aufklärung etc.

- **kausale Rechtsbeeinträchtigung** beim Bürger

    z.B. Verlust von Ansprüchen, erhöhte Beitragsaufwendungen etc.

- **rechtliche Zulässigkeit** der begehrten Amtshandlung zur Zeit der Geltendmachung des Herstellungsanspruchs

    Darf die Behörde die Leistung von Rechts wegen nicht (mehr) gewähren, kommt nur noch ein Schadensersatzanspruch in Betracht.

Wie der Folgenbeseitigungsanspruch ist der sozialrechtliche Herstellungsanspruch **verschuldensunabhängig**.[699]

IV. Rechtsfolgen des sozialrechtlichen Herstellungsanspruchs

517 Seiner **Rechtsfolge** nach ist der sozialrechtliche Herstellungsanspruch gerichtet auf Herstellung des Zustandes, der (jetzt) bestehen würde, wenn die Verwaltung rechtmäßig gehandelt hätte (anders als der FBA, der nur auf die Wiederherstellung des früheren Zustandes gerichtet ist).[700] Der Bürger wird so gestellt, wie er stünde, wenn die Verwaltung von Anfang an pflichtgemäß gehandelt hätte. Praktisch wird also eine im Gesetz vorgesehene, dem Betroffenen durch behördliches Fehlverhalten entgangene Sozialleistung nunmehr lediglich **mit einer anderen rechtlichen Begründung** gewährt. Deshalb ist der Herstellungsanspruch nur auf die Erbringung gesetzlich vorgesehener Leistungen gerichtet und umfasst nicht den Ausgleich sonstiger (mittelbarer) Nachteile[701] und ist auch nicht auf Schadensersatz oder Entschädigung gerichtet.[702]

---

696 Maurer § 30 Rdnr. 23; ausführlich zur Herleitung Wallerath DÖV 1994, 757, 759 ff.; Waßer JA 2001, 137 ff.
697 Schmitz/Schmitz JA 2005, 372, 373 m.w.N.
698 Vgl. BSGE 55, 261, 263; BVerwG NJW 1997, 2966, 2968; Bieback DVBl. 1983, 159, 160; Waßer JA 2001, 137, 138 ff.; Maurer § 30 Rdnr. 23; Ossenbühl, S. 328 ff.; Schmitz/Schmitz JA 2005, 372, 373 ff.
699 BSGE 49, 76, 77; BVerwG NJW 1997, 2966, 2967@; Maurer § 30 Rdnr. 21; Ossenbühl, S. 330; Waßer JA 2001, 137, 140; Schmitz/Schmitz JA 2005, 372, 374 f.
700 Kemmler JA 2005, 908, 910; Schmitz/Schmitz JA 2005, 372, 375 m.w.N.

In den o.g. Beispielsfällen heißt das: Der Antrag des R muss als fristgemäß behandelt werden. Dem B muss die Möglichkeit zur Nachzahlung von Rentenversicherungsbeiträgen gegeben werden.

V. Übertragbarkeit auf das allgemeine Verwaltungsrecht

Eine Übertragung des sozialrechtlichen Herstellungsanspruchs auf das **allgemeine Verwaltungsrecht** wird überwiegend abgelehnt, da er auf den oben skizzierten Besonderheiten des Sozialrechts beruht.[703] Selbst im **Sozialhilferecht** hat die Rspr. die Anwendung ausdrücklich abgelehnt.[704]

518

Neuerdings wird in der verwaltungsgerichtlichen Rspr. bei **falscher behördlicher Auskunft** (§ 25 Abs. 1 S. 2 VwVfG) zwar zum Teil ein FBA bejaht. Der Bürger sei so zu stellen, wie er stünde, wenn die Behörde die Auskunft richtig erteilt hätte.[705] Dagegen spricht jedoch, dass der FBA nicht auf Naturalrestitution gerichtet ist, sondern auf Wiederherstellung des früheren Zustandes (s.o. Rdnr. 437 f.). Der FBA ist insbes. kein allgemeiner Wiedergutmachungsanspruch, sodass mit dem FBA nicht die erstmalige Einräumung einer Position begehrt werden kann, die der Bürger bisher nicht innehatte.[706] Die neuere Tendenz in der Rspr. ist daher abzulehnen.

519

Aufbauschema: Sozialrechtlicher Herstellungsanspruch

I. Rechtsgrundlage

Art. 20 Abs. 3 GG, § 242 BGB analog, Gewohnheitsrecht u.a.

II. Voraussetzungen

1. Bestehen einer konkreten sozialrechtlichen Sonderbeziehung

   insbes. im Sozialversicherungsrecht, nicht im Sozialhilferecht

2. Pflichtverletzung der Behörde

   z.B. falsche Auskunft, unvollständige Beratung, sonstige Irreführung

3. kausale Rechtsbeeinträchtigung beim Bürger

   Verlust von Ansprüchen, erhöhte Aufwendungen etc.

4. rechtliche Zulässigkeit der begehrten Amtshandlung

5. kein Verschulden erforderlich

III. Rechtsfolge: Herstellung des Zustandes, der bei rechtmäßigem Handeln (jetzt) bestehen würde

---

701 Zusammenfassend BSGE 50, 88, 91; BVerwG NJW 1997, 2966, 2967; Bieback DVBl. 1983, 159; Ebsen DVBl. 1987, 389; Wallerath DÖV 1994, 757, 762; Schoch VerwArch 79 (1988), 1, 25, 54; Brugger AöR 112 (1987), 389; Maurer § 30 Rdnr. 23.
702 Schmitz/Schmitz JA 2005, 372, 375.
703 Vgl. BVerwGE 79, 192, 194; BVerwG NWVBl. 1990, 373, 374; NVwZ 1998, 1292, 1294; NJW 1997, 2966, 2967@; BayVGH BayVBl. 1995, 118; OVG Hamburg NJW 1991, 1076, 1077; Schoch Jura 1993, 478, 484; Kemmler JA 2005, 908, 910; offengelassen von VGH Mannheim DVBl. 1999, 176, 180.
704 OVG Koblenz NVwZ 1985, 509, 510; ablehnend auch BVerwG NJW 1997, 2966.@
705 VG Frankfurt, Urt. v. 04.03.2009 – 1 K 3876/08, juris Rdnr. 20; VG Frankfurt, Urt. v. 18.03.2010 – 1 K 3847/09, juris Rdnr. 33; OVG MV, Beschl. v. 28.05.2008 – 1 O 51/08, NordÖR 2008, 540.
706 So zutreffend VG Frankfurt – 1 K 1791/08, juris Rdnr. 53; ebenso BayVGH, Beschl. v. 27.01.2010 – 3 ZB 08.1569, juris Rdnr. 5.

D. Öffentlich-rechtlicher Abwehr- und Unterlassungsanspruch

I. Begründung des Abwehr- und Unterlassungsanspruchs

1. Abwehr des Eingriffs, nicht der Folgen

520 Der Folgenbeseitigungsanspruch ist auf die Beseitigung eines rechtswidrigen Zustandes (der Folgen des Verwaltungshandelns) gerichtet. Häufig geht es dem Bürger aber bereits darum, einen bevorstehenden oder andauernden **rechtswidrigen Eingriff** abzuwehren.

Beispiele: Der Nachbar will verhindern, dass dem Gaststättenbetreiber eine rechtswidrige Sperrzeitverkürzung erteilt wird (§ 18 GaststG). Der Ausländer will die drohende rechtswidrige Abschiebung verhindern (§ 58 AufenthG).

521 Wehrt sich der Bürger gegen einen **Eingriff durch VA**, so folgt ein Abwehranspruch aus einfach-gesetzlichen subjektiven Rechten und aus der Abwehrfunktion der Grundrechte (zumindest Art. 2 Abs. 1 GG). Der Durchsetzung des Abwehranspruchs gegen (rechtswidrige) Verwaltungsakte dienen Widerspruch und Anfechtungsklage.

In diesem Sinne bringen auch die §§ 42, 68, 113 VwGO entsprechend der ihnen zugrunde liegenden materiellen Konzeption einen Abwehranspruch zum Ausdruck.

522 Grundrechte schützen aber nicht nur vor Rechtsakten, sondern auch vor rechtswidrigen Eingriffen durch **schlichtes Verwaltungshandeln** (Realakte, tatsächliche Verrichtungen u.Ä.). Daher ist anerkannt, dass es auch einen (allgemeinen, schlichten) **öffentlich-rechtlichen Abwehr- und Unterlassungsanspruch** gibt.[707]

2. Anwendungsfälle

523 Die **wichtigsten Anwendungsfälle** des öffentlich-rechtlichen (Abwehr- und) Unterlassungsanspruchs sind:

- **hoheitliche Warnungen, Empfehlungen, Hinweise etc.**

  Beispiele: Warnung vor schädlichen Lebensmitteln und unsicheren Produkten;[708] Veröffentlichung von Warentests;[709] Warnung vor sog. Jugendsekten und Psychogruppen.[710]

- **Ehrschutz** gegen Hoheitsträger

  Beispiele: Äußerungen eines Hoheitsträgers über sog. Jugendsekten;[711] Äußerungen zu Stasi-Kontakten;[712] abfällige Äußerungen des AStA zu studentischen Verbindungen.[713]

- **Immissionen** durch hoheitlich betriebene Einrichtungen[714]

  Beispiele: Sport- und Bolzplätze, Kinderspielplatz, Kindergarten, Altglascontainer, Wertstoffsammelanlage, Feueralarmsirene, Kirchturmuhr, Glockengeläut, Straßenlaterne.

---

707 Vgl. Maurer § 30 Rdnr. 6.
708 BVerfG NJW 2002, 2621@; BVerwG NJW 1991, 1766, 1767.
709 BVerwG DVBl. 1996, 807.
710 BVerfG DVBl. 2001, 984; OVG NRW NJW 1996, 3355.
711 BVerfG NJW 2002, 2626@; BVerwG NJW 1998, 2919; NVwZ 1994, 162, 163; OVG NRW NJW 1996, 2114.
712 OVG Berlin NJW 1998, 257.
713 OVG Bremen NVwZ 2000, 342.
714 BVerwG NVwZ 1997, 390, 391; OVG NRW NWVBl. 2004, 480; VGH Kassel DVBl. 2000, 207.

3. Dogmatische Herleitung

Die **dogmatische Herleitung** des öffentlich-rechtlichen Unterlassungsanspruchs ist – ähnlich wie beim FBA – in Rspr. und Lit. umstritten. Überwiegend wird auf die **Abwehrfunktion der Grundrechte** abgestellt. Diese umfasse nicht nur die Verpflichtung des Staates, rechtswidrige Folgen von Amtshandlungen wieder zu beseitigen, sondern schließe auch ein, rechtswidrige Eingriffe in subjektive Rechte von vornherein zu unterlassen.[715]

524

„Die Grundrechte schützen den Bürger vor rechtswidrigen Beeinträchtigungen jeder Art, auch solchen durch schlichtes Verwaltungshandeln. Infolgedessen kann der Bürger, wenn ihm eine derartige Rechtsverletzung droht, gestützt auf das jeweils berührte Grundrecht Unterlassung verlangen."[716]

Allerdings ist der öffentlich-rechtliche Unterlassungsanspruch seiner Grundstruktur nach dem zivilrechtlichen Beseitigungs- und Unterlassungsanspruch ähnlich, sodass teilweise in Rspr. und Lit. (auch) auf eine **analoge Anwendung des § 1004 BGB** zurückgegriffen wird.[717]

525

Dies gilt wegen der vergleichbaren Interessenlage vor allem für Abwehransprüche im öffentlich-rechtlichen Nachbarschaftsverhältnis (s.u. Rdnr. 582 ff.).

Beide Begründungen schließen sich nicht aus, sondern ergänzen sich gegenseitig. Im Ergebnis ist jedenfalls **gewohnheitsrechtlich** anerkannt, dass der Staat rechtswidrige hoheitliche Eingriffe in subjektive Rechte unterlassen muss. Deshalb lässt die Rspr. zumeist ausdrücklich offen, woraus der Anspruch abzuleiten ist, da die Anspruchsvoraussetzungen in jedem Fall dieselben sind.

526

„Der Senat kann offen lassen, welches die Grundlage eines ... Abwehranspruches ist: der grundrechtliche Abwehranspruch aus Art. 2 Abs. 2 S. 1 und Art. 14 Abs. 1 S. 1 GG oder die §§ 1004, 906 BGB oder gar ein öffentlich-rechtlicher Folgenbeseitigungsanspruch."[718]

4. Unterschied zum Folgenbeseitigungsanspruch

a) Anders als beim Folgenbeseitigungsanspruch geht es beim Abwehr- und Unterlassungsanspruch nicht um die Beseitigung der Folgen des Eingriffs, sondern um die **Abwehr bzw. Verhinderung des Eingriffs** selbst. Durchgesetzt wird der Anspruch mittels der allgemeinen Leistungsklage, zumeist in Form der Unterlassungsklage. Begrifflich lassen sich je nach dem **Zeitpunkt** des hoheitlichen Handelns unterscheiden:

527

- der **vorbeugende Unterlassungsanspruch**, wenn künftiges Verwaltungshandeln abgewehrt werden soll (z.B. Unterlassen künftiger VAe oder ehrbeeinträchtigender Äußerungen),

- der **(schlichte) Abwehr- und Unterlassungsanspruch**, wenn es um die Beseitigung einer bereits eingetretenen Störung geht (z.B. Unterlassen des Betriebs einer emittierenden Anlage).

---

715 BVerwG DVBl. 2008, 1242; NJW 2006, 1303; VGH Mannheim NJW 1997, 754, 755; OVG Lüneburg NJW 1992, 192, 193; Rozek Jura 1998, 544, 548; Sproll JuS 1996, 313, 315; Remmert Jura 2007, 736, 742.
716 So BVerwG NJW 2006, 1303.
717 BayVGH UPR 2010, 153; NVwZ 1997, 96; VGH Mannheim NVwZ 1991, 184, 185; OVG Koblenz NVwZ 1990, 279; OVG NRW NVwZ 1985, 123; VGH Kassel NJW 1988, 1683; Laubinger VerwArch 1989, 261, 291 m.w.N.
718 So z.B. BVerwG DVBl. 1989, 463, 464; DVBl. 1988, 967, 968; ebenso BayVGH NVwZ 1998, 536; NJW 1997, 1181; OVG Schleswig NVwZ 1995, 1019; OVG NRW NWVBl. 2000, 19, 20; VGH Kassel NJW 1993, 3088, 3089; dagegen Pielow Jura 1994, 158, 159: FBA, Grundrechte und § 1004 BGB analog seien parallel zu prüfen.

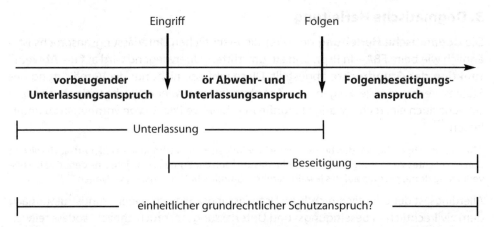

528 In Rspr. und Lit. wird überwiegend von einem **einheitlichen** öffentlich-rechtlichen Unterlassungsanspruch gesprochen, ohne materiell zwischen dem schlichten und dem vorbeugenden Unterlassungsanspruch zu unterscheiden. Lediglich prozessual ergeben sich Unterschiede beim **Rechtsschutzbedürfnis**.

Beispiel: Richtet sich der vorbeugende Unterlassungsanspruch gegen **schlichtes Verwaltungshandeln**, so muss eine Wiederholungs- oder Erstbegehungsgefahr bestehen (Rechtsgedanke des § 1004 Abs. 1 S. 2 BGB). – Bei der Abwehr **künftiger VAe** fehlt es i.d.R. am Rechtsschutzbedürfnis. Der Betroffene kann gegen den VA Widerspruch und Anfechtungsklage erheben und ist durch die gem. § 80 Abs. 1 VwGO grds. eintretende aufschiebende Wirkung ausreichend geschützt. Deshalb ist gegenüber drohenden VAen eine vorbeugende Unterlassungsklage nur ausnahmsweise zulässig, wenn die Verweisung auf den nach Erlass des VA möglichen Rechtsschutz **unzumutbar** ist (z.B. bei Eintritt irreparabler Nachteile).[719]

529 b) Da die Tatbestandsvoraussetzungen und Rechtsfolgen des Folgenbeseitigungsanspruchs einerseits und des öffentlich-rechtlichen Abwehr- und Unterlassungsanspruchs andererseits gesetzlich nicht geregelt sind, werden in Lit. und Rspr. **unterschiedliche Auffassungen** für die Abgrenzung der beiden Ansprüche vertreten.

So wird z.B. bei öffentlich-rechtlichen Immissionen zwischen Abwehr/Unterlassung der Immissionen (dann ör Unterlassungsanspruch) und Beseitigung der Störungsquelle (dann FBA) unterschieden. „Auf den Folgenbeseitigungsanspruch und nicht auf den öffentlich-rechtlichen Abwehranspruch ist immer dann abzustellen, wenn das Unterbinden der unmittelbaren Beeinträchtigung wegen der tatsächlichen Untrennbarkeit von Störungsquelle und Störungsfolgen eine Beseitigung auch der Störungsquelle erfordert."[720] Bedeutung hat dies vor allem für die Geltung der Ausschlussgründe (rechtliche und tatsächliche Unmöglichkeit oder Unzumutbarkeit), die nur beim FBA, nicht aber beim ör Unterlassungsanspruch eingreifen, s.u. Rdnr. 537.

530 Teilweise wird in der Lit. auf eine **Unterscheidung** zwischen dem Folgenbeseitigungsanspruch und dem öffentlich-rechtlichen (Abwehr- und) Unterlassungsanspruch ganz **verzichtet**. Sieht man den FBA wie den Unterlassungsanspruch als Ausprägung der Abwehrfunktion der Grundrechte, zielen beide auf die (Wieder-)Herstellung der Rechtsintegrität. Danach handelt es sich beim FBA und beim Unterlassungsanspruch nur um verschiedene Ausprägungen eines **allgemeinen Abwehr- und Beseitigungsanspruchs**.

---

[719] BVerwG DVBl. 1996, 1192, 1193; Erichsen Jura 1992, 384, 386; Dreier NVwZ 1988, 1073, 1076 m.w.N. (prozessuale Lösung); a.A. Sproll JuS 1990, 313, 314: kein prozessuales, sondern materielles Problem, da der vorbeugende Unterlassungsanspruch weitergehende Anspruchsvoraussetzungen als der schlichte Unterlassungsanspruch habe (materielle Lösung).

[720] VG Cottbus, Urt. v. 14.08.2008 – 4 K 123/05, juris Rdnr. 23; OVG NRW DÖV 1983, 1020; kritisch Schwabe DÖV 1984, 387.

D. Öffentlich-rechtlicher Abwehr- und Unterlassungsanspruch

Er ist primär ein Unterlassungsanspruch gegen den Staat und wandelt sich in einen (Folgen-) Beseitigungsanspruch, wenn der Eingriff erfolgt ist.[721]

Zwar hängen beide Ansprüche eng miteinander zusammen, sie unterscheiden sich aber gleichwohl. Während der FBA auf die Beseitigung der **Folgen eines Eingriffs** gerichtet ist, geht es beim öffentlich-rechtlichen Abwehr- und Unterlassungsanspruch darum, den **rechtswidrigen Eingriff abzuwehren** oder von vornherein **zu verhindern**. Der Abwehr- und Unterlassungsanspruch knüpft deshalb an die **Rechtswidrigkeit des Eingriffs** an, während beim FBA die **Rechtswidrigkeit des geschaffenen Zustandes** maßgebend ist (s.o. Rdnr. 451). **531**

Beispiel: Mit dem Unterlassungsanspruch sollen ehrbeeinträchtigende Äußerungen verhindert werden. Der FBA richtet sich dagegen auf Beseitigung der Folgen bereits vorgenommener Äußerungen (Widerruf einer unrichtigen Tatsachenbehauptung).

Gleichwohl lassen sich FBA und Unterlassungsanspruch nicht immer eindeutig voneinander abgrenzen, insbes. bei der Abwehr hoheitlicher Immissionen. **Beispiel:** Der Kläger wendet sich gegen die Nutzung des an sein Grundstück grenzenden öffentlichen Spielplatzes. Sieht man das hoheitliche Handeln in der Errichtung des Spielplatzes, so sind die Immissionen „Folgen" des Verwaltungshandelns, die mit dem FBA abzuwehren sind. Sieht man den Schwerpunkt dagegen im Betrieb der Einrichtung, dann wehrt sich der Betroffene gegen den gegenwärtigen hoheitlichen Eingriff mit einem öffentlich-rechtlichen Unterlassungsanspruch.[722] **532**

c) Damit ergibt sich folgende **Anspruchssystematik**: **533**

- Geht es darum, ein rechtswidriges Verwaltungshandeln zu verhindern oder zu unterbinden, kommt der **öffentlich-rechtliche Abwehr- und Unterlassungsanspruch** in Betracht.

- Will der Bürger, dass die durch das Verwaltungshandeln verursachten rechtswidrigen Folgen beseitigt werden, ist der **Folgenbeseitigungsanspruch** einschlägig.

- Sind Vermögensnachteile entstanden, kommen Entschädigungsansprüche aus **Aufopferung** (bei Eingriffen in die Rechtsgüter aus Art. 2 Abs. 2 GG)[723] bzw. **enteignungsgleichem Eingriff** (bei Eingriffen in das Eigentum, Art. 14 Abs. 1 GG)[724] in Betracht.

- Ist das rechtswidrige Verwaltungshandeln zudem schuldhaft, können außerdem **Amtshaftungsansprüche** (Art. 34 S. 1 GG, § 839 BGB) bestehen.[725]

---

721 Ossenbühl, S. 300 spricht von einem einheitlichen „grundrechtlichen Schutzanspruch auf Unterlassung, Beseitigung und Herstellung"; ähnlich Schoch Jura 1993, 478, 481: „übergreifender grundrechtlicher Integritätsanspruch"; Sproll JuS 1996, 313, 318 ff.: „allgemeiner Anspruch auf Bewältigung hoheitlicher Unrechtslasten". Auch die Rspr. geht zuweilen von einem einheitlichen Anspruch aus (vgl. z.B. VGH Mannheim NJW 1997, 754, 755).
722 So z.B. OVG NRW NWVBl. 2004, 480, 481; zur Abgrenzung vgl. Laubinger VerwArch 80 (1989), 261, 298 ff.; Maurer § 30 Rdnr. 12; Sproll JuS 1996, 313, 314 m.w.N.
723 Dazu unten Rdnr. 820 ff.
724 Dazu unten Rdnr. 787 ff.
725 Dazu unten Rdnr. 665 ff.

II. Voraussetzungen und Rechtsfolgen des Abwehr- und Unterlassungsanspruchs

1. Anspruchsvoraussetzungen

534 Voraussetzung des öffentlich-rechtlichen Abwehr- und Unterlassungsanspruchs ist ein **rechtswidriger hoheitlicher Eingriff** in ein subjektives Recht des Betroffenen, wobei der **Eingriff andauert oder bevorsteht**.[726]

Ist der Eingriff abgeschlossen bzw. beendet, kommen nur Folgenbeseitigungs-, Schadensersatz- oder Entschädigungsansprüche in Betracht.

Aufbauschema: Voraussetzungen des ör Unterlassungsanspruchs
■ **hoheitlicher Eingriff in ein subjektives Recht** 　■ hoheitliche Maßnahme 　■ subjektives Recht aus einfach-gesetzlichen Vorschriften oder Grundrechten ■ **Eingriff rechtswidrig** 　■ rechtswidriger Eingriff 　■ Eingriff dauert an oder steht bevor

a) Hoheitlicher Eingriff in ein subjektives Recht

535 Für den hoheitlichen Eingriff in ein subjektives Recht gelten dieselbe Grundsätze wie beim FBA. Subjektive Rechte können sich aus einfach-gesetzlichen Vorschriften und aus Grundrechten ergeben.

Beispiele: Eingriff in die Wettbewerbsfreiheit als Teil der Berufsfreiheit (Art. 12 Abs. 1 GG) durch hoheitliche Produktwarnungen, Eingriff in das Eigentum (Art. 14 Abs. 1 GG) und die Gesundheit (Art. 2 Abs. 2 GG) durch Immissionen einer öffentlichen Einrichtung, Eingriff in das allgemeine Persönlichkeitsrecht (Art. 2 Abs. 1 i.V.m. Art. 1 Abs. 1 GG) durch ehrbeeinträchtigende hoheitliche Äußerungen, Eingriff in die Glaubens- und Religionsausübungsfreiheit (Art. 4 Abs. 1 u. 2 GG) durch Warnungen oder kritische Äußerungen über Sekten.

b) Rechtswidrigkeit des Eingriffs

536 Rechtswidrig ist der Eingriff, wenn den Bürger keine Duldungspflicht trifft. Wie beim FBA können sich Duldungspflichten insbesondere aus Gesetz und aufgrund eines VA ergeben (s.o. Rdnr. 451 ff.). Anders als beim FBA wird beim Unterlassungsanspruch aber nicht auf das Erfolgsunrecht, sondern auf das **Handlungsunrecht** abgestellt.[727] Denn der Bürger wehrt sich nicht gegen die Folgen des Eingriffs, sondern gegen den Eingriff selbst.

---

[726] Vgl. z.B. BVerwG DVBl. 2008, 1242; NJW 2006, 1303; OVG NRW NWVBl. 2004, 151.
[727] Kemmler JA 2005, 908, 911.

Beispiele: Anlieger an öffentlichen Straßen haben nach dem Straßenrecht die Einwirkungen von Bäumen im Bereich der Straße grundsätzlich hinzunehmen (vgl. z.B. § 16 Abs. 3 S. 2 StrG Bln, § 28 Abs. 1 S. 3 HStrG, § 32 S. 2 NStrG, § 32 Abs. 2 S. 1 StrWG NRW, § 28 Abs. 1 S. 3 SächsStrG).[728] Bei hoheitlichen Immissionen kann sich eine Duldungspflicht analog § 906 BGB ergeben (s.u. Rdnr. 586 f.).

c) Keine Ausschlussgründe

Die **Ausschlussgründe** des FBA (rechtliche und tatsächliche Unmöglichkeit sowie Unzumutbarkeit) finden beim Unterlassungsanspruch **keine Anwendung**. Dies folgt aus der unterschiedlichen Rechtsfolge: Während der FBA auf positives Tun gerichtet ist, das den genannten Einschränkungen unterliegen kann, soll mit dem Unterlassungsanspruch lediglich rechtswidriges Verhalten abgewehrt werden. Ein Unterlassen ist stets möglich und zumutbar.[729]

537

2. Rechtsfolge

Seiner Rechtsfolge nach ist der Anspruch auf Unterlassung gerichtet, wenn es – wie im Regelfall – darum geht, dass ein rechtswidriger Eingriff verhindert werden soll **(Unterlassungsanspruch)**.

538

Beispiele: Verhinderung ehrbeeinträchtigender Äußerungen, Unterlassung hoheitlicher Immissionen.

Dauert der Eingriff an, ist aber noch nicht abgeschlossen, so ist der Anspruch auf Beendigung des Eingriffs gerichtet **(Abwehranspruch)**. Der Hoheitsträger ist verpflichtet, den Eingriff zu unterlassen und alle Maßnahmen zu treffen, die notwendig sind, damit die Rechtsbeeinträchtigung beendet wird. Nach teilweise vertretener Ansicht kommt deshalb u.U. auch ein Anspruch auf **Beseitigung** in Betracht.[730]

539

Beispiele: Anspruch auf Beseitigung eines Straßenbaums, wenn das angrenzende Anliegergrundstück unzumutbar verschattet wird. Davon ist allerdings nur in gravierenden Ausnahmefällen auszugehen, etwa bei vollständiger Verschattung des gesamten Grundstücks während des ganz überwiegenden Teils des Tages.[731] Ebenso besteht i.d.R. kein Anspruch auf Beseitigung einer vor dem Anliegergrundstück errichteten Straßenlaterne, weil die damit typischerweise verbundenen Immissionen von den Nachbarn als ortsübliche Beleuchtung der Verkehrsflächen hinzunehmen ist.[732]

Nach richtiger Ansicht handelt es sich in diesen Fällen gar nicht um einen Abwehr- und Unterlassungsanspruch, sondern um einen FBA, wenn die **Beseitigung der Störungsquelle** (Baum, Laterne) verlangt wird (s.o. Rdnr. 456 ff). Dafür spricht, dass die Errichtung der Anlage i.d.R. rechtmäßig sein wird und sich der Betroffene nur gegen den Betrieb der Anlage wehrt, weil die damit verbundenen **Folgen** unzumutbar sind.

540

Ein Unterlassungsanspruch ist jedoch einschlägig, wenn der Schwerpunkt auf dem Betrieb der Anlage liegt (s.o. Rdnr. 532). So besteht im obigen Beispiel zwar kein Folgenbeseitigungsanspruch auf Entfernung der Straßenlaterne, jedoch kann bei unzumutbaren Beeinträchtigungen ein Anspruch auf Schutzmaßnahmen, z.B. auf Minderung der Lichteinstrahlung bestehen.[733]

---

728 VG Berlin, Urt. v. 13.04.2010 – 1 K 408/09.
729 Kemmler JA 2005, 908, 910.
730 Detterbeck/Windhorst/Sproll § 13 Rdnr. 28; Graulich ZAP 2005, 571, 573.
731 VG Berlin, Urt. v. 13.04.2010 – 1 K 408/09.
732 OVG Koblenz, Urt. v. 11.06.2010 – 1 A 10474/10.OVG; VG Koblenz, Urt. v. 23.11.2009 – 4 K 473/09.KO; VG Düsseldorf, Urt. v. 18.03. 2008 – 16 K 3722/07.
733 VG Koblenz, Urt. v. 23.11.2009 – 4 K 473/09.KO; einschränkend OVG Koblenz, Urt. v. 11.06.2010 – 1 A 10474/10.OVG.

III. Fallgruppen

1. Hoheitliche Warnungen, Hinweise, Empfehlungen

> **Fall 15: Warentest**
>
> Ausgelöst durch Eigenkontrolluntersuchungen eines Herstellers wurden Anfang Mai 2010 in Geflügelfleisch Rückstände des Unkrautvernichtungsmittels Nitrofen gefunden. Recherchen der zuständigen Behörden gelangten zu dem Ergebnis, dass Ursache hierfür die Kontamination von Futterweizen war, der in einer Halle gelagert worden war, die früher u.a. auch als Lager für Pflanzenschutzmittel diente. Dies führte zu einer bundesweiten Verschleppung von Nitrofen über die Futtermittelkette in bestimmte Lebensmittel. Um das Vertrauen in den Futtermittelmarkt wiederherzustellen, führte die Bundesforschungsanstalt für Landwirtschaft im Auftrag des Bundesministeriums für Ernährung, Landwirtschaft und Verbraucherschutz (L) einen Warentest durch, dessen Ergebnis L veröffentlicht hat. Dabei wurde u.a. ein Produkt des Futtermittelherstellers K mit mangelhaft bewertet. Das Produkt enthielt zwar keine schädlichen Inhaltsstoffe, die Untersuchung der bei K genommenen Probe ergab jedoch eine erhebliche Abweichung zwischen den Produktangaben und den tatsächlichen Inhaltsstoffen. K hält das Testverfahren für unzureichend, außerdem gehöre es nicht zu den Aufgaben des L, Warentests durchzuführen und zu veröffentlichen. Da K seit Veröffentlichung des Tests einen erheblichen Umsatzrückgang zu verzeichnen hat, nimmt er L auf Unterlassung weiterer Veröffentlichungen in Anspruch. L steht demgegenüber auf dem Standpunkt, dass sie die Interessen der Landwirtschaft durch entsprechende Informationen bundesweit verfolgen dürfe. Die Testergebnisse seien zutreffend. Der Test ziele auf die Wiederherstellung des Vertrauens in den Futtermittelhandel. Angesichts des erheblichen Ausmaßes des Skandals sei eine bundesweite Information erforderlich gewesen.

541 A. Als Grundlage für das Begehren des K kommt der **allgemeine öffentlich-rechtliche Unterlassungsanspruch** in Betracht. Dieser gesetzlich nicht geregelte Anspruch wird überwiegend unmittelbar aus der Abwehrfunktion der Grundrechte hergeleitet. Andere greifen auf den Rechtsgedanken des § 1004 BGB zurück. Diese verschiedenen Begründungen schließen sich jedoch nicht aus, sondern ergänzen sich gegenseitig. Jedenfalls ist der Unterlassungsanspruch allgemein anerkannt und wird heute überwiegend als **gewohnheitsrechtlicher Grundsatz** des Verwaltungsrechts qualifiziert.[734] Deshalb kann auch dahinstehen, ob es sich hierbei um einen eigenständigen Anspruch handelt oder lediglich um einen Aspekt eines einheitlichen grundrechtlichen Abwehr- und Beseitigungsanspruchs.

542 B. **Voraussetzung** des Unterlassungsanspruchs ist das Vorliegen eines rechtswidrigen hoheitlichen Eingriffs in subjektive Rechte des Betroffenen, der andauert oder bevorsteht.[735]

---

[734] Vgl. BVerwG DVBl. 1989, 463, 464; DVBl. 1988, 967, 968; OVG NRW OVGE 47, 183, 185; VGH Kassel NJW 1993, 3088, 3089; Dietlein/Heyers NWVBl. 2000, 77, 78; Kemmler JA 2005, 908, 910.

[735] Vgl. beispielhaft BVerwG DVBl. 2008, 1242; NJW 2006, 1303; OVG NRW NWVBl. 2004, 151.

D. Öffentlich-rechtlicher Abwehr- und Unterlassungsanspruch 4. Abschnitt

I. Der Anspruch setzt zunächst einen **Eingriff in ein subjektives öffentliches Recht** voraus. Hier kommt das Grundrecht des K aus Art. 12 GG in Betracht.

1. Dann müsste der **Schutzbereich** dieses Grundrechtes betroffen sein. Das Verhalten eines Unternehmers im wirtschaftlichen Wettbewerb ist grds. Teil seiner unternehmerischen Betätigung und damit Teil der von Art. 12 GG geschützten Berufsfreiheit.[736]   543

2. Die Veröffentlichung des Warentests müsste einen **hoheitlichen Eingriff** darstellen.

   a) Nach dem früher vertretenen **klassischen** Eingriffsbegriff entfalten die Grundrechte ihre Abwehrfunktion, wenn der Staat final und unmittelbar in Freiheitsrechte eingreift.   544

   „Danach wird unter einem Grundrechtseingriff im Allgemeinen ein rechtsförmiger Vorgang verstanden, der unmittelbar und gezielt (final) durch ein vom Staat verfügtes, erforderlichenfalls zwangsweise durchzusetzendes Ge- oder Verbot, also imperativ, zu einer Verkürzung grundrechtlicher Freiheiten führt."[737]

   Ein solcher **unmittelbarer Eingriff** liegt hier nicht vor. Die Veröffentlichung des Warentests richtete sich an die Verbraucher. Die nachteiligen Wirkungen bei K traten nicht unmittelbar aufgrund der hoheitlichen Maßnahme ein, sondern erst aufgrund der freien Kaufentscheidung der Abnehmer und Kunden.

   b) Heute ist jedoch anerkannt, dass der Grundrechtsschutz nicht von der Art der Beeinträchtigung abhängt. Grundrechte schützen nicht nur vor unmittelbaren, sondern grds. auch vor **mittelbaren Beeinträchtigungen**.[738] Deshalb kann auch die bloß faktische und mittelbare Betroffenheit unter Berücksichtigung der Schutzfunktion des jeweiligen Grundrechts einen Grundrechtseingriff darstellen. Einigkeit besteht, dass **nicht jede mittelbare Auswirkung** staatlichen Handelns als Grundrechtseingriff qualifiziert werden kann, da es sonst zu einer völligen Beschränkung der staatlichen Handlungsfähigkeit käme. Ab welcher Schwelle bei bloß faktischen Beeinträchtigungen ein Grundrechtseingriff anzunehmen ist, ist dagegen eine höchst umstrittene **Wertungsfrage**, bei der es entscheidend darauf ankommt, ob die Grundrechtsbeeinträchtigung dem Staat **zurechenbar** ist.   545

   „Nicht jedes staatliche Informationshandeln und nicht jede Teilhabe des Staates am Prozess öffentlicher Meinungsbildung ist als ein Grundrechtseingriff zu bewerten. Maßgeblich ist, ob der Schutzbereich eines Grundrechts berührt wird und ob die Beeinträchtigung einen Eingriff oder eine eingriffsgleiche Maßnahme darstellt (...).“[739]

---

736 BVerfG NJW 2002, 2621, 2622@ (Glykol); BVerfGE 32, 311, 317; 46, 120, 137; BVerwGE 71, 183, 189; BVerwG DVBl. 1996, 807, 807; NJW 1991, 1766, 1767; a.A. die frühere Rspr. des BVerwG (E 30, 191, 198; 60, 154, 159; 65, 167, 174), die die Wettbewerbsfreiheit dem Schutzbereich des Art. 2 Abs. 1 GG zuordnete.
737 BVerfG NJW 2002, 2626, 2628@ (Jugendsekten).
738 BVerfG NJW 2002, 2626, 2629@ (Jugendsekten); BVerwG NJW 1991, 1766, 1767; OVG NRW NVwZ 2001, 824, 825; Bleckmann/Eckhoff DVBl. 1988, 373, 376; Schoch DVBl. 1991, 667, 669; Hesse JZ 1991, 744, 745; Albers DVBl. 1996, 233, 234; Murswiek DVBl. 1997, 1021, 1022; Lege DVBl. 1999, 569, 571; Lenski ZJS 2008, 13, 14.
739 BVerwG DVBl. 2008, 1242 bejaht für die Veröffentlichung des Verfassungsschutzberichts.

546 aa) Zunächst hat die Rspr. die Eingriffsqualität davon abhängig gemacht, dass der Maßnahme ein **„finaler"** und **„grundrechtsspezifischer"** Charakter zukommt.[740] Überwiegend wird heute ein Eingriff aber auch dann bejaht, wenn die Maßnahme **besonders intensive Auswirkungen** auf die Grundrechtsausübung des Betroffenen hat und diese Folgen von der Behörde **„beabsichtigt, vorhergesehen oder in Kauf genommen"** worden sind.[741]

Beispiel: Mittelbarer Eingriff in das allgemeine Persönlichkeitsrecht der Angehörigen bei längerfristiger Observation eines Straftäters.[742]

Eine mittelbare Beeinträchtigung stellt danach einen Grundrechtseingriff dar,

- wenn es **Intention** der Maßnahme ist, die Rahmenbedingungen der Grundrechtsverwirklichung zulasten des Grundrechtsträgers zu ändern, oder

- wenn der Staat in vorhersehbarer Weise besonders schwerwiegend auf das Umfeld der Grundrechtsausübung einwirkt **(Intensität)**.[743]

Dementsprechend hat das BVerwG in einem vergleichbaren Fall einen **Eingriff in den Schutzbereich bejaht**.[744] Der Warentest bezog sich auf konkrete Produkte. Der negative Ausgang eines solchen Tests hatte für das betreffende Produkt eine gravierende rufschädigende Wirkung. Angesichts der Bedeutung des Tests für das Käuferverhalten war vorhersehbar, dass es bei den negativ bewerteten Produkten zu erheblichen Umsatzrückgängen kommen würde.

547 bb) Die Gegenansicht verweist darauf, dass die Kriterien der „Intention" und „Intensität" **konturenlos** und zu unbestimmt seien, um eine im Einzelfall nachvollziehbare Bestimmung des Eingriffscharakters vornehmen zu können. Daher wird darauf abgestellt, ob der Schutzzweck (das Ordnungsziel) des betroffenen Grundrechts auch einer mittelbaren Beeinträchtigung entgegensteht. Der Schutzbereich des beeinträchtigten Grundrechts sei in diesen Fällen **eingriffsbezogen** zu bestimmen **(Lehre vom funktionalen Schutzbereich)**. Faktische Beeinträchtigungen sind danach in erster Linie eine Frage der richtigen Interpretation des Schutzbereichs und nicht der des Eingriffs.[745]

---

740 BVerwG DVBl. 1985, 857, 859: „objektiv berufsbezogener Eingriff"; ebenso BVerfG NJW 1999, 3404: „objektiv berufsregelnde Tendenz"; BVerwG NVwZ 1987, 315: „gezielte Einschränkung". Nach BVerwG NJW 1992, 2496, 2498@: „ist die Zielrichtung des Verwaltungshandelns ein tragendes Kriterium für die Annahme eines Grundrechtseingriffs".
741 BVerwGE 82, 76, 79; BVerwG DVBl. 1996, 807, 807@; NJW 1992, 2496, 2499@; NJW 1991, 1766, 1768; OVG NRW NVwZ 2001, 824, 825; NJW 1995, 1629, 1630; Discher JuS 1993, 463, 465; Badura JZ 1993, 37, 39; Lege DVBl. 1999, 569, 571.
742 VG Aachen, Beschl. v. 18.03.2010 – 6 L 28/10.
743 Im Ergebnis ebenso Schoch DVBl. 1991, 667, 670; Brohm DÖV 1992, 1025, 1032; Heintzen VerwArch 1990, 532, 537; Di Fabio JZ 1993, 689, 695; Remmert Jura 2007, 736, 740; Lenski ZJS 2008, 13, 17.
744 BVerwG DVBl. 1996, 807@.
745 Gusy JZ 1989, 1003, 1005; Schulte DVBl. 1988, 512, 517; Discher JuS 1993, 463, 466; Albers DVBl. 1996, 233, 236; Kemmler JA 2005, 908, 911.

D. Öffentlich-rechtlicher Abwehr- und Unterlassungsanspruch 4. Abschnitt

cc) Diesem Ansatz folgt neuerdings auch das BVerfG. Bestimmte staatliche **548** Maßnahmen, die ein Grundrecht nur mittelbar beeinträchtigen, nimmt das BVerfG bereits aus dem **Schutzbereich** des betroffenen Grundrechts heraus, weil das Grundrecht „davor" nicht schützt.

Beispiele:

Art. 4 Abs. 1 u. 2 GG schützt nicht davor, „dass sich staatliche Organe mit den Trägern des Grundrechts öffentlich – auch kritisch – auseinandersetzen."[746] Deshalb greifen Bezeichnungen wie „Sekte", „Jugendreligion" oder „Jugendsekte" nach Auffassung des BVerfG schon nicht in den Schutzbereich des Art. 4 GG ein.

Art. 12 GG schützt nicht „vor der Verbreitung zutreffender und sachlich gehaltener Informationen am Markt, die für das wettbewerbliche Verhalten der Marktteilnehmer von Bedeutung sein können, selbst wenn die Inhalte sich auf einzelne Wettbewerbspositionen nachteilig auswirken".[747]

Ebenso schützt Art. 2 Abs. 1 GG nicht davor, namentlich als Mitglied von Scientology benannt zu werden.[748]

Die Frage nach der **verfassungsrechtlichen Rechtfertigung**, also nach den Rechtmäßigkeitsanforderungen, stellt sich nur, wenn überhaupt ein Eingriff in den Schutzbereich vorliegt.

(1) Ein solcher Eingriff ist bei staatlichem Informationshandeln insbes. **549** dann anzunehmen, wenn die Äußerung die **Tatsachenlage verfälscht** oder das Bezugsobjekt **diffamiert**.

Beispiel: Art. 4 Abs. 1 GG schützt gegen diffamierende, diskriminierende oder verfälschende Darstellungen einer religiösen oder weltanschaulichen Gemeinschaft. Das hat das BVerfG z.B. bejaht bei der Verwendung der Attribute „destruktiv" und „pseudoreligiös" für die Osho-/Bhagwan-Bewegung.[749]

(2) Außerdem liegt ein Eingriff in den Schutzbereich vor, wenn der Staat **550** auf eine klassische Eingriffsmaßnahme (z.B. ein Verbot) verzichtet, aber mit seiner **Informationstätigkeit dieselbe Wirkung** beabsichtigt. Denn die Grundrechtsbindungen soll der Staat nicht dadurch umgehen können, indem er eine andere Handlungsform wählt.[750]

Beispiel: „Der Gewährleistungsbereich des Grundrechts aus Art. 12 Abs. 1 GG wird durch die staatliche Tätigkeit nur dann beeinträchtigt, wenn sie sich nicht darauf beschränkt, den Marktteilnehmern marktrelevante Informationen bereitzustellen ..., wenn sie in der Zielsetzung und ihren Wirkungen Ersatz für eine staatliche Maßnahmen sind, die als Grundrechtseingriff zu qualifizieren wären. ... Ebenfalls wird der Gewährleistungsbereich beeinträchtigt, wenn eine Information sich im Nachhinein als unrichtig erweist und dennoch weiter verbreitet oder nicht korrigiert wird."[751]

---

746 BVerfG NJW 2002, 2626, 2627@ zu Art. 4 GG (Warnung vor Jugendsekten); abweichend EGMR NVwZ 2010, 177, 180, wonach bei negativen Bezeichnungen stets ein Eingriff in die durch Art. 9 EMRK geschützte Religionsfreiheit vorliegt.
747 BVerfG NJW 2002, 2621, 2622@ (Glykol).
748 BVerfG NJW 2002, 3458 (Chick Corea); zum Grundrechtsschutz aus Art. 4 GG für Scientologen BVerwG NJW 2006, 1303, 1303 f.; ausführlich Diringer apf 2006, 65 ff.; ders. NVwZ 2004, 1312 ff.
749 BVerfG NJW 2002, 2626, 2627@ (Jugendsekten); ebenso BayVGH NVwZ 2003, 998.
750 BVerwG NJW 2006, 1303, 1304.
751 BVerfG NJW 2002, 2621, 2624@ (Glykol).

551 Danach dürften Warentests i.d.R. schon keinen Eingriff in Art. 12 GG darstellen. Denn Art. 12 Abs. 1 GG verbürgt kein Recht auf ausschließlich unternehmerische Selbstdarstellung. Wer an den Markt geht, muss sich dessen Kritik gefallen lassen.

„Ein am Markt tätiges Unternehmen setzt sich der Kommunikation und damit auch der Kritik der Qualität seiner Produkte oder seines Verhaltens aus. Gegen belastende Informationen kann sich das betroffene Unternehmen seinerseits marktgerecht durch Informationen wehren, so durch eigene Werbung und Betonung der Qualität seines Produkts. ... Art. 12 Abs. 1 GG vermittelt aber nicht ein Recht des Unternehmens, nur so von anderen dargestellt zu werden, wie es gesehen werden möchte oder wie es sich und seine Produkte selber sieht."[752]

Allerdings verlangt das BVerfG, dass die Informationstätigkeit **„nach Maßgabe der rechtlichen Vorgaben für staatliches Informationshandeln erfolgt".**

„Verfassungsrechtlich von Bedeutung sind das Vorliegen einer staatlichen Aufgabe und die Einhaltung der Zuständigkeitsordnung sowie die Beachtung der Anforderungen an die Richtigkeit und Sachlichkeit der Informationen."[753]

552 Im Ergebnis dürften zwischen den Auffassungen keine großen Unterschiede bestehen. Entweder man bejaht einen Eingriff in den Schutzbereich aufgrund der Intention und Intensität und prüft die „rechtlichen Vorgaben" im Rahmen der verfassungsrechtlichen Rechtfertigung oder man prüft – wie das BVerfG – die „rechtlichen Vorgaben" bereits als Schutzbereichsbegrenzung.[754]

553 Gegen den Prüfungsansatz des BVerfG spricht allerdings, dass damit eine klare Abgrenzung zwischen Elementen des Eingriffs und der verfassungsrechtlichen Rechtfertigung aufgegeben wird. Nach herkömmlichem Grundrechtsverständnis sind Eingriff und dessen Rechtswidrigkeit streng zu trennen.[755] Dies spricht dafür, den Eingriffscharakter mit der bislang h.Rspr. zu bejahen, wenn die Grundrechtsbeeinträchtigung typische, objektiv vorhersehbare oder in Kauf genommene Nebenfolge des staatlichen Handelns ist.[756]

Der vorliegende Warentest bezog sich auf konkrete Produkte. Da vorhersehbar war, dass es bei K aufgrund des Warentests zu erheblichen Beeinträchtigungen der Berufsfreiheit kommen würde, liegt ein **Eingriff in den Schutzbereich** des Art. 12 GG vor.

Weiteres Beispiel: Die Veröffentlichung von sog. Transparenzberichten der gesetzlichen Krankenkassen über Leistungen und Qualität von Pflegeheimen („Pflege-TÜV") gemäß § 115 Abs. 1 a SGB XI stellt – ungeachtet seiner sachlichen Richtigkeit – einen Eingriff in die Berufsausübungsfreiheit des Trägers der Pflegeeinrichtung dar.

---

752 BVerfG NJW 2002, 2621, 2622@ (Glykol).
753 BVerfG NJW 2002, 2621, 2622@; BVerfG NJW 2002, 3458.
754 Vgl. Kemmler JA 2005, 908, 911; Hellmann NVwZ 2005, 163, 165.
755 Huber JZ 2003, 291, 292; Murswiek NVwZ 2003, 1, 3; Bethge Jura 2003, 327, 332; Gurlit DVBl. 2003, 1119, 1124; Hellmann NVwZ 2005, 163, 165.
756 Im Ergebnis ebenso Huber JZ 2003, 290, 293 f.; Murswiek NVwZ 2003, 1, 5; Volkmann JZ 2005, 261, 267; Remmert Jura 2007, 736, 741; vgl. auch EGMR NVwZ 2010, 177, 180: Warnung vor Sekten greift in die durch Art. 9 EMRK geschützte Religionsfreiheit ein.

„Die Veröffentlichung eines Transparenzberichts ist als grundrechtsspezifische Einwirkung auf die von Art. 12 Abs. 1 GG geschützte unternehmerische Betätigungsfreiheit zu qualifizieren, die zumindest die Marktchancen der Einrichtungsträger beeinflusst."[757]

Für die wichtigsten Fallgruppen heißt das:[758]   554

- **Warnungen** vor Gefahren werden danach i.d.R. einen Grundrechtseingriff darstellen, weil sie notwendig individuelle Personen, Produkte oder Verhaltensweisen als gefährlich „brandmarken".

- Bei **Empfehlungen** oder **kritischen Äußerungen** liegt ein Eingriff nur vor, wenn sie sich auf konkrete oder konkretisierbare Personen oder Produkte beziehen.

- Demgegenüber sind bloße **Hinweise** und allgemein gehaltene Informationen nur Teil der üblichen Aufklärungstätigkeit des Staates und stellen keinen Grundrechtseingriff dar.

Folgt man der Gegenauffassung (oben Rdnr. 547), sind die nachfolgenden Ausführungen zu II. bereits im Rahmen des Schutzbereichs vorzunehmen. Kommt man zum Ergebnis, dass die Veröffentlichung des Warentests rechtmäßig war, so stellt die sich daraus ergebende mittelbare Beeinträchtigung schon keinen Eingriff in Art. 12 GG dar. Ist die Veröffentlichung dagegen nicht gerechtfertigt, so liegt ein Grundrechtseingriff vor, der dann allerdings automatisch rechtswidrig ist.[759]

c) Der Eingriff erfolgt **durch hoheitliches Handeln**, da L bei der Veröffentlichung des Warentests seine staatliche Autorität als Ministerium in Anspruch nimmt.   555

Zurechnungsprobleme ergeben sich auch hier vor allem dann, wenn die unmittelbaren Beeinträchtigungen durch **Dritte** hervorgerufen werden. Wie beim FBA werden dem Staat im Rahmen der haftungsbegründenden Kausalität die typischen Folgen des hoheitlichen Handelns zugerechnet, nicht dagegen missbräuchliche Nebenfolgen (s.o. Rdnr. 493).

Beispiel: Das Land überließ Unternehmen vorformulierte Erklärungen, die Geschäftspartner dieser Unternehmen zur Auskunft über ihre Beziehungen zur Scientology-Church veranlassen sollen. Darin liegt nach Auffassung des BVerwG ein hoheitlicher Eingriff in Art. 4 GG.[760]

„Die Schutzerklärung ist voraussetzungsgemäß dazu bestimmt, den Geschäftspartner zur Offenlegung seiner Zugehörigkeit zur Scientology zu zwingen. Sie bezweckt, den Abbruch der Geschäftsbeziehungen mit Scientologen vorzubereiten, die mit Hilfe der Schutzerklärung aufgedeckt werden. ... (Das Land) macht sich mit der Herausgabe der Schutzerklärung die Absichten des Verwenders zu Eigen und unterstützt deren Ausführung. Die durch den bestimmungsgemäßen Gebrauch der Schutzerklärung eingetretenen Folgen sind ihr zuzurechnen."[761]

---

[757] LSG NRW RÜ 2010, 450, 451 u. LSG Sachsen, Beschl. v. 24.02.2010 – L 1 P 1/10 B ER.
[758] Vgl. ausführlich Gröschner DVBl. 1990, 619, 622; Leidinger DÖV 1993, 925, 928 ff.; Muckel JA 1995, 344, 346; Murswiek DVBl. 1997, 1021, 1025 ff.; Tremml/Nolte NJW 1997, 2265, 2266 m.w.N., wobei die Terminologie uneinheitlich ist.
[759] BVerfG NJW 2002, 2621, 2624@ (Glykol): „Mit der Feststellung der Beeinträchtigung des Schutzbereichs steht in solchen Fällen auch die Rechtswidrigkeit fest, ..."; vgl. auch die Kritik von Huber JZ 2003, 290, 294: Grundrechtseingriff und Grundrechtsverletzung fallen zusammen.
[760] Vgl. BVerwG NJW 2006, 1303, 1304; dazu Kahl/Zimmermann JA 2007, 783 ff.; Lenski ZJS 2008, 13 ff.

II. Der Eingriff muss **rechtswidrig** sein.

556 1. Liegt ein Grundrechtseingriff vor, so ist eine **Ermächtigungsgrundlage** erforderlich, und zwar unabhängig von der Qualität des Eingriffs.[762]

> Verneint man mit dem BVerfG bei bestimmten Informationstätigkeiten schon den Grundrechtseingriff, so ist eine ausdrückliche Ermächtigungsgrundlage nicht erforderlich. Es reicht dann aus, dass die Maßnahme den allgemeinen Vorgaben für staatliches Informationshandeln genügt (s.u. Rdnr. 559 ff.).

557 Die in der Praxis wichtigsten Regelungen für staatliches Informationshandeln enthält das **Geräte- und Produktsicherheitsgesetz** (GPSG)[763] und das **Lebensmittel- und Futtermittelgesetzbuch** (LFGB).[764] Ermächtigungen für Warnungen und zur Information der Öffentlichkeit enthalten § 8 Abs. 4 S. 3 u. 4 GPSG und § 40 Abs. 1 LFGB aber nur für die nach Landesrecht zuständigen Verwaltungsbehörden, nicht für Maßnahmen der Bundesregierung, einzelner Bundesministerien oder sonstiger Bundesbehörden.

> **Weitere Beispiele:**
>
> Nach § 9 Abs. 1 Strahlenschutzvorsorgegesetz darf das Bundesumweltministerium zum Schutz der Bevölkerung vor radioaktiver Verseuchung bestimmte Verhaltensweisen empfehlen (z.B. bestimmte, möglicherweise belastete Lebensmittel nicht zu kaufen).
>
> Nach § 21 Abs. 1 Nr. 1 f TabakG darf der Vertrieb von und die Werbung für Tabakerzeugnisse davon abhängig gemacht werden, dass bestimmte Warnhinweise aufgedruckt werden.[765]

Sofern es keine spezielle Befugnisnorm gibt, können Warnungen zur Abwehr von Gefahren für die öffentliche Sicherheit auf die polizei- und ordnungsrechtliche **Generalklausel** gestützt werden, die zur Gefahrenabwehr allgemein „Maßnahmen" und damit auch Warnungen zulässt.[766] Allerdings sind in ihrem Anwendungsbereich § 8 Abs. 4 S. 3 GPSG und § 40 LFGB spezieller und abschließend. Der Vorbehalt des § 1 Abs. 3 S. 2 GPSG, wonach gleichlautende oder weitergehende Rechtsvorschriften dem GPSG vorgehen, erfasst nicht die ordnungsrechtliche Generalklausel, da sonst § 8 Abs. 4 S. 3 GPSG unterlaufen würde.[767]

2. Ist keine besondere Ermächtigung vorhanden, so ist umstritten, welche **Regelungsdichte** nach dem Grundsatz vom Vorbehalt des Gesetzes bei **schlichtem Verwaltungshandeln** gilt.

558 a) Die Rspr. hat vereinzelt versucht, hoheitliche Erklärungen ohne gesetzliche Grundlage allein aufgrund kollidierenden Verfassungsrechts zu rechtfertigen **(grundrechtsimmanente Schranken)**. Warnungen und Hinweise könnten sich als Erfüllung einer staatlichen Schutzpflicht und damit als Konkretisierung eines mit Verfassungsrang ausgestatteten Gemeinwohlinteresses darstellen.[768]

---

[761] BVerwG NJW 2006, 1303, 1304.
[762] BVerwG DVBl. 2008, 1242, 1243; DVBl. 1996, 807, 807@; NJW 1992, 2496, 2499@; Schoch DVBl. 1991, 667, 670; Leidinger DÖV 1993, 925, 930; Lege DVBl. 1999, 569, 571; Remmert Jura 2007, 736, 740.
[763] Sartorius Ergänzungsband 803.
[764] Sartorius Ergänzungsband 862.
[765] Vgl. auch Kremer Jura 2008, 299 ff. zur Warnung vor gentechnisch veränderten Lebensmitteln.
[766] VGH Mannheim NVwZ 1989, 279; Lege DVBl. 1999, 569, 571 m.w.N.
[767] So zur früheren Rechtslage nach dem ProdSG Maurer § 15 Rdnr. 13 a; Tremml/Nolte NJW 1997, 2265, 2268.
[768] BVerwG NJW 1991, 1766, 1769; OVG NRW NVwZ 1991, 176, 177; Heintschel v.Heinegg/Schäfer DVBl. 1991, 1341, 1347; ähnlich BVerfG NJW 1989, 3269, 3270; auch BVerwG DVBl. 1996, 807@ greift diesen Gedanken auf.

Diese Auffassung ist in der Lit. zu Recht auf Ablehnung gestoßen. Die Rspr. missachte den Gesetzesvorbehalt in Art. 12 Abs. 1 S. 2 GG, der einer Konkretisierung **durch den Gesetzgeber** bedürfe. Der Gesetzgeber sei gehalten, alle für die Verwirklichung der Grundrechte „wesentlichen" Fragen grds. selbst zu regeln. Wesentlich in diesem Sinne sei auch die Konkretisierung verfassungsimmanenter Schranken der Grundrechte, die dem Gesetzgeber vorbehalten bleiben müsse. Ansonsten könnte die Verwaltung unter Berufung auf die ihr zukommenden Schutzpflichten die Voraussetzungen für einen Grundrechtseingriff selbst festlegen.[769]

b) Überwiegend wird die Befugnis für grundrechtsrelevantes schlichtes Verwaltungshandeln **aus dem Sachzusammenhang mit dem Aufgabenbereich** des Hoheitsträgers abgeleitet. Ob eine Maßnahme im Einzelfall rechtmäßig ist, sei sodann vor allem eine Frage der Verhältnismäßigkeit.[770]

559

Dagegen wird eingewandt, dass das Abstellen auf die Zuständigkeit einen **unzulässigen Schluss** von der Aufgabe auf die Befugnis darstellt. Wenn der Staat eine bestimmte Aufgabe wahrnehmen darf, heißt das noch nicht, dass ihm hierfür auch sämtliche Mittel zur Verfügung stehen, die er für die Durchführung der Aufgabe für erforderlich hält. Hierüber zu entscheiden, sei Sache des Gesetzgebers.[771]

c) Nach Auffassung des BVerfG ist bei **faktisch-mittelbaren Beeinträchtigungen** des Schutzbereichs die **Reichweite des Gesetzesvorbehalts einzuschränken**. Bei gezielten unmittelbaren Eingriffen könne der Gesetzgeber die Voraussetzungen ohne Weiteres normieren. Bei mittelbaren Eingriffen sei dies anders. Zwar lägen nach modernem Verständnis auch bei faktischen und mittelbaren Beeinträchtigungen Eingriffe im Sinne der Grundrechtsdogmatik vor. Sie unterlägen aber **nicht dem strengen Gesetzesvorbehalt**, weil ihre Auswirkungen auf so komplexen Geschehensabläufen beruhten, dass eine detaillierte gesetzliche Regelung praktisch nicht möglich sei. Angesichts der Vielgestaltigkeit der denkbaren Eingriffslagen und -wirkungen könnte der Gesetzgeber allenfalls Generalklauseln vorsehen, die den Zweck des Gesetzesvorbehalts (Rechtsstaats- oder Demokratieprinzip) nicht fördern würden. Möglich und ausreichend sei es, die Aufgabe zu normieren. Halte sich das staatliche Handeln innerhalb der **zugewiesenen Aufgabe**, seien mittelbare Grundrechtseingriffe grds. zulässig.[772]

560

Weiteres Beispiel: Äußerungen von Gemeindeorganen sind zulässig, wenn hierbei Angelegenheiten der örtlichen Gemeinschaft i.S.d. Art. 28 Abs. 2 GG betroffen sind, nicht dagegen bei überörtlichen Aufgaben.[773]

---

[769] Schoch DVBl. 1991, 667, 672; Leidinger DÖV 1993, 925, 930; Gusy NJW 2000, 977, 980; Jeand´Heur/Cremer JuS 2000, 991, 995; i.E. ebenso BVerwG NJW 1991, 1170, 1170; NJW 1992, 2496, 2499.

[770] BVerwG NVwZ 1994, 162; NJW 1991, 1770, 1771; NJW 1991, 1766, 1770; OVG NRW NWVBl. 2006, 32; BayVerfGH NVwZ 1998, 391, 392; i. E. ähnlich EGMR NVwZ 2010, 177, 180

[771] OVG Lüneburg NJW 1992, 192, 194; Leidinger DÖV 1993, 925, 931; Muckel JA 1995, 343, 347; Lege DVBl. 1999, 569, 574; v.Coelln JA 2003, 116, 118; Huber JZ 2003, 290, 294; Hellmann NVwZ 2005, 163, 166.

[772] BVerfG NJW 2002, 2621, 2623 (Glykol)®; BVerfG NJW 2002, 2626, 2629 (Jugendsekten)®; BVerwG NJW 2006, 1303, 1304; kritisch Murswiek NVwZ 2003, 1, 7; Bethge Jura 2003, 327, 332; Knitsch ZRP 2003, 113, 117; Huber JZ 2003, 290, 294.

561 Etwas anderes gilt nach der Rspr. allerdings dann, wenn das hoheitliche Handeln sich nach seiner Zielsetzung und seinen Wirkungen als Ersatz für eine staatliche Maßnahme darstellt, die als unmittelbarer Grundrechtseingriff zu qualifizieren ist. Durch Wahl eines solchen **funktionalen Äquivalents** könne das Erfordernis einer **besonderen gesetzlichen Grundlage** nicht umgangen werden.[774] Dies gelte insbes. dann, wenn die staatliche Maßnahme eindeutig auf einen nachteiligen Effekt abzielt, der bei dem Betroffenen eintreten soll, sodass dieser Effekt nicht lediglich als Begleiterscheinung anzusehen ist und die Maßnahme damit einem unmittelbaren Eingriff gleichkommt.

Bejaht hat dies die Rspr. z.B. bei der Herausgabe von Schutzerklärungen gegen Scientology. „Mit der Herausgabe der Schutzerklärung begnügt die Bekl. sich nicht mehr damit, die Öffentlichkeit allgemein vor Gefahren zu warnen, die von einer Betätigung der Scientology-Bewegung im wirtschaftlichen Bereich drohen sollen. ... Die Bekl. zielt mit der Herausgabe der Schutzerklärungen an Unternehmen darauf ab, dass die Scientologen unter den Geschäftspartnern des Verwenders aufgedeckt und von geschäftlichen Beziehungen zu ihm ausgeschlossen werden. Sie ermöglicht und fördert damit konkrete Schritte gegen einzelne Mitglieder der Scientology-Bewegung."[775]

Ebenso bedarf die Veröffentlichung des Verfassungsschutzberichts einer gesetzlichen Ermächtigung,[776] während für die Herausgabe einer Informationsbroschüre gegen Rechtsextremismus keine besondere gesetzliche Ermächtigung erforderlich sein soll.[777] Ob dies auch für die Veröffentlichung von sog. Transparenzlisten der gesetzlichen Krankenkassen („Pflege-TÜV") gilt, hat die Rspr. offengelassen, da mit § 115 Abs. 1 a SGB XI eine ausreichende und wirksame gesetzliche Grundlage besteht.[778]

562 aa) Bei schlichtem Informationshandeln der Regierung stellt die Rspr. dagegen grds. als Befugnisnorm auf **Art. 65 GG** (bzw. der entsprechenden Regelung in der LVerf) ab. Unstreitig deckt die Vorschrift die normale Öffentlichkeitsarbeit der Regierung. Staatliche Warnungen und Empfehlungen gehen nach der in der Lit. überwiegend vertretenen Auffassung aber darüber hinaus. Denn sie bezwecken anders als bloße Informationen bereits eine Verhaltenssteuerung.[779]

Nach Ansicht der Rspr. können dagegen auch Warnungen und Empfehlungen **Ausdruck staatsleitender Kompetenzen** sein. Zur Aufgabe der Staatsleitung der Regierung gehöre es auch, durch rechtzeitige öffentliche Information die Bewältigung von Konflikten in Staat und Gesellschaft zu erleichtern, auf Krisen schnell und sachgerecht zu reagieren und den Bürgern mit Warnungen oder Empfehlungen zu Orientierungen zu verhelfen.[780]

---

773 Bejaht von OVG NRW NWVBl. 2006, 32 für Äußerungen zu Aktivitäten eines Vereins im Gemeindegebiet; verneint von VGH Kassel NVwZ 1995, 611 für abfallvermeidende Empfehlungen der Gemeinde.
774 BVerwG NJW 2006, 1303, 1304 unter Hinweis auf BVerfGE 105, 279, 303; kritisch Lenski ZJS 2008, 13, 15 f.
775 BVerwG NJW 2006, 1303, 1304.
776 BVerwG DVBl. 2008, 1242, 1243.
777 VerfGH RP NVwZ 2008, 897, 898.
778 LSG Sachsen, Beschl. v. 24.02.2010 – L 1 P 1/10 B ER; LSG NRW, Beschl. v. 10.05.2010 – L 10 P 10/10 B ER, RÜ 2010, 450 ff.
779 Vgl. Gusy NJW 2000, 977, 981; Dietlein/Heyers NWVBl. 2000, 77, 80; Lege DVBl. 1999, 569, 575; Muckel JA 1995, 343, 347; Schoch DVBl. 1991, 667, 671; Huber JZ 2003, 290, 295; allgemein zum Begriff der Regierung Winkler JZ 2003, 1007 ff.
780 BVerfG NJW 2002, 2621, 2623@; NJW 2002, 2626, 2630@; BVerwG NJW 2006, 1303, 1304; VerfGH RP NVwZ 2008, 897, 898.

D. Öffentlich-rechtlicher Abwehr- und Unterlassungsanspruch — 4. Abschnitt

Die Veröffentlichung der Testergebnisse fiel danach als Maßnahme der Staatsleitung grds. in den Aufgabenbereich der Bundesregierung. Der Test war ein Informationsbeitrag im Rahmen der Verunsicherung der Bevölkerung wegen des aktuell aufgetretenen Futtermittelskandals. Die Veröffentlichung zielte darauf ab, das Vertrauen der Marktbeteiligten wiederherzustellen.

bb) Zu berücksichtigen ist jedoch, dass die Ausführung von Gesetzen (hier des LFGB) gemäß Art. 83 GG grds. **Sache der Länder** ist.

Nach der h.Lit. sind Warnungen und Empfehlungen nicht als Regierungs-, sondern als Verwaltungsaufgabe zu qualifizieren (s.o.). Fehlt es an einer ausdrücklichen Zuständigkeit des Bundes, liegt die Verwaltungskompetenz für Informationshandeln damit bei den Ländern (vgl. z.B. § 40 LFGB). Eine Notkompetenz der Bundesregierung kraft Natur der Sache sei nicht erforderlich.[781] **563**

Nach der Rspr. des BVerfG stehen die Art. 30, 83 GG einer Informationstätigkeit der Bundesregierung indes nicht entgegen, da diese hier nicht als Verwaltungsorgan, sondern als Organ der Staatsleitung tätig wird. Das Recht zur Information aus Art. 65 GG (bzw. LVerf) sei eine „andere Regelung" i.S.d. Art. 30 GG. **564**

„Mit dieser Ermächtigung der Bundesregierung zum Informationshandeln trifft das GG zugleich im Verhältnis zu den Ländern eine andere Regelung i.S.d. Art. 30 GG. Maßgebend für die Kompetenz der Bundesregierung im Bereich des Informationshandelns sind nicht die Art. 83 ff. GG. Die Regierungstätigkeit ist nicht Verwaltung im Verständnis dieser Normen."[782]

Die Bundesregierung müsse bei ihrer Informationstätigkeit die Kompetenzaufteilung zwischen Bund und Ländern zwar beachten. Sie sei aber überall dort zur Informationsarbeit berechtigt, wo ihr **gesamtstaatliche Verantwortung** zukommt, die mit Hilfe von Informationen wahrgenommen werden kann.[783] Die Bundesregierung dürfe insbes. Informationen verbreiten, wenn sie sich auf Vorgänge mit überregionalem Charakter beziehen und eine bundesweite Informationsarbeit die Effektivität der Problembewältigung fördere. Durch ein solches Informationshandeln werde weder das der Landesregierungen ausgeschlossen oder behindert noch werde den Landesbehörden verwehrt, ihre administrativen Aufgaben zu erfüllen. **565**

Dies gilt auch im vorliegenden Fall. Der Futtermittelskandal hatte überregionale Bedeutung. Für eine effektive Problembewältigung war es erforderlich, auch Empfehlungen auszusprechen oder Warentests zu veröffentlichen. Gerade aktuelle Krisen im Agrar- und Lebensmittelbereich zeigen, wie wichtig öffentlich zugängliche, mit der Autorität der Regie-

---

781 Schoch DVBl. 1991, 667, 673; Leidinger DÖV 1993, 925, 931 u. 933; Lege DVBl. 1999, 569, 574, Gusy NJW 2000, 977, 981; Hellmann NVwZ 2005, 163, 166; Remmert Jura 2007, 736, 741.
782 BVerfG NJW 2002, 2626, 2630@ (Jugendsekten); NJW 2002, 2621, 2623@ (Glykol).
783 BVerfG NJW 2002, 2626, 2630@; NJW 2002, 2621, 2623@.

rung versehene Informationen zur Bewältigung solcher Situationen sind. Der Test sollte auch nicht bewirken, dass die zuständigen Landesbehörden auf sonstige Maßnahmen der Gefahrenabwehr nach §§ 39, 40 LFGB verzichteten. Gefahrenabwehrmaßnahmen der Verwaltungsbehörden blieben ebenso möglich wie ggf. ein eigenes Informationshandeln der Landesregierungen. Deshalb stellt die Herausgabe des Warentests auch kein funktionales Äquivalent für eine staatliche Maßnahme mit unmittelbarem Eingriffscharakter dar. Das Bundesministerium war daher gem. Art. 65 GG zur Veröffentlichung des Warentests befugt.

Anders die frühere Rspr. des BVerwG: Der Schluss von einer allgemein gehaltenen Kompetenznorm auf die Eingriffsbefugnis sei nicht gerechtfertigt. Nur wenn es um Individualrechtsbeschränkungen geht, „die mit der gesetzlich konkret beschriebenen Aufgabe zwangsläufig oder typischerweise verbunden und deshalb auch für den betroffenen Bürger voraussehbar sind", reiche der Sachzusammenhang mit der Kompetenznorm als Eingriffsgrundlage aus. Weil es daran fehlte, hat das BVerwG für die Veröffentlichung eines Warentests durch die Landwirtschaftskammer eine besondere Ermächtigungsgrundlage gefordert.[784]

566 3. Rechtmäßig können **im Übrigen** nur solche Informationen sein, die inhaltlich zutreffen, sachlich sind und mit der angemessenen Zurückhaltung formuliert werden (Grundsatz der **Richtigkeit** und **Verhältnismäßigkeit**).[785]

Im Ergebnis ebenso das BVerfG unter dem Aspekt der Schutzbereichsbegrenzung: „Art. 12 Abs. 1 GG schützt nicht vor der Verbreitung von inhaltlich zutreffenden und unter Beachtung des Gebots der Sachlichkeit sowie mit angemessener Zurückhaltung formulierten Informationen durch einen Träger von Staatsgewalt."[786]

Die in dem Test enthaltenen Angaben waren zutreffend. Der Test zielte auf Krisenbewältigung, insbes. auf die Wiederherstellung des Vertrauens in den Futtermittelhandel. Die Information schuf Markttransparenz und überließ es den Marktteilnehmern, wie sie auf die Informationen reagierten. Angesichts des erheblichen Ausmaßes des Futtermittelskandals stellte sich der Warentest dem Anlass entsprechend als problemangemessene Reaktion dar und war verhältnismäßig. Der Eingriff in die Berufsfreiheit des K ist damit gerechtfertigt.

Nach der Gegenansicht kann mit derselben Argumentation bereits ein Eingriff in Art. 12 GG abgelehnt werden (s.o.).[787]

Da der Eingriff nicht rechtswidrig ist, hat K keinen Unterlassungsanspruch gegen L.

---

567 Weiteres Beispiel: Die Veröffentlichung von Berichten über Leistungen und Qualität von Pflegeheimen (sog. Pflege-TÜV) gem. § 115 Abs. 1 a SGB XI ist grds. verhältnismäßig. Auch wenn in der Pflegewissenschaft noch relative Unsicherheit über verlässliche Kriterien für die Qualität der pflegerischen Versorgung herrscht, entsprechen die verwendeten Prüfkriterien dem aktuellen Kenntnisstand. Die Berichte dienen der Markttransparenz, der Aufrechterhaltung der Konkurrenz unter den Pflegeeinrichtungen und damit der Verbesserung der Pflegequalität, sodass ihre Veröffentlichung im öffentlichen Interesse geboten ist.[788]

---

784 BVerwG DVBl. 1996, 807, 808@.
785 Vgl. OVG NRW NWVBl. 2006, 32 m.w.N.
786 BVerfG NJW 2002, 2621, 2624 (Glykol)@; LSG Sachsen, Beschl. v. 24.02.2010 – L 1 P 1/10 B ER („Pflege-TÜV").
787 Vgl. BVerfG NJW 2002, 2621@ (Glykol) und oben Rdnr. 554.

2. Ehrschutz gegen Hoheitsträger

a) Einen wichtigen Anwendungsfall des öffentlich-rechtlichen Unterlassungsanspruchs bildet der Ehrschutz gegen hoheitliche Äußerungen. Zur Abwehr ehrbeeinträchtigender Äußerungen unter Privaten ist von Rspr. und Lit. der sog. **quasinegatorische Beseitigungs- und Unterlassungsanspruch** (analog §§ 823, 1004 BGB) entwickelt worden. Dieser Anspruch greift auch bei **privatrechtlicher Verwaltungstätigkeit** ein. 568

Beispiel: Bürgermeister B behauptet in einer Ratssitzung, Bauunternehmer U sei ein Betrüger und habe den Auftrag für Straßenbauarbeiten nur aufgrund großzügiger Geschenke an den Leiter des Tiefbauamtes erhalten.

Steht die abzuwehrende Äußerung dagegen im Sachzusammenhang mit der Erfüllung **hoheitlicher Aufgaben**, so ist auf öffentlich-rechtliche Anspruchsgrundlagen zurückzugreifen. 569

Beispiele: Äußerungen eines Bundesministers im Rahmen seines Geschäftsbereichs;[789] Äußerungen des Bundesbeauftragten zu Stasi-Kontakten eines vermeintlichen IM.[790]

- Verlangt der Kläger **Widerruf** der Äußerung (= Beseitigung), so ist Anspruchsgrundlage der **Folgenbeseitigungsanspruch**.
- Bei einem Unterlassungsbegehren ist auf den allgemeinen (schlichten) **Unterlassungsanspruch** abzustellen.

Beispiele: Eine im Verfassungsschutzbericht fälschlicherweise als extremistisch eingestufte Gruppierung hat sowohl einen Anspruch auf Unterlassung als auch auf Grundlage des FBA einen Anspruch auf Richtigstellung im nächsten Verfassungsschutzbericht.[791] Werden unrichtige Auskünfte über personenbezogene Daten erteilt, hat der Betroffene als FBA einen Anspruch darauf, dass diejenigen Personen, denen bereits Auskünfte erteilt worden sind, über die Rechtswidrigkeit der Auskünfte informiert werden.[792]

Anspruchsgegner ist in diesen Fällen nicht der handelnde Beamte, sondern der Hoheitsträger, dem die Äußerungen seiner Amtswalter zugerechnet werden.[793] Etwas anderes gilt dann, wenn die Äußerung so sehr **Ausdruck einer persönlichen Meinung** ist, dass sie dem Hoheitsträger nicht mehr zugerechnet werden kann. In diesem Ausnahmefall ist der Amtsträger selbst (vor dem Zivilgericht) zu verklagen.[794] 570

„Die Äußerungen eines Beamten sind dem Staat zurechenbar, wenn auf Grund ihrer Form und der Umstände bei den Empfängern der Äußerungen der Eindruck entsteht, dass es sich um offizielle staatliche Verlautbarungen und nicht um die private Meinung des Beamten handelt."[795]

Gegenbeispiel: B hat die o.a. Äußerungen nicht in seiner Funktion als Bürgermeister getätigt, sondern als (einfaches) Ratsmitglied. Äußerungen von Ratsmitgliedern werden nicht der Körperschaft zugerechnet, da diese bei der Amtsausübung nicht weisungsgebunden sind und daher nicht in einem dem Beamtenverhältnis vergleichbaren Verhältnis zur Gemeinde stehen. Anspruchsgegner sind hier stets die Ratsmitglieder persönlich.[796] 571

---

788 LSG NRW, Beschl. v. 10.05.2010 – L 10 P 10/10 B ER; LSG Sachsen, Beschl. v. 24.02.2010 – L 1 P 1/10 B ER, RÜ 2010, 450 ff.
789 OVG NRW NVwZ 1997, 302.
790 OVG Berlin NJW 1998, 257 – Fall Stolpe; vgl. auch BVerfG NJW 2006, 207.
791 VG Hamburg, Urt. v. 13.12.2007 – 8 K 3483/06, juris Rdnr. 54; VG Düsseldorf, Beschl. v. 29.05.2009 – 22 L 573/09.
792 VG Berlin, Urt. v. 16.12.2009 – 1 K 282.09, juris Rdnr. 50.
793 BVerwG NJW 1987, 2529, 2530; OVG Koblenz NJW 1992, 1844; HessVGH NvwZ-RR 1994, 700; VGH Mannheim VBlBW 1999, 93; OVG Lüneburg, Beschl. v. 17.12.2009 – 2 ME 313/09; VG Arnsberg, Beschl. v. 16.09.2008 – 12 L 597/08.
794 Vgl. OVG Berlin NJW 1998, 257, 258; OLG Dresden NVwZ-RR 1998, 343; VGH Mannheim NJW 1990, 1808, 1809.
795 EuGH NVwZ 2007, 1282.

572 b) Der öffentlich-rechtlicher Abwehr- und Unterlassungsanspruch setzt auch bei ehrbeeinträchtigenden Äußerungen voraus, dass durch hoheitliches Handeln rechtswidrig in ein subjektives Recht eingegriffen wird. Mit Blick auf das allgemeine Persönlichkeitsrecht (Art. 2 Abs. 1 i.V.m. Art. 1 Abs. 1 GG) kann der Betroffene daher **Unterlassung amtlicher Äußerungen** verlangen,

- die geeignet sind, seinen Ruf oder sein Ansehen zu beeinträchtigen (**hoheitlicher Eingriff**),

- sofern diese Äußerungen nicht rechtmäßig sind (**Rechtswidrigkeit des Eingriffs**).

Beim Widerrufsanspruch als besonderer Ausprägung des FBA ist auf die Rechtswidrigkeit des geschaffenen Zustandes abzustellen, der durch die Rechtswidrigkeit der Äußerung indiziert wird.

573 aa) Der Unterlassungsanspruch wie der Widerrufsanspruch setzen einen **hoheitlichen Eingriff in ein subjektives Recht** voraus. Dabei ist zu beachten, dass nicht jede Teilnahme des Staates am Prozess öffentlicher Meinungsbildung als Grundrechtseingriff zu bewerten ist. Maßgebend ist vielmehr, ob der Schutzbereich eines Grundrechts berührt wird und ob die Beeinträchtigung zumindest eine eingriffsgleiche Maßnahme darstellt, wofür eine **mittelbar faktische Wirkung** ausreicht (s.o. Rdnr. 545). Bei ehrbeeinträchtigenden Äußerungen ist dies allerdings i.d.R. unproblematisch, soweit diese zu einer Beeinträchtigung des allgemeinen Persönlichkeitsrechts (Art. 2 Abs. 1, Art. 1 Abs. 1 GG) führen. Dabei steht das allgemeine Persönlichkeitsrecht nicht nur natürlichen Personen, sondern auch Personenvereinigungen und juristischen Personen zu, wenn und soweit ihr sozialer Geltungsanspruch betroffen ist.[797]

An einen Eingriff fehlt es beispielsweise bei Äußerungen, die sich nicht in nennenswerter Weise auf das Persönlichkeitsbild des Betroffenen auswirken können. Insbesondere hat der Träger des Persönlichkeitsrechts keinen Anspruch darauf, von anderen nur so dargestellt zu werden, wie er sich selbst sieht oder gesehen werden möchte.[798]

574 bb) Amtliche Äußerungen eines Hoheitsträgers mit Eingriffsqualität sind nach h.Rspr. **rechtmäßig**, wenn

- sich der Hoheitsträger **im Rahmen der ihm zugewiesenen Aufgaben** bewegt und

- die rechtsstaatlichen Anforderungen des **Sachlichkeitsgebots** gewahrt sind.[799]

575 (1) Zwar ist es grds. unzulässig, von der **Kompetenznorm** (Aufgabenzuweisung) auf die Eingriffsbefugnis zu schließen. Bei hoheitlichen Äußerungen mit nur tatsächlichen Folgen ist jedoch eine großzügigere Betrachtung möglich. Die Vielgestaltigkeit der betroffenen Fälle macht es praktisch unmöglich, für jede denkbare Äußerung generell eine Ermächtigungsgrundlage zu verlangen (s.o. Rdnr. 560).[800]

Die Kompetenz der Regierung kann sich daher auch hier aus dem Recht, Öffentlichkeitsarbeit zu betreiben, und dem Recht der politischen Meinungsäußerung und Teilnahme am politischen Meinungskampf ergeben, lediglich begrenzt durch die Kompetenzordnung (s.o.).

---

796 OVG Koblenz DVBl. 1992, 449, 450; OLG Köln NVwZ 2000, 351: Äußerungen von Ratsmitgliedern sind grds. bürgerlich-rechtliche Streitigkeiten; allgemein Dietlein/Heyers NWVBl. 2000, 77, 77 f.
797 OVG NRW NWVBl. 2000, 19, 20.
798 BVerfG NJW 2008, 747.
799 Vgl. z.B. OVG NRW, NWVBl. 2006, 32, 33; NVwZ-RR 2004, 283, 285; OVG NRW, Beschl. v. 02.02.2010 – 15 B 1723/09.
800 BVerfG NJW 2002, 2626, 2630@ (Jugendsekten) und oben Rdnr. 560; a.A. die Lit., die auch hier eine ausdrückliche Ermächtigungsgrundlage fordert, vgl. Dietlein/Heyers NWVBl. 2000, 77, 79 f.; Jeand´Heur/Cremer JuS 2000, 991, 995 m.w.N.

(2) Das **Sachlichkeitsgebot** verlangt, dass Tatsachen zutreffend wiedergegeben werden und Werturteile nicht auf sachfremden Erwägungen beruhen. Außerdem darf die Äußerung im Hinblick auf das mit ihr verfolgte Ziel und in Bezug auf die Grundrechtspositionen, in die eingegriffen wird, **nicht unverhältnismäßig** sein.[801]

576

Bei der Beurteilung der Rechtmäßigkeit einer Äußerung ist daher zu unterscheiden, ob es sich um **Tatsachenbehauptungen** oder um **Werturteile** handelt. Eine Tatsachenbehauptung liegt vor, wenn die Aussage einer Überprüfung ihrer Richtigkeit mit den Mitteln des Beweises zugänglich ist. Werturteile sind demgegenüber an der subjektiven Färbung der Aussage erkennbar, kennzeichnend sind die Merkmale der Stellungnahme, des Dafürhaltens oder Meinens, also eine Meinungsäußerung.[802]

- **Tatsachenbehauptungen** sind **rechtswidrig**, wenn sie **unwahr** sind.[803]

577

    Wahre Tatsachenbehauptungen müssen daher i.d.R. hingenommen werden.[804] Ausnahmsweise sind auch Tatsachenbehauptungen hinzunehmen, deren Wahrheitsgehalt nicht endgültig festgestellt werden kann. Wenn es um eine die Öffentlichkeit wesentlich berührende Angelegenheit geht, reicht es nach der Rspr. aus, wenn der Äußernde hinreichend sorgfältige Recherchen über den Wahrheitsgehalt angestellt hat.[805] Ein Widerrufsanspruch scheidet dann aus.

- **Werturteile** sind durch das Element der **wertenden Stellungnahme** geprägt. Wegen ihres subjektiven Einschlags entziehen sie sich der Überprüfung als wahr oder unwahr. Sie sind in ihrer subjektiven Färbung erkennbar und erheben keinen Anspruch auf Allgemeingültigkeit, sondern stellen sich nur als eine von vielen möglichen Meinungen dar, die man teilen oder ablehnen kann.[806] Das bedeutet nicht, dass Aussagen dieser Art vom Betroffenen stets hinzunehmen sind. Wenn der Staat durch seine Funktionsträger abträgliche Werturteile über einen Bürger abgibt, bedarf er hierzu stets einer **Legitimation**. Diese kann sich ergeben aus der Wahrnehmung berechtigter Interessen analog § 193 StGB, aus der Befugnis der Verwaltung zur Öffentlichkeitsarbeit (s.o.), **nicht** jedoch aus Art. 5 GG, da der Staat als Grundrechtsverpflichteter nicht gleichzeitig Grundrechtsträger sein kann.[807] Die Legitimation für eine abwertende Äußerung kann sich für den Staat vor allem aus dem verfolgten **öffentlichen Zweck** ergeben. Dazu darf der Staat auch Werturteile abgeben und dabei deutliche Worte gebrauchen. Allerdings müssen Werturteile stets **verhältnismäßig** sein, dürfen also keine unnötige Herabsetzung oder besonders aggressive, unsachliche oder diffamierende Äußerungen enthalten (keine sog. Schmähkritik).[808]

578

---

801 OVG NRW NVwZ-RR 2004, 283, 285; NWVBl. 2006, 32; OVG NRW, Beschl. v. 02.02.2010 – 15 B 1723/09.
802 Grundlegend zur Abgrenzung von Tatsachenbehauptungen und Werturteilen BVerfGE 69, 1, 9; 85, 1, 15; BVerfG NJW 2008, 358, 359; sehr instruktiv auch BGH NJW 2008, 2110; NJW 2009, 2888, 2892; NJW 2009, 3580, 3580 f.
803 BVerfG NJW 2006, 207, 209; OVG NRW OVGE 47, 182, 186 m.w.N.; zur Rechtswidrigkeit einer verdeckten Tatsachenbehauptung bzw. Suggestivfrage vgl. BVerfG NJW 2004, 1942; Hufen JuS 2004, 820 ff. Allgemein Schmalenbach NVwZ 2005, 1357, 1358.
804 Zu Ausnahmen BVerfGE 97, 391, 404 f.; BVerfG AfP 2009, 365 Rdnr. 18; BGH, Urt. v. 20.04.2010 – VI ZR 246/08.
805 BVerfG NJW 2007, 2686, 2687; NJW 2006, 207, 210 m.w.N.
806 Zur Abgrenzung zwischen Tatsachenbehauptung und Werturteilen vgl. BVerfG DVBl. 2005, 106, 108.
807 BVerfGE 45, 63, 79; 61, 82, 103; BayVerfGH NVwZ 1998, 391, 392; OVG Berlin NJW 1998, 257, 259.
808 BVerfG NJW 2003, 3760; NJW 2002, 2626, 2627@ (Jugendsekten); BVerfGE 74, 203, 214; BVerwGE 59, 319, 326; BVerwG NVwZ 1994, 162, 163; OVG Berlin NJW 1998, 257, 259; VGH Mannheim NJW 1986, 340, 340; OVG NRW NVwZ 1985, 123, 124; Dietlein/Heyers NWVBl. 2000, 77, 80.

Beispiele: Eine unnötige öffentliche Herabsetzung enthält z.B. die Äußerung eines Ministers, eine religiöse Sekte betreibe „Menschenfängerei übelster Art"[809] oder die Bezeichnung einer Jugendsekte als „destruktiv" und „pseudoreligiös".[810] Die Charakterisierung von Scientology als „bekämpfenswert" ist dagegen nicht beanstandet worden.[811] Ebenso soll die Bezeichnung als „menschenverachtendes Kartell der Unterdrückung" noch zulässig sein.[812]

c) Auch auf der **Rechtsfolgenseite** erlangt die Differenzierung zwischen Tatsachenbehauptungen und Werturteilen Bedeutung:

579 ■ Nach h.M. können mit **Widerrufsklagen nur Tatsachenbehauptungen** bekämpft werden, nicht jedoch subjektive Wertungen. Der Ausschluss eines Anspruchs auf Widerruf von Meinungsäußerungen kann im öffentlichen Recht, anders als im Zivilrecht, zwar nicht aus der durch Art. 5 GG geschützten Meinungsfreiheit abgeleitet werden, weil der Staat nicht Träger von Grundrechten sein kann. Ansatz des Widerrufsanspruchs ist indes, dass der Tatsachengehalt der Äußerung unwahr und damit unzutreffend ist.[813]

580 ■ **Werturteile** können aber nur falsch oder richtig, nicht aber wahr oder unwahr sein. Der Widerruf eines Werturteils scheidet auch aus **tatsächlichen Gründen** aus. Anders als eine Tatsachenbehauptung kann ein Werturteil nicht durch eine spätere Aussage korrigiert werden. Der Äußernde kann sich lediglich entschuldigen, dadurch wird die Ehrverletzung aber nicht beseitigt. Der FBA ist kein allgemeiner Wiedergutmachungsanspruch und bietet daher keine materielle Grundlage für eine „Entschuldigung". Ehrbeeinträchtigenden Werturteilen kann daher lediglich mit einem **Unterlassungsanspruch** begegnet werden.[814]

„Mit dem öffentlich-rechtlichen Unterlassungsanspruch kann ... lediglich verlangt werden, dass eine rechtswidrige Beeinträchtigung eigener Rechte des Betroffenen unterbleibt; ein allgemeines „Beanstandungsrecht" gegenüber dem Verhalten des Hoheitsträgers steht dem Betroffenen nicht zu."[815]

581 Bei **mehrdeutigen Äußerungen** ist zu unterscheiden, ob die nachträgliche Sanktionierung schon erfolgter Äußerungen oder allein deren zukunftsgerichtete Abwehr in Frage steht.

Ein Widerrufsanspruch scheidet aus, wenn der Äußernde hinreichend sorgfältige Recherchen über den Wahrheitsgehalt der Tatsachenbehauptung angestellt hat (s.o. Rdnr. 577). Allerdings kann vom Betroffenen im Interesse des Persönlichkeitsschutzes verlangt werden, den Inhalt einer mehrdeutigen Aussage klarzustellen. Tut er dies nicht, besteht zur Abwehr künftiger Äußerungen ein Unterlassungsanspruch.[816] Diese Grundsätze gelten nicht nur für Tatsachenbehauptungen, sondern auch, wenn ein das Persönlichkeitsrecht beeinträchtigendes (mehrdeutiges) Werturteil infrage steht.[817]

---

809 OVG NRW NVwZ 1985, 123, 124.
810 BVerfG NJW 2002, 2626, 2627@.
811 BVerfG NJW 2002, 3458.
812 OVG NRW NVwZ 1997, 302 (zweifelhaft); vgl. auch die Übersicht bei Abel NJW 2005, 114, 117.
813 BayVGH BayVBl. 2002, 759.
814 OVG NRW NVwVBl. 2000, 19; NJW 1983, 2402, 2403; VGH Mannheim NJW 1990, 1808, 1809; BayVGH NVwZ 1986, 327; BayVBl. 1987, 401, 402; VGH Kassel NJW 1990, 1005, 1006; Detterbeck JuS 2000, 574, 578 m.w.N.; generell a.A. Faber NVwZ 2003, 159 ff. und scheinbar auch BVerwG NJW 1984, 2591: „Anspruch auf Widerruf eines Werturteils".
815 OVG NRW NWVBl. 2000, 19.
816 BVerfG NJW 2006, 207, 209 (Stolpe); NJW 2006, 3769, 3770; vgl. dazu Hochhuth NJW 2006, 189 ff.; Hufen JuS 2006, 639 ff.; vgl. auch den Klausurfall von Hochhuth/Sauer/Wöckel Jura 2006, 538 ff.
817 BVerfG NJW 2006, 3769 (Babycaust).

3. Abwehr hoheitlicher Immissionen

a) Ein weiterer Anwendungsfall des öffentlich-rechtlichen Abwehr- und Unterlassungsanspruchs ist die Abwehr von Emissionen, die von einer öffentlich-rechtlich betriebenen Einrichtung ausgehen. Dies gilt vor allem für Einrichtungen der Daseinsvorsorge.

582

Beispiele: Jugendzentrum, Kindergarten, Stadthalle, Sportplatz, Kinderspielplatz, Wertstoff-Container (inbes. für Glas und Papier), Badesee, Feueralarmsirene, Glockengeläut, Straßenlaterne etc.[818]

Im Vordergrund steht die Frage, unter welchen Voraussetzungen hoheitliche Immissionen zu dulden sind. Dabei ist anerkannt, dass auch durch hoheitliches Handeln **keine schädlichen Umwelteinwirkungen** i.S.d. § 3 Abs. 1 BImSchG hervorgerufen werden dürfen. Einem betroffenen Nachbarn steht unmittelbar gegen den Hoheitsträger ein Anspruch auf Unterlassung der Immissionen zu, soweit diese das Maß des im Einzelfall Zumutbaren überschreiten (auch **öffentlich-rechtlicher Immissionsabwehranspruch** genannt).[819]

583

Auch hier sind durch Dritte verursachte Störungen dem Hoheitsträger zuzurechnen, wenn sie typische Folge des hoheitlichen Handelns oder einer vom Staat geschaffenen Gefährdungslage sind, nicht dagegen bei missbräuchlicher Benutzung. **Beispiel:** Immissionen, die sich aus der üblichen Nutzung eines Altglas-Containers ergeben, muss sich die Behörde zurechnen lassen, nicht dagegen eine missbräuchliche Nutzung in Ruhezeiten (s.o. Rdnr. 493).

Die Grenze der Zumutbarkeit ist unter Berücksichtigung von Art, Intensität und Dauer der Immissionen durch eine **situationsbedingte Abwägung** der widerstreitenden Interessen zu bestimmen.

584

Im Rahmen der Abwägung sind z.B. die Gebietsart, die tatsächlichen Verhältnisse und die bestehenden rechtlichen Vorschriften zu berücksichtigen, die die Schutzwürdigkeit und Schutzbedürftigkeit mitbestimmen. **Beispiel:** Kinderspielplätze sind in Wohngebieten nicht nur zulässig (vgl. § 3 Abs. 3 Nr. 2, § 4 Abs. 2 Nr. 3 BauNVO), sondern sogar geboten, um gefahrlose Spielmöglichkeiten zu schaffen.[820] Abenteuer- und Bolzplätze sind dagegen in einem Wohngebiet nicht ohne Weiteres zulässig.[821]

Eine Sonderregelung enthält § 6 Abs. 1 LImSchG Bln: „Störende Geräusche, die von Kindern ausgehen, sind als Ausdruck selbstverständlicher kindlicher Entfaltung und zur Erhaltung kindgerechter Entwicklungsmöglichkeiten grundsätzlich sozialadäquat und damit zumutbar."[822] Auf Bundesebene ist eine vergleichbare Regelung geplant.[823]

Soweit keine normativen Grenzwerte in Gesetzen und RechtsVOen bestehen (z.B. die SportanlagenlärmschutzVO – 18. BImSchV], sind technische Regelwerke als Orientierungshilfe heranzuziehen (insbes. TA Lärm,[824] TA Luft,[825] VDI-Richtlinien,[826] GIRL[827]).

585

---

818 BVerwG NJW 1988, 2396 (Feueralarmsirene); BVerwG NJW 1992, 2779; BayVGH UPR 2004, 154 (Kirchturmuhr); BVerwG NVwZ 1997, 390, 391 (Glockengeläut); BayVGH NVwZ 1997, 96 (Jugendzentrum); BayVGH NVwZ 1989, 269 (Kindergarten); VGH Kassel DVBl. 2000, 207 (Altglascontainer); OVG NRW NWVBl. 2004, 480 (Schulhof); OVG Schleswig NordÖR 2007, 370 (Volksfest); BayVGH NVwZ-RR 2008, 524 (gemeindliche Mehrzweckhalle).
819 Vgl. z.B. OVG Schleswig NordÖR 2007, 370; allgemein Engler, Der öffentlich-rechtliche Immissionsabwehranspruch (1995).
820 BVerwG NJW 1992, 1779 und AS-Skript Umweltrecht (2009), Fall 12, Rdnr. 223 ff.
821 BVerwG DÖV 1992, 709; OVG Schleswig NVwZ 1995, 1019, 1020; VG Köln, Urt. v. 30.10.2008 – 13 K 403/08.
822 So die seit dem 17.02.2010 geltende Neuregelung.
823 Vgl. den Koalitionsvertrag vom 26.10.2009 unter III 1, 2998 und die Entschließung des Bundesrates vom 05.03.2010 (BR-Drs. 831/09).
824 Technische Anleitung zum Schutz gegen Lärm (Sartorius E 296/100).
825 Technische Anleitung zur Reinhaltung der Luft (Sartorius E 296/101).
826 Richtlinien des Vereins Deutscher Ingenieure (www.vdi.de).
827 Geruchsimmissions-Richtlinie, abgedruckt in Landmann/Rohmer, Umweltrecht II, Nr. 4.2; dazu BGH NJW 2001, 3054, 3055 f.; OVG NRW NVwZ 2004, 1259; OVG NRW Beschl. v. 20.09.2007 – 7 A 1434/06.

586 Im Übrigen gilt die **Wertung des § 906 BGB analog**. Denn was der Betroffene gegenüber einem Privatmann zu dulden hat, muss er sich in gleicher Weise von der hoheitlich handelnden Verwaltung gefallen lassen. Nach § 906 Abs. 1 S. 1 BGB hat der Eigentümer unwesentliche Beeinträchtigungen zu dulden. Eine unwesentliche Beeinträchtigung liegt nach § 906 Abs. 1 S. 2 u. S. 3 BGB i.d.R. vor, wenn Grenz- oder Richtwerte aus Gesetzen, RechtsVOen oder Verwaltungsvorschriften i.S.d. § 48 BImSchG (z.B. TA Luft und TA Lärm) nicht überschritten werden.[828] Da die Erheblichkeitsschwelle nach §§ 3, 22 BImSchG damit weitgehend mit dem Maßstab des § 906 BGB identisch ist, bedarf es nicht der Entscheidung, ob § 906 BGB im öffentlichen Recht neben den §§ 3, 22 BImSchG überhaupt anwendbar ist.[829]

Beispiele: Immissionen eines traditionellen Volksfestes werden gewohnheitsrechtlich in höherem Maße akzeptiert als sonstige Immissionen.[830] Im Rahmen der situationsbedingten Abwägung ist daher auch der Traditionswert der betroffenen Veranstaltung zu berücksichtigen. Je gewichtiger der Anlass der Veranstaltung ist, desto eher ist der Nachbarschaft zuzumuten, an wenigen Tagen im Jahr Ruhestörungen hinzunehmen.[831] Die Grenzwerte der sog. Freizeitlärmrichtlinie[832] können deshalb nur als Orientierungshilfe herangezogen werden, von denen im Einzelfall abzuweichen ist.[833]

587 Wann **Lichtimmissionen** (z.B. von einer Straßenlaterne) unzumutbar sind, kann nicht anhand allgemein gültiger Grenzwerte festgestellt werden, da solche weder durch Gesetz noch durch RechtsVO bindend geregelt sind. „Zu berücksichtigen ist dabei auch die Gebietsart und die tatsächlichen Verhältnisse der betroffenen Nachbarschaft, wobei wertende Elemente wie Herkömmlichkeit, soziale Adäquanz und allgemeine Akzeptanz einzubeziehen sind. Alle Faktoren sind in eine wertende Gesamtbeurteilung im Sinne einer Gesamtabwägung einzustellen."[834] Die Schutzwürdigkeit des Nachbarn wird insbes. durch das Ausmaß der Beeinträchtigungen bestimmt. Maßgebliche Kriterien sind dabei die „Raumaufhellung" und die „psychologische Blendung".[835]

Beispiel: In der Regel müssen Anwohner Straßenlaternen vor dem Wohnhaus im innerstädtischen Bereich dulden, wenn sie weder die Nutzung des Grundstücks in Frage stellen noch zu Gesundheitsgefahren der Bewohner führen.[836]

588 **b)** Sind die Immissionen wesentlich i.S.d. § 906 BGB und damit erheblich i.S.d. §§ 3, 22 BImSchG besteht **keine Duldungspflicht**. Der Betroffene hat gegenüber dem Hoheitsträger aber **keinen Anspruch auf bestimmte Maßnahmen**, sondern nur darauf, dass durch entsprechende Vorkehrungen Beeinträchtigungen oberhalb der Zumutbarkeitsschwelle unterbleiben. Wie der unterlassungspflichtige Hoheitsträger dies erreicht, obliegt allein seiner Entscheidung.[837]

---

828 Vgl. dazu BGH JZ 2004, 1080 mit Anm. Röthel.
829 Bejahend z.B. OVG NRW DÖV 1983, 1020, 1022; VGH Mannheim DVBl. 1984, 881, 882.
830 Vgl. BGH NJW 2003, 3699, 3700; OVG Schleswig NordÖR 2007, 370, 372; VGH Kassel NVwZ-RR 2006, 531, 535; BayVGH BayVBl. 2006, 351, 352; OVG Koblenz NJW 2005, 772, 773; VG Braunschweig NVwZ-RR 2009, 198, 199; VG Köln NWVBl. 2009, 233, 235; Ketteler DVBl. 2008, 220, 226 f.
831 VG Braunschweig NVwZ-RR 2009, 198, 199 f.
832 Abgedruck in NVwZ 1997, 469 ff. und Landmann/Rohmer, Umweltrecht II, Nr. 4.1.
833 Ausführlich Ketteler DVBl. 2008, 220 ff.
834 OVG NRW RÜ 2008, 530, 532 f.; VG Düsseldorf, Urt. v. 18.03.2008 – 16 K 3722/07, juris Rdnr. 14.
835 OVG NRW RÜ 2008, 530, 533; VG Düsseldorf, Urt. v. 12.02.2010 – 25 K 4079/09, juris Rdnr. 35; vgl. auch die Lichtrichtlinie des LAI, abgedruckt in Landmann/Rohmer, Umweltrecht II, Nr. 4.3.
836 OVG Koblenz, Urt. v. 11.06.2010 – 1 A 10474/10.OVG.
837 BVerwGE 79, 254, 257; OVG NRW NWVBl. 2004, 480, 481.

Übersicht: Grundrechtlicher Abwehr- und Beseitigungsanspruch

Grundrechtlicher Abwehr- und Beseitigungsanspruch

Unterlassung	Folgenbeseitigung

Voraussetzungen

■ **Eingriff in ein subjektives Recht** 　■ unmittelbare Eingriffe 　■ mittelbare Eingriffe: Intention bzw. vorhersehbare Intensität ■ durch **hoheitliches Handeln** 　■ VA oder schlichtes Verwaltungshandeln 　■ Schaffung einer typischen Gefährdungslage reicht aus ■ **Eingriff rechtswidrig** 　wenn keine Duldungspflicht insbes. aus Gesetz oder VA ■ **Eingriff dauert an, steht bevor**	■ **Eingriff in ein subjektives Recht** 　■ unmittelbare Eingriffe 　■ mittelbare Eingriffe: Intention bzw. vorhersehbare Intensität ■ durch **hoheitliches Handeln** 　■ VA oder schlichtes Verwaltungshandeln 　■ Schaffung einer typischen Gefährdungslage reicht aus ■ **Folgen rechtswidrig** 　wenn keine Duldungspflicht insbes. aus Gesetz oder VA (Erfolgsunrecht!) ■ **Folgen dauern an**

Ausschlussgründe

	■ tatsächliche oder rechtliche **Unmöglichkeit** ■ Wiederherstellung **unzumutbar** ■ **unzulässige Rechtsausübung** ■ **Mitverschulden**, § 254 BGB analog

Rechtsfolge

■ **Unterlassung/Beendigung des Eingriffs**	■ **Beseitigung der durch den Eingriff verursachten Folgen** 　■ (+) bei unmittelbaren Folgen 　■ i.d.R. (–) bei mittelbaren Folgen ■ **keine Folgenentschädigung** ■ bei Anspruchsausschluss ggf. **Folgenersatz** (analog § 251 BGB)

E. Geschäftsführung ohne Auftrag (GoA)

I. Das Rechtsinstitut der öffentlich-rechtlichen GoA

589 1. Wie im Zivilrecht ist auch im Öffentlichen Recht denkbar, dass jemand ein fremdes Geschäft für einen anderen besorgt, ohne von ihm beauftragt oder ihm gegenüber sonst dazu berechtigt zu sein (Geschäftsführung ohne Auftrag – GoA).

Beispiele: Der Bürger beseitigt Schäden an der Kanalisationsleitung. Die Ordnungsbehörde räumt anstelle des Bürgers den Schnee vom Bürgersteig. Die gemeindliche Feuerwehr beseitigt Ölspuren auf einer Landstraße.

Deshalb ist grds. anerkannt, dass das Rechtsinstitut der GoA auch im öffentlichen Recht **anwendbar** ist, entweder analog §§ 677 ff. BGB (so die h.M.) oder jedenfalls als Ausdruck eines allgemeinen Rechtsgedankens.[838]

Ein Teil der Lit. will die Fälle lediglich über den allgemeinen ör Erstattungsanspruch (s.u. Rdnr. 619 ff) erfassen, der die ör GoA verdränge. Dagegen spricht jedoch, dass die GoA-Regeln vorrangig sind, da eine berechtigte GoA den Rechtsgrund für eine Vermögensverschiebung darstellt.[839]

590 2. Problematisch und umstritten ist, wie die privatrechtliche GoA von der öffentlich-rechtlichen GoA **abzugrenzen** ist.

Bei prozessualem Aufbau muss die Abgrenzung zwischen öffentlich-rechtlicher und privatrechtlicher GoA in der Rechtswegprüfung (§ 40 VwGO, § 13 GVG) erfolgen!

Zum Teil wird für die Abgrenzung auf die Rechtsnatur des Handelns des **Geschäftsführers** abgestellt. Handelt der Geschäftsführer privatrechtlich, gelten die §§ 677 ff. BGB unmittelbar, handelt er öffentlich-rechtlich, wird eine ör GoA angenommen.[840] Nach a.A. soll das **Rechtsverhältnis** zwischen Geschäftsherrn und Geschäftsführer maßgebend sein.[841] Nach heute h.M. ist der Charakter des für den anderen geführten „Geschäfts" maßgebend. Die GoA ist mithin öffentlich-rechtlich, wenn das Geschäft, hätte es der **Geschäftsherr** selbst vorgenommen, öffentlich-rechtlicher Natur gewesen wäre.[842]

Dabei richtet sich die Feststellung der Rechtsnatur der hypothetischen Handlung des Geschäftsherrn nach den bekannten Abgrenzungskriterien, sodass zumeist auf den Handlungs- und **Sachzusammenhang** abzustellen ist. Damit besteht im Ergebnis i.d.R. kein Unterschied zu der Auffassung, die auf die Rechtsnatur des zugrunde liegenden **Rechtsverhältnisses** abstellt.

II. Die analoge Anwendung der §§ 677 ff. BGB

1. Regelungslücke

591 Voraussetzung für eine entsprechende Anwendung der §§ 677 ff. BGB ist zunächst, dass eine **Regelungslücke** besteht. Die GoA-Vorschriften gelten daher nicht, wenn im Öffentlichen Recht abschließende **Sondervorschriften** vorhanden sind.[843]

---

[838] BVerwG NVwZ-RR 2004, 84, 85; NJW 1989, 922, 923@; BGH NVwZ 2004, 373, 374; NVwZ 2004, 764, 765; OVG Koblenz DVBl. 2003, 411, 412; OVG NRW NWVBl. 2007, 437; OVG Lüneburg NVwZ 2009, 1050, 1051; Singer/Mielke JuS 2007, 1111, 1115.
[839] Zum Streitstand vgl. Singer/Mielke JuS 2007, 1111, 1115.
[840] BVerwG DVBl. 1956, 376; OVG Lüneburg OVGE 11, 307, 312; Bamberger JuS 1998, 706, 707; Staake JA 2004, 800, 802.
[841] BSG NJW 1991, 2373; BGH NJW 1990, 1604; VG Köln NVwZ 1993, 806; Habermehl Jura 1987, 199, 201.
[842] Maurer § 29 Rdnr. 12; Gurlit in: Erichsen/Ehlers § 35 Rdnr. 16; Singer/Mielke JuS 2007, 1111, 1113.
[843] OVG NRW NWVBl. 2007, 437 m.w.N.

Vgl. z.B. §§ 106 ff. SGB XII (Erstattung von Sozialhilfe), § 8 Abs. 7 a S. 2 FStrG (Kosten der Beseitigung einer unerlaubten Sondernutzung), § 8 VwVfG (Kosten der Amtshilfe),[844] § 10, 19 VwVG (Kostenersatz bei Ersatzvornahme).[845]

2. Vergleichbare Interessenlage

Für die Frage, ob eine **vergleichbare Interessenlage** besteht, bedarf es im Einzelfall der Prüfung, ob die Anwendung der Grundsätze der GoA mit dem geltenden Verfassungs- und Verwaltungsrecht in Einklang zu bringen sind. Dabei sind prinzipiell **vier Fallgruppen** zu unterscheiden: 592

- Ein Hoheitsträger wird für einen anderen Hoheitsträger tätig.
- Ein Hoheitsträger besorgt ein Geschäft des Bürgers.
- Ein Bürger handelt für einen Hoheitsträger.
- Ein Bürger handelt für einen anderen Bürger.

a) Hoheitsträger für einen anderen Hoheitsträger

Wird ein Hoheitsträger für einen anderen Hoheitsträger tätig, scheidet eine öffentlich-rechtliche GoA i.d.R. aus. Die Gesetzesbindung der Verwaltung (Art. 20 Abs. 3 GG) schließt es grds. aus, dass ein unzuständiger Hoheitsträger in den Zuständigkeitsbereich eines anderen Verwaltungsträgers übergreift und die **Kompetenzordnung** durchbricht. Im Übrigen darf durch Erstattungsansprüche die gesetzliche Verteilung der Kostenlast (vgl. Art. 104 a GG) nicht unterlaufen werden. Wer die Aufgaben wahrzunehmen hat, trägt auch die Kosten („Die Ausgaben folgen den Aufgaben"). Soweit der Geschäftsführer im eigenen Wirkungskreis handelt, liegt schon kein fremdes Geschäft vor.[846] Nach h.M. ist eine ör GoA zwischen Hoheitsträgern daher nur zulässig, wenn ein **Notfall** vorliegt, d.h. wenn ein Einschreiten des zuständigen Hoheitsträgers nicht möglich oder nicht erfolgversprechend ist.[847] 593

Beispiele: Die Wasserschutzpolizei des Landes beseitigt eine Öllache auf einer Bundeswasserstraße. Die Polizei löscht einen brennenden städtischen Papierkorb. Die gemeindliche Feuerwehr beseitigt Ölspuren auf einer Landstraße.

*Dabei ist allerdings zu beachten, dass auch in Notfällen die Fremdheit des Geschäfts bzw. das Merkmal „ohne Auftrag" zu verneinen ist, wenn die handelnde Behörde – wie in den obigen Beispielsfällen – aufgrund **eigener (Eilfall-) Kompetenz** (etwa die Polizei im Ordnungsrecht oder die Feuerwehr bei Pflichteinsätzen) tätig wird; dann scheidet ein Rückgriff auf die GoA aus.[848]* 594

Deshalb plädiert ein Teil der Lit. dafür, zwischen Verwaltungsträgern gänzlich auf das Rechtsinstitut der ör GoA zu verzichten.[849]

---

844 Vgl. BayVGH BayVBl. 2007, 274.
845 Vgl. z.B. BGH NVwZ 2008, 349 f.; NVwZ 2004, 373, 374; Linke NWVBl. 2007, 451, 453 f.
846 OVG NRW NWVBl. 2007, 16.
847 BVerwG NJW 1991, 2435; NJW 1986, 2524, 2525; OVG Hamburg NVwZ 1995, 369, 373; Maurer § 29 Rdnr. 11; Gusy JA 1979, 69, 70; Bamberger JuS 1998, 706, 708 m.w.N.; großzügiger OVG Lüneburg NVwZ 2009, 1050, 1051 f.
848 OVG NRW NWVBl. 2007, 437, 439; OVG Lüneburg NVwZ 2009, 1050, 1051 f.; Maurer § 29 Rdnr. 11; Schoch Jura 1994, 241, 243. Beachte aber die Sonderregelung in § 41 Abs. 2 S. 2 FSHG NRW, dazu Kamp NWVBl. 2008, 14, 17.
849 Gurlit in: Erichsen/Ehlers § 35 Rdnr. 12; MünchKomm-Seiler BGB Vor § 677 Rdnr. 24 m.w.N.

b) Hoheitsträger für den Bürger

595 Wird ein Hoheitsträger für den Bürger tätig, so ist umstritten, ob Ansprüche aus öffentlich-rechtlicher GoA entstehen können. Problematisch sind hier insbes. die Fälle, in denen der Hoheitsträger zur Gefahrenabwehr tätig wird.

Beispiel: Die Stadt S verlangt von dem Brandstifter B Ersatz der Aufwendungen, die durch den Einsatz der Feuerwehr entstanden sind. – Nach einem Selbstmordversuch wird der Untersuchungsgefangene U im Krankenhaus behandelt. Der Krankenhausträger verlangt Ersatz der Behandlungskosten von U.

596 aa) Nach der ständigen Rspr. des BGH sind die §§ 667 ff. BGB grundsätzlich auch im Verhältnis zwischen Verwaltung und Privatpersonen **anwendbar**. Das gilt selbst dann, wenn die öffentliche Hand bei der Maßnahme in erster Linie zur Erfüllung öffentlich-rechtlicher Pflichten tätig geworden ist.[850]

597 bb) Die Lit. tritt dieser Rspr. nahezu einhellig entgegen. Soweit eine Behörde eine eigene gesetzlich zugewiesene Aufgabe nach öffentlichem Recht wahrnehme, bestimme sich ihre Handlungsweise ausschließlich nach diesem Recht und könne **nicht zugleich privatrechtlicher Natur** sein. Andernfalls würden die spezialgesetzlichen Eingriffsregelungen unterlaufen.[851] Dafür spricht, dass eine fehlende Eingriffsermächtigung nicht durch die Vorschriften der GoA ersetzt werden kann. Wenn die Behörde zur Gefahrenabwehr eingreift, hat sie ausschließlich **Eigengeschäftsführungswillen** und ist auch im Verhältnis zum Bürger in sonstiger Weise zur Wahrnehmung des Geschäfts „berechtigt" i.S.d. § 677 BGB. Ein Rückgriff auf die GoA-Vorschriften scheidet deshalb aus.

598 cc) Unstreitig ist die analoge Anwendung der §§ 677 ff. BGB im Verhältnis Staat – Bürger ausgeschlossen, wenn eine **spezialgesetzliche (abschließende) Regelung** besteht.[852]

Vor allem gilt dies für §§ 10, 19 VwVG und die entspr. landesrechtlichen Vorschriften über den **Kostenersatz bei Ersatzvornahme** in der Verwaltungsvollstreckung. Die Kosten einer rechtmäßigen Ersatzvornahme können nur nach den öffentlich-rechtlichen Vorschriften geltend gemacht werden.[853] Ist die Ersatzvornahme rechtswidrig, so besteht kein Ersatzanspruch der Behörde aus den vollstreckungsrechtlichen Vorschriften (s.o. Rdnr. 303 ff.), aber auch nicht aus ör GoA, da ansonsten die besonderen Verfahrenserfordernisse der Verwaltungsvollstreckung unterlaufen würden.[854]

599 Handelt die Verwaltung aufgrund einer gesetzlichen Ermächtigung, liegt schon deshalb keine GoA vor, weil sie nicht ohne Auftrag oder „sonstige Berechtigung" handelt.[855]

So erfüllt die Feuerwehr im obigen Beispiel ihre gesetzliche Aufgabe nach dem Feuerwehrgesetz. Ein Rückgriff auf die GoA gegenüber dem Brandstifter scheidet aus.[856] Ein Kostenersatz kommt nur bei besonderer gesetzlicher Regelung in Betracht.[857] Ebenso ist die Behandlung des Häftlings nach einem Selbstmordversuch Ausfluss der Fürsorgepflicht des Staates, sodass kein Handeln „ohne Auftrag" vorliegt.[858]

---

[850] BGH NVwZ 2008, 349; NVwZ 2004, 373, 374; NJW 1999, 3633; BGHZ 40, 28; 63, 167, 169 f.
[851] Vgl. Ehlers, Verwaltung in Privatrechtsform, S. 468, 471/474; Kischel VerwArch 90 (1999), 391, 403 f.; Gurlit in: Erichsen/Ehlers § 35 Rdnr. 13; Bamberger JuS 1998, 706, 709; Staake JA 2004, 800, 801; Thole NJW 2010, 1243, 1245 f.
[852] BGH NVwZ 2008, 349; NVwZ 2004, 373, 375; BVerwGE 80, 170, 172; VGH Mannheim NVwZ-RR 2004, 473, 474; VBlBW 2002, 252, 254; Detterbeck/Windthorst/Sproll § 21 Rdnr. 47.
[853] BGH NVwZ 2008, 349, 350: Auslagen Dritter bloße Rechnungsposten.
[854] BGH NVwZ 2004, 373, 375; VGH Mannheim VBlBW 2002, 252, 254; Gurlit in: Erichsen/Ehlers § 35 Rdnr. 13 u. 14; Schoch Jura 1994, 241, 245; Linke NWVBl. 2007, 451, 453; anders BGHZ 65, 384, 388.
[855] Schoch Jura 1994, 241, 245; abweichend VGH Mannheim NVwZ-RR 2004, 473, 474.
[856] Schoch Jura 1994, 241, 245; a.A. OLG Hamm NWVBl. 1989, 218.
[857] Vgl. z.B. Art. 28 Abs. 2 Nr. 4 Bay FwG, § 34 Abs. 1 Nr. 1 FwG BW, § 41 Abs. 2 S. 1 Nr. 1 FSHG NRW.

Im Übrigen gelangt man in diesen Fällen zu einer ör GoA nur dann, wenn man auf die Rechtsnatur der zugrunde liegenden Handlungspflicht des Bürgers abstellt und diese dem öffentlichen Recht angehört. Außerdem bestehen im öffentlichen Bereich zumeist Spezialregeln, welche die GoA verdrängen. Aber auch bei Fehlen solcher Spezialregelungen verbietet es das Rechtsstaatsprinzip (Art. 20 Abs. 3 GG), eine fehlende Ermächtigungsgrundlage durch Rückgriff auf die GoA zu ersetzen und ein Handeln im Bereich der Eingriffsverwaltung zu legitimieren. Auch Kostenfragen sind „wesentlich" und unterfallen dem Grundsatz vom **Vorbehalt des Gesetzes**. Dies darf nicht durch die Anwendung der GoA-Vorschriften umgangen werden.[859] Eine ör GoA kommt daher bei Handeln eines Verwaltungsträgers für den Bürger grds. nicht in Betracht. **600**

Gegenbeispiel: Werden im Ausland entführte deutsche Touristen unter Beteiligung deutscher Behörden erfolgreich befreit, so hat der Staat gegen die Betroffenen einen Anspruch auf Aufwendungsersatz nach § 5 KonsG (Konsulargesetz).[860]

c) Bürger für einen Hoheitsträger

Hauptanwendungsfall der ör GoA ist, dass ein Bürger für einen Hoheitsträger handelt. Hier besteht eine mit den §§ 677 ff. BGB vergleichbare Interessenlage, sodass die Vorschriften über die GoA grds. anwendbar sind.[861] **601**

Beispiele: Herstellung einer Kanalisation oder sonstigen Erschließungsanlage durch den Bürger anstelle der Gemeinde;[862] Beseitigung von Schäden an der Hausanschlussleitung;[863] Ausbesserung einer Uferbefestigung zum Schutz eines Tanklagers;[864] Gewässerunterhaltung durch privaten Dritten.[865]

Zu berücksichtigen ist allerdings auch hier, dass hoheitliche Aufgaben nach Maßgabe gesetzlicher Kompetenzregelungen ausschließlich bestimmten Hoheitsträgern zugewiesen sind. Diese Aufgabenverteilung würde unterlaufen, wenn ein Privater generell anstelle der an sich zuständigen Behörde öffentliche Aufgaben erfüllen und diese anschließend dem Staat auch noch in Rechnung stellen könnte. Deshalb ist eine ör GoA des Bürgers für den Staat **nur in besonderen Situationen zulässig**: Unter Berücksichtigung aller Umstände und unter Abwägung etwa widerstreitender öffentlicher Belange muss **gerade die Aufgabenwahrnehmung durch den Privaten** dem öffentlichen Interesse entsprechen.[866] Umstritten ist dabei jedoch, wie diese Situation im Einzelnen beschaffen sein muss (dazu unten Fall 16). **602**

---

858 BGHZ 109, 354; ähnlich BGHZ 63, 167, 172; 65, 384.
859 Gurlit in: Erichsen/Ehlers § 35 Rdnr. 14; Maurer § 29 Rdnr. 11 ff.; Bamberger JuS 1998, 706, 709; Schoch Jura 1994, 241, 245; Staake JA 2004, 800, 803; differenzierend Detterbeck/Windthorst/Sproll § 21 Rdnr. 54.
860 BVerwG NJW 2009, 2905; OVG Berlin-Brandenburg RÜ 2008, 595; a.A. Göres NJW 2004, 1909 ff.; Dahm NVwZ 2005, 172 ff., die einen Ausgleich analog §§ 677, 683, 670 BGB aus ör GoA bejahen.
861 BVerwG NVwZ 2004, 764, 765; BVerwGE 80, 170, 172 ff.; BGHZ 138, 281, 286 ff.; BGH NJW 1978, 1258; Ossenbühl, S. 343 f. m.w.N.; a.A. Staake JA 2004, 800, 802: stets privatrechtliche GoA.
862 BVerwG NVwZ 1992, 672; BGHZ 138, 281.
863 OVG Lüneburg NVwZ 1991, 81; OVG NRW VersR 1996, 722.
864 BVerwG NJW 1989, 922.
865 BVerwG NVwZ 2004, 764, 765.
866 BVerwG NJW 1989, 922, 923@; Gurlit in: Erichsen/Ehlers § 35 Rdnr. 15; Ossenbühl, S. 344 m.w.N.

d) Bürger für einen anderen Bürger

603 Im Verhältnis zwischen **zwei Privatpersonen** ist nach h.M. eine ör GoA nicht denkbar, auch wenn öffentlich-rechtliche Pflichten erfüllt werden. Dieser Umstand ändert nämlich nichts daran, dass das zwischen Geschäftsherrn und Geschäftsführer bestehende Rechtsverhältnis dem **Zivilrecht** zuzuordnen ist. Hier kommt allenfalls eine privatrechtliche GoA in Betracht.[867]

Beispiel: Der Nachbar nimmt die nach dem StraßenreinigungsG öffentlich-rechtliche Verpflichtung des Schneeräumens auf dem Bürgersteig für den Hauseigentümer wahr.

> **Fall 16: Katzentot**
>
> Tierarzt T hatte vor seiner Praxis eine völlig abgemagerte Katze aufgefunden, die sich vor Schmerzen krümmte und jämmerlich schrie. Bei der Untersuchung des Tieres diagnostizierte T die regelmäßig tödlich verlaufende Infektionskrankheit Leukose. Die Krankheit war bereits derart fortgeschritten, dass T aus tierärztlicher Sicht nur die Möglichkeit der Einschläferung der Katze sah. Da es ihm ethisch nicht zumutbar erschien, angesichts des erheblichen Leidens der Katze zuzuwarten, schläferte er das Tier unmittelbar nach Abschluss der Untersuchung ein. T verlangt nunmehr von der Stadt S als örtliche Ordnungsbehörde die Übernahme der Tierarztkosten für die Behandlung und die Einschläferung der Katze in Höhe von 75 €. Zu Recht?

A. **Vertragliche** Ansprüche bestehen nicht.

B. Auch Ansprüche kraft **spezialgesetzlicher** Regelungen sind nicht ersichtlich, insbes. begründet das TierschutzG keinen Erstattungsanspruch.

C. T könnte gegen die Stadt S einen **Aufwendungsersatzanspruch** aus **Geschäftsführung ohne Auftrag** gem. §§ 677, 683 S. 1, 670 BGB haben.

604 I. Unmittelbar sind die §§ 677 ff. BGB nur dann anwendbar, wenn es sich um eine **privatrechtliche GoA** handelt. Hier könnte indes ein öffentlich-rechtliches Verhältnis vorliegen, weil T für die Stadt als Verwaltungsträger tätig geworden ist. Während für die Abgrenzung teilweise auf das Handeln des Geschäftsführers abgestellt wird, ist die GoA nach h.M. öffentlich-rechtlich, wenn das Geschäft, hätte es der Geschäftsherr selbst vorgenommen, öffentlich-rechtlicher Natur gewesen wäre.[868] Dafür spricht, dass für die Abgrenzung zwischen öffentlichem Recht und Privatrecht grds. die Rechtsnatur des Rechtsverhältnisses maßgebend ist, aus der sich der geltend gemachte Anspruch ergibt. Hier standen die Maßnahmen des T im Sachzusammenhang mit dem nach öffentlichen Recht zu beurteilenden Tierschutz- und Ordnungsrecht. Damit liegt eine öffentlich-rechtliche Rechtsbeziehung vor. Die §§ 677 ff. BGB sind daher **nicht unmittelbar** anwendbar.

Die h.M. führt zu der Konsequenz, dass meist eine **ör GoA** vorliegt, wenn ein Privater **für einen Verwaltungsträger** handelt, da es in der Person des Verwaltungsträgers i.d.R. um die Wahrnehmung öffentlicher Aufgaben geht.[869]

---

[867] Vgl. BGH DVBl. 1974, 287, 288; Maurer § 29 Rdnr. 11; Schoch Jura 1994, 241, 247; Bamberger JuS 1998, 706, 71.
[868] BGHZ 40, 28, 31; 63, 167, 170; 65, 354, 357; Maurer § 29 Rdnr. 12; Gurlit in: Erichsen/Ehlers § 35 Rdnr. 16; Ossenbühl, S. 343 f.; Detterbeck/Windthorst/Sproll § 21 Rdnr. 35 m.w.N.

E. Geschäftsführung ohne Auftrag (GoA) — 4. Abschnitt

Umgekehrt soll nach der Rspr. ein hoheitliches Handeln der **Behörde** zugleich eine **privatrechtliche GoA** für eine Privatperson darstellen können.[870] Dagegen spricht jedoch, dass ein und dieselbe Handlung nicht sowohl dem Privatrecht (GoA) als auch dem öffentlichen Recht (Erfüllung der hoheitlichen Aufgabe) zugeordnet werden kann. Der öffentlich-rechtliche Charakter eines Geschäfts schließt dessen privatrechtliche Wahrnehmung aus. Denn sonst könnte die Verwaltung mit Hilfe privatrechtlicher Normen öffentlich-rechtlich nicht vorgesehene Eingriffsbefugnisse und Erstattungsansprüche begründen (s.o. Rdnr. 597).[871]

605

II. Der Aufwendungsersatzanspruch des T könnte sich aus öffentlich-rechtlicher GoA **analog § 677, 683 S. 1, 670 BGB** ergeben.

1. Anwendbarkeit der GoA-Vorschriften

In Rspr. und Lit. ist grds. anerkannt, dass das Rechtsinstitut der GoA auch im öffentlichen Recht **anwendbar** ist, entweder analog §§ 677 ff. BGB oder jedenfalls als Ausdruck eines allgemeinen Rechtsgedankens.[872]

606

a) Mangels spezialgesetzlicher Vorschriften über die Kostenerstattung, insbes. im TierschutzG, besteht eine **Regelungslücke**.

b) Handelt wie hier ein Bürger für den Staat besteht auch eine mit den §§ 677 ff. BGB **vergleichbare Interessenlage**, sodass die Vorschriften über die GoA grds. analog anwendbar sind.[873]

Aufbauschema: Ansprüche aus ör GOA

- **Anwendbarkeit:** §§ 677 ff. BGB analog
- **Voraussetzungen**
    - fremdes Geschäft
    - Fremdgeschäftsführungswille
    - ohne Auftrag oder sonstige Berechtigung
    - Interessen- und willensgemäß
- **Rechtsfolgen**
    - Aufwendungsersatz analog §§ 683 S. 1, 670 BGB
    - Herausgabe des Erlangten analog §§ 681 S. 2, 667 BGB
    - § 280 Abs. 1 BGB analog bei Pflichtverletzung

Das Prüfungsschema folgt weitgehend der Struktur der §§ 677 ff. BGB (dazu AS-Skript Schuldrecht BT 3 [2010], 2. Teil).

---

869 Vgl. Singer/Mielke JuS 2007, 1111, 1115 f.
870 So BGHZ 40, 28, 31; 63, 167, 169; 65, 354, 357; OLG Hamm NWVBl. 1989, 218; einschränkend nunmehr BGH NVwZ 2004, 373, 374: „Eine dienstliche Tätigkeit des Beamten kann nicht zugleich eine private Handlung desselben sein"; nach Linke DVBl. 2006, 148, 151 ff. handelt es sich hierbei um einen Fall des sog. Verwaltungsprivatrechts.
871 Vgl. Maurer § 29 Rdnr. 12; Schoch Jura 1994, 241, 247; Staake JA 2004, 800, 801; differenzierend Detterbeck/Windthorst/Sproll § 21 Rdnr. 35 mit FN 41 u. Rdnr. 63; vgl. auch die Zusammenfassung bei Linke DVBl. 2006, 148, 149 f., der selbst allerdings eine abweichende Auffassung vertritt.
872 BVerwG NVwZ-RR 2004, 84, 85; NJW 1989, 922, 923@; BGH NVwZ 2004, 373, 374; NVwZ 2004, 764, 765; OVG NRW NWVBl. 2007, 437; Gurlit in: Erichsen/Ehlers § 35 Rdnr. 10; Maurer § 29 Rdnr. 11; Schoch Jura 1994, 241, 242; Bamberger JuS 1998, 706, 707 m.w.N.
873 BVerwG NVwZ 2004, 764, 765; BVerwGE 80, 170, 172 ff.; BGHZ 138, 281, 286 ff.; BGH NJW 1978, 1258; Ossenbühl, S. 343 f. m.w.N.; a.A. Staake JA 2004, 800, 802: stets privatrechtliche GoA.

2. Voraussetzungen der ör GoA

607 a) Die Behandlung und Einschläferung der Katze müsste ein **fremdes Geschäft** darstellen (§ 677 BGB analog). Das ist der Fall, wenn die Maßnahme (zumindest auch) in den Aufgabenbereich der Stadt S fällt.

Wie im Zivilrecht lassen sich auch im öffentlichen Recht objektiv fremde, subjektiv fremde und sog. „auch fremde" Geschäfte unterscheiden.[874]

Das Vorliegen eines fremden Geschäfts der Stadt könnte sich hier daraus ergeben, dass es um die Abwehr einer **Gefahr für die öffentliche Ordnung** ging, die in die Zuständigkeit der Stadt S als allgemeine Polizei-/Ordnungsbehörde fiel.

Spezialgesetzliche Vorschriften scheiden ersichtlich aus. Das TierschutzG verpflichtet lediglich den Tierhalter, nicht die Stadt S. Das Gesetz über die Beseitigung tierischer Nebenprodukte (früher Tierkörperbeseitigungsgesetz) regelt nur die Beseitigung von Körpern und Körperteilen toter Tiere, nicht aber die Behandlung und Tötung lebender Tiere. Auch stellt die Katzenleukose keine Seuche i.S.d. TierseuchenG dar.

608 aa) Teilweise wird in der Rspr. in vergleichbaren Fällen eine **Gefahrensituation** pauschal abgelehnt.

„Dass ein verletztes oder krankes Tier leidet, ist nicht zu bestreiten, stellt aber ebenso wenig eine Gefahr dar wie sein absehbarer Tod. ... Der Eindruck der kranken oder moribunden Kreatur auf den Menschen und der daraus erwachsende verständliche Wunsch des Einzelnen, der leidenden Kreatur helfen zu wollen, ist keine Gefahrensituation."[875]

609 bb) Dabei bleibt jedoch unberücksichtigt, dass Tiere nicht als Sachen (§ 90 a BGB), sondern zunehmend als „Mitgeschöpfe" angesehen werden und auch von der staatlichen Schutzpflicht nach Art. 20 a GG umfasst werden. Es ist mit den allgemeinen Wertvorstellungen nicht vereinbar, ein unheilbar krankes Tier unversorgt leiden zu lassen.

„Das Dahinsiechen einer unter erheblichen Schmerzen leidenden, unheilbar kranken Katze stellt einen Verstoß gegen die öffentliche Ordnung ... dar. Es ist mit den hiesigen herrschenden ethischen Wertvorstellungen, die für ein gedeihliches Zusammenleben als unabdingbar angesehen werden, nicht vereinbar, ein solches Tier unversorgt in seinem qualvollen Zustand weiter leiden zu lassen."[876]

Damit war es Aufgabe der Stadt S als Polizei-/Ordnungsbehörde, die Katze tierärztlich zu versorgen, um den Verstoß gegen die öffentliche Ordnung abzuwenden.

Etwas anderes gilt in den Ländern, in denen die öffentliche Ordnung nicht mehr von der Generalklausel geschützt wird. Mangels Gefahrentatbestand fehlt es dann im Verhältnis zur Stadt S an einem fremden Geschäft.

610 b) Der **Fremdgeschäftsführungswille** wird beim objektiv fremden Geschäft vermutet.

---

[874] BVerwG NJW 1989, 922, 923@; OVG NRW NWVBl. 1996, 304; VG Gelsenkirchen NJW 2002, 1818; Gurlit in: Erichsen/Ehlers § 35 Rdnr. 15; ausführlich zum „auch fremden"-Geschäft Thole NJW 2010, 1243 ff.
[875] OVG NRW NWVBl. 1996, 393, 394.
[876] VG Gießen NVwZ-RR 1995, 144; vgl. aber VG Gießen NVwZ-RR 2002, 95: keine Pflicht der Kommune zur Betreuung herrenloser Tiere.

Nach der Rspr. wird der Fremdgeschäftsführungswille auch dann vermutet, wenn der Geschäftsführer zugleich ein eigenes Geschäft wahrnimmt (sog. **auch fremdes Geschäft**).[877] Das soll jedenfalls dann gelten, wenn der Geschäftsführer in Kenntnis der Letztverantwortlichkeit des Geschäftsherrn handelt.[878]

Problematisch ist dies allerdings, wenn ein Verwaltungsträger zugleich ein Geschäft für den Bürger führt. Denn bei einem Träger öffentlicher Verwaltung ist grds. zu vermuten, dass er ausschließlich zur Erfüllung seiner ihm gesetzlich übertragenen Aufgaben tätig wird.[879] Das spricht dann allerdings generell gegen die Konstruktion der Rspr., ein hoheitliches Handeln könne zugleich eine (privatrechtliche) GoA für den Bürger darstellen (s.o. Rdnr. 596 f.).

c) Der Geschäftsführer muss **ohne Auftrag oder sonstige Berechtigung** handeln (§ 677 BGB analog). Daran fehlt es z.B., wenn die Behörde aufgrund gesetzlicher Ermächtigung gehandelt hat.[880] Vorliegend war T gegenüber der Stadt S weder durch Gesetz noch aufgrund Rechtsgeschäfts oder in sonstiger Weise zur Behandlung der Katze verpflichtet. **611**

d) Die Übernahme der Geschäftsführung ist **berechtigt**, wenn sie dem **Interesse** und dem (wirklichen oder mutmaßlichen) **Willen** der Stadt S entspricht (§§ 677, 683 BGB analog). **612**

Bei der Sicherstellung einer Sache zum Schutz des Eigentümers wird die zuständige Behörde ähnlich wie ein Geschäftsführer ohne Auftrag tätig. Die Beurteilung der Rechtmäßigkeit der polizeilichen Sicherstellung eines aufgebrochenen Pkw hat sich daher an §§ 677, 679 BGB zu orientieren.[881]

Das Interesse ist hierbei objektiv zu beurteilen und stellt gleichzeitig das Indiz für die Annahme des mutmaßlichen Willens dar. Im Übrigen kann ein entgegenstehender Wille analog § 679 BGB unbeachtlich sein, wenn die Geschäftsführung im öffentlichen Interesse liegt. Dafür ist zunächst erforderlich, dass ein **öffentliches Interesse** an der Erfüllung der Aufgabe an sich besteht. Da dies bei öffentlichen Aufgaben zumeist der Fall ist, ist des Weiteren zu fordern, dass außerdem ein öffentliches Interesse an der Wahrnehmung **gerade durch den privaten Geschäftsführer** besteht.[882] **613**

In der Regel besteht allerdings kein öffentliches Interesse daran, dass Private in die gesetzliche Zuständigkeitsordnung eingreifen und anstatt der Behörde tätig werden. Ein öffentliches Interesse kann daher nur in **besonderen Fällen** vorliegen. Umstritten ist, wie diese Fälle beschaffen sein müssen.

aa) Teilweise wird das öffentliche Interesse nur in echten **Notfallsituationen** bejaht, z.B. wenn eine dringende Gefahr für Leben, Gesundheit oder andere wichtige Rechtsgüter besteht und der Verwaltungsträger entweder zum Handeln außerstande ist oder pflichtwidrig nicht handelt.[883] **614**

---

877 Vgl. z.B. BGH NJW 2008, 3069, 3071; NJW-RR 2008, 683, 684; NJW 2007, 63; Palandt/Sprau BGB § 677 Rdnr. 6; Linke DVBl. 2006, 148, 154 m.w.N.; a.A. Stamm Jura 2002, 730, 731; vgl. AS-Skript Schuldrecht BT 3 (2010) Rdnr. 51.
878 BGH NVwZ 2002, 511, 512; kritisch Thole NJW 2010, 1243, 1245 ff.
879 Schoch Jura 1994, 241, 247; Linke NWVBl. 2007, 451, 454; Detterbeck/Windhorst/Sproll § 21 Rdnr. 63.
880 Detterbeck/Windhorst/Sproll § 21 Rdnr. 54; Maurer § 29 Rdnr. 11; Drüen/Krumm NWVBl. 2004, 359, 366.; abweichend Linke DVBl. 2006, 154, 155 für die zivilrechtliche GoA.
881 Vgl. BayVGH BayVBl. 2001, 310; NJW 2009, 3384 f.; OLG Hamm VersR 1999, 363; VGH Kassel NJW 1999, 3793, 3794; Drüen/Krumm NWVBl. 2004, 359, 365.
882 BVerwG NJW 1989, 922, 923®; BGH NJW 1978, 1258; OVG NRW NWVBl. 1996, 393; OLG Köln NVwZ 1993, 1021, 1022; OVG Lüneburg NVwZ 1991, 81; Detterbeck/Windhorst/Sproll § 21 Rdnr. 66.

615

bb) Die Rspr. stellt hingegen geringere Anforderungen. Ein öffentliches Interesse an der Geschäftsführung könne nicht nur bei einer Notlage bestehen, sondern auch dann, wenn bei Berücksichtigung aller Umstände und unter Abwägung etwaiger widerstreitender öffentlicher Belange ein Handeln des Bürgers **geboten** erscheint.[884] Nach der Rspr. gelten jedoch folgende **Einschränkungen:**

- Ein öffentliches Interesse gerade an der Wahrnehmung durch eine Privatperson kann nur bei Maßnahmen angenommen werden, die **keine spezifisch hoheitlichen Befugnisse** voraussetzen (z.B. keine GoA beim Erlass von VAen oder bei der Wahrnehmung polizeilicher Aufgaben). Eine ör GoA des Bürgers für den Staat ist daher nur bei schlichtem Verwaltungshandeln zulässig.

- Der Bürger darf mit seiner Geschäftsführung **nicht staatliches Ermessen unterlaufen**, d.h., eine GoA kommt grds. nur in Betracht, wenn der Staat zum Einschreiten verpflichtet gewesen ist. Durch die Tätigkeit des Privaten dürfen behördliche Entscheidungsspielräume nicht verkürzt werden. Denn sonst würde der Verwaltungsträger vor vollendete Tatsachen gestellt, wodurch auch erhebliche finanzielle Belastungen entstünden.

  Dadurch wird die GoA im **Ermessensbereich** aber nicht gänzlich ausgeschlossen. Dies gilt insbes., wenn die Behörde sich für unzuständig hält oder ein eigenes Tätigwerden ausdrücklich ablehnt. In diesen Fällen lässt es die Rspr. genügen, dass das Handeln des Bürgers aufgrund objektiver Kriterien sachgerecht erscheint.[885]

- Schließlich ist der Bürger grds. gehalten, zuvor die **Rechtsschutzmöglichkeiten** auszuschöpfen, bevor er anstelle der Behörde tätig wird. Meint der Bürger, einen Anspruch gegen die Behörde zu haben, muss er Leistungsklage erheben und ggf. um vorläufigen Rechtsschutz nachsuchen.[886]

616

Da die Gefahrenabwehr grds. im Ermessen der Behörde steht, wird deshalb die Berechtigung des Bürgers in der vorliegenden Situation zum Teil verneint.

„Es ist nämlich grds. der Standpunkt vertretbar, ... (die Tiere) ihrem Lebensraum zu überlassen, wo sie natürlichen Abläufen entsprechend sterben, oder sie notfalls zu isolieren, um nach ihrer Verendung ihre Kadaver zu beseitigen. Ein solcher Standpunkt entspräche überdies dem Interesse der Allgemeinheit an einer überschaubaren und sinnvollen Verwendung öffentlicher Mittel."[887]

Dagegen wird zu Recht darauf verwiesen, dass es im vorliegenden Fall keine Alternative zum Einschläfern gab. Angesichts des dramatischen Zustan-

---

[883] Habermehl Jura 1987, 199, 203 f.; Menger VerwArch 69 (1978), 397, 401; Gusy JA 1979, 69, 70 f.; Detterbeck/Windthorst/Sproll § 21 Rdnr. 58; Maurer § 29 Rdnr. 11.
[884] Grundlegend BVerwG NJW 1989, 922, 923@.
[885] Vgl. BVerwG, NJW 1989, 922, 923@: „Eine Handlungsfreiheit, die von der Behörde nicht beansprucht wird, erscheint weniger schutzwürdig."
[886] BVerwG NVwZ 2004, 764, 765; NJW 1989, 922, 923@; NVwZ 1992, 672; BGH NJW 1978, 1258 f.; OVG NRW NWVBl. 1996, 393; OLG Köln NVwZ 1993, 1021, 1022; Ossenbühl, S. 344; Schoch Jura 1994, 241, 246 m.w.N.
[887] OVG NRW NWVBl. 1996, 393, 394.

des der Katze war ein Zuwarten aus tierärztlicher Sicht ethisch nicht zu vertreten. Damit bestand gerade ein öffentliches Interesse an der unverzüglichen Wahrnehmung der Aufgaben durch T. Die Voraussetzungen einer berechtigten Geschäftsführung ohne Auftrag lagen vor.[888]

3. **Rechtsfolge** ist, dass T analog §§ 677, 683 S. 1, 670 BGB einen Anspruch auf Ersatz seiner **Aufwendungen** hat. Dazu gehören alle im sachlichen Zusammenhang mit der Geschäftsführung entstandenen Auslagen. Ausnahmsweise wird hiervon auch ein Ausgleich für die aufgewendete eigene Arbeitskraft umfasst, soweit die Tätigkeit wie hier zum Beruf oder Gewerbe des Geschäftsführers gehört (Rechtsgedanke des § 1835 Abs. 3 BGB).[889]

617

Der Anspruch des T ist daher aus ör GoA in vollem Umfang begründet.

Der Aufwendungsersatz umfasst im Übrigen auch sog. risikotypische Begleitschäden. Da die ör GoA ein gesetzliches Schuldverhältnis begründet, kommen außerdem Ansprüche analog § 280 BGB in Betracht, die ggf. neben einen Amtshaftungsanspruch (Art. 34 S. 1 GG, § 839 BGB) treten. Bei unberechtigter GoA kann ein Schadensersatzanspruch analog § 678 BGB bestehen.[890]

618

Der Geschäftsführer ist analog §§ 681 S. 2, 667 BGB verpflichtet, das aus der Geschäftsführung Erlangte herauszugeben. Teilweise bestehen hier allerdings spezialgesetzliche Ansprüche, z.B. der Anspruch des Dienstherrn gegen den Beamten auf Herausgabe von „Schmiergeldern" gem. § 71 Abs. 2 BBG, § 42 Abs. 2 BeamtStG.[891]

öffentlich-rechtliche GoA

Abgrenzung zur privatrechtlichen GoA:
- Rechtsnatur des Handels des Geschäftsführers
- Rechtsnatur des fiktiven Handelns des Geschäftsherrn
- Rechtsnatur des Rechtsverhältnisses zwischen Geschäftsführer und Geschäftsherrn

Hoheitsträger für Hoheitsträger	**Hoheitsträger für Privatperson**	**Privatperson für Hoheitsträger**	**Privatperson für Privatperson**
■ grds. (–), Rechtsgedanke Art. 104 a GG, Zuständigkeitsverteilung vorrangig ■ ör GoA nur im Notfall (aber fremdes Geschäft [–], wenn eigene Eilfallkompetenz)	i.d.R. (–) ■ bei gesetzl. Ermächtigung nicht „ohne Auftrag" ■ i.Ü. Spezialregeln vorrangig ■ Kostenfragen unterfallen Vorbehalt des Gesetzes	§§ 677 ff. BGB analog anwendbar, aber Einschränkungen: ■ keine spezifisch hoheitl. Befugnis ■ Ermessen nicht unterlaufen ■ Rechtsschutz vorrangig	■ keine ör GoA, da Rechtsverhältnis privatrechtlich, auch wenn ör Pflichten betroffen ■ daher nur privatrechtl. GoA

---

[888] In diesem Sinne auch VG Gießen NVwZ-RR 1995, 144, 145.
[889] Vgl. Bamberger/Roth BGB § 683 Rdnr. 4.
[890] Maurer § 29 Rdnr. 14.
[891] Vgl. BVerwG DVBl. 2002, 1218 f.; OVG NRW NWVBl. 2009, 25; Zetzsche DÖD 2003, 225 ff.; zur Parallelproblematik im Zivilrecht BGHZ 39, 1, 5.

F. Der öffentlich-rechtliche Erstattungsanspruch

I. Rechtsgrundlagen

1. Spezialgesetzliche Erstattungsansprüche

619 Wie im Privatrecht nach §§ 812 ff. BGB besteht auch im Öffentlichen Recht das Bedürfnis, rechtsgrundlose Vermögensverschiebungen rückgängig zu machen. Teilweise bestehen hierfür **spezialgesetzliche Erstattungsansprüche**:

- Wichtigster Fall ist **§ 49 a Abs. 1 S. 1 VwVfG**: Sind aufgrund eines VA Leistungen erbracht worden, so sind diese zu erstatten, soweit der VA mit Wirkung für die Vergangenheit zurückgenommen oder widerrufen oder infolge Eintritts einer auflösenden Bedingung unwirksam geworden ist (s.o. Rdnr. 58).

- Im **Beamtenrecht** sind Zuvielleistungen und sonstige rechtsgrundlose Leistungen z.B. nach § 12 Abs. 2 BBesG (Besoldung) und § 52 Abs. 2 BeamtVG (Versorgung) zu erstatten.

  Beachte: Das BBesG und das BeamtVG gelten in der aktuellen Fassung nur für Bundesbeamte. Im Landesrecht bestehen zum Teil vergleichbare Regelungen (z.B. § 16 Abs. 2 HbgBesG). Fehlen diese, gilt für Landesbeamte das BBesG a.F. und das BeamtVG a.F. (vgl. Art. 125 a Abs. 1 GG und § 86 BBesG n.F. sowie § 108 BeamtVG n.F.).

- Im **Steuerrecht** gilt für rechtsgrundlose Zahlungen § 37 Abs. 2 AO.

  Weitere spezialgesetzliche Anspruchsgrundlagen finden sich z.B. in § 50 SGB X, §§ 26 ff. SGB IV, § 20 BAföG, § 21 VwKostG, § 77 Abs. 4 S. 1 VwVG NRW i.V.m. § 21 GebG NRW.[892]

2. Der allgemeine öffentlich-rechtliche Erstattungsanspruch

620 Soweit keine spezialgesetzlichen Regelungen bestehen, ist **gewohnheitsrechtlich anerkannt**, dass auch im öffentlichen Recht Leistungen ohne Rechtsgrund und sonstige rechtsgrundlose Vermögensverschiebungen rückgängig gemacht werden müssen. Umstritten ist jedoch, auf welcher Grundlage der Erstattungsanspruch beruht. Zum Teil wurde früher eine analoge Anwendung der §§ 812 ff. BGB befürwortet. Nach heute h.M. stellt der allgemeine öffentlich-rechtliche Erstattungsanspruch dagegen ein **eigenständiges Rechtsinstitut des öffentlichen Rechts** dar, das aus dem Grundsatz der Gesetzmäßigkeit der Verwaltung (Art. 20 Abs. 3 GG) resultiert.[893] Danach ist die Verwaltung verpflichtet, jede rechtswidrige Vermögensverschiebung rückgängig zu machen.

Beispiel: Bei der Erhebung EU-rechtswidriger Abgaben besteht eine unionsrechtliche Pflicht zur Gewährung eines ör Erstattungsanspruchs. Unionsrechtlich bestehen jedoch keine Bedenken, den ör Erstattungsanspruch anderen Anforderungen zu unterwerfen als zivilrechtlichen Bereicherungsansprüchen.[894]

---

892 Zur Gesetzeslage in NRW vgl. Drüen/Krumm NWVBl. 2004, 359, 361: Der Verweis erfasst alle unberechtigten Vermögensverschiebungen im Rahmen der Verwaltungsvollstreckung.
893 BVerwG NVwZ 2008, 1369; NJW 2006, 3225, 3226; DVBl. 2005, 781, 782; VGH Mannheim NJW 2010, 1898; OVG NRW NVwBl. 2007, 16; OVG Lüneburg NordÖR 2002, 307, 308; Maurer § 29 Rdnr. 21; Ossenbühl NVwZ 1991, 513, 516; Gellermann DVBl. 2003, 481, 486; Graulich ZAP 2005, 571, 576 f.; Singer/Mielke JuS 2007, 1111, 1116.
894 EuGH EuZW 1999, 313, 315; JZ 1999, 196, 197; dazu Brenner/Huber DVBl. 1999, 1559, 1567; Lindner NVwZ 1999, 1079, 1080; vgl. auch EuGH DVBl. 2004, 198; NJW 2001, 741.

Ebenso wie die ör GoA ist auch der allgemeine ör Erstattungsanspruch nicht anwendbar, wenn **spezialgesetzliche Sonderregelungen** bestehen. Dies gilt neben den o.g. spezialgesetzlichen Ausprägungen des Erstattungsanspruchs auch dann, wenn für einen Rechtsbereich eine **abschließende Regelung** besteht. **621**

- So ist der ör Erstattungsanspruch z.B. subsidiär gegenüber etwaigen Kostenerstattungsansprüchen im Polizeirecht.[895]
- § 49 a VwVfG erfasst nur die Fälle der rückwirkenden Aufhebung und des Eintritts einer auflösenden Bedingungen. Die Vorschrift ist nicht anwendbar bei anfänglicher Nichtigkeit des Bewilligungsbescheides (§ 44 VwVfG) oder bei dessen Aufhebung im Rechtsbehelfsverfahren (Widerspruch oder Klage). In diesen Fällen ist auf den allgemeinen öffentlich-rechtlichen Erstattungsanspruch zurückzugreifen.[896] Beruht die Bewilligung auf einem vorläufigen VA, ist § 49 a VwVfG dagegen analog anzuwenden, ein Rückgriff auf den öffentlich-rechtlichen Erstattungsanspruch scheidet aus.[897]
- Dagegen wird der allgemeine öffentlich-rechtliche Erstattungsanspruch durch Schadensersatzansprüche (z.B. nach § 75 BBG, § 48 BeamtStG) nicht ausgeschlossen (ebenso wie im Zivilrecht Ansprüche nach § 812 BGB neben Ansprüchen aus §§ 823 ff. BGB bestehen können).[898]

3. Fallgruppen

a) Der Erstattungsanspruch kann sowohl dem **Bürger gegen den Staat** als auch dem **Staat gegen den Bürger** zustehen. Auch kann der Erstattungsanspruch **zwischen Hoheitsträgern** bestehen;[899] allerdings bestehen hier zumeist Spezialregelungen, die den allgemeinen öffentlich-rechlichen Erstattungsanspruch verdrängen. **622**

Einen Sonderfall des öffentlich-rechtlichen Erstattungsanspruchs zwischen Hoheitsträgern bildet der sog. **„Abwälzungsanspruch"**. Kennzeichnend für diesen Anspruch, der vom BSG für die Abwicklung fehlerhafter Sozialversicherungsleistungen entwickelt wurde,[900] ist, dass von zwei Leistungsträgern nur einer zur Leistung verpflichtet ist, sodass der Ausgleich zwischen beiden – streng genommen – dadurch bewirkt werden könnte, dass der Berechtigte die Leistung demjenigen, der sie zu Unrecht erbracht hat, zu erstatten hat, um sie anschließend von demjenigen, der leisten muss, erneut zu verlangen. Dieser „umständliche Weg" wird mit dem Abwälzungsanspruch vermieden. Der Berechtigte behält die Leistung und der unzuständige Verwaltungsträger kann seine Aufwendungen unmittelbar von dem tatsächlich leistungspflichtigen Verwaltungsträger ersetzt verlangen.[901] In der Sache entspricht der Abwälzungsanspruch der zivilrechtlichen Durchgriffskondiktion in den sog. Dreiecksfällen.[902] **623**

Spezialgesetzlich geregelt ist der Abwälzungsanspruch z.B. in § 105 SGB X: „Hat ein unzuständiger Leistungsträger Sozialleistungen erbracht, ohne dass die Voraussetzungen ... vorliegen, ist der zuständige oder zuständig gewesene Leistungsträger erstattungspflichtig, soweit dieser nicht bereits selbst geleistet hat, bevor er von der Leistung des anderen Leistungsträgers Kenntnis erlangt hat."

Im Verhältnis Staat – Bürger kann der ör Erstattungsanspruch **analog § 684 BGB** *auch eingreifen, wenn die Voraussetzungen einer berechtigten GoA nicht vorliegen. Bei* **berechtigter GoA** *ist der öffentlich-rechtliche Erstattungsanspruch dagegen ausgeschlossen, weil die GoA einen Rechtsgrund für die Vermögensverschiebung darstellt.*[903] **624**

---

895 VGH Mannheim NJW 2003, 1066; Gurlit in: Erichsen/Ehlers § 35 Rdnr. 24.
896 Gurlit in: Erichsen/Ehlers § 35 Rdnr. 18 u. 26 m.w.N.
897 BVerwG RÜ 2010, 188, 190 f.; anders noch OVG Berlin Brandenburg RÜ 2009, 390, 391 und oben 58.
898 BVerwG NJW 2006, 3225, 3226.
899 OVG NRW NWVBl. 2007, 16.
900 BSGE 16, 151; BSG DVBl. 1971, 922.
901 OVG NRW NWVBl. 2007, 16, 17; Wallerath DÖV 1972, 221,2 24 ff.; Ossenbühl NVwZ 1991, 513, 515.
902 Vgl. OVG NRW NWVBl. 2007, 16, 18 verneinend für sog. Vierecksfälle.
903 Ossenbühl NVwZ 1991, 513, 517; Bamberger JuS 1998, 706, 711; Singer/Mielke JuS 2007, 1111, 1116.

Ansprüche aus öffentlich-rechtlicher GoA sind deshalb stets vor öffentlich-rechtlichen Erstattungsansprüchen zu prüfen!

625 b) Wie im Zivilrecht ist der Erstattungsanspruch nach h.M. nicht nur in **Leistungsfällen** denkbar, sondern auch bei **Bereicherungen in sonstiger Weise**.[904]

Beispiel: A betreibt einen Stand in der städtischen Markthalle, deren Benutzungsverhältnis öffentlich-rechtlich ausgestaltet ist. Als die Zuweisung des Verkaufsstandes nicht verlängert wird, verlangt A von der Stadt Ersatz für die Kosten einer von ihm errichteten Trennwand.[905]

II. Voraussetzungen und Rechtsfolgen

626 Trotz der Eigenständigkeit des öffentlich-rechtlichen Erstattungsanspruchs besteht Einigkeit, dass die **Anspruchsvoraussetzungen** weitgehend dem zivilrechtlichen Bereicherungsanspruch entsprechen.[906]

Aufbauschema: Öffentlich-rechtlicher Erstattungsanspruch

- **Rechtsgrundlage**
  - Spezialgesetz: § 49 a Abs. 1 VwVfG, § 12 Abs. 2 BBesG, § 37 Abs. 2 AO u.a.
  - im Übrigen: Gewohnheitsrecht, nicht §§ 812 ff. BGB analog
- **Voraussetzungen** des allgemeinen ör Erstattungsanspruchs
  - ör Rechtsbeziehung, i.d.R. Kehrseite des Leistungsanspruchs
  - Vermögensverschiebung durch Leistung oder in sonstiger Weise
  - ohne Rechtsgrund (insb. VA, ör Vertrag, Gesetz)
- **Rechtsfolgen**
  - Herausgabe des erlangten Vermögenswertes, ggf. Wertersatz
  - ggf. Wegfall der Bereicherung (Rechtsgedanke des § 818 Abs. 3 BGB).
    - zugunsten des Staates (–) wegen Gesetzesbindung (Art. 20 Abs. 3 GG)
    - zugunsten des Bürgers grds. (+) außer bei Kenntnis oder grober Fahrlässigkeit

---

627 1. Voraussetzung des allgemeinen ör Erstattungsanspruchs ist – in Abgrenzung zum Zivilrecht und damit den §§ 812 ff. BGB –, dass eine Vermögensverschiebung im Rahmen **öffentlich-rechtlicher Rechtsbeziehungen** erfolgt ist:

- Betrifft der Erstattungsanspruch eine Leistung, so teilt er als **Kehrseite** die Rechtsnatur des Leistungsanspruchs. Erfolgt die Leistung öffentlich-rechtlich, so gilt dies auch für den Anspruch auf Rückgewähr.

- Bei Bereicherungen in sonstiger Weise ist entscheidend, ob die Beteiligten in einer **öffentlich-rechtlichen Beziehung** zueinander stehen.

---

[904] BVerwGE 71, 85, 87@; BVerwG NJW 2006, 3225, 3226; Gurlit in: Erichsen/Ehlers § 35 Rdnr. 25; Ossenbühl, S. 428 f.; ders. NVwZ 1991, 513, 514 u. 519 (mit weiteren Beispielen); Schoch Jura 1994, 82, 86; Weber JuS 1986, 29, 30.
[905] OVG NRW DÖV 1971, 350.
[906] BVerwGE 71, 85, 88@; BVerwG NVwZ 2008, 1369; OVG NRW JuS 2009, 955, 956; Gurlit in: Erichsen/Ehlers § 35 Rdnr. 24 ff.; Schoch Jura 1994, 82, 86; Graulich ZAP 2005, 571, 576.

Schwierigkeiten bei der Einordnung bereitet die Rückforderung fehlgeleiteter Leistungen an Dritte. **Beispiel:** In Unkenntnis des Todes des leistungsberechtigten Beamten B werden Leistungen an den Erben E erbracht. Teilweise wird auf den öffentlich-rechtlichen Zweck der Leistung abgestellt und damit stets ein öffentlich-rechtlicher Erstattungsanspruch bejaht.[907] Die Gegenansicht verweist darauf, dass zwischen dem tatsächlichen Empfänger und der Behörde keine Leistungsbeziehung bestehe, sodass eine zivilrechtliche Rückabwicklung nach den §§ 812 ff. BGB zu erfolgen habe.[908]

Vgl. auch die Sonderregelungen für Leistungen für die Zeit nach dem Tod des Beamten in § 12 Abs. 3 u. 4 BBesG.

2. Der Anspruchsgegner muss etwas, d.h. einen **Vermögenswert**, durch Leistung oder in sonstiger Weise **erlangt** haben. Insoweit gelten beim öffentlich-rechtlichen Erstattungsanspruch die zu §§ 812 ff. BGB entwickelten Grundsätze. Zur Bestimmung des Leistungsverhältnisses ist daher auf den **Zweck der Zuwendung** abzustellen. Das gilt insbes. in Mehrpersonenverhältnissen.

628

Beispiel: Das verkehrswidrig abgestellte Fahrzeug des H ist auf Anordnung der Polizeibehörde vom Abschleppunternehmer U abgeschleppt worden. H hat bei Abholung des Fahrzeugs die Abschleppkosten zunächst an U gezahlt. Nunmehr verlangt H Erstattung von der Behörde, da er die Abschleppmaßnahme für unverhältnismäßig hält. – Wer Leistungsempfänger ist, richtet sich beim öffentlich-rechtlichen Erstattungsanspruch nach den gleichen Grundsätzen wie im Bereicherungsrecht. Hier besteht daher keine Leistungsbeziehung zwischen H und U, vielmehr erbringt H durch die Zahlung an U als Leistungsmittler rechtlich eine (öffentlich-rechtliche) Leistung an die Behörde.[909]

Stimmen in einem Mehr-Personen-Verhältnis die Vorstellungen des Leistenden mit denen des Leistungsempfängers nicht überein, hat die Zweckbestimmung aufgrund einer objektiven Betrachtungsweise wie im Zivilrecht aus der Sicht des Empfängers zu erfolgen.[910]

3. Die Vermögensverschiebung muss **ohne Rechtsgrund** erfolgt sein.

a) Das ist der Fall, wenn die Vermögensverschiebung dem **materiellen Recht** widerspricht.

629

Beispiel: Soweit die gemeindliche Feuerwehr kraft Gesetzes unentgeltlich tätig wird, ist der durch die Tätigkeit begründete Vermögensvorteil auch nicht durch einen öffentlich-rechtlichen Erstattungsanspruch auszugleichen.[911]

b) Allerdings kann die Vermögensverschiebung im öffentlichen Recht unabhängig von der materiellen Gesetzeslage durch einen **VA** gerechtfertigt sein. Denn ein VA ist **Rechtsgrund**, selbst wenn die Leistung im Gesetz keine Rechtfertigung findet. Es kommt nur darauf an, ob der VA wirksam ist; unerheblich ist seine Rechtswidrigkeit, solange er nicht aufgehoben ist (§ 43 Abs. 2 VwVfG). Ist die Leistung aufgrund eines rechtswidrigen VA gefordert oder gewährt worden, entsteht ein Erstattungsanspruch erst, wenn der VA vom Gericht (§ 113 Abs. 1 S. 1 VwGO) oder seitens der Behörde (§§ 48, 49 VwVfG) aufgehoben worden ist.[912]

630

---

907 BVerwG DVBl. 1990, 870; OVG Koblenz, NVwZ 1988, 1038; Detterbeck/Windthorst/Sproll § 24 Rdnr. 12 u. 13; Schoch Jura 1994, 82, 87.
908 BVerwG NJW 1990, 2482; BayVGH NJW 1990, 933, 934; OLG Koblenz NVwZ 1989, 93; OLG Frankfurt NVwZ 1989, 797; dazu Ossenbühl NVwZ 1991, 513, 514 u. 517.
909 BGH NVwZ 2006, 964, 965; VGH Mannheim NJW 2010, 1898, 1898 f.; OVG NRW NJW 1980, 1974; Werner JA 2000, 902, 911.
910 BFH JA 2006, 340 unter Hinweis auf die Rspr. des BGH, vgl. z.B. BGH NJW 2005, 60 m.w.N.
911 OVG NRW NWVBl. 2007, 437, 439.
912 Vgl. Maurer § 29 Rdnr. 24; Gurlit in: Erichsen/Ehlers § 35 Rdnr. 26; Schoch Jura 1994, 82, 87; in diesem Sinne auch § 21 Abs. 1 GebG NRW.

Beispiel: Die von der Behörde durch Kostenbescheid geltend gemachten Abschleppkosten hat F zunächst beglichen. Nunmehr fordert F das gezahlte Geld zurück, da die Abschleppmaßnahme und damit auch der Kostenbescheid rechtswidrig seien. – Ein Erstattungsanspruch besteht erst dann, wenn der Kostenbescheid von der Behörde oder durch das Gericht auf Anfechtungsklage des F aufgehoben wird.

631 Ist der VA dagegen gem. § 44 VwVfG **nichtig**, kann er keine Rechtswirkungen entfalten (§ 43 Abs. 3 VwVfG), sodass entsprechende Vermögensverschiebungen ohne Rechtsgrund erfolgt sind, wenn sie der materiellen Rechtslage widersprechen.

Fall 17: Fingierte Rückzahlung

B wurde im Land L als beamteter Lehrer eingestellt. Da die EDV-Anlage im Landesamt für Besoldung umgestellt wurde, erhielt er zunächst Abschlagszahlungen i.H.v. insgesamt 8.000 €. Nach über fünf Monaten erhielt B ohne nähere Aufschlüsselung weitere 5.100 € überwiesen. Einige Tage später rief ihn S, der zuständige Sachbearbeiter beim Landesamt für Besoldung, an und erklärte, von dem überwiesenen Betrag stünden B nur 3.100 € zu, da versehentlich der Bruttobetrag zugrunde gelegt worden sei. Der überschießende Betrag i.H.v. 2.000 € müsse zurückgefordert werden. Um unnötigen Verwaltungsaufwand und Zinszahlungen zu vermeiden, möge B diesen Betrag auf ein von S angegebenes Konto überweisen. B verfuhr entsprechend. Später erhielt B eine Abrechnung, aus der sich ergab, dass ihm die 5.100 € voll zustanden. Es stellte sich heraus, dass S – inzwischen vom Dienst suspendiert – auf diese Weise Beträge auf ein unter fingiertem Namen angelegtes Konto geleitet und privat verbraucht hat. B verlangt vom Land L Erstattung der 2.000 €. Zu Recht?

Hinweis: Die Vorschriften des Landesbesoldungsgesetzes (LBesG) entsprechen den Vorschriften des BBesG.

A. Der ursprüngliche **Besoldungsanspruch** (vgl. § 3 BBesG und entsprechendes Landesrecht) bietet keine Anspruchsgrundlage, weil er bereits erfüllt worden ist. Die Rückzahlung hebt die einmal erfolgte Erfüllung nicht auf.

632 B. Vorliegend geht es vielmehr um die Rückabwicklung einer **rechtsgrundlos** erbrachten **Leistung**. Spezialgesetzliche Vorschriften greifen nicht ein, insbesondere ist die dem § 12 Abs. 2 BBesG entsprechende Vorschrift des Landesrechts nicht einschlägig, weil sie nur Ansprüche **gegen den Beamten** regelt, während hier B einen Anspruch gegen den Staat geltend macht.

C. Es könnte der **allgemeine öffentlich-rechtliche Erstattungsanspruch** eingreifen.

633 I. Der allgemeine öffentlich-rechtliche Erstattungsanspruch ist **gewohnheitsrechtlich** als eigenständiges Rechtsinstitut des öffentlichen Rechts anerkannt, das sich aus dem Grundsatz der Gesetzmäßigkeit der Verwaltung (Art. 20 Abs. 3 GG) ergibt,[913] sodass eine analoge Anwendung der §§ 812 ff. BGB nicht erforderlich ist. Danach ist die Verwaltung verpflichtet, jede rechtswidrige Vermögensverschiebung rückgängig zu machen.

---

[913] BVerwG NJW 2006, 3225, 3226; DVBl. 2005, 781, 782; NJW 1999, 1201, 1202; NJW 1985, 2436@; BGH NVwZ 1999, 801, 802; OVG NRW NWVBl. 2007, 16; OVG Lüneburg NordÖR 2002, 307, 308; Maurer § 29 Rdnr. 21 f.; Schoch Jura 1994, 82, 84; Ossenbühl NVwZ 1991, 513, 516; Gellermann DVBl. 2003, 481, 486; Graulich ZAP 2005, 185, 192.

F. Der öffentlich-rechtliche Erstattungsanspruch | 4. Abschnitt

II. Trotz der Eigenständigkeit des öffentlich-rechtlichen Erstattungsanspruchs besteht Einigkeit, dass die **Anspruchsvoraussetzungen** weitgehend dem zivilrechtlichen Bereicherungsanspruch entsprechen.[914]

634

1. In Abgrenzung zu den §§ 812 ff. BGB ist Voraussetzung, dass es um eine Vermögensverschiebung im Rahmen einer **öffentlich-rechtlichen Beziehung** geht. Hier betraf die Zahlung des B eine vermeintlich öffentlich-rechtliche Rückzahlungspflicht.

635

2. Der Anspruchsgegner muss etwas, d.h. einen **Vermögenswert**, durch Leistung oder in sonstiger Weise **erlangt** haben. Insoweit gelten beim öffentlich-rechtlichen Erstattungsanspruch die zu §§ 812 ff. BGB entwickelten Grundsätze. Zur Bestimmung des Leistungsverhältnisses ist daher auf den **Zweck der Zuwendung** abzustellen.

636

Danach liegt hier eine Leistung des B an das Land L vor. Angesichts der Stellung des S muss sich das Land L seine Erklärungen, die er in amtlicher Eigenschaft abgegeben hat, zurechnen lassen.[915] Somit gilt die Zahlung des B in Höhe von 2.000 € als Leistung des B an das Land L, auch wenn das Geld auf ein privates Konto des S überwiesen wurde.

3. Die Leistung muss **ohne Rechtsgrund** erfolgt sein.

a) Ein die Rückzahlung des B **rechtfertigender VA** ist seitens des Landes nicht erlassen worden. Die telefonische Erklärung des S kann nur als Hinweis auf die angebliche Überzahlung, nicht dagegen als verbindliche Regelung einer Rückzahlungspflicht zulasten des B angesehen werden. Die Zahlung des B ist daher nicht aufgrund eines die Leistung regelnden VA erfolgt.

637

Zu beachten ist, dass auch ein **öffentlich-rechtlicher Vertrag** Rechtsgrund für eine Vermögensverschiebung sein kann. Diese legitimierende Wirkung entfällt nicht schon bei Rechtswidrigkeit, sondern erst bei Nichtigkeit der Vertrages (vgl. §§ 58, 59 VwVfG).

b) Damit kommt es nur darauf an, ob sich **kraft Gesetzes** ein Rechtsgrund ergibt. Da dem B der gesamte Betrag in Höhe von 6.100 € gesetzlich zustand, kann nicht gleichzeitig ein Rückzahlungsanspruch bestanden haben. Damit erfolgte die Rückzahlung des B an das Land L ohne Rechtsgrund.

638

III. Die **Rechtsfolge** des Erstattungsanspruchs zielt, wie der zivilrechtliche Bereicherungsanspruch, auf die **Herausgabe des Erlangten** und orientiert sich damit an § 818 BGB.

639

Nach dem Rechtsgedanken des § 818 Abs. 1 BGB erstreckt sich der Anspruch gegen den Bürger daher auch auf die gezogenen Nutzungen.[916] Ist die Herausgabe wegen der Beschaffenheit des Erlangten nicht möglich, ist der Anspruch auf Wertsatz gerichtet (vgl. § 818 Abs. 2 BGB). „Ein öffentlich-rechtlicher Erstattungsanspruch besteht nur in dem Umfang, in dem es per saldo zu ei-

---

914 Vgl. BVerwGE 71, 85, 88®; VGH Kassel NJW 1991, 510, 511; BayVGH BayVBl. 1993, 466, 467; Gurlit in: Erichsen/Ehlers § 35 Rdnr. 24 ff.; Schoch Jura 1994, 82, 86 m.w.N.
915 Zu einem Beispiel fehlender Zurechnung im Kondiktionsrecht vgl. BGH NJW 2005, 60.
916 BVerwG NJW 1999, 1201, 1203; anders BVerwG NJW 1973, 1854 bei Erstattungsansprüchen gegen den Staat.

nem (rechtsgrundlosen) Vermögenszuwachs gekommen ist."[917] Ob dabei die im Zivilrecht entwickelte Saldotheorie generell auch im Rahmen des ör Erstattungsanspruchs anzuwenden ist, ist umstritten. Die Lit. verneint dies, da der Hoheitsträger im Hinblick auf Art. 20 Abs. 3 GG nicht schutzwürdig sei.[918]

640 1. Das Land könnte sich auf **Wegfall der Bereicherung** (Rechtsgedanke des § 818 Abs. 3 BGB) berufen, da S das Geld auf sein Privatkonto geleitet und verbraucht hat. Aufgrund der eigenständigen Rechtsnatur des ör Erstattungsanspruchs ist allgemein anerkannt, dass diese Frage nicht pauschal nach den §§ 818 Abs. 3 u. 4, 819 Abs. 1 BGB beurteilt werden kann. Vielmehr muss bei der Frage der Entreicherung eine **Abwägung** zwischen dem **Vertrauensschutz** und dem **Grundsatz der Gesetzmäßigkeit der Verwaltung** erfolgen.[919]

641 a) Der **Staat** kann sich danach generell nicht auf den Wegfall der Bereicherung berufen. Denn die öffentliche Hand ist an Recht und Gesetz gebunden (Art. 20 Abs. 3 GG), wodurch sie uneingeschränkt verpflichtet wird, rechtsgrundlose Vermögensverschiebungen zu beseitigen.[920]

642 b) Beim **Bürger** ist dagegen ein Wegfall der Bereicherung nicht generell ausgeschlossen. Denn der Bürger, der im Vertrauen auf die Rechtsbeständigkeit der Leistung einen ihm gewährten Vermögensvorteil verbraucht hat, ist grds. schutzwürdig. Der Erstattungsanspruch entfällt daher, wenn das private Vertrauen auf die Rechtsbeständigkeit der eingetretenen Vermögenslage das öffentliche Interesse an der Wiederherstellung einer dem Gesetz entsprechenden Vermögenslage überwiegt. Deshalb schadet, anders als im Rahmen von § 819 Abs. 1 BGB, nicht nur die Kenntnis von der Rechtsgrundlosigkeit, sondern das Vertrauen des Bürgers ist schon bei **grober Fahrlässigkeit** nicht schutzwürdig (Rechtsgedanke des § 49 a Abs. 2 S. 2 VwVfG, § 12 Abs. 2 S. 2 BBesG, § 52 Abs. 2 S. 2 BeamtVG).[921]

Hat der Bürger die Leistung infolge eines Bewilligungsbescheides erhalten, wird sein Vertrauen regelmäßig schon bei der vorherigen Aufhebung dieses Bescheides im Rahmen der §§ 48, 49 VwVfG berücksichtigt werden, sodass bei zulässiger Aufhebung ein Entreicherungseinwand i.d.R. entfallen dürfte.[922]

Bei EU-rechtswidrigen Subventionen ist der Entreicherungseinwand i.d.R. ausgeschlossen, wenn die Beihilfe unter Verstoß gegen Art. 107, 108 AEUV gewährt worden ist (vgl. oben Rdnr. 146 f.). Etwas anderes kann gelten, wenn das Vertrauen des Empfängers auf dem Verhalten der EU-Kommission beruht.[923]

2. Im vorliegenden Fall handelt es sich um einen Anspruch des Bürgers **gegen den Staat**, der sich grundsätzlich nicht auf einen Wegfall der Bereicherung berufen kann.

---

917 BVerwG DVBl. 2005, 781, 782.
918 Schoch JK 7/04, VwVfG § 56 I/4 gegen VGH Mannheim VBlBW 2004, 52, 55.
919 BVerwGE 71, 85, 88 ff.@; OVG NRW NJW 1992, 2245; VGH Kassel NJW 1991, 511; Detterbeck/Windthorst/Sproll § 25 Rdnr. 10; Ossenbühl, S. 433; Stangl JA 1998, 48, 49; Windthorst JuS 1996, 894, 899.
920 BVerwG DVBl. 2005, 781, 782; Maurer § 29 Rdnr. 26; Schoch Jura 1994, 82, 88; Windthorst JuS 1996, 894, 899 m.w.N.
921 BVerwG NJW 1985, 2436@; NJW 1992, 705, 707; OVG NRW NJW 1992, 2245; Gurlit in: Erichsen/Ehlers § 35 Rdnr. 27; Ossenbühl NVwZ 1991, 513, 516; Weber JuS 1986, 29, 34; Gellermann DVBl. 2003, 481, 486.
922 Maurer § 29 Rdnr. 27; Schoch Jura 1994, 82, 89.
923 Gellermann DVBl. 2003, 481, 487 m.w.N.

F. Der öffentlich-rechtliche Erstattungsanspruch — 4. Abschnitt

Wegen der Gesetzesbindung der Verwaltung (Art. 20 Abs. 3 GG) sind auch die §§ 814 ff. BGB bzw. deren Rechtsgedanke auf den ör Erstattungsanspruch grds. nicht anwendbar. Die Gesetzesbindung der Verwaltung steht der Festschreibung rechtswidriger Zustände entgegen. Deshalb ist der Anspruch des Bürgers – abweichend von § 814 BGB – auch dann nicht ausgeschlossen, wenn die Leistung in Kenntnis der Rechtswidrigkeit erfolgt ist.[924] Ebenso ist der Anspruch auch bei sittenwidrigem Verstoß des Leistenden nicht ausgeschlossen (anders § 817 S. 2 BGB).[925] Demgegenüber dürfte die Anwendung des Rechtsgedankens des § 814 BGB zulasten der Verwaltung zu bejahen sein. Denn der Bürger darf darauf vertrauen, dass die Verwaltung nur solche Leistungen erbringt, die sie auch erbringen darf.[926]

643

3. Im Einzelfall kann der **Grundsatz von Treu und Glauben** (§ 242 BGB analog) zum teilweisen oder vollständigen Untergang des Erstattungsanspruchs führen.[927]

644

Beispiel: Ist ein ör Vertrag nichtig, weil die Behörde sich eine unzulässige Gegenleistung hat versprechen lassen (s.o. Rdnr. 398 ff.), so steht einem darauf gestützten Erstattungsanspruch des Bürgers der Grundsatz von Treu und Glauben nicht schon deshalb entgegen, weil eine Rückabwicklung der von der Behörde erbrachten Leistung unmöglich geworden ist. Nur wenn besondere Umstände in der Person oder im Verhalten des Erstattungsberechtigten hinzutreten, kann das Rückforderungsbegehren treuwidrig erscheinen.[928] Dies hat die Rspr. z.B. angenommen, wenn der Bürger durch die Übernahme der Kosten keinen Nachteil erlitten hat, weil er diese Kosten vertraglich an einen Dritten weitergegeben hat.[929]

Anhaltspunkte hierfür sind nicht ersichtlich. Somit ist der Erstattungsanspruch des B gegen das Land L begründet.

D. Der Anspruch könnte auch als **Folgenbeseitigungsanspruch** geltend gemacht werden.

I. Zum Teil wird der **öffentlich-rechtliche Erstattungsanspruch** lediglich als **Unterfall des FBA** angesehen. Der Erstattungsanspruch sei nichts anderes als ein auf die Rückzahlung von Geld gerichteter spezieller FBA, der den allgemeinen FBA verdränge.[930] Nach h.M. können FBA und Erstattungsanspruch dagegen nebeneinander bestehen, auch wenn sie vielfach auf dasselbe Ziel hinauslaufen. Das wird damit begründet, dass beide Ansprüche sich in den Voraussetzungen und der Rechtsfolge unterscheiden. Der FBA ist auf die Beseitigung eines rechtswidrigen Zustandes gerichtet, der Erstattungsanspruch dagegen auf die Rückgängigmachung einer rechtsgrundlosen, nicht notwendigerweise rechtswidrigen Vermögensverschiebung. Im Übrigen kann sich der FBA im Gegensatz zum Erstattungsanspruch nicht gegen den Bürger richten. Auch scheidet der FBA aus, wenn eine Wiederherstellung nicht möglich ist, wohingegen der Erstattungsanspruch bei Unmöglichkeit der Herausgabe auf Wertersatz gerichtet ist (Rechtsgedanke des § 818 Abs. 2 BGB). Der FBA ist daher **neben dem ör Erstattungsanspruch** anwendbar.[931]

645

---

924 OVG Koblenz NVwZ 1992, 798; VGH Mannheim NVwZ 1991, 583, 587; Schoch Jura 1994, 82, 89; offengelassen von BVerwG NdsVBl. 2003, 236, 237; OVG Lüneburg NordÖR 2002, 307, 309.
925 BVerwG NVwZ 2003, 993, 994; VGH Mannheim VBlBW 2004, 52, 55.
926 Gurlit in: Erichsen/Ehlers § 35 Rdnr. 28.
927 BVerwG RÜ 2009, 530, 533; NJW 1998, 3135; OVG Lüneburg BauR 2008, 57, 65; VGH Mannheim NVwZ 1991, 583, 587; OVG NRW NJW 1992, 2245, 2246; Gurlit in: Erichsen/Ehlers § 35 Rdnr. 28.
928 BVerwG DVBl. 2009, 782, 783; DVBl. 2000, 1853, 1857; NVwZ 2003, 993, 994; OVG Hamurg DVBl. 2008, 1202; OVG Lüneburg BauR 2008, 57, 64; VGH Mannheim VBlBW 2004, 52, 54 f.; Ruffert Jura 2003, 633, 635; Ogorek JA 2003, 436, 439.
929 Vgl. BVerwG RÜ 2009, 530, 533; OVG Lüneburg BauR 2008, 57, 65 und oben Rdnr. 420.
930 BVerwG DÖV 1964, 712; OVG NRW DÖV 1964, 714; Morlok DV 25 (1992), S. 386 ff.

646 II. Hinsichtlich der **Voraussetzungen** des FBA[932] ist hier lediglich fraglich, ob ein **hoheitlicher Eingriff** vorliegt. Bei Vermögensverschiebungen ist das nur der Fall, wenn die Behörde hierbei mitgewirkt hat.

> Also kein FBA bei bloßen Überzahlungen durch den Bürger.[933] **Beispiel:** B überweist versehentlich einen höheren Betrag als nach dem Abgabenbescheid festgesetzt.
>
> **Gegenbeispiel:** B fordert nach Aufhebung des Abgabenbescheides Rückzahlung des festgesetzten Geldbetrages. Der Annahme eines FBA („hoheitliches Handeln") steht in diesen Fällen nicht entgegen, dass der Bürger u.U. freiwillig gezahlt hat. Denn der FBA greift nicht nur bei zwangsweiser Vollziehung ein, sondern auch, wenn der Betroffene dem an ihn durch VA gerichteten Gebot „freiwillig" nachgekommen ist.[934]
>
> Rechnet man dem Land die Erklärungen des S zu (s.o.), erfolgte die Zahlung auf hoheitliche Veranlassung. Da die angebliche Überzahlung nicht vorlag, ist durch die Rückzahlung des L ein rechtswidriger Zustand verursacht worden. Da Ausschlusstatbestände nicht vorliegen, kann L seinen Erstattungsanspruch auch als FBA geltend machen.

III. Die Durchsetzung des öffentlich-rechtlichen Erstattungsanspruchs

647 Da der **Erstattungsanspruch des Bürgers** gegen den Staat öffentlich-rechtlicher Natur ist, ist er durch verwaltungsgerichtliche Leistungsklage durchzusetzen (§ 40 Abs. 1 S. 1 VwGO, ggf. § 126 Abs. 1 BBG bzw. § 54 Abs. 1 BeamtStG).

> Ist der Erstattungsanspruch Folge eines VA (z.B. eines Leistungsgebotes, das der Bürger zunächst erfüllt hat) und bedarf es daher der vorherigen Aufhebung des VA, so kann der Erstattungsanspruch (auch) auf den FBA gestützt und über § 113 Abs. 1 S. 2 VwGO als **Annex zum Anfechtungsantrag** geltend gemacht werden.

648 Der **Staat** hat neben der **Leistungsklage** auch die Möglichkeit, den Erstattungsanspruch durch VA (sog. **Leistungsbescheid**) durchzusetzen. Das gilt jedenfalls dann, wenn die VA-Befugnis gesetzlich ausdrücklich geregelt ist (vgl. z.B. § 49 a Abs. 1 S. 2 VwVfG, § 50 Abs. 3 SGB X). Im Übrigen kann die Rückforderung nach h.Rspr. immer dann durch VA erfolgen, wenn die Leistung selbst durch VA gewährt worden ist (sog. **Kehrseitentheorie**).[935] Außerdem soll nach h.M. der Anspruch durch VA durchgesetzt werden können, wenn er aus einem **Über-/Unterordnungsverhältnis** resultiert.[936] Anders sieht dies ein Teil der Literatur. Wegen der Titel- und Vollstreckungsfunktion des VA sei für die VA-Befugnis im Hinblick auf das Prinzip vom Vorbehalt des Gesetzes eine besondere Ermächtigung erforderlich.[937]

---

[931] Broß VerwArch 1985, 217, 224; Detterbeck/Windthorst/Sproll § 26 Rdnr. 7 ff.; Windthorst JuS 1996, 894, 896; Ossenbühl, S. 332 f.; im Ergebnis auch OVG NRW DAR 1980, 223; a.A. Werner JA 2000, 902, 911.
[932] Vgl. dazu oben Rdnr. 446 ff.
[933] Detterbeck/Windthorst/Sproll § 26 Rdnr. 7.
[934] Vgl. Kopp/Schenke VwGO § 113 Rdnr. 92 m.w.N.
[935] BVerwGE 40, 85, 89; 89, 345, 350; Maurer § 10 Rdnr. 7 ff.; Kopp/Ramsauer VwVfG § 49 a Rdnr. 27; Manssen/Greim JuS 2010, 429, 433.
[936] BVerwG NJW 2009, 2905, 2906; Maurer § 10 Rdnr. 7.
[937] Gurlit in: Erichsen/Ehlers § 35 Rdnr. 31; im Einzelnen AS-Skript VerwaltungsR AT 1 (2010), Rdnr. 268 ff.

5. Abschnitt: Öffentliche Ersatzleistungen

A. Das System der öffentlichen Ersatzleistungen

Von den im 4. Abschnitt behandelten verwaltungsrechtlichen Abwehr-, Beseitigungs- und Unterlassungsansprüchen sind die **öffentlichen Ersatzleistungen** zu unterscheiden, die auf **Ausgleich eines Vermögensnachteils** gerichtet sind. 649

Die im 4. und 5. Abschnitt behandelten Ansprüche werden teilweise unter dem Begriff „**Staatshaftungsrecht**" zusammengefasst, wobei allerdings die Reichweite des Begriffs unterschiedlich verstanden wird. Nach überkommenem Begriffsverständnis fällt darunter nur die Haftung für hoheitliches Unrecht, während heute überwiegend von einem weiten Begriff der Staatshaftung ausgegangen wird (s.o. Rdnr. 431).

Das Recht der öffentlichen Ersatzleistungen bildet kein in sich geschlossenes Rechtsgebiet, sondern hat sich **historisch aus verschiedenen Grundgedanken** entwickelt. Hierzu zählen: 650

- die Haftung des Staates wegen **Pflichtverletzungen** (sog. Unrechtshaftung),
- Ersatzansprüche bei Eingriffen in das Eigentum (Art. 14 GG), insbes. **Enteignung**,
- Ersatzansprüche bei Eingriffen in nichtvermögenswerte Rechte (insbes. Art. 2 Abs. 2 GG), sog. **Aufopferung**.

Um eine einheitliche Kodifizierung des unübersichtlichen und zum Teil auf Gewohnheitsrecht beruhenden Haftungssystem zu ermöglichen, hat der Bund seit 1994 die **konkurrierende Gesetzgebungskompetenz** für die Staatshaftung (Art. 74 Abs. 1 Nr. 25 GG). Bislang hat der Bund allerdings von dieser Gesetzgebungskompetenz noch keinen Gebrauch gemacht. 651

So sah die Bundesregierung noch Ende 2004 keinen Bedarf für die Schaffung eines einheitlichen Staatshaftungsgesetzes.[938] In der Koalitionsvereinbarung der derzeitigen Bundesregierung vom 26.10.2009 ist dagegen die Schaffung eines Staatshaftungsgesetzes ausdrücklich vorgesehen.[939]

Zuvor hatte der Bund 1982 auf der Grundlage von Art. 74 Nr. 1 GG a.F. (jetzt Art. 74 Abs. 1 Nr. 1 GG) ein Staatshaftungsgesetz erlassen, das das BVerfG jedoch wegen seinerzeit fehlender Gesetzgebungskompetenz des Bundes für verfassungswidrig und nichtig erklärt hat: „Nach heutiger Auffassung gehört die Frage der Haftung des Staates, seiner Verantwortlichkeit für die Folgen pflichtwidriger Ausübung hoheitlicher Gewalt zum öffentlichen Recht. ... Die Einführung einer originären Staatshaftung und die Regelung der Folgenbeseitigung ist aufgrund des Art. 74 Nr. 1 GG nicht möglich."[940]

I. Unrechtshaftung

- **Amtshaftung** (Art. 34 S. 1 GG, § 839 BGB)
- **ordnungsrechtliche Unrechtshaftung**
- **vertragliche und vertragsähnliche Ersatzansprüche**
- **Gefährdungshaftung**

---

938 BT-Drs. 15/3952.
939 Koalitionsvertrag Wachstum, Bildung, Zusammenhalt, S. 112, Zeile 5173 ff.
940 BVerfGE 61, 149@.

5. Abschnitt Öffentliche Ersatzleistungen

652 **1.** Die Grundlagen der Haftung des Staates für **Pflichtverletzungen**, also für **rechtswidriges Verhalten** (sog. Unrechtshaftung) finden sich bereits in den §§ 88, 89 des 10. Titels im Zweiten Teil des Preußischen Allgemeinen Landrechts (ALR) aus dem Jahre 1794.

§ 88: Wer ein Amt übernimmt, muss auf die pflichtgemäße Führung desselben die genaueste Aufmerksamkeit wenden.

§ 89: Jedes dabey begangene Versehen, welches bey gehöriger Aufmerksamkeit, und nach den Kenntnissen, die bey der Verwaltung des Amtes erfordert werden, hätte vermieden werden können und sollen, muß er vertreten.

Der **Beamte** haftete danach für schuldhafte Pflichtverletzungen **persönlich**. Einer Haftung des Staates stand die Überlegung entgegen, dass Pflichtverletzungen des Beamten dem Staat nicht zugerechnet werden konnten, da dieser auf rechtmäßiges Handeln beschränkt war.

Der Landesherr (Staat) verstand sich als „Mandant" des Beamten. Unrechtmäßiges Handeln wurde als Mandatsüberschreitung angesehen, die vom Beamten persönlich zu verantworten war.[941] Parallelen hierzu bilden die aus anderen Rechtskreisen bekannten Rechtsfiguren der ultra-vires-Lehre oder der Unverantwortlichkeit der Krone („The King can do no wrong").

653 Diese **persönliche Haftung** ist Anfang des 20. Jahrhunderts in § 839 BGB übernommen worden und bildet auch heute noch die Grundlage der **Amtshaftung**. In der Folgezeit setzte sich allerdings die Auffassung durch, dass der Staat selbst für Pflichtverletzungen seiner Organe haften müsse (Staatshaftung i.e.S.). Dieser Gedanke wurde z.B. im Gesetz über die Haftung des Reiches für seine Beamten von 1910 sowie in einer Reihe von Landesgesetzen übernommen. Verfassungsrechtlich wurde die Haftung des Staates erstmals durch Art. 131 Weimarer Reichsverfassung (WRV) abgesichert.

Art. 131 WRV: Verletzt ein Beamter in Ausübung der ihm anvertrauten öffentlichen Gewalt die ihm einem Dritten gegenüber obliegende Amtspflicht, so trifft die Verantwortlichkeit grundsätzlich den Staat oder die Körperschaft, in deren Dienste der Beamte steht.

654 Heute ist die entsprechende Regelung in **Art. 34 GG** enthalten. Konstruktiv wird dabei nach wie vor von der persönlichen Haftung des Beamten nach § 839 BGB ausgegangen. Diese Haftung wird nach Art. 34 S. 1 GG **auf den Staat übergeleitet**, der unter bestimmten Voraussetzungen beim Beamten Rückgriff nehmen kann (Art. 34 S. 2 GG).

Anders als in der BRD hatte die **DDR** durch ihr Staatshaftungsgesetz 1969 die Staatshaftung als originäre verschuldensunabhängige Haftung des Staates für eigenes Unrecht geregelt und damit von der persönlichen Verantwortung des Amtswalters gelöst. Nach Art. 9 Abs. 1 EVertr galt das StHG-DDR zunächst in den neuen Bundesländern als Landesrecht fort, heute in modifizierter Form nur noch in Brandenburg und Thüringen. Für die Haftung nach § 1 StHG gelten dieselbe Grundsätze wie für die verschuldensunabhängige ordnungsrechtliche Haftung[942] (dazu nachfolgend und unten Rdnr. 733 ff.).

655 **2.** Neben der Amtshaftung aus Art. 34 GG, § 839 BGB besteht in den meisten Ländern ein Anspruch auf Entschädigung, wenn jemand durch eine rechtswidrige Maßnahme der Polizei- oder Ordnungsbehörden einen Schaden erleidet **(ordnungsrechtliche Unrechtshaftung)**. Anders als die Amtshaftung ist die ordnungsrechtliche Haftung **verschuldensunabhängig**.

Beispiele: Dem Bauherrn B wird die beantragte Baugenehmigung rechtswidrig versagt. G ist von der Polizei rechtswidrig in Gewahrsam genommen worden.

---
941 Sandkühler JA 2001, 149.
942 Vgl. BGH DVBl. 2006, 764 mit Anm. Grzeszick JZ 2006, 795 ff.

3. Außerdem können im öffentlichen Recht neben den deliktischen Ansprüchen auch **vertragliche** bzw. **vertragsähnliche Ersatzansprüche** bestehen, insb. kommen Schadensersatzansprüche analog §§ 280 ff. BGB in Betracht (s.u. Rdnr. 760). 656

Beispiele: Das Land L kommt mit der Leistung aus einem öffentlich-rechtlichen Vertrag in Verzug (vgl. § 62 S. 2 VwVfG). Die Bewerbung des Beamten B um eine Beförderung ist aufgrund fehlerhafter Auswahlentscheidung abgelehnt worden.

4. Schließlich greifen die Fälle der **Gefährdungshaftung** (z.B. § 7 StVG, § 33 LuftVG) unabhängig davon ein, ob das Verhalten hoheitlich oder privatrechtlich zu qualifizieren ist. 657

Beispiel: Der Polizeibeamte P verursacht bei einer Einsatzfahrt schuldhaft einen Verkehrsunfall. Neben Ansprüchen aus Amtshaftung (Art. 34 S. 1 GG, § 839 BGB) besteht die Haftung nach § 7 StVG.

Ein besonderer Fall der Gefährdungshaftung findet sich in Art. 5 Abs. 5 EMRK (Europäische Menschenrechtskonvention) für rechtswidrige Freiheitsentziehungen. Die EMRK gilt innerstaatlich mit Gesetzeskraft und gewährt in Art. 5 Abs. 5 dem Betroffenen einen **unmittelbaren verschuldensunabhängigen Schadensersatzanspruch**, wenn seine Freheit unter Verstoß gegen Art. 5 Abs. 1 EMR beschränkt wird („Jede Person, die unter Verletzung dieses Artikels von Festnahme oder Freiheitsentziehung betroffen ist, hat Anspruch auf Schadensersatz.").[943] 658

II. Ersatzansprüche bei Eingriffen in das Eigentum

1. Während es bei der Unrechtshaftung um die Haftung des Staates für rechtswidriges Verhalten geht, geht es bei Aufopferung und Enteignung um Fälle, in denen der Staat im öffentlichen Interesse gezwungen ist, **rechtmäßig** in die Rechte des Einzelnen einzugreifen. Für diese Eingriffe soll der Betroffene einen Ausgleich in Form einer **Entschädigung** erhalten, da er ein Sonderopfer erbringt. 659

Die erste bedeutsame Normierung dieses Rechtsgedankens findet sich ebenfalls bereits in der Einleitung zum Preußischen Allgemeinen Landrecht: 660

§ 74: Einzelne Rechte und Vortheile der Mitglieder des Staates muessen den Rechten und Pflichten zur Beförderung des gemeinschaftlichen Wohls, wenn zwischen beyden ein wirklicher Widerspruch (Collision) eintritt, nachstehn.

§ 75: Dagegen ist der Staat demjenigen, welcher seine besondern Rechte und Vortheile dem Wohle des gemeinen Wesens aufzuopfern genoethigt wird, zu entschaedigen gehalten.

Diese Regelung wurde entsprechend dem Wortlaut des § 75 als **Aufopferung** bezeichnet. Da es für die Abwehr des Eingriffs damals meist keinen Rechtsschutz gab, pflegte man die dadurch herbeigeführte Rechtslage durch das Schlagwort **„dulde und liquidiere"** zu kennzeichnen.

2. Der Bau von Eisenbahnen und Straßen in der zweiten Hälfte des 19. Jahrhunderts führte dazu, dass der Staat in großem Umfang **Grundeigentum** des Bürgers benötigte und deshalb die rechtlichen Möglichkeiten schaffen musste, sich dieses notfalls auch zwangsweise zu beschaffen. Hierzu entwickelte sich als wichtigster Anwendungsfall der Aufopferung das Rechtsinstitut der **Enteignung**, das später durch **Art. 153 WRV** verfassungsrechtlich abgesichert wurde. Im Grundgesetz findet sich die grundlegende Regelung des Eigentumsschutzes und der Enteignung in **Art. 14 GG**. 661

---

943 BGH NVwZ 2006, 960 mit Anm. Dörr JZ 2006, 1064, 1065 (Schadensersatz nach EMRK wegen rechtswidriger Abschiebungshaft); Staufer/Steinbach JA 2008, 615, 619 ff.; allgemein zur EMRK in der öffentlich-rechtlichen Fallbearbeitung Hansen RÜ 2010, 463 ff.

Aufgrund der **Junktimklausel** in Art. 14 Abs. 3 S. 2 GG ist eine Enteignung nur zulässig, wenn das Gesetz zugleich Art und Ausmaß der Entschädigung regelt (s.u. Rdnr. 775 ff.).

662 3. Auch bei **Inhalts- und Schrankenbestimmungen** i.S.d. Art. 14 Abs. 1 S. 2 GG kann es erforderlich werden, dass der Gesetzgeber eine Entschädigung gewährt. Dies gilt insb., wenn die mit einem Eingriff verbundene Belastung durch eine Geldentschädigung abgemildert werden soll, um so die Verhältnismäßigkeit der Maßnahme sicherzustellen (s.u. Rdnr. 784).

Beispiele hierfür sind die sog. **ausgleichspflichtigen Inhaltsbestimmungen** bei Nutzungsbeschränkungen im Natur-, Landschafts- und Denkmalschutzrecht. **Beispiel:** Durch naturschutzrechtliche Anordnungen wird die landwirtschaftliche Nutzung eines Grundstücks untersagt, was zu einer erheblichen Beschränkung des Eigentums führt (s.u. Rdnr. 785).

663 4. **Gewohnheitsrechtlich** hat die Rspr. in diesem Bereich die Institute des **enteignungsgleichen Eingriffs** und des **enteignenden Eingriffs** entwickelt. Ihre Grundlage finden diese Ansprüche in dem allgemeinen Aufoperungsgedanken der §§ 74, 75 EALR. Sie dienen dazu, einen Ausgleich für nicht abwehrbare rechtswidrige Maßnahmen oder unvorhergesehene Nebenfolgen einer rechtmäßigen Maßnahme zu gewähren (s.u. Rdnr. 787 ff.)

Beispiele: Faktische Bausperre durch rechtswidrige Verzögerung einer Baugenehmigung, Verursachung einer Überschwemmung durch hoheitliche Maßnahmen.

Ansprüche bei Eingriffen in das Eigentum
■ **Enteignungsentschädigung (Art. 14 Abs. 3 S. 2–4 GG)**
■ **ausgleichspflichtige Inhaltsbestimmungen**
■ **Entschädigung wegen enteignungsgleichen Eingriffs**
■ **Entschädigung wegen enteignenden Eingriffs**

III. Ersatzansprüche bei Eingriffen in nichtvermögenswerte Rechte

664 Während es bei den eigentumsrechtlichen Ansprüchen um Eingriffe in vermögenswerte Rechte geht, gleicht der **allgemeine Aufopferungsanspruch** Eingriffe in **nichtvermögenswerte Rechte** wie Leben, Gesundheit und Freiheit aus. Er findet seine Grundlage ebenfalls in einem auf §§ 74, 75 EALR zurückgehenden Grundsatz des Gewohnheitsrechts. Wenn schon bei Eingriffen in das Eigentum (Art. 14 GG) Entschädigung zu leisten ist, muss dies erst recht für Eingriffe in die hochrangigen Rechte des Art. 2 Abs. 2 GG gelten. Dieser Bereich ist heute allerdings zumeist spezialgesetzlich geregelt, sodass die **Bedeutung** des gewohnheitsrechtlichen Anspruchs **gering** ist (s.u. Rdnr. 821).

Beispiele: Gesundheitsschäden durch Pflichtimpfungen (vgl. §§ 60 ff. InfSG), Ausgleich bei rechtswidrigen Freiheitsentziehungen nach §§ 1 ff. StrEG (Strafverfolgungsentschädigungsgesetz) sowie die Entschädigung für Opfer von Gewalttaten nach §§ 1 ff. OEG (Opferentschädigungsgesetz).

B. Schadensersatzansprüche, insbes. die Amtshaftung

I. Haftungsgrundlagen

Die Haftung des Staates für **rechtswidriges, schuldhaftes Verhalten** seiner Amtswalter richtet sich im **hoheitlichen Bereich** in erster Linie nach **Art. 34 GG, § 839 BGB**. Ausgangspunkt ist hierbei die auf Schadensersatz gerichtete Norm des § 839 BGB, die eine persönliche Haftung des Beamten begründet.

665

§ 839 BGB: Verletzt ein Beamter vorsätzlich oder fahrlässig die ihm einem Dritten gegenüber obliegende Amtspflicht, so hat er dem Dritten den daraus entstehenden Schaden zu ersetzen. ...

Art. 34 S. 1 GG nimmt hierauf Bezug und ändert die sich aus § 839 BGB ergebende Rechtslage in zweierlei Hinsicht ab:

666

Art. 34 GG: Verletzt jemand in Ausübung eines ihm anvertrauten öffentlichen Amtes die ihm einem Dritten gegenüber obliegende Amtspflicht, so trifft die Verantwortlichkeit grundsätzlich den Staat oder die Körperschaft, in deren Dienst er steht. ...

- Die Haftung besteht nicht nur für Beamte im statusrechtlichen Sinne, sondern für **jeden Amtswalter**, der „in Ausübung eines ihm anvertrauten öffentlichen Amtes", d.h. **hoheitlich** handelt (haftungsrechtlicher Beamtenbegriff).

- Die Eigenhaftung des Beamten wird im Wege der befreienden Schuldübernahme **auf den Staat übergeleitet** („mittelbare Staatshaftung"). Schuldner ist also nicht mehr der Beamte, sondern der hinter ihm stehende **Verwaltungsträger** (Bund, Land, Gemeinde etc.). Der Staat haftet **anstelle** des Amtswalters.

Bei Vorsatz oder grober Fahrlässigkeit kann der Staat jedoch beim Beamten **Rückgriff** nehmen (Art. 34 S. 2 GG und § 75 Abs. 1 BBG, § 48 S. 1 BeamtStG).

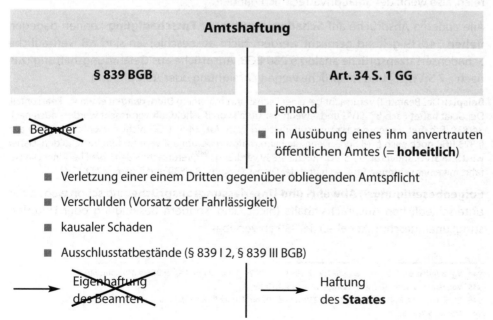

5. Abschnitt Öffentliche Ersatzleistungen

667 Wegen dieses Verhältnisses der beiden Vorschriften

- § 839 BGB als **haftungsbegründende Norm** und
- Art. 34 S. 1 GG als verfassungsrechtliche **Zurechnungsnorm**

ist es in der Praxis üblich, Art. 34 GG und § 839 BGB als **einheitliche Anspruchsgrundlage** zu behandeln (deshalb im Folgenden: 34/839).[944]

Eine im Vordringen befindliche Auffassung versteht Art. 34 S. 1 GG dagegen nicht nur als Zurechnungsnorm, sondern als eigentliche Anspruchsgrundlage, die durch § 839 BGB konkretisiert wird.[945]

668 Ausnahmsweise wird die Amtshaftung durch **Spezialregelungen** verdrängt. Denn durch Art. 34 S. 1 GG wird die Eigenhaftung des Beamten im hoheitlichen Bereich nur „**grundsätzlich**" auf den Staat übergeleitet, was Ausnahmen zulässt.

Beispiel: § 19 BNotO begründet eine Eigenhaftung des Notars. Eine Haftung des Staates an Stelle des Notars besteht nicht (§ 19 Abs. 1 S. 4 BNotO).

Gegenbeispiel: In der als Satzung erlassenen Benutzungsordnung für das städtische Freibad heißt es: „Für Schäden bei Benutzung der Badeeinrichtungen wird nur im Rahmen von Vorsatz und grober Fahrlässigkeit gehaftet." Eine derartige Haftungsbeschränkung erfasst nach h.M. lediglich die vertragsähnliche Haftung (dazu unten Rdnr. 763). Eine Beschränkung der Amtshaftung kann nur durch oder aufgrund eines **formellen Gesetzes** erfolgen. Erforderlich ist eine spezifische Ermächtigungsgrundlage im Gesetz. Die allgemeine Satzungsermächtigung in der Gemeindeordnung reicht nicht aus.[946]

669 Die Amtshaftung nach 34/839 **verdrängt** ihrerseits für den Bereich hoheitlicher Tätigkeit sämtliche **verschuldensabhängige Deliktstatbestände**, auch wenn sie nur auf vermutetem Verschulden beruhen. Nicht anwendbar bei hoheitlicher Tätigkeit sind insbes. die §§ 823, 826, 831 BGB.[947] Bei schuldhafter Amtspflichtverletzung im hoheitlichen Bereich haftet daher weder der Beamte nach § 839 BGB noch der Staat nach § 831 BGB, sondern der **Staat nach 34/839**. Die §§ 823 ff. BGB gelten nur im nicht hoheitlichen Bereich, also wenn der Staat privatrechtlich handelt.

Alle anderen Ansprüche auf **Schadensersatz** oder **Entschädigung** können dagegen **neben** 34/839 geltend gemacht werden. Nicht ausgeschlossen sind z.B. vertragliche Schadensersatzansprüche analog § 280 BGB, Ansprüche aus Gefährdungshaftung (z.B. nach § 7 StVG)[948] und Ansprüche wegen Enteignung oder Aufopferung.

Beispiel: Der Beamte B verursacht bei einer Dienstfahrt mit einem **Dienstwagen** einen Verkehrsunfall. Der Staat haftet nach § 7 StVG und – wenn der Unfall von B schuldhaft verursacht wurde – auch nach 34/839. B haftet wegen der Haftungsüberleitung gem. Art. 34 S. 1 GG nicht persönlich, weder nach § 823 BGB noch nach § 18 StVG. Denn die Fahrerhaftung beruht auf vermutetem Verschulden. Daher wird § 18 StVG, anders als § 7 StVG, durch 34/839 verdrängt.[949] Verursacht B den Unfall bei einer Dienstfahrt mit einem **eigenen Pkw**, so haftet der Dienstherr gem. 34/839 und B gem. § 7 StVG.[950]

Folgenbeseitigungs-, Abwehr- und Unterlassungsansprüche sind schon wegen des unterschiedlichen Anspruchsinhalts (nicht Geld, sondern Beseitigung oder Unterlassung) uneingeschränkt neben 34/839 anwendbar.[951]

---

944 Vgl. BVerfGE 61, 149, 198@; BVerfG NVwZ 1998, 271, 272; MünchKomm-Papier BGB § 839 Rdnr. 119 ff.
945 Vgl. Jarass/Pieroth GG Art. 34 Rdnr. 1; Maurer § 26 Rdnr. 8.
946 BGHZ 61, 7, 14; BGH NVwZ 2008, 238, 239; MünchKomm-Papier BGB § 839 Rdnr. 126.
947 Maurer § 26 Rdnr. 45.
948 BGHZ 121, 161, 168@; BGH NVwZ 2008, 238, 239; OLG Saarbrücken NJW-RR 2006, 748; Maurer § 26 Rdnr. 46.
949 Vgl. BGHZ 121, 161, 167@; OLG Nürnberg NVwZ 2001, 1324; Maurer § 26 Rdnr. 45 f.; Ossenbühl, S. 117.
950 BGH NJW 2002, 3172, 3173.

II. Die Voraussetzungen der Amtshaftung

Aufbauschema: Amtshaftung (Art. 34 GG, § 839 BGB)

I. **Anwendbarkeit:** kein Ausschluss durch Spezialgesetz

II. **Voraussetzungen**
1. **hoheitliches Handeln**
2. **Verletzung einer einem Dritten gegenüber obliegenden Amtspflicht**
3. **Verschulden** (Vorsatz, Fahrlässigkeit)
4. **kein Haftungsausschluss** (§ 839 Abs. 1 S. 2, § 839 Abs. 3 BGB)

III. **Rechtsfolge:** Ersatz des zurechenbar verursachten Schadens

1. Hoheitliches Handeln

a) Wahrnehmung einer öffentlichen Aufgabe

Die Haftung nach Art. 34 S. 1 GG setzt voraus, dass **jemand in Ausübung eines ihm anvertrauten öffentlichen Amtes** gehandelt hat. Die Amtshaftung erfasst in Abgrenzung zu §§ 823 ff. BGB daher nur die öffentlich-rechtliche, d.h. **hoheitliche Tätigkeit** der Verwaltung. Entscheidend ist nicht die Person des Handelnden, sondern seine **Funktion**, d.h. die Aufgabe, deren Wahrnehmung die konkret ausgeübte Tätigkeit dient. Erfasst wird jeder Amtswalter, der **hoheitlich** handelt (**haftungsrechtlicher Beamtenbegriff**), d.h. Beamte im statusrechtlichen Sinne, Angestellte im öffentlichen Dienst, ebenso Richter, Soldaten, Beliehene etc.[952]

670

Beispiele:

- Der Sachbearbeiter im Bauordnungsamt handelt bei der Bearbeitung von Bauanträgen hoheitlich, unabhängig davon, ob er Beamter oder **Angestellter** im öffentlichen Dienst ist.
- Für die rechtswidrige Verweigerung des Einvernehmens nach § 36 BauGB durch den Gemeinderat haftet die Gemeinde nach 34/839. Die **Ratsmitglieder** werden als Beamte im haftungsrechtlichen Sinne tätig.[953]
- Für **Richter** gilt das Haftungsprivileg (Spruchrichterprivileg) nach § 839 Abs. 2 BGB.[954]
- Der TÜV-Sachverständige handelt nach § 29 StVZO als **Beliehener** und damit hoheitlich.[955] Die Haftung bei Erteilung/Versagung der Prüfplakette richtet sich daher nach 34/839, verantwortlich ist der beleihende Verwaltungsträger.[956]
- Nicht vom Amtshaftungsanspruch erfasst werden **Kriegshandlungen** während des 2. Weltkrieges.[957] Umstritten ist, ob dies auch für Militäreinsätze der Bundeswehr und der NATO gilt.[958]

---

951 Ossenbühl, S. 117; Detterbeck/Windthorst/Sproll § 11 Rdnr. 31 m.w.N.
952 Vgl. BGH NJW 2002, 3172, 3173; NVwZ 2002, 375; BGHZ 118, 304, 305; Schlick NJW 2009, 3487 m.w.N.
953 OLG Hamm NVwZ 1995, 1142.
954 Vgl. BGH NJW 2005, 436 mit Anm. Schenke JZ 2005, 680 ff.; Meyer NJW 2005, 864 f.
955 BGH NJW 2004, 3484; DVBl. 1993, 732; BGHZ 147, 169.
956 Vgl. BGH NVwZ-RR 2001, 147; AS-Skript Verwaltungsrecht AT 1 (2010), S. 9.
957 BVerfG NJW 2006, 2542; BGH NJW 2003, 3488, 3491 (keine Ansprüche wegen der Ermordung von Geiseln durch SS-Einheiten); BVerfG NJW 2004, 3257; EGMR NJW 2009, 492 (kein Anspruch italienischer Kriegsgefangener für Zwangsarbeit); vgl. auch EuGH EuZW 2007, 252 (kein individuelles Klagerecht); allgemein Frenzel/Wiedemann NVwZ 2008, 1088 ff.
958 Offengelassen von BGH JZ 2006, 532, 535 (Kampfhandlungen im Kosovo-Konflikt); während OLG Köln NJW 2005, 2860, 2862 eine Haftung grds. für möglich hält; ausführlich Baufeld JZ 2007, 502 ff.

671 Problematisch ist die Haftung, wenn der Staat Private als **Verwaltungshelfer** einschaltet (z.B. Straßenbauunternehmer, Abschleppunternehmer). Für die Einordnung kommt es hierbei nicht auf das Innenverhältnis zwischen Staat und Drittem an, sondern allein auf das **Außenverhältnis** zum Bürger. Wenn der Staat im Bereich der **Eingriffsverwaltung** Private einschaltet, muss er sich deren Verhalten stets als hoheitlichen Eingriff zurechnen lassen, weil aus der Sicht des Bürgers eine einheitliche öffentlich-rechtliche Maßnahme vorliegt.[959]

Beispiel: Für Fehlverhalten des Abschleppunternehmers haftet der Staat nach 34/839.[960] Für Verwaltungshelfer gilt aber nicht die Rückgriffsbeschränkung des Art. 34 S. 2 GG. Denn es fehlt an einem rechtfertigenden Grund, den Unternehmer abweichend von den zivilrechtlichen Regeln teilweise freizustellen.[961]

672 Im Bereich der **Leistungsverwaltung** bejaht die Rspr. eine Haftung des Staates nur dann, wenn der Private weisungsabhängig ist und keinen oder nur einen begrenzten Entscheidungsspielraum hat (sog. **Werkzeugtheorie**).[962]

Beispiele: Keine Amtshaftung für private Straßenbauunternehmer,[963] es sei denn, der Hoheitsträger hat weitgehende Weisungsbefugnisse; keine Haftung des Jugendamts für Verschulden der Pflegeltern.[964]

Die Lit. hält diese Einschränkung nicht für sachgerecht. Auch das Fehlverhalten selbstständiger Unternehmer könne dem Staat grds. nach Art. 34 S. 1 GG zugerechnet werden, sofern jene mit Wissen und Wollen des Staates Dritten gegenüber zur Erfüllung öffentlich-rechtlicher Pflichten tätig werden.[965] Dagegen spricht jedoch, dass der Staat dann bei Erfüllung öffentlich-rechtlicher Pflichten schlechter stünde als z.B. ein privater Bauherr, der für das Fehlverhalten des selbstständigen Bauunternehmers grds. nicht einzustehen hat.

b) Haftung im privatrechtlichen Bereich

673 Liegt kein hoheitliches, sondern **privatrechtliches Handeln** vor, so scheidet die Amtshaftung des Staates aus. Da hier die Haftungsübernahme des Art. 34 S. 1 GG nicht eingreift, haftet der **Beamte persönlich**.[966]

Beispiel: Ist eine **privatrechtliche Verpflichtungserklärung** des Bürgermeisters für die Gemeinde nicht bindend, weil die besonderen Förmlichkeiten des Gemeinderechts nicht eingehalten worden sind (vgl. z.B. Art. 38 Abs. 2 BayGO, § 54 GemO BW, § 64 GO NRW), so kommt eine persönliche Haftung des Bürgermeisters nach § 839 Abs. 1 BGB in Betracht. Diese wird nicht nach Art. 34 S. 1 GG auf die Gemeinde übergeleitet, wenn keine hoheitliche Tätigkeit vorliegt.[967]

---

959 BGH NJW 1993, 1258, 1259@; NJW 1997, 2431, 2432; DVBl. 2005, 247, 248.
960 BGH NVwZ 2006, 964, 965; NJW 1993, 1258, 1259@; OLG Saarbrücken NJW-RR 2007, 681; OLG Düsseldorf VersR 1997, 239; einschränkend OLG Hamm NJW 2001, 375: keine Amtshaftung für Beschädigungen während der Verwahrung durch den Unternehmer; vgl. auch AS-Skript Verwaltungsrecht AT 1 (2010), Rdnr. 40 m.w.N.
961 BGH DVBl. 2005, 247, 249; Waldhoff JuS 2006, 570, 571; Ossenbühl JZ 2005, 5870; Rinne/Schlick NJW 2005, 3541, 3549.
962 BGH NJW 2006, 1121, 1123; NVwZ 2006, 966 f.; DVBl. 2005, 247, 248; NJW 1993, 1258, 1259@; BGHZ 125, 19, 24 f.; OLG Brandenburg LKV 2008, 190, 191; OLG Hamm NJW 2001, 375, 376; Ossenbühl NJW 2000, 2945, 2948; Sandkühler JA 2001, 149, 151.
963 OLG Hamm NVwZ-RR 1999, 223, 224; Burgi JuS 1997, 1106, 1107.
964 BGH NJW 2006, 1121, 1123; Schlick NJW 2008, 127, 128.
965 MünchKomm-Papier BGB § 839 Rdnr. 138; Notthoff NVwZ 1994, 771 ff.; Meysen JuS 1998, 404, 407; Stelkens JZ 2004, 656, 658; Petersen Jura 2006, 411, 413; vgl. näher AS-Skript Verwaltungsrecht AT 1 (2010), Fall 1.
966 BGH NVwZ 2004, 1526, 1527 m.w.N.
967 BGH NJW 2001, 2626; DVBl. 2004, 577, 580; Rinne/Schlick NJW 2005, 3541, 3542.

- Bei privatrechtlicher Tätigkeit richtet sich nur die Haftung von **Beamten** i.S.d. Beamtenrechts nach **§ 839 BGB**, die Erweiterung des (haftungsrechtlichen) Beamtenbegriffs durch Art. 34 S. 1 GG gilt im privatrechtlichen Bereich nicht, sondern nur im hoheitlichen Bereich. **Arbeitnehmer** des öffentlichen Dienstes haften daher bei privatrechtlicher Tätigkeit persönlich nicht nach § 839 BGB, sondern nach den allgemeinen Vorschriften der **§§ 823 ff. BGB**.[968]   674

- **Deliktisch** haftet bei privatrechtlicher Tätigkeit neben dem Beamten **auch der Staat**   675
wie jeder Bürger nach §§ 823 ff. i.V.m. §§ 89, 31 BGB (für Organe und verfassungsmäßig berufene Vertreter, also i.d.R. bei leitenden Beamten) oder nach § 831 BGB (für Verrichtungsgehilfen). Bei der vertraglichen Haftung wird das Verschulden von Erfüllungsgehilfen nach § 278 BGB zugerechnet.

Haftung im privatrechtlichen Bereich	
Haftung des Handelnden	**Haftung des Staates**
■ vertragliche Haftung (–) wenn Staat Vertragspartner	■ vertragliche Haftung §§ 280 ff., 241 Abs. 2, 311 Abs. 2 u. Abs. 3 BGB – jeweils i.V.m. ■ §§ 89, 31 BGB (für Organe) ■ § 278 BGB (Erfüllungsgehilfen)
■ deliktische Haftung ■ § 839 BGB (Beamte) ■ §§ 823 ff. BGB (Arbeitnehmer)	■ deliktische Haftung ■ §§ 823 ff., 89, 31 BGB (Organe) ■ § 831 BGB (Verrichtungsgehilfen)

c) Abgrenzung Öffentliches Recht – Privatrecht

Für die Abgrenzung des hoheitlichen Bereichs (Art. 34 GG, § 839 BGB) zum Privatrecht (§§ 823 ff. BGB) gelten die allgemeinen Regeln:

- Hoheitliche Tätigkeit liegt unproblematisch vor, wenn die schädigende Handlung   676
eindeutig auf **öffentlich-rechtlicher Rechtsgrundlage** erfolgt (insbes. bei der klassischen Eingriffsverwaltung, wie z.B. im Polizeirecht).

- Im Bereich der **Leistungsverwaltung** hat die öffentliche Hand ein Wahlrecht; sie   677
kann eine privatrechtliche Regelung treffen oder es bei der öffentlich-rechtlichen Ausgestaltung belassen. Wenn es hier zu Schädigungen kommt, ist maßgeblich, wie der Hoheitsträger das Rechtsverhältnis konkret ausgestaltet hat.

> So haftet die Stadt S für eine Pflichtverletzung des Bademeisters nach 34/839, wenn sie die Benutzung des Hallenbades öffentlich-rechtlich durch Satzung geregelt hat. Erfolgt die Benutzung aufgrund privatrechtlicher Regelungen, so haftet sie nach den allgemeinen privatrechtlichen Grundsätzen (§§ 823, 89, 31 bzw. § 831 BGB).[969]

---

[968] Maurer § 26 Rdnr. 60.
[969] Vgl. BGH DVBl. 2000, 1712, 1713.

678 ■ Kommt es zu Schäden durch Handlungen, die ihrer äußeren Erscheinungsform nach von jedermann vorgenommen werden können (sog. **neutrale Handlungen**), so ist auf die Zielrichtung der Tätigkeit abzustellen. Die Handlung muss im **Funktionszusammenhang** mit der Wahrnehmung öffentlich-rechtlicher Aufgaben stehen.[970]

679 – Besondere Bedeutung hat in diesem Zusammenhang die **Teilnahme am Straßenverkehr**. Diese ist jedenfalls dann hoheitlich zu qualifizieren, wenn der Amtsträger **Sonderrechte** gemäß § 35 StVO in Anspruch nimmt.[971]

Beispiele: Eine Polizeistreife verfolgt mit Blaulicht und Martinshorn einen flüchtigen Straftäter; ein Fahrzeug der Straßenbauverwaltung mäht den Rasen auf dem Mittelstreifen der Autobahn (vgl. § 35 Abs. 6 StVO). Kommt es zu einem Verkehrsunfall, richtet sich die Haftung des Staates nach 34/839 und nach § 7 StVG (s.o. Rdnr. 669).

Im Übrigen liegt hoheitliches Handeln vor, wenn es sich um eine **Dienstfahrt** handelt, d.h. wenn zwischen dem öffentlichen Zweck der Fahrt und der schädigenden Handlung ein **innerer Zusammenhang** besteht.

So sind z.B. Streifenfahrten der Polizei auch ohne Inanspruchnahme von Sonderrechten öffentlich-rechtlich zu qualifizieren, ebenso Dienstfahrten mit einem privaten Kfz.[972] **Gegenbeispiel:** Die Fahrt mit einem Dienstwagen aus fiskalischen Gründen (z.B. zum Einkauf von Büromaterial) ist privatrechtlich.[973]

680 – Die Wahrnehmung von **Verkehrssicherungspflichten** durch einen Hoheitsträger ist nach der Rspr. grds. **privatrechtlich** zu beurteilen. Denn sie folgt aus dem allgemeinen, aus §§ 823 und 836 BGB abzuleitenden Rechtsgrundsatz, dass jeder, der in seinem Verantwortungsbereich eine Gefahrenquelle schafft, diejenigen zumutbaren Maßnahmen und Vorkehrungen treffen muss, die zur Abwehr der Dritten drohenden Gefahren notwendig sind. Schadensersatzansprüche wegen Verletzung der Verkehrssicherungspflicht richten sich deshalb grds. **nicht nach 34/839**, sondern nach den allgemeinen Deliktsvorschriften (§§ 823 ff. BGB).[974]

Beispiel: Die Stadt haftet nach §§ 823 ff. BGB für den ordnungsgemäßen Zustand eines Kinderspielplatzes.[975]

681 Allerdings kann durch Gesetz bestimmt werden, dass die Verkehrssicherungspflicht öffentlich-rechtlicher Natur ist. Derartige Vorschriften sind in fast allen Ländern für die **Straßenverkehrssicherungspflicht** erlassen worden, sodass bei deren Verletzung der Träger der Straßenbaulast nach **34/839** haftet.[976]

Beispiele: Haftung nach 34/839 für Straßenschäden,[977] für unrichtige Beschilderung[978] oder für den Zustand von Straßenbäumen.[979] Einen Unterfall der ör Straßenverkehrssicherungspflicht bildet die öffentlich-rechtliche Reinigungs- und Streupflicht.[980]

---

[970] BGH NJW 1992, 1227, 1228; MünchKomm-Papier BGB § 839 Rdnr. 148; Rinne/Schlick NJW 2004, 1918.
[971] BGH NJW 1991, 1171@; OLG Nürnberg NVwZ 2001, 1324.
[972] BGH VersR 1992, 823; NZV 2008, 289, 291; a.A. MünchKomm-Papier BGB § 839 Rdnr. 175; Maurer § 3 Rdnr. 30: öffentlich-rechtliche Tätigkeit nur in den Fällen des § 35 StVO.
[973] Vgl. BGH NJW 1992, 1227; NJW 1981, 623; Schoch Jura 1988, 585, 588.
[974] BGHZ 60, 54, 55; BGH NVwZ 2005, 1456, 1457; NVwZ 2006, 1084, 1085; OLG Brandenburg NVwZ 2002, 1145: MünchKomm-Papier BGB § 839 Rdnr. 177 ff.; Rinne/Schlick NJW 2005, 3541 m.w.N.
[975] OLG Brandenburg NVwZ 2002, 1145; OLG München NJW-RR 2007, 746; ThürOLG, Urt. v. 10.02.2010 – 4 U 594/09.
[976] BGH NVwZ 2000, 1209; MünchKomm-Papier BGB § 839 Rdnr. 182; Rinne NVwZ 2003, 9 ff.; Rinne/Schlick NJW 2005, 3541.
[977] BGH NVwZ 2005, 1104; OLG Celle NJW-RR 2007, 972; OLG Saarbrücken NJW-RR 2010, 602.
[978] OLG Celle DAR 2006, 267.
[979] BGH DÖV 1994, 73, 74; OLG Brandenburg NVwZ 1999, 692; OLG Düsseldorf NJW-RR 2007, 970; Itzel MDR 2005, 545, 547.

d) Handeln „in Ausübung des Amtes"

Liegt hoheitliches Handeln vor, muss der Handelnde nach Art. 34 S. 1 GG **„in Ausübung seines Amtes"** gehandelt haben, d.h. es muss ein **enger äußerer und innerer Zusammenhang** zwischen dem übertragenen Amt und der schädigenden Handlung bestehen. Die Schädigung darf nicht bloß bei Gelegenheit oder in Vorbereitung der Amtsausübung erfolgt sein (Parallele zu § 831 BGB).[981]

682

Beispiele: Polizist P verwahrt seine Dienstwaffe in der Privatwohnung nicht sorgfältig, wodurch sein Sohn Gelegenheit erhält, die geladene Waffe an sich zu nehmen und einen Dritten durch einen Schuss zu verletzen. Die dienstlichen Obhutspflichten beziehen sich auch auf die dienstfreie Zeit. Das Land haftet daher nach 34/839.[982]

Gegenbeispiel: Ein Beamter, der, ohne im Besitz einer Fahrerlaubnis zu sein, unbefugt ein behördeneigenes Dienstfahrzeug benutzt („Schwarzfahrt"), wird in der Regel nicht in Ausübung eines öffentlichen Amtes tätig, sondern bei Gelegenheit. Für Verkehrsunfälle haftet der Beamte persönlich (anders, wenn es gerade Aufgabe des Beamten war, die missbräuchliche Verwendung des Pkw zu verhindern).[983]

2. Amtspflichtverletzung

Wesentliche Voraussetzung der Amtshaftung ist, dass der Amtswalter **die ihm einem Dritten gegenüber obliegende Amtspflicht verletzt.**

a) Begründung von Amtspflichten

Nach herrschendem Verständnis entstehen Amtspflichten im **Innenverhältnis** zwischen dem Amtswalter und dem Dienstherrn. Deshalb können sich Amtspflichten nicht nur aus **Gesetzen** ergeben, sondern auch aus **Verwaltungsvorschriften** und verwaltungsinternen **Weisungen**.[984] Amtspflicht ist **jede persönliche Verhaltenspflicht** des Amtsträgers in Bezug auf seine Amtsführung.

683

Die Gegenansicht stellt allein auf die **Verletzung des Außenrechts** ab, d.h. eine Amtspflichtverletzung wird nur bei einem Verstoß gegen objektives Recht angenommen, also nicht bei der Verletzung interner Weisungen, Verwaltungsvorschriften etc. Sowohl Art. 34 S. 1 GG als auch § 839 BGB setzen eine Verletzung von Amtspflichten voraus, die dem Amtsträger „einem Dritten gegenüber", also im Außenverhältnis obliegen. Amtspflicht und Rechtspflicht seien daher identisch.[985] Dagegen spricht jedoch der Wortlaut des Art. 34 GG und des § 839 BGB, die ausdrücklich von einer „Amtspflicht" und nicht von einer „Rechtspflicht" sprechen. Konstruktiv geht die Amtshaftung von einem Verstoß des Amtsträgers gegen seine **aus dem Innenverhältnis resultierenden Pflichten** aus. Eine Gleichsetzung von Amtspflichten und Rechtspflichten würde die Amtshaftung in eine unmittelbare Staatshaftung für rechtswidrige Maßnahmen uminterpretieren.

Deshalb verbietet sich beim Amtshaftungsanspruch neben der Amtspflichtverletzung auch eine selbstständige Prüfung der Rechtswidrigkeit (wie sie z.B. im Rahmen der §§ 823 ff. BGB erfolgt). Entscheidend ist nicht die Rechtswidrigkeit im Außenverhältnis, sondern der Verstoß gegen die interne Amtspflicht!

---

[980] Vgl. BGH NJW 2009, 3302, 3303; OLG München NJW-RR 2010, 322; Itzel MDR 2005, 545, 547.
[981] BGH NJW 2000, 467; NJW 1994, 660; NJW 1992, 1310.; MünchKomm-Papier BGB § 839 Rdnr. 188 ff.; Maurer § 26 Rdnr. 15.
[982] BGH NJW 2000, 467; vgl. auch BGH NJW 2009, 3509.
[983] BGH NJW 1994, 660.
[984] BGH NJW 2001, 3054; NVwZ-RR 2000, 746; OLG Celle VersR 2001, 1288; Maurer § 26 Rdnr. 16 f.; Sandkühler JA 2001, 414.
[985] MünchKomm-Papier BGB § 839 Rdnr. 192; Coester-Waltjen Jura 1995, 368, 369 f.

684 ■ Die wichtigste Amtspflicht ist die **Pflicht zu rechtmäßigem Verwaltungshandeln** (vgl. Art. 20 Abs. 3 GG, § 63 Abs. 1 BBG, § 36 Abs. 1 BeamtStG). Rechtswidriges Verwaltungshandeln ist damit **im Regelfall** gleichzeitig amtspflichtwidrig.[986]

> Hierzu zählt die Pflicht, die Zuständigkeitsgrenzen zu beachten, die einschlägigen Verfahrensvorschriften einzuhalten, Ermessen fehlerfrei auszuüben und den Grundsatz der Verhältnismäßigkeit zu beachten. **Beispiele:** Zu den Amtspflichten bei der Ernennung von Beamten gehört die Beachtung des sog. Bewerbungsverfahrensanspruchs.[987] Bei menschenunwürdiger Unterbringung von Strafgefangenen haftet das Land nach 34/839.[988]

685 Kollidiert die **Außenrechtspflicht** mit einer **internen Weisung**, so geht die interne Weisung vor. Der Beamte muss die Anordnungen seiner Vorgesetzten grds. auch dann ausführen, wenn sie rechtswidrig sind (vgl. § 36 Abs. 2 BeamtStG, § 63 Abs. 2 BBG). Verhält sich der handelnde Beamte im Einklang mit dem für ihn geltenden (Innen-) Recht, so verstößt er daher nicht gegen seine Amtspflicht. Die Maßnahme ist dann zwar rechtswidrig, aber nicht amtspflichtwidrig i.S.d. § 839 BGB. Dieses Auseinanderfallen von Rechts- und Amtspflichtwidrigkeit führt dazu, dass (nur) wegen der Gesetzwidrigkeit der Weisung gehaftet wird, und zwar haftet die Körperschaft, deren Angehöriger die rechtswidrige Weisung erteilt hat.[989]

> **Beispiel:** Weist das zuständige Ministerium die Gemeinde an, eine Baugenehmigung nicht zu erteilen, obwohl das Vorhaben genehmigungsfähig ist, haftet nicht die Gemeinde für die rechtswidrige Ablehnung der Baugenehmigung, sondern das Land für die rechtswidrige Weisung.

686 ■ Besondere Ausprägung der Pflicht zu rechtmäßigem Handeln ist die Pflicht, bei der Amtsausübung **keine unerlaubte Handlung** zu begehen. Denn was jedermann durch die §§ 823 ff. BGB verboten ist, ist auch den Amtsträgern bei hoheitlicher Tätigkeit gem. § 839 BGB untersagt.

> **Beispiele:** Rechtswidrige Eingriffe in das Eigentum, die Gesundheit oder das allgemeine Persönlichkeitsrecht stellen eine Amtspflichtverletzung dar,[990] ebenso jede sittenwidrige Schädigung i.S.d. § 826 BGB.[991]

687 ■ Jeder Amtsträger muss seine Amtsgeschäfte **zügig** abwickeln (vgl. § 10 S. 2 VwVfG). Ist der Vorgang entscheidungsreif, darf die Entscheidung nicht verzögert werden.[992]

> **Beispiel:** Die Gemeinde ist nicht berechtigt, die Entscheidung über eine Baugenehmigung oder Bauvoranfrage über die angemessene Bearbeitungszeit hinauszuzögern, wenn das Bauvorhaben genehmigungsfähig ist und nur den Planungsvorstellungen der Gemeinde widerspricht. Die Gemeinde hat aber die Möglichkeit, durch Veränderungssperre oder Zurückstellung gem. §§ 14, 15 BauGB vor Entscheidungsreife die Genehmigungsfähigkeit zu beseitigen.[993]

688 ■ Aus dem Bereich der ungeschriebenen Amtspflichten ist vor allem die Pflicht zu nennen, **Auskünfte** sachgerecht, d.h. richtig, vollständig und unmissverständlich zu erteilen.[994]

---

986 Vgl. OLG München NJW 2007, 1005 (Amtshaftung wegen fehlerhafter Bewertung einer Examensklausur)
987 BGH DVBl. 2005, 312.
988 BGH, Urt. v. 11.03.2010 – III ZR 124/09; BGH NJW-RR 2010, 167; NJW 2006, 1289; NJW 2006, 3572; NJW 2005, 58; OLG Hamm RÜ 2009, 398, 399; NJW-RR 2008, 1406; Kretschmer NJW 2009, 2406 ff.
989 BGH NVwZ-RR 2009, 363; Maurer § 26 Rdnr. 17; Münch Komm-Papier BGB § 839 Rdnr. 210 m.w.N.
990 BGH NJW 1994, 1950, 1951; NVwZ-RR 2003, 166; NJW 2009, 3509.
991 BGH NJW 1992, 1227, 1229.
992 BGH NJW 2007, 830, 831; Ossenbühl JZ 2007, 690 f.; MünchKomm-Papier BGB § 839 Rdnr. 217.
993 BGH VersR 2002, 1237; DVBl. 2001, 1619.
994 BGHZ 117, 83, 85; 121, 65, 69; BGH NVwZ 2006, 245, 246; DVBl. 2004, 43, 44; Schlick DVBl. 2007, 457, 465.

- Außerdem können sich für den Beamten im Einzelfall **Aufklärungs- und Beratungspflichten** ergeben (vgl. z.B. § 25 VwVfG).[995]

    Beispiel: Amtspflicht der Baugenehmigungsbehörde, den Bauherrn unverzüglich von einem Nachbarwiderspruch zu unterrichten.[996]

689

b) Drittbezogenheit der Amtspflicht

Die Amtspflicht muss **einem Dritten gegenüber** bestehen. Hierdurch soll der Kreis der Ersatzberechtigten beschränkt werden. Es reicht nicht aus, dass jemand infolge eines Amtspflichtverstoßes nachteilig betroffen wird. Vielmehr muss eine **besondere Beziehung** zwischen der verletzten Amtspflicht und dem geschädigten Dritten existieren.[997] Eine solche besteht, wenn bei der Amtshandlung in qualifizierter und individualisierbarer Weise auf die schutzwürdigen Interessen eines abgegrenzten Kreises Dritter Rücksicht zu nehmen ist („neue Formel" des BGH).[998]

690

aa) Drittwirkung

Die die Amtspflicht begründende Vorschrift darf nicht nur den Interessen der Allgemeinheit, sondern muss **zumindest auch** dem Schutz der Interessen des Geschädigten zu dienen bestimmt sein (persönlicher Schutzbereich). Die Vorschrift muss also i.S.d. der sog. Schutznormtheorie **individualschützend** sein.[999]

691

Beispiel: Für (schuldhafte) Fehler bei der Planung, der Herstellung oder dem Betrieb von Entwässerungseinrichtungen haftet die Gemeinde nach 34/839, da derartige Anlagen nicht nur dem Allgemeininteresse dienen, sondern auch die Anlieger vor Überschwemmungsschäden schützen sollen.[1000] Außerdem kann in diesem Fall ein Anspruch aus Gefährdungshaftung gem. § 2 Abs. 1 HPflG bestehen, wenn der Schaden aufgrund der typischen Wirkungen einer Rohrleitungsanlage eingetreten ist.[1001] Bei fehlendem Verschulden kommen zudem Ansprüche wegen enteignungsgleichem bzw. enteignendem Eingriff in Betracht.[1002]

Grds. **nicht drittschützend** sind die beim Erlass von Rechtsnormen (Gesetzen, RechtsVOen) bestehenden Amtspflichten, da bei der Normsetzung Aufgaben nur gegenüber der Allgemeinheit, nicht aber gegenüber bestimmten Personen oder Personengruppen wahrgenommen werden.[1003] Es gibt daher nach 34/839 grds. **keine Haftung für legislatives Unrecht.**

692

Nur ausnahmsweise – etwa bei sog. Maßnahme- oder Einzelfallgesetzen – kann etwas anderes gelten und können Belange bestimmter einzelner Personen oder Personengruppen berührt werden, sodass sie als „Dritte" angesehen werden können.[1004] Nach der Lit. sollen sich dagegen auch bei Gesetzen drittschützende Amtspflichten jedenfalls aus den Grundrechten ergeben können.[1005] Der BGH verweist zutref-

---

[995] BGH NVwZ-RR 2004, 474; Rinne/Schlick NJW 2005, 3541, 3543.
[996] BGH NVwZ 2004, 638, 639.
[997] BGH NVwZ 2001, 1074; NVwZ 1999, 689, 690; Detterbeck JuS 2002, 127, 130.
[998] Vgl. BGHZ 108, 224, 227; BGH NVwZ 2001, 1074; Schlick NJW 2009, 3487, 3490.
[999] Zur Schutznormtheorie vgl. AS-Skript VwGO (2009), Rdnr. 409.
[1000] BGH NVwZ 2008, 238, 239; NVwZ-RR 2008, 169; OLG Brandenburg LKV 2008, 190.
[1001] Vgl. dazu BGH NVwZ 2008, 238, 239; NVwZ 2008, 1157 f.; NVwZ 2005, 358 f.; OLG Brandenburg LKV 2008, 190, 191.
[1002] Vgl. unten Rdnr. 767 ff. und Rdnr. 787 ff.
[1003] BGH NJW 1997, 123, 124@; Ewer NJW 2002, 3497, 3498; Fischer JuS 2005, 52, 55.
[1004] BGHZ 113, 367, 372; 109, 380, 388.
[1005] MünchKomm-Papier BGB § 839 Rdnr. 261; Detterbeck/Windthorst/Sproll § 9 Rdnr. 156 ff.; Maurer § 26 Rdnr. 51.

fend darauf, dass nicht jeder Verstoß eines Gesetzes gegen Grundrechte einen Amtshaftungsanspruch begründen kann: „Wollte man in diesen Fällen stets wegen des Grundrechtsverstoßes auch die Drittbezogenheit der verletzten Amtspflicht bejahen, so würde das einschränkende Tatbestandserfordernis des „Dritten" weitgehend leer laufen. Das wäre um so weniger tragbar, als der Verstoß gegen die allgemeine Handlungsfreiheit des Art. 2 Abs. 1 GG sich gerade aus der Verletzung von Vorschriften ergeben kann, die ausschließlich im Allgemeininteresse erlassen worden sind." [1006]

693 Anders verhält es sich allerdings bei der Aufstellung und Änderung eines **Bebauungsplans**. Denn dieser bezieht sich auf einen räumlich und individuell abgrenzbaren Kreis von Personen, deren private Belange bei der Bauleitplanung zu berücksichtigen sind (§ 1 Abs. 6 u. 7 BauGB).[1007]

Ob im konkreten Fall Drittschutz in persönlicher und sachlicher Hinsicht gegeben ist, hängt von der konkret verletzten Norm ab. **Beispiel:** Durch die Amtspflicht zum Erlass rechtmäßiger Bebauungspläne sollen z.B. Gesundheitsgefahren für die Wohnbevölkerung verhindert werden (§ 1 Abs. 6 Nr. 1 BauGB). Da der Bebauungsplan eine verlässliche Grundlage für Vermögensdispositionen schafft, besteht z.B. bei Überplanung von gesundheitsgefährdenden Altlasten ein Anspruch auf Ausgleich der durch die Gesundheitsgefahr verursachten Wertminderung des Grundstücks sowie der Sanierungskosten, soweit sie unmittelbar der Beseitigung der Gesundheitsgefahren dienen.[1008]

bb) Persönlicher Schutzbereich

694 Hat die Amtspflicht drittschützende Wirkung, muss der Geschädigte zum **geschützten Personenkreis** gehören.

- Die Amtspflicht zu rechtmäßigem Verwaltungshandeln besteht bei VAen jedenfalls gegenüber dem Adressaten (arg. e. Art. 2 Abs. 1 GG), ggf. auch gegenüber Dritten (z.B. dem Nachbarn bei der Baugenehmigung in Bezug auf nachbarschützende Vorschriften).

- Die Amtspflicht, keine unerlaubte Handlung zu begehen, ist individualschützend im Hinblick auf alle potentiellen Opfer.[1009]

- Die Amtspflicht zu richtiger Auskunftserteilung schützt jeden, auf dessen Antrag oder in dessen Interesse die Auskunft erteilt wird.[1010]

cc) Sachlicher Schutzbereich

695 Schließlich muss die Amtspflicht den Zweck verfolgen, gerade die geltend gemachte Interessenbeeinträchtigung und die sich daraus ergebenden nachteiligen Folgen zu verhindern **(sachlicher Schutzbereich)**. Denn eine Person, der gegenüber eine Amtspflicht zu erfüllen ist, muss nicht in allen ihren Belangen als Dritter anzusehen sein. Vielmehr ist jeweils zu prüfen, ob gerade das im Einzelfall berührte Interesse nach dem Zweck und der rechtlichen Bestimmung der Norm geschützt werden soll.[1011]

Beispiele: Wird bei der Musterung eine Erkrankung übersehen, die zur Untauglichkeit des Wehrpflichtigen geführt hätte, kann der Betroffene Ersatz für Gesundheitsschäden verlangen, die sich aus seiner unberechtigten Heranziehung zum Wehrdienst ergeben. Nicht vom sachlichen Schutzbereich der Amtspflicht umfasst ist dagegen der Verdienstausfall wegen des Zeitverlusts aufgrund des Wehrdienstes. Denn die Amtspflicht zur ordnungsgemäßen Untersuchung soll Wehrpflichtige nur vor körper-

---

1006 BGH NJW 1989, 101, 102; zustimmend Ossenbühl NJW 2000, 2945, 2950.
1007 BGHZ 84, 292, 300.
1008 BGHZ 106, 323, 333; 108, 224, 228; 109, 380, 386; 117, 363, 367; 123, 363, 366.
1009 BGH NJW 1981, 675.
1010 BGH NVwZ 2005, 484; NVwZ 2002, 373; NJW 2009, 3487, 3490.
1011 BGH NJW-RR 2009, 601; NVwZ 2002, 1276, 1277.

lichen Nachteilen schützen, nicht dagegen vor allgemeinen Vermögensschäden, die durch die Wehrdienstleistung trotz Untauglichkeit entstehen.[1012]

*Die Rspr. versteht die Frage des sachlichen Schutzbereichs beim Amtshaftungsanspruch als Aspekt der **Drittbezogenheit** der Amtspflicht und damit des haftungsbegründenden Tatbestandes. Es ist allerdings auch vertretbar, diesen Punkt erst im Zusammenhang mit dem zurechenbaren Schaden (haftungsausfüllende Kausalität) zu prüfen, wie es im Rahmen des allgemeinen Deliktsrechts üblich ist.*[1013] *In jedem Fall darf nur ein solcher Schaden zugesprochen werden, der vom sachlichen Schutzbereich der Amtspflicht erfasst wird.*

696

c) Verletzung der Amtspflicht

Die **Amtspflicht** muss **verletzt** sein. In diesem Punkt erfolgt eine **Prüfung** der Handlung auf ihre **Rechtmäßigkeit** nach allgemeinen verwaltungsrechtlichen Regeln, sodass die Zivilgerichte z.B. einen etwaigen Ermessens- oder Beurteilungsspielraum der Behörde zu beachten haben.

697

Beispiel: Im Strafverfahren sind die verfahrensleitenden Entscheidungen der Strafverfolgungsbehörden nicht auf ihre „Richtigkeit", sondern nur daraufhin zu überprüfen, ob sie vertretbar sind. Amtspflichtwidrig ist danach z.B. eine unberechtigte Anklageerhebung nur, wenn sie unter Würdigung der Belange einer funktionstüchtigen Strafrechtspflege nicht mehr verständlich ist.[1014]

Bei der Prüfung ist das Zivilgericht nach h.M. nicht an die **Bestandskraft** eines die Amtspflichtverletzung begründenden VA gebunden. Aus § 839 Abs. 3 BGB folgt, dass die Unanfechtbarkeit den Amtshaftungsanspruch nicht per se, sondern nur dann ausschließt, wenn Rechtsmittel schuldhaft nicht erhoben wurden. Die Zivilgerichte müssen daher die Rechtmäßigkeit des VA ohne Rücksicht auf seine Bestandskraft überprüfen.[1015]

698

Die Gegenansicht verweist darauf, dass nach Eintritt der Bestandskraft die Frage der Rechtmäßigkeit des VA nicht mehr aufgeworfen werden dürfe. Der bestandskräftige VA binde daher auch die Zivilgerichte im Amtshaftungsprozess.[1016]

Etwas anderes gilt, wenn der VA durch ein **rechtskräftiges verwaltungsgerichtliches Urteil** bestätigt oder aufgehoben wurde. Denn aufgrund der Rechtskraftwirkung (§ 121 VwGO) ist die Frage der Rechtmäßigkeit/Rechtswidrigkeit durch das Urteil des VG zwischen den Beteiligten endgültig geklärt.[1017]

699

Beispiel: Hat das Verwaltungsgericht in einem rechtskräftigen Anfechtungs- oder Fortsetzungsfeststellungsurteil festgestellt, dass der angegriffene VA rechtswidrig (gewesen) ist, steht damit auch für das Zivilgericht die Amtspflichtverletzung fest.[1018]

1012 BGH NJW 1976, 186, 187; OLG Köln VersR 1996, 1017, 1018; Sandkühler JA 2001, 414, 419.
1013 Coester-Waltjen Jura 1995, 368, 370.
1014 BGH JZ 2004, 454, 455 VersR 2001, 586, 587; NJW 2000, 2672, 2673; Fluck NJW 2001, 202 f.
1015 BGH NVwZ 2003, 1409; NJW 1995, 394; NJW 1991, 1168@; OLG Zweibrücken VersR 2001, 1112, 1113; Maurer § 26 Rdnr. 47 a; Sandkühler JA 2001, 414, 416; Axer DVBl. 2001, 1322, 1326 m.w.N.
1016 Broß VerwArch 82 (1991), 596 ff.; Stuttmann NJW 2003, 1432 ff.; zusammenfassend Beaucamp DVBl. 2004, 352 ff.
1017 BGH NVwZ 2009, 132; NJW 2005, 58, 59; Schlick NJW 2009, 3487, 3494.
1018 Vgl. aber BGH DVBl. 2001, 305: Keine Bindungswirkung verwaltungsgerichtlicher Eilentscheidungen nach §§ 80 Abs. 5, 123 VwGO, da diese gem. § 80 Abs. 7 VwGO unter einem Änderungsvorbehalt stehen.

3. Verschulden

700 Die Amtspflichtverletzung muss **schuldhaft** i.S.d. § 276 BGB (vorsätzlich oder fahrlässig) erfolgt sein. **Vorsätzlich** handelt der Amtswalter, wenn er zumindest billigend in Kauf nimmt, gegen eine Amtspflicht zu verstoßen.[1019]

*Beachte: Im Rahmen von 34/839 findet eine Verschuldenszurechnung gem. § 278 BGB nicht statt und auch eine Haftung für Verrichtungsgehilfen nach § 831 BGB ist im Rahmen des Amtshaftungsanspruchs nicht gegeben. Werden private Dritte eingeschaltet, so hängt die Haftung der öffentlichen Hand aus 34/839 davon ab, ob diese als öffentlich-rechtliche **Verwaltungshelfer** eingeordnet werden können (s.o. Rdnr. 671).*

701 Die Unterscheidung zwischen Vorsatz und Fahrlässigkeit ist nur im Hinblick auf die Subsidiaritätsklausel des § 839 Abs. 1 S. 2 BGB von Bedeutung, denn nur bei fahrlässiger Amtspflichtverletzung muss sich der Geschädigte eine anderweitige Ersatzmöglichkeit entgegenhalten lassen. Dabei ist die Unterscheidung nur im Hinblick auf die **Amtspflichtverletzung** vorzunehmen. Das Verschulden braucht sich dagegen nicht auf den schädigenden Erfolg beziehen.[1020]

Beispiel: Entgegen den ihm bekannten Dienstvorschriften reinigte der Polizeibeamte P seine Pistole im Aufenthaltsraum. Ohne Verschulden des P löste sich ein Schuss und verletzte A. Die Amtspflichtverletzung liegt darin, dass P den Dienstvorschriften zuwidergehandelt hat. Da er die Dienstvorschriften kannte, hat er eine vorsätzliche Amtspflichtverletzung begangen. Unerheblich ist, dass P weder den Schuss noch die Verletzung des A, für sich betrachtet, verschuldet hat.[1021]

702 **Fahrlässig** handelt der Amtswalter, wenn er bei Anwendung eines **objektiven Sorgfaltsmaßstabs** sein Verhalten als amtspflichtwidrig hätte erkennen können. Dabei muss jeder Beamte grds. die für sein Amt erforderlichen Rechts- und Verwaltungskenntnisse haben oder sich verschaffen.[1022]

Beispiel: Beschließt der Rat einer Gemeinde, das nach § 36 BauGB erforderliche Einvernehmen zu verweigern, obwohl ein Versagungsgrund nicht vorliegt, so handeln die Ratsmitglieder i.d.R. fahrlässig. Sie müssen sich auf ihre Entschließungen sorgfältig vorbereiten und, soweit ihnen die eigene Sachkunde fehlt, den Rat ihrer Verwaltung oder die Empfehlungen von (sonstigen) Fachbehörden einholen bzw. notfalls außerhalb der Verwaltung stehende Sachverständige hinzuziehen.[1023]

703 Fehlt es am Verschulden des unmittelbar handelnden Amtswalters, kann ein Amtshaftungsanspruch unter dem Gesichtspunkt eines **Organisationsverschuldens** des Verwaltungsträgers bestehen.

Beispiele: Organisationsverschulden bei personeller Unterbesetzung oder unzureichenden sachlichen Mitteln.[1024]

704 Ein Beamter handelt in der Regel dann nicht schuldhaft, wenn ein **Kollegialgericht** sein Verhalten später als rechtmäßig beurteilt. Denn von einem einzelnen Beamten können grds. keine besseren Rechtskenntnisse verlangt werden als von einem mit mehreren Rich-

---

1019 BGH DVBl. 1996, 1129; NJW 1993, 1529, 1530; NVwZ 1992, 911, 912.
1020 MünchKomm-Papier BGB § 839 Rdnr. 284; Schoch Jura 1988, 585, 593 m.w.N.
1021 Vgl. BGHZ 34, 380, OVG Koblenz, Beschl. v. 08.06.2004 – 2 A 11972/03.
1022 BGH NJW 1998, 1307, 1308; DVBl. 1997, 551, 553; MünchKomm-Papier BGB § 839 Rdnr. 288; Rinne/Schlick NJW 2005, 3541, 3547 m.w.N.
1023 BGH NVwZ 2006, 117, 118; NVwZ 1986, 504, 505.
1024 BGH NJW 2007, 830, 832; NJW 2005, 58, 59; OLG Hamm RÜ 2009, 398, 400; allgemein Terhechte DVBl. 2007, 1134 ff.; Brüning NJW 2007, 1094 ff.; Shirvani Jura 2009, 66, 67.

tern besetzten Gericht.[1025] Hierbei handelt es sich jedoch nur um eine **Richtlinie**, von der die Rspr. in neuerer Zeit vermehrt **Ausnahmen** macht.

So ist das Verschulden trotz Billigung durch ein Kollegialgericht nicht ausgeschlossen, wenn das Gericht von einem unrichtigen oder unvollständigen Sachverhalt ausgegangen ist oder wesentliche Gesichtspunkte nicht berücksichtigt hat,[1026] wenn das Gericht sein Ergebnis auf gänzlich andere, vom Amtswalter gar nicht in Betracht gezogene Gründe stellt[1027] oder wenn die Prüfungskompetenz des Gerichts eingeschränkt war (z.B. bei Eilentscheidungen).[1028]

4. Haftungsausschlüsse

a) Subsidiaritätsklausel, § 839 Abs. 1 S. 2 BGB

aa) Ist die Amtspflichtverletzung **fahrlässig** begangen, so besteht ein Ersatzanspruch nur dann, wenn der Verletzte nicht auf andere Weise Ersatz zu erlangen vermag (§ 839 Abs. 1 S. 2 BGB; **Subsidiaritätsklausel**, Verweisungsprivileg). 705

In der Fallbearbeitung muss an dieser Stelle geprüft werden, ob Ansprüche des Geschädigten gegen Dritte bestehen (z.B. Ansprüche gegen einen Mitschädiger oder dessen Versicherung).

Dabei kommt es nicht darauf an, ob der Geschädigte tatsächlich bereits anderweitig Ersatz erlangt hat. Ausreichend ist vielmehr eine **anderweitige Ersatzmöglichkeit** („Ersatz zu erlangen vermag"). Gleichwohl ist anerkannt, dass anderweitige Ansprüche den Amtshaftungsanspruch nur dann ausschließen, wenn ihre Realisierung **möglich** und **zumutbar** ist. Daran fehlt es z.B., wenn die Rechtsverfolgung unsicher und zweifelhaft ist oder der Verpflichtete zur Ersatzleistung wirtschaftlich nicht in der Lage ist.[1029]

bb) Sinn und **Zweck** des § 839 Abs. 1 S. 2 BGB war es ursprünglich, als allein die Norm des § 839 BGB existierte, die Entscheidungsfreudigkeit des Beamten zu fördern und ihn vor einer übermäßigen Haftung zu schützen. Die Haftungsbeschränkung gilt aber auch, wenn anstelle des Beamten der Staat haftet.[1030] Allerdings gilt das Verweisungsprivileg im Wege der **teleologischen Reduktion** nur, wenn es Sinn und Zweck der anderweitigen Ersatzmöglichkeit ist, **auch den Staat** von der Haftung freizustellen. 706

- Keine anderweitige Ersatzmöglichkeit sind deshalb Ansprüche, die sich **gegen einen anderen Verwaltungsträger** richten. Es gilt das Prinzip der „wirtschaftlichen Einheit der öffentlichen Hand". Entsprechendes gilt, wenn der Anpruch lediglich aus anderen Anspruchsgrundlagen **gegen dieselbe Körperschaft** resultiert.[1031] 707

- § 839 Abs. 1 S. 2 BGB ist grds. nicht anwendbar bei **Teilnahme am Straßenverkehr**, da alle Verkehrsteilnehmer haftungsrechtlich gleichbehandelt werden sollen. 708

    Beispiel: Auf einer Streifenfahrt verursacht der Polizist P fahrlässig einen Verkehrsunfall, an dem auch die Fahrzeughalter A und B beteiligt sind. A hat gegen B (bzw. B gegen A) zwar einen Anspruch aus § 7 StVG. Dieser Anspruch schließt jedoch Amtshaftungsansprüche gegen das Land nicht aus.[1032]

1025 Vgl. BGH DVBl. 2001, 1619, 1621; BVerwG NVwZ 2004, 104, 105; DVBl. 2001, 726, 730; Graulich ZAP 2005, 185, 187.
1026 BGH DVBl. 2005, 312, 313; DVBl. 2001, 1619, 1621; Rinne/Schlick NJW 2005, 3541, 3547; Schlick NJW 2008, 127, 132.
1027 BGH NJW 1989, 323.
1028 BGH NJW 2000, 2672, 2674; NVwZ 2000, 1206; NJW 2002, 1793.
1029 BGH NJ 2005, 31; VersR 1997, 967; NJW 1993, 1647, 1648; MünchKomm-Papier BGB § 839 Rdnr. 318; Maurer § 26 Rdnr. 29.
1030 BGH NJW 1993, 1647, 1647; VersR 1992, 698, 699; Schlick NJW 2008, 127, 132.
1031 BGH NJW 1996, 3208, 3209; NJW 1990, 176, 178; Münch Komm-Papier BGB § 839 Rdnr. 310.

Gegenbeispiel: Der Unfall mit A und B ereignete sich, als P einen flüchtigen Straftäter mit Blaulicht und Martinshorn verfolgte. Hier gelangt § 839 Abs. 1 S. 2 BGB zur Anwendung, da der Amtsträger Sonderrechte nach § 35 StVO in Anspruch nimmt, die dem normalen Verkehrsteilnehmer gerade nicht zustehen. Daher rechtfertigt sich die Subsidiarität gerade aus der hoheitlichen Tätigkeit.[1033]

709 ■ § 839 Abs. 1 S. 2 BGB gilt auch nicht bei der Verletzung der **hoheitlichen Straßenverkehrssicherungspflicht** (s.o. Rdnr. 681). Da die Verkehrssicherungspflicht im öffentlichen Recht und im Privatrecht inhaltlich übereinstimmt, bei § 823 BGB aber kein Verweisungsprivileg besteht, gilt auch hier der Gedanke der haftungsrechtlichen Gleichbehandlung.[1034]

Beispiel: Verursachen die Kfz-Halter A und B einen Unfall, weil die Gemeinde G ihrer Streupflicht nicht nachgekommen ist, haftet G sowohl A als auch B aus 34/839, obwohl A und B jeweils Ansprüche aus § 7 StVG gegen den anderen Unfallbeteiligten zustehen. § 839 Abs. 1 S. 2 BGB ist aber auch hier anwendbar, wenn im Rahmen der Verkehrssicherungspflicht ör Sonderrechte wahrgenommen werden (z.B. § 35 Abs. 6 StVO bei Reinigungs- und Unterhaltungsarbeiten an der Straße).[1035]

710 ■ Ferner fallen **Versicherungsleistungen** nicht unter § 839 Abs. 1 S. 2 BGB, die der Geschädigte durch **eigene Leistung** verdient hat und bei denen es unbillig wäre, wenn diese Eigenleistungen zu einer Haftungsbefreiung des Staates führen würden.

Keine anderweitige Ersatzmöglichkeit sind daher Leistungen mit sozialer Schutzfunktion, wie z.B. Ansprüche nach dem EntgeltfortzahlungsG und aus der Sozialversicherung. Das Gleiche gilt für Ansprüche aus Lebens-, Kranken- und Unfallversicherungen sowie für die Kaskoversicherung.[1036] Anders ist es bei Leistungen der Haftpflichtversicherung des (Mit-)Schädigers, da diese, wie die Leistungen des Schädigers selbst, ihrem Wesen nach dazu bestimmt sind, den durch die unerlaubte Handlung verursachten Schaden im Verhältnis zum Geschädigten endgültig zu übernehmen. Hier bleibt § 839 Abs. 1 S. 2 BGB anwendbar.[1037]

b) Vorrang des Primärrechtsschutzes (§ 839 Abs. 3 BGB)

711 Die Amtshaftung ist außerdem ausgeschlossen, wenn es der Verletzte **schuldhaft unterlassen** hat, den Schaden durch Gebrauch eines **Rechtsmittels** abzuwenden (§ 839 Abs. 3 BGB). Die Vorschrift ist eine spezielle Ausprägung des § 254 BGB und bringt die **Subsidiarität** der (sekundären) Schadensersatzpflicht im Verhältnis zu den primären, verwaltungsgerichtlich verfolgbaren Abwehransprüchen zum Ausdruck. Anders als § 254 BGB führt § 839 Abs. 3 BGB zum „Alles-oder-Nichts"-Prinzip. Der Bürger soll abwehrbare Schäden nicht klaglos dulden, um später liquidieren zu können (kein „Dulde und liquidiere"). Es besteht vorrangig eine **Pflicht zur Abwehr**.[1038]

Der Begriff „**Rechtsmittel**" ist dabei weit zu fassen. Erfasst werden alle Rechtsbehelfe, die das Ziel haben, die schädigende Amtshandlung zu beseitigen oder zu korrigieren und damit den Schaden abzuwenden. Dazu zählen z.B. Widerspruch, verwaltungsgerichtliche Klage, Anträge nach §§ 80 Abs. 5, 123 VwGO, förmliche Rechtsmittel (wie Berufung, Revision und Beschwerde), aber auch Gegenvorstellungen und Aufsichtsbeschwerden, nicht aber die Verfassungsbeschwerde.[1039]

1032 Vgl. BGH NJW 1991, 1171, 1172@; DÖV 1994, 73, 74; MünchKomm-Papier BGB § 839 Rdnr. 313; Maurer § 26 Rdnr. 31.
1033 Vgl. BGH NJW 1997, 2109, 2110; NVwZ 2001, 835.
1034 BGHZ 75, 134, 137; BGH NVwZ 2000, 1209, 1210; NJW 1992, 2476, 2477; a.A. MünchKomm-Papier BGB § 839 Rdnr. 315.
1035 BGH NJW 1991, 1171, 1172@.
1036 BGHZ 85, 225, 230; v.Mutius/Stüber Jura 1999, 649, 652; Coester-Waltjen Jura 1995, 368, 371 m.w.N.
1037 BGHZ 91, 48, 54; Schoch Jura 1988, 648, 649.
1038 MünchKomm-Papier BGB § 839 Rdnr. 329 ff.
1039 Vgl. BGH NJW 2003, 502, 503; OVG NRW NWVBl. 2007, 230; DVBl. 2009, 211; Durner JuS 2005, 793, 797 m.w.N.

Die Nichteinlegung des Rechtsmittels muss **schuldhaft** gewesen sein. Bei fehlender Rechtskenntnis muss ggf. rechtskundiger Rat eingeholt werden. 712

Vom Verschulden ist i.d.R auszugehen. Ein Verschulden ist nur dann ausgeschlossen, wenn die Einlegung des Rechtsmittels unzumutbar ist. Dafür reicht allein die vermeintliche Aussichtslosigkeit eines Rechtsmittels indes nicht aus. Ein Verschulden ist aber z.B. zu verneinen, wenn keinerlei Anhaltspunkte für die Rechtswidrigkeit der Amtshandlung bestanden. Eine Verpflichtung, Rechtsmittel auf Verdacht einzulegen, besteht nicht.[1040]

Zum Ausschluss des Amtshaftungsanspruchs führt der schuldhafte Nichtgebrauch des Rechtsmittels nur, wenn das Rechtsmittel den Schaden zumindest teilweise abgewendet hätte **(Kausalzusammenhang)**. 713

Beispiel: Hat ein Strafgefangener es unterlassen, gegen menschenunwürdige Haftbedingungen Antrag auf gerichtliche Entscheidung nach § 109 StVollzG zu stellen, ist der Amtshaftungsanspruch nach § 839 Abs. 3 BGB ausgeschlossen, wenn davon auszugehen ist, dass eine gerichtliche Entscheidung die tatsächliche Situation des Gefangenen geändert hätte.[1041]

5. Schaden

a) Haftungsausfüllende Kausalität

Durch die Amtspflichtverletzung muss ein **Schaden** verursacht worden sein. Ersetzt werden alle Nachteile, die **kausal** auf der Amtspflichtverletzung beruhen, also auch mittelbare Schäden, sofern sie im **Zurechnungszusammenhang** mit der Amtspflichtverletzung stehen **(haftungsausfüllende Kausalität)**. Maßgeblich ist, wie sich die Vermögenslage bei pflichtgemäßem Handeln des Amtsträgers entwickelt hätte.[1042] 714

So ist die rechtswidrige Ablehnung einer Baugenehmigung nicht ursächlich für den Schaden, wenn die Baugenehmigungsbehörde die Genehmigung aus anderen Gründen hätte ablehnen müssen.[1043]

Bei **Ermessensentscheidungen**, bei denen die Behörde dieselbe Entscheidung ggf. auch ermessensfehlerfrei hätte treffen können, ist die Kausalität zwischen Fehlentscheidung und Schaden nur zu bejahen, wenn davon auszugehen ist, dass die Behörde bei gesetzmäßiger Ermessensausübung mit an Sicherheit grenzender Wahrscheinlichkeit anders entschieden hätte.[1044] 715

Beispiel: Beim beamtenrechtlichen Konkurrentenstreit hat der unterlegene Bewerber einen Amtshaftungsanspruch nur, wenn er nachweist, dass er bei ordnungsgemäßer Auswahl hätte ernannt werden müssen oder tatsächlich ernannt worden wäre.[1045]

Die **Zurechenbarkeit** kann ausgeschlossen sein, wenn der Schaden auch bei pflichtgemäßem Verhalten eingetreten wäre **(Einwand des rechtmäßigen Alternativverhaltens)**. 716

Beispiel: Ist der Behörde ein bloßer Verfahrensfehler unterlaufen und hätte sie bei ordnungsgemäßem Verfahren definitiv dieselbe Entscheidung getroffen, fehlt es an der Zurechenbarkeit des Schadens. Dasselbe gilt, wenn ein formeller Mangel bei pflichtgemäßem Handeln rückwirkend geheilt worden wäre.[1046]

1040 BGH NJW 1991, 1168, 1170; Axer DVBl. 2001, 1322, 1331; Schlick NJW 2009, 3487, 3492.
1041 BGH, Urt. v. 10.03.2010 – III ZR 124/09 gegen OLG Hamm RÜ 2008, 398, 401; Schlick NJW 2009, 3487, 3493.
1042 BGH DVBl. 2001, 371, 372; Schlick NJW 2009, 3487, 3491 f.
1043 Vgl. BGH NVwZ 2004, 1143, 1144.
1044 BGH NJW 1995, 2344, 2345@; MünchKomm-Papier BGB § 839 Rdnr. 278 m.w.N.
1045 Vgl. OVG NRW, Urt. v. 16.12.2009 – 6 A 2141/07.
1046 BGH NVwZ 2008, 815 f.

Nach h.Rspr. handelt es sich hierbei nicht unmittelbar um eine Frage der Kausalität, sondern um die nachfolgende Frage, inwieweit einem Schadensverursacher die Folgen seines pflichtwidrigen Verhaltens bei wertender Betrachtung billigerweise zugerechnet werden können.[1047] Im Schrifttum wird das rechtmäßige Alternativverhalten vielfach als Frage der hypothetischen Kausalität angesehen.[1048] Nach a.A. handelt es sich eigentlich schon um eine Frage der sachlichen Drittbezogenheit.[1049]

b) Ersatzfähiger Schaden

717 Für die Feststellung des Schadens gelten die allgemeinen Grundsätze der **§§ 249 ff. BGB**. Der Anspruch umfasst auch den entgangenen Gewinn (§ 252 BGB) und unter den Voraussetzungen des § 253 Abs. 2 BGB auch Schmerzensgeld.

Allerdings muss nicht bei jedem Verstoß gegen die Menschenwürde (Art. 1 Abs. 1 GG) eine Geldentschädigung gewährt werden, sondern nur bei hinreichender Schwere.[1050]

Der Betroffene ist so zu stellen, wie er stünde, wenn die **Amtspflichtverletzung unterblieben** wäre.

Beispiel: Die Baubehörde erteilt dem B eine rechtswidrige Baugenehmigung für ein Mehrfamilienhaus. Nachdem B das zu bebauende Grundstück gekauft hat, wird die Baugenehmigung auf Widerspruch des Nachbarn N aufgehoben. – B hat einen Anspruch darauf, so gestellt zu werden, als sei die Genehmigung nicht erteilt worden. Er kann also Ersatz des Schadens verlangen, der ihm durch den Erwerb des Grundstücks entstanden ist. Das negative Interesse umfasst dagegen nicht den Anspruch auf die entgangenen Mieteinkünfte, die B nur bei Rechtmäßigkeit der Baugenehmigung erzielt hätte.[1051]

718 Der Ersatzanspruch aus 34/839 geht **stets auf Geld** (§ 251 BGB). **Naturalrestitution** gemäß § 249 Abs. 1 BGB ist ausgeschlossen. Begründet wird dies mit der dogmatischen Konstruktion der Amtshaftung: Der an sich verantwortliche Beamte kann persönlich nur auf Geld, nicht auf Vornahme einer Amtshandlung in Anspruch genommen werden. Die Überleitung auf den Staat durch Art. 34 S. 1 GG ändert diesen Haftungsinhalt nicht.[1052]

Beispiel: Kein Anspruch aus 34/839 auf Widerruf ehrenrühriger Äußerungen. Hier kommt nur ein Folgenbeseitigungsanspruch in Betracht (s.u. Rdnr. 441 u. 569).[1053]

719 Hat bei der Entstehung des Schadens ein Verschulden des Geschädigten mitgewirkt **(Mitverschulden)**, so kann der Amtshaftungsanspruch gem. § 254 BGB beschränkt sein.[1054] § 254 BGB ist neben § 839 Abs. 3 BGB anwendbar, wenn das Mitverschulden nicht allein darin besteht, dass der Geschädigte ein Rechtsmittel nicht eingelegt hat.

Beispiel: Mitverschulden des Bauherrn für nutzlose Bauarbeiten, wenn er trotz Nachbarwiderspruchs weiterbaut und nicht die Entscheidung nach §§ 80 a Abs. 3, 80 Abs. 5 VwGO abwartet, obwohl ernsthafte Anfechtungsgründe gegen die Baugenehmigung vorgebracht werden.[1055]

1047 BGHZ 96, 157, 172; BGH VersR 2002, 1237; Ehlers JZ 2000, 1007, 1008.
1048 Ossenbühl, S. 71.
1049 Detterbeck/Windthorst/Sproll § 9 Rdnr. 170.
1050 So zur Amtshaftung wegen menschenunwürdiger Unterbringung von Strafgefangenen BVerfG NJW 2006, 1580, 1581; BGH NJW 2005, 58, 59; NJW-RR 2010, 167; OLG Hamm RÜ 2009, 398, 402; NJW-RR 2008, 1406, 1410; vgl. auch BVerfG NJW 2010, 433, 434: Schmerzensgeld wegen rechtswidriger Freiheitsentziehung.
1051 Sandkühler JA 2001, 414, 422.
1052 BGH NJW 1993, 1799; Maurer § 26 Rdnr. 44; Graulich ZAP 2005, 571, 573; Schlick NJW 2005, 3541, 3546.
1053 Detterbeck JuS 2000, 574, 577 m.w.N.
1054 BGHZ 108, 224, 230; NJW 2007, 1063; Maurer § 26 Rdnr. 44; Schlick NJW 2009, 3487, 3493 m.w.N.
1055 Vgl. BGH RÜ 2008, 738, 740 f.; Schlick DVBl. 2007, 457, 464.

6. Anspruchsgegner

Nach Art. 34 S. 1 GG trifft die Amtshaftung grds. diejenige **Körperschaft**, in deren Diensten der pflichtwidrig handelnde Amtsträger steht. Anspruchsgegner ist damit grds. die **Anstellungskörperschaft**.[1056]

720

Deshalb haftet die Gemeinde nicht nur bei Selbstverwaltungsangelegenheiten, sondern auch für Verstöße im übertragenen Wirkungskreis. Etwas anderes gilt, wenn gesetzlich ausdrücklich vorgesehen ist, dass für die Haftung auf die wahrgenommene Aufgabe abzustellen ist (vgl. z.B. Art. 35 Abs. 3, 37 Abs. 5 Bay LKrO, §§ 53 Abs. 2, 56 Abs. 2 BW LKrO, § 55 Abs. 6 S. 2RhPf LKO, § 111 Abs. 4 S. 4 ThürKO).[1057]

Lediglich dann, wenn die Anknüpfung an die Anstellung versagt, weil der Amtsträger keinen Dienstherrn hat (z.B. bei Beliehenen) oder aber mehrere Dienstherrn vorhanden sind (bei Beamten mit Doppelstatus, z.B. der Landrat als kommunaler und staatlicher Beamter), ist darauf abzustellen, wer dem Amtsträger die wahrgenommene Aufgabe anvertraut hat (sog. **Anvertrauenstheorie**).[1058]

721

Beispiel: Bei Beliehenen haftet der beleihende Rechtsträger,[1059] also z.B. beim TÜV-Sachverständigen das Bundesland, dass die Anerkennung als Sachverständiger erteilt hat.[1060]

7. Verjährung

Für den Amtshaftungsanspruch gilt grds. die regelmäßige Verjährungsfrist von **drei Jahren** (§ 195 BGB). Für den Beginn der Verjährung gilt § 199 BGB. Die Verjährung wird u.a. gem. § 204 Abs. 1 Nr. 1 BGB durch Klage auf Schadensersatz gehemmt. Da der Geschädigte vielfach im Hinblick auf § 839 Abs. 3 BGB gehalten ist, zunächst Primärrechtsschutz in Anspruch zu nehmen, ist anerkannt, dass die Verjährung auch schon durch Widerspruch und verwaltungsgerichtliche Klage gehemmt wird (vgl. auch § 204 Abs. 1 Nr. 12 BGB).[1061]

722

8. Rechtsweg

Bei dem Amtshaftungsanspruch handelt es sich zwar um eine **öffentlich-rechtliche Forderung**. Gleichwohl ist hierfür historisch bedingt gem. Art. 34 S. 3 GG der **Zivilrechtsweg** eröffnet. Sachlich zuständig ist das **Landgericht**, und zwar unabhängig von der Höhe des Streitwertes (§§ 71 Abs. 2 Nr. 2, 23 GVG).

723

So die h.M., die Art. 34 S. 3 GG selbst als Sonderzuweisungsnorm versteht.[1062] Nach der Gegenansicht richtet sich Art. 34 GG nur an den Gesetzgeber. Der Zivilrechtsweg ist hiernach einfachgesetzlich aufgrund von § 40 Abs. 2 S. 1, 3. Fall VwGO eröffnet.[1063]

1056 BGHZ 99, 326, 330; BGH NVwZ 2006, 966; NVwZ 2000, 963, 964.
1057 Vgl. BGH NVwZ-RR 2009, 363; Schlick NJW 2008, 127, 128.
1058 BGH NVwZ 2006, 966 f.; NJW-RR 2006, 966, 967; Schlick NJW 2008, 127, 128.
1059 BGH VersR 1991, 1135, 1136.
1060 BGH NVwZ-RR 2003, 453; zur Haftung bei der Organleihe vgl. BGH NVwZ 2006, 1084.
1061 Vgl. BGH EuZW 2009, 865, 870; NVwZ-RR 2009, 363, 364; Rinne/Schlick NJW 2005, 3541, 3549; Schlick NJW 2008, 127, 133; ebenso BGH NVwZ 2006, 117, 118; DVBl. 2005, 312, 313 zu §§ 209, 210 BGB a.F.
1062 Vgl. BVerwGE 37, 231, 234; Kunig Jura 1990, 386, 288; Hufen § 11 Rdnr. 92.
1063 Schoch/Ehlers VwGO § 40 Rdnr. 517 u. 543.

5. Abschnitt Öffentliche Ersatzleistungen

> **Fall 18: Baugenehmigung mit Hindernissen**
>
> E, Eigentümer eines unbebauten Grundstücks in der kreisfreien Stadt S, will sein Grundstück als Bauland an K verkaufen. Vor Abschluss des Kaufvertrages beantragte K eine Baugenehmigung für ein Geschäftshaus. Die hierfür erforderlichen Bauvorlagen hatte Architekt A gefertigt. Nachdem das städtische Bauamt die Baugenehmigung erteilt hat, wird der Kaufvertrag notariell beurkundet. Der von K beauftragte Bauunternehmer beginnt sofort mit den Bauarbeiten. Nachbar N legt Widerspruch gegen die Baugenehmigung ein, daraufhin stellt K die Bauarbeiten ein. Der Widerspruch hat Erfolg, da das Bauvorhaben den Festsetzungen des Bebauungsplanes widerspricht und auch ein Dispens nicht möglich ist. K macht geltend, das Grundstück im Vertrauen auf die Rechtmäßigkeit der Baugenehmigung erworben und mit den Bauarbeiten begonnen zu haben. In Höhe der ihm dadurch entstandenen Nachteile (Vertragskosten und Baukosten) verlangt K nunmehr Ersatz von der Stadt S.

I. K könnte gegen die Stadt S einen Anspruch aus **Amtshaftung** gem. 34/839 haben.

1. **Spezialgesetzliche Regelungen**, die die Amtshaftung ausschließen, bestehen vorliegend nicht. 34/839 ist daher anwendbar.

2. Nach Art. 34 S. 1 GG muss jemand in Ausübung eines öffentlichen Amtes, also **hoheitlich** gehandelt haben. Die Erteilung der Baugenehmigung richtet sich nach den öffentlich-rechtlichen Normen der LBauO und erfolgt damit hoheitlich.

3. Der Bedienstete der Stadt S müsste eine **ihm gegenüber K obliegende Amtspflicht** verletzt haben.

724   a) Wichtigste Amtspflicht ist die Pflicht zu **rechtmäßigem Verwaltungshandeln**. Insoweit bestand hier die sich aus der LBauO ergebende Pflicht zu prüfen, ob das geplante Bauvorhaben in bauordnungs- und bauplanungsrechtlicher Hinsicht den öffentlich-rechtlichen Vorschriften entsprach. Da das Bauvorhaben planungsrechtlich unzulässig war, hätte die Baugenehmigung abgelehnt werden müssen. Die Erteilung der Baugenehmigung verstieß daher gegen die Amtspflicht zu rechtmäßigem Verwaltungshandeln.

Beispiele für Amtspflichtverletzungen im Baurecht: Erteilung einer rechtswidrigen Baugenehmigung,[1064] Versagung einer Baugenehmigung, auf die der Bauwillige einen Anspruch hat,[1065] unrichtige Auskünfte über die Bebaubarkeit eines Grundstücks,[1066] rechtswidrige Zusicherung einer Baugenehmigung,[1067] pflichtwidrige Verzögerung einer Bauvoranfrage,[1068] rechtswidrige Aussetzung der Vollziehung einer rechtmäßigen Baugenehmigung,[1069] rechtswidrige Versagung des Einvernehmens nach § 36 BauGB durch die Gemeinde,[1070] Erlass einer rechtswidrigen Veränderungssperre,[1071] rechtswidrige Aufhebung einer rechtmäßigen Baugenehmigung.[1072]

[1064] BGH NJW 2008, 2502; NVwZ 2004, 638; NJW 2001, 3054.
[1065] BGH NJW 2009, 1207, 1208; NVwZ 2008, 815, 816; NVwZ 2007, 485, 486.
[1066] BGH NJW 1994, 2087; Schlick DVBl. 2007, 457, 465.
[1067] BGH NVwZ 1994, 901.
[1068] BGH NVwZ-RR 2009, 363; NVwZ 2008, 815; OLG Hamburg NordÖR 2005, 256.
[1069] OLG Zweibrücken VersR 2001, 1112.
[1070] BGH NVwZ 2006, 117; LG Oldenburg NVwZ 2005, 1457, 1458; Schlick DVBl. 2007, 457, 462; vgl. aber BGH NJW 1987, 1320: Keine Haftung der Gemeinde bei rechtswidriger Erteilung des Einvernehmens.
[1071] BGH NVwZ 2007, 485, 486; Schlick DVBl. 2007, 457, 461.

b) Diese Amtspflicht muss **gegenüber K** bestanden haben. Das ist der Fall, wenn die die Amtspflicht begründenden Vorschriften nicht nur im öffentlichen Interesse bestehen, sondern zumindest auch individualschützend sind, also nach dem persönlichen und sachlichen Schutzbereich den geltend gemachten Schaden erfassen.

aa) Mit der Baugenehmigung wird für den Bauherrn ein **Vertrauenstatbestand** dahin geschaffen, dass er davon ausgehen darf, dass der Durchführung seines Vorhabens öffentlich-rechtliche Hindernisse nicht entgegenstehen, und er dementsprechend wirtschaftlich disponieren kann.[1073] Damit fällt K als Bauherr in den **persönlichen Schutzbereich** der Amtspflicht.   725

- Auch der **Grundstückseigentümer** fällt in den persönlichen Schutzbereich der Amtspflicht zur rechtmäßigen Erteilung der Baugenehmigung, selbst wenn er nicht persönlich den Bauantrag stellt. Denn die Genehmigung dient als öffentlich-rechtlicher Nachweis für die Baulandqualität und ist damit ein preisbildender Faktor.[1074]

- Die rechtswidrige **Versagung der Baugenehmigung** hat dagegen keine rechtlichen Wirkungen gegenüber Dritten, sodass Amtshaftungsansprüche nur dem Antragsteller, nicht dagegen dem Grundstückseigentümer oder dem Käufer zustehen können.[1075]

- Der **Bauunternehmer** fällt generell nicht in den persönlichen Schutzbereich der Amtspflicht. Seine Rechtsstellung wird durch die Erteilung der Genehmigung nicht berührt, ihm gegenüber wird insbes. kein Vertrauenstatbestand geschaffen.[1076] Ebenso fällt der **Architekt** nicht in den Schutzbereich der vorgenannten Amtspflicht.[1077]

- Der durch eine rechtswidrige Baugenehmigung betroffene **Grundstücksnachbar** fällt nur insoweit in den Schutzbereich der Amtspflicht, als die verletzte Norm des Baurechts nachbarschützenden Charakter hat.[1078]

bb) Der **sachliche Schutzbereich** ist danach zu bestimmen, dass der Bauherr durch eine Baugenehmigung nicht Gefahr laufen soll, einen vorschriftswidrigen Bau auszuführen, der keinen Bestand haben kann. Damit sollen alle Nachteile verhindert werden, die der Betroffene **durch das Vertrauen in die Rechtsbeständigkeit der Genehmigung** erleidet.   726

Dabei gehört nach der Rspr. bereits zum **objektiven Tatbestand der Amtshaftung** die Frage, ob die Amtshandlung der Behörde für den Geschädigten überhaupt eine **Verlässlichkeitsgrundlage** bilden konnte.[1079]   727

„Allerdings ist es nicht erst eine Frage des mitwirkenden Verschuldens im Sinne des § 254 BGB, sondern bereits eine solche der objektiven Reichweite des dem Betroffenen durch das Amtshaftungsrecht ... gewährten Vermögensschutzes, ob die in Rede stehende begünstigende Maßnahme (etwa: Auskunft, Verwaltungsakt) ihrer Art nach überhaupt geeignet ist, eine ‚Verlässlichkeitsgrundlage' für auf sie gestützte Aufwendungen, Investitionen und dergleichen zu bilden."[1080]

1072 BGH NJW 2009, 1207, 1208.
1073 BGH NJW 2009, 1207, 1208; RÜ 2008, 738, 739; NVwZ 2004, 638; DVBl. 2002, 265, 266; Schlick DVBl. 2007, 457, 463.
1074 BGH DVBl. 1994, 281, 282; NJW 1993, 2303, 2304; MünchKomm-Papier BGB § 839 Rdnr. 247.
1075 BGH NVwZ 2004, 1143, 1144; DVBl. 1994, 281, 282; OLG Hamm NVwZ-RR 2006, 227, 228; Sandkühler JA 2001, 414, 418.
1076 BGH NJW 1980, 2578; MünchKomm-Papier BGB § 839 Rdnr. 246 m.w.N.
1077 BGH DVBl. 1994, 695, 697.
1078 OLG Karlsruhe VersR 1990, 1010; Müller NVwZ 1990, 1028, 1031.
1079 BGH NJW 2008, 2502, 2503; NVwZ-RR 2008, 671; NVwZ 2004, 638, 638 f. DVBl. 2002, 265, 266; Schlick DVBl. 2007, 457, 463.
1080 Grundlegend BGHZ 149, 50, 53.

Der BGH siedelt das Merkmal ausdrücklich im **haftungsbegründenden Tatbestand** an und schließt explizit eine Verortung im Mitverschulden, also im haftungsausfüllenden Tatbestand, aus. Eine weitere Festlegung bzgl. des Prüfungsstandortes erfolgt nicht. Naheliegend ist die Einordnung innerhalb der (sachlichen) Drittbezogenheit der Amtspflicht. Aber auch ein gesonderter Prüfungspunkt im objektiven Tatbestand kommt in Betracht.

Unklar ist schließlich die Reichweite des Tatbestandsmerkmals. Der BGH prüft es nicht in jeder Amtshaftungskonstellation, sondern vor allem in Fällen, in denen eine Genehmigung erteilt wurde. In Betracht kommt das Merkmal der „Verlässlichkeitsgrundlage" aber auch bei fehlerhaften Auskünften[1081] und ähnlich gelagerten Fällen.[1082]

728 Die Rspr. hat eine solche Verlässlichkeitsgrundlage insbes. dann verneint, wenn die Gründe für die Rechtswidrigkeit der Baugenehmigung aus dem **Risikobereich** des Eigentümers oder Bauherrn resultieren.

Das ist insb. der Fall, wenn die Baugenehmigung mit Mängeln behaftet ist, die nach § 48 Abs. 3 i.V.m. § 48 Abs. 2 S. 3 Nr. 1 bis 3 VwVfG eine entschädigungslose Rücknahme rechtfertigen, z.B. bei grober Fahrlässigkeit.[1083]

729 K hat vorliegend den Kaufvertrag erst nach Erteilung der Baugenehmigung und damit im Vertrauen auf deren Rechtmäßigkeit geschlossen. Die Rechtswidrigkeit der Genehmigung musste sich ihm nicht aufdrängen, sodass die Genehmigung die erforderliche Verlässlichkeitsgrundlage darstellt. Damit fallen nicht nur die nutzlosen Bauaufwendungen, sondern auch die durch Abschluss des Kaufvertrages eingetretenen Vermögenseinbußen (insbes. die Vertragskosten) in den sachlichen Schutzbereich der verletzten Amtspflicht.

Nicht vom Schutzzweck umfasst sind z.B. solche Nachteile, die sich daraus ergeben, dass das Bauvorhaben private Rechte der Nachbarn beeinträchtigt und deshalb nicht verwirklicht werden kann. Denn die Baugenehmigung ergeht unbeschadet der privaten Rechte Dritter.[1084]

730 c) Der Sachbearbeiter der Baubehörde hat bei der Prüfung der bauplanungsrechtlichen Zulässigkeit des Vorhabens die einschlägigen Vorschriften **fahrlässig** nicht beachtet und damit **schuldhaft** gehandelt. Jeder Beamte muss grds. die für seine Aufgaben erforderlichen Rechtskenntnisse haben oder sich verschaffen.

d) Bei fahrlässigem Handeln besteht nach § 839 Abs. 1 S. 2 BGB kein Anspruch gegen die Stadt, wenn K eine **anderweitige Ersatzmöglichkeit** hat.

731 aa) K könnte gegen den **Verkäufer E** nach §§ 437 Nr. 3, 280 Abs. 1 u. 3, 281 BGB einen Anspruch auf Schadensersatz bzw. gem. § 284 BGB auf Ersatz der nutzlosen Bauaufwendungen haben. Dann müsste die Kaufsache mangelhaft sein. Hier ist das Grundstück zwar als „Bauland" verkauft worden, dies bezieht sich aber i.d.R. nur darauf, dass das Grundstück überhaupt bebaut werden darf. Die konkret beabsichtigte Bebauung ist grds. nicht Beschaffenheitsmerkmal, es sei denn, hierauf bezieht sich die vertragliche Vereinbarung. Im Übrigen trägt der Käufer das Verwendungsrisiko. Gewährleistungsansprüche des K gegen E bestehen daher nicht.

1081 Schlick NJW 2009, 3487, 3490.
1082 Vgl. BGH NNwZ-RR 2008, 671 für Prüfberichte.
1083 BGH NVwZ 2004, 638, 639; DVBl. 2002, 265, 266; Rinne/Schlick NJW 2005, 3541, 3545; Schlick DVBl. 2007, 457, 464.
1084 BGH NJW 2000, 2996; zum ersatzfähigen Schaden vgl. auch BGH NJW 2009, 1207, 1208 f.

bb) Insoweit besteht jedoch Ansprüche des K gegen den **Architekten A** gem. §§ 634 Nr. 4, 280, 281, 284 BGB wegen **fehlerhafter Planung**. Denn auch der Architekt muss grds. die nötigen Kenntnisse des Baurechts besitzen, insbes. die Frage der planungsrechtlichen Zulässigkeit prüfen. Allerdings muss der Architekt keine schwierigen Rechsfragen lösen.[1085]

732

Hier hätte A erkennen können, dass das Bauvorhaben den Festsetzungen des Bebauungsplanes widersprach. K hat im Vertrauen auf die Planung des A den Kaufvertrag geschlossen und mit den Bauarbeiten begonnen, sodass ihm bzgl. der daraus entstandenen Vermögensnachteile Ansprüche gegen A auf Schadensersatz (§ 280 Abs. 1 BGB) bzw. Ersatz vergeblicher Aufwendungen (§ 284 BGB) zusteht. Der Amtshaftungsanspruch ist nach § 839 Abs. 1 S. 2 BGB ausgeschlossen.[1086]

K hat daher **keinen Anspruch aus Amtshaftung** nach 34/839.

II. Ordnungsrechtliche Unrechtshaftung

1. In den meisten Ländern besteht neben 34/839 ein Anspruch auf Entschädigung, wenn jemand durch eine **rechtswidrige Maßnahme** der Polizei- oder Ordnungsbehörden einen Schaden erleidet. Anders als die Amtshaftung ist die ordnungsrechtliche Haftung **verschuldensunabhängig**. Hierbei handelt es sich um eine Konkretisierung der allgemeinen Grundsätze über den sog. **enteignungsgleichen Eingriff** (s.u. Rdnr. 787). Fehlt eine Regelung im Landesrecht folgt daher ein gleichgelagerter Anspruch aus dem **Aufopferungsgewohnheitsrecht**.[1087]

733

Vgl. z.B. § 59 Abs. 2 ASOG Bln; § 38 Abs. 1 b OBG Bbg; § 56 Abs. 1 S. 2 Brem PolG; § 64 Abs. 1 S. 2 HSOG; § 80 Abs. 1 S. 2 Nds SOG; § 39 Abs. 1 b OBG NRW; § 68 Abs. 1 S. 2 POG RhPf; § 68 Abs. 1 S. 2 SPolG; § 69 Abs. 1 S. 2 SOG LSA; § 68 Abs. 1 S. 2 ThürPAG, § 52 Thür OBG. Entsprechendes gilt für die Staatshaftung nach § 1 StHG-DDR, soweit dieser als Landesrecht fortgilt (s.o. Rdnr. 654).[1088]

2. Wesentliche Voraussetzung der ordnungsrechtlichen (Unrechts-)Haftung ist das Vorliegen einer **rechtswidrigen Maßnahme**.

   a) Der Begriff der **Maßnahme** ist dabei weit zu fassen. Darunter ist jedes Verhalten mit Außenwirkung zu verstehen, auch ungewollte, nicht finale Handlungen.

734

Beispiele: Erlass belastender VAe, auch Ampelsignale als Allgemeinverfügung,[1089] Erlass und Ablehnung begünstigender VAe, z.B. einer Baugenehmigung oder eines Bauvorbescheides,[1090] Inanspruchnahme des Bürgers zur Gefahrenabwehr; Erteilung von Auskünften, wenn der Bürger auf ihre Richtigkeit vertrauen durfte.[1091] **Keine Maßnahme** ist dagegen die bloße Anhörung[1092] oder eine „Bitte" als Appell an die Eigenverantwortlichkeit des Adressaten.[1093]

Die Erteilung der Baugenehmigung (ebenso deren Versagung) ist als VA unproblematisch eine Maßnahme im ordnungsrechtlichen Sinne.[1094]

1085 BGH NVwZ 2004, 638, 639; NVwZ 1992, 911, 912 m.w.N.
1086 Vgl. BGH NJW 2001, 3054; LG Bonn NWVBl. 2007, 197 f.; Lansnicker/Schwirtzek NVwZ 1996, 745, 747 m.w.N.
1087 Vgl. BGH NJW 1994, 1647, 1648; Sproll JuS 1996, 125, 130 m.w.N.; allgemein Sydow Jura 2007, 7 ff.
1088 Vgl. BGH NVwZ-RR 2009, 363 f.; JZ 2006, 794 f. mit Anm. Grzeszick.
1089 BGHZ 99, 249.
1090 BGH DVBl. 1993, 1091, 1092.
1091 BGH NJW 1992, 1230; NJW 1994, 2087.
1092 OLG Köln NVwZ 1993, 1020.
1093 BGH DVBl. 1998, 328@.

735 b) Die Baugenehmigung war **rechtswidrig**. Wie beim Amtshaftungsanspruch reicht aber auch hier die objektive Rechtswidrigkeit allein nicht aus. Es gelten vielmehr dieselben Einschränkungen wie zur **Drittbezogenheit** der Amtspflicht.[1095] Hier bestand die Pflicht zur ordnungsgemäßen Prüfung der bauplanungsrechtlichen Zulässigkeit des Bauvorhabens insbes. im Vermögensinteresse des Bauherrn K.

736 c) Voraussetzung der ordnungsrechtlichen Haftung ist im Übrigen, dass die behördliche Maßnahme einen Schaden **unmittelbar** (d.h. ohne wesentliche Zwischenursache) hervorgerufen hat.[1096] Bezüglich der dem K entstandenen Schäden ist zu berücksichtigen, dass diese nicht unmittelbar durch die Erteilung der Baugenehmigung, sondern erst durch Abschluss des Kaufvertrages bzw. mit Beginn der Bauarbeiten eingetreten sind. Allerdings wird die Unmittelbarkeit schon dann bejaht, wenn sich im Schadenseintritt eine für die konkrete hoheitliche Betätigung **typische Gefährdungslage** konkretisiert hat.

> **Beispiel:** Die Einweisung eines bisherigen Mieters wegen drohender Obdachlosigkeit begründet die zurechenbare Gefahr eines unsachgemäßen Gebrauchs der Wohnung. Die Behörde haftet daher auch für mutwillige Beschädigungen.[1097]

Die Erteilung einer – rechtswidrigen – Baugenehmigung ruft typischerweise die Gefahr hervor, dass der Bauherr vermögensrechtliche Dispositionen trifft, insbes. mit der Errichtung des Baus beginnt. Die geltend gemachten Schäden beruhen daher unmittelbar auf der rechtswidrigen Erteilung der Genehmigung.

737 3. Ein **Verschulden** ist für die ordnungsrechtliche Haftung **nicht erforderlich**.

738 4. Anders als beim Amtshaftungsanspruch schließt eine **anderweitige Ersatzmöglichkeit** den ordnungsrechtlichen Anspruch **nicht aus**. Daher besteht die ordnungsrechtliche Haftung gegenüber K, unabhängig davon, ob K Ansprüche gegen E oder A hat. Der Geschädigte erhält allerdings Ersatz nur gegen Abtretung der ihm gegen Dritte zustehenden Ansprüche.

Vgl. z.B. § 60 Abs. 4 Bln ASOG, § 39 Abs. 3 OBG Bbg, § 65 Abs. 4 HSOG, § 81 Abs. 4 Nds SOG, § 40 Abs. 3 OBG NRW. Der Anspruch ist nur dann ausgeschlossen, wenn der Geschädigte bereits anderweitig tatsächlich Ersatz erlangt hat (vgl. § 38 Abs. 2 a OBG Bbg, § 39 Abs. 2 a OBG NRW).

739 5. Im Gegensatz zu 34/839 handelt es sich bei der ordnungsrechtlichen Haftung nicht um einen Schadensersatzanspruch, sondern um einen **Entschädigungsanspruch**. Ersetzt wird i.d.R. nur der **unmittelbare Vermögensschaden**, nicht dagegen mittelbare Vermögensnachteile, es sei denn, der Ausgleich ist zur Abwendung unbilliger Härten geboten. Hier stehen die geltend gemachten Schäden im unmittelbaren Zusammenhang mit der rechtswidrigen Erteilung der Baugenehmigung.

740 6. Ein den Anspruch einschränkendes **Mitverschulden** kann insbes. dann vorliegen, wenn der Bauherr trotz Nachbarwiderspruchs weiterbaut. Zwar entfällt damit die Vertrauensgrundlage nicht automatisch, da die Genehmigung grds. sofort vollziehbar ist (vgl. § 212 a Abs. 1 BauGB). Ab dem Vorliegen von Drittanfechtungen trifft den Bauherrn jedoch eine größere Eigenverantwortung.

[1094] BGH DVBl. 2002, 265, 266 m.w.N.
[1095] BGH NJW 1994, 2087, 2088; DVBl. 1993, 1091, 1092; NJW 1990, 1038, 1041; Lansnicker/Schwirtzek NVwZ 1996, 745, 746.
[1096] BGH NJW 1996, 315, 316; OLG Hamm NVwZ 1986, 509, 510; OLG Düsseldorf NVwZ 1992, 1122.
[1097] BGH NJW 1996, 315, 316; einschränkend BGH NVwZ 2006, 963, 964; vgl. oben Rdnr. 510.

„Ist zulässigerweise Widerspruch eingelegt oder Klage erhoben, ..., so hat der Bauherr die Möglichkeit der Rechtswidrigkeit der ihm erteilten Genehmigung jedenfalls dann ernsthaft in Betracht zu ziehen, wenn Anfechtungsgründe vorgebracht werden, deren Richtigkeit nicht ohne weiteres von der Hand zu weisen ist. Setzt er in einer solchen Situation sein Vorhaben ... fort, ohne die Entscheidung des Gerichts (im einstweiligen Rechtsschutzverfahren) abzuwarten, so nimmt er das in der Drittanfechtung liegende Risiko bewusst auf sich".[1098] Andererseits trifft die Bauaufsichtsbehörde die Amtspflicht, den Bauherrn unverzüglich von einem Nachbarwiderspruch in Kenntnis zu setzen.[1099]

Die von K geltend gemachten Nachteile sind bereits vor Einlegung des Nachbarwiderspruchs entstanden. Diesbezüglich ist ihm ein Mitverschulden nicht anzulasten.

Der **ordnungsrechtliche Haftungsanspruch** ist uneingeschränkt **begründet**.

Anhang zu Fall 18:

Neben der Haftung wegen rechtswidriger Maßnahmen besteht landesrechtlich eine Entschädigungspflicht auch bei rechtmäßiger Inanspruchnahme als **Notstandspflichtiger** (z.B. bei Einweisung von Obdachlosen; s.o. Rdnr. 512).

741

Vgl. Art. 70 Abs. 1 BayPAG; § 55 Abs. 1 S. 1 PolG BW; § 59 Abs. 1 Nr. 1 ASOG Bln; § 38 Abs. 1 a OBG Bbg; § 56 Abs. 1 S. 1 Brem PolG; § 10 Abs. 3 S. 1 Hbg SOG; § 64 Abs. 1 S. 1 HSOG; § 72 Abs. 1 SOG MV; § 80 Abs. 1 S. 1 Nds SOG; § 39 Abs. 1 a OBG NRW; § 68 Abs. 1 S. 1 POG RhPf; § 68 Abs. 1 S. 1 SPolG; § 52 Abs. 1 S. 1 SächsPolG; § 69 Abs. 1 S. 1 SOG LSA; § 221 Abs. 1 LVwG SH; § 68 Abs. 1 S. 1 ThürPAG, § 52 Thür OBG.

Der Inanspruchnahme eines Nichtstörers steht es gleich, wenn ein **unbeteiligter Dritter** bei Vornahme einer rechtmäßigen, nicht gezielt gegen ihn gerichteten polizeilichen Maßnahme geschädigt wird.[1100]

742

Beispiel: Ein Passant wird bei einem Polizeieinsatz durch einen Querschläger verletzt. – Vereinzelt bestehen hier spezielle Vorschriften (vgl. z.B. Art. 70 Abs. 2 BayPAG, § 59 Abs. 1 Nr. 2 ASOG Bln, § 73 SOG MV, § 222 LVwG SH, § 51 Abs. 2 Nr. 2 BPolG).

Dasselbe gilt bei rechtmäßiger Inanspruchnahme als **Anscheins- oder Verdachtsstörer**, wenn sich nachträglich herausstellt, dass die Gefahr tatsächlich nicht bestanden und der Betroffene den Anschein der Gefahr bzw. den Verdacht nicht zu verantworten hat. Hier erbringt der „Anscheinsstörer" wertungsmäßig wie der Notstandspflichtige ein Sonderopfer und muss deshalb wie dieser entschädigt werden.[1101]

743

Beispiel: Dem Grundstückseigentümer E wurde aufgegeben, auf seinem Grundstück Probebohrungen durchzuführen, um herauszufinden, ob sich die auf dem Nachbargrundstück festgestellte Kontaminierung auch auf sein Grundstück erstreckt. Die Untersuchung ergibt, dass das Grundstück des E nicht belastet ist. – Die Inanspruchnahme des E (auf der Primärebene) ist aufgrund eines Gefahrenverdachts rechtmäßig, deshalb besteht weder ein Anspruch aus 34/839 noch wegen rechtswidriger Maßnahmen nach dem Ordnungsrecht. Da E die den Verdacht begründenden Umstände jedoch nicht zu verantworten hat, ist er analog den Vorschriften über die Notstandspflicht zu entschädigen (vgl. auch §§ 9 Abs. 2, 24 Abs. 1 S. 2 BBodSchG).

1098 BGH VersR 2002, 1024, 1025; BauR 2002, 292, 293; vgl. auch Johlen/Beutling BauR 2002, 263 und Gallois BauR 2002, 884.
1099 BGH NVwZ 2004, 638, 639.
1100 Vgl. LG Köln NVwZ 1992, 1125; OLG Dresden LKV 2003, 582, 583; Sydow Jura 2007, 7, 9.
1101 BGH NJW 1998, 544; NJW 1996, 3151; NJW 1994, 2355; NVwZ 1992, 1119; NJW 1992, 2639; LG Köln NJW 1998, 317, 318; Schliesky/Hansen JuS 1998, 49, 54; Sydow Jura 2007, 7, 10; a.A. Schink DVBl. 1989, 1182, 1187; Brandt/Smeddinck Jura 1994, 225, 230.

Amtshaftung gem. Art. 34 GG, § 839 BGB

I. Voraussetzungen der Amtshaftung (haftungsbegründender Tatbestand)

1. Hoheitliches Handeln

a) jeder Amtswalter, der hoheitlich handelt (**haftungsrechtlicher Beamtenbegriff**)

Beamte, Richter (§ 839 Abs. 2 BGB!), Angestellte, Arbeiter, Soldaten, Zivildienstleistende, Minister, Ratsmitglieder, Beliehene, Verwaltungshelfer (Werkzeugtheorie?)

b) öffentlich-rechtliche Tätigkeit, nicht bei privatrechtlicher Tätigkeit
- eindeutig ör bei Eingriffsverwaltung (insbes. POR)
- Leistungsverwaltung: abhängig von der Ausgestaltung des Rechtsverhältnisses
- bei neutralen Handlungen: Funktionszusammenhang und Zielsetzung
  Teilnahme am Straßenverkehr: ör, wenn Sonderrechte oder Dienstfahrt
  Verkehrssicherungspflicht: grds. pr; Ausn. Straßenverkehrssicherungspflicht ör

c) in Ausübung = nicht nur bei Gelegenheit

2. Verletzung der einem Dritten gegenüber obliegenden Amtspflicht

a) **Amtspflicht** aus Gesetz, RechtsVO, Satzung, VV, Weisungen etc.
- Pflicht zu rechtmäßigem Verwaltungshandeln
- Pflicht zur Vermeidung unerlaubter Handlungen
- Pflicht zur Erteilung richtiger und vollständiger Auskünfte
- Pflicht zu zügigem und konsequentem Verwaltungshandeln u.a.

b) **gegenüber dem Geschädigten**
- persönlicher Schutzbereich: zumindest auch Individualschutz bezweckt
- sachlicher Schutzbereich: Schutz gerade des betroffenen Interesses

c) **Verletzung** = Rechtswidrigkeit der Maßnahme
- keine Bindung an bestandskräftigen VA
- Bindung an verwaltungsgerichtliches Urteil wegen § 121 VwGO

3. Verschulden, § 276 BGB

Vorsatz, Fahrlässigkeit (objektivierter Fahrlässigkeitsmaßstab)

4. kein Haftungsausschluss

a) § 839 Abs. 1 S. 2 BGB (**Subsidiaritätsklausel**, Verweisungspriveleg)
- bei fahrlässiger Amtspflichtverletzung, wenn anderweitige Ersatzmöglichkeit
- nicht anwendbar bei allg. Teilnahme am Straßenverkehr, ör VSP, selbst verdienten Versicherungsleistungen (Sozialversicherung, Kaskoversicherung etc.)
- Realisierung muss möglich und zumutbar sein

b) § 839 Abs. 3 BGB (schuldhaft unterlassene Rechtsbehelfseinlegung)

II. Rechtsfolge (haftungsausfüllender Tatbestand)

- Ersatz des durch die Amtspflichtverletzung zurechenbar verursachten Schadens (§§ 249 ff. BGB) in **Geld**
- ggf. Anspruchsminderung bei **Mitverschulden**, § 254 BGB

III. Haftung bei Verstößen gegen das Europarecht

1. Eigenständiges Haftungsinstitut

Für die Haftung der Mitgliedstaaten bei Verstößen gegen das primäre und sekundäre Unionsrecht hat der EuGH das eigenständige Rechtsinstitut der **unionsrechtlichen Staatshaftung** geschaffen. Der Grundsatz, dass der Staat für Schäden haftet, die dem Einzelnen durch dem Staat zuzurechnende Verstöße gegen das Unionsrecht entstehen, folgt unmittelbar aus dem Wesen der europäischen Rechtsordnung.[1102] Während teilweise angenommen wird, dass hierdurch lediglich die nationalen Haftungsansprüche modifiziert würden,[1103] geht die h.M. davon aus, dass es sich um ein **eigenständiges Haftungsinstitut des EU-Rechts** handelt, das ggf. neben den Anspruch aus Amtshaftung tritt.[1104] Dafür spricht, dass es sich bei der unionsrechtlichen Haftung anders als bei der Amtshaftung nicht um eine übergeleitete Haftung für das Verhalten des Amtswalters handelt, sondern um eine **originäre Haftung des Mitgliedstaats**.

In der Klausur ist das nationale Haftungsrecht, insbes. der Anspruch aus 34/839, zunächst unbesehen etwaiger europarechtlicher Besonderheiten zu prüfen. Daran schließt sich dann die europarechtliche Staatshaftung als eigenständige Anspruchsgrundlage an.[1105]

Von der Haftung der Mitgliedstaaten für unionswidriges Verhalten zu untrscheiden ist die **Amtshaftung der EU für die EU-Organe**. Diese Haftung ist in Art. 340 Abs. 2 AEUV (ex Art. 288 Abs. 2 EG) geregelt und wird im Wege der sog. Amtshaftungsklage (Art. 268 AEUV, ex Art. 235 EG) durchgesetzt.[1106]

2. Haftungsvoraussetzungen

Die europarechtliche Staatshaftung hat **drei Voraussetzungen:**[1107]

- Verletzung von **individualschützendem Unionsrecht**,
- Vorliegen eines **hinreichend qualifizierten Verstoßes**,
- **unmittelbarer Kausalzusammenhang** zwischen Pflichtverletzung und Schaden.

a) Das Unionsrecht ist – anders als das nationale Recht – nicht nur **individualschützend**, wenn der Schutz des Bürgers bezweckt ist (so die sog. Schutznormtheorie), sondern bereits dann, wenn eine **hinreichend bestimmte und unmittelbar vollziehbare Norm tatsächlich den Schutz des Bürgers** bewirkt.[1108]

Beispiele sind die Grundfreiheiten, insbes. die Warenverkehrsfreiheit (Art. 34 AEUV, ex Art. 28 EG),[1109] und unmittelbar anwendbare Richtlinien.[1110]

1102 Vgl. grundlegend EuGH NJW 1992, 165, 166 f. (Francovich); NJW 1996, 1267, 1268 (Brasserie du Pecheur); NVwZ 2004, 79, 82 (Köbler); allgemein Schoch Jura 2002, 837, 838.
1103 Maurer § 31 Rdnr. 9; MünchKomm-Papier BGB § 839 Rdnr. 103; Kremer Jura 2000, 235, 239; Kluth DVBl. 2004, 393, 402.
1104 BGHZ 134, 30, 36; 161, 224, 233; 162, 49, 51 f.; BGH NJW 2008, 3558, 3559; Ossenbühl DVBl. 1992, 993, 998; NJW 2000, 2945, 2953; Detterbeck/Windthorst/Sproll § 6 Rdnr. 16 u. 17; Graulich ZAP 2005, 185, 196; Dörr DVBl. 2006, 598, 602.
1105 Vgl. die Darstellung in RÜ 2009, 649 ff.
1106 Zur Amtshaftung der EU vgl. AS-Skript Europarecht (2010), Rdnr. 388 ff.
1107 Grundlegend EuGH NJW 1992, 165 (Francovich);@ EuGH RÜ 2009, 649, 650; BGH NVwZ 2009, 795; NJW 2009,2534, 2535; NVwZ 2007, 362, 363; NJW 2006, 690; Graulich ZAP 2005, 185, 196; im Einzelnen AS-Skript Europarcht (2010), Rdnr. 401 ff.
1108 EuGH RÜ 2009, 649, 650.
1109 BGH NJW 2009, 2534, 2535.
1110 Vgl. ausführlich AS-Skript Europarecht (2010), Rdnr. 401 ff.

Dagegen verfolgen z.B. die europarechtlichen Vorschriften über die Bankenaufsicht ausschließlich öffentliche Interessen der Allgemeinheit.[1111] Deshalb besteht bei Fehlverhalten der Aufsichtsbehörden weder ein unionsrechtlicher Staatshaftungsanspruch noch ein nationaler Amtshaftungsanspruch.[1112]

747 **b)** Ein Verstoß gegen das Unionsrecht ist **hinreichend qualifiziert**, wenn der Mitgliedstaat die rechtlichen Grenzen seiner Befugnisse **offenkundig und erheblich** überschritten hat.[1113]

Unproblematisch ist dies i.d.R. bei nicht fristgerechter Umsetzung von Richtlinien.[1114] Im Übrigen handelt es sich um eine **Wertungsfrage**. Zu berücksichtigen sind insbes. das Maß der Vorwerfbarkeit, der Umfang des dem Mitgliedstaat verbleibenden Ermessensspielraums, ob ein Unionsorgan an dem Verstoß mitgewirkt hat und ob ein Gericht die Vorlagepflicht (Art. 267 AEUV) verletzt hat.[1115]

748 **c)** Schließlich muss ein **unmittelbarer Kausalzusammenhang** zwischen der Pflichtverletzung des Staates und dem eingetretenen Schaden bestehen.[1116]

Das ist der Fall, wenn die Handlung nach der allgemeinen Lebenserfahrung typischerweise geeignet ist, den eingetretenen Schaden zu verursachen (Adäquanztheorie).[1117]

749 **d)** Ein **Verschulden**, wie es 34/839 voraussetzt, ist **nicht Haftungsvoraussetzung**, aber ggf. im Rahmen der Qualifizierung des Rechtsverstoßes zu berücksichtigen.[1118]

3. Fallgruppen

750 Besondere Bedeutung hat der unionsrechtliche Staatshaftungsanspruch bei **normativem Unrecht** erlangt, wenn nationales Recht dem EU-Recht widerspricht.

Beispiele: Haftung des Staates bei Zahlungsunfähigkeit des Arbeitgebers wegen Nicht-Umsetzung der entsprechenden EU-Richtlinie;[1119] bei der nicht rechtzeitigen Umsetzung der Pauschalreiserichtlinie zum Insolvenzschutz von Urlaubsreisenden[1120] und bei unzulässigen Einfuhrbeschränkungen.[1121]

Während es im nationalen Recht grundsätzlich keine Haftung **für Fehlverhalten des Gesetzgebers** gibt (s.o. Rdnr. 651), kommt es nach der Rspr. des EuGH nicht darauf an, welches Staatsorgan sich europarechtswidrig verhalten hat. Da alle staatlichen Instanzen die individualschützenden Normen des Unionsrechts beachten müssen, kommt die unionsrechtliche Staatshaftung sowohl bei **administrativem**[1122] als auch bei **legislativem Unrecht** in Betracht und sogar bei der Verletzung von EU-Recht durch **nationale Gerichte**.[1123] Daher können auch letztinstanzliche rechtskräftige Urteile eine unionsrechtliche Staatshaftung des Landes bzw. des Bundes begründen, wenn sie **offenkundig europarechtswidrig** sind.

1111 EuGH NJW 2004, 3479; dazu Oberrath JA 2005, 495 ff.;
1112 BGH NJW 2005, 742 mit Anm. Danwitz JZ 2005, 729 ff.
1113 EuGH RÜ 2009, 649, 650; BGH NJW 2006, 690; NJW 2009, 2534, 2536 ff. (verneint für das sog. Dosenpfand).
1114 Dörr DVBl. 2006, 598, 599.
1115 EuGH NJW 2003, 3539, 3541; Schöndorf-Haubold JuS 2006, 112, 113; Dörr DVBl. 2006, 598, 600.
1116 Vgl. z.B. BGH EuZW 2009, 865, 872; ebenso EuGH, Urt. v. 18.03.2010 – C-419/08 zur Haftung nach § 340 Abs. 2 AEUV.
1117 Kling Jura 2005, 298, 303.
1118 Vgl. Graulich ZAP 2005, 185, 196; Kling Jura 2005, 298, 303.
1119 EuGH NJW 1992, 165@ – Francovich.
1120 EuGH NJW 1996, 3141@.
1121 EuGH NJW 1996, 1267, 1268; BGH NVwZ 2007, 362, 363; NJW 2009, 2534, 2536; Dörr DVBl. 2006, 598, 599 f.
1122 EuGH EuZW 1996, 435; EuZW 1998, 658; BGH NJW 2008, 3558, 3559; NJW 2009, 2534, 2536.
1123 EuGH NVwZ 2004, 79; NJW 2006, 3337; BGH NJW 2008, 3558; Kluth DVBl. 2004, 393, 398; v. Graulich ZAP 2005, 185, 196 Rinne/Schlick NJW 2005, 3541, 3548; Haratsch JZ 2006, 1176; Dörr DVBl. 2006, 598, 600.

Während § 839 Abs. 2 BGB Amtshaftungsansprüche wegen **Richterunrecht** zum Schutz der Rechtskraft der richterlichen Entscheidung weitgehend ausschließt, hat der EuGH einen entsprechenden Haftungsausschluss bei der unionsrechtlichen Staatshaftung ausdrücklich verworfen. Allerdings sei ein „hinreichend qualifizierter Verstoß" nur gegeben, wenn die Gerichtsentscheidung offenkundig gegen das geltende Recht verstößt, z.B. die einschlägige Rspr. des EuGH offenkundig verkennt.[1124]

751

4. Ausgestaltung des Anspruchs

Während der **Haftungstatbestand** weitgehend durch das **Unionsrecht** geprägt ist, richten sich die **Haftungsfolgen** und die Durchsetzung des unionsrechtlichen Staatshaftungsanspruchs im Wesentlichen nach **nationalem Recht**. Dabei dürfen die Voraussetzungen aber nicht ungünstiger sein als bei Klagen, die nur das nationale Recht betreffen **(Äquivalenzgrundsatz)**, und sie dürfen nicht so ausgestaltet sein, dass sie es praktisch unmöglich machen oder übermäßig erschweren, Schadensersatz bei Verstößen gegen das Unionsrecht zu erlangen **(Effektivitätsgrundsatz)**,[1125] d.h.:

752

- Die **Subsidiarität** (§ 839 Abs. 1 S. 2 BGB) ist **unanwendbar**, weil es sich bei der unionsrechtlichen Haftung um eine unmittelbare Staatshaftung handelt und die Anwendung dem Effektivitätsgrundsatz widersprechen würde.[1126] Dasselbe gilt für das **Spruchrichterprivileg** (§ 839 Abs. 2 BGB), s.o. Rdnr. 750.[1127]

753

- Dagegen ist der **Rechtsgedanke des § 839 Abs. 3 BGB** grds. auf den unionsrechtlichen Staatshaftungsanspruch anwendbar, allerdings muss der Gebrauch des fraglichen Rechtsmittels dem Geschädigten zumutbar sein.[1128] Ein sonstiges **Mitverschulden** kann **analog § 254 BGB** berücksichtigt werden.[1129]

754

- Für die **Verjährung** gelten die allgemeinen Regeln der §§ 195 ff. BGB.[1130]

755

    Ein Vertragsverletzungsverfahren (Art. 258 AEUV) hat keine verjährungshemmende Wirkung analog §§ 204 Abs. 1 Nr. 1, 209 BGB, da es sich um ein objektives Verfahren handelt, das der Einflussnahme möglicher Betroffener entzogen ist.[1131]

- Der **Anspruchsgegner** des unionsrechtlichen Haftungsanspruchs bestimmt sich nach den gleichen Grundsätzen wie bei der Amtshaftung (s.o. Rdnr. 720).

756

    Es haftet daher der Bund, wenn ihn die Verantwortlichkeit i.S.d. Art. 34 S. 1 GG trifft. Die Länder haften z.B., wenn sie innerstaatlich für die Umsetzung von Unionsrecht zuständig sind.[1132] Bei administrativem Fehlverhalten kann auch eine Haftung der Gemeinde bestehen.[1133]

- Zuständig zur Entscheidung über den **europarechtlichen Staatshaftungsanspruch sind streitwertunabängig die Landgerichte** (Rechtsgedanke aus Art. 34 S. 3 GG, § 40 Abs. 2 S. 1 VwGO, § 71 Abs. 2 Nr. 2 GVG).[1134]

757

1124 EuGH NJW 2006, 3337, 3338 f., NVwZ 2004, 79, 81; BGH NJW 2005, 747 f.; Brenner/Huber DVBl. 2004, 863, 866; Haratsch JZ 2006, 1176, 1177; Dörr DVBl. 2006, 598, 602; Christensen/Lerch JA 2007, 427, 431.
1125 EuGH RÜ 2009, 649, 651.
1126 Ossenbühl, S. 518; Detterbeck/Windhorst/Sproll, S. 67 f.; Schulze, S. 118; Dörr DVBl. 2006, 598, 603.
1127 EuGH NVwZ 2004, 79; NJW 2006, 3337; Rinne/Schlick NJW 2005, 3541, 3548.
1128 EuGH RÜ 2009, 649, 651; BGH EuZW 2009, 865, 868; NVwZ 2007, 362, 366; Schlick NJW 2009, 3487, 3495.
1129 BGH DVBl. 2004, 192, 193; Kling Jura 2005, 298, 305; Dörr DVBl. 2006, 598, 603.
1130 Schlick NJW 2009, 3487, 3495; Armbrüster/Kämmerer NJW 2009, 3601, 3603; vgl. auch BGH EuZW 2009, 865, 871: für Altfälle 30 Jahre nach § 195 BGB a.F.; anders noch BGH NVwZ 2007, 362, 365: 3 Jahre analog § 852 BGB a.F.
1131 EuGH EuZW 2009, 334, 338; BGH EuZW 2009, 865, 870; Armbrüster/Kämmerer NJW 2009, 3601, 3605.
1132 BGH DVBl. 2005, 371, 372; Itzel MDR 2005, 545, 547; Dörr DVBl. 2006, 598, 604.
1133 Dörr DVBl. 2006, 598, 603.
1134 Graulich ZAP 2005, 849, 856; Schöndorf-Haubold JuS 2006, 112, 114.

IV. Ansprüche aus verwaltungsrechtlichen Schuldverhältnissen

1. Vertragliche Schadensersatzansprüche

758 Wie im Privatrecht können im Öffentlichen Recht neben den deliktischen Ansprüchen auch **vertragliche Schadensersatzansprüche** bestehen. Dies gilt vor allem beim **öffentlich-rechtlichen Vertrag**, bei dem über § 62 S. 2 VwVfG die allgemeinen Regeln des BGB anzuwenden sind, insbes. können Schadensersatzansprüche bestehen bei Pflichtverletzungen (§§ 280 ff. BGB), auch im vorvertraglichen Bereich (§ 311 a Abs. 2 BGB).

Beispiel: Der grundlose Abbruch von Vertragsverhandlungen kann auch beim öffentlich-rechtlichen Vertrag zu einer Haftung auf den dadurch verursachten Vertrauensschaden führen.[1135]

759 Aus § 40 Abs. 2 S. 1 VwGO ergibt sich, dass es auch noch andere **öffentlich-rechtliche Sonderbeziehungen** gibt („ ... *sowie für Schadensersatzansprüche aus der Verletzung öffentlich-rechtlicher Pflichten, die* **nicht auf einem öffentlich-rechtlichen Vertrag** *beruhen*"). In der Rspr. ist daher anerkannt, dass die Regeln des vertraglichen Schuldrechts sinngemäß heranzuziehen sind, wenn zwischen Staat und Bürger ein enges, **besondere Rechte und Pflichten begründendes Rechtsverhältnis** vorliegt und ein **sachlicher Grund** besteht, neben deliktischen Amtshaftungsansprüchen nach Art. 34 GG, § 839 BGB auch Schadensersatzansprüche analog § 280 BGB zu gewähren.[1136]

2. Fallgruppen

a) Öffentlich-rechtliche Verwahrung

760 Anerkannt ist eine vertragsähnliche Haftung insbes. bei der **öffentlich-rechtlichen Verwahrung**, die durch Vertrag, aber auch einseitig durch Hoheitsakt begründet werden kann (letzteres insbes. bei der Sicherstellung im Polizeirecht). Aufgrund der in diesen Fällen bestehenden **Obhutspflicht** des Staates gelten die Vorschriften des BGB über die Verwahrung (§§ 688 ff., außer § 690 BGB) sowie über Leistungsstörungen (§§ 275 ff. BGB) entsprechend. **Schadensersatzansprüche** können sich **analog § 280 BGB** vor allem bei Unmöglichkeit der Herausgabe oder bei Beschädigung der Sache ergeben.[1137]

Beispiel: H hatte sein Fahrzeug im absoluten Halteverbot abgestellt, von wo es auf Anordnung der zuständigen Behörde der Gemeinde G rechtmäßigerweise abgeschleppt wurde. Der von der Behörde eingeschaltete Abschleppunternehmer U stellte das Fahrzeug auf seinem Betriebsgelände ab. Dort wurde es aufgrund unsachgemäßer Verwahrung beschädigt.

Amtshaftungsansprüche gegen G scheiden aus, wenn man U bzgl. der Verwahrung nicht mehr als Verwaltungswerkzeug ansieht (s.o. Rdnr. 671 f.). Ansprüche aus vertragsähnlicher Haftung hat die Rspr. abgelehnt, da es bei einem eigenverantwortlichen Unternehmer an der Obhutspflicht der Gemeinde fehle.[1138]

[1135] BGH NVwZ 2006, 1207; NJW 1990, 1042; OVG NRW OVGE 26, 41.
[1136] BGH NVwZ 2007, 1221; NJW 2006, 1121, 1123; VGH Mannheim NJW 2003, 1066; Dötsch NWVBl. 2001, 385, 388; Geis NVwZ 2002, 385, 390.
[1137] BVerwG DVBl. 2004, 1369, 1370; BGH WM 1990, 438, 439; OLG Hamm NJW 2001, 375, 376; OLG Schleswig NVwZ 2000, 234; LG Frankfurt NJW 2008, 2273; Ossenbühl NJW 2000, 2945, 2952; Graulich ZAP 2005, 185, 191 f.
[1138] OLG Hamm NJW 2001, 375, 376; a.A. Lampert NJW 2001, 3526, 3527.

b) Öffentlich-rechtliche Leistungs- und Benutzungsverhältnisse

Entsprechendes gilt für öffentlich-rechtliche **Leistungs- und Benutzungsverhältnisse**, bei denen die Erbringung von Leistung und Gegenleistung im Vordergrund steht. Der Bürger ist hier ebenso schutzbedürftig wie bei einem privatrechtlichen Austauschverhältnis. Deshalb können sich bei Pflichtverletzungen **Schadensersatzansprüche analog § 280 BGB** ergeben. 761

Beispiel: Schädigung des Bürgers bei der Benutzung gemeindlicher Einrichtungen, z.B. im Rahmen der Wasserversorgung, der Abwasserkanalisation oder eines kommunalen Schlachthofs.[1139] Aufgrund des Gegenseitigkeitsverhältnisses können sich hierbei nicht nur Ansprüche des Bürgers gegen den Staat, sondern auch vertragsähnliche Ansprüche des Staates gegen den Bürger ergeben.[1140]

Die vertragsähnliche Haftung des Staates kann, wenn es durch sachliche Gründe gerechtfertigt ist, z.B. durch Satzung auf Vorsatz und grobe Fahrlässigkeit beschränkt werden[1141] (anders die Amtshaftung, die nur durch Gesetz beschränkt werden kann, s.o. Rdnr. 668).

c) Beamtenverhältnis

Das **Beamtenverhältnis** wird durch eine besondere Fürsorgepflicht des Dienstherrn geprägt (§ 78 BBG, § 45 BeamtStG). Deshalb ist allgemein anerkannt, dass der Beamte bei schuldhafter Pflichtverletzung einen öffentlich-rechtlichen Schadensersatzanspruch entsprechend dem Rechtsgedanken der §§ 276, 278, 618 Abs. 3 BGB hat.[1142] Allerdings ist nach der neueren Rspr. ein Rückgriff auf die Verletzung der Fürsorgepflicht nicht erforderlich. Primär- und Sekundäransprüche ergeben sich vielmehr **unmittelbar aus dem Beamtenverhältnis**.[1143] 762

Beispiele: unterlassene Vorkehrungen gegen Personen- oder Sachschäden,[1144] falsche oder unterlassene Beratung,[1145] Nachteile aufgrund unterbliebener Beförderung bei Verletzung des sog. Bewerbungsverfahrensanspruchs.[1146]

d) Sonstige vertragsähnliche Sonderbeziehungen

Die vorstehenden Fallgruppen sind **nicht abschließend**, geben jedoch das Leitbild für die Annahme eines verwaltungsrechtlichen Sonderverhältnisses vor.[1147] 763

Ein **sachlicher Grund** und ein Bedürfnis für eine vertragsähnliche Haftung besteht daher vor allem,

- wenn sich aus dem Rechtsverhältnis eine besondere **Obhutspflicht** ergibt (wie bei öffentlich-rechtlicher Verwahrung),
- wenn der Bürger für die Leistung der Verwaltung eine **Gegenleistung** zu erbringen hat (wie im Benutzungsverhältnis) oder
- wenn das Rechtsverhältnis eine besondere **Fürsorgepflicht** begründet (wie im Beamtenrecht).

1139 Vgl. BGHZ 59, 303, 305 (Wasserversorgung); BGH NVwZ 2007, 1221; NJW 2007, 1061(Kanalbenutzung); BGH NJW 1974, 1819; OLG Hamm VersR 1987, 789 (Schlachthofbenutzung).
1140 BVerwG NJW 1995, 2303; VGH Mannheim NVwZ-RR 1992, 656; VG Münster NWVBl. 2008, 39.
1141 BGH DVBl. 2007, 1238; Schick NJW 2008, 31, 34.
1142 BVerwG DVBl. 2001, 744, 745; DVBl. 2001, 726, 730; DVBl. 1999, 320; BVerwGE 52, 247, 249 f.; 94, 163, 163 f.; BGHZ 43, 178, 184; Kellner DVBl. 2004, 207 (c.i.c. im Beamtenrecht).
1143 BVerwGE 80, 123, 125; OVG NRW NWVBl. 2009, 217, 218; Graulich ZAP 2005, 185, 192.
1144 BVerwG DVBl. 2001, 726, 730; OLG Köln NVwZ 1994, 618, 619.
1145 BVerwG DVBl. 1997, 1004; OVG NRW NWVBl. 2007, 230.
1146 BVerwG, Urt. v. 25.02.2010 – BVerwG 2 C 22.09; BVerwG NVwZ 2006, 212; NVwZ 2004, 1257 f.; OVG NRW NWVBl. 2009, 217, 218; OVG NRW, Urt. v. 16.12.2009 – 6 A 2141/07; Leppin NVwZ 2007, 1241 ff.
1147 Allgemein Bamberger Jura 2002, 35, 36; Graulich ZAP 2005, 185, 192.

764 Die Rspr. ist bei der Anerkennung weiterer Sonderverhältnisse indes zurückhaltend.

Anerkannt hat die Rspr. eine vertragsähnliche Haftung z.B. im Zivildienstverhältnis.[1148] Nicht als schuldrechtsähnliches Verhältnis hat der BGH dagegen das Schulverhältnis angesehen. Zwar treffe die Schule dem Schüler gegenüber eine Obhutspflicht, die jedoch hinter die Amtspflichten zur Erteilung des Unterrichts usw. zurücktrete.[1149] Entsprechendes gilt für das Strafgefangenenverhältnis. Auch hier besteht zwar eine Fürsorgepflicht, die aber das Verhältnis nicht entscheidend prägt.[1150] Ebenso besteht ein verwaltungsrechtliches Schuldverhältnis weder zwischen dem Jugendamt und dem Pflegekind[1151] noch zwischen Jugendamt und Pflegeeltern.[1152]

3. Unterschiede zur deliktischen Haftung

765 Die Zubilligung von vertraglichen oder vertragsähnlichen Ansprüchen neben der deliktischen Haftung nach 34/839 hat folgende **Vorteile:**

- Hinsichtlich des **Verschuldens** ist die Beweislage im vertraglichen Bereich günstiger: Beim Amtshaftungsanspruch hat der Kläger die volle Beweislast für die Voraussetzungen des § 839 Abs. 1 BGB, insbes. hinsichtlich des Verschuldens des handelnden Amtswalters. Dagegen muss im vertraglichen Bereich der in Anspruch genommene Staat analog §§ 280 Abs. 1 S. 2, 286 Abs. 4 BGB beweisen, dass er eine Pflichtverletzung nicht zu vertreten hat.

- Im vertraglichen Bereich gilt § 278 BGB entsprechend, wonach auch für das Verschulden von **Hilfspersonen** (Erfüllungsgehilfen) gehaftet wird. Das gilt insbes. für selbstständige private Unternehmer. Im deliktischen Bereich kommt eine Zurechnung dagegen nur für Verwaltungshelfer in Betracht (s.o. Rdnr. 671).

- Bei vertraglichen Ansprüchen gilt das Verweisungsprivileg des § 839 Abs. 1 S. 2 BGB nicht. Der Rechtsgedanke des § 839 Abs. 3 BGB wird jedoch zunehmend auch für den vertraglichen Anspruch herangezogen.[1153]

- Während der Anspruch aus 34/839 nur auf Geldersatz geht, ist beim vertraglichen Anspruch auch eine **Naturalrestitution** möglich.[1154]

766 Für vertragsähnliche Ansprüche des Bürgers ist – ebenso wie für Amtshaftungsansprüche (Art. 34 S. 3 GG) – grds. der **Rechtsweg** zu den ordentlichen Gerichten eröffnet (§ 40 Abs. 2 S. 1, 1. Halbs. VwGO).[1155] Etwas anderes gilt für Ansprüche aus öffentlich-rechtlichem Vertrag und im Rahmen des Beamtenrechts (§ 40 Abs. 2 S. 2 VwGO, § 126 Abs. 1 BBG, § 54 Abs. 1 BeamtStG), für die der Verwaltungsrechtsweg eröffnet ist. Für Ansprüche des Staates gegen den Bürger ist dagegen stets der Verwaltungsrechtsweg nach § 40 Abs. 1 S. 1 VwGO eröffnet, da § 40 Abs. 2 S. 1 VwGO nur Ansprüche des Bürgers gegen den Staat erfasst.[1156]

1148 BGH DÖV 1990, 1027 für das Verhältnis Zivildienstleistender zur Beschäftigungsstelle; BGH NJW 1998, 298; BVerwG DVBl. 1998, 645; DVBl. 2004, 1369, 1370 für das Verhältnis zwischen Bundesrepublik und Beschäftigungsstelle; vgl. auch Thiele JuS 2006, 534, 536.
1149 BGH NJW 1963, 1828.
1150 BGHZ 21, 214, 218.
1151 BGH NJW 2006, 1121, 1123.
1152 BGH NJW 2006, 2553, 2554.
1153 Vgl. BVerwGE 107, 29, 31; BVerwG NVwZ-RR 2002, 620; DVBl. 2000, 1128; OVG NRW DVBl. 2009, 211; NWVBl. 2007, 230; OVG Greifswald NJW 2003, 3146, 3148 f.
1154 Maurer § 29 Rdnr. 8; Ossenbühl, S. 285.
1155 Vgl. BVerwG NJW 2002, 2894; Schoch/Ehlers VwGO § 40 Rdnr. 543; Maurer § 29 Rdnr. 9; Graulich ZAP 2005, 849, 854; a.A. Eyermann/Rennert VwGO § 40 Rdnr. 121: wegen vertragsähnlichem Charakter immer Verwaltungsrechtsweg nach § 40 Abs. 2 S. 1, 2. Alt. VwGO; für Verwaltungsrechtsweg bei Benutzungsverhältnissen auch VGH Mannheim NJW 2003, 1066.
1156 VG Münster NWVBl. 2008, 39 und AS-Skript VwGO (2009), Rdnr. 90.

C. Entschädigung bei Eingriffen in das Eigentum (Art. 14 GG)

Ersatzansprüche bei Eingriffen in das Eigentum können sich aus vier Gesichtspunkten ergeben: 767

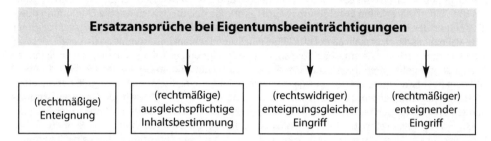

- **Enteignungsentschädigung** nach Art. 14 Abs. 3 GG als Ausgleich für den Entzug einer Eigentumsposition,
- **ausgleichspflichtige Inhaltsbestimmungen** als Kompensation für besonders schwerwiegende Belastungen im Rahmen der gesetzlichen Bestimmung von Inhalt und Schranken des Eigentums nach Art. 14 Abs. 1 S. 2 GG,
- **enteignungsgleicher Eingriff** bei rechtswidrigen Eingriffen in das Eigentum und
- **enteignender Eingriff** bei unzumutbaren Nebenfolgen einer an sich rechtmäßigen Verwaltungsmaßnahme.

I. Ersatzansprüche wegen Enteignung (Art. 14 Abs. 3 GG)

1. Abgrenzung zwischen Inhalts- und Schrankenbestimmung und Enteignung

Art. 14 Abs. 1 S. 1 GG gewährleistet **Eigentum** und Erbrecht. Eingriffe in das Grundrecht können verfassungsrechtlich gerechtfertigt sein 768

- als **Inhalts- und Schrankenbestimmung** im Rahmen der Sozialbindung (Art. 14 Abs. 1 S. 2, Abs. 2 GG) oder
- als **Enteignung** (Art. 14 Abs. 3 GG).

Nach Art. 14 Abs. 3 S. 2 GG darf eine **Enteignung nur gegen Entschädigung** erfolgen (sog. Junktimklausel), während Inhalts- und Schrankenbestimmungen grundsätzlich **entschädigungslos** hinzunehmen sind. Für die **Abgrenzung** gilt nach der heute herrschenden Trennungstheorie[1157] ein **formeller Enteignungsbegriff:**

- **Enteignung** i.S.d. Art. 14 Abs. 3 GG ist (nur) der zielgerichtete staatliche Zugriff auf das Eigentum des Einzelnen, der auf eine vollständige oder teilweise Entziehung einer konkreten Rechtsposition i.S.d. Art. 14 Abs. 1 GG zur Erfüllung öffentlicher Aufgaben gerichtet ist **(Eigentumsentzug).** 769

[1157] Grundlegend BVerfGE 58, 300, 331 (Nassauskiesungsbeschluss)®; vgl. auch BVerfG DVBl. 2000, 1275, 1276; NJW 2001, 2960, 2961; NJW 2003, 196, 197; BVerwG NVwZ 2007, 707; DVBl. 2003, 531, 532; BGHZ 90, 17, 29 ff.; 99, 24, 28 f.; Papier DVBl. 2000, 1398, 1399; Battis/Otto DVBl. 2004, 1501, 1503; Jochum/Durner JuS 2005, 412, 413.

- **Inhalts- und Schrankenbestimmung** i.S.d. Art. 14 Abs. 1 S. 2 GG ist demgegenüber die generelle und abstrakte Festlegung von Rechten und Pflichten des Eigentümers (**Eigentumsbeschränkung**).

770 Demgegenüber hatten der BGH (Sonderopfertheorie) und das BVerwG (Schweretheorie) in ihrer früheren Rspr. einen **materiellen Enteignungsbegriff** zugrunde gelegt. Danach war die Enteignung durch die Kriterien der Schwere, der Zumutbarkeit oder des Überschreitens der Sozialbindung gekennzeichnet. Jede Maßnahme, die nicht mehr als (rechtmäßige) Inhalts- und Schrankenbestimmung gerechtfertigt war, schlug automatisch in eine entschädigungspflichtige Enteignung um. Innerhalb dieses weit gefassten Enteignungsbegriffs unterschied der BGH zwischen der (rechtmäßigen) Enteignung i.S.d. Art. 14 Abs. 3 GG, dem (rechtswidrigen) enteignungsgleichen Eingriff und dem enteignenden Eingriff, der die unzumutbaren Nebenfolgen eines an sich rechtmäßigen Eingriffs erfasste.[1158] Nach der **Trennungstheorie** handelt es sich dagegen bei Inhalts- und Schrankenbestimmungen einerseits und Enteignung andererseits um zwei völlig selbstständige Rechtsinstitute, die nicht ineinander übergehen können, insbes. kann eine Inhalts- und Schrankenbestimmung allein aufgrund ihrer Intensität nicht in eine Enteignung „umschlagen".

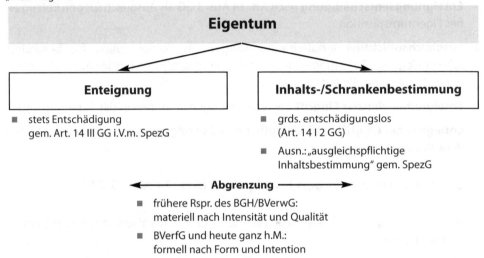

771 Die **Enteignung** ist als **Eigentumsentzug** im Wesentlichen ein „Güterbeschaffungsvorgang". Sie beseitigt das Eigentum des bisherigen Eigentümers und lässt originäres, privatrechtlich grds. unbelastetes neues Eigentum beim Begünstigten entstehen. Rechte Dritter können aufrechterhalten bleiben, soweit dies mit dem Enteignungszweck vereinbar ist (vgl. z.B. § 97 BauGB).

Beispiele: Entzug eines Grundstücks, z.B. für den Straßenbau (§ 19 FStrG), Belastung eines Grundstücks mit einer Grunddienstbarkeit, z.B. um die Benutzung durch die Allgemeinheit sicherzustellen (§ 86 Abs. 1 Nr. 1, 2. Alt. BauGB).

772 **Inhalts- und Schrankenbestimmungen** sind alle **Eigentumsbeschränkungen**, mögen sie sich auch noch so schwerwiegend auswirken.

Beispiele: baurechtliche Beschränkungen,[1159] Nutzungsbeschränkungen im Natur- und Landschaftsschutzrecht, Duldungspflichten für die Verlegung von Versorgungsleitungen, Versagung der Genehmigung zum Abriss eines Denkmals,[1160] Flug- und Verkehrslärm aufgrund einer Planfeststellung.[1161]

1158 Grundlegend BGHZ 6, 270, 280®; BVerwGE 5, 143, 145 f.; für eine materielle Abgrenzung auch Schwabe Jura 1994, 529, 532; Axer DVBl. 1999, 1533, 1540 f.; Schönfeld NVwZ 1999, 380, 381; Wilhelm JZ 2000, 905, 909 f.
1159 BVerfG NVwZ 2002, 1509; BVerwG NVwZ 1998, 735.
1160 BVerfG; Beschl. v. 14.04.2010 – 1 BvR 2140/08, Rdnr. 12.
1161 BVerfG NVwZ 2010, 512, 514.

C. Entschädigung bei Eingriffen in das Eigentum (Art. 14 GG) | 5. Abschnitt

Aktuelle Beispiele:

- Die Beschränkung der Ansprüche von **NS-Zwangsarbeitern** auf Ansprüche gegen die Stiftung „Erinnerung, Verantwortung und Zukunft" unter Ausschluss von weitergehenden Ansprüchen gegen deutsche Unternehmen durch § 16 Abs. 1 EVZStiftG[1162] ist keine Enteignung i.S.d. Art. 14 Abs. 3 GG, sondern Inhalts- und Schrankenbestimmung i.S.d. Art. 14 Abs. 1 S. 2 GG, da es nicht um die Erfüllung öffentlicher Aufgaben, sondern lediglich um den Ausgleich privater Interessen geht.[1163]   **773**

- Kontrovers diskutiert wird die Einordnung des **Ausstiegs aus der Kernenergienutzung**. Durch § 7 Abs. 1 a AtomG sind im Jahre 2002 die Restlaufzeiten genehmigter Atomkraftwerke nachträglich beschränkt worden. Da nach Fristablauf ein Totalentzug der Nutzungsbefugnis vorliegt, wird teilweise eine Enteignung angenommen.[1164] Überwiegend wird von einer bloßen Inhalts- und Schrankenbestimmung ausgegangen, da das Eigentum nicht entzogen, sondern lediglich sein Gebrauch für die Zukunft neu geregelt wird.[1165] Im Kern geht es um die Frage, welche Auslauffristen noch entschädigungslos hinzunehmen sind. Die rechtliche Brisanz hatte sich durch den sog. Atomkonsens zwischen Bundesregierung und Energiewirtschaft weitgehend erledigt,[1166] ist aber in der aktuellen Diskussion über eine Verlängerung der Restlaufzeiten erneut aufgekommen.[1167]   **774**

2. Anspruchsgrundlage für die Enteignungsentschädigung

Aufgrund der **Junktimklausel** in Art. 14 Abs. 3 S. 2 GG ist eine Enteignung nur zulässig, wenn das Gesetz zugleich Art und Ausmaß der **Entschädigung** regelt. Für die Enteignungsentschädigung gelten vorrangig **spezialgesetzliche Entschädigungsvorschriften**, subsidiär kommen die allgemeinen Enteignungsgesetze der Länder zur Anwendung.   **775**

Enteignungstatbestände finden sich vor allem in §§ 85 ff. BauGB (zur Umsetzung der Bauleitplanung) und im Verkehrswegerecht (§ 19 FStrG, § 30 PBefG, § 44 WaStrG). Eine Enteignungsmöglichkeit sah als Folge der Finanzmarktkrise auch das **Rettungsübernahmegesetz** vom 07.04.2009 (BGBl. I S. 725, 729) vor, von der jedoch kein Gebrauch gemacht wurde, da der Bund sein Ziel, die **Hypo Real Estate** zu verstaatlichen, durch kapitalmarktrechtliche und aktienrechtliche Instrumentarien erreichen konnte.[1168]

Anspruchsgrundlage für die Enteignungsentschädigung ist daher stets eine **spezielle Vorschrift**. Art. 14 Abs. 3 S. 2 u. 3 GG selbst ist keine Anspruchsnorm, sondern nur verfassungsrechtlicher Maßstab für das Enteignungsgesetz.   **776**

Fehlt eine gesetzliche Entschädigungsregel oder entspricht sie nicht den Anforderungen des Art. 14 Abs. 3 GG, so ist das Gesetz nichtig und die darauf gestützte Enteignung rechtswidrig. Der Bürger kann und muss sich gegen die Maßnahme wehren. Den Gerichten ist es verwehrt, bei Fehlen einer Entschädigungsvorschrift im Wege der Analogie zu Art. 14 Abs. 3 GG eine Entschädigung zu gewähren.   **777**

„Sieht der Bürger in der gegen ihn gerichteten Maßnahme eine Enteignung, so kann er eine Entschädigung nur einklagen, wenn hierfür eine gesetzliche Anspruchsgrundlage vorhanden ist. Fehlt sie, so muss er sich bei den Verwaltungsgerichten um die Aufhebung des Eingriffsaktes bemühen. Er kann aber nicht unter Verzicht auf die Anfechtung eine ihm vom Gesetz nicht zugebilligte Entschädigung beanspruchen; mangels gesetzlicher Grundlage können die Gerichte auch keine Entschädigung zusprechen."[1169]

1162 Gesetz zur Errichtung einer Stiftung „Erinnerung, Verantwortung und Zukunft" vom 02.08.2000 (BGBl. I S. 1263).
1163 BVerfG DVBl. 2005, 239, 241; kritisch Sachs JuS 2005, 454, 457; Lindner DVBl. 2005, 1227, 1234 f.; dazu auch EGMR NJW 2009, 489; mit Anm. Dörr JA 2010, 178; ebenso schon BVerfGE 42, 263 ff. (Contergan-Stiftung).
1164 Ossenbühl AöR 124 (1999), 1, 18 ff.; Schmidt-Preuß NJW 2000, 1524, 1525; Sachs GG Art. 14 Rdnr. 157 b m.w.N.
1165 Koch/Roßnagel NVwZ 2000, 1, 5 ff.; Koch NJW 2000, 1529, 1533 f.; Komorowski Jura 2001, 17, 19.
1166 Zur Zulässigkeit der „Verständigung" zwischen Bundesregierung und Energiewirtschaft BVerfGE 104, 249, 268 ff., Huber DVBl. 2003, 157, 161 ff.; Bonk DVBl. 2004, 141, 143; Kloepfer DVBl. 2007, 1189, 1192.
1167 Vgl. Kloepfer DVBl. 2007, 1189, 1193 ff.
1168 Vgl. Wolters/Rau NJW 2009, 1297 ff.; Rinze/Ohler NJW 2009, 1847 ff.; Böckenförde NJW 2009, 2484 ff.
1169 BVerfGE 58, 300, 339 (Nassauskiesungsbeschluss@; anders die frühere Rspr. vgl. BGHZ 6, 270, 280 und oben Rdnr. 770.

3. Anspruchsvoraussetzungen für die Enteignungsentschädigung

> **Aufbauschema: Anspruch auf Enteignungsentschädigung**
>
> I. **Anspruchsgrundlage:** Spezialgesetz, nicht Art. 14 Abs. 3 GG.
>
> II. **Voraussetzungen**
>
>   1. **Vorliegen einer Enteignung**, nicht Inhalts- und Schrankenbestimmung
>
>   2. **Rechtmäßigkeit der Enteignung**
>
>   a) Ermächtigungsgrundlage für Enteignung
>
>   b) zum Wohl der Allgemeinheit
>
>   c) Verhältnismäßigkeit
>
>   3. analog bei rechtswidriger Enteignung?
>
> III. **Rechtsfolge:** angemessener Ausgleich für den Substanzverlust und die unmittelbaren Folgeschäden

778 **a)** Es muss eine **Enteignung** vorliegen. Nach dem herrschenden formellen Enteignungsbegriff setzt die Enteignung stets einen **finalen** (gewollten, beabsichtigten) **Entzug** einer Eigentumsposition voraus. Die Enteignung erfolgt durch **VA** (sog. Administrativenteignung) oder (ausnahmsweise) unmittelbar durch **Gesetz** (sog. Legalenteignung). **Realakte** und ungewollte Nebenfolgen können dagegen keine Enteignung i.S.d. Art. 14 Abs. 3 GG darstellen, sondern können entschädigungsrechtlich nur als „enteignende" oder „enteignungsgleiche" Eingriffe von Bedeutung sein (s.u. Rdnr. 787 ff.).

779 **b)** Unproblematisch ist die Anwendung der gesetzlichen Entschädigungsregelung, wenn die **Enteignung rechtmäßig** ist.[1170]

Beachte: Liegt der Enteignung ein bestandskräftiger Planfeststellungsbeschluss zugrunde, so steht fest, dass die Enteignung dem Grunde nach zulässig ist (sog. **enteignungsrechtliche Vorwirkung**, vgl. z.B. § 19 Abs. 2 FStrG). Der Grundeigentümer muss daher bereits den Planfeststellungsbeschluss anfechten, wenn er geltend machen will, eine Enteignung stehe nicht im Einklang mit Art. 14 Abs. 3 GG.[1171]

- Als belastende Maßnahme bedarf die Enteignung stets einer (wirksamen) gesetzlichen **Ermächtigungsgrundlage**, die zugleich Art und Ausmaß der Entschädigung regelt (Art. 14 Abs. 3 S. 2 GG).[1172]

- Die Enteignung ist nur rechtmäßig, wenn sie zum **Wohle der Allgemeinheit** erfolgt (Art. 14 Abs. 3 S. 1 GG).

Dafür reicht nicht jedes beliebige öffentliche Interesse aus, erforderlich ist vielmehr ein besonders schwerwiegendes dringendes öffentliches Interesse, fiskalische Gründe allein reichen nicht aus. Zulässig ist auch eine Enteignung zugunsten privater Dritter, wenn diese eine dem Gemeinwohl dienende Aufgabe erfüllen.[1173]

[1170] Vgl. im Einzelnen AS-Skript Grundrechte (2008), S. 241.

[1171] BVerfG NVwZ 2010, 512, 516; NVwZ 2007, 573; BVerwG DVBl. 2005, 900, 902; NVwZ 2002, 1119, 1120; Jarass DVBl. 2006, 1329, 1330; vgl. auch BVerfG DVBl. 1999, 704, 705: keine enteignungsrechtliche Vorwirkung von Bebauungsplänen.

[1172] Zur Verfassungsmäßigkeit des Ausschlusses der Restitution von Enteignungen auf besatzungshoheitlicher Grundlage durch Art. 143 Abs. 3 GG vgl. BVerfG DVBl. 2005, 175 ff.; BVerfGE 84, 90 ff.; 94, 12 ff.; Sachs JuS 2005, 552 ff.; Lege DVBl. 2005, 482 ff.; dazu auch EGMR NJW 2005, 2530; NJW 2005, 2907; zusammenfassend Dörr JuS 2006, 65 ff. u. 350 ff.

- Jede Enteignung muss **verhältnismäßig** sein.

   Eine Enteignung ist z.B. nicht erforderlich, wenn die öffentliche Hand das Grundstück zu angemessenen Bedingungen käuflich erwerben kann. Eine Vollenteignung ist unverhältnismäßig, wenn zur Zweckerreichung die Einräumung einer Grunddienstbarkeit ausreichen würde.[1174]

c) Wird das zur Enteignung ermächtigende Gesetz im Einzelfall **rechtswidrig** angewandt (weil z.B. die konkrete Enteignung unverhältnismäßig ist), gilt nach h.Rspr. die **gesetzliche Entschädigungsregel analog** auch für den rechtswidrigen Eingriff.[1175] Die Rspr. des BVerfG zum Vorrang des Primärrechtsschutzes (s.o. Rdnr. 777) steht nicht entgegen, da eine gesetzliche Entschädigungsregelung vorhanden ist. Ansonsten müsste der Betroffene jede Enteignung auf Verdacht anfechten, selbst wenn er mit ihr einverstanden ist und es ihm nur um die Höhe der Entschädigung geht. Nach der Gegenansicht gilt auch hier der Vorrang des verwaltungsgerichtlichen Rechtsschutzes, da rechtswidrige Maßnahmen stets abgewehrt werden müssen. Eine analoge Anwendung der gesetzlichen Entschädigungsregel sei deshalb unzulässig.[1176]

4. Rechtsfolge

Die **Enteignungsentschädigung** ist unter gerechter Abwägung der Interessen der Allgemeinheit und der Beteiligten zu bestimmen (Art. 14 Abs. 3 S. 3 GG). Während Schadensersatz nach §§ 249 ff. BGB den Ausgleich sämtlicher Vermögenseinbußen in Gegenwart und Zukunft erfasst, führt die Entschädigung lediglich zu einem **„angemessenen" Ausgleich**.[1177]

„Schadensersatz ist darauf gerichtet, den schädigenden Eingriff ungeschehen zu machen. Entschädigung hingegen wird als Ausgleich für ein dem Bürger abverlangtes Sonderopfer geleistet."[1178]

Auszugleichen ist grds. nur der **Substanzverlust**. Folgeschäden, insbes. entgangener Gewinn sind grds. nicht ausgeglichen. Denn eigentumsrechtlich geschützt ist nur die vorhandene Eigentumssubstanz, nicht bloße Chancen und Erwerbsmöglichkeiten.

Ausnahmsweise werden allerdings auch sog. **unmittelbare Folgeschäden** ersetzt. Das sind Vermögensnachteile, die zwar nicht Teil des Substanzverlustes sind, aber unmittelbare Folgen der hoheitlichen Maßnahme (z.B. Umzugskosten, Kosten für eine Betriebsverlegung);[1179] vgl. z.B. §§ 93 ff. BauGB.

Bei Streitigkeiten über die **Rechtmäßigkeit der Enteignung** handelt es sich um eine öffentlich-rechtliche Streitigkeit i.S.d. § 40 Abs. 1 S. 1 VwGO, sodass der Enteignungsbeschluss im **Verwaltungsrechtsweg** durch Anfechtungsklage anzugreifen ist.

Für Enteignungen nach dem BauGB besteht die abdrängende Sonderzuweisung nach § 217 BauGB an die Kammer für Baulandsachen beim Landgericht.

Der **Entschädigungsanspruch** ist dagegen nach Art. 14 Abs. 3 S. 4 GG im **ordentlichen Rechtsweg** geltend zu machen.[1180]

1173 Zur Enteignung zugunsten Privater vgl. BVerfGE 74, 264, 284 (Boxberg-Testgelände); BVerfG WM 2009, 422; BVerwG NJW 2003, 230 (Energieversorgung); OVG Hamburg NVwZ 2005, 105, 107 (Airbus-Werksgelände).
1174 Vgl. AS-Skript Grundrechte (2008), S. 242.
1175 BGH DVBl. 1987, 568, 569.
1176 Böhmer NJW 1988, 2561, 2564; Schoch Jura 1989, 529, 535; Scherzberg DVBl. 1991, 84, 91.
1177 Allgemein Jochum/Durner JuS 2005, 412, 414 f.
1178 Ossenbühl NJW 2000, 2945, 2951.
1179 Vgl. Kemmler JA 2005, 156, 157; Graulich ZAP 2005, 571, 574 f.
1180 Vgl. Graulich ZAP 2005, 849, 851.

II. Die ausgleichspflichtige Inhaltsbestimmung

784 Eigentumsbeschränkungen nach Art. 14 Abs. 1 S. 2 GG sind **grds. entschädigungslos** hinzunehmen. Belastet die Inhalts-/Schrankenbestimmung den Betroffenen so sehr, dass sie auch unter Berücksichtigung der Sozialgebundenheit des Eigentums (Art. 14 Abs. 2 GG) nicht mehr zumutbar ist, so ist die Regelung **unverhältnismäßig** und damit verfassungswidrig. Sie bleibt aber gleichwohl Inhalts-/Schrankenbestimmung und schlägt nicht in eine Enteignung um (s.o. Rdnr. 770). Der Gesetzgeber kann dem Betroffenen aber zum **Ausgleich** der Belastung eine **Entschädigung** gewähren und so die Belastung abmildern. Dadurch wird die an sich unverhältnismäßige Maßnahme (wieder) verhältnismäßig (sog. **ausgleichspflichtige Inhaltsbestimmung**).

Beispiel ist die Pflichtexemplar-Entscheidung:[1181] Die jedem Verleger auferlegte Pflicht, eine bestimmte Anzahl neu erschienener Bücher an eine öffentliche Bibliothek abzuliefern, stellt eine Eigentumsbeschränkung i.S.d. Art. 14 Abs. 1 S. 2 GG dar. Dies ist unproblematisch bei Büchern mit hoher Auflage und normalem Preis. Soweit die Ablieferungspflicht auch bei bibliophilen Kostbarkeiten besteht, ist sie für sich gesehen jedoch unverhältnismäßig. Deshalb wurde die Ablieferungspflicht vom BVerfG nur als verhältnismäßig erachtet, wenn als Ausgleich eine Entschädigung gewährt wird.[1182]

785 Entschädigung wegen ausgleichspflichtiger Inhaltsbestimmung kann aber – wie die Enteignungsentschädigung – nur gewährt werden, wenn eine **gesetzliche Anspruchsgrundlage** besteht. Inhalt und Schranken des Eigentums zu bestimmen, ist Sache des Gesetzgebers (Art. 14 Abs. 1 S. 2 GG). Fehlt die Entschädigungsregelung bei einer Inhalts- oder Schrankenbestimmung, die den Einzelnen unverhältnismäßig belastet, ist das Gesetz verfassungswidrig. Der Betroffene kann und muss den Eingriff abwehren. Er erhält aber **keine Entschädigung**.[1183]

Bedeutung hatten hierbei in der Vergangenheit vor allem die sog. **salvatorischen Entschädigungsklauseln**, insbes. bei Eigentumsbeschränkungen im Denkmal-, Natur- und Landschaftsschutzrecht („Hat eine Maßnahme nach diesem Gesetz enteignende Wirkung, so kann der hiervon Betroffene eine angemessene Entschädigung verlangen."). Sie beruhen auf dem früher in der Rspr. vertretenen weiten (materiellen) Enteignungsbegriff (s.o. Rdnr. 770). Da es sich bei derartigen Eigentumsbeschränkungen nach der heute herrschenden Trennungstheorie mangels Eigentumsentzug nicht um eine Enteignung handelt, unterfallen diese Klauseln nicht der Junktimklausel des Art. 14 Abs. 3 S. 2 GG, sondern haben nur Bedeutung im Rahmen des Art. 14 Abs. 1 S. 2 GG.[1184] Allerdings ist eine (isolierte) salvatorische Entschädigungsklausel nach h.M. zu unbestimmt und nicht geeignet, eine unverhältnismäßige Eigentumsbeschränkung auszugleichen.[1185] Deshalb haben die Länder ihre Entschädigungsregelungen im Denkmal-, Natur- und Landschaftsschutzrecht zwischenzeitlich konkretisiert und die Tatbestände für die Gewährung einer Entschädigung detailliert geregelt (vgl. auch die Neuregelung in § 68 BNatSchG).[1186]

786 Für Ansprüche im Rahmen des Art. 14 Abs. 1 S. 2 GG ist gem. § 40 Abs. 2 S. 1, 2. Halbs. VwGO der **Verwaltungsrechtsweg** eröffnet.[1187]

1181 BVerfGE 58, 137, 144@.
1182 Vgl. auch BVerfGE 79, 174, 192; BVerfG NJW 1999, 2877, 2879@; BVerwGE 80, 184, 191; 84, 184, 191; BGHZ 121, 328, 332; 123, 242, 245; ausführlich Papier DVBl. 2000, 1398, 1401 ff.; Jochum/Durner JuS 2005, 320, 322 f.; Hendler/Duikers Jura 2005, 409, 414.
1183 BVerfG NJW 1999, 2877, 2879@; Brüning JuS 2003, 1, 5; Kemmler JA 2005, 156, 157; Graulich ZAP 2005, 185, 188.
1184 Vgl. BVerfG NJW 1999, 2877, 2879@; BGH NJW 1997, 388, 389; BVerwG DVBl. 1993, 1141, 1144; anders noch BVerwG NJW 1990, 2572, 2573.
1185 BVerfG NJW 1999, 2877, 2879@; Papier DVBl. 2000, 1398, 1406; Stüer/Thorand NJW 2000, 3737, 3741; Külpmann JuS 2000, 646, 650; Kemmler JA 2005, 156, 157; Jochum/Durner JuS 2005, 412, 414; großzügiger bei gesetzlichen Regelungen BVerfG NJW 2003, 196, 198; BVerwG DVBl. 2001, 931, 932; Hendler/Duikers Jura 2005, 409, 415.
1186 Vgl. dazu Glaser JuS 2010, 209, 213.
1187 Früher streitig: Für Zivilrechtsweg BGH NJW 1995, 964, für Verwaltungsrechtsweg BVerwG NJW 1994, 2949.

III. Der enteignungsgleiche Eingriff

Fall 19: Späte Reaktion

E ist Eigentümer eines großen überwiegend bewaldeten Grundstücks. Im Jahre 2008 beantragte er eine Waldumwandlungsgenehmigung, um Ackerbau zu betreiben. Die zuständige Behörde lehnte dies aus sachwidrigen Gründen ab. E unternahm trotz ordnungsgemäßer Rechtsbehelfsbelehrung zunächst nichts. Erst Anfang 2010 wurde er von einem Bekannten auf die Rechtswidrigkeit der Ablehnung hingewiesen. E wendet sich daraufhin an die Behörde und verlangt Schadensersatz bzw. Entschädigung, was diese ablehnt. Das einschlägige Landesforstgesetz enthalte keine Entschädigungsregelung, im Übrigen habe es E versäumt, gegen die Ablehnung vorzugehen. Wie ist zu entscheiden, wenn E einen Anspruch auf Erteilung der Umwandlungsgenehmigung gehabt hat?

A. Anspruch aus 34/839

I. Die **Tatbestandsvoraussetzungen** des Amtshaftungsanspruchs sind erfüllt, da die Behörde ihre dem E gegenüber obliegende Amtspflicht zu rechtmäßigem Verwaltungshandeln zumindest fahrlässig verletzt hat.

II. Der Anspruch scheitert jedoch an § 839 Abs. 3 BGB. E hat gegen die Versagung der Genehmigung trotz ordnungsgemäßer Belehrung **keinen Rechtsbehelf** eingelegt. Aufgrund der Rechtswidrigkeit der Ablehnung hätten Rechtsbehelfe die Erteilung der Genehmigung bewirkt und dadurch den Schaden abgewendet.

B.
Entschädigung wegen Enteignung setzt einen **finalen Entzug** einer Eigentumsposition voraus. Dem E ist kein Recht entzogen worden. Außerdem fehlt es an der nach Art. 14 Abs. 3 S. 2 GG erforderlichen Entschädigungsregelung im LForstG.

C.
Ein Entschädigungsanspruch könnte sich aus dem Gesichtspunkt eines **enteignungsgleichen Eingriffs** ergeben.

I. Rechtsgrundlage

1. Das Rechtsinstitut des enteignungsgleichen Eingriffs beruht auf einer **Rechtsfortbildung** durch die Rspr. Ausgangspunkt war folgende Überlegung: Wenn nach Art. 14 Abs. 3 S. 2 GG rechtmäßige Eingriffe in das Eigentum eine Entschädigung auslösen, müsse dies **analog Art. 14 Abs. 3 GG** erst recht für rechtswidrige Maßnahmen gelten. Vor allem sollte dadurch die Haftungslücke für rechtswidrig schuldlose Eingriffe (kein Anspruch aus 34/839) geschlossen werden.[1188]

787

Als weitere Konsequenz ergab sich daraus, dass die Rspr. auch die Abgrenzung zwischen Sozialbindung und Enteignung vereinfachte, indem sie eine Enteignung immer schon dann annahm, wenn ein rechtswidriger Eingriff in das Eigentum erfolgte (s.o. Rdnr. 770). Worauf die Rechtswidrigkeit beruhte, war bedeutungslos. Entschädigungspflichtig waren z.B. Enteignungen, obwohl die Voraussetzungen des Art. 14 Abs. 3 GG nicht vorlagen, unverhältnismäßige Sozialbindungen, Eingriffe ohne jede Rechtsgrundlage oder auf unwirksamer Rechtsgrundlage, z.B. weil es an einer ausreichenden Entschädigungsregelung fehlte (Art. 14 Abs. 3 S. 2 GG).

1188 Grundlegend BGHZ 6, 270, 290@; 13, 88, 92; 32, 208, 211; 60, 126, 137.

788 2. Diesen Ausgangspunkt hat das BVerfG im sog. **Nassauskiesungsbeschluss**[1189] aus grundrechtsdogmatischen Gründen verworfen. Danach ist begrifflich streng zu trennen zwischen der Eigentumsbeschränkung nach Art. 14 Abs. 1 S. 2 GG und der Enteignung gem. Art. 14 Abs. 3 GG (Trennungstheorie). Enteignung ist nur der **finale Entzug** des Eigentums (formeller Enteignungsbegriff). Ist der Eingriff rechtswidrig, kann und muss der Betroffene den Eingriff abwehren. Auch kann eine verfassungswidrige Inhaltsbestimmung nicht in eine (entschädigungspflichtige) Enteignung umschlagen. Sie bleibt ein rechtswidriger Eingriff, der durch Zubilligung einer Entschädigung nicht geheilt werden kann (s.o. Rdnr. 770).

789 3. Die Aussagen des BVerfG bezogen sich allerdings nur auf **finale Eingriffe** in das Eigentum. Damit bleibt eine Lücke vor allem bei **sonstigen Eingriffen**, die oftmals nicht abgewehrt werden können. Die Rspr. hält deshalb in diesem Bereich am enteignungsgleichen Eingriff fest. Geändert hat sich allerdings der dogmatische Ausgangspunkt. Der Anspruch kann aufgrund der Rspr. des BVerfG nicht mehr aus Art. 14 Abs. 3 GG abgeleitet werden. **Rechtsgrundlage** ist vielmehr der schon in den §§ 74, 75 der Einleitung zum Preußischen Allgemeinen Landrecht (EALR) enthaltene **gewohnheitsrechtliche Aufopferungsgedanke** (s.o. Rdnr. 660).[1190]

> Damit handelt es sich beim enteignungsgleichen Eingriff nicht um ein grundrechtliches, sondern um ein **einfach-gesetzliches Haftungsinstitut**. Trotz der Abkoppelung von Art. 14 Abs. 3 GG hat die Rspr. den Begriff „enteignungsgleich" beibehalten, weil dieser sich seit langem eingebürgert habe. Auch das BVerfG hat zwischenzeitlich den „enteignungsgleichen Eingriff" ohne nähere Begründung als einfach-gesetzliches Haftungsinstitut anerkannt.[1191] Einen **Spezialfall** des enteignungsgleichen Eingriffs bildet die Haftung wegen rechtswidriger Maßnahmen der Polizei- und Ordnungsbehörden (s.o. Rdnr. 733 ff.).

790 II. **Anwendbar** ist das Rechtsinstitut des enteignungsgleichen Eingriffs bei

- **rechtswidrigem Vollzug verfassungsgemäßer Gesetze** und

- **rechtswidrigen faktischen Eigentumsbeeinträchtigungen**.

> **Beispiele:** faktische Bausperre durch Verzögerung einer Baugenehmigung oder eines Bauvorbescheides;[1192] rechtswidrige Verweigerung des Einvernehmens der Gemeinde;[1193] Verursachung einer Überschwemmung durch eine rechtswidrige Maßnahme;[1194] Waldgefährdung durch einen fehlerhaften Bebauungsplan;[1195] rechtswidriges Verbot des Vertriebs bestimmter Waren;[1196] rechtswidrige Ablehnung einer Genehmigung;[1197] rechtswidrige Verzögerung von Grundbucheintragungen.[1198]

Da es sich im vorliegenden Fall nicht um eine zielgerichtete Enteignung handelt, sondern um eine rechtswidrige Beschränkung des Eigentums durch Einzelakt, ist der Rückgriff auf die gewohnheitsrechtlichen Grundsätze des enteignungsgleichen Eingriffs auch im vorliegenden Fall zulässig.

1189 BVerfGE 58, 300@.
1190 BGHZ 90, 17, 41@; 117, 240, 252; BGH NJW 2007, 830, 833; DVBl. 2005, 373, 375; Papier DVBl. 2000, 1398, 1400; Ossenbühl NJW 2000, 2945, 2950; Kemmler JA 2005, 156, 159; Graulich ZAP 2005, 185, 190; Schlick NJW 2008, 31, 32.
1191 BVerfG NJW 2006, 2542, 2544 (keine Anwendung auf Kriegsschäden); DVBl. 2000, 350@; NJW 1992, 36, 37.
1192 BGH VersR 2002, 714, 715.
1193 BGH NJW 1992, 2218.
1194 BGH DVBl. 1999, 609; Ewer NJW 2002, 3497, 3501 m.w.N.
1195 OLG München NVwZ-RR 1990, 340.
1196 BGH NVwZ-RR 2000, 744.
1197 BGH NVwZ 2007, 830, 833; NVwZ 2002, 124; NVwZ 1992, 1119, 1121.
1198 BGH NVwZ 2007, 830, 834.

C. Entschädigung bei Eingriffen in das Eigentum (Art. 14 GG)

Nicht anwendbar ist der enteignungsgleiche Eingriff bei **legislativem Unrecht**. Ist ein formelles Gesetz verfassungswidrig, so muss sich der Betroffene gegen die darauf gestützte rechtswidrige Maßnahme wehren. Der Verfassungsverstoß kann nicht durch Zubilligung einer gesetzlich nicht vorgesehenen Entschädigung „geheilt" werden.[1199] Normatives Unrecht des Verordnungs- oder Satzungsgebers kann dagegen einen Anspruch aus enteignungsgleichem Eingriff auslösen, wenn die Norm an eigenen, nicht auf ein Parlamentsgesetz zurückgehenden Nichtigkeitsgründen leidet.[1200]

791

III. Anspruchsvoraussetzungen

Ein Entschädigungsanspruch aus enteignungsgleichem Eingriff setzt voraus, dass rechtswidrig in eine durch Art. 14 Abs. 1 GG geschützte Rechtsposition unmittelbar durch eine hoheitliche Maßnahme eingegriffen wird und dem Betroffenen dadurch ein besonderes Opfer (Sonderopfer) auferlegt wird.[1201]

1. Es muss **Eigentum** i.S.d. Art. 14 Abs. 1 GG betroffen sein. Das ist hier das aus dem Grundeigentum folgende Nutzungsrecht des E.

792

   Obwohl es sich um einen Aufopferungsanspruch handelt, setzt der enteignungsgleiche Eingriff eine Beeinträchtigung des Eigentums i.S.v. Art. 14 GG voraus.[1202] Erfasst werden alle vermögenswerten privaten Rechte (Sacheigentum, Forderungen, Urheberrechte etc.) sowie öffentlich-rechtliche Rechtspositionen, die durch nicht unerhebliche Eigenleistungen erworben wurden und nicht überwiegend auf staatlicher Gewährung beruhen. Nicht geschützt werden bloße Erwerbschancen und das Vermögen als solches.[1203]

   In der Lit. wird die Haftung wegen enteignungsgleichen Eingriffs auch auf andere Grundrechte (insbes. Art 12 GG) erweitert.[1204] Von der Rspr. wird eine solche Ausdehnung ausdrücklich abgelehnt: Die Entschädigungssituation erstrecke sich nur auf das „Erworbene, nicht auf das erst zu Erwerbende".[1205]

2. Die Eigentumsbeeinträchtigung muss auf einem **unmittelbaren hoheitlichen Eingriff** beruhen.

   a) Als (enteignungsgleicher) **Eingriff** kommen alle hoheitlichen Maßnahmen (mit Ausnahme formeller Gesetze, s.o.) in Betracht, insbes. Rechtsakte (VA, VO, Satzung), aber auch Realakte.

793

   b) Die Frage, ob ein Eingriff **unmittelbar** zu einer Eigentumsbeeinträchtigung geführt hat, ist nicht allein nach Kausalitätskriterien zu beantworten. Vielmehr handelt es sich um eine **wertende Zurechnung** der Folgen nach Verantwortungsbereichen und Risikosphären. Für die Unmittelbarkeit reicht es aus, wenn sich eine Gefahr verwirklicht, die bereits in der hoheitlichen Maßnahme selbst angelegt ist.[1206]

794

   aa) Hier hat es die Behörde lediglich **unterlassen**, die Genehmigung zu erteilen. Ein Unterlassen stellt nach h.M. grds. keinen Eingriff dar. Denn dem Bürger wird nichts genommen, sondern nur etwas vorenthalten. Da Art. 14

795

1199 BVerfGE 58, 300, 320@; Detterbeck Rdnr. 1148; Kemmler JA 2005, 156, 159.
1200 BGH NJW 1990, 3260 f.; OLG Köln OLGR 2008, 173, 175; Durner JuS 2005, 900, 901.
1201 BGH NJW 2007, 830, 833; VersR 2002, 714, 715; BGHZ 117, 240, 252; 125, 258, 264; Durner JuS 2005, 900, 901.
1202 BGH DVBl. 2005, 373, 375; Fehling/Faust/Rönnau JuS 2006, 18, 20 m.w.N.
1203 Zum Schutzbereich des Art. 14 GG vgl. AS-Skript Grundrechte (2008), S. 228 ff.
1204 Maurer § 27 Rdnr. 106; Schenke NJW 1991, 1777, 1780; Maurer JZ 1996, 1124, 1125; Kühne DVBl. 2005, 978. 979.
1205 BVerfG NVwZ 1992, 36, 37; BGH DVBl. 2005, 373, 375; DVBl. 1996, 797, 799; NJW 1990, 3260, 3261.
1206 Grundlegend BGHZ 92, 34, 41; Maurer § 27 Rdnr. 93; Detterbeck JuS 2000, 574, 589; Sachs GG Art. 14 Rdnr. 176.

Abs. 1 GG nur vorhandene Vermögenspositionen schützt, kommt als Eingriffsobjekt nur eine bestehende, nicht aber eine bloß begehrte Rechtsposition in Betracht.

796 bb) Ein Eingriff liegt aber vor, wenn das Unterlassen sich ausnahmsweise als in den Rechtskreis des Betroffenen eingreifendes Handeln darstellt (sog. **qualifiziertes Unterlassen**).[1207] Dies ist insbes. anzunehmen, wenn die Behörde – wie hier – eine beantragte Genehmigung förmlich verweigert, da die Eigentumsbeschränkung dann unmittelbar auf der Versagung beruht.

Nach a.A. ist ein Eingriff durch Unterlassen stets dann anzunehmen, wenn eine Rechtspflicht zum Handeln besteht.[1208]

797 3. Die Maßnahme hat **enteignungsgleiche Wirkung**, wenn der herbeigeführte **Erfolg rechtswidrig** ist.[1209] Das Sonderopfer wird durch die Rechtswidrigkeit der staatlichen Maßnahme indiziert.[1210] Die rechtswidrige Ablehnung der Waldumwandlungsgenehmigung stellt mithin einen enteignungsgleichen Eingriff dar.

798 4. Der Anspruch wegen enteignungsgleichen Eingriffs ist vom **Verschulden unabhängig**, gilt also bei schuldlosen Eingriffen ebenso wie bei rechtswidrig schuldhaften. Im letzteren Fall kann der Entschädigungsanspruch neben dem Amtshaftungsanspruch geltend gemacht werden.[1211]

Die Vorschriften über die polizei- und ordnungsrechtliche Unrechtshaftung (s.o. Rdnr. 733 ff.) verdrängen dagegen als lex specialis den allgemeinen Aufopferungsanspruch wegen enteignungsgleichem Eingriff.[1212] Auch ausgleichspflichtige Inhaltsbestimmungen stellen eine vorrangige, abschließende Spezialregelung dar.[1213]

799 5. Aufgrund des **Vorrangs des Primärrechtsschutzes** ist der Anspruch analog § 254 BGB ausgeschlossen, wenn der Betroffene es schuldhaft unterlassen hat, den Schaden durch Rechtsmittel abzuwehren.[1214]

Dies führt nach der Rspr. grds. zum vollständigen Ausschluss des Anspruchs, nach der Lit. zur Reduzierung des Anspruchs entsprechend dem Mitverschulden.[1215] Andere stellen auf den Rechtsgedanken des § 839 Abs. 3 BGB ab.[1216] Nach der Systematik des BVerfG mit der vorrangigen Abwehrpflicht des Betroffenen müsste an sich schon die Anwendbarkeit des enteignungsgleichen Eingriffs verneint werden.[1217] Das BVerfG hat die Rspr. des BGH aber ausdrücklich gebilligt.[1218]

Dem E ist vorzuwerfen, dass er die Ablehnung der Umwandlungsgenehmigung nicht näher geprüft hat, ggf. hätte er anwaltlichen Rat einholen müssen. Da die Erhebung von Widerspruch und Verpflichtungsklage den eingetretenen Schaden verhindert hätte, ist der Anspruch insoweit ausgeschlossen. E kann nur die Nach-

---

[1207] BGH NJW 2007, 830, 834; OLG Köln OLGR 2008, 173, 175; Schwager/Krohn WM 1991, 33, 44.
[1208] Ossenbühl JZ 1994, 786, 787; Schenke NJW 1991, 1777, 1788; vgl. auch Maurer § 27 Rdnr. 92.
[1209] Maurer § 27 Rdnr. 94 u. 111.
[1210] BGH DVBl. 1984, 391, 392; Sachs GG Art. 14 Rdnr. 183; Maurer § 27 Rdnr. 94; Kemmler JA 2005, 156, 159.
[1211] BGHZ 7, 296, 298; 13, 88, 94; 45, 58, 82; BGH NJW 2007, 830, 833.
[1212] Maurer § 27 Rdnr. 103.
[1213] OLG Frankfurt NVwZ-RR 2007, 242, 243.
[1214] Vgl. BGHZ 90, 17, 31@; 91, 20, 24; 140, 285, 297; OLG Hamm NVwZ 2004, 1148; Kemmler JA 2005, 156, 159.
[1215] Vgl. Maurer § 27 Rdnr. 99.
[1216] Vgl. Lege NJW 1990, 864, 871 m.w.N.
[1217] Vgl. Schoch Jura 1990, 140, 150 m.w.N.
[1218] BVerfG DVBl. 2000, 350@.

teile ersetzt verlangen, die sich auch durch die Rechtsbehelfe nicht hätten vermeiden lassen (z.B. die während des Verpflichtungsprozesses ohnehin eintretenden **Verzögerungsnachteile**).

Gegenbeispiel: Kein Ausschluss analog § 254 BGB, wenn der Eingriff vor dem VG überhaupt nicht abwehrbar ist, insbes. weil es sich um einen faktisch abgeschlossenen Eingriff handelt, oder wenn die Wahrnehmung des Abwehrrechts unzumutbar ist.[1219]

IV. **Rechtsfolge:** Im Unterschied zum Amtshaftungsanspruch (Art. 34 GG, § 839 BGB), der dem Geschädigten vollen Schadensersatz gewährt, ist der Anspruch aus enteignungsgleichem Eingriff lediglich auf eine **„angemessene Entschädigung"** gerichtet.[1220] Hierfür gelten die Grundsätze der Enteignungsentschädigung entsprechend. **800**

V. **Anspruchsgegner** ist der begünstigte Hoheitsträger, also der dessen Aufgaben wahrgenommen wurden oder dem die Vorteile des Eingriffs zugeflossen sind.[1221] **801**

Nach der Gegenansicht soll der Hoheitsträger haften, dessen Organ den Eingriff vorgenommen hat und daher verantwortlich ist.[1222]

Der Anspruch unterliegt der regelmäßigen (dreijährigen) **Verjährung** nach § 195 BGB.[1223] **802**

Die Gegenansicht verweist darauf, dass § 194 Abs. 3 DiskE-BGB, der eine generelle Anwendung der zivilrechtlichen Verjährungsvorschriften auch auf öffentliche Ansprüche vorsah, nicht Gesetz geworden ist. Deshalb sei davon auszugehen, dass der Gesetzgeber die Verjährung öffentlich-rechtlicher Ansprüche nicht reformieren wolle. Kraft Gewohnheitsrechts gelte eine Frist von 30 Jahren.[1224] Bei der ordnungsrechtlichen Unrechtshaftung als Spezialfall des enteignungsgleichen Eingriffs ist die entsprechende Anwendung der §§ 195 ff. BGB landesrechtlich zum Teil ausdrücklich geregelt (vgl. z.B. § 41 OBG NRW).

VI. Ansprüche wegen enteignungsgleichen Eingriffs sind nach h.M. im **Zivilrechtsweg** gem. § 40 Abs. 2 S. 1, 1. Halbs., 1. Fall VwGO geltend zu machen, da es sich um einen Anspruch aus Aufopferung handelt.[1225] **803**

Nach der Gegenansicht gilt § 40 Abs. 2 S. 1, 1. Halbs., 1. Fall VwGO nur für die Aufopferung im engeren Sinne (unten Rdnr. 820). Für den enteignungsgleiche Eingriff als eigentumsrechtlich gebotenen Ausgleichsanspruch seien nach § 40 Abs. 2 S. 1, 2. Halbs. VwGO die Verwaltungsgerichte zuständig.[1226] Dafür spricht zwar die Gesetzesbegründung.[1227] Jedoch bezieht sich die Vorschrift nur auf ausgleichspflichtige Inhaltsbestimmungen nach Art. 14 Abs. 1 S. 2 GG. Im Übrigen greift für rechtswidrige Eingriffe und damit auch für den enteignungsgleichen Eingriff jedenfalls die Zuständigkeit der Zivilgerichte nach § 40 Abs. 2 S. 1, 1. Halbs., 3. Fall VwGO („Verletzung öffentlich-rechtlicher Pflichten") ein.[1228]

1219 BGH NVwZ-RR 2000, 744.
1220 Vgl. BGH NJW 2007, 830, 834 m.w.N.
1221 BGHZ 102, 350, 359; 134, 316, 321.
1222 Maurer § 27 Rdnr. 101.
1223 BGH NVwZ 2007, 362, 364; NJW 2007, 830, 834; Graulich ZAP 2005, 571, 580; Schlick NJW 2008, 31, 32; allgemein zur Verjährung öffentlich-rechtlicher Ansprüche BVerwG NJW 2006, 3225,3226; NVwZ 2007, 1315, 1319; LKV 2009, 129, 130.
1224 Mansell NJW 2002, 89, 91; Heselhaus DVBl. 2004, 411, 412.
1225 BGHZ 90, 17, 31@; OLG Bamberg NVwZ-RR 2006, 226; Kopp/Schenke VwGO § 40 Rdnr. 61; Papier in Maunz/Dürig Art. 14 Rdnr. 723; Maurer § 27 Rdnr. 116; Kemmler JA 2005, 1560, 160; Graulich ZAP 2005, 849, 852.
1226 Bader/v.Albedyll VwGO § 40 Rdnr. 123, 124 u. 135; Hufen § 11 Rdnr. 69; Hüttenbrink DVBl. 2002, 85.
1227 Vgl. BT-Drs. 14/7474, S. 14.
1228 Kopp/Schenke VwGO § 40 Rdnr. 61; ebenso Sodan/Ziekow VwGO § 40 Rdnr. 545; Ehlers Jura 2008, 359, 361; BayVGH, Beschl. v. 09.06.2008 – 4 C 08.120, juris, Rdnr. 6.

5. Abschnitt Öffentliche Ersatzleistungen

> **Aufbauschema: Anspruch wegen enteignungsgleichen Eingriffs**
>
> **I. Rechtsgrundlage**
> - frühere Rspr.: Art. 14 Abs. 3 GG analog (Erst-Recht-Schluss)
> - heute h.M.: Gewohnheitsrecht, allg. Aufopferungsgedanke, §§ 74, 75 EALR
>
> **II. Anwendbarkeit**
>
> (–) bei zielgerichteter Enteignung und legislativem Unrecht
>
> (+) bei rechtswidrigen faktischen Eigentumsbeeinträchtigungen oder rechtswidriger Konkretisierung von Inhalt und Schranken durch Einzelakt
>
> **III. Voraussetzungen**
>
> 1. Eingriffsobjekt: Eigentum i.S.v. Art. 14 Abs. 1 GG
> 2. unmittelbarer hoheitlicher Eingriff
> 3. Eingriff rechtswidrig („enteignungsgleiche" Wirkung) = Sonderopfer
> 4. Ausschluss analog § 254 BGB, soweit Primärrechtsschutz schuldhaft versäumt
>
> **IV. Rechtsfolge:** angemessene Entschädigung (kein Schadensersatz!)

IV. Der enteignende Eingriff

804 Während es beim enteignungsgleichen Eingriff um rechtswidrige Eingriffe in das Eigentum geht, spricht man von einem **enteignenden Eingriff**, wenn die Eigentumsbeeinträchtigung eine faktische, meist atypische und unvorhergesehene Nebenfolge eines **rechtmäßigen Verwaltungshandelns** ist. Eine Entschädigung wird gewährt, wenn die Folgen besonders schwerwiegend und deshalb unzumutbar sind.

Beispiele: Umsatzeinbußen der Anliegerbetriebe durch Bauarbeiten an der Straße;[1229] unzumutbare Beeinträchtigungen durch Verkehrslärm[1230] oder Fluglärm;[1231] Geruchsimmissionen durch gemeindliche Kläranlage;[1232] Beschädigung eines Gebäudes durch Straßenbauarbeiten;[1233] Überflutungsschäden durch gemeindliche Abwasseranlagen bei Starkregen.[1234]

> **Fall 20: Abfallkrähen**
>
> K ist Eigentümer eines ca. 60 ha großen Hofes in der Nähe einer von der Stadt S hoheitlich betriebenen Anlage zur Lagerung und Behandlung von Abfällen. Trotz des Bemühens der S um möglichst rasche Abdeckung bildet die Anlage einen ständigen Anziehungspunkt für Scharen von Krähen und Möwen. Die Vögel lassen sich auch auf den nahegelegenen Feldern des K nieder und richten dort an der jungen Saat Schäden an, die aber normalerweise nicht zum vollständigen Ausfall der Ernte führen.

1229 BGHZ 57, 359; OLG Hamm NVwZ 2004, 1148.
1230 BGH NVwZ 1992, 915.
1231 BGH NJW 1993, 1700; vgl. auch BGH NJW 2005, 660.
1232 BGHZ 91, 20, 27.
1233 BGH NJW 1999, 938.
1234 BGH NVwZ 2006, 1086; DVBl. 2004, 945 u. 948; Ewer NJW 2002, 3497, 3501 m.w.N.

C. Entschädigung bei Eingriffen in das Eigentum (Art. 14 GG) — 5. Abschnitt

> Im Herbst 2009 hatte K Winterweizen ausgesät. Als die Pflanzen einige Zentimeter hoch waren, fielen Schwärme von Vögeln ein und pickten die Keimlinge auf. Da der Boden nicht gefroren und auch nicht von einer schützenden Schneedecke bedeckt war, konnten die Vögel die Pflanzen in großer Zahl aus der Erde reißen, sodass sie vertrockneten. K begehrt nunmehr von S Entschädigung für den dadurch entstandenen Ernteausfall. Mit Erfolg?

I. Ein Anspruch aus **Amtshaftung** (Art. 34 GG, § 839 BGB) kommt nicht in Betracht, da keinerlei Anhaltspunkte für eine Amtspflichtverletzung vorliegen.

II. Ein Entschädigungsanspruch aus einer (rechtmäßigen) **Enteignung** besteht nicht, weil die Stadt S das Eigentum des K nicht zielgerichtet entzogen hat.

III. Ein Anspruch wegen **enteignungsgleichen Eingriffs** scheidet aus, weil der Betrieb der Abfallbehandlungsanlage nicht rechtswidrig, sondern rechtmäßig erfolgt.

IV. Deshalb kommt ein Anspruch wegen **enteignenden Eingriffs** in Betracht.

1. **Rechtsgrundlage**

   a) Ursprünglich hat die Rspr. auch diesen Anspruch analog Art. 14 Abs. 3 GG begründet. Da sich der Nassauskiesungsbeschluss des BVerfG auf gezielte Rechtsakte bezog, stellte er den enteignenden Eingriff, der nur faktische Auswirkungen erfasst, nicht infrage. Da das BVerfG allerdings eine Entschädigung analog Art. 14 Abs. 3 GG abgelehnt hat, ist Rechtsgrundlage nunmehr auch für den enteignenden Eingriff der **gewohnheitsrechtliche Aufopferungsanspruch** nach §§ 74, 75 EALR.[1235]   **805**

   b) In der Lit. wird das Haftungsinstitut des enteignenden Eingriffs teilweise als **Unterfall der ausgleichspflichtigen Inhaltsbestimmungen** verstanden und von Art. 14 Abs. 1 S. 2 GG erfasst. Ausgleichspflichtige Inhaltsbestimmung und enteignender Eingriff seien nach Tatbestand und Rechtsfolge deckungsgleich. Der Sache nach handele es sich beim „enteignenden Eingriff" um eine ausgleichspflichtige Inhaltsbestimmung ohne gesetzliche Regelung. Dies sei nach der Rspr. des BVerfG indes unzulässig. Ohne gesetzliche Grundlage dürfe keine Entschädigung gewährt werden.[1236]   **806**

   Dagegen spricht jedoch, dass es sich bei ausgleichspflichtigen Inhaltsbestimmungen um gezielte Beeinträchtigungen des Eigentums handelt, während es beim enteignenden Eingriff um **faktische Beeinträchtigungen** geht. Bei atypischen Folgen fehlt es gerade an gesetzlichen Anspruchsgrundlagen, da der Gesetzgeber diese Folgen nicht vorhersehen konnte.[1237] Der Betroffene hat hier auch nicht die Möglichkeit, die (an sich rechtmäßige) Maßnahme vor dem Verwaltungsgericht abzuwehren.   **807**

[1235] BGHZ 91, 20, 27@; 97, 114, 117; 97, 361, 363; BGH DVBl. 2004, 945 u. 948; NJW 1998, 1398, 1399; DVBl. 1994, 691, 692; NJW 1993, 1700, 1701; OLG Schleswig NordÖR 2000, 128, 129; zustimmend Detterbeck/Windthorst/Sproll § 17 Rdnr. 57; Ossenbühl NJW 2000, 2945, 2952; Kemmler JA 2005, 156, 158; Graulich ZAP 2005, 185, 190.

[1236] Maurer § 27 Rdnr. 108 f.; Osterloh JuS 1993, 604, 605; Heinz/Schmitt NVwZ 1992, 513, 520; Schmidt NJW 1999, 2847, 2848; v.Arnauld VerwArch 2002, 394 m.w.N.

[1237] Maurer § 27 Rdnr. 111 erwägt, bei Zufallsschäden aufgrund des Erfolgsunrechts auf den enteignungsgleichen Eingriff zurückzugreifen, sodass der enteignende Eingriff als Haftungsinstitut auch in diesen Fällen entbehrlich sei.

Das BVerfG hat die Berechtigung des Haftungsinstituts des enteignenden Eingriffs angezweifelt, aber im Ergebnis offengelassen: „Dabei kann dahingestellt bleiben, ob sich aus Art. 14 Abs. 1 S. 1 GG überhaupt eine Pflicht zur richterrechtlichen Ausgestaltung eines gesetzlich nicht geregelten, aber verfassungsrechtlich dem Grunde nach gebotenen Anspruchs herleiten lässt. Das dürfte mit Blick auf Art. 14 Abs. 1 S. 2 GG fraglich sein."[1238]

2. **Spezialvorschriften**, die den enteignenden Eingriff ausschließen, bestehen bei **Planfeststellungsbeschlüssen**.

808 a) Nach § 74 Abs. 2 S. 2 VwVfG sind im Planfeststellungsbeschluss Vorkehrungen zu treffen, die zur Vermeidung nachteiliger Wirkungen auf Rechte anderer erforderlich sind. Sind solche Vorkehrungen untunlich oder mit dem Vorhaben unvereinbar, so hat der Betroffene Anspruch auf **angemessene Entschädigung** nach § 74 Abs. 2 S. 3 VwVfG.[1239] Hierbei handelt es sich um einen Fall der ausgleichspflichtigen Inhaltsbestimmung i.S.d. Art. 14 Abs. 1 S. 2 GG.[1240] Ist der Eigentümer der Auffassung, dass der Planfeststellungsbeschluss (§ 75 VwVfG) dem Schutz seines Eigentums nicht genügend Rechnung trägt, so muss er weitere Schutzmaßnahmen oder seinen Ausgleichsanspruch nach § 74 Abs. 2 S. 3 VwVfG im Wege der Verpflichtungsklage auf Planergänzung durchsetzen.[1241] Liegt der Anlage ein **bestandskräftiger Planfeststellungsbeschluss** zugrunde, scheiden Ansprüche wegen enteignenden Eingriffs daher aus.[1242]

Anders die frühere Rspr. des BGH, die bei „schweren und unerträglichen" Verkehrsimmissionen auf Ansprüche wegen enteignenden Eingriffs zurückgriff.[1243]

809 b) Nach § 31 Abs. 2 KrW-/AbfG bedarf aber lediglich die Errichtung und der Betrieb von **Deponien** (= Anlagen zur Endlagerung von Abfällen, § 29 Abs. 1 S. 3 Nr. 2 KrW-/AbfG) einer Planfeststellung. Die Errichtung und der Betrieb von Anlagen zur (Zwischen-)Lagerung oder Behandlung von Abfällen bedürfen dagegen lediglich der Genehmigung nach dem BImSchG (§ 31 Abs. 1 KrW-/AbfG). Da die Beeinträchtigungen nicht auf einem planfestgestellten Vorhaben beruhen, sind die §§ 74, 75 VwVfG nicht vorrangig. Der Aufopferungsanspruch wegen enteignenden Eingriffs ist damit im vorliegenden Fall **anwendbar**.

810 Bei Immissionen hat das BVerwG, auch wenn sie ohne Planfeststellungsverfahren erfolgen, aus § 74 Abs. 2 S. 3 VwVfG in Rechtsanalogie mit § 42 Abs. 2 BImSchG, § 906 Abs. 2 S. 2 BGB einen **allgemeinen öffentlich-rechtlichen Nachbarausgleichsanspruch** entwickelt. Der Ausgleich erfolge primär durch Schutzvorkehrungen (vgl. § 74 Abs. 2 S. 2 VwVfG). Sind solche Vorkehrungen nicht oder nur mit unverhältnismäßigem Aufwand möglich, so habe der Betroffene zum Ausgleich der ihm auferlegten Duldungspflicht Anspruch auf angemessene Entschädigung. Der Anspruch, für den nach § 40 Abs. 1 S. 1 VwGO der Verwaltungsrechtsweg gegeben sei, habe Vorrang gegenüber einem Anspruch aus enteignendem Eingriff.[1244]

1238 BVerfG NJW 1998, 3264@.
1239 Zur Entschädigung nach § 74 Abs. 2 S. 3 VwVfG vgl. BVerfG NVwZ 2010, 512 gegen BVerwG NVwZ 2008, 1113.
1240 Stelkens/Bonk/Sachs VwVfG § 74 Rdrn. 195; Kopp/Ramsauer VwVfG § 74 Rdnr. 118.
1241 BVerwGE 77, 295, 297 ff.; Graulich ZAP 2005, 849, 853.
1242 BVerfG NVwZ 2010, 512, 516; BVerwG NVwZ 2008, 1113, 1114; NVwZ 2007, 1308, 1309; BGHZ 140, 285, 293 ff. u. 298 ff.; Bader/Ronellenfitsch VwVfG § 74 Rdnr. 115; deWitt DVBl. 2010, 661; ebenso BGH NZM 2010, 131; NJW 2005, 660, 661 zum zivilrechtlichen Entschädigungsanspruch nach § 906 Abs. 2 S. 2 BGB (dazu unten Rdnr. 814).
1243 Vgl. BGH DVBl. 1995, 739; NJW 1993, 1700 (Fluglärm); NVwZ 1992, 915 (Straßenlärm); Krohn/Schwager WM 1991, 33, 47; jetzt anders BGHZ 140, 285, 293 ff.; BGH NJW 2005, 660, 661.
1244 BVerwGE 79, 254, 262; 80, 184, 190; 108, 248, 260; BayVGH NVwZ-RR 2007, 161, 165; Graulich ZAP 2005, 571, 579.

C. Entschädigung bei Eingriffen in das Eigentum (Art. 14 GG) — 5. Abschnitt

Der BGH hält dagegen bei hoheitlichen Immissionen, die nicht auf planfestgestellten Vorhaben beruhen, an seiner herkömmlichen Auffassung fest, dass bei „schweren und unerträglichen" Einwirkungen im öffentlich-rechtlichen Nachbarrechtsverhältnis ein Aufopferungsanspruch wegen enteignenden Eingriffs besteht, für den nach § 40 Abs. 2 S. 1, 1. Halbs., 1. Fall VwGO die Zivilgerichte zuständig seien.[1245]

3. Die **Voraussetzungen** des Anspruchs wegen enteignenden Eingriffs entsprechen – bis auf die Rechtswidrigkeit – denen des enteignungsgleichen Eingriffs.

a) Das **Eigentum** des K ist betroffen.

b) Die Eigentumsbeeinträchtigung muss **unmittelbar** auf einen **hoheitlichen Eingriff** zurückzuführen sein. Unmittelbar wurde die Eigentumsbeeinträchtigung hier nicht durch den Betrieb der Anlage, sondern erst durch die Vögel bewirkt. Der Betrieb stellt lediglich eine **mittelbare Ursache** für den Schaden dar.

aa) Während der BGH den Eingriff zunächst auf **gezielte** (finale) Eigentumsbeeinträchtigungen beschränkt hat, lässt er es heute genügen, dass von einer hoheitlichen Maßnahme **unmittelbare Auswirkungen** auf das Eigentum ausgehen. Unmittelbarkeit in diesem Sinne liegt vor, wenn das hoheitliche Handeln die Eigentumsbeeinträchtigung **ohne wesentliche Zwischenursachen** bewirkt. Die Unmittelbarkeit ist dabei nicht zu eng zu verstehen. Die Maßnahme muss insbesondere nicht die zeitlich letzte Ursache darstellen. Es reicht vielmehr aus, wenn das hoheitliche Handeln eine Gefahr begründet und sich im Schadenseintritt diese für die konkrete hoheitliche Betätigung **typische Gefährdungslage** konkretisiert.[1246] **811**

bb) Hier beruhte die Schädigung gerade darauf, dass die Vögel durch die Abfälle angelockt wurden. Es hat sich also eine für die hoheitliche Maßnahme typische Gefährdungslage konkretisiert, sodass ein Eingriff vorliegt. **812**

Die Unmittelbarkeit wurde auch bejaht bei Vernichtung der Ernte durch Graugänse, bei denen ein Abschussverbot zu einer Überpopulation geführt hatte.[1247] Dagegen wurde die Unmittelbarkeit abgelehnt bei Beschädigung einer sichergestellten Sache durch Dritte, da die Sicherstellung nicht typischerweise eine Gefahr für die Sache begründet.[1248]

c) Der Eingriff muss **enteignende Wirkung** haben. Das ist dann der Fall, wenn dem Betroffenen ein **Sonderopfer** für die Allgemeinheit abverlangt wird.

aa) Im Gegensatz zum enteignungsgleichen Eingriff fehlt beim enteignenden Eingriff das Kriterium der Rechtswidrigkeit, welches das Sonderopfer indiziert. Ob die Beeinträchtigung ein **Sonderopfer** bewirkt, muss daher besonders festgestellt werden. Ein Sonderopfer liegt vor, wenn die Beeinträchtigung eine **gewisse Schwere** aufweist und die „Opfergrenze" überschritten wird. Entscheidend ist dabei die Frage nach der **Zumutbarkeit** der Beeinträchtigung.[1249] **813**

1245 BGH NJW 1993, 1700; NVwZ 1992, 915; zustimmend Sproll JuS 1996, 313, 318.
1246 Vgl. BGH DVBl. 2004, 945 u. 948; NVwZ 1988, 1066, 1068@; NVwZ 1987, 1115; NJW 1980, 770; OLG Schleswig NordÖR 2000, 128, 129; Maurer § 27 Rdnr. 93; Kemmler JA 2005, 156, 158.
1247 BGH NVwZ 1988, 1066, 1068@; anders OLG Schleswig NordÖR 2000, 128, 129 f., wenn die Kausalität zwischen hoheitlicher Maßnahme, Tiervermehrung und Fraßschäden nicht feststellbar ist.
1248 BGH NJW 1987, 2573, 2574.
1249 BGHZ 97, 114, 116; BGH NVwZ 1992, 404, 405; DVBl. 2004, 945, 946; Ossenbühl NJW 2000, 2945, 2952; Durner JuS 2005, 900, 902; abweichend Kemmler JA 2005, 156, 158.

814 bb) Beruht die Eigentumsbeeinträchtigung auf tatsächlichen Einwirkungen auf das Eigentum, so ist vor allem auf den **Rechtsgedanken des § 906 BGB** abzustellen: Ein enteignend wirkender Tatbestand liegt vor, wenn der Betroffene die Beeinträchtigung, wäre sie privatrechtlicher Natur, nicht ohne Ausgleich hätte hinnehmen müssen.[1250]

So gewährt § 906 Abs. 2 S. 2 BGB einen verschuldensunabhängigen Ausgleichsanspruch, wenn durch wesentliche ortsübliche Beeinträchtigungen die ortsübliche Nutzung des gestörten Grundstücks eingeschränkt wird. Dasselbe gilt, wenn rechtswidrige Störungen ausnahmsweise aus besonderen Gründen hingenommen werden müssen (sog. nachbarlicher Ausgleichsanspruch, auch privatrechtliche Aufopferung).[1251] Unter denselben Voraussetzungen ist bei hoheitlicher Tätigkeit ein enteignender Eingriff gegeben.

815 cc) An einer enteignenden Wirkung fehlt es dagegen i.d.R. dann, wenn die Beeinträchtigung ihren Grund **in der Sache selbst** – deren Lage, Zustand usw. – hat oder wenn die für jedermann geltende Grenze der Allgemeinbezogenheit des Eigentums konkretisiert wird.

Beispiele: Beeinträchtigungen durch rechtmäßige Straßenbauarbeiten sind grds. entschädigungslos hinzunehmen („Schicksalsgemeinschaft" des Anliegers mit der Straße). Etwas anderes gilt nur dann, wenn die Folgen des Eingriffs für den Anlieger nach Art, Dauer und Intensität so erheblich sind, dass eine entschädigungslose Hinnahme nicht mehr zuzumuten ist.[1252]

Enteignende Wirkung haben z.B. Überflutungsschäden durch die gemeindliche Kanalisation aufgrund starker Regenfälle. „Diese Umstände liegen nicht außerhalb der von hoher Hand geschaffenen und in dem Bauwerk selbst angelegten Gefahrenlage, vielmehr realisiert sich bei einem Überstau allein die ständige Gefährdung der Anliegergrundstücke."[1253] Etwas anderes gilt bei einem sog. Jahrhundertregen, auf den die Gemeinde ihr Kanalisationssystem nicht auslegen muss.[1254]

dd) Bei der Frage nach der Zumutbarkeit ist hier vor allem zu berücksichtigen, dass Vögel sich üblicherweise am Saatgut vergreifen. Allerdings geht die Beeinträchtigung hier über das normale Maß weit hinaus. Aufgrund der **vollständigen Zerstörung** ist ausnahmsweise davon auszugehen, dass die Grenze der Zumutbarkeit überschritten ist. Der Betrieb der Anlage hat daher **enteignende Wirkung**.

816 4. Da die nachteiligen Folgen des an sich rechtmäßigen Betriebs der Anlage nicht vorhersehbar waren, konnten sie auch nicht durch verwaltungsgerichtlichen Rechtsschutz abgewendet werden, sodass den K **kein Mitverschulden** analog § 254 BGB trifft.[1255]

Wegen der unvorhergesehenen und daher nicht abwehrbaren Folgen besteht beim enteignenden Eingriff nicht das vom BVerfG[1256] beanstandete Wahlrecht zwischen „dulde und liquidiere".

[1250] BGH DVBl. 2004, 945, 946; BGH NJW 2005, 660, 662 f.
[1251] BGH RÜ 2009, 759; NJW 2004, 3701, 3702; NJW 2003, 2377, 2378; Roth JuS 2001, 1161, 1164; Wenzel NJW 2005, 241, 246; Wolf JA 2010, 65, 66; ausführlich AS-Skript Sachenrecht 2 (2010), Rdnr. 319 ff.
[1252] BGHZ 57, 359, 365: enteignender Eingriff bei U-Bahn-Bau; Maurer DVBl. 1991, 781, 782; vgl. aber OLG Hamm NVwZ 2004, 1148, 1150: Vorrang der §§ 74, 75 VwVfG.
[1253] BGH DVBl. 2004, 945, 946; vgl. auch Ewer NJW 2002, 3497, 3501.
[1254] BGH NVwZ 2006, 1086.
[1255] Zum Mitverschulden beim enteignenden Eingriff BGH NJW 1999, 938, 939; Axer DVBl. 2001, 1322, 1327; vgl. auch BGH NJW 2005, 660, 662 zum Anspruch aus § 906 Abs. 2 S. 2 BGB.
[1256] BVerfGE 58, 300, 324.

C. Entschädigung bei Eingriffen in das Eigentum (Art. 14 GG) — 5. Abschnitt

5. Für die **Entschädigung** beim enteignenden Eingriff gelten (wie beim enteignungsgleichen Eingriff) die Grundsätze der Enteignungsentschädigung entsprechend.[1257] Auszugleichen sind der Substanzverlust und unmittelbare Folgeschäden, nicht dagegen der entgangene Gewinn (vgl. oben Rdnr. 781 f.). **817**

6. **Anspruchsgegner** ist grds. der „begünstigte" Hoheitsträger. Das ist derjenige, dem die Vorteile des Eingriffs zugeflossen sind, oder derjenige, dessen Aufgaben wahrgenommen wurden (also nicht unbedingt derjenige, der den Eingriff vorgenommen hat).[1258] Für die **Verjährung** gilt § 195 BGB (s.o. Rdnr. 802). **818**

7. Da es sich beim enteignenden Eingriff um einen Aufopferungsanspruch handelt, wird überwiegend gem. § 40 Abs. 2 S. 1, 1. Halbs., 1. Fall VwGO der **Zivilrechtsweg** bejaht.[1259] Ordnet man den enteignenden Eingriff dem Art. 14 Abs. 1 S. 2 GG zu (s.o. Rdnr. 806) und beschränkt den Zivilrechtsweg auf Ansprüche wegen klassischer Aufopferung, so ist nach § 40 Abs. 2 S. 1, 2. Halbs. VwGO der **Verwaltungsrechtsweg** eröffnet.[1260] **819**

Aufbauschema: Anspruch wegen enteignenden Eingriffs

I. Rechtsgrundlage

- frühere Rspr.: Art. 14 Abs. 3 GG analog (Erst-Recht-Schluss)
- heute h.M.: Gewohnheitsrecht, allg. Aufopferungsgedanke, §§ 74, 75 EALR

II. Anwendbarkeit

(–) bei Spezialregelungen (z.B. §§ 74 Abs. 2 S. 3, 75 Abs. 2 S. 4 VwVfG)

(+) bei faktischen, zumeist atypischen und unvorhergesehenen Nebenfolgen einer rechtmäßigen Maßnahme

III. Voraussetzungen

1. Eingriffsobjekt: Eigentum i.S.v. Art. 14 Abs. 1 GG
2. unmittelbarer hoheitlicher Eingriff
3. Sonderopfer
   - Rechtsgedanke des § 906 BGB
   - erweiterte Duldungspflicht bei überwiegendem öffentlichen Interesse
   - Eingriff nach Art, Intensität, Ausmaß unzumutbar („Opfergrenze" überschritten)
4. Ausschluss analog § 254 BGB, wenn vorrangiger Primärrechtsschutz versäumt, i.d.R. (–), da unvorhergesehene Maßnahme nicht abwehrbar

IV. Rechtsfolge: angemessene Entschädigung (kein Schadensersatz!)

[1257] Vgl. BVerfG NVwZ 2010, 512, 515 zum Anspruch aus § 74 Abs. 2 S. 3 VwVfG.
[1258] BGH DÖV 1997, 466; OLG Hamm NVwZ 2004, 1148, 1149; Schoch Jura 1990, 140, 149; Kemmler JA 2005, 156, 158; a.A. Maurer § 27 Rdnr. 101; Ossenbühl, S. 263; ders. JZ 1997, 559 ff.: grds. der eingreifende Hoheitsträger.
[1259] BGH DVBl. 2006, 766; BauR 2006, 1880; VGH Mannheim NJW 2005, 2636; OLG Bamberg NVwZ-RR 2006, 226; NJW 1993, 1700, 1701; Sodan/Ziekow VwGO § 40 Rdnr. 539; Kemmler JA 2005, 156, 160; Graulich ZAP 2005, 849, 852.
[1260] Kopp/Schenke VwGO § 40 Rdnr. 61; Hufen § 11 Rdnr. 69; Kuhla/Hüttenbrink DVBl. 2002, 85 und oben Rdnr. 786.

5. Abschnitt — Öffentliche Ersatzleistungen

Ersatzansprüche bei Eigentumsbeeinträchtigungen

Enteignung

- **Anspruchsgrundlage:** gesetzliche Entschädigungsregelung

  Fehlt Entschädigungsregelung, so ist das Gesetz verfassungswidrig (Art. 14 Abs. 3 S. 2 GG), –> keine Entschädigung

- **Anwendungsfall:** vollständiger oder teilweiser finaler Rechtsentzug einer Eigentumsposition i.S.d. Art. 14 Abs. 1 GG

  bei rechtswidriger Enteignung gilt gesetzliche Entschädigungsvorschrift analog (str.)

ausgleichspflichtige Inhaltsbestimmung

- **Anspruchsgrundlage:** gesetzliche Entschädigungsregelung

  Fehlt wirksame Entschädigungsregelung, so ist Gesetz verfassungswidrig, wenn Inhalts- und Schrankenbestimmung ansonsten unverhältnismäßig (Art. 14 Abs. 1 S. 2 GG) –> keine Entschädigung

- **Anwendungsfall:** Eigentumsbeschränkung i.S.d. Art. 14 Abs. 1 S. 2 GG ohne Entschädigung unverhältnismäßig/unzumutbar

enteignungsgleicher Eingriff

- **Anspruchsgrundlage:** Aufopferungsgewohnheitsrecht, §§ 74, 75 EALR
- **Anwendungsfall:** rechtswidriger Vollzug verfassungsgemäßer Gesetze und rechtswidrige faktische Eigentumsbeeinträchtigungen

enteignender Eingriff

- **Anspruchsgrundlage:** Aufopferungsgewohnheitsrecht, §§ 74, 75 EALR
- **Anwendungsfall:** faktische, zumeist unvorhergesehene und atypische Nebenfolgen einer rechtmäßigen Maßnahme

D. Der allgemeine Aufopferungsanspruch

I. Rechtsgrundlage

Während es bei den Ansprüchen wegen Enteignung, enteignungsgleichen und enteignenden Eingriffs um Eingriffe in vermögenswerte Rechte geht, gleicht der **allgemeine Aufopferungsanspruch** Eingriffe in **nichtvermögenswerte Rechtsgüter** wie Leben, Gesundheit und Freiheit aus.

820

Nachdem der BGH auch den enteignenden und den enteignungsgleichen Eingriff auf den Aufopferungsgedanken stützt, spricht man beim Eingriff in nichtvermögenswerte Rechte vom **allgemeinen Aufopferungsanspruch** (auch Aufopferung im engeren Sinne).

In diesem Bereich bestehen eine Vielzahl von Spezialregelungen, die den allgemeinen Aufopferungsanspruch verdrängen. Dessen **Anwendungsbereich** ist daher **gering**.[1261]

821

Spezialregelungen finden sich z.B. für Impfschäden nach §§ 60 ff. InfSG (Infektionsschutzgesetz), bei Unfällen in der Schule (§ 2 Abs. 1 Nr. 8 SGB VII), Entschädigung für Opfer von Gewalttaten nach §§ 1 ff. OEG (Opferentschädigungsgesetz), für rechtwidrige Strafverfolgungsmaßnahmen nach §§ 1 ff. StrEG (Strafverfolgungsentschädigungsgesetz) und für rechtswidrige Freiheitsentziehungen in Art. 5 Abs. 5 EMRK (vgl. oben Rdnr. 658).

Fehlen solche Spezialvorschriften, so ist **Rechtsgrundlage** der auf §§ 74, 75 EALR beruhende gewohnheitsrechtliche (allgemeine) Aufopferungsanspruch.

II. Voraussetzungen

1. Mögliches Eingriffsobjekt ist ein **nichtvermögenswertes Recht** oder Rechtsgut. Nach h.M. werden vom Aufopferungsanspruch nicht alle immateriellen Rechtsgüter, sondern nur die Schutzgüter des Art. 2 Abs. 2 GG erfasst, also Leben, körperliche Unversehrtheit, Gesundheit und Freiheit, nicht dagegen der Persönlichkeitsschutz (Ehre).[1262]

822

Die Gegenansicht plädiert dafür, den Bereich der durch die Aufopferung zu schützenden Rechtsgüter um die Geheimsphäre, die Ehre und den Namensschutz zu erweitern.[1263]

2. In dieses Recht muss **unmittelbar** aufgrund einer **hoheitlichen Maßnahme** eingegriffen worden sein. Ausreichend ist – wie bei den Ansprüchen wegen enteignenden und enteignungsgleichen Eingriffs – auch hier, dass durch die hoheitliche Maßnahme eine **besondere Gefahrenlage** geschaffen wurde und diese sich konkretisiert hat.

823

Beispiel: Der Strafgefangene S ist in der JVA von einem Mithäftling verletzt worden. Der BGH hat einen Aufopferungsanspruch verneint, da sich S durch sein eigenes strafbares Verhalten in zurechenbarer Weise der Freiheitsentziehung ausgesetzt hat. Die staatliche Freiheitsentziehung schafft keine typische Gefahrenlage für die körperliche Integrität.[1264]

3. Das für die Aufopferung entscheidende Merkmal ist das **Sonderopfer**. Der Betroffene muss im Vergleich zu anderen ungleich belastet worden sein. Zu verneinen ist das Sonderopfer vor allem in den Fällen, in denen lediglich eine allen auferlegte Pflichtigkeit konkretisiert wird oder die Beeinträchtigung sich nur als Realisierung des **allgemeinen Lebensrisikos** darstellt.

824

1261 Ossenbühl, S. 132: „Rarität" mit „exotischem Charakter".
1262 BGH WM 1996, 1109; NJW 1994, 2229; Detterbeck Rdnr. 1188.
1263 Schenke NJW 1991, 1777, 1780; Kemmler JA 2005, 659, 659; dagegen ausführlich Rinne DVBl. 1993, 869 ff.
1264 Vgl. BGHZ 17, 172; 60, 302; Maurer § 28 Rdnr. 10.

Verneint hat der BGH ein Sonderopfer z.B. bei Turnunfällen in der Schule. Wenn sich ein Schüler bei einer Übung verletze, wie sie in ähnlicher Form auch beim Spielen außerhalb des Unterrichts vorkommt, realisiere sich lediglich das allgemeine Lebensrisiko (vgl. nunmehr § 2 Abs. 1 Nr. 8 SGB VII).

825 Unerheblich ist, ob das Sonderopfer rechtmäßig oder rechtswidrig auferlegt wurde und ob der Eingriff schuldlos oder schuldhaft erfolgte.

Bei schuldhaft rechtswidriger Maßnahme kann der allgemeine Aufopferungsanspruch daher neben dem Amtshaftungsanspruch bestehen.[1265]

III. Rechtsfolge

826 Zwar ist Voraussetzung für die Aufopferung, dass in ein nichtvermögenswertes Rechtsgut eingegriffen wird. **Rechtsfolge** ist aber nur ein Anspruch auf Ausgleich der eingetretenen **Vermögensnachteile**, nicht dagegen Ersatz des immateriellen Schadens (Schmerzensgeld). Immateriell ist nur das verletzte Recht, nicht der zu ersetzende Schaden.[1266]

Anders die Schadensersatzansprüche nach Art. 34 GG, § 839 BGB und Art. 5 Abs. 5 EMRK, die gemäß § 253 Abs. 2 BGB auch Schmerzensgeld umfassen.[1267] Im Übrigen gelten die Ausführungen zur Enteignung entsprechend. Der Anspruch geht auf angemessenen Ausgleich, nicht auf Schadensersatz. Entschädigungspflichtig ist der Begünstigte bzw. der Verwaltungsträger, dessen Aufgaben wahrgenommen wurden.

827 Nach § 40 Abs. 2 S. 1, 1. Halbs., 1. Fall VwGO ist für Ansprüche aus Aufopferung der **ordentliche Rechtsweg** eröffnet.[1268]

Bei Ansprüchen aus Aufopferung im engeren Sinne ist dies unstreitig. Umstritten ist lediglich, ob bei Aufopferungsansprüchen im weiteren Sinne (Ansprüche wegen enteignendem oder enteignungsgleichem Eingriff) der ordentliche Rechtsweg nach § 40 Abs. 2 S. 1, 1. Halbs. VwGO eröffnet ist oder ob die Ausnahme für die Verwaltungsgerichte nach § 40 Abs. 2 S. 1, 2. Halbs. VwGO eingreift (s.o. Rdnr. 786 u. 819).

Aufbauschema: allgemeiner Aufopferungsanspruch

I. Rechtsgrundlage

Gewohnheitsrecht, §§ 74, 75 EALR

II. Anwendbarkeit

subsidiär gegenüber spezialgesetzlichen Regelungen (§§ 60 ff. InfSchG, SGB VII, StrEG, OEG), aber neben 34/839

III. Voraussetzungen

1. Eingriffsobjekt: nichtvermögenswertes Recht/Rechtsgut

   Leben, Körper, Gesundheit, Freiheit, nicht Ehre (str.)

2. unmittelbarer hoheitlicher Eingriff

3. Sonderopfer, nicht bei Realisierung des allgemeinen Lebensrisikos

IV. Rechtsfolge: angemessene Entschädigung (kein Schadensersatz!)

[1265] Maurer § 28 Rdnr. 7; a.A. Schmitt-Kammler JuS 1995, 473, 478: keine Aufopferung bei rechtswidriger Beeinträchtigung.
[1266] Kunig Jura 1992, 554, 558; Stangl JA 1998, 479, 480; Ossenbühl, S. 139; Maurer § 28 Rdnr. 15.
[1267] BGH NVwZ 2006, 960, 961 und oben Rdnr. 717.
[1268] Vgl. Maurer § 28 Rdnr. 16.

Stichwortverzeichnis

Die Zahlen verweisen auf die Randnummern.

Abwehr hoheitlicher Emissionen .... 582 ff.
Amtshaftung .... 653, 724 ff.
    Aufbauschema 666
    Ausschluss .... 705 ff.
    Rechtsweg 723
    Schadensersatz .... 711 f.
    spezialgesetzliche Anspruchs-
        grundlagen 668
    Subsidiarität .... 705 ff.
    Verjährung 722
    Verschulden .... 700 ff.
Amtspflicht
    Drittbezogenheit .... 690 ff., 735
    Kollision zur Rechtspflicht 683
    Verletzung .... 683 ff., 697 ff.
    zwischen Verwaltungsträgern 707
Amtspflicht .... 683 ff., 714 ff.
Amtswalter 666
Anderweitige Ersatzmöglichkeit .... 705, 730 ff.
Androhung 242
Anfechtungsklage 5
Anhörung 91, 258
Anpassung 422
Ancheins- oder Verdachtsstörer 743
Anspruchsgegner .... 720 f.
Antezipierte Selbstbindung 52
Anwendung des Zwangsmittels .... 293 ff.
Aufhebung von Verwaltungsakten .... 1 ff.
    durch verwaltungsgerichtliches Urteil 4
    im behördlichen Verfahren 4
    im Widerspruchsverfahren .... 4 f.
    Rechtsgrundlagen .... 9 ff.
    Rücknahme .... 12, 73 ff.
    Struktur .... 12 ff.
    Widerruf 12
Auflage 48, 69
Aufopferung 433
Aufopferungsanspruch, allgemeiner
    im engeren Sinne .... 820 ff.
Aufopferungsgewohnheitsrecht 733
Austauschvertrag 368, 376, 400

Beamter .... 665 f.
    im haftungsrechtlichen Sinne 666
    im statusrechtlichen Sinne 666
Bearbeitungsfrist 110
Bedingung 68
Befristung 68
Begründung des Unterlassungs-
    anspruchs .... 520 ff.
Beihilfekontrollverfahren 127
Beihilfen .... 123 f.

Beitreibung 225, 345
Beliehene 670
Berichtigung 8
Bestandskraft des VA 165, 211
    Überwindung .... 165 f.

Deponien 809
Dienstfahrt 669
Dienstwagen 669, 679
Drittbeteiligung .... 683 ff.
Duldungspflicht .... 451, 473, 810, 813 ff.
Durchführungsverbot 126
Durchsetzung einer HDU-Verfügung 226
Durchsetzung von Verwaltungsakten .... 221 ff.

Ehrschutz gegen Hoheitsträger .... 523, 568 ff.
    Rechtsfolgen .... 579 ff.
    Tatsachenbehauptungen .... 576 f.
    Werturteile 578, 580
Eigenhaftung des Beamten 665
Eigentumsbeeinträchtigung .... 793 ff.
    mittelbare .... 811 ff.
    unmittelbare .... 793 ff.
Eigentumsbeschränkung .... 772 ff., 796
Eingriff in Eigentum
    durch Enteignung .... 768 ff.
    Inhalts- und Schrankenbestimmung .... 769 ff.
    unmittelbar hoheitlich .... 782, 792 ff., 810
Eingriffsverwaltung 671
Enteignender Eingriff 819
    Mitverschulden 816
Enteignung .... 433, 768 ff.
    Junktimklausel 775
    Rechtsweg 783
    Voraussetzungen .... 778 ff.
Enteignungsgleicher Eingriff 733
    Ausschluss 799
    verschuldensunabhängig 798
Enteignungsgleicher Eingriff 770
Entschädigung 659
Entschädigungsanspruch 154, 433
Entscheidungsfrist 111
Ermessen .... 114 ff., 697, 715
Ermessensnichtgebrauch 51, 121
Ermessensreduzierung auf Null 179, 213
Ersatzvornahme .... 271 ff.
Erstattung 118
Erstattungsanspruch 62
Europarecht .... 123 ff.

Faktische Beeinträchtigung 807
Festsetzung .... 289 ff.

261

Stichworte

Feststellungsklage .... 340, 342 f.
Folgenbeseitigungsanspruch .... 435, 437 ff.
   Ausschluss .... 464 ff., 497 ff.
   Rechtsfolge .... 456 ff., 474
   Rechtsinstitut .... 437 f.
   Voraussetzungen .... 446 ff., 488 ff.
Folgenbeseitigungslast 505
Folgenentschädigung 460
Folgenentschädigungsanspruch 479
Folgenersatzanspruch 479
Fürsorgepflicht des Dienstherrn 763

Gefahrenlage, typische 811
Geldleistung 47, 93
Gemeinschaftsrechtskonforme
   Auslegung 138
Geschäftsführung ohne Auftrag
   Abgrenzung 590
   öffentlich-rechtliche 606
   privatrechtliche .... 604 f.
   Rechtsfolge 617
   Voraussetzungen .... 607 ff.
Gesetzesbindung 385
Gesetzmäßigkeit der Verwaltung 384
Gestrecktes Vollstreckungsverfahren .. 278
   Androhung .... 278 ff.
   Anwendung .... 293 ff.
   Festsetzung .... 289 ff.
Gewohnheitsrechtlicher Aufopferungs-
   gedanke 789

Haftung 675
   gemeinschaftliche .... 691 ff.
   im privatrechtlichen Bereich 675
Handlungsformverbote 373
Haushaltsrechtliche Grundsätze 54
Hoheitliche Auskünfte 523
Hoheitliches Handeln .... 666, 670 ff.

Immissionen .... 804 ff.
Immissionsabwehranspruch 583
Inhalts- und Schranken-
   bestimmungen .... 768 ff.
Intendiertes Ermessen 54
Irrtum in der Willensbildung 89

Junktimklausel 775

Kausalität
   haftungsausfüllende 714
Kehrseitentheorie 119, 648
Kommissionsentscheidung 143
Koordinationsrechtlicher Vertrag 366
Koppelungsverbot 404
Kostenerstattung 305
Kündigungsrecht 424

Lebensrisiko, allgemein 824
Leistungsbescheid 347, 648
   Vollstreckbarkeit .... 348 ff.
Leistungsverwaltung 677

Mitverschulden 816

Nassauskiesungsbeschluss 768, 805
Naturalrestitution 460, 718, 765
Nebenbestimmung .... 64 ff.
Nichtigkeit 67
Notifizierungsverfahren 125
Notstandspflicht 504, 509
Notstandspflichtiger 743

Öffentl.-rechtl. Benutzungs- und
   Leistungsverhältnis 761
Öffentl.-rechtl. Sonderbeziehungen ... 759
Öffentl.-rechtl. Vertrag 758
Öffentl.-rechtl. Verwahrungsverhältnis 760
Öffentlich-rechtliche Geschäftsführung
   ohne Auftrag 436
Öffentlich-rechtlicher Erstattungs-
   anspruch .... 419, 436, 619 ff.
   Durchsetzung .... 647 f.
   Rechtsfolge .... 639 ff.
   Voraussetzungen .... 626 ff.
Öffentlich-rechtlicher Unterlassungs-
   anspruch .... 520 ff.
   Begründung .... 520 ff.
   dogmatische Herleitung .... 524 ff.
   Voraussetzungen .... 534 ff.
   vorbeugender Unterlassungsanspruch .. 527
Öffentlich-rechtlicher Vertrag .... 356 ff., 451
   Arten .... 366 ff.
   Begriffsmerkmale .... 356 ff.
   Durchsetzung von Ansprüchen .... 425 ff.
   Handlungsformverbote 373
   Leistungsstörungen .... 421 ff.
   Mitwirkungserfordernisse 375
   Rechtswidrigkeit 370
   Schriftform 375
   Zustandekommen .... 370 ff.
Ordnungsrechtliche Haftungstatbestände
   Unrechtshaftung .... 733 ff.
Ordnungsrechtliche Haftungs-
   tatbestände .... 733 ff.

Persönliche Haftung 653
Persönlicher Schutzbereich .... 690 ff., 725
Platzverweis .... 256 ff.
Positive Vertragsverletzung 758
Preußisches Allgemeines
   Landrecht 664, 789, 805
Primärebene 430
Primärrechtsschutz .... 711 ff., 722

Public Private Partnership 368

Qualifiziertes Unterlassen 796

Realakte 793
Rechenfehler 89
Recht der öffentlichen Ersatzleistungen 434
Rechtmäßiges Verwaltungshandeln 786, 804
Rechtsfehler 89
Rechtsirrtümer 105
Rückforderung eines Zuschusses 38
Rückforderungsbescheid .... 56 f.
Rücknahme von Verwaltungsakten .... 73 ff.
    eines Geld- und Sachleistungs-VA .... 85 ff.
    eines rechtswidrigen begünstigenden
        VA .... 76 ff.
    rechtswidriger belastender VA .... 73 ff.
    Rücknahmefrist .... 101 ff.
    sonstiger begünstigender VA .... 150 ff.
    Verhältnis zum Europarecht .... 123 ff.
Rückzahlungsaufforderung .... 118 ff.

Schaden .... 714 ff.
Schutzbereich .... 691, 726 ff.
    persönlicher 691, 725
    sachlicher .... 726 ff.
Schweretheorie 770
Sekundärebene 430
Selbsttitulierung 222
Selbstvollstreckung 222
Sofortige Vollstreckung 428
Sofortvollzug 252
Sonderopfertheorie 770, 824
Sozialrechtlicher Herstellungsanspruch ...... 513 ff.
    dogmatische Grundlage 515
    Rechtsfolge 517
    Voraussetzungen 516
Staatshaftungsrecht .... 431 ff.
Standardmaßnahme .... 256 f.
Straßenverkehr .... 678 ff.
Straßenverkehrssicherungspflicht 709
Subordinationsrechtlicher
    Vertrag 365, 389, 399
Subsidiaritätsklausel .... 705 ff.
Subventionsbescheid .... 39 ff., 56 f.
Subventionsrichtlinien 40

Tatbestandswirkung 69, 71, 247
Titelfunktion 337
Typische Gefahrenlage 811

Über-Unterordnungsverhältnis 389
Unerlaubte Handlung 694, 709
Unmittelbare Ausführung 250
Unmittelbarer Zwang .... 276 f.
Unvertretbare Handlungen 274

Unvorhergesehene Nebenfolge .... 804 ff.

VA .... 1 ff., 451
    auf Unterwerfung 55
    begünstigender 30
    Bestandskraft .... 164 f.
    Titelfunktion 337
Verbrauch 98
Verfügungsvertrag 369
Vergleichsvertrag 368, 376
Verjährung 722
Verkehrslärm 804
Verkehrssicherungspflichten .... 678 ff., 709
Verlorene Zuschüsse 38, 124
Vermögensnachteile 154
Vermögensschaden .... 820 ff.
Verpflichtungsklage 339
Verpflichtungsvertrag 369
Vertragsverbindlichkeit 385
Vertrauensschutz 157
Vertretbare Handlung 271
Verwaltungshandeln 786
Verwaltungsrechtliche Ansprüche .... 430 ff.
    auf Beseitigung und Unterlassung .... 435 f.
    auf Geldersatz .... 432 ff.
Verwaltungsträger 666, 826
Verwaltungsvollstreckung .... 221 ff.
    Beitreibung 225
    Rechtsgrundlagen 225
    Rechtsschutz 343
    Verwaltungszwang 226
Verwaltungsvorschriften 33
Verwaltungszwang .... 226 ff.
    Gestrecktes Verfahren .... 239 ff.
    Gestrecktes Vollstreckungsverfahren 278
    Vollstreckungshindernisse .... 324 ff.
    Vollstreckungsverfahren .... 270 ff.
    Vollzugsbehörde 258
    Voraussetzungen .... 228 ff.
Verzinsung 63
Vollstreckung von Geldforderungen .... 345 ff.
    Vollstreckungsverfahren .... 354 f.
    Voraussetzungen .... 347 ff.
Vollstreckung wegen einer Geldforderung 225
Vollstreckungsabwehrklage .... 335 ff.
Vollstreckungsanordnung 354
Vollstreckungshindernisse 344
    materielle Einwände .... 325 ff.
    rechtliche Unmöglichkeit 324
Vollzugsbehörde 258
Vollzugsfolgenbeseitigungsanspruch 440
Vorbehalt des Gesetzes 44

Wegfall der Bereicherung 120
Wegfall der Geschäftsgrundlage 422
Weimarer Reichtsverfassung 653

Stichworte

Widerruf von Verwaltungsakten .... 16 ff.
    begünstigender VA ....18 ff., 37 ff.
    bei rechtswidriger Neben-
        bestimmung .... 64 ff.
    eines rechtmäßigen belastenden VA .... 16 ff.
    Widerrufsfrist ....49, 101 ff.
    Widerrufsgründe 31
    Wirkung für die Vergangenheit .... 37 ff., 48
    Wirkung für die Zukunft .... 18 ff.
Widerrufsfrist 49
Widerrufsgründe 31
    Änderung der Rechtslage 22, 33
    Änderung der Sachlage 21, 33
    Auflage nicht erfüllt 20
    schwere Nachteile für das Gemein-
        wohl 23, 34
    Widerrufsvorbehalt 19

Widerrufsvorbehalt .... 70 f.
Widerspruchsverfahren 5
Wiederaufgreifen des Verwaltungs-
    verfahrens .... 164 ff., 341
    Anspruch 165, 212
    im weiteren Sinne .... 189 ff.
    Wiederaufgreifensgrund .... 173 ff.

Zivilrechtsweg 723, 783, 819
Zumutbarkeit der Beeinträchtigung 770, 813
Zurechnungszusammenhang mit
    Amtspflichtverletzung 714
Zwangsmittel ....270 ff., 310
    Ersatzvornahme .... 271 ff.
    Unmittelbarer Zwang ....276 f.
    Zwangsgeld ....274 f.
Zwei-Stufen-Theorie 60

RechtsprechungsÜbersicht

Ihre Examensfälle von morgen – von unseren erfahrensten Repetitoren

Das bietet die RÜ:

- Die wichtigsten Entscheidungen des Monats als Klausur – mit Sachverhalt und ausführlicher Lösung im Gutachtenstil.

- Hinweise zu Aufbau, Methodik und typischen Fehlern sowie Kurzkommentare zur systematischen Einordnung und Examensbedeutung.

- Zusammenfassung der neuesten Literatur und Gesetzgebungsreport.

- **RÜ-Check:** Die wichtigsten Informationen aus dem Heft in Frage und Antwort – zur Lernkontrolle.

- **AS-Poster:** Regelmäßig examensrelevante Struktur- und Systemübersichten aus allen Rechtsgebieten.

- **Abonnentenservice:** Die komplette RÜ vorab online.

Überzeugen Sie sich vom Konzept der RÜ und bestellen Sie Ihr kostenloses Probeheft!

ALPMANN SCHMIDT Juristische Lehrgänge Verlagsgesellschaft mbH & Co. KG
Annette-Allee 35 • D-48149 Münster • Tel.: 0251–98109-0
www.alpmann-schmidt.de • as.info@alpmann-schmidt.de

Unser Skriptenangebot 08/2010

Grundlagen Wissen

		€
Grundlagen Zivilrecht 1		vergriffen
Grundlagen Zivilrecht 2		vergriffen
Grundlagen Strafrecht	2009	12,50
Grundlagen Öffentliches Recht	2008	12,50

Grundlagen Fälle

		€
BGB AT	**2010**	**9,80**
Schuldrecht AT	**2010**	**9,80**
Schuldrecht BT Kaufrecht	2008	9,80
Schuldrecht BT 3 GoA, BereicherungsR	2009	9,80
Schuldrecht BT 4 Unerlaubte Handlungen/ Allgemeines Schadensrecht	**2010**	**9,80**
Sachenrecht 1	2007	9,80
Sachenrecht 2	**2010**	**9,80**
Familienrecht	**2010**	**9,80**
Erbrecht	**2010**	**9,80**
Strafrecht AT	**2010**	**9,80**
Strafrecht BT 1 Nichtvermögensdelikte	2009	9,80
Strafrecht BT 2 Vermögensdelikte	2009	9,80
Strafverfahrensrecht	2007	9,80
Grundrechte/Staatsorganisationsrecht	**2010**	**9,80**
Europarecht	**2010**	**9,80**
Allg. VerwR/VerwProzR	**2010**	**9,80**
Handelsrecht	**2010**	**9,80**
Gesellschaftsrecht	**2010**	**9,80**
Arbeitsrecht	**2010**	**9,80**

Zivilrecht

		€
BGB AT 1	2009	16,90
BGB AT 2	2009	16,90
Schuldrecht AT 1	**2010**	**19,90**
Schuldrecht AT 2	**2010**	**19,90**
Schuldrecht BT 1 KaufR/WerkR	2009	19,90
Schuldrecht BT 2 Bes. Vertragsarten (MietR)		in Überarbeitung
Schuldrecht BT 3 Auftrag, GoA, Bereicherungsrecht	**2010**	**16,90**
Schuldrecht BT 4 Unerl. Hdlg./Allg. SchadenR	**2010**	**19,90**
Sachenrecht 1 Allg. Lehren/Bewegl. Sachen	**2010**	**19,90**
Sachenrecht 2 GrundstücksR	**2010**	**16,90**
Familienrecht	2009	17,90
Erbrecht	**2010**	**19,90**

Strafrecht

		€
Strafrecht AT 1	**2010**	**19,90**
Strafrecht AT 2	**2010**	**19,90**
Strafrecht BT 1 Straftaten gegen Eigentum und Vermögen	2009	19,90
Strafrecht BT 2 NVD	**2010**	**19,90**
StrafR BT Kollektive Rechtsgüter wurde in BT2 eingearbeitet		

Öffentliches Recht

		€
Staatsorganisationsrecht	**2010**	**19,90**
Grundrechte		in Überarbeitung
Europarecht	**2010**	**19,90**
Verwaltungsrecht AT 1	**2010**	**19,90**
Verwaltungsrecht AT 2	**2010**	**19,90**
VwGO	2009	19,90
Besonderes Ordnungsrecht (VerwR BT 1)	2007	19,90
Öffentliches Baurecht (VerwR BT 2)	2009	19,90
Umweltrecht	2009	19,90
Kommunalrecht NRW	2008	19,90
Polizeirecht/Sicherheits- und Ordnungsrecht	2009	19,90

Allgemeines

		€
Leichter Lernen	2007	9,80
Methodik der Fallbearbeitung	2009	16,90
LL.M.-Programme weltweit	2008	9,80

Definitionen

		€
Zivilrecht	2009	10,90
Strafrecht	2009	9,90
Öffentliches Recht	2009	9,90

Aufbauschemata

		€
Zivilrecht	2009	16,90
Strafrecht	2009	14,90
Öffentliches Recht	**2010**	**14,90**

Besondere Rechtsgebiete

		€
Handelsrecht	**2010**	**16,90**
Gesellschaftsrecht		in Überarbeitung
Arbeitsrecht	2009	24,90
Kollektives Arbeitsrecht	2008	22,90
Das Internationale Privatrecht	2008	19,90
ZPO	**2010**	**23,50**
StPO	2007	20,90
Kriminologie, Jugendstrafrecht, Strafvollzug	2008	20,50
Sozialrecht 1	2008	22,90
Sozialrecht 2	2008	22,90
Mediation, Schlichtung, Verhandlungsmanagement	2005	22,90
Rechtsgeschichte	2006	23,50
Rechtsphilosophie und Rechtstheorie	**2010**	**19,90**

Fremdsprachenkompetenz

		€
Introduction to English Civil Law 1	2007	20,20
English Civil Law 2		in Überarbeitung
Introduction to the US-American Legal System 1	2005	22,90
US-American Legal System 2	2005	22,90
Introduction au droit français t. 1	2006	15,90

Assessorexamen

		€
Vollstreckungsrecht 1	**2010**	**19,90**
Vollstreckungsrecht 2	2008	21,90
Beamtenrecht	2009	12,90
Insolvenzrecht	2009	16,90
Zivilprozess – Stagen und Examen	2009	24,90
Die zivilrechtliche Anwaltsklausur im Assessorexamen	2007	24,90
Die zivilgerichtliche Assessorklausur	2008	24,90
Die strafrechtliche Assessorklausur 1	2009	19,90
Die strafrechtliche Assessorklausur 2	2008	15,90
Die strafrechtliche Assessorklausur 3	2006	22,50
Die öffentlich-rechtl. Assessorklausur 1	2009	19,90
Die öffentlich-rechtl. Assessorklausur 2	2009	19,90
Die öffentlich-rechtl. Assessorklausur 3		in Vorbereitung

Steuerrecht

		€
Allgemeines Steuerrecht	2009	24,90
Umsatzsteuerrecht	2009	24,90
Einkommensteuerrecht	2009	24,90
Bilanzsteuerrecht	**2010**	**24,90**

Fachlexika

		€
Langenscheidt Alpmann Engl./D – D/Engl.	2009	29,90
Langenscheidt Alpm. mit CD Engl./D – D/Engl.	2009	44,90